Henry Kissinger
STAATS KUNST

Sechs Lektionen für das 21. Jahrhundert

Aus dem Amerikanischen übertragen von
Henning Dedekind, Helmut Dierlamm, Karlheinz Dürr,
Anja Lerz, Karsten Petersen, Sabine Reinhardus,
Karin Schuler und Thomas Stauder

Pantheon

Die Originalausgabe erschien 2022 unter dem Titel »Leadership.
Six Studies in World Strategy« bei Penguin Press, New York.

Der Verlag behält sich die Verwertung
des urheberrechtlich geschützten Inhalts dieses Werkes
für Zwecke des Text- und Dataminings nach § 44 b UrhG ausdrücklich vor.
Jegliche unbefugte Nutzung ist hiermit ausgeschlossen.

Penguin Random House Verlagsgruppe FSC® N001967

1. Auflage
Copyright © 2023 by Pantheon Verlag
in der Penguin Random House Verlagsgruppe GmbH,
Neumarkter Straße 28, 81673 München
Copyright © Henry Kissinger 2022
Copyright © der deutschsprachigen Ausgabe 2022
by C.Bertelsmann, München
Umschlaggestaltung: Büro Jorge Schmidt, München
Satz: Leingärtner, Nabburg
Druck und Bindung: CPI books GmbH, Leck
Printed in the EU
ISBN 978-3-570-55491-3

www.pantheon-verlag.de

Für Nancy, die Inspiration meines Lebens

Inhalt

Einleitung 11

Die Achsen der Staatskunst 11 · Das Wesen politischer
Entscheidungen 12 · Sechs politische Führungsfiguren
in ihrem Kontext 16 · Klassische Beispiele
für Führung: Der Staatsmann und der Prophet 21
Das Individuum in der Geschichte 24

I

Konrad Adenauer: Die Strategie der Demut 27

Die Notwendigkeit der Erneuerung 27
Von den frühen Jahren bis zum inneren Exil 30
Der Weg zur Führung 33 · Die Wiederherstellung der bürgerlichen
Ordnung und die Einsetzung des Kanzlers 36
Der Weg zu einer neuen nationalen Identität 40
Die sowjetische Herausforderung und die Wiederbewaffnung 45
Die unentrinnbare Vergangenheit: Wiedergutmachung an
das jüdische Volk 52 · Zwei Krisen: Suez und Berlin 55
Drei Gespräche mit Adenauer 59 · Die deutsche Wiedervereinigung:
Das quälende Warten 70 · Letzte Gespräche 74
In der Tradition Adenauers 76

2
Charles de Gaulle: Die Strategie des Willens 83

Persönliche Begegnungen 83 · Der Beginn der Reise 86
Die Ursprünge und Ziele des Verhaltens von de Gaulle 91
De Gaulle in der Geschichte Frankreichs 94 · De Gaulle und
der Zweite Weltkrieg 99 · Nordafrikanische Auseinandersetzung 108
Erlangung politischer Macht 113 · Ein Besuch in Moskau 119
De Gaulle und die Übergangsregierung 123 · Die Wüste 130
Scheitern in Indochina und Frustration im Nahen Osten 133
Algerien und die Rückkehr von de Gaulle 137 · Die Fünfte Republik 141
Das Ende des Algerienkonflikts 145 · Deutschland als Schlüssel
zur französischen Politik: De Gaulle und Adenauer 151
De Gaulle und die Atlantische Allianz 153 · Das Nukleardirektorium 157
Flexible Erwiderung und Nuklearstrategie 159 · Was ist ein Bündnis? 161
Das Ende der Präsidentschaft 163 · Das Wesen von
de Gaulles Staatskunst 168 · De Gaulle und Churchill
im Vergleich 170 · Hinter dem Mysterium 173

3
Richard Nixon: Die Strategie des Gleichgewichts 177

Die Welt, in die Nixon kam 177 · Ein unvorher-
gesehener Ruf 181 · Entscheidungsprozesse zur nationalen Sicherheit
in der Nixon-Administration 189 · Nixons Sicht der Welt 194
Diplomatie und Junktims 197 · Eine Reise
nach Europa 203 · Der Vietnamkrieg und seine Beendigung 208
Großmachtdiplomatie und Rüstungskontrolle 227
Auswanderung aus der Sowjetunion 234
Öffnung gegenüber China 236 · Chaos im Nahen Osten 245
Der Jom-Kippur-Krieg 252 · Die Diplomatie
des Waffenstillstands 257 · Der Friedensprozess im Nahen Osten 261
Bangladesch und der damit verbundene Kalte Krieg 264
Nixon und die Krise der Vereinigten Staaten 276

4
Anwar el-Sadat: Die Strategie der Überwindung 281

Der einzigartige Anwar el-Sadat 281 · Der Einfluss der Geschichte 283
Die frühen Jahre 285 · Betrachtungen während
der Haft 289 · Die ägyptische Unabhängigkeit 291
Sprachrohr der Revolution 293 · Nasser und Sadat 295
Die Perspektive Sadats 301 · Die Korrekturrevolution 305
Strategische Geduld 309 · Der Oktoberkrieg 1973 317
Meir und Sadat 324 · Das Treffen im Tahra-Palast 327
Genf und das Truppenentflechtungsabkommen 332
Syrische Interessen 339 · Ein weiterer Schritt in Richtung Frieden:
Das Sinai-II-Abkommen 342 · Sadats Reise nach Jerusalem 349
Der mühsame Weg zum Frieden 354 · Die Auflösung 359
Attentat 364 · Epilog: Das nicht angetretene Erbe 366

5
Lee Kuan Yew: Die Strategie der Spitzenleistung 373

Ein Besuch in Harvard 373 · Der Riese aus Liliput 375
Jugend unter Kolonialherrschaft 379 · Der Aufbau eines Staates 384
Der Aufbau einer Nation 390 · »Die Geschichte möge urteilen« 395
Der Aufbau einer Volkswirtschaft 396 · Lee und Amerika 400
Lee und China 406 · Zwischen den USA und China 411
Lees Vermächtnis 415 · Lee als Person 420

6
Margaret Thatcher: Die Strategie der Überzeugung 427

Eine höchst unwahrscheinliche Führungs-
persönlichkeit 427 · Thatcher und das britische System 428
Die Herausforderungen: Großbritannien in den 1970er-Jahren 431
Aufstieg von Grantham aus 437

Ein Bezugsrahmen für die Führungsarbeit 444
Die Wirtschaftsreformerin 446 · Zur Verteidigung der Staatssouveränität:
Der Falklandkonflikt 452 · Verhandlungen über Hongkong 463
Konfrontation mit einem Erbe der Gewalt: Nordirland 469
Fundamentale Wahrheiten: Die »besondere Beziehung«
und der Kalte Krieg 476 · Ein Problem in Grenada 484
Ein strategischer Wandel: Thatcher und die Ost-West-Beziehungen 485
Die Verteidigung der kuwaitischen Souveränität:
Die Golfkrise 493 · Grenzen der Staatskunst:
Deutschland und die Zukunft Europas 497
Europa, das endlose Problem 500 · Der Sturz 505 · Epilog 511

Schlusswort:
Die Evolution politischer Führung 517

Von der Aristokratie zur Meritokratie 517 · Harte Wahrheiten 526
Die schwächelnde Meritokratie 529
Deep Literacy und visuelle Kultur 531
Grundlegende Werte 534
Führung und Weltordnung 536
Die Zukunft politischer Führung 543

Dank 547

Anmerkungen 551

Personenregister 597

Bildnachweis 603

Einleitung

DIE ACHSEN DER STAATSKUNST

Jede Gesellschaft ist unabhängig von ihrem politischen System unentwegt im Übergang zwischen einer Vergangenheit, die ihre Erinnerung prägt, und einer Vision der Zukunft, die ihre Entwicklung inspiriert. Auf diesem Weg ist Führung unverzichtbar: Entscheidungen müssen getroffen, Vertrauen verdient, Versprechen gehalten, ein Weg nach vorn gebahnt werden. In menschlichen Institutionen – Staaten, Religionen, Armeen, Unternehmen, Schulen – ist Führung vonnöten, um den Menschen zu helfen, damit sie von dort, wo sie gerade sind, dorthin kommen, wo sie noch nie gewesen sind – und manchmal sogar an Orte oder in Positionen, die sie sich bisher kaum haben vorstellen können. Ohne Führung treiben Institutionen dahin, und Nationen riskieren wachsende Bedeutungslosigkeit und schließlich eine Katastrophe.

Politische Entscheidungsträger denken und handeln am Schnittpunkt zweier Achsen: Die erste verläuft zwischen der Vergangenheit und der Gegenwart, die zweite zwischen den beständigen Werten und den Erwartungen der Menschen unter ihrer Führung. Ihre erste Aufgabe ist die Analyse, die mit einer realistischen Bewertung ihrer Gesellschaft ausgehend von ihrer Geschichte, ihrer Lebensweise und ihrer Leistungsfähigkeit beginnt. In einem zweiten Schritt müssen sie dann das, was sie wissen und notwendigerweise aus der Vergangenheit abgeleitet haben, in Einklang bringen mit den Mutmaßungen, die sie über die Zukunft intuitiv erahnen. Es ist dieses intuitive Erfassen der Richtung, das Staatslenker in die Lage versetzt, Ziele zu definieren und eine Strategie festzulegen.

Damit ihre Strategien die Gesellschaft inspirieren, müssen Führungspersönlichkeiten auch als Erzieher wirken – sie müssen Ziele kommunizieren,

Zweifel beschwichtigen und Unterstützung mobilisieren. Der Staat besitzt zwar *per definitionem* das Gewaltmonopol, doch Zwangsmaßnahmen sind ein Symptom unzulänglicher Staatsführung. Gute Anführer wecken in ihrer Bevölkerung den Wunsch, Seite an Seite mit ihnen zu gehen. Zudem müssen sie auch ihr direktes Umfeld dazu anregen, ihr Denken so zu vermitteln, dass es den praktischen Tagesfragen gerecht wird. Ein dynamisches Team ist die sichtbare Ergänzung der inneren Kraft einer solchen Führungspersönlichkeit; es unterstützt ihren Weg und verbessert ihre Entscheidungen. Politische Entscheidungsträger können durch die Qualität ihres Umfelds größer – oder kleiner – werden.

Die wichtigsten Eigenschaften bei diesen Aufgaben, und die Brücke zwischen Vergangenheit und Zukunft, sind Mut und Charakter – Mut, um unter komplexen und schwierigen Optionen eine Richtung zu wählen und damit das Althergebrachte hinter sich zu lassen; und Charakterstärke, um einen Kurs beizubehalten, dessen Nutzen und Risiken im Moment der Entscheidung nur unvollständig abgeschätzt werden können. Mut gibt im Moment der Entscheidung Kraft; Charakterstärke sorgt dafür, dass man seinen Werten treu bleibt.

Besonders wichtig ist staatsmännische Führung in Übergangszeiten, wenn Werte und Institutionen ihre Bedeutung verlieren und die Umrisse einer lebenswerten Zukunft umstritten sind. In solchen Zeiten sind Führungsfiguren aufgerufen, kreativ und diagnostisch zu denken: Aus welchen Quellen entspringt das Wohl der Gesellschaft? Oder ihr Niedergang? Welches Erbe der Vergangenheit sollte bewahrt werden, welches angepasst oder verworfen? Welche Ziele verdienen intensiven Einsatz, und welche Chancen müssen ausgeschlagen werden, egal, wie verlockend sie wirken? Und im Extremfall: Ist die eigene Gesellschaft vital und zuversichtlich genug, um auf dem Weg in eine erfülltere Zukunft Opfer zu ertragen?

DAS WESEN POLITISCHER ENTSCHEIDUNGEN

Staatslenker sind immer Zwängen unterworfen. Sie operieren mit dem Mangel, denn jede Gesellschaft stößt an die von Demografie und Ökonomie diktierten Grenzen ihrer Leistungsfähigkeit und ihres Einflusses. Sie operieren auch

Einleitung

in ihrer Zeit, denn jedes Zeitalter und jede Kultur spiegeln ihre eigenen vorherrschenden Werte, Gewohnheiten und Einstellungen wider, die zusammen ihre angestrebten Ergebnisse definieren. Und sie operieren in Konkurrenz, denn sie müssen sich mit anderen Akteuren – seien es Verbündete, potenzielle Partner oder Gegner – auseinandersetzen, die nicht statisch sind, sondern sich anpassen können und mit ihren eigenen je besonderen Fähigkeiten eigene Ziele verfolgen. Zudem entwickeln sich Ereignisse oft auch noch zu schnell, um genaue Berechnungen zu erlauben; Führungspersönlichkeiten müssen oft anhand von Intuitionen und noch nicht überprüfbaren Hypothesen entscheiden. Risikomanagement ist für einen Spitzenpolitiker ebenso wichtig wie analytische Fähigkeiten.

»Strategie« beschreibt die Schlussfolgerung, zu der ein Staatslenker unter diesen Bedingungen der Knappheit, der Zeitgebundenheit, der Konkurrenz und der Fluidität kommt. Bei der Suche nach einem Weg voran kann man strategische Führung mit einem Seiltanz vergleichen: Wie ein Akrobat, der stürzt, wenn er zu ängstlich oder zu kühn ist, bewegt sich auch eine Führungsfigur auf einem dünnen Seil, aufgehängt zwischen den relativen Gewissheiten der Vergangenheit und den Unklarheiten der Zukunft. Die Strafe für das Streben nach dem Unerreichbaren – die Griechen sprachen von Hybris – ist Erschöpfung, der Preis für das Ausruhen auf den eigenen Lorbeeren sind fortschreitende Bedeutungslosigkeit und schließlich Verfall. Schritt für Schritt müssen Anführer Mittel und Zwecke sowie Absichten und Umstände in Übereinstimmung bringen, wenn sie ihr Ziel erreichen wollen.

Der strategisch handelnde Entscheidungsträger ist mit einem inhärenten Paradoxon konfrontiert: In Situationen, in denen Handeln gefragt ist, ist der Entscheidungsspielraum oft dann am größten, wenn die relevanten Informationen noch sehr knapp sind. Sobald mehr Daten zur Verfügung stehen, hat sich der Spielraum meist schon verengt. In den frühen Phasen des Aufbaus strategischer Waffen bei einer rivalisierenden Macht oder beim plötzlichen Auftauchen eines neuartigen Atemwegsvirus etwa ist die Verlockung groß, das gerade im Entstehen begriffene Phänomen als entweder vorübergehend oder als mit den bestehenden Standards beherrschbar zu betrachten. Wenn die Bedrohung nicht länger geleugnet oder minimiert werden kann, ist der Handlungsspielraum dann schon geschrumpft, oder die Kosten, das Problem anzugehen, sind womöglich exorbitant gewachsen. Wenn man die Zeit nicht nutzt, werden von selbst Schranken auftauchen. Selbst die beste der verbleibenden Möglichkeiten wird dann schwierig umzusetzen sein, mit kleineren Gewinnen im Erfolgsfall und größeren Risiken bei einem Scheitern.

In solchen Situationen sind der Instinkt und die Urteilskraft einer Führungspersönlichkeit von größter Bedeutung. Winston Churchill war sich dessen sehr wohl bewusst, als er in *Ein Sturm zieht auf* (1948) schrieb: »Staatsmänner sind nicht nur zur Regelung einfacher Fragen berufen. Diese Fragen regeln sich oft von selbst. Wenn die Waagschalen sich zitternd im Gleichgewicht halten, wenn die wahren Verhältnisse verschleiert sind, bietet sich die Gelegenheit zu Entscheidungen, durch die die Welt gerettet werden kann.«[1]

Im Mai 1953 fragte ein amerikanischer Austauschstudent Churchill, wie man sich wohl auf die Herausforderungen der Staatsführung vorbereiten könne. »Studieren Sie Geschichte! Studieren Sie Geschichte!«, lautete Churchills entschiedene Antwort. »In der Geschichte liegen alle Geheimnisse der Staatskunst.«[2] Churchill selbst war ein bemerkenswerter Geschichtskenner und Geschichtsschreiber, dem das Kontinuum, in dem er arbeitete, nur allzu bewusst war.

Allerdings ist historisches Wissen zwar notwendig, aber nicht hinreichend. Manche Dinge bleiben für immer »verschleiert«, sie entziehen sich auch den Gebildeten und Erfahrenen. Die Geschichte lehrt durch Analogie, durch die Fähigkeit, vergleichbare Situationen zu erkennen. Ihre »Lektionen« sind allerdings im Wesentlichen Annäherungen, die Entscheidungsträger wahrnehmen müssen, um sie dann verantwortlich an die Umstände ihrer eigenen Zeit anzupassen. Der Geschichtsphilosoph Oswald Spengler erfasste diese Aufgabe, als er im frühen 20. Jahrhundert schrieb, der »geborene Staatsmann« sei »vor allem Kenner, Kenner der Menschen, Lagen, Dinge«, mit der Fähigkeit, »das Richtige [zu] tun, ohne es zu ›wissen‹«.[3]

Strategische Staatslenker brauchen auch die Eigenschaften des Künstlers, der spürt, wie er mit den Materialien, die in der Gegenwart verfügbar sind, die Zukunft formen kann. Wie Charles de Gaulle in seiner Betrachtung über Führungsstärke, *Le Fil de l'Epée* (1932), schrieb, »bedient sich [dieser] fortwährend der Intelligenz«, die schließlich die Quelle von »Schlüsseln, Technik, Wissen« ist. Der Künstler aber fügt diesen Grundlagen noch »das Mittel einer

Einleitung

instinktiven Fähigkeit, der Inspiration« hinzu, »die allein die direkte Fühlung mit der Natur herstellt, an der der Funke sich entzündet«.[4]
Weil die Realität so komplex ist, unterscheidet sich die historische von der naturwissenschaftlichen Wahrheit. Der Naturwissenschaftler sucht verifizierbare Ergebnisse; der historisch gebildete strategische Staatslenker bemüht sich, aus der der Sache innewohnenden Mehrdeutigkeit umsetzbare Erkenntnisse zu destillieren. Wissenschaftliche Experimente stützen vorherige Ergebnisse oder werfen Zweifel auf, sie geben Naturwissenschaftlern die Möglichkeit, ihre Variablen anzupassen und ihre Versuche zu wiederholen. Strategen bekommen gewöhnlich nur einen Versuch; ihre Entscheidungen sind typischerweise unwiderruflich. Der Naturwissenschaftler erarbeitet sich Wahrheit also experimentell oder mathematisch; der Stratege arbeitet wenigstens teilweise mit Analogieschlüssen aus der Vergangenheit – indem er zunächst feststellt, welche Ereignisse vergleichbar sind und welche vorherigen Schlussfolgerungen relevant bleiben. Selbst dann muss der Stratege die Analogien noch sorgfältig auswählen, denn niemand kann die Vergangenheit tatsächlich in allen Aspekten wahrnehmen; man kann sie sich nur »im Mondlicht der Erinnerung« vorstellen, so der niederländische Kulturhistoriker Johan Huizinga.[5]

Sinnvolle politische Entscheidungen gehen selten auf eine einzelne Variable zurück; kluge Entscheidungen erfordern eine Mischung aus politischen, ökonomischen, geografischen, technischen und psychologischen Erkenntnissen, alle geprägt von einem historischen Instinkt. Isaiah Berlin beschrieb gegen Ende des 20. Jahrhunderts die Unmöglichkeit, naturwissenschaftliches Denken jenseits der Naturwissenschaft anzuwenden. Er war der Ansicht, dass Anführer wie Romanautoren oder Landschaftsmaler das Leben in all seiner verwirrenden Komplexität in sich aufnehmen müssen:

> Was einen Menschen jedoch dumm oder weise, blind oder klug macht – statt kenntnisreich, gebildet oder wohlinformiert –, das ist die Fähigkeit, dieses einzigartige Gepräge einer ganz bestimmten, konkreten Situation mit ihren spezifischen Unterschieden wahrzunehmen – das, worin sie sich von allen anderen Situationen unterscheidet, also jene Aspekte, die sich einer wissenschaftlichen Behandlung entziehen [...].[6]

STAATSKUNST

SECHS POLITISCHE FÜHRUNGSFIGUREN
IN IHREM KONTEXT

Geschichte entsteht aus der Kombination von Charakter und Umständen, und die sechs Führungspersönlichkeiten, die auf diesen Seiten porträtiert werden – Konrad Adenauer, Charles de Gaulle, Richard Nixon, Anwar el-Sadat, Lee Kuan Yew und Margaret Thatcher –, waren alle durch die Umstände ihrer dramatischen historischen Epoche geprägt. Sie alle wurden dann auch Architekten der Entwicklung ihrer Gesellschaften und der internationalen Ordnung nach dem Krieg. Ich hatte das Glück, alle sechs auf dem Höhepunkt ihres Wirkens kennenzulernen und eng mit Richard Nixon zusammenzuarbeiten. Als Erben einer Welt, deren Sicherheiten sich durch den Krieg aufgelöst hatten, definierten sie nationale Aufgaben neu, eröffneten neue Perspektiven und gaben einer Welt im Übergang eine neue Struktur.

Jede der sechs Führungspersönlichkeiten überstand auf ihre Weise den Feuerofen des »Zweiten Dreißigjährigen Krieges« – einer Reihe zerstörerischer Konflikte vom Beginn des Ersten Weltkriegs im August 1914 bis zum Ende des Zweiten Weltkriegs im September 1945. Wie der erste Dreißigjährige Krieg begann auch der zweite in Europa, hatte dann aber Auswirkungen auf die ganze Welt. Der erste verwandelte Europa von einer Region, in der Konfession und dynastisches Erbe zu Legitimität verhalfen, zu einer Ordnung, die auf der souveränen Gleichheit weltlicher Staaten basierte und darauf aus war, ihre Prinzipien auf der ganzen Welt zu verbreiten. Drei Jahrhunderte später forderte der Zweite Dreißigjährige Krieg das gesamte internationale System dazu heraus, die Ernüchterung in Europa und die Armut in einem großen Teil der übrigen Welt mit neuen Ordnungsprinzipien zu überwinden.

Europa war auf dem Höhepunkt seines globalen Einflusses in das 20. Jahrhundert eingetreten, durchdrungen von der Überzeugung, dass seine fortschreitende Entwicklung im Laufe der vorherigen Jahrhunderte gesichert war, wenn nicht dazu bestimmt, niemals zu enden. Die Bevölkerungen und Ökonomien des Kontinents wuchsen wie nie zuvor. Industrialisierung und immer freierer Handel hatten einen historischen Wohlstand hervorgebracht. Demokratische Institutionen fanden sich in fast allen europäischen Ländern: Während sie sich in Großbritannien und Frankreich durchgesetzt hatten, waren

Einleitung

sie im Deutschen Reich und Österreich unterentwickelt, gewannen jedoch an Bedeutung und waren im vorrevolutionären Russland erst in Ansätzen vorhanden. Die gebildeten Schichten Europas im frühen 20. Jahrhundert teilten mit Lodovico Settembrini, dem liberalen Humanisten in Thomas Manns *Der Zauberberg*, den Glauben, dass für die Zivilisation alles gut lief.[7]

Diese utopische Sicht erreichte ihren Höhepunkt im Jahr 1910 mit einem Bestseller des englischen Journalisten Norman Angell: In *Die große Täuschung* vertrat er die Ansicht, dass die zunehmende wirtschaftliche Interdependenz der europäischen Mächte einen Krieg zu kostspielig gemacht habe. Angell verkündete »der Menschheit die unaufhaltsame Tendenz, dem brutalen Kampf zu entsagen und zur gemeinsamen Arbeit zu gelangen«.[8] Diese und viele ähnliche Voraussagen sollten bald Makulatur werden – zuerst und vor allem wohl diese Aussage Angells: »Wirtschaftliche Fragen aller Art beiseite, ist es nicht mehr möglich, dass die britische Regierung nach alter biblischer Art die Vernichtung einer ganzen Bewohnerschaft mit Mann und Maus verordnet, Weiber und Kinder miteingeschlossen.«[9]

Der Erste Weltkrieg erschöpfte Staatskassen, beendete Dynastien und wirbelte Lebenspläne durcheinander. Europa sollte sich nie ganz von dieser Katastrophe erholen. Als am 11. November 1918 der Waffenstillstand unterzeichnet wurde, waren fast zehn Millionen Soldaten und sieben Millionen Zivilisten gestorben.[10] Von jeweils sieben einberufenen Soldaten kehrte einer nicht mehr lebend nach Hause zurück.[11] Zwei Generationen der Jugend Europas waren dezimiert – junge Männer getötet, junge Frauen verwitwet oder allein, zahllose Kinder verwaist.

Frankreich und Großbritannien gingen zwar siegreich aus dem Krieg hervor, waren aber beide erschöpft und politisch schwach. Das besiegte Deutschland, seiner Kolonien entblößt und schwer verschuldet, oszillierte zwischen Feindseligkeit gegenüber den Siegern und internen Konflikten der rivalisierenden politischen Parteien. Das Österreichisch-Ungarische und das Osmanische Reich brachen zusammen, während Russland eine der radikalsten Revolutionen in der Geschichte erlebt hatte und jetzt außerhalb aller internationalen Systeme stand.

In den Jahren zwischen den Kriegen gerieten Demokratien ins Wanken, der Totalitarismus marschierte voran und die Not suchte den Kontinent heim.

STAATSKUNST

Die Kriegsbegeisterung von 1914 war lange dahin, Europa begrüßte den Ausbruch des Zweiten Weltkriegs im September 1939 mit resignierter Vorahnung. Und dieses Mal teilte die ganze Welt das Leid Europas. In New York schrieb der angloamerikanische Dichter W. H. Auden:

> Waves of anger and fear
> Circulate over the bright
> And darkened lands of the earth,
> Obsessing our private lives;
> The unmentionable odor of death
> Offends the September night.

> (Wellen des Zorns und der Angst
> überziehen die hellen
> und dunkelnden Länder der Erde,
> ergreifen von unserem Leben Besitz;
> unsäglicher Todesgeruch
> verdirbt die Septembernacht.)[12]

Audens Worte erwiesen sich als prophetisch. Der Blutzoll des Zweiten Weltkriegs belief sich auf nicht weniger als 60 Millionen Leben, vor allem in der Sowjetunion, in China, Deutschland und Polen.[13] Im August 1945 lagen von Köln und Coventry bis Nanjing und Nagasaki die Städte in Trümmern, zerstört durch Granaten, Fliegerbomben, Feuer und Bürgerkriege. Die nach dem Krieg zerschlagene Wirtschaft und oft hungernde und erschöpfte Menschen standen entmutigt vor den kostspieligen Aufgaben des nationalen Wiederaufbaus. Deutschlands Ansehen, fast schon seine Legitimität als Nation, war von Adolf Hitler ausgelöscht worden. In Frankreich war die Dritte Republik unter dem Angriff der Nazis 1940 zusammengebrochen und machte 1944 gerade die allerersten Schritte hinaus aus dieser moralischen Leere. Von den wichtigen europäischen Mächten hatte sich nur Großbritannien seine politischen Institutionen aus der Vorkriegszeit bewahrt, doch das Land war im Grunde bankrott und musste sich bald mit dem fortschreitenden Verlust seines Empire und dauerhaften wirtschaftlichen Schwierigkeiten auseinandersetzen.

Einleitung

Bei allen Staatslenkern, die in diesem Buch porträtiert werden, hatten diese Umbrüche unauslöschliche Spuren hinterlassen. Die politische Karriere Konrad Adenauers (geboren 1876), der von 1917 bis 1933 das Amt des Oberbürgermeisters von Köln innehatte, war vom Konflikt mit Frankreich wegen des Rheinlands in der Zwischenkriegszeit ebenso geprägt wie vom Aufstieg Hitlers; im Zweiten Weltkrieg wurde er zweimal von den Nationalsozialisten ins Gefängnis geworfen. Von 1949 an führte Adenauer Deutschland durch den Tiefpunkt seiner Geschichte, indem er das jahrzehntelange Streben nach einer Vormachtstellung in Europa aufgab, Deutschland im Atlantischen Bündnis verankerte und das Land auf einem moralischen Fundament wiederaufbaute, das Adenauers eigene christliche Werte und demokratische Überzeugungen widerspiegelte.

Charles de Gaulle (geboren 1890) verbrachte im Ersten Weltkrieg zweieinhalb Jahre als Kriegsgefangener im wilhelminischen Deutschland; im Zweiten Weltkrieg kommandierte er anfangs ein Panzerregiment. Dann, nach dem Zusammenbruch Frankreichs, baute er zweimal die politische Struktur Frankreich wieder auf – zunächst 1944, um Frankreich im Kern wiederherzustellen, und dann noch einmal 1958, um die Seele des Landes wiederaufzurichten und einen Bürgerkrieg zu verhindern. De Gaulle leitete Frankreichs historischen Übergang von einem geschlagenen, geteilten und überdehnten Reich zu einem stabilen, prosperierenden Nationalstaat mit einer soliden Verfassung. Von dieser Basis aus gab er Frankreich eine wichtige und nachhaltige Rolle in den internationalen Beziehungen zurück.

Richard Nixons (geboren 1913) Lehre aus seinen Erfahrungen im Zweiten Weltkrieg war, dass sein Land eine herausgehobene Rolle in der sich abzeichnenden Weltordnung spielen musste. Er war zwar der bisher einzige amerikanische Präsident, der zurücktreten musste, doch zwischen 1969 und 1974 sorgte er in der Hochzeit des Kalten Krieges für eine gewisse Entspannung zwischen den Supermächten und führte die Vereinigten Staaten aus dem Vietnam-Konflikt heraus. Dabei stellte er die amerikanische Außenpolitik auf eine konstruktive globale Grundlage, indem er Beziehungen zu China knüpfte, einen Friedensprozess für den Nahen Osten anstieß und für das Konzept einer Weltordnung im Gleichgewicht eintrat.

Zwei Staatsführer, um die es in diesem Buch geht, erlebten den Zweiten

STAATSKUNST

Weltkrieg als Untertanen der Kolonialmächte. Anwar el-Sadat (geboren 1918) saß als ägyptischer Offizier zwei Jahre im Gefängnis, weil er 1942 versucht hatte, mit dem deutschen Feldmarschall Erwin Rommel zusammenzuarbeiten, um die Briten aus Ägypten zu vertreiben, und dann noch einmal drei Jahre, davon lange Zeit in Einzelhaft, nach dem Mordkomplott gegen den probritischen früheren Finanzminister Amin Osman. Sadat, der lange von revolutionären und panarabischen Überzeugungen beseelt war, wurde 1970 durch den plötzlichen Tod von Gamal Abdel Nasser überraschend Präsident eines Ägypten, das durch die Niederlage im Sechstagekrieg 1967 gegen Israel geschockt und demoralisiert war. Mithilfe einer klugen Kombination aus militärischer Strategie und Diplomatie schaffte er es, Ägyptens verlorene Territorien ebenso zurückzuerlangen wie das nationale Selbstbewusstsein des Landes und schließlich einen Frieden mit Israel mittels einer transzendenten Philosophie zu sichern, den man lange nicht für möglich gehalten hatte.

Lee Kuan Yew (geboren 1923) entkam nur knapp der Hinrichtung durch die japanischen Besatzer im Jahr 1942. Später prägte er die Entwicklung einer verarmten Vielvölkerstadt am Rande des Pazifiks, eingekreist von feindlichen Nachbarn. Unter seiner Führung wurde Singapur zu einem sicheren, gut verwalteten und wohlhabenden Stadtstaat mit einer gemeinsamen nationalen Identität inmitten kultureller Vielfalt.

Margaret Thatcher (geboren 1925) drängte sich mit ihrer Familie um das Radio, um die Rundfunkansprachen des Premierministers Winston Churchill während der Schlacht um England zu hören. 1979 erbte Thatcher mit Großbritannien eine ehemals imperiale Macht, die durchdrungen war von einer erschöpften Resignation angesichts des Verlusts ihres weltweiten Einflusses und des Niedergangs ihrer internationalen Bedeutung. Sie erneuerte ihr Land durch Wirtschaftsreformen und eine Außenpolitik, die Kühnheit und Klugheit miteinander verband.

Aus dem Zweiten Dreißigjährigen Krieg zogen alle sechs Führungspersönlichkeiten ihre eigenen Schlüsse im Hinblick darauf, was die Welt vom rechten Weg abgebracht hatte, und sie entwickelten daraus eine enorme Wertschätzung für die Unverzichtbarkeit mutiger – und ehrgeiziger – politischer Führung. Der Historiker Andrew Roberts ruft uns ins Gedächtnis, dass »Führung« im Allgemeinen zwar mit einer ihr innewohnenden Tugend assoziiert wird, »tatsächlich aber moralisch völlig neutral ist, ebenso fähig, die Menschheit an den Abgrund wie auch auf das sonnenbeschienene Hochland zu führen. Es ist eine Urgewalt mit entsetzlicher Kraft«, die wir durch unsere Bemühungen auf moralische Ziele hin ausrichten müssen.[14]

KLASSISCHE BEISPIELE FÜR FÜHRUNG: DER STAATSMANN UND DER PROPHET

Die meisten Führungspersönlichkeiten haben keine visionären, sondern vor allem Managerfähigkeiten. In jeder Gesellschaft und auf jeder Verantwortungsebene braucht man Verwalter für das Tagesgeschäft, um die Institutionen zu leiten. Doch in Krisenzeiten – im Krieg, bei einem schnellen technologischen Umbruch, einer jähen wirtschaftlichen Disruption oder einem ideologischen Umsturz – kann das bloße Management des Status quo der gefährlichste Kurs überhaupt sein. In vom Glück begünstigten Gesellschaften bringen solche Zeiten transformationelle Führungspersönlichkeiten hervor. Man kann dabei zwei Idealtypen unterscheiden: den Staatsmann und den Propheten.[15]

Weitsichtige Staatsmänner wissen, dass sie im Grunde zwei Aufgaben zu erfüllen haben. Zum einen sollten sie ihre Gesellschaft schützen, indem sie die Umstände beeinflussen und sich nicht ihrerseits von ihnen überwältigen lassen. Solche Führungsfiguren fördern Wandel und Fortschritt, während sie dafür sorgen, dass ihre Gesellschaft sich gleichzeitig eine elementare Wahrnehmung ihrer selbst bewahrt. Zum anderen sollten sie ihre Vorstellungskraft mit Vorsicht mäßigen und ein Gespür für Grenzen pflegen. Sie übernehmen Verantwortung – nicht nur für das beste, sondern ebenso für das schlimmste Ergebnis. Sie sind sich meist der vielen großen Hoffnungen bewusst, die gescheitert sind, und der zahllosen guten Absichten, die nicht umgesetzt werden konnten, der starrsinnigen Beharrungskraft des menschlichen Egoismus, des Machthungers und der Gewalt. Dieser Definition von Führung zufolge sind Staatsmänner geneigt, Absicherungen gegen die Möglichkeit einzuziehen, dass selbst die besten Pläne scheitern und sich auch hinter der elegantesten Formulierung Hintergedanken verstecken können. Sie stehen jenen, die Politik personalisieren, eher misstrauisch gegenüber, denn die Geschichte lehrt, dass Strukturen, die vor allem von einzelnen Persönlichkeiten abhängen, schwach sind. Ehrgeizig, aber nicht revolutionär, arbeiten sie innerhalb dessen, was sie als »historischen Rahmen« verstehen, sie bringen ihre Gesellschaften voran und sehen gleichzeitig ihre politischen Institutionen und fundamentalen Werte als ein Erbe, das an zukünftige Generationen weitergegeben werden muss (allerdings durchaus mit Veränderungen, die den Kern bewahren). Kluge Staatsmänner merken, wann sie aufgrund neuer Umstände über bestehende Institutionen und Werte hinausgehen müssen. Aber sie verstehen auch, dass die Veränderung nicht über das Erträgliche hinausgehen darf, wenn ihre Gesellschaft florieren soll. Zu ihnen gehören die Entscheidungsträger des 17. Jahrhunderts, die das Staatensystem des Westfälischen Friedens* entwarfen, ebenso wie europäische Spitzenpolitiker des 19. Jahrhunderts wie Palmerston, Gladstone, Disraeli und Bismarck. Im 20. Jahrhundert waren Theodore und Franklin Roosevelt, Mustafa Kemal Atatürk und Jawaharlal Nehru Führungspersönlichkeiten in der Erscheinungsform des Staatsmanns.

Der zweite Typ des Anführers – der des Visionärs oder Propheten – behandelt bestehende Institutionen nicht unbedingt von der Perspektive des Möglichen, sondern vorrangig von einer Vision des Nötigen aus. Prophetische Anführer berufen sich auf ihre transzendenten Visionen als Beleg dafür, dass sie im Recht sind. In ihrer Sehnsucht nach einer leeren Leinwand für ihre eigenen Entwürfe begreifen sie die Auslöschung der Vergangenheit als eine vorrangige Aufgabe – ihrer Schätze ebenso wie ihrer Fallstricke. Das Gute an solchen Propheten ist, dass sie neu definieren, was möglich erscheint; sie sind die »unvernünftigen Menschen«, denen George Bernard Shaw »allen Fortschritt« zuschrieb.** Im Glauben an ultimative Lösungen neigen prophetische Anführer dazu, der Strategie der kleinen Schritte als einer unnötigen

---

* Der im 17. Jahrhundert nach dem Dreißigjährigen Krieg ausgehandelte Westfälische Frieden gruppierte die überlebenden Staaten des Konflikts auf der Grundlage des nationalen Interesses und der Eigenstaatlichkeit als Ersatz für das religiöse oder dynastische Fundament des Mittelalters.

** »Der vernünftige Mensch passt sich der Welt an; der unvernünftige besteht auf dem Versuch, die Welt sich anzupassen. Deshalb hängt aller Fortschritt von unvernünftigen Menschen ab.« (George Bernard Shaw, »Mensch und Übermensch« [Berlin: S. Fischer, 1907], S. 440)

Einleitung

Konzession an Zeit und Umstände zu misstrauen; ihr Ziel ist es, über den Status quo hinauszugehen, ihn nicht nur zu verwalten. Echnaton, Jeanne d'Arc, Robespierre, Lenin und Gandhi zählen zu den prophetischen Führungsgestalten der Geschichte.

Die Trennlinie zwischen diesen beiden Typen erscheint vielleicht auf den ersten Blick absolut, aber sie ist nicht unüberwindbar. Anführer können von einem Modus in den anderen wechseln – oder sich bei dem einen bedienen, während sie weitgehend im anderen zu Hause sind. Churchill in seinen »Jahren in der Wildnis« und de Gaulle als Führer der »Freien Franzosen« gehörten in die prophetische Kategorie, ebenso Sadat auf dem Höhepunkt seines Lebens. In der Praxis gelang allen sechs in diesem Buch porträtierten Staatslenkern eine Synthese der beiden Richtungen, allerdings mit einer Neigung zum Staatsmännischen.

Im Altertum verkörperte Themistokles, der Führer Athens, der die griechischen Stadtstaaten davor bewahrte, vom Persischen Reich geschluckt zu werden, eine optimale Mischung der beiden Stile. Laut Thukydides war Themistokles »mit kürzester Überlegung ein unfehlbarer *Erkenner* des Augenblicks und auf weiteste Sicht der beste *Berechner* der Zukunft«.[16]

Ein Aufeinandertreffen der beiden Typen endet oft ergebnislos und enttäuschend, was auf ihre unterschiedlichen Maßstäbe für einen Erfolg zurückzuführen ist. Der Härtetest für den Staatsmann ist die Stabilität politischer Strukturen unter Stress, während der Prophet seine Leistungen an absoluten Maßstäben ausrichtet. Während der Staatsmann mögliche Handlungsoptionen auf der Basis ihrer Nützlichkeit, nicht ihrer »Wahrheit« bewertet, betrachtet der Prophet diesen Ansatz als Sakrileg, als einen Triumph der Opportunität über das universale Prinzip. Für den Staatsmann sind Verhandlungen ein Stabilitätsmechanismus; für den Propheten können sie ein Mittel sein, um Gegner zu bekehren oder zu demoralisieren. Und während für den Staatsmann die Bewahrung der internationalen Ordnung wichtiger ist als jeder Disput innerhalb dieser Ordnung, orientieren Propheten sich an ihrem Ziel und sind bereit, die bestehende Ordnung dafür umzustürzen.

Beide Führungstypen sind transformationell gewesen, besonders in Krisenzeiten, wobei allerdings der prophetische Stil, der auch für Momente der

Euphorie steht, gewöhnlich mit größeren Umbrüchen und schwererem Leid einhergeht. Jeder Ansatz hat auch seine Nemesis. Die des Staatsmanns ist, dass ein Gleichgewicht zwar vielleicht die Voraussetzung für Stabilität und langfristigen Fortschritt ist, aber keine eigene Dynamik entfaltet. Das Risiko für den Propheten besteht darin, dass in einer ekstatischen Stimmung womöglich die Menschlichkeit zugunsten einer gewaltigen Vision geopfert und das Individuum auf ein Objekt reduziert wird.

DAS INDIVIDUUM IN DER GESCHICHTE

Unabhängig von ihren persönlichen Charakterzügen oder Handlungsweisen stehen Führungspersönlichkeiten unausweichlich vor einer unerbittlichen Herausforderung: Sie müssen dafür sorgen, dass die Erfordernisse der Gegenwart die Zukunft nicht erdrücken. Durchschnittliche Anführer versuchen das gerade Anstehende zu managen; große versuchen, ihre Gesellschaft an ihren Visionen wachsen zu lassen. Wie man dieser Herausforderung gerecht wird, ist diskutiert worden, seit die Menschheit über die Beziehung zwischen dem Gewollten und dem Unausweichlichen nachdenkt. In der westlichen Welt wurde die Lösung seit dem 19. Jahrhundert immer stärker der Geschichte zugeschrieben, als ob historische Ereignisse Männer und Frauen in einem gewaltigen Prozess, in dem sie nur Werkzeuge, nicht Schöpfer waren, überwältigt hätten. Im 20. Jahrhundert haben viele Gelehrte, etwa auch der herausragende französische Historiker Fernand Braudel, darauf bestanden, Individuen und die Ereignisse, die sie prägen, als reine »oberflächliche Störungen« und »Schaumkämme« in einem größeren Meer mit gewaltigen und unerbittlichen Gezeiten zu sehen.[17] Führende Denker – Sozialhistoriker, politische Philosophen und Theoretiker der internationalen Beziehungen gleichermaßen – haben unfertige Kräfte mit der Macht der Vorsehung erfüllt. Im Angesicht von »Strömungen«, »Strukturen« und »Machtverteilungen« wird der Menschheit jede Entscheidungsfreiheit abgesprochen – sie kann infolgedessen nichts anderes tun, als alle Verantwortung von sich zu weisen. Dies sind natürlich valide Konzepte von historischer Analyse, und jede Führungsfigur muss sich ihrer Kraft bewusst sein. Sie werden jedoch immer durch menschliche Vermittlung

Einleitung

umgesetzt und durch menschliche Wahrnehmung gefiltert. Ironischerweise hat es kein effizienteres Werkzeug für die unheilvolle Machtkonsolidierung von Individuen gegeben als die Theorien zu den unausweichlichen Gesetzen der Geschichte.

Daraus ergibt sich die Frage, ob diese Kräfte endemisch oder dem gesellschaftlichen und politischen Handeln unterworfen sind. Die Physik hat festgestellt, dass sich die Realität durch den Prozess der Beobachtung verändert. Auch die Geschichte lehrt, dass Männer und Frauen ihre Umgebung durch ihre Deutung dieser Umgebung formen.

Spielen Individuen eine Rolle in der Geschichte? Einem Zeitgenossen Cäsars oder Mohammeds, Luthers oder Gandhis, Churchills oder Franklin D. Roosevelts hätte sich diese Frage gar nicht gestellt. Dieses Buch beschäftigt sich mit Führungspersönlichkeiten, die in dem endlosen Kampf zwischen dem Gewollten und dem Unausweichlichen begriffen haben, dass menschliches Handeln das, was unausweichlich scheint, unausweichlich macht. Sie waren bedeutsam, weil sie die Umstände überwanden, die sie geerbt hatten, und dadurch ihre Gesellschaften an die Grenzen des Möglichen führten.

I

Konrad Adenauer: Die Strategie der Demut

DIE NOTWENDIGKEIT DER ERNEUERUNG

Auf der Konferenz von Casablanca verkündeten die Alliierten im Januar 1943, dass sie einzig und allein die »bedingungslose Kapitulation« der Achsenmächte akzeptieren würden. Der amerikanische Präsident Franklin Delano Roosevelt, der die treibende Kraft hinter dieser Forderung war, wollte jeder eventuellen Nachfolgeregierung Hitlers die Möglichkeit nehmen zu behaupten, sie sei mit falschen Versprechungen in die Kapitulation gelockt worden. Deutschlands völlige militärische Niederlage führte zusammen mit seinem totalen Verlust an moralischer Integrität und internationaler Legitimität unaufhaltsam zur fortschreitenden Auflösung der deutschen Zivilgesellschaft.

Ich beobachtete diesen Vorgang als Teil der 84. Infanteriedivision der US-Armee, die sich von der deutschen Grenze nahe dem industriell geprägten Ruhrgebiet bis an die Elbe nahe Magdeburg vorschob – nur rund 150 Kilometer entfernt von der damals tobenden Schlacht um Berlin. Als die Division nach Deutschland einrückte, war ich Teil einer Einheit, die unter anderem für die Verhinderung von Guerilla-Aktivitäten zuständig war, wie Hitler sie angeordnet hatte.

Für jemanden wie mich, dessen Familie sechs Jahre zuvor aus dem fränkischen Fürth geflohen war, um der ethnischen Verfolgung zu entgehen, war kein größerer Gegensatz zum Deutschland meiner Jugend vorstellbar. Damals hatte Hitler gerade den »Anschluss« Österreichs vollzogen und war dabei, die Tschechoslowakei zu zerlegen. Das vorherrschende Gebaren der Deutschen grenzte an Anmaßung.

STAATSKUNST

Nunmehr hingen aus vielen Fenstern weiße Leintücher, um die Kapitulation der Bevölkerung anzuzeigen. Die Deutschen, die ein paar Jahre zuvor die Aussicht gefeiert hatten, Europa vom Ärmelkanal bis zur Wolga unter ihre Herrschaft zu bringen, waren eingeschüchtert und verwirrt. Tausende Verschleppte – im Krieg als Zwangsarbeiter aus Osteuropa deportiert – bevölkerten die Straßen auf der Suche nach Essen, Unterkunft und einer Möglichkeit, in die Heimat zurückzukehren.

Es war eine verzweifelte Zeit in der deutschen Geschichte. Nahrungsmittel waren furchtbar knapp. Viele hungerten, und die Kindersterblichkeit war doppelt so hoch wie im übrigen Westeuropa.[1] Der normale Austausch von Waren und Dienstleistungen brach zusammen; Schwarzmärkte traten an seine Stelle. Der Postverkehr war beeinträchtigt bis nicht existent. Züge fuhren nur sporadisch, und der Transport auf der Straße war durch die Verheerungen des Krieges und die Treibstoffknappheit überaus schwierig.

Im Frühjahr 1945 bestand die Aufgabe der Besatzungstruppen darin, eine Art zivile Ordnung einzusetzen, bis das dafür ausgebildete Personal einer Militärregierung die Kampftruppen ablösen konnte. Dies geschah etwa zur Zeit der Potsdamer Konferenz im Juli und August (an der Churchill/Attlee, Truman und Stalin teilnahmen). Auf diesem Gipfel teilten die Alliierten Deutschland in vier Besatzungszonen: für die Vereinigten Staaten ein südlicher Teil, der vor allem Bayern umfasste, für Großbritannien das industrialisierte nördliche Rheinland und das Ruhrgebiet, für Frankreich das südliche Rheinland und das Gebiet entlang der Grenze zum Elsass und für die Sowjets eine Zone von der Elbe bis zur Oder-Neiße-Linie, die die neue polnische Grenze bildete und damit das deutsche Territorium der Vorkriegszeit um fast ein Viertel verkleinerte. Die drei Westzonen standen jeweils unter der Rechtsprechung eines hochrangigen Beamten der Besatzungsmächte mit dem Titel eines Hohen Kommissars.

Die deutsche Zivilverwaltung, einst erwiesenermaßen effizient und kompetent, lag am Boden. Die höchste Autorität übten jetzt die Besatzungstruppen bis auf Kreisebene aus. Diese Truppen hielten die Ordnung aufrecht, doch es dauerte fast achtzehn Monate, bis die Nachschublinien wieder einigermaßen zuverlässig funktionierten. Im Winter 1945/46 zwang die Brennstoffknappheit auch Konrad Adenauer, der vier Jahre später Kanzler werden sollte, in einem dicken Mantel zu schlafen.[2]

Konrad Adenauer: Die Strategie der Demut

Das besetzte Deutschland trug nicht nur an der Last seiner unmittelbaren Vergangenheit, sondern auch an der Unübersichtlichkeit seiner Geschichte. In den 74 Jahren seit der Reichsgründung war Deutschland erst als Monarchie, dann als Republik und schließlich als totalitärer Staat regiert worden. Bei Kriegsende ging die einzige Erinnerung an eine stabile Regierung auf die Anfänge des geeinten Deutschlands unter der Kanzlerschaft Otto von Bismarcks (1871–1890) zurück. Von da an bis zum Ausbruch des Ersten Weltkriegs im Jahr 1914 sah sich das Deutsche Reich verfolgt vom »Albtraum«, wie Bismarck es nannte, feindlicher äußerer Bündnisse, die Deutschland mit seinem Militärpotenzial und seiner undurchsichtigen Rhetorik erst heraufbeschworen hatte. Weil das geeinte Deutschland stärker war als jeder einzelne der vielen Staaten, die es umgaben, und viel bevölkerungsreicher als alle Staaten außer Russland, wurde seine wachsende Macht und potenzielle Dominanz zu einer ständigen Herausforderung für die Sicherheit Europas.

Nach dem Ersten Weltkrieg verarmte die neu entstandene Weimarer Republik durch Inflation und Wirtschaftskrisen und sah sich selbst als Opfer der harten Strafbestimmungen des Versailler Vertrags. Unter Hitler versuchte Deutschland nach 1933 dann ganz Europa seinen Totalitarismus aufzuzwingen. Kurz gesagt: Das geeinte Deutschland war in der ganzen ersten Hälfte des 20. Jahrhunderts für einen Frieden in Europa abwechselnd entweder zu stark oder zu schwach gewesen. 1945 war es auf seine schwächste Position in Europa und der Welt seit der Gründung des Deutschen Reiches beschnitten worden.

Die Aufgabe, dieser am Boden liegenden Gesellschaft Würde und Legitimität zurückzugeben, fiel Konrad Adenauer zu, der 16 Jahre lang als Oberbürgermeister von Köln gewirkt hatte, bevor er von Hitler entlassen worden war. Adenauer geriet, wenn man seinen Hintergrund betrachtet, eher zufällig in diese Rolle, die gleichzeitig die Demut erforderte, die Folgen einer bedingungslosen Kapitulation umzusetzen, wie die nötige Charakterstärke, um internationales Ansehen für sein Land im Kreise der Demokratien zurückzuerlangen. Geboren im Jahr 1876 – nur fünf Jahre nach der deutschen Einigung unter Bismarck –, blieb Adenauer sein ganzes Leben lang mit seiner Geburtsstadt Köln verbunden, mit ihrem gotischen Dom, der am Rheinufer aufragt, und ihrer Geschichte als Hansestadt in zentraler Verkehrslage.

STAATSKUNST

Als Erwachsener hatte Adenauer die drei Ausgestaltungen des geeinten deutschen Staates nach Bismarck erlebt: das Auftrumpfende unter dem Kaiser, die inneren Unruhen in der Weimarer Republik und das Abenteurertum unter Hitler, das in Selbstzerstörung und Zerfall gipfelte. In seinem Bemühen, seinem Land wieder einen Platz in einer rechtmäßigen Nachkriegsordnung zu verschaffen, sah er sich weltweit einer von den Nationalsozialisten ererbten Feindseligkeit und zu Hause der Orientierungslosigkeit einer Öffentlichkeit gegenüber, die durch die lange Abfolge von Revolution, Weltkrieg, Völkermord, Niederlage, Teilung, Wirtschaftskollaps und Verlust der moralischen Integrität erschöpft war. Er schlug einen zugleich demütigen und wagemutigen Kurs ein: deutsches Unrecht eingestehen; als Strafe die Niederlage und die eigene Ohnmacht akzeptieren, darunter auch die Teilung seines Landes; den Abbau der industriellen Lebensgrundlage als Kriegsreparationen dulden und den Versuch unternehmen, durch Unterordnung eine neue europäische Struktur aufzubauen, innerhalb derer Deutschland ein vertrauenswürdiger Partner werden konnte. Deutschland, so hoffte er, werde ein normales Land werden, allerdings immer, wie ihm bewusst war, mit einer nicht normalen Erinnerungslast.

VON DEN FRÜHEN JAHREN BIS ZUM INNEREN EXIL

Adenauers Vater Johann Conrad, einst Unteroffizier im preußischen Heer, war danach drei Jahrzehnte lang Justizbeamter in Köln. Johann Conrad, der selbst keine höhere Bildung nach der verpflichtenden Grundschule genossen hatte, war fest entschlossen, seinen Kindern Bildung und Aufstiegsmöglichkeiten zu bieten. Adenauers Mutter unterstützte ihn darin; als Tochter eines Bankangestellten besserte sie das Familieneinkommen mit Näharbeiten auf. Gemeinsam bereiteten sie den jungen Konrad gewissenhaft auf die Schule vor und suchten ihm ihre katholischen Werte zu vermitteln.[3] Sündenanerkenntnis und soziale Verantwortung prägten Adenauers Kindheit. Als Student an der Universität Bonn kannte man ihn wegen seiner Angewohnheit, seine Füße in einen Eimer kaltes Wasser zu tauchen, um die Müdigkeit bei nächtlichen Studien zu bekämpfen.[4] Adenauers Juraabschluss und sein familiärer

Konrad Adenauer: Die Strategie der Demut

Hintergrund im Staatsdienst führten ihn 1904 auf einen Posten in der Kölner Stadtverwaltung. Als Beigeordneter war er vor allem für die Besteuerung zuständig. 1909 wurde er zum stellvertretenden Bürgermeister ernannt, um dann schließlich 1917 Oberbürgermeister von Köln zu werden.

Oberbürgermeister von Köln waren in der Regel frühere Verwaltungsbeamte, die sich in ihrem Verhalten von der gewaltgeprägten Parteipolitik der Zeit abheben wollten. Adenauers Ansehen in diesem Amt war so groß, dass es 1926 sogar Gespräche in Berlin gab, ob man ihn nicht als Kanzler einer Regierung der nationalen Einheit einsetzen sollte. Der Versuch scheiterte, weil es nicht gelang, Adenauers Bedingung zu erfüllen und ein überparteiliches Bündnis zu schmieden.

Seinen ersten unübersehbaren nationalen Auftritt hatte Adenauer in Verbindung mit Hitlers Ernennung zum Reichskanzler am 30. Januar 1933. Um seine Position zu stärken, rief Hitler allgemeine Wahlen aus und legte dem deutschen Parlament das sogenannte Ermächtigungsgesetz vor, das die Rechtsordnung und die Unabhängigkeit staatlicher Institutionen aufhob. Adenauer demonstrierte im ersten Monat nach Hitlers Ernennung zum Kanzler dreimal öffentlich seine Gegnerschaft. Im Dreimännerkollegium, dem er als Vorsitzender des Preußischen Staatsrats *ex officio* angehörte, boykottierte er eine Abstimmung zur Auflösung des preußischen Landtags. Er schlug eine Einladung aus, Hitler während des Wahlkampfs am Kölner Flughafen zu begrüßen. Und in der Woche vor der Wahl befahl er, NS-Flaggen von Brücken und anderen städtischen Bauwerken zu entfernen. Eine Woche nach Hitlers Wahlsieg wurde Adenauer abgesetzt.

Nach seiner Entlassung bat Adenauer bei einem alten Schulfreund, der Abt eines Benediktinerklosters geworden war, um Zuflucht. Die Bitte wurde gewährt, und im April zog Adenauer in die Abtei Maria Laach, 80 Kilometer südlich von Köln am Laacher See gelegen. Dort vertiefte er sich vor allem in zwei Enzykliken der Päpste Leo XIII. und Pius XI., in denen es um die Anwendung der katholischen Lehre auf soziale und politische Entwicklungen ging, besonders auf die Situation der wachsenden modernen Arbeiterklasse.[5] In diesen Enzykliken stieß Adenauer auf Aussagen, die mit seinen politischen Überzeugungen übereinstimmten: die Betonung der christlichen gegenüber der politischen Identität, die Verurteilung von Kommunismus und Sozialismus, die Milderung des Klassenkampfes durch Demut und christliche Wohltätigkeit und die Sicherung des freien Wettbewerbs anstelle von Kartellpraktiken.[6]

Adenauers Zeit in Maria Laach sollte nicht allzu lange dauern. Nach einem Besuch der Christmette – die Menschen aus der ganzen Umgebung angezogen hatte, die ihn sehen und unterstützen wollten – setzten die Nationalsozialisten den Abt unter Druck, seinen angesehenen Gast vor die Tür zu setzen. Adenauer ging im Januar.

Sein nächstes Lebensjahrzehnt war von Schwierigkeiten und Unwägbarkeiten geprägt. Es gab Momente großer Gefahr, besonders nach dem gescheiterten Anschlag auf Hitler im Juli 1944, den Vertreter der preußischen Oberschicht, darunter auch einige frühere Angehörige des politischen und militärischen Apparats der Weimarer Zeit, organisiert hatten. Sie alle bekamen Hitlers Rache zu spüren. Eine Zeit lang entzog sich Adenauer der Gefahr, indem er rastlos reiste und nie länger als 24 Stunden an einem Ort blieb.[7] Seine prekäre Lage änderte allerdings nichts an seiner Ablehnung Hitlers, der die Rechtsstaatlichkeit, die Adenauer als eine *conditio sine qua non* des modernen Staates betrachtete, mit Füßen trat.[8] Adenauer war zwar als Andersdenkender bekannt, aber nicht bereit, sich zivilen oder militärischen Verschwörern gegen das Regime anzuschließen, vor allem weil er ihre Erfolgschancen skeptisch beurteilte.[9] Insgesamt »taten er und seine Familie ihr Bestes, so ruhig und unauffällig wie nur möglich zu leben«, wie ein Forscher es beschreibt.[10]

Trotz seines Abschieds aus der Politik verhafteten die Nationalsozialisten ihn schließlich. Im Herbst 1944 verbrachte er zwei Monate in einer Gefängniszelle, von deren Fenster aus er Zeuge von Hinrichtungen, auch der eines 16-Jährigen, wurde; aus einem Raum unter seiner Zelle hörte er die Schreie anderer Insassen, die gefoltert wurden.

Schließlich gelang es seinem Sohn Max, der im deutschen Heer diente, seine Entlassung zu erreichen. Als amerikanische Panzer im Februar 1945 ins Rheinland vordrangen, begann Adenauer über eine Rolle in seinem militärisch besiegten, moralisch verheerten, wirtschaftlich erschütterten und politisch zusammengebrochenen Land nachzudenken.[11]

Konrad Adenauer: Die Strategie der Demut

DER WEG ZUR FÜHRUNG

Hitlers brutale Reaktion auf das Attentat vom Juli 1944 hatte die Reihen jener dezimiert, die womöglich auf seine Nachfolge spekulierten. Einige hochrangige Politiker der Sozialdemokratischen Partei hatten die Konzentrationslager überlebt – darunter Adenauers späterer Rivale Kurt Schumacher – und besaßen die politische Statur für das Amt des Kanzlers. Aber ihnen fehlte eine Gefolgschaft, die groß genug gewesen wäre, um die öffentliche Unterstützung zu mobilisieren, die man brauchte, um die bedingungslose Kapitulation des Landes und die damit einhergehenden Strafen umzusetzen – Vorbedingungen, um das Vertrauen der westlichen Alliierten zu erlangen.

Im Mai 1945 setzten die amerikanischen Streitkräfte, die Köln zunächst besetzt hatten, Adenauer wieder als Bürgermeister ein, doch mit der Übergabe der Stadt an die britische Verwaltung als Ergebnis des Potsdamer Abkommens wuchsen die Spannungen, und die Briten entließen ihn ein paar Monate später. Die Besatzungsmacht hatte Adenauer jetzt zwar zeitweise von jeder politischen Aktivität ausgeschlossen, doch er konzentrierte sich in aller Stille darauf, sich in Vorbereitung auf eine neue deutsche Selbstverwaltung eine politische Basis zu schaffen.

Im Dezember 1945 nahm Adenauer an der Gründungsversammlung einer neuen Partei christlicher Prägung teil, in der Katholiken wie Protestanten eine Heimat finden konnten. Anwesend waren ehemalige Mitglieder der katholischen Zentrumspartei, deren Mitglied Adenauer als Oberbürgermeister von Köln gewesen war, wie auch der nationalkonservativen Deutschen Nationalen Volkspartei und der liberalen Deutschen Demokratischen Partei. Viele hatten sich gegen Hitler gewandt, einige hatten wegen ihres Widerstands im Gefängnis gesessen. Der Gruppe fehlten eine klare politische Richtung und Grundsätze; tatsächlich war der Tenor der Diskussionen bei diesem ersten Treffen eher sozialistisch als klassisch liberal. Auch wegen der Einwände Adenauers wurde die Frage der Grundprinzipien vertagt, und die Gruppe einigte sich zunächst auf ihren Namen: Christlich Demokratische Union.[12]

Im nächsten Monat sorgte neben anderen auch Adenauer dafür, dass der CDU ihre politische Philosophie als Partei der Demokratie, des gesellschaftlichen Konservativismus und der europäischen Integration unter Ablehnung

STAATSKUNST

der jüngsten Vergangenheit Deutschlands wie auch des Totalitarismus in jeder Form in Fleisch und Blut überging. Bei einer Tagung der Gründungsmitglieder der CDU im Januar 1946 in der britischen Besatzungszone im westfälischen Herford legte Adenauer diese Prinzipien ausführlich dar und untermauerte seinen Anspruch auf Führerschaft in der neuen Partei.

In seiner ersten öffentlichen Rede nach Kriegsende am 24. März 1946 wagte Adenauer einen Ausblick auf seine anschließende politische Agenda. Er kritisierte Deutschlands Verhalten unter Hitler und fragte seine mehreren tausend Zuhörer in der schwer zerstörten Aula der Universität zu Köln, wie die Nationalsozialisten überhaupt an die Macht hatten kommen können. Sie hätten dann »Verbrechen größten Ausmaßes« begangen, wie er sagte, und die Deutschen könnten ihren Weg in eine bessere Zukunft nur finden, wenn sie ihre Vergangenheit aufarbeiteten.[13] Eine solche Anstrengung sei nötig, wenn es ihrem Land wieder besser gehen sollte. Aus dieser Perspektive musste Deutschlands Haltung nach dem Zweiten Weltkrieg genau das Gegenteil seiner Reaktion auf den Ersten sein. Statt sich wieder in selbstmitleidigem Nationalismus zu suhlen, sollte Deutschland seine Zukunft in einem sich vereinenden Europa suchen. Adenauer verkündete eine Strategie der Demut.

Hochgewachsen und scheinbar unerschütterlich neigte Adenauer zu einer knappen, aber durch den singenden rheinischen Tonfall gemilderten Sprache, verbindlicher als das Preußische, in dem nach Mark Twain Sätze wie Heeresformationen durch Konversationen marschierten. (Das Rheinland hatte eine unabhängige Geschichte gehabt, bevor es von Preußen 1814/15 erworben wurde.) Gleichzeitig verströmte er Vitalität und Selbstbewusstsein. Sein Führungsstil war die Antithese zum charismatischen Gebrüll der Hitlerzeit und orientierte sich eher an der ernsten Autorität der Generation vor dem Ersten Weltkrieg, die ihre Angelegenheiten in einer Atmosphäre der Zurückhaltung und der gemeinsamen Werte geregelt hatte.

All diese Eigenschaften zusammen mit dem Ansehen, das er sich durch ein Jahrzehnt Distanz zu Hitler erworben hatte, machten Adenauer zum offenkundig geeignetsten Kandidaten für die Führung der neuen demokratischen Partei. Aber er war sich auch für praktische Manöver nicht zu schade, um sein Ziel zu erreichen. Beim ersten Treffen der CDU stand ein Stuhl an der Kopfseite des Tisches. Adenauer steuerte ihn an und erklärte: »Ich bin am 5. Januar

Konrad Adenauer: Die Strategie der Demut

1876 geboren, also wohl der Älteste hier. Wenn niemand widerspricht, darf ich mich als Alterspräsident betrachten.« Das provozierte Gelächter wie auch Zustimmung; von dem Punkt an lenkte er die Partei für mehr als 15 Jahre.[14]

Das CDU-Programm, bei dessen Entwurf Adenauer eine wichtige Rolle spielte, drängte die Deutschen, ihre Vergangenheit abzulegen und die Zukunft in einem Geist der Erneuerung, basierend auf christlichen Idealen und demokratischen Prinzipien, zu suchen:

> Darum fort mit den Schlagworten einer überwundenen Zeit, fort mit der Lebens- und Staatsmüdigkeit! Die gleiche Not zwingt uns alle, zuzupacken. Es wäre Verrat an der eigenen Familie und am deutschen Volke, jetzt in Nihilismus oder Gleichgültigkeit abzusinken.
>
> Die CDU ruft alle neubauwilligen Kräfte auf in dem unerschütterlichen Vertrauen auf die guten Eigenschaften des deutschen Volkes und in der unbeugsamen Entschlossenheit, den christlichen Gedanken und das hohe Ideal wahrhafter Demokratie zur Grundlage der Erneuerung zu machen.[15]

Die ganze Zeit war sich Adenauer der Möglichkeit einer Tragödie bewusst – vielleicht sogar davon besessen. Deutschland war seiner Ansicht nach moralisch wie materiell nicht stark genug, sich allein zu behaupten, und jeder Versuch in diese Richtung würde in einer Katastrophe enden. Das neue Deutschland in der Mitte des Kontinents musste viele seiner vorherigen Strategien und Haltungen aufgeben – vor allem die opportunistische Manipulation seiner geografischen Lage und die preußische Neigung zu guten Beziehungen mit Russland. (Preußen, die Pfahlwurzel des deutschen Militarismus, wurde als Staat innerhalb Deutschlands 1947 von den Alliierten formell aufgelöst.) Adenauers Deutschland verankerte seine Demokratie stattdessen im Inneren in seinen katholischen Regionen und ökumenischen christlichen Werten und international im Bündnis mit den Westen – besonders im Sicherheitsbündnis mit den Vereinigten Staaten.[16]

Die beschauliche Universitätsstadt Bonn, die im Krieg nicht unter Fliegerangriffen gelitten hatte, war als vorübergehender Regierungssitz der BRD ausgewählt worden – bis zu einer Wiedervereinigung mit Berlin als Hauptstadt. Auch Adenauer präferierte Bonn, da es in der Nähe seines Wohnorts

Rhöndorf und weit weg vom politischen Getümmel lag. Adenauer konnte die Wahl Bonns im September 1948 – noch bevor er Kanzler wurde – als Vorsitzender der CDU und Präsident des Parlamentarischen Rats beeinflussen. Die Alliierten hatten den Parlamentarischen Rat, eine Gruppe deutscher Politiker, damit beauftragt, die politische Entwicklung zu planen und eine neue Verfassung, ein Grundgesetz, zu erarbeiten. Später sagte Adenauer im Scherz, dass er den Rat nur deshalb überredet habe, sich für Bonn einzusetzen, weil Rhöndorf als Regierungssitz nun wirklich zu klein gewesen sei (nicht einmal 2000 Einwohner).[17] Weniger humorig hatte er auch das sehr viel kosmopolitischere München abgelehnt, weil Bayern angeblich noch den »alten Zeiten« nachtrauerte und weil, wie er gehässig bemerkte, die Hauptstadt nicht direkt am Kartoffelacker liegen sollte. Adenauer lehnte auch größere Städte wie Frankfurt, Sitz des kurzlebigen Parlaments von 1848, ab, da die Entwicklungsmöglichkeiten der Demokratie dort womöglich durch öffentliche Demonstrationen und Unruhen verzerrt würden.

DIE WIEDERHERSTELLUNG DER BÜRGERLICHEN ORDNUNG UND DIE EINSETZUNG DES KANZLERS

1946 begann langsam der Wiederaufbau. Immer höhere Regierungsebenen wurden gewählt, Strukturen neu aufgebaut und die politische Verantwortung Stück für Stück wieder den Deutschen selbst übertragen. Im Januar 1947 etablierten die USA und Großbritannien eine gemeinsame Wirtschaftspolitik für ihre Zonen. Frankreich schloss sich ein Jahr später an, und so entstand die »Trizone«. Der Wirtschaftswissenschaftler Ludwig Erhard wurde zum Direktor des Wirtschaftsrats ernannt und beaufsichtigte den reibungslosen Übergang zur neuen Währung, der Deutschen Mark. Gleichzeitig hob er die Preiskontrollen wie auch die Rationierung auf. Erhards mutige wirtschaftspolitische Manöver läuteten eine Erholung ein, die schließlich den politischen Wiederaufbau auf der Grundlage eines von den alliierten Mächten gebilligten Grundgesetzes ermöglichte.[18]

Am 23. Mai 1949 – vier Jahre nach der bedingungslosen Kapitulation – trat das Grundgesetz in Kraft, und aus den drei westlichen Zonen entstand formell die Bundesrepublik. Einige Monate später bildete sich anstelle der sowjetischen Besatzungszone offiziell die Deutsche Demokratische Republik. Die Teilung Deutschlands spiegelte jetzt die durch Europa verlaufenden Trennlinien wider. Der Prozess kulminierte in der Wahl eines Nationalparlaments, des Bundestags, im August. Am 15. September votierte der Bundestag für einen Kanzler, der laut Grundgesetz eine absolute Mehrheit brauchte und seinerseits nur mittels einer absoluten Mehrheit durch einen schon feststehenden Nachfolger ersetzt werden konnte – eine stabilisierende Maßnahme. Adenauer wurde mit nur einer Stimme Mehrheit (vermutlich seiner eigenen) in diesem Parlament eines Rumpfstaates zum Kanzler gewählt; ihm gelangen vier aufeinanderfolgende Wahlerfolge mit 14 Jahren Amtszeit.

Deutschlands Souveränität war allerdings stark beschnitten. Die Alliierten, die durch ihre jeweiligen Hohen Kommissare die höchste Befehlsgewalt über das besetzte Westdeutschland ausübten, »wünschten und beabsichtigten« offiziell, »dass sich das deutsche Volk [...] im größtmöglichen Maße selbst regiert«. Aber sie setzten eine Reihe von Themen – von der Außenpolitik bis hin zur »Verwendung von Geldmitteln, Lebensmitteln und sonstigen Bedarfsgütern« – fest, bei denen die drei Hohen Kommissare und andere Besatzungsbehörden das letzte Wort haben sollten.[19] Das Besatzungsstatut, aus dem die obigen Zitate stammen und das zwei Wochen vor der Gründung der Bundesrepublik in Kraft trat, stand über dem Grundgesetz. Ein damit verbundenes Dokument, das Ruhrstatut, begründete die alliierte Kontrolle über das gleichnamige industrielle Zentrum und formulierte Kriterien für die Demontage der deutschen Industrie zur Wiedergutmachung.[20] Das ebenfalls industriell geprägte Saargebiet bekam allerdings verhältnismäßig früh einen gesonderten autonomen Status zugesprochen.

Die Spannung zwischen der noch bestehenden alliierten Oberherrschaft und der neuen deutschen Selbstverwaltung trat vor allem am 21. September 1949 zutage, als die drei Hohen Kommissare in Bonn zusammenkamen, um Adenauer als den neuen Kanzler der Bundesrepublik und ersten rechtmäßigen Nachfolger Hitlers willkommen zu heißen. Adenauer hatte vor der Zeremonie versichert, dass er die Teilung Deutschlands und die Beeinträchtigung seiner Souveränität durch die verschiedenen von den Alliierten auferlegten Statuten als Preis der bedingungslosen Kapitulation nicht in Frage stellen werde. Doch er nutzte die Gelegenheit der Amtseinsetzung, um zu zeigen, dass er dies mit Würde und Selbstachtung tat. Jenseits des Randes des roten Teppichs, auf dem sich die Hohen Kommissare versammelt hatten, war an der Seite ein Platz für ihn vorgesehen. Bei Beginn der Zeremonie nahm Adenauer unter völliger Missachtung des Protokolls seinen Stuhl und stellte ihn auf den Teppich *neben* die Hohen Kommissare – und verwies damit darauf, dass die neue Bundesrepublik in der Zukunft auf einem gleichberechtigten Status bestehen werde, wenn es auch die Folgen seiner früheren Verfehlungen akzeptierte.

In einer kurzen Antrittsrede betonte Adenauer, dass er als Kanzler das Besatzungsstatut und andere Einschränkungen der Souveränität akzeptiere. Deutschlands Unterordnung unter dessen Bestimmungen, so legte er dar, war in dem Statut mit der Teilung des Landes verknüpft worden; in Anerkennung seiner Zustimmung zu diesen Opfern bat er daher die Hohen Kommissare, »das Statut in einer großzügigen und maßvollen Weise anzuwenden« und die Klauseln zu nutzen, die Veränderungen und Entwicklungen zuließen. Damit sollte das deutsche Volk womöglich in die Lage versetzt werden, zur gegebenen Zeit zur »völligen Freiheit« zu gelangen.

Den Kern seiner Antrittsrede bildete nicht der Appell an die Sieger um Großzügigkeit, sondern Adenauers Vision des neuen Europas, auf die er das neue Deutschland verpflichtete. Adenauer schwor jeder Rückkehr zum Nationalismus oder anderen Triebkräften der Vorkriegszeit ab und warb dafür, eine »wirkliche, lebensfähige europäische Föderation« zu errichten.

> Wir sind gewiss, dass die enge nationalstaatliche Idee des 19. und des beginnenden 20. Jahrhunderts heute als überwunden gelten muss. [...] Wenn wir zurückfinden zu den Quellen unserer europäischen Kultur, die aus dem Christentum entspringen, muss es uns gelingen, die Einheit des europäischen Lebens auf allen Gebieten wiederherzustellen. Dies ist die allein wirksame Garantie für die Erhaltung des Friedens.[21]

Adenauers Rede setzte eine tiefgreifende Transformation seines Landes voraus. Im Kontext der bedingungslosen Kapitulation war sie auch ein kluger Appell an die Sieger, Deutschland als gleichberechtigt anzuerkennen – die einzige Möglichkeit, die dem Land blieb.

Konrad Adenauer: Die Strategie der Demut

Die Ansprache eröffnete auch grundsätzlichere Perspektiven. Der neue Kanzler akzeptierte gleichzeitig die unbefristete (womöglich dauerhafte) Teilung seines Landes und verkündete eine Außenpolitik in Partnerschaft mit den ausländischen Mächten, die das Land jetzt besetzten. Er erkannte Deutschlands Unterwerfung an, verkündete aber gleichzeitig nationale Bündnisziele mit den historischen Widersachern seines Landes in Europa und das Ziel einer Allianz mit den Vereinigten Staaten.

Adenauer brachte diese visionären Ideen ohne alle rhetorischen Schnörkel vor. Die Pflichten der Nationen, wie er sie verstand, trugen ihre Rechtfertigung in sich; rhetorische Ausschmückung konnte nur von jenem Grundverständnis ablenken. Adenauers zurückhaltender Stil entsprach auch der Rolle, die er für das neue Deutschland vorsah: zur Entstehung eines neuen Europas durch Konsens beizutragen.

Seit mehr als einem Jahrhundert hatte kein europäischer Staatenlenker mehr vor der Herausforderung gestanden, sein Land in die internationale Ordnung zurückzuführen. Frankreich war nach den Napoleonischen Kriegen völlig besiegt und seine Hauptstadt von ausländischen Truppen besetzt gewesen, doch die französische Einheit war nicht in Frage gestellt, und der Wiener Kongress nach dem Krieg akzeptierte Talleyrand als einen ranghohen Vertreter Frankreichs, das als ein historisch gewachsener Staat gleiche Rechte genoss. Konrad Adenauer schulterte seine vergleichbare Aufgabe unter sehr viel schwierigeren Umständen. Seine Nachbarn akzeptierten sein Land *nicht* als gleichberechtigt. In ihren Augen war Deutschland noch immer »auf Bewährung«.

Für eine demoralisierte, besiegte Gesellschaft stellt der Übergang zur Wiederherstellung der demokratischen Souveränität eine der schwierigsten Herausforderungen an die Staatskunst dar. Die Sieger zögern, einem früheren Feind die Rechtmacht oder gar die Fähigkeit zu gewähren, seine Kraft zurückzuerlangen. Der darniederliegende Verlierer bewertet den Fortschritt anhand des Umfangs und der Geschwindigkeit, in denen er die Kontrolle über seine Zukunft wiedererlangen kann. Adenauer hatte die inneren Ressourcen, diese Spannungen zu überwinden. Seine Strategie der Demut bestand aus vier Elementen: Anerkennung der Folgen der Niederlage, Zurückgewinnung des Vertrauens der Sieger, Aufbau einer demokratischen

Gesellschaft und Bildung eines europäischen Staatenbunds, der die historischen Spaltungen Europas überwinden würde.

DER WEG ZU EINER NEUEN NATIONALEN IDENTITÄT

In Adenauers Augen war die Verbindung zum Westen und besonders zu den Vereinigten Staaten der Schlüssel, um Deutschland wieder einen Platz in der Welt zu verschaffen. In seinen Memoiren beschrieb Dean Acheson begeistert sein erstes Treffen als US-Außenminister mit Adenauer im Jahr 1949:

> Die Vorstellungskraft und die Weisheit seines Ansatzes überraschten mich. Er setzte voll und ganz auf die Integration Deutschlands nach Westeuropa. Tatsächlich gab er diesem Ziel den Vorrang vor der Wiedervereinigung des unglücklich geteilten Deutschlands und konnte verstehen, warum dessen Nachbarn es fast als eine Vorbedingung für eine Wiedervereinigung sehen mochten. [...] Er wollte, dass die Deutschen Bürger Europas waren, dass sie kooperierten, vor allem mit Frankreich bei der Entwicklung gemeinsamer Interessen und Zukunftsperspektiven und bei der Beilegung der Rivalitäten der letzten Jahrhunderte. [...] Sie müssen die Führung bei der Wiedergeburt Europas übernehmen.[22]

Die Vereinigten Staaten waren mit einem Wirtschaftsplan beim Aufbau behilflich. Am 5. Juni 1947 hatte General George C. Marshall, Achesons Vorgänger als Außenminister und ehemaliger Generalstabschef des Heeres, dies an der Harvard University deutlich zur Sprache gebracht:

> Unsere Politik richtet sich nicht gegen irgendein Land oder eine Anschauung, sondern gegen Hunger, Armut, Verzweiflung und Chaos. Ihr Ziel ist die Wiederbelebung einer leistungsfähigen Weltwirtschaft, die das Entstehen politischer und sozialer Zustände, in denen freiheitliche Einrichtungen gedeihen können, ermöglichen soll.[23]

Konrad Adenauer: Die Strategie der Demut

Adenauer sah in der Rede Marshalls und dessen dann folgendem offiziellen Wirtschaftsplan einen Grund, dem Ruhrstatut von 1949 zuzustimmen, einem weiteren Mittel, mit dem die Alliierten sich die Kontrolle über die deutsche Industrie sicherten. Er deutete den Marshall-Plan als eine Bremse der Industriedemontage zur Wiedergutmachung, aber vor allem als einen ersten Schritt hin zur Föderalisierung Europas:

> Wenn [das Ruhrstatut] so gehandhabt wird, daß dadurch die deutsche Wirtschaft niedergehalten wird, so ist der Marshall-Plan ein Unsinn. [...] Wenn aber das Ruhrstatut angewandt wird im deutschen und im europäischen Interesse, wenn es den Beginn einer Ordnung der westeuropäischen Wirtschaft bedeutet, dann kann es ein vielverheißender Anfang für die europäische Zusammenarbeit werden.[24]

Ironischerweise wurde jetzt die Sozialdemokratische Partei Deutschlands (SPD) unter der Führung Kurt Schumachers zu Adenauers wichtigstem Gegner im Inneren. Die SPD konnte auf ein langes und intensives Engagement für die Demokratie zurückblicken, das bis in die Entstehungszeit des deutschen Staates zurückreichte; in der Kaiserzeit jedoch war sie von der Staatsführung ferngehalten worden, da sie als marxistische Partei in dem Ruf stand, nationale Interessen zu vernachlässigen. Ihr gegenwärtiger Anführer Schumacher, der infolge einer mehr als zehnjährigen Haft unter Hitler gesundheitlich beeinträchtigt war, kam zu dem Schluss, dass seine Partei nie eine Nachkriegswahl gewinnen würde, solange sie sich nicht als *national* positionierte. Deshalb wandte er sich gegen Adenauers Strategie einer Erneuerung durch Unterwerfung: »Als ein Volk müssen wir deutsche Politik machen, das heißt eine Politik, die nicht von einem fremden Willen bestimmt wird, sondern das Produkt des Willens unseres Volkes ist.«[25] Eine Art von Populismus, wurde dies Schumachers beharrliche Forderung. Doch so verständlich sie auch im Hinblick auf die Geschichte der SPD sein mochte – sie war inkompatibel mit der bedingungslosen Kapitulation oder mit Europas Erfahrungen mit Deutschland unter Hitler.

Adenauer teilte die demokratischen Prinzipien der SPD, es gab aber auch einen strategischen Grund für seine Umarmung der Demokratie. Er war entschlossen, aus der Unterwerfung eine Tugend zu machen. Er verstand, dass eine zeitweilige Ungleichheit der Bedingungen die Vorbedingung für eine spätere Gleichheit des Status war. Während der Parlamentsdebatten im November 1949 betonte er dies mit dem (für ihn höchst ungewöhnlich) lauten Zwischenruf: »Wer, glauben Sie, hat den Krieg verloren?«[26] Unterwerfung war der einzige Weg nach vorn: »Die Alliierten haben mir erklärt, dass die Demontage von Fabriken erst beendet werde, wenn ich den alliierten Wunsch nach Sicherheit befriedige«, verkündete er, bevor er trocken fragte: »Möchte die SPD, dass die Demontage bis zum bitteren Ende weitergeht?«[27]

Ein weiteres wichtiges Ziel Adenauers war die Aussöhnung mit Frankreich. Adenauer hatte Robert Schuman, der damals Außenminister Frankreichs war, 1948 kennengelernt. Zu der Zeit zielte die französische Politik darauf, die deutsche Industrieproduktion zu blockieren und das Saargebiet unter französische Kontrolle zu bringen. Adenauer definierte die Situation neu: Es ging letztlich nicht um eine strategische oder finanzielle Problematik, sondern um eine politische und ethische. Im Juli 1949, noch bevor er Kanzler wurde, führte er dieses Thema in einem Brief an Schuman näher aus:

> Meines Erachtens ist der etwaige wirtschaftliche Vorteil, den irgendwelche Länder durch Zuteilung von demontierten Fabriken haben, außerordentlich viel kleiner als der moralische Schaden, der in der deutschen Bevölkerung angerichtet wird. [...] Ich beschwöre Sie, der gerade Sie ein solches Verständnis für die Versöhnung Frankreichs und Deutschlands und für eine gemeinsame europäische Arbeit haben, Mittel und Wege zu finden, damit diesen geradezu unverständlichen Maßnahmen Einhalt geboten wird.[28]

Im eigenen Land betonte Adenauer, dass eine Kooperation mit den verschiedenen Strafmaßnahmen der Alliierten der einzig richtige Weg sei. Am 3. November 1949 gab er der deutschen Wochenzeitung *Die Zeit* ein Interview:

> Wenn wir uns zu Ruhrstatut und Ruhrbehörde einfach negativ verhalten, so wird Frankreich dies als Zeichen eines deutschen Nationalismus bewerten, als einen Trotz, der alle Kontrollen ablehnt. Diese Haltung würde wie eine passive Resistenz gegen die Sicherheit überhaupt wirken. Gerade das muss vermieden werden.[29]

Konrad Adenauer: Die Strategie der Demut

Und Adenauers Ansatz hatte Erfolg. Noch im selben Monat luden die Alliierten ihn ein, eine neue Übereinkunft mit der Besatzungsbehörde auszuhandeln, die Zahl der für eine Demontage vorgesehenen Fabriken zu verringern und den Weg für Deutschlands Beitritt zum Europarat zu ebnen, der in jenem Jahr gegründet worden war. Am 24. November stellte er das Petersberger Abkommen einem Bundestag vor, in dem der Nationalismus noch hoch im Kurs stand. Schumacher ließ sich dazu hinreißen, Adenauer als »Kanzler der Alliierten« zu bezeichnen. Der SPD-Vorsitzende wurde für diese Beleidigung des Parlaments verwiesen, nach ein paar Tagen aber wieder zugelassen, und wiederholte seinen Angriff sofort.[30] In seiner Antwort darauf betonte Adenauer, Demut sei der Weg zur Gleichstellung:

> Endlich glaube ich, dass wir uns bei allem, was wir tun, klar darüber sein müssen, dass wir infolge des totalen Zusammenbruchs ohne Macht sind. Man muss sich deswegen darüber klar sein, dass bei den Verhandlungen, die wir Deutsche mit den Alliierten zu führen haben, um fortschreitend in immer größeren Besitz der staatlichen Macht zu kommen, das psychologische Moment eine sehr große Rolle spielt, dass man aber von vornherein nicht ohne weiteres volles Vertrauen verlangen und erwarten kann. Wir können und dürfen nicht davon ausgehen, dass nun bei den anderen plötzlich ein völliger Stimmungsumschwung gegenüber Deutschland eingetreten ist, dass vielmehr das Vertrauen nur langsam, Stück für Stück, wiedergewonnen werden kann.[31]

Deutschlands Nachbarn nahmen diese Haltung Adenauers wärmer auf als seine Kritiker im eigenen Land. Im März 1950 lud der Europarat die Bundesrepublik zum Beitritt ein, allerdings nur als assoziiertes Mitglied. In einer Denkschrift an sein Kabinett drängte Adenauer auf den Beitritt – trotz des diskriminierenden Status: »[...] ist er doch bisher der einzige Weg. Ich warne davor, Deutschland mit dem Odium des Scheiterns der Europaverhandlungen zu belasten.«[32]

Ein paar Monate später legte Robert Schuman, der Deutschland unbedingt an Frankreich binden wollte, einen Plan vor, um die Ruhrbehörde aufzuheben und zu ersetzen. Der am 9. Mai 1950 veröffentlichte Schuman-Plan führte schließlich zur Entstehung einer Europäischen Gemeinschaft für Kohle und Stahl (EGKS, »Montanunion«) – auf den ersten Blick ein gemeinsamer Markt für diese Wirtschaftsgüter, der jedoch letztlich ein politisches Ziel verfolgte. Schuman erklärte, »dass jeder Krieg zwischen Frankreich und Deutschland« mit einer solchen Übereinkunft »nicht nur undenkbar, sondern materiell unmöglich ist«.[33]

Auf einer Pressekonferenz unterstützte Adenauer den Plan mit ähnlichen Worten und sagte, er »schaffe eine echte Voraussetzung dafür, daß zwischen Frankreich und Deutschland in Zukunft jeder Konflikt ausgeschaltet sein werde«.[34] Bei einem Treffen mit Jean Monnet, dem Leiter der französischen Generalplanungskommission und späteren ersten Präsidenten (1952–1955) der Hohen Behörde der EGKS, bekräftigte Adenauer Schumans Argument: »Die beteiligten Regierungen sollten sich nicht so sehr um ihre technischen Verantwortlichkeiten kümmern, sondern vielmehr um ihre moralische Verantwortung angesichts der großen Hoffnungen, die dieser Vorschlag geweckt hat.«[35] Auch in einem Brief an Schuman am 23. Mai 1950 betonte Adenauer die nicht materiellen Ziele: »In der Tat werden wir nur Erfolg haben, wenn wir unsere Arbeit nicht allein von technischen und wirtschaftlichen Gesichtspunkten leiten lassen, sondern sie auf eine moralische Grundlage stellen.«[36]

Der Schuman-Plan beschleunigte Deutschlands Eintritt in ein sich einigendes Europa. Adenauer drückte es im Februar 1951 in einer Rede in Bonn so aus:

> Diesem Ziel des Aufbaus eines einheitlichen Europas dient der *Schumanplan*. Aus diesem Grunde haben wir von allem Anfang an die Idee, die den Schumanplan beseelt, mit Zustimmung aufgegriffen. Wir sind diesem Gedanken auch dann treu geblieben, obgleich uns manchmal die Sache außerordentlich schwer gemacht wurde.[37]

Der EGKS-Vertrag wurde am 19. März 1951 aufgesetzt und im folgenden Januar vom Bundestag mit 378 zu 143 Stimmen ratifiziert.[38] Unterschwellige nationale Stimmungen im Bundesrat zeigten sich in der Aufforderung, »klarzustellen, dass […] die Alliierte Hohe Kommission […] Produktions- und

Kapazitätskontrollen in der Eisen- und Stahlindustrie einstellt« und dass »Berlin (West) in den Vertrag über die Gründung der Europäischen Gemeinschaft für Kohle und Stahl einbezogen ist«.[39] Letztlich wurde West-Berlin ausdrücklich in den Geltungsbereich der EGKS eingeschlossen, und die deutsche Stahl- und Kohleproduktion wuchs unter den Auspizien der neuen Gemeinschaft. Vor allem aber ersetzte die EGKS, wie Schuman vorgeschlagen hatte, die (zumindest in Deutschland) unbeliebte Ruhrbehörde.

In nur zwei Jahren seit Beginn seiner Kanzlerschaft hatte Adenauer Deutschlands Teilhabe an der europäischen Integration erreicht – durch eine Politik, die sich bemühte, Deutschlands Vergangenheit hinter sich zu lassen. Seine Beweggründe dafür waren zweifellos nicht nur ethischer, sondern teilweise auch taktischer und nationaler Natur. Doch die Taktik hatte er mit Strategie verbunden, und seine Strategie verwandelte sich gerade in Geschichte.

DIE SOWJETISCHE HERAUSFORDERUNG UND DIE WIEDERBEWAFFNUNG

Die Sowjetunion betrachtete den Wiederaufbau der westdeutschen Wirtschaft und die fortschreitende Einrichtung deutscher politischer Institutionen als direkte Provokation. Die kommunistische Bedrohung begann die Angst der westlichen Demokratien vor einem wiedererstarkenden Deutschland in den Schatten zu stellen, als die Sowjetunion im Juni 1948 die Zugangswege nach Berlin blockierte. Dies widersprach der Übereinkunft der vier Besatzungsmächte zum Status Berlins, die 1945 bei der Potsdamer Konferenz getroffen worden war. Durch die US-amerikanische Luftbrücke nach West-Berlin wurde die sowjetische Erpressung schließlich ausgehebelt. Amerika machte klar, dass es den Zusammenbruch Berlins nicht zulassen und wenn nötig eine militärische Eskalation in Kauf nehmen würde, um die Zugangswege zu öffnen. Im Mai 1949 beendete Stalin die Blockade. Am 7. Oktober 1949 machte die Sowjetunion ihre Besatzungszone zu einem formell souveränen Staat und besiegelte damit die Teilung Deutschlands.

In diesem Prozess wachsender Verpflichtungen gingen die Vereinigten Staaten und ihre Alliierten ein Bündnis ein, das zu einer Säule der amerikanischen

Politik werden sollte: die Organisation des Nordatlantikpakts (North Atlantic Treaty Organization, NATO). Es lief auf eine unilaterale amerikanische Garantie ihres Territoriums hinaus, als 1949 die Bundesrepublik unter den Schutz der NATO gestellt wurde. Sie blieb aber noch unbewaffnet und wurde technisch kein Mitglied der Organisation. Ein Jahr später jedoch, 1950, überzeugte der nordkoreanische Einfall in Südkorea die Alliierten davon, dass sie vor einer kommunistischen Herausforderung standen, die ihnen größere Sorgen machen musste als ein wieder erstarkendes Deutschland. Präsident Truman ernannte auf europäische Bitten hin General Dwight D. Eisenhower zum Oberkommandierenden der NATO-Streitkräfte in Europa, und dieser bestand darauf, dass zur Verteidigung Europas 30 Divisionen (fast 450 000 Soldaten) nötig seien,[40] eine Zahl, die ohne deutsche Beteiligung nicht erreicht werden konnte.

Amerikas Verbündete reagierten verständlicherweise zwiespältig auf die Aussicht, dass gerade das Land, unter dessen Aggression sie nur ein paar Jahre zuvor so sehr gelitten hatten, jetzt einen erheblichen militärischen Beitrag zur Verteidigung des Westens leisten sollte. Zunächst bestanden die Führer Westeuropas darauf, dass die Soldaten, die für die Verteidigung Deutschlands zuständig waren, von anderen Ländern gestellt werden sollten. Bei genauerem Nachdenken – und unter amerikanischem Druck – akzeptierten die meisten von ihnen, dass die Verteidigung Deutschlands ohne einen deutschen militärischen Beitrag nicht gesichert werden konnte.

In seinen Memoiren dachte Adenauer auch darüber nach, wie der Koreakrieg die Politik, die auf eine Schwächung Deutschlands angelegt war, ein für alle Mal beendet hatte:

> Es lag im Interesse der Vereinigten Staaten, daß Deutschland wieder stark würde. Daher konnten die zahlreichen Diskriminierungen, wie zum Beispiel das Ruhrstatut, das Besatzungsstatut und die Bestimmungen über unsere Bewaffnung sie mit sich brachten, nur vorübergehender Natur sein.[41]

Für Adenauer war die deutsche Wiederbewaffnung notwendig – für Europa wie auch für die Wiederherstellung der politischen Identität Deutschlands. Nachdem er zunächst die öffentliche Debatte des Themas möglichst klein ge-

Konrad Adenauer: Die Strategie der Demut

halten hatte, damit sie nicht dem Fortschritt hin zur deutschen Mitgliedschaft in europäischen Institutionen in die Quere kam, änderte er seine Haltung bald. Das Vertrauen der Alliierten könne erschüttert werden, so argumentierte er, wenn man Westdeutschland die eigene Verteidigung nicht anvertrauen wolle oder das Land selbst sich diese nicht zutraue.[42]

Die deutsche Wiederbewaffnung wurde offiziell von Großbritannien und den Vereinigten Staaten im August 1950 vorgeschlagen und von Deutschland schnell befürwortet. Frankreich reagierte halbherzig mit dem »Pleven-Plan«, der im Oktober 1950 eine europäische Armee gemischter Nationalitäten unter Einbeziehung deutscher Soldaten vorschlug. Ein Vertragsentwurf sah die Schaffung einer Europäischen Verteidigungsgemeinschaft (EVG) vor, die ein integriertes deutsches Kontingent einschloss. Es folgte ein erbitterter Streit, nachdem Adenauer wichtige Abgeordnete des deutschen Bundestags über die Inhalte des Vertragsentwurfs informiert hatte.[43] Schumacher ging so weit, den Vertrag »eine ganz plumpe Siegesfeier der alliierten-klerikalen Koalition über das deutsche Volk« zu nennen.[44]

Um eine Europäische Verteidigungsgemeinschaft und die deutsche Wiederbewaffnung abzuwenden, bot Stalin im März 1952 eine deutsche Vereinigung unter fünf Bedingungen an: (a) alle Besatzungstruppen einschließlich der sowjetischen würden innerhalb eines Jahres abgezogen; (b) das geeinte Deutschland hätte einen neutralen Status und träte keinem Bündnis bei; (c) das geeinte Deutschland akzeptierte die Grenzen von 1945 – das heißt die Oder-Neiße-Linie, die die damals umstrittene Nachkriegsgrenze mit Polen bildete; (d) der deutschen Wirtschaft würden keinerlei Handelsbeschränkungen auferlegt – das bedeutete die Abschaffung des Ruhrstatuts, das die deutsche Wirtschaft einschränkte; und (e) ein geeintes Deutschland hätte das Recht, eigene Streitkräfte aufzustellen. Adressiert waren diese Vorschläge an die westlichen Alliierten, was die nachrangige Stellung Deutschlands noch einmal betonte.

War Stalins Angebot ernst gemeint oder versuchte er nur, Adenauer in Verlegenheit zu bringen, indem er ihn in eine Lage manövrierte, in der er ein geteiltes Deutschland in Europa einem geeinten, nationalen, neutralen Deutschland vorzuziehen schien? Letztlich bat Stalin Adenauer darum, alle Fortschritte hin zur europäischen Integration im Gegenzug für die deutsche Einheit aufzugeben.

Die zeitgenössischen Belege lassen vermuten, dass Stalin dieses Angebot erst machte, nachdem er sich von seinem Außenminister mehrfach hatte versichern lassen, dass es abgelehnt werden würde. Dennoch brachte es Adenauer in eine schwierige Lage. Zum ersten Mal seit der bedingungslosen Kapitulation war das Thema der Vereinigung des Landes offiziell vor die alliierten Mächte und die deutsche Bevölkerung gebracht worden. In Deutschland trat Schumacher dafür ein, dass man sich die Gelegenheit zu verhandeln nicht entgehen lassen dürfe und dass der deutsche Bundestag sich weigern solle, den Vertrag der Europäischen Verteidigungsgemeinschaft zu ratifizieren, bevor die Möglichkeiten der Stalin-Note nicht ausgelotet waren. »Wer dem Generalvertrag zustimmt, hört auf, ein Deutscher zu sein«, erklärte er.[45]

Adenauer blieb standhaft. Ihm war klar, dass Verhandlungen die Vereinigung Deutschlands in eine Sackgasse und auf ein ideologisches Terrain führen würden, auf dem es allein dastand und von allen Seiten gefürchtet wurde. Wenn es unilateral agierte, würde es sich in das Schlachtfeld verwandeln, auf dem die Europäer ihre wechselseitig zerstörerischen Rivalitäten ausfochten.

Adenauer bezog also öffentlich keine Stellung zur Stalin-Note und verschob die Diskussion darüber, bis das Konzept freier Wahlen von allen Besatzerstaaten anerkannt und in die Verfassung eines sich einigenden Deutschlands eingebaut worden wäre. Bis dahin sprach er sich für die Ratifizierung des EVG-Vertrags im Namen einer gemeinsamen alliierten Verteidigung aus.

Diese Herangehensweise löste das aus, was der britische Außenminister Anthony Eden eine »Noten-Schlacht« nannte. Adenauer wurde von Eisenhower unterstützt, der damals amerikanischer Präsidentschaftskandidat und bis zum 31. Mai 1952 noch Oberkommandierender der NATO war. Großbritannien und Frankreich, denen die Aussicht auf ein neutrales Deutschland größere Sorgen bereitete als der sowjetische Druck, waren mit Adenauers Schachzug einverstanden. Dieser Konsens fand seinen Ausdruck in alliierten Noten, die am 25. März und am 13. Mai in den Kreml geschickt wurden und freie Wahlen in West- und Ostdeutschland vor der Vereinigung forderten. Die sowjetische Antwort am 24. Mai hob hervor, dass die alliierten Noten jede Möglichkeit einer deutschen Wiedervereinigung »für unbestimmte Zeit« unterbunden hätten.[46]

Konrad Adenauer: Die Strategie der Demut

Adenauer, der umso mehr unter Druck stand, das Potenzial des europäischen Projekts aufzuzeigen, nachdem es jetzt scheinbar auf Kosten der deutschen Einigung zustande gekommen war, unterzeichnete am 26. Mai 1952 die vertraglichen Vereinbarungen zur Europäischen Verteidigungsgemeinschaft.*
In Frankreich jedoch waren viele noch immer nicht bereit, sich mit dem Gedanken anzufreunden, dass sie ein Heer mit einer Nation teilen sollten, gegen die ihr Land in jeder Generation seit dem 16. Jahrhundert Krieg geführt hatte, die einen Teil ihres Landes im Ersten Weltkrieg verheert und einen noch größeren Teil im Zweiten Weltkrieg besetzt hatte. Zwei Jahre nach der Übereinkunft weigerte sich die französische Nationalversammlung am 30. August 1954, den Vertrag zur EVG zu ratifizieren – und verwarf auch den Pleven-Plan.

Adenauer, der von einem »schwarzen Tag für Europa« sprach,[47] machte seine Sorgen gegenüber Vertretern Luxemburgs und Belgiens deutlich:

> Ich bin fest überzeugt, hundertprozentig überzeugt davon, dass die deutsche Nationalarmee, zu der uns Mendès-France [französischer Ministerpräsident] zwingt, eine große Gefahr für Deutschland und Europa werden wird – wenn ich einmal nicht mehr da bin, weiß ich nicht, was aus Deutschland werden soll, wenn es uns nicht doch noch gelingen sollte, Europa rechtzeitig zu schaffen.[48]

Aufgrund dieser Vorahnungen gab Adenauer das EVG-Projekt auf und führte persönlich Geheimverhandlungen mit den Alliierten zu den Grundzügen eines deutschen Nationalheeres.

Die amerikanische Führung erwies sich von entscheidender Bedeutung. Eisenhower, der im November 1952 zum Präsidenten gewählt worden war, hatte entschieden, dass die europäische Einigung und die gemeinsame Verteidigung Europas, einschließlich der Bundesrepublik Deutschland, »eine Art Generalschlüssel« sei, der, in den Worten des Historikers,

---

* Einen Tag später wurde der Vertrag von allen beteiligten Außenministern in Paris unterzeichnet.

die Lösung für mehrere Probleme gleichzeitig erschloss und vor allem eine Art »doppelte Einhegung« bot. Die Sowjetunion konnte aus Europa heraus- und Deutschland in Europa gehalten werden, und keines der beiden Länder konnte den Kontinent beherrschen.[49]

Zusammen mit dem britischen Außenminister Eden formulierte Eisenhower eine Modifikation des EVG-Vertrages, die die Aufstellung eines deutschen Nationalheeres zuließ. Nicht einmal ein Jahrzehnt nach der bedingungslosen Kapitulation zählten auch die deutschen Streitkräfte zu einem Bündnis nationaler Truppen, der NATO.

Eine Reise Adenauers nach Washington im Jahr 1953 markierte einen Höhepunkt dieser Bemühungen. Am 8. April besuchte er das Grab des unbekannten Soldaten. Die deutsche Fahne – die Trikolore in Schwarz, Rot und Gold der Bundesrepublik, nicht der schwarze, schwerttragende Adler Preußens oder das Hakenkreuz des Tausendjährigen Reiches – wurde über dem Arlington National Cemetery aufgezogen. Während der Kanzler auf das Grab zuschritt, hallte ein 21-Schuss-Salut durch die Szene, mit der Adenauer auch den Band seiner *Erinnerungen* der Jahre 1945 bis 1953 abschloss:

> Ich sah, wie einem meiner Begleiter die Tränen herunterliefen, und auch ich war von tiefer Bewegung ergriffen. Es war ein weiter und harter Weg von dem totalen Zusammenbruch des Jahres 1945 bis zu diesem Augenblick des Jahres 1953, in dem die deutsche Nationalhymne auf dem Ehrenfriedhof der Vereinigten Staaten erklang.[50]

Adenauer baute die deutschen Streitkräfte in seinen verbleibenden Amtsjahren weiter auf, ohne dem Militarismus Raum zu geben, der Deutschland in der Geschichte immer wieder geprägt hatte. Anfang 1964 hatte die Bundeswehr eine Gesamtstärke von 415 000 Offizieren und Mannschaften erreicht. Ein Historiker beschreibt sie als »die Speerspitze« des NATO-Bündnisses und das »Herzstück« der Verteidigung Westeuropas gegen einen konventionellen sowjetischen Angriff.[51] Darüber hinaus sicherte die Bundeswehr der BRD den Wiedereintritt in die internationale Diplomatie – als ein greifbares Zeichen dafür, dass das neue Deutschland einerseits das Vertrauen des

Konrad Adenauer: Die Strategie der Demut

Atlantischen Bündnisses genoss und anderseits Verantwortung für die gemeinsame Verteidigung übernahm.

Adenauer setzte das politische Kapital, das er während der Entstehungsphase der NATO angesammelt hatte, ein, um sein vorrangiges Ziel zu erreichen und die Besatzung Deutschlands zu beenden. Um Vollmitglied der NATO zu werden und bei der Abschaffung des Besatzungsstatus voranzukommen, stimmte Adenauer 1954 zu, die Frage um die Zugehörigkeit des Saarlands – das Paris als ein neutrales Protektorat unter französischer Besatzung zu behalten versuchte – noch einmal zu vertagen. Es waren komplizierte parlamentarische Manöver nötig, um den Bundestag so weit zu bringen, dass er beide Verträge im Februar 1955 ratifizierte.[52]

Als die Verträge am 5. Mai 1955 in Kraft traten, wurde die Bundesrepublik wieder ein souveräner Staat. Sechs Jahre zuvor hatten die alliierten Hohen Kommissare Adenauers Wahl bestätigt, jetzt akzeptierten sie ihre eigene Auflösung. Adenauer stand auf den Stufen seines Dienstsitzes – des Palais Schaumburg –, als die deutsche Fahne über den Regierungsgebäuden überall in Bonn gehisst wurde. Adenauers erste große Aufgabe – die friedliche, schnelle und einvernehmliche Beendigung des Besatzungsstatuts – war vollbracht.[53]

Um den Einsatz seines Landes für eine Vollpartnerschaft in Europa und im Atlantikpakt deutlich zu machen, führte Adenauer zwei Tage später eine Delegation nach Paris an, wo Deutschland einen gleichberechtigten Status innerhalb der NATO bekam. In sechs schicksalhaften Jahren hatte Adenauer sein Land von der Teilung nach dem Krieg, den Restriktionen unter dem Besatzungsstatut und den Reparationen hin zur Beteiligung an der Europäischen Gemeinschaft und zur Vollmitgliedschaft in der NATO geführt. Die Strategie der Demut hatte ihr Ziel der Gleichberechtigung in einer neuen Struktur für Europa erreicht, für die Adenauers Kanzlerschaft stand.

STAATSKUNST

DIE UNENTRINNBARE VERGANGENHEIT: WIEDERGUTMACHUNG AN DAS JÜDISCHE VOLK

Die ethischen Grundlagen der Außenpolitik, auf die sich Adenauer bei den Verhandlungen Deutschlands mit den westlichen Alliierten gestützt hatte, waren in den Beziehungen zum jüdischen Volk besonders vielschichtig. Die Verbrechen der Nationalsozialisten an den Juden waren von einzigartiger Radikalität, Brutalität und Entschlossenheit gewesen. Etwa sechs Millionen, mehr als ein Drittel der jüdischen Bevölkerung der Welt, wurden in einer methodisch geplanten und durchgeführten Politik der völligen Vernichtung ermordet.

Gegen Kriegsende wiesen die Westalliierten den NS-Verbrechen Kategorien für automatischen Arrest zu, zum Teil entsprechend dem Rang eines angeklagten Täters in der NSDAP. Zu Beginn der Besatzung wurden Zehntausende Personen aufgrund dieser Verbrechenskategorien inhaftiert und ihre Taten von den Alliierten beurteilt. Im Zuge der schrittweisen Übergabe der Regierungsgeschäfte an die Bundesrepublik wurde die Entnazifizierung auch zu einem Thema der deutschen Innenpolitik. Adenauer betrachtete die Wiedergutmachung an das jüdische Volk als eine moralische Pflicht wie auch als uneingeschränkt im deutschen nationalen Eigeninteresse; sein Engagement für den Entnazifizierungsprozess war undurchsichtiger, seit er auch Vorsitzender der Regierungspartei CDU war und in dieser Funktion sehr wohl wusste, dass eine strenge Auslegung auch einen beträchtlichen Anteil seiner Wähler betreffen würde.

Adenauer beschränkte die Entnazifizierung daher auf das politisch Machbare und sprach sich weniger für Vergeltung und mehr für innere Versöhnung und Kompensation für die überlebenden Opfer des Holocaust aus. Das bedeutete in der Praxis, dass sich die Kriegsverbrecherprozesse vor allem auf hochrangige ehemalige Nationalsozialisten oder auf Beamte konzentrierten, deren spezifische Verbrechen vor Gericht belegt werden konnten. Dies ermöglichte natürlich eine weite Spanne an Ambiguität, was die Tatsache illustriert, dass Hans Globke – einer der Verfasser der Nürnberger Rassengesetze – Adenauers Kanzleramtschef wurde. Und doch zögerte Adenauer nie, wenn es darum ging, die moralischen Verpflichtungen zu bekunden, die die nationalsozialistische Vergangenheit Deutschlands dem Land auferlegte. Als ein

Konrad Adenauer: Die Strategie der Demut

Symbol der Reue und als eine Brücke hin zu Gerechtigkeit wie zu Versöhnung mit dem jüdischen Volk verpflichtete er die Bundesrepublik zu Gesprächen über Wiedergutmachungsleistungen mit den Führungspersönlichkeiten jüdischer Organisationen und auch mit Israel, den er als Repräsentanten des jüdischen Volkes in seiner Gesamtheit anerkannte.

Im März 1951 schickte die israelische Regierung den vier Besatzungsmächten und den beiden deutschen Regierungen eine Reparationsforderung für Überlebende und Erben in Höhe von 1,5 Milliarden Dollar. Weder die Sowjetunion noch die Deutsche Demokratische Republik reagierten je direkt darauf. Adenauer allerdings antwortete im Namen der Bundesrepublik und hielt am 27. September 1951 diese Rede im Bundestag:

> Im Namen des deutschen Volkes sind unsagbare Verbrechen begangen worden, die zur moralischen und materiellen Wiedergutmachung verpflichten, sowohl hinsichtlich der individuellen Schäden, die Juden erlitten haben, als auch des jüdischen Eigentums, für das heute individuell Berechtigte nicht mehr vorhanden sind. Auf diesem Gebiet sind erste Schritte getan. Sehr vieles bleibt aber noch zu tun. Die Bundesregierung wird für den baldigen Abschluss der Wiedergutmachungsgesetzgebung und ihre gerechte Durchführung Sorge tragen. Ein Teil des identifizierbaren jüdischen Eigentums ist zurückerstattet worden; weitere Rückerstattungen werden folgen.[54]

Es sei jetzt, so fuhr Adenauer fort, Deutschlands Pflicht, sich um diese Angelegenheit zu kümmern, »um damit den Weg zur seelischen Bereinigung unendlichen Leides zu erleichtern«.[55]

Das Wiedergutmachungsgesetz passierte den Bundestag am 3. August 1953. Die 14 Mitglieder der Kommunistischen Partei lehnten es ab und appellierten an den deutschen Nationalismus. Die SPD unterstützte die Wiedergutmachungen einmütig. Auf der Seite der Regierung war das Ergebnis zwiespältiger: 106 Parlamentsabgeordnete der von der CDU geführten Koalition stimmten mit Ja; 86 Abgeordnete vor allem der CSU enthielten sich.[56]

Trotz dieser parlamentarischen Vorbehalte hatte Adenauer sein Ziel erreicht. Der Historiker Jeffrey Herf hat die Leistungen, die Israel aus Deutschland erreichten, so zusammengefasst:

STAATSKUNST

Von 1953 bis 1965 lieferte die Bundesrepublik [...] wichtige Güter wie Schiffe, Maschinen, Eisenbahnzüge, Autos, medizinische Ausrüstungen und Telefontechnologie nach Israel. Diese Lieferungen machten zehn bis fünfzehn Prozent des israelischen Imports aus. Laut Angaben der Bundesrepublik beliefen sich die Wiedergutmachungszahlungen an individuelle Opfer der politischen, rassischen und religiösen Verfolgung durch den Nationalsozialismus bis 1971 auf 40,4 Milliarden D-Mark, bis 1986 auf 77 Milliarden, bis 1995 auf 96 Milliarden und insgesamt auf eine Summe von 124 Milliarden D-Mark.[57]

Die Bürger Israels waren allerdings tief gespalten in der Frage, ob man das »Blutgeld« als eine Art Sühne für den Völkermord annehmen sollte. Im israelischen Parlament, der Knesset, wurden erbitterte Debatten geführt, Demonstrationen auf den Straßen begleiteten die Auseinandersetzung. Die ganze Zeit über hielt Adenauer persönlichen Kontakt zu Nahum Goldmann, dem Gründer des Jüdischen Weltkongresses.

Die Bundesrepublik nahm schließlich 1965, zwei Jahre nachdem Adenauer aus dem Amt geschieden war, volle diplomatische Beziehungen zu Israel auf. Ein Jahr später besuchte Adenauer als Privatmann das Land, inzwischen Heimat von etwa 150 000 Überlebenden des Holocaust. Bei seiner Ankunft sagte er: »Das ist einer der ernstesten und schönsten Augenblicke meines Lebens. [...] Nie hätte ich geglaubt, als ich das Amt des Bundeskanzlers antrat, dass ich eines Tages zum Besuche Israels eingeladen würde.«[58]

Trotz dieses vielversprechenden Beginns kam es während des Besuchs zu Spannungen – was vielleicht nicht überraschen kann – zwischen dem 90-jährigen Adenauer und dem israelischen Ministerpräsidenten Levi Eschkol. Bei einem Abendessen, das er zu Ehren des deutschen Staatsmanns gab, sagte Eschkol: »Wir haben den entsetzlichen Holocaust, in dem wir sechs Millionen unserer Leute verloren, nicht vergessen, und wir werden ihn nie vergessen. Die deutsch-israelischen Beziehungen können keine normalen Beziehungen sein.«[59] Er fügte hinzu, dass Deutschlands Wiedergutmachungen »nur symbolisch« seien und »die geschehene Tragödie nicht aus der Welt schaffen« könnten. Adenauer antwortete gefasst wie immer: »Wir sollten sie [die Zeit der Gräuel] nun aber der Vergangenheit überlassen. Ich weiß, wie

Konrad Adenauer: Die Strategie der Demut

schwer es für das jüdische Volk ist, das zu akzeptieren. Aber wenn guter Wille nicht anerkannt wird, kann daraus nichts Gutes werden.«[60]

Die denkwürdigsten Bilder von Adenauers Aufenthalt in Israel stammten von einem (für alle Beteiligten) quälenden Besuch in Yad Vashem, Israels Holocaust-Gedenkstätte und -Museum am Westhang des Mount Herzl in Jerusalem.[61] In würdevoller Stille wurde Adenauer in die Halle der Erinnerung geführt – einen höhlenartigen, schwach erleuchteten Saal mit einem Dach, das an ein Zeltdach erinnert –, wo man ihn einlud, eine Flamme zu entzünden und einen Kranz an einem Denkmal für die unbekannten Opfer der Todeslager niederzulegen. Als man ihm unerwartet einen Anstecker mit dem hebräischen Wort für »Gedenke« überreichte, antwortete er: »Auch ohne diesen Anstecker hätte ich nie vergessen können«.[62]

ZWEI KRISEN: SUEZ UND BERLIN

Für Adenauer markierten das Ende der Besatzung und die Aufnahme Deutschlands in die europäische und internationale Ordnung den krönenden Abschluss eines historischen Bemühens. Doch die Geschichte gewährt keine Atempause. Ein Jahr nach der Wiedererlangung deutscher Souveränität 1955 stellte der Nahostkonflikt die Grundsätze des NATO-Bündnisses auf die Probe.

Ende Oktober 1956 initiierten die USA eine Entschließung der UN-Vollversammlung, die die französisch-britische Militäroperation als Reaktion auf die ägyptische Verstaatlichung des Suezkanals verurteilte. Adenauer war erschüttert. Er hatte das Bündnis so verstanden, dass es *per definitionem* die Kerninteressen jedes Mitglieds schützen würde. Jetzt trennte das Eintreten der Vereinigten Staaten gegen Großbritannien und Frankreich bei den UN Amerika von seinen wichtigsten Alliierten, die sich militärisch für etwas einsetzten, das sie als ihr nationales Interesse wahrnahmen. Könnte unter irgendwelchen in der Zukunft eintretenden Umständen andere – und vor allem Deutschland – ein ähnliches Schicksal ereilen?

Adenauer wählte die Gelegenheit eines Routinebesuchs in Paris im November 1956, bei dem es um Euratom (die Europäische Atomgemeinschaft) ging, um dieser Befürchtung Ausdruck zu geben – allerdings in einer sehr kleinen

STAATSKUNST

Runde, zu der der französische Ministerpräsident Guy Mollet und Außenminister Christian Pineau gehörten. Adenauers Zug fuhr am 6. November in Paris ein, einen Tag nachdem der sowjetische Ministerpräsident Bulganin, wichtigster Schutzherr und Waffenlieferant des Nasser-Regimes, mit Raketenangriffen auf Großbritannien und Frankreich gedroht hatte, sollten sie ihre Militäroperationen am Suezkanal fortsetzen.

Die französische Regierung begrüßte Adenauer ungewöhnlich warmherzig. Eine Kompanie der Garde civile erwies die Ehrenbezeigungen. Die beiden Nationalhymnen wurden gespielt.[63] Ein Mitglied aus Adenauers Entourage beschrieb die Szene:

> Der Kanzler nahm die Ehrungen wie ein Standbild unbeweglich entgegen. Ich dachte an die Szene auf dem Ehrenfriedhof in Arlington bei Washington. Auch an diesem Morgen musste der Abgebrühteste die Bedeutung der Stunde und ihre Symbolkraft empfinden. In der ernstesten Stunde, die Frankreich seit Ende des Krieges erlebte, standen die beiden Regierungen eng zusammen.[64]

Adenauer erfuhr während seines Aufenthalts in Paris von Amerikas Weigerung, einen Run auf das Pfund Sterling, einen schweren Schlag gegen seinen britischen Alliierten, zu stoppen. Er war bestürzt, aber nicht so sehr, dass er die Bedeutung der NATO in Frage gestellt hätte. Im Gegenteil war es seiner Ansicht nach für Europa unbedingt erforderlich, die Verbindungen zu Amerika zu bewahren. Das NATO-Bündnis, so argumentierte er, war für alle europäischen Länder die wichtigste Sicherheitskomponente überhaupt. Er warnte seine Gastgeber vor einer öffentlichen Kontroverse mit den Vereinigten Staaten und vor allem vor jeder Form von Vergeltung, und sei sie auch nur verbal. Vielmehr sollten Amerikas europäische Bündnispartner ihre Kooperation *innerhalb* Europas verstärken:

> Frankreich und England werden nie mit den Vereinigten Staaten und der Sowjetunion vergleichbare Mächte sein. Deutschland auch nicht. Ihnen bleibt nur ein Weg, eine entscheidende Rolle in der Welt zu spielen: wenn sie sich zu Europa zusammenschließen. [...] Wir haben keine Zeit zu verlieren: Europa wird Ihre Rache sein.[65]

Konrad Adenauer: Die Strategie der Demut

Während der Suezkrise begann Adenauer über die Notwendigkeit nachzudenken, die europäische Integration – und besonders die französisch-deutschen Beziehungen – als ein Bollwerk gegen amerikanischen Wankelmut einzusetzen. Auch Frankreich folgte diesem Prinzip, vor allem in dem Jahrzehnt nach de Gaulles Rückkehr ins Präsidentenamt 1958, obwohl (wie wir im nächsten Kapitel sehen werden) de Gaulle keine deutsche Ermutigung brauchte, um die Richtung hin zu einer europäischen Autonomie einzuschlagen.* Die französisch-deutschen Beziehungen wurden unter der Präsidentschaft de Gaulles intensiver, besonders nach Adenauers Übernachtungsbesuch in de Gaulles Haus Colombey-les-Deux-Églises im September 1958 – eine Einladung, die keinem anderen ausländischen Regierungschef gegenüber wiederholt wurde.**

Zwei Jahre nach der Suezkrise keimten bei Adenauer erneut Zweifel an der amerikanischen Zuverlässigkeit, als der sowjetische Staatschef Nikita Chruschtschow im November 1958 den Status von Berlin in Frage stellte. Während die Vier-Mächte-Besatzungsbehörde offiziell weiterarbeitete, war West-Berlin seit 1957 de facto nach den Gesetzen der Bundesrepublik regiert worden; die Rechtsstruktur in den von den Alliierten besetzten Teilen der Stadt basierte auf freien Wahlen, in denen die Parteien der BRD um Stimmen wetteiferten.*** Im Ostteil Berlins herrschte die von der Sowjetunion eingesetzte Regierung der Deutschen Demokratischen Republik. Ein letzter Überrest der Vier-Mächte-Kontrolle erlaubte es Beamten aus West und Ost, sich in der ganzen Stadt aufzuhalten.

Chruschtschow griff mit seinem Ultimatum an die westlichen Alliierten, in dem er einen neuen Status für Berlin innerhalb von sechs Monaten forderte, direkt die Fundamente der Außenpolitik Adenauers und des Atlantischen Bündnisses an. Jede größere Veränderung am Status Berlins unter sowjetischem Druck wäre ein Zeichen für eine mögliche kommunistische Dominanz

---

* Siehe Kapitel 2, Seite 151.

** Siehe Kapitel 2, Seite 153 ff. und 161 f.

*** In der Adenauer-Zeit erlangte Willy Brandt, Regierender Bürgermeister von West-Berlin von 1957 bis 1966, nationale Bekanntheit in Westdeutschland. Brandt wurde 1969 zum Kanzler gewählt, zur selben Zeit, als Ost-Berlin in allen praktischen Belangen Teil der DDR wurde.

in der Stadt gewesen und hätte seine Vision vom Aufbau der Bundesrepublik unter einem alliierten, insbesondere amerikanischen nuklearen Schutzschirm aufs Spiel gesetzt. Doch Chruschtschow drohte zwar mit Gewalt, hatte aber nicht das Selbstvertrauen, sie auch innerhalb des Zeitrahmens seines Ultimatums einzusetzen.

Eisenhower zögerte eine Konfrontation raffiniert hinaus, indem er Chruschtschow in einen langwierigen Austausch vor allem über die technischen Aspekte des Ultimatums hineinzog. Das Ganze gipfelte in einer Einladung an den sowjetischen Staatschef zu einem Besuch in den Vereinigten Staaten im September 1959. Der britische Premier Harold Macmillan verfolgte mit einem Besuch in Moskau im Februar 1959 eine ähnliche Strategie. Unter den wichtigsten Alliierten war sich nur de Gaulle zu schade für solche Winkelzüge und bestand darauf, dass die Sowjetunion das Ultimatum zurückziehen sollte, bevor er in Verhandlungen eintrat.

Chruschtschow, der nicht wusste, wie er seine Drohungen umsetzen sollte – oder sich zumindest nicht den militärischen Folgen stellen wollte –, zog sein Ultimatum im Mai 1959 zurück. Bei seinem Amerikabesuch einigte er sich mit Eisenhower auf ein gemeinsames Kommuniqué mit dem Satz: »Alle offenen internationalen Fragen [wie etwa Berlin] sollten nicht durch Gewaltanwendung, sondern mit friedlichen Mitteln durch Verhandlungen gelöst werden«, was zu einer kurzen Warmzeit in den amerikanisch-sowjetischen Beziehungen führte.[66]

Trotz dieser Übereinkunft arbeitete Chruschtschow weiterhin beharrlich daran, Adenauers Deutschland zu isolieren und zu demoralisieren. Im Mai 1960 setzte er einen Gipfel der Führer der vier Besatzungsmächte über Berlin durch, der in Paris stattfinden sollte – ohne die Bundesrepublik, so dass die Möglichkeit bestand, dass das Ergebnis Deutschland womöglich aufgezwungen würde.

Der Gipfel versammelte sich planmäßig, als das Schicksal – oder der Zufall – dazwischenkam. Ein amerikanisches U-2-Aufklärungsflugzeug wurde am 1. Mai 1960 über Russland abgeschossen, und Chruschtschow nutzte den Zwischenfall, um eine amerikanische Entschuldigung zu fordern, bevor er wieder in irgendwelche wichtigen Gespräche eintreten würde. Als Eisenhower sich weigerte, ließ Chruschtschow den Gipfel platzen, ohne allerdings seine

Drohung zu wiederholen. Die Fragen rund um Berlin – und die amerikanische Zuverlässigkeit – musste Adenauer dann mit Eisenhowers Nachfolger John F. Kennedy diskutieren.

DREI GESPRÄCHE MIT ADENAUER

Durch eine ironische Wendung des Schicksals hatte ich mehr als 20 Jahre nachdem ich mit meiner Familie aus Nazideutschland geflohen war, als Berater des Weißen Hauses unter Kennedy die Chance, an der Entwicklung der langfristigen amerikanischen politischen Strategie gegenüber diesem Land – jetzt Teil des NATO-Bündnisses – mitzuwirken.

Zunächst als Wissenschaftler Ende der 1950er-Jahre bei meinen Forschungen zur europäischen Geschichte und dann als Berater im Weißen Haus in den frühen 1960er-Jahren lernte ich erstmals hochrangige Vertreter ausländischer Regierungen kennen. Ungeachtet meiner Bewunderung für Adenauers Staatskunst machte ich mir in dieser Zeit Sorgen wegen der möglichen Auswirkungen von Deutschlands turbulenter politischer Kultur auf die Entscheidungen, vor die der Kalte Krieg das Land stellte. In einem Memo für Präsident Kennedy schrieb ich im April 1961:

> Ein Land, das zwei Weltkriege verloren, drei Revolutionen erlebt, die Verbrechen der Nazizeit begangen und gesehen hat, wie sein materieller Wohlstand zweimal innerhalb einer Generation ausradiert wurde, muss einfach tiefe psychische Wunden davongetragen haben. Es herrscht eine Atmosphäre der Hysterie, eine Neigung zu unausgeglichenem Handeln. Ein deutscher Freund, ein Schriftsteller, sagte mir, dass von allen größeren Ländern in Europa nur Deutschland nach dem Krieg keinen sichtbaren psychischen Schock erlitten habe. Es sublimierte seine Probleme in dem hektischen Bemühen, wirtschaftlich wieder auf die Beine zu kommen. Aber es bleibt ein Kandidat für einen Nervenzusammenbruch.[67]

Dies erfasst gut die instabile Atmosphäre, in der Adenauer sich bewegte, und die psychologischen Probleme, mit denen seine Politik zu kämpfen hatte.

STAATSKUNST

Ich lernte Adenauer 1957 auf einer Forschungsreise nach Deutschland kennen und setzte unsere Treffen bis zu seinem Tod ein Jahrzehnt später fort. Die letzten unserer vielleicht etwa zehn Treffen fanden nach seinem Rückzug im Jahr 1963 statt, mit mir als geneigtem Zuhörer seiner gelegentlich melancholischen Betrachtungen über sein Leben und die Zukunft seines Volkes in einem Land, das – auch nach dem Ende der Besatzung – dazu verurteilt schien, auf Dauer britisches, französisches und amerikanisches Militär zu beherbergen, jetzt als Abschreckung gegen die sowjetische Aggression.

Diensitz des Kanzlers war das Palais Schaumburg, einst Residenz eines rheinischen Adligen des 19. Jahrhunderts. Als solche war es sehr prächtig ausgestattet, aber doch zu klein, um den bürokratisch-technischen Apparat eines modernen Staates unterzubringen. Im Büro des Kanzlers dominierten bequeme Sessel und Sofas mit einem Minimum an sichtbarer technischer Ausstattung; es hatte eher das Aussehen eines Wohnzimmers als eines Machtzentrums. Abgesehen von sehr wenigen wichtigen Beratern waren Stab und Behörden anderswo in Bonn untergebracht, einer Stadt, die als Hauptstadt eines wichtigen Landes wahrlich zu bescheiden war.

Adenauers Autorität entsprang teilweise seiner Persönlichkeit, die Würde mit Stärke verband. Sein Gesicht, das teils durch Verletzungen, die er sich bei einem Autounfall mit Anfang 40 zugezogen hatte, vernarbt war, und sein Verhalten, gleichzeitig höflich und unnahbar, vermittelten eine nur allzu deutliche Botschaft: Man betrat eine Welt, die von Prinzipien gelenkt und gegen Parolen oder Druck immun war. Er sprach ruhig, nutzte nur seine Hände gelegentlich, um etwas zu betonen. Er war immer gut vorbereitet zu Themen der Zeit, sprach aber in meiner Gegenwart nie über sein Privatleben. Und er fragte auch nicht nach meinem – in Anbetracht der Effizienz der deutschen Bürokratie kannte er sicher meine Familiengeschichte und verstand, auf welche Wege uns das Schicksal jeweils geführt hatte.

Adenauer hatte ein gutes Auge, wenn es um den Charakter eines Menschen ging, und seine Beobachtungen äußerte er gelegentlich mit einem gewissen Sarkasmus. In einer Diskussion zu den Merkmalen einer starken Führung warnte er mich, »nie Energie mit Stärke zu verwechseln«. Ein andermal bat er mich in sein Büro, als ein anderer Besucher, der kurz zuvor mit einem Angriff auf ihn die Aufmerksamkeit der Medien auf sich gezogen hatte, gerade

Konrad Adenauer: Die Strategie der Demut

ging. Er muss mir meine Überraschung über den herzlichen Abschied der beiden angesehen haben. Adenauer begann die Unterhaltung mit: »Mein lieber Herr Professor, in der Politik ist es wichtig, kaltblütig zurückzuschlagen.«

Oktober 1957

In unserem ersten Gespräch ging es zunächst um die Beziehungen des Westens zur Sowjetunion. Adenauer beharrte darauf, dass der Konflikt ebenso fundamental wie dauerhaft sei und warnte vor Konzessionen an die Sowjets oder die Ostdeutschen. Der geteilte Status Berlins sei zwar schwierig, aber erträglich, sagte er und fügte hinzu, dass jeder von den Sowjets unterstützte Vorschlag, jenen zu »verändern« oder zu »verbessern«, die westliche Einheit und Berlins Autonomie schwächen sollte – genau wie Stalins listiges Angebot einer Vereinigung fünf Jahre zuvor.

Und die Sowjetunion war in Adenauers Augen auch nicht die einzige Bedrohung der Weltordnung. Er fragte, ob ich mir bewusst sei, dass nach Meinung ernst zu nehmender Beobachter ein Bruch zwischen China und Russland bevorstehe? Angesichts solcher sich gerade auftuender Herausforderungen, so fuhr er fort, sollte der Westen besonderes Augenmerk darauf legen, sich nicht durch Streitereien untereinander zu schwächen. Da ein offenes Zerwürfnis zwischen China und Russland zu jener Zeit nicht unbedingt von vielen erwartet wurde, hielt ich mich mit einem Kommentar zurück. Und Adenauer beschloss, das Schweigen als Zustimmung zu werten. Bei seinem ersten Gespräch mit Präsident Kennedy im Jahr 1961 wiederholte er seine Warnung und fügte hinzu: »Und Professor Kissinger ist meiner Meinung.«[68]

Der vorrangige Zweck von Adenauers erstem Gespräch mit mir bestand darin, die Zuverlässigkeit der amerikanischen Nukleargarantie zu erkunden. Atomwaffen waren damals wenig mehr als ein Jahrzehnt alt. und es gab keine vergleichbare Erfahrung in der Geschichte dazu, dass ein Land seine Zerstörungen um eines anderen willen riskiert hätte. In der frühen Phase des Bündnisses hatte die NATO nach eigenen Angaben nicht genügend Streitkräfte für eine konventionelle Verteidigung. Deshalb lautete die zentrale Frage: Würden die Vereinigten Staaten die nuklearen Risiken auf sich nehmen?

Als ich die Meinung vertrat, dass Amerika in der gerade entstehenden

STAATSKUNST

Weltordnung keinen Unterschied zwischen den Interessen seiner Verbündeten und den eigenen machen werde, wies Adenauer höflich, aber bestimmt darauf hin, dass Amerika nur ein Jahr zuvor in der Suezkrise nicht einmal die Interessen seiner wichtigsten Alliierten (Großbritannien und Frankreich) in diesem Sinne gewahrt habe.

Adenauers einmal geweckte Sorge bezüglich der Verlässlichkeit der USA beim Thema Atomwaffen wuchs immer deutlicher und brachte ihn dazu, ausgeklügelte hypothetische Szenarien zu erfinden, die die Entschlossenheit des amerikanischen Präsidenten womöglich auf die Probe stellen würden. Könnte beispielsweise ein Regierungschef der USA in den letzten Monaten seiner Präsidentschaft das Risiko einer nuklearen Verheerung eingehen? Oder in den drei Monaten zwischen Wahl und Amtseinsetzung? Oder nachdem eine Wasserstoffbombe über einer großen amerikanischen Stadt explodiert wäre? In dieser Phase der amerikanisch-deutschen Beziehungen waren Adenauers Fragen, wie schonungslos sie auch sein mochten, vor allem dazu da, sich zu vergewissern. Ich wiederholte die amerikanische Standardantwort vom bedingungslosen Engagement der USA. Doch Adenauers Bedenken hinsichtlich der Nuklearstrategie wuchsen in Umfang und Intensität in allen unseren späteren Gesprächen.

Mai 1961 – »Flexible Response«

Meine nächste Unterhaltung mit Adenauer fand am 18. Mai 1961 in einem veränderten politischen Rahmen statt. Der neue Präsident John F. Kennedy war eine Führungsgestalt, wie Adenauer sie noch nicht kannte. Eloquent, jugendlich und dynamisch, ausgezeichnet für seinen Einsatz im Pazifik im Zweiten Weltkrieg, repräsentierte Kennedy einen Generationswechsel. Alle seine Vorgänger waren vor dem Ersten Weltkrieg geboren worden. Erfüllt von der Selbstsicherheit der »Greatest Generation« machte Kennedy sich daran, die Energie dieser Generation und ihren Glauben an das Land in einen Plan zur Erreichung der globalen Ziele Amerikas zu lenken.* Obwohl er, als sein Vater

---

* Der Kennedy-Regierung gehörten so viele Wissenschaftler – darunter Arthur Schlesinger Jr., John Kenneth Galbraith und Carl Kaysen – mit direktem Zugang zum Präsidenten an wie keiner

Konrad Adenauer: Die Strategie der Demut

von 1937 bis 1940 Botschafter in Großbritannien war, einige Zeit in Europa verbracht und Deutschland bei verschiedenen Gelegenheiten als Student und als Senator bereist hatte, begann Kennedy sich gerade erst damit auseinanderzusetzen, wie man einem besiegten Deutschland, das gleichzeitig mit dem Wiederaufbau Europas und der Verteidigung seiner politischen Struktur gegen sowjetische Drohungen beschäftigt war, die Bedenken nehmen konnte.

Kennedy musste im Angesicht eines wachsenden Arsenals sowjetischer Atomwaffen eine neue Strategie entwerfen. Die Sowjets hatten im Jahr 1949 ihre erste Atomwaffe getestet. Bei der Amtseinführung Eisenhowers 1953 hatten sie etwa 200 Nuklearwaffen gebaut; als Kennedy im Jahr 1961 Präsident wurde, verfügten sie über etwa 1500 Atomsprengköpfe, begannen interkontinentale Trägersysteme zu entwickeln – und weckten dadurch verfrühte Befürchtungen hinsichtlich einer sogenannten Raketenlücke. Diese Angst stellte sich bald als übertrieben heraus, denn in den frühen 1960er-Jahren waren die Vereinigten Staaten noch in der Lage, mit einem Präventivschlag die Oberhand zu behalten.

Adenauer seinerseits betrachtete das Atlantische Bündnis weiterhin als den Schlüssel zu Deutschlands strategischer und politischer Zukunft. Doch das Bündnis stritt über die großen politischen Ziele wie auch über eine gemeinsame Militärstrategie. Wie Adenauer es mir gegenüber in unserer vorherigen Unterhaltung zum Ausdruck gebracht hatte, ging es bei den Unstimmigkeiten hinsichtlich der Nuklearstrategie darum, ob die NATO sich immer auf eine fast reflexhafte amerikanische Identifizierung mit den Zielen des Bündnisses verlassen konnte, wenn die Bündnispartner bedroht wurden.

Kennedy und seine Berater, allen voran Verteidigungsminister Robert McNamara, versuchten die Bedeutung dieser schwierigen Frage mit einer Doktrin der »Flexible Response« (»Flexible Erwiderung«) abzumildern, mit einem Spektrum abgestufter Reaktionen, das den Gegnern die Möglichkeit gab, andere Reaktionen als eine massive Vergeltung in Betracht zu ziehen. Doch das Zerstörungspotenzial der Waffen war so gewaltig, dass die

---

anderen Regierung zuvor. Da sie eher mit der informellen Atmosphäre der akademischen Welt vertraut waren als mit den komplizierten Freigabesystemen, mit denen die Diplomatie sich (und das Land) schützt, beteiligten sie sich manchmal an öffentlichen Überlegungen, die im Ausland als Präferenzen des Präsidenten gedeutet wurden. Dies erschwerte Dialoge mit ausländischen Staatenlenkern.

technische Seite dieser hypothetischen Szenarien sich als überzeugender erwies als die Diplomatie, die um ihretwillen in Gang gebracht wurde.

Der deutsche Verteidigungsminister Franz Josef Strauß wurde zu einem lautstarken Gegner der amerikanischen Nuklearstrategie. Dieser Inbegriff eines Bayern, wortgewaltig und leidenschaftlich, mit einem Leibesumfang, der von seiner Vorliebe für bayerisches Bier zeugte, erörterte die Anwendbarkeit der »Flexible Response« in einer möglichen Krise um Berlin während meines Deutschlandbesuchs in einem Gespräch am 11. Mai.[69] Wie viel Territorium würde wohl verloren gehen, so fragte er, bevor die »Schwelle« hin zu einer Reaktion erreicht würde? Wie lange würde eine »Pause« dauern? Wer würde in jeder vorstellbaren Phase die Entscheidungen treffen, vor allem beim Schritt von konventioneller hin zu nuklearer Kriegsführung? Er zweifelte, ob Amerika bereit oder willens sein würde, auf eine so komplexe und unklare Strategie zu setzen. Andere deutsche Teilnehmer des Treffens unterstützten Strauß, vor allem der Stabschef der neu geschaffenen Bundeswehr.

Und Strauß' Denken zeigte Wirkung: Adenauer eröffnete unser Gespräch, das wieder in seinem Büro im Palais Schaumburg stattfand, unverblümt mit dem Satz: »Ihr Amerikaner habt euch sehr gegen die NATO versündigt.«[70] Der US-amerikanische Vorschlag, dass die NATO-Bündnispartner ein System erarbeiten sollten, um die unabhängigen Atomstreitkräfte Großbritanniens und Frankreichs zu kontrollieren und sie mittels einer »Multilateral Force«, einer multilateralen Atomstreitmacht, zu einer integrierten Strategie zu verbinden, hatte Adenauer aufgeschreckt. Wie, so fragte er, könne man von Ländern ohne eigene Nuklearwaffen erwarten, hier vernünftige Vorschläge zu machen? Der Stab des NATO-Generalsekretärs war zu klein und zu unerfahren in Atomfragen, um eine solche Aufgabe zu schultern. Wenn man wirklich eine nukleare Koordination suche, müsse, so meinte er, die Autorität des Generalsekretärs gestärkt und sein Stab vergrößert werden.

Der Vorschlag des Weißen Hauses, auf den Adenauer sich bezog, war in der Erwartung entworfen worden, dass er und seine Regierung aufgrund ihrer mangelnden Erfahrung mit Atomstrategien zu dem Schluss kommen würden, dass die Verantwortung dafür bei Amerika bleiben solle. Adenauer jedoch hatte daraus den unerwarteten Schluss gezogen, dass die Leistungsfähigkeit

Konrad Adenauer: Die Strategie der Demut

Europas im Hinblick auf autonome Nuklearstreitkräfte erweitert werden sollte.

Deshalb kam Adenauer als Nächstes auf de Gaulle zu sprechen. De Gaulle hatte ihn gewarnt, dass Amerika Frankreich trotz aller Versprechungen bei den Vereinten Nationen in Bezug auf Algerien im Stich gelassen habe, genau wie 1956 bei der Suezkrise. Laut Adenauer war de Gaulle auch der Ansicht, dass es der Diplomatie der Alliierten in Bezug auf Berlin an Entschlossenheit und Lenkung gefehlt habe. Statt Zeit zu schinden, sollte Amerika mutig die Führung übernehmen und die sowjetischen Forderungen kategorisch zurückweisen. De Gaulle hatte ihn auch über ein Gespräch zwischen Eisenhower und Chruschtschow unterrichtet, das nach Meinung Adenauers die Sowjets womöglich verlocken könne, weiter Druck zu machen, besonders in Anbetracht der weichen Haltung des britischen Premiers Macmillan. Festigkeit war umso notwendiger, als Adenauer auch davon überzeugt war, dass die Sowjets niemals im Streit um Berlin ihre eigene Zerstörung riskieren würden.

Meine Antwort war eine Rekapitulation dessen, was ich schon bei unserem ersten Gespräch gesagt hatte: dass nach dem, was ich über das amerikanische Denken wusste, die Freiheit Berlins und ganz Europas als untrennbar mit unserer eigenen verbunden gesehen wurde. Das brachte Adenauer auf das Thema von Frankreichs unabhängiger Atomstreitmacht. Stärkte sie die Allianz? War sie notwendig? Ich brachte meine Skepsis zum Ausdruck, dass der Kreml eine eigene französische Atommacht als einen Ersatz für die amerikanische nukleare Einsatzbereitschaft verstehen werde. An diesem Punkt bat Adenauer den Außenminister Heinrich von Brentano dazu und forderte mich auf, ihm meine Beobachtungen zu wiederholen. Wie konnte ein erfahrener Militär wie de Gaulle zu einer so unrealistischen Einschätzung kommen? Adenauer versprach, dies bei ihrem nächsten Treffen auszuloten.

Im nächsten Monat wuchsen Adenauers Bedenken hinsichtlich der Zukunft der deutsch-amerikanischen Beziehungen, als Chruschtschow das Berlin-Ultimatum nochmals bekräftigte. Als Reaktion darauf mobilisierte Kennedy Einheiten der Nationalgarde und ernannte General Lucius Clay zum »Persönlichen Repräsentanten im Range eines Botschafters« – damit machte er ihn praktisch zum wichtigsten Vertreter Amerikas in Berlin. Chruschtschow ließ

65

die Krise am 13. August weiter eskalieren, indem er eine Mauer quer durch die Stadt ziehen und die Teilung damit brutal sichtbar werden ließ. Der Vier-Mächte-Status Berlins war Vergangenheit.

Parallel zu militärischen Vorbereitungen erarbeitete die Kennedy-Regierung eine Reihe politischer Vorschläge, um den Zugang nach Berlin unter die Rechtsprechung einer internationalen Instanz statt der vier Mächte zu stellen. Diese Instanz sollte aus einer gleichen Zahl von Kommissaren der NATO und des Warschauer Pakts zusammengesetzt sein (acht Personen auf jeder Seite) – dazu sollten noch drei aus neutralen europäischen Ländern kommen. Diesem Plan zufolge sollte die endgültige Entscheidung, von der Frieden und Krieg abhingen, aus den Händen des Atlantischen Bündnisses in die von Ländern gelegt werden, die sich neutral erklärt hatten, wohlgemerkt, um sich dem ständigen Hin und Her zu entziehen. Der Vorschlag wurde nie offiziell geprüft, da Adenauer sich weigerte, die amerikanische Kontrolle über die Zugangswege gegen die von drei europäischen neutralen Staaten einzutauschen.

Bei einem anderen Gedankenspiel, um das Berlin-Patt aufzulösen, ging es um die Möglichkeit, dass Deutschland die Oder-Neiße-Linie akzeptierte, durch die das deutsche Vorkriegsterritorium beim Ende des Zweiten Weltkriegs um fast ein Viertel reduziert worden war. Adenauer lehnte auch dies eigentlich ab, zeigte sich allerdings bereit, es zu akzeptieren, wenn der Rahmen stimmte – etwa im Falle einer deutschen Vereinigung. In seinen Augen reichte die Veränderung der Zugangsregeln nach Berlin – die seiner Überzeugung nach schon ganz gut funktionierten – nicht aus, um eine so große Konzession zu rechtfertigen. Vor allem isolierte die ständige Suche nach eigenen Verhandlungsformeln Deutschland. Adenauers Strategie beruhte auf der von George Kennan entwickelten und von den amerikanischen Außenministern Dean Acheson und John Foster Dulles umgesetzten Eindämmungspolitik. Sie ging davon aus, dass der Sowjetblock irgendwann schwächer werden würde, wenn er auf seine eigenen Ressourcen zurückgeworfen wäre und sich mit seinen inneren Dilemmata auseinandersetzen müsse. Das wäre in Adenauers Sicht dann der richtige Moment, um über die Vereinigung zu verhandeln.

Konrad Adenauer: Die Strategie der Demut

Februar 1962 – Kennedy und Adenauer

Bei den Treffen von Kennedy und Adenauer schwang eine gewisse Melancholie mit. Beide verfolgten wichtige Ziele, doch ihre politischen Strategien gingen von entgegengesetzten Ausgangspunkten aus und sollten mit unterschiedlichen Methoden erreicht werden – Ausdauer bei Adenauer, diplomatische Flexibilität bei Kennedy. Adenauer hatte sein Amt am Tiefpunkt der deutschen Geschichte angetreten; Amerika stand, als Kennedy Präsident wurde, auf dem Gipfel seiner Macht und seines Selbstvertrauens. Adenauer sah seine Aufgabe im Wiederaufbau demokratischer Werte auf der Basis christlicher Moral inmitten des Chaos der bedingungslosen Kapitulation; Kennedys weitreichende Ziele spiegelten einen unangefochtenen Glauben an Amerikas Mission wider, auf der Basis seiner historischen demokratischen Werte und seiner Vormachtstellung. Für Adenauer beinhaltete der Wiederaufbau Europas eine erneute Bekräftigung traditioneller Werte und Wahrheiten; für Kennedy war er die Bestätigung des Glaubens an den wissenschaftlichen, politischen und moralischen Fortschritt in der modernen Welt. Damit Adenauer Erfolg hatte, musste die Seele Deutschlands wiederaufgerichtet werden; für einen amerikanischen Präsidenten und besonders für Kennedy bestand das Ziel darin, einen schon existierenden Idealismus zu mobilisieren. Was als eine historische Partnerschaft begonnen hatte, wurde bei der Umsetzung immer größeren Belastungen ausgesetzt, da der amerikanische Idealismus die in Deutschland verfügbare diplomatische Flexibilität überschätzte.

Auf dem Weg zum Aufbau einer atlantischen Gemeinschaft hatten Amerikaner und Deutsche parallele Ziele verfolgt. Die in der Phase der Kreativität Ende der 1940er- und Anfang der 1950er-Jahre entstandenen Strukturen basierten auf einer im Wesentlichen gemeinsamen Vision auf politischem Gebiet und einem *de facto* amerikanischen Monopol in der nuklearen Arena. Doch als die Reise ihr Ziel erreicht hatte, forderte die Geschichte besonders unter dem Druck der wiederholten Berlin-Ultimaten Chruschtschows ihren Tribut; nationale Interessen und sogar nationale Stile, die Jahrhunderte unterschiedlicher innerer Entwicklung widerspiegelten, kamen wieder zur Geltung. Und so erhielt Washington 1962 Berichte, dass Adenauer die Glaubwürdigkeit des amerikanischen atomaren Engagements und der Berlin-Politik anzweifle.

STAATSKUNST

McGeorge Bundy, Kennedys Nationaler Sicherheitsberater, bat mich als einen langjährigen Bekannten Adenauers im Februar 1962, mich mit ihm zu treffen und sein Vertrauen in Bezug auf die Atomfrage möglichst wiederherzustellen. Ich antwortete, dass in Adenauers Denken politische Themen auf Dauer die größte Rolle spielten, während nukleare Themen eher Symbole politischer und moralischer Zuverlässigkeit seien. Um Adenauers Vorbehalte zu überwinden, beschlossen wir, dass er von mir ein spezielles Briefing zur amerikanischen Sicherheitspolitik und den Nuklearstreitkräften bekommen sollte. Es wurde vom Verteidigungsminister McNamara ausgearbeitet und vom Außenminister Dean Rusk genehmigt und enthielt Einzelheiten über die Strukturen und die Planung der US-Atomstreitkräfte, die den Staatsführern der alliierten Länder (außer Großbritannien) zuvor noch nicht mitgeteilt worden waren. Wegen der nuklearen Komponente des Briefings wurde Adenauer nur von einem Dolmetscher begleitet.* (Da ich die technischen Begrifflichkeiten der Nuklearstrategie nicht auf Deutsch beherrschte, führte ich meinen Teil des Gesprächs auf Englisch.)

Als ich gleich zu Beginn meiner Präsentation am 16. Februar[71] ausführlich über die Verlässlichkeit der amerikanischen Zusage sprach, unterbrach Adenauer: »Das haben Sie mir schon in Washington erzählt. Es hat mich dort nicht überzeugt, warum soll es mich hier überzeugen?« Ich antwortete, dass ich vor allem Wissenschaftler sei, kein Amtsträger. Vielleicht wollte der Kanzler mit seinem Urteil warten, bis er meine ganze Präsentation gehört hätte? Ungerührt antwortete Adenauer: »Wie viel Ihrer Zeit verwenden Sie auf Ihre Beratertätigkeit in Washington?« Als ich antwortete, dass das vielleicht ein Viertel sei, erwiderte Adenauer: »Nehmen wir also an, dass Sie mir drei Viertel der Wahrheit erzählen werden.«

Diese schlagfertige Erwiderung hatte Walter Dowling, dem amerikanischen Botschafter in Bonn, der mich zum Treffen begleitet hatte, sicher nicht gefallen. Doch als Profi zuckte er nicht mit der Wimper. Und als ich in meiner Darlegung die gewaltige Disparität, die damals zwischen den amerikanischen

---

* Die Besprechung fand im Büro des Kanzlers in Bonn statt. Obwohl ich in Deutschland zur Welt gekommen bin, sprach ich bei offiziellen Anlässen im Allgemeinen Englisch, bat aber nicht um eine Übersetzung, wenn mein Gegenüber Deutsch sprach.

Konrad Adenauer: Die Strategie der Demut

und den sowjetischen strategischen Atomwaffen bestand, aufzeigte, änderte sich Adenauers Haltung. Ich beantwortete jetzt Fragen, die er zuvor anderen amerikanischen Besuchern gestellt hatte, ohne zufriedenstellende Antworten zu erhalten, und betonte, dass die amerikanischen Zweitschlagwaffen größer und weit effektiver waren als die sowjetischen Erstschlagwaffen und dass ein amerikanischer Erstschlag durchschlagend wäre.

Der letzte Abschnitt im Bericht von Botschafter Dowling fasste die Wirkung des Gesprächs auf den Kanzler zusammen:

> Zweimal, als Kissinger und ich gehen wollten, bat [Adenauer] uns, noch zu bleiben, um ihm noch einmal Gelegenheit zu geben, seine Dankbarkeit für das Gesagte und seine starke Übereinstimmung damit auszudrücken. Er sagte, er sei erleichtert zu sehen, welche Schlagkraft vorhanden sei, um die Freiheit zu verteidigen, und dass es [die] wichtigste Aufgabe sei, sicherzustellen, dass es kein menschliches Versagen gebe. Beim Abschied sagte Kissinger, dass es nicht nur hohle Phrasen seien, wenn wir über unsere Macht und unser Engagement für [die] atlantische Gemeinschaft sprachen. Der Kanzler erwiderte: »Gott sei Dank dafür!« Mit diesen Worten schlossen wir die Versammlung.[72]

Zu dem »menschlichen Versagen«, von dem Adenauer sprach, gehörte ganz offenbar auch, dass, wie er befürchtete, womöglich zu wenig an der Entwicklung einer angemessenen Strategie gearbeitet wurde und in Amerika möglicherweise die Bereitschaft fehlte, seine überwältigende Macht auch einzusetzen.

Ein paar Jahrzehnte später bekam ich einen Brief aus Deutschland, der zeigte, welchen Wert Adenauer der Einhaltung seiner Abmachungen beimaß. Den Namen des Absenders kannte ich nicht, aber offenbar hatte der Verfasser damals als Dolmetscher an diesem Gespräch teilgenommen. Auf Anweisung des Weißen Hauses hatte ich Adenauer gebeten, die nuklearen Informationen, die ich ihm lieferte, nicht weiterzugeben, und er hatte mit seinem Ehrenwort versprochen, dieser Bitte Folge zu leisten. Der Briefschreiber teilte mir jetzt mit, dass er – wie es seine Pflicht als Dolmetscher war – einen Bericht über die ganze Besprechung verfasst und diesen am nächsten Tag dem Kanzler ausgehändigt hatte. Adenauer hatte ihn dann angewiesen, den Abschnitt über die Nuklearwaffen zu entfernen, da er sonst nicht für sein Ehrenwort hätte garantieren können, sobald er nicht mehr im Amt war.

Die Geschichte hat Adenauer und Kennedy in eine Art gegenseitige Abhängigkeit geworfen, aber das konnte die Kluft zwischen den Generationen und die daraus resultierenden Unterschiede nicht ausgleichen. Kennedy sah sein Ziel darin, die Möglichkeit eines Atomkrieges zunächst zu beschränken und schließlich zu beseitigen; in diesem Bemühen setzte er auch auf sowjetische Beteiligung, auf einem langen Weg, der – auch von Seiten des deutschen Kanzlers – taktische Flexibilität erforderte. Aus Adenauers Perspektive jedoch drohte die Taktik des amerikanischen Präsidenten die Stabilität und Festigkeit aufzulösen, die er seit dem Ende der Hitlerzeit für Deutschland erreicht hatte. Kennedy hatte den globaleren Ansatz, Adenauer die innere Stärke, sich dem moralischen und physischen Zusammenbruch seines Landes zu stellen, mit der Teilung zu leben und eine neue europäische Ordnung auf der Grundlage der atlantischen Partnerschaft aufzubauen.

DIE DEUTSCHE WIEDERVEREINIGUNG: DAS QUÄLENDE WARTEN

In den Grenzen der Nachkriegszeit war das deutsche Volk noch nie zuvor regiert worden.[73] Ohne eine Übereinkunft zwischen Ost und West oder einen Kollaps des bestehenden Mächtegleichgewichts schienen diese Grenzen die unbefristete Teilung Deutschlands in einen kommunistischen Osten und einen demokratischen Westen zu verheißen. Zugegeben, das Ziel eines vereinigten Deutschlands wurde durch die Existenz eines Vier-Mächte-Kontrollrats für das ganze besetzte Deutschland stillschweigend bestätigt und von den drei Westmächten ausdrücklich gewünscht, doch die innerdeutsche Politik suchte die Einheit von West und Ost natürlich dringlicher als die Besatzungsmächte. Die Wiedervereinigung wurde zu einem beständigen politischen Anliegen Westdeutschlands, was die Sowjetunion als strategisches Instrument nutzte – beginnend mit Stalins Angebot von 1952 und gipfelnd in Chruschtschows Ultimaten zu Berlin.

Konrad Adenauer: Die Strategie der Demut

Adenauers Politik beruhte darauf, die Teilung des Landes als vorübergehend zu behandeln; er glaubte, dass die Einheit schließlich durch den Zerfall des sowjetischen Satellitenorbits, das überlegene Wirtschaftswachstum der Bundesrepublik, die Stärke und den Zusammenhalt des Atlantischen Bündnisses und Spannungen innerhalb des Warschauer Pakts zustande kommen werde. Er ging also von einem Zusammenbruch des ostdeutschen Satellitenstaates aus – etwa so, wie es tatsächlich im Jahr 1989 geschah. Bis zu einem solchen Kollaps sollten die wichtigsten Prioritäten der Bundesrepublik das NATO-Bündnis, enge Beziehungen zu Amerika und die europäische Integration bleiben. Die Schwierigkeit der Strategie, die die Unterwerfung unter die Alliierten jetzt durch Ausdauer ersetzte, bestand darin, dass Moskau in der Zwischenzeit wohl nicht passiv bleiben und zweifellos versuchen würde, eine solche Entwicklung mit diplomatischem und sogar militärischem Druck zu verhindern, wie dies auch in den verschiedenen Berlin-Krisen geschah. Die daraus resultierenden Kontroversen schwächten allmählich Adenauers Position im Inneren.

Nachdem der ostdeutsche Satellitenstaat im Oktober 1949 seine Souveränität erklärt hatte, antwortete Adenauer mit der sogenannten Brentano-Doktrin* (benannt nach dem Außenminister von 1955 bis 1961), der zufolge die Bundesrepublik die diplomatischen Beziehungen zu allen Ländern, die die DDR anerkannten, einfrieren werde. Doch im Laufe der Zeit und angesichts eines starken inneren Drucks, zumindest mit Osteuropa und Ostdeutschland in Kontakt zu bleiben, war diese Strategie immer schwerer aufrechtzuerhalten.

Nach erschütternden Wahlniederlagen und als Reaktion auf Chruschtschows Manöver begann die SPD ihren Kurs zu ändern und mobilisierte Unterstützung, indem sie ihre Position als Fürsprecherin von Verhandlungen mit Osteuropa und vor allem mit Ostdeutschland betonte. Herbert Wehner, der energischste der führenden SPD-Politiker (der allerdings wegen seiner Verhaftung und Internierung in Schweden im Zweiten Weltkrieg als kommunistischer Emissär Moskaus nicht ins Spitzenamt wählbar war), leitete einen internen Prozess ein, der 1959 darin gipfelte, dass die Partei die deutsche Mitgliedschaft in der NATO akzeptierte. Während sich die SPD immer stärker

---

* In Deutschland wird sie meist Hallstein-Doktrin genannt, nach Brentanos Staatssekretär. (A. d. Ü.)

für die Vereinigung engagierte, griff sie ihre Strategie aus der Zeit unmittelbar nach dem Krieg wieder auf: Sie bemühte sich um größere Flexibilität bei Verhandlungen mit den östlichen Ländern und der Sowjetunion, allerdings jetzt im Rahmen der NATO – die sogenannte »Ostpolitik« begann.[74]

Adenauer und die CDU vertraten die Ansicht, dass es den Weg hin zu einer späteren Vereinigung unterminierte, wenn man den Status Berlins, der historischen Hauptstadt Deutschlands, zum Gegenstand von Verhandlungen machte, bei denen die Kommunisten alle geografischen und militärischen Trümpfe in der Hand hielten. Die Bekräftigung des Endziels konnte in Adenauers Augen paradoxerweise die vorläufige Teilung erträglich machen – anders als in den frühen Tagen der Bundesrepublik, als Adenauer sich bemüht hatte, das Thema hintanzustellen.

Die Debatten zwischen der CDU und der SPD begannen sich mit Meinungsverschiedenheiten innerhalb der CDU über Adenauers Nachfolge zu überschneiden. Sein Lebensalter – 1962 war er 86 Jahre alt – und Auseinandersetzungen mit den USA über den Umgang mit den Sowjets schwächten allmählich seine Position im Innern. Adenauers Weigerung, de Gaulle das Veto gegen die britische Aufnahme in die EWG auszureden,* wurde von einer substanziellen Minderheit in der CDU kritisch gesehen. Als die CDU 1961 bei der Wahl ihre absolute Mehrheit im Bundestag verlor, musste eine Koalition gebildet werden. Die Freien Demokraten – eine gemäßigt konservative Freihandelspartei und der einzige verfügbare Koalitionspartner – waren dazu bereit unter der Bedingung, dass Adenauer vor dem Ende der Legislaturperiode im Jahr 1965 sein Amt niederlegen würde.

Im Herbst 1962 spitzte sich dieses Thema zu. Verteidigungsminister Franz Josef Strauß warf dem Nachrichtenmagazin *Der Spiegel* Landesverrat vor, als es geleakte Regierungsunterlagen veröffentlichte, aus denen hervorging, dass er mit dem Gedanken spielte, taktische Atomwaffen zur Verteidigung der BRD zu beschaffen.[75] In Reaktion darauf empfahl Strauß die Durchsuchung der Büros des Magazins durch die Hamburger Polizei. Zudem wurde der für die Story verantwortliche Journalist in Spanien, wo er Urlaub machte, festgenommen.

---

* Siehe Kapitel 2, Seite 161.

Konrad Adenauer: Die Strategie der Demut

Alle fünf freidemokratischen Kabinettsminister traten am 19. November unter Protest zurück, und auch Strauß wurde in der Folge zum Rücktritt gezwungen. Adenauer selbst hatte von Strauß' Plan gewusst – war aber seiner Darstellung nach mit der Kubakrise beschäftigt. Er überstand zwar diese erste Rücktrittswelle, doch seine Kanzlerschaft ging jetzt ganz eindeutig dem Ende entgegen.

Bei den Vorbereitungen für seinen Rückzug aus dem Amt ging es Adenauer vor allem darum, seine außenpolitischen Leistungen für die Zukunft zu sichern. Ein Pfeiler seiner Außenpolitik war die Eindämmung der Sowjetmacht gewesen – eine Strategie, die alle amerikanischen Präsidenten seit Truman unterstützt hatten. Das Konzept, das davon ausging, dass die sowjetische Ideologie und strategische Selbstbehauptung durch immer wieder demonstrierte alliierte Stärke, besonders in Mitteleuropa, überwunden werden könnten, erwies sich letztlich als vorausahnend. Ein Mangel der Containment-Politik (Eindämmung) war jedoch, dass sie – abgesehen von einem direkten Angriff – kein Rezept dafür hatte, wie man dem Gegner die westliche Stärke deutlich machen konnte, und auch keines für die Diplomatie, die sie umsetzen sollte, es sei denn, es gab einen direkten Angriff oder andere Pressalien. Deshalb musste Adenauers Politik der Standhaftigkeit und Ausdauer in der Innenpolitik der Ostpolitik weichen.

Der andere Hauptpfeiler war Adenauers Überzeugung, dass die Zukunft Deutschlands und eines geeinten Europas von dem moralischen Glauben und der Hingabe an demokratische Prinzipien abhänge. Er erklärte dies 1956 in einer Rede über die Zukunft Europas:

»Die großen Gedanken kommen aus dem Herzen«, sagt ein berühmtes Wort. Und auch uns muss der große Gedanke Europa aus dem Herzen kommen, wenn er sich verwirklichen soll. Nicht in dem Sinne, als ob die Einigung Europas eine Angelegenheit des Gemütsbedürfnisses, der Sentimentalität wäre. Aber in dem Sinne, dass nur ein festes, der großen Aufgabe hingegebenes Herz uns die Kraft verleiht, das, was wir mit dem Verstand erkannt haben, entgegen allen Schwierigkeiten durchzuführen. Wenn wir diese Kraft finden, dann werden wir den Notwendigkeiten, von denen ich sprach, gerecht werden. Dann werden wir das Werk der Einigung vollbringen, dessen jedes unserer Länder bedarf, dessen Europa bedarf, dessen die ganze Welt bedarf.[76]

STAATSKUNST

Während seiner Amtszeit erreichte Adenauer sein Ziel, Deutschland die Demokratie einzupflanzen und eine europäische Struktur zu formen, in der Deutschland eine wichtige Rolle spielen konnte. Im Zusammenspiel von Adenauers Strategie und Kennedys Taktik wurde das Endziel – die deutsche Wiedervereinigung – mehr als zwei Jahrzehnte nachdem sie beide von der Bühne abgetreten waren, mit dem Zusammenbruch des Sowjetreiches Wirklichkeit.

LETZTE GESPRÄCHE

Adenauer trat im Oktober 1963 nach 14 Jahren im Amt als Bundeskanzler zurück.

Dean Acheson hat einmal gesagt, dass sich viele Spitzenpolitiker nach dem Ende ihrer Karriere so benehmen, als sei dies das Ende einer großen Liebesgeschichte. Sie haben Schwierigkeiten, sich von den Themen zu trennen, die ihre Tage früher in Anspruch genommen hatten; das Nachdenken über alternative Handlungsoptionen füllt viele ihrer Stunden und Gespräche.

Bei Adenauer war es anders, vor allem bei meinem letzten Besuch am 24. Januar 1967, drei Monate vor seinem Tod. Das Alter hatte ihn nicht geschwächt. Die langfristige Entwicklung Deutschlands lag ihm eher am Herzen als die gerade aktuellen Themen. Er sprach ein Thema an, das in seinem Denken immer präsent gewesen, mir aber bisher verborgen geblieben war: die Entwicklung dessen, was die Deutschen über sich selbst dachten. Die Deutschen waren ein zutiefst verunsichertes und hin- und hergerissenes Volk, sagte Adenauer, nicht nur wegen ihrer nationalsozialistischen Vergangenheit, sondern in einem tieferen Sinne auch, weil ihnen ein Gefühl für Verhältnismäßigkeit oder für historische Kontinuitäten fehle. Der weitere Verlauf der Geschichte werde die Deutschen mit überraschenden Entwicklungen konfrontieren, auf die sie womöglich anders als erwartet reagierten. Die Aufrechterhaltung der inneren Stabilität Deutschlands könne zu einem dauerhaften Problem werden.

Auf meine Frage, ob die kürzlich gebildete Große Koalition der beiden führenden Parteien CDU und SPD nicht vielleicht das Fehlen eines nationalen

Konrad Adenauer: Die Strategie der Demut

Konsenses überwunden habe, antwortete Adenauer, dass die beiden großen Parteien sehr schwach seien. Er fragte sich laut: »Gibt es da noch irgendwelche Führungspersönlichkeiten, die eine echte langfristige politische Strategie umsetzen können? Ist wahre Führung heute noch möglich?« Die SPD, so sagte er, habe nur einen starken Anführer, Herbert Wehner, der wegen seiner kommunistischen Vergangenheit nicht als Kanzler wählbar sei. Zudem sei sie gespalten zwischen politischen Taktierern auf dem rechten und einem pazifistischen linken Flügel. Mit der Zeit könne dies dazu führen, dass die Partei zu den ostdeutschen Kommunisten (der SED) abdrifte, zum ostdeutschen Sowjetsatelliten oder auf einer nationalistischen Basis sogar zur Sowjetunion.

Was Adenauers eigene Partei, die CDU, anging, so lag ihre Schwäche in ihrem Opportunismus. Der damalige Kanzler Kurt Georg Kiesinger, der 1966 Adenauers direkten Nachfolger Ludwig Erhard abgelöst hatte, war ein guter Redner, aber nicht so stark wie gefällig und allzu sehr um seine Außenwirkung besorgt. Allerdings war er immer noch besser als Erhard, der in Adenauers Augen zu dumm für das Kanzleramt gewesen war, ungeachtet seiner Wirtschaftsakrobatik nach dem Krieg. Als ich einwarf, dass »zu unpolitisch« vielleicht das passendere Adjektiv wäre, erwiderte Adenauer: »Für einen Spitzenpolitiker ist das Adjektiv ›unpolitisch‹ die Definition von Dummheit.«

Adenauer hatte eine klare Meinung zu Amerikas Rolle im Vietnamkrieg. Es war ihm schleierhaft, warum die Vereinigten Staaten sich so weit aus der Arena ihrer Hauptinteressen hinausgewagt hatten und warum es ihnen jetzt so schwerfiel, sich wieder aus dem Konflikt herauszuziehen. Als Reaktion auf meine Anmerkung, dass wir mit der Verteidigung unserer Partner in Asien Sorge getragen hätten, unsere Glaubwürdigkeit als Bündnispartner auf der Hauptbühne zu wahren, sagte er, er wolle über diesen Aspekt nachdenken: »Könnten Sie morgen noch einmal kommen, um meine Antwort zu hören?«

Am nächsten Tag platzierte er uns so, dass wir einander gegenübersaßen, und sagte feierlich: »Schau mir in die Augen.« Und dann sagte er, auf meine Versicherungen vom Tag zuvor zurückkommend:

Meinen Sie, ich glaube immer noch, dass Sie uns bedingungslos schützen werden? [...] Ihr Vorgehen in den letzten Jahren hier macht doch deutlich, dass für Ihr Land Entspannung mit der Sowjetunion auch in Krisensituationen wichtiger sein wird als alles andere. Ich glaube nicht, dass irgendein amerikanischer Präsident unter welchen Umständen auch immer jemals einen Atomkrieg wegen Berlin riskieren wird. Doch die Allianz bleibt wichtig. Uns schützt, dass die sowjetische Führung sich angesichts dieses Elements des Zweifels nicht sicher sein kann.

So war Adenauer mit einer treffenden Zusammenfassung zum Thema unseres ersten Gesprächs zehn Jahre zuvor zurückgekehrt, zur inhärenten Ambiguität einer nuklearen Bedrohung. Doch er artikulierte auch ein weiteres Grundprinzip seiner Amtsjahre: die entscheidende Bedeutung des Atlantischen Bündnisses.

Was als eine Bitte um Vergewisserung in einer Krise begonnen hatte, war zu einer langfristigen strategischen Erkenntnis geworden. Adenauer bekräftigte in seinen letzten Worten an mich seine Hingabe an die atlantische Partnerschaft – selbst wenn er Vorbehalte hinsichtlich der Schwierigkeit, sie umzusetzen, ausdrückte. Während er die Strategie akzeptierte, die die Sowjetunion fast ein halbes Jahrhundert lang zurückhielt, erkannte er, dass gerade diese Ambiguität die Abschreckung schuf, mittels der die Alliierten Amerikas sich auf ihre Weiterentwicklung innerhalb einer europäischen politischen Struktur verlassen konnten, und das in Partnerschaft mit Amerika.

IN DER TRADITION ADENAUERS

Große Staatskunst ist mehr als die Beschwörung eines vorübergehenden Hochgefühls; sie erfordert die Fähigkeit, langfristig zu inspirieren und eine Vision am Leben zu erhalten. Adenauers Nachfolger stellten fest, dass die Prinzipien seiner prägenden Vision grundlegend für die Zukunft Deutschlands waren. Dies galt sogar für Willy Brandt, der 1969 der erste Bundeskanzler der SPD wurde.

Brandt hatte die Hitlerzeit im Exil verbracht, zuerst in Norwegen und dann im neutralen Schweden. Als Regierender Bürgermeister von West-Berlin während der Berlin-Krisen zwischen 1958 und 1962 hatte er eine starke Führungs- und rhetorische Kraft gezeigt, die seine Landsleute aufbaute und ihnen half, den Mut nicht zu verlieren.

Sobald er sein Amt als Kanzler angetreten hatte, verhielt sich Brandt ganz anders als der sehr traditionelle Adenauer. Vor allem trat er für die Ostpolitik ein, also auch für eine Öffnung zur kommunistischen Welt unter gleichzeitiger Beibehaltung der Beziehungen zu den Alliierten. Präsident Richard Nixon und ich als sein Berater für nationale Sicherheit hatten zunächst Bauchschmerzen, weil wir die Gefahr sahen, dass die Ostpolitik sich zu einer neuen Spielart des deutschen Nationalismus unter der Maske eines Neutralismus entwickelte, mit dem die Bundesrepublik womöglich versuchen würde, zwischen Ost und West zu lavieren.

Brandt entfernte sich in einigen Aspekten seiner Außenpolitik zwar von Adenauer, doch er war dem Atlantischen Bündnis verbunden genug, dass er sich eng mit Washington absprach, wenn es um Verhandlungen mit Moskau ging. In seiner ersten Woche im Amt schickte Brandt seinen Freund und außenpolitischen Berater Egon Bahr nach Washington. Zu unserer Überraschung bekräftigte Bahr, dass die Bundesrepublik fest zur NATO und zu den Bemühungen der Adenauer-Zeit, Europa zu einen, stehe. Der neue Kanzler, so sagte uns Bahr, werde die Ostpolitik mit seinen Verbündeten und insbesondere mit dem Weißen Haus koordinieren. Daraufhin überwand Nixon unsere bösen Vorahnungen und verließ sich auf Bahrs Zusicherungen. Der Konsultationsprozess lief über mein Amt.

Brandt hielt Bahrs Wort. Er entwickelte eine ideenreiche Politik gegenüber Osteuropa, vor allem Polen, er eröffnete Verhandlungen mit der Sowjetunion zu den Beziehungen allgemein und auch zum garantierten Zugang nach Berlin. Diese Verhandlungen fanden 1972 ihren Abschluss, wir erleichterten sie durch unsere Entspannungspolitik (Détente).* Gemeinsam mit seinen westlichen Verbündeten schloss Brandt ein Abkommen, das den Zugang nach Berlin regelte und problemlos bis zur Wiedervereinigung in Kraft blieb.

Während Brandt Adenauers Konsultationen innerhalb der NATO beibehielt, entwickelte er gleichzeitig die Ostpolitik mit den Nachbarvölkern im Osten.

---

* Siehe Kapitel 3, Seite 197 bis 203.

STAATSKUNST

Brandt reiste 1970 nach Warschau und besuchte das Denkmal für den Aufstand im Warschauer Ghetto 1943, wo polnische Juden sich gegen den Versuch der Nationalsozialisten, sie in Todeslager zu deportieren, gewehrt hatten. Der Aufstand war brutal niedergeschlagen worden. Brandt zeigte vor dem Denkmal Reue, er legte einen Kranz nieder und fiel dann auf die Knie. Diese stille Geste, die Deutschlands moralische Versöhnung mit der Welt nach dem Krieg demonstrierte, sprach für sich selbst. Sicher maß Brandt der Beziehung der Bundesrepublik zu Polen großen strategischen Wert bei, aber er sprach auch von ihrem »hohen moralisch-historischen Rang«. Es war die Fortsetzung der hohen Wertschätzung Adenauers für Reue und Würde – ja, für Würde durch Reue.[77]

Welche weiteren Ambitionen die Fürsprecher der Ostpolitik auch gehabt haben mochten, sie wurden durch Brandts Rücktritt im Jahr 1974 Makulatur. Sein Nachfolger war Helmut Schmidt (1974–1982), der in erster Linie durch den Zufall seiner Geburt im Stadtstaat Hamburg Sozialdemokrat geworden war. In Hamburg stellte die SPD die Regierung, und er wirkte dort in den 1960er-Jahren als Senator. In seinen prägenden Jahren hatte der junge Schmidt mehr Chaos als Stabilität erlebt. 1941 diente er in der Luftwaffe als Flakoffizier an der Ostfront,[78] war aber zu jung, um im Nationalsozialismus politisch aktiv zu sein.

Schmidt konzentrierte die deutsche Außenpolitik im Grund auf die Prinzipien Adenauers. Wie sein großer Vorgänger war er überzeugt von der entscheidenden Rolle der Moral. »Politik ohne Gewissen tendiert zur Kriminalität«, sagte er einmal und fügte hinzu: »Nach meinem Verständnis ist Politik pragmatisches Handeln zu sittlichen Zwecken.«[79] Im Jahr 1977 berichtete mir Schmidt, wie ein paar Wochen zuvor eine deutsche Kommandoeinheit eine waghalsige Mission unternommen hatte, um deutsche Geiseln, die von Terroristen in einem Flugzeug nach Mogadischu, Somalia, entführt worden waren, zu retten. Er hatte Qualen gelitten in den Stunden, bevor die Nachricht kam, dass die Aktion erfolgreich verlaufen war. Wenn er sich solche Sorgen um das Leben von 86 Geiseln und ihren Rettern machte, so grübelte er, wie würde er da je fähig sein, die NATO-Nuklearwaffenstrategie umzusetzen?

Und doch tat Schmidt, als es in den frühen 1980er-Jahren um die Aufstellung von amerikanischen Mittelstreckenraketen in Deutschland ging, das,

Konrad Adenauer: Die Strategie der Demut

was er als seine Pflicht ansah, gegen die Haltung der Mehrheit seiner Partei – und obwohl dieser mutige Akt direkt zum Misstrauensvotum und damit zum Ende seiner Amtszeit führte.

Schmidt war auch eine treibende Kraft hinter einem zweiten Aspekt Adenauer'scher Politik: der Einigung Europas. Wie Adenauer räumte er dabei Frankreich einen besonderen Platz ein. Er und sein französischer Amtskollege, Präsident Valéry Giscard d'Estaing, erneuerten die Zusammenarbeit von Adenauer und de Gaulle, auch diesmal noch verstärkt durch eine persönliche Freundschaft. Die beiden beteiligten sich aktiv an der Erarbeitung der KSZE-Schlussakte von Helsinki im Jahr 1975, die den Prozess der Delegitimierung der sowjetischen Herrschaft über Osteuropa beschleunigte. Sie sprachen sich mit starker Unterstützung des amerikanischen Präsidenten Gerald Ford für regelmäßige Treffen demokratischer Regierungschefs aus – damals die G5, heute die G7 –, um ihren gemeinsamen Vorstellungen zur Weltordnung Ausdruck zu verleihen.[80]

Adenauers Vision eines vereinten Deutschlands innerhalb eines sich einenden Europas erfüllte sich in der Kanzlerschaft von Schmidts Nachfolger Helmut Kohl, als die Sowjetherrschaft in Osteuropa an ihren Überlastungen und inneren Widersprüchen zerbrach. Als nachdenklicher Kenner der deutschen Geschichte, der den Dialekt seiner rheinpfälzischen Heimat sprach, war Kohl weniger intellektuell als Schmidt und weniger philosophisch als Adenauer. Er regierte mit einer meisterhaften Kenntnis der Einstellungen seiner Landsleute. Wie Adenauer war er fest entschlossen, das Schwanken Deutschlands zwischen den verschiedenen Verlockungen zu vermeiden, die sich aus dessen zentraler geografischer Lage und der Komplexität seiner Geschichte ergaben. Kohl ließ sich von Massendemonstrationen, wie man sie in Deutschland noch nie gesehen hatte, gegen die Stationierung amerikanischer Mittelstreckenraketen in Europa als Gegengewicht zu einer vergleichbaren sowjetischen Stationierung nicht beirren. Seine Standhaftigkeit wurde durch amerikanisch-sowjetische Verhandlungen belohnt, die 1988 zum INF-Waffenkontrollvertrag führten, der den gegenseitigen Abzug dieser Klasse nuklearer Waffen auf beiden Seiten festlegte – der erste und bisher einzige Vertrag, der eine ganze Kategorie von Atomwaffen abschaffen sollte.

Die Auflösung des ostdeutschen kommunistischen Regimes begann, als immer mehr DDR-Bürger in die Nachbarländer flohen. Im August 1989 verschob sich das politische Gleichgewicht unwiderruflich, als 9000 Ostdeutsche, die nach Ungarn geflohen waren, das Land in Richtung Bundesrepublik verlassen durften. Bis zum Oktober hatten Tausende Ostdeutsche Zuflucht in der westdeutschen Botschaft in Prag gefunden. Endgültig bestätigt wurde die Auflösung der ostdeutschen Satellitenregierung, als sie sich verpflichtet fühlte, die Flüchtlingszüge, die die Menschen in Begleitung westdeutscher Beamter in den Westen bringen sollten, quer durch die DDR fahren zu lassen.[81]

Der Fall der Berliner Mauer im November 1989 ließ die deutsche Wiedervereinigung in greifbare Nähe rücken. Wichtige Meinungsführer in der Bundesrepublik, darunter auch der angesehene Bundespräsident Richard von Weizsäcker, traten dafür ein, dass der Westen sich zumindest anfangs mit der Einführung demokratischer Wahlen in der ehemaligen sowjetischen Besatzungszone zufrieden geben sollte. Kohl war anderer Ansicht. In der Tradition Adenauers argumentierte er, dass zwei getrennte deutsche Staaten, selbst wenn beide demokratisch wären, nie vereint werden würden, ohne die Legitimität für ihre getrennte Existenz zu entwickeln, was letztlich die Einladung zu einer Reihe eskalierender Krisen bedeutete.

Kohl löste das Problem mit einem so entschlossenen wie mutigen staatsmännischen Schachzug. Als das ostdeutsche Regime freie Wahlen ankündigte, tat Kohl so, als gäbe es die DDR nicht mehr, und setzte einfach Wahlkampfbesuche im Osten an, als sei es eine bundesrepublikanische Wahl. Das ostdeutsche Gegenstück zur CDU errang einen überwältigenden Wahlsieg. So bahnte Kohl den Weg zur förmlichen Vereinigung Deutschlands am 3. Oktober 1990 sowie zur weiteren deutschen Mitgliedschaft in der NATO.

Kohl stand jetzt noch vor der Aufgabe, Frankreich und Großbritannien – die beide nach zwei Weltkriegen verständliche Vorbehalte hatten – von den Vorteilen der Wiedervereinigung zu überzeugen. Vor allem die britische Premierministerin Margaret Thatcher reagierte zögerlich.* Es ging nicht richtig voran, bis die Sowjets im Mai 1990 dem Rückzug ihrer Soldaten aus Ostdeutschland[82] und der Mitgliedschaft eines geeinten Deutschlands in der NATO zustimmten. Dabei spielten innenpolitische Probleme in der Sowjet-

---

* Wie in Kapitel 6 beschrieben, Seite 497 ff.

Konrad Adenauer: Die Strategie der Demut

union eine Rolle, aber auch die Politik der Nachfolger Adenauers und der Verbündeten, die weiterhin seiner Vision folgten, wie er sie nach der bedingungslosen Kapitulation als einen Weg, um seinem Volk und seinem geteilten Land den Mut zum Neustart zu geben, beschrieben hatte.

Eine unvorhergesehene Folge der Ereignisse nach dem Zusammenbruch der Berliner Mauer war, dass im Dezember 1989 eine bisher unbekannte Physikerin an der ostdeutschen Akademie der Wissenschaften, eine Pastorentochter, die sich bisher nie politisch engagiert hatte, beschloss, einer neuen Partei in Ostdeutschland beizutreten, dem sogenannten »Demokratischen Aufbruch«. Angela Merkel war damals 35 Jahre alt und besaß keine politische Erfahrung, dafür aber einen starken moralischen Kompass. Ende 1990 war ihre Partei in der CDU aufgegangen. Im November 2005 wurde sie zur Bundeskanzlerin gewählt. Sie bekleidete das Amt 16 Jahre lang, steuerte ihr Land durch viele Krisen, setzte ihm höhere Ziele in einer technologisierten Welt und wurde zu einer der wichtigsten Führungsgestalten in der internationalen Politik nach dem Ende des Kalten Krieges. Sie erfüllte Adenauers Traum von der zukünftigen Rolle seines Landes. Im Dezember 2021 gab sie ihr Amt ab, erstmals in der BRD nicht wegen einer politischen Krise.

Im Jahr 2017, zum 50. Todestag Adenauers, hatte Angela Merkel seinen historischen Beitrag gewürdigt:

> Wir ehren heute einen großen Staatsmann, der unserem Land mit Weitsicht und Geschick nach dem Scheitern der Weimarer Republik und den Schrecken des Nationalsozialismus wieder Perspektive und Halt gegeben hat. Wir verneigen uns in großer Dankbarkeit vor Konrad Adenauer. Wir nehmen sein Verdienst auch als Auftrag für unsere Aufgaben in einer unübersichtlichen, schwierigen Welt. Angesichts dessen, was Konrad Adenauer und seine Zeitgenossen geleistet haben, sollten wir den Mut haben, dieses Werk fortzusetzen.[83]

Konrad Adenauer selbst hatte sich nicht weiter mit dem Urteil der Nachwelt aufgehalten. Auf die Frage, wie man ihn in Erinnerung behalten sollte, sagte er schlicht: »Ich habe den Wunsch, dass später […] von mir gesagt werden kann, dass ich meine Pflicht getan habe.«[84]

2

Charles de Gaulle:
Die Strategie des Willens

PERSÖNLICHE BEGEGNUNGEN

Binnen eines Monats nach seinem Amtsantritt als Präsident am 20. Januar 1969 reiste Richard Nixon zu sogenannten Arbeitsbesuchen in die europäischen Hauptstädte, um die Bedeutung zu unterstreichen, die er den atlantischen Beziehungen beimaß. In Brüssel, London und Bonn wurde Nixon von seinen europäischen Amtskollegen, die er alle zuvor schon einmal getroffen hatte und von denen die meisten die führende Rolle Amerikas in der Atlantischen Allianz bekräftigen wollten, herzlich empfangen.

In Paris herrschte eine etwas andere Atmosphäre. Sechs Jahre zuvor, nicht lange nach Nixons Niederlage bei den kalifornischen Gouverneurswahlen im November 1962, hatte Charles de Gaulle ihn zum Mittagessen in seinem Amtssitz, dem Élysée-Palast, empfangen. Das Lob des französischen Präsidenten für den außenpolitischen Scharfsinn, den Nixon während seiner Zeit als Vizepräsident von Dwight Eisenhower (1953–1961) an den Tag gelegt hatte, bedeutete dem Amerikaner, der sich damals am Tiefpunkt seiner politischen Karriere befand, sehr viel. Diesmal begrüßte de Gaulle Nixon und sein Gefolge persönlich auf dem Flughafen, wie es sich für einen offiziellen Staatsbesuch gebührte.

Es war das erste Mal, dass ich de Gaulle begegnete. Er nutzte die Gelegenheit zu einer knappen, aber freundschaftlichen Willkommensrede für Nixon, in der er Frankreichs eigenständige historische Identität betonte:

> Seit 200 Jahren, in denen so viel geschehen ist, konnte nichts die freundschaftliche Verbundenheit unseres Landes mit dem Ihrigen erschüttern. Diesmal sind Sie zu uns gekommen, damit wir Ihnen unsere Überlegungen

und Vorhaben internationale Angelegenheiten betreffend darlegen können und damit Sie Ihre eigenen Ansichten und Initiativen erläutern können. Es versteht sich von selbst, dass wir diesem Austausch mit größtem Interesse entgegenblicken und ihm die größte Bedeutung beimessen.[1]

Die Art der Begrüßung orientierte sich ausschließlich an den nationalen Interessen Frankreichs und de Gaulles persönlicher Wertschätzung für Nixon. Er vermied es, die NATO, die Europäische Wirtschaftsgemeinschaft und den europäischen Multilateralismus zu erwähnen, was standardmäßig zur Willkommensrhetorik anderer Staatsoberhäupter in europäischen Hauptstädten gehört hatte.

Es folgte ein Empfang im Élysée-Palast, im Verlauf dessen mich ein Mitarbeiter de Gaulles aus der Menge hin zu der strengen Gestalt geleitete, die die Versammlung überragte. De Gaulle strahlte keine persönliche Wärme aus; er verwies weder auf frühere Kontakte,[2] noch machte er sich die Mühe, mich jetzt willkommen zu heißen. Seine ersten an mich gerichteten Worte waren eine Herausforderung: »Warum ziehen Sie sich nicht aus Vietnam zurück?« – eine seltsame Frage, wenn man bedenkt, dass er in Algerien zunächst drei Jahre lang verstärkte militärische Anstrengungen unternommen hatte, bevor er sich vor sieben Jahren zum Rückzug entschlossen hatte. Als ich ihm antwortete: »Weil ein plötzlicher Rückzug der internationalen Glaubwürdigkeit der USA schaden würde«, erwiderte er schroff: »Wo zum Beispiel?« (»*Par exemple, où?*«). Auch meine nun folgende Erläuterung – »Zum Beispiel im Nahen Osten« – schien ihm nicht zu gefallen. Er dachte kurz nach und bemerkte dann: »Sehr merkwürdig. Bisher hatte ich immer geglaubt, es seien Ihre Feinde [also die Sowjets], die ein Glaubwürdigkeitsproblem im Nahen Osten haben.«

Am darauffolgenden Tag traf sich de Gaulle mit Nixon zu einer längeren Unterredung im Grand Trianon, dem eleganten Schloss im Park des von Ludwig XIV. errichteten Palasts von Versailles. Als das Gespräch auf Europa kam, nahm de Gaulle dies zum Anlass, seine kurze Begrüßungsrede mehr als eine halbe Stunde lang mit außergewöhnlicher Leidenschaft, Eleganz und Eloquenz näher auszuführen.

Er sagte, in seiner Geschichte sei Europa der Schauplatz verschiedener Nationalitäten und Überzeugungen gewesen. So etwas wie ein politisches

Charles de Gaulle: Die Strategie des Willens

Europa habe es nie gegeben. Jeder Teil Europas habe seine eigene Identität geschaffen, sei mit eigenen Problemen konfrontiert worden und habe eigene Autorität und Ziele entwickelt. Die Länder Europas seien gerade dabei, sich vom Zweiten Weltkrieg zu erholen, und versuchten, sich mittels einer Strategie zu verteidigen, die ihren verschiedenen Charakteren gerecht werde. Die globale Lage seit dem Krieg habe Erfordernisse und Gefahren hervorgebracht, die eine enge Zusammenarbeit zwischen den Staaten Europas – sowie zwischen Europa und den Vereinigten Staaten – nötig machten. Frankreich sei bereit, an gemeinsamen Aufgaben mitzuwirken, und werde sich als verlässlicher Verbündeter erweisen. Es werde allerdings weder seine Fähigkeit zur eigenständigen Verteidigung aufgeben noch die Entscheidung über seine Zukunft an multilaterale Institutionen abtreten.

Im Namen dieser Prinzipien hatte de Gaulle bereits die Atlantikpolitik der beiden vorhergehenden US-Präsidenten, Lyndon B. Johnson und John F. Kennedy, kritisiert. Nixon, der de Gaulle bewunderte und es zu Beginn seiner Präsidentschaft vermeiden wollte, mit ihm über derartige Fragen zu streiten, bat mich als Geschichtsprofessor um eine Stellungnahme zu dieser Thematik.

Etwas verblüfft über die unerwartete Aufforderung sagte ich: »Das war ein tiefgründiger und bewegender Vortrag. Aber wie gedenkt Präsident de Gaulle zu verhindern, dass Deutschland das von ihm beschriebene Europa dominiert?« Er schwieg einen Augenblick und antwortete dann: »*Par la guerre.*« (»Durch Krieg.«)

Beim anschließenden Mittagessen entwickelte sich ein weiteres interessantes Gespräch. Nachdem er zu erkennen gegeben hatte, dass er von meinen wissenschaftlichen Bemühungen wusste, fragte de Gaulle mich nach der Staatskunst in der zweiten Hälfte des 19. Jahrhunderts: Welche Persönlichkeit aus jener Zeit hatte mich am meisten beeindruckt? Als ich Otto von Bismarck erwähnte, von 1871 bis 1890 erster Kanzler des Deutschen Reiches, erkundigte er sich, welche Eigenschaft Bismarcks ich am meisten bewunderte. »Seine Mäßigung, die ihm leider bei der Beilegung des Deutsch-Französischen Krieges von 1871 abging«, sagte ich. De Gaulle beendete das Gespräch, indem er an die späteren Folgen dieses Friedensschlusses erinnerte: »Es war besser so, denn dies gab uns die Möglichkeit, das Elsass zurückzuerobern.«

Nur sechs Jahre zuvor hatte de Gaulle einen Freundschaftsvertrag mit dem deutschen Bundeskanzler Konrad Adenauer unterzeichnet, zu dem er engere persönliche Beziehungen unterhielt als zu irgendeinem anderen Staatsoberhaupt der Welt. Doch für de Gaulle bedeutete Freundschaft nicht, die Lehren aus der Geschichte oder die Erfordernisse der Strategie außer Acht zu lassen. Was seine kämpferischen Äußerungen betrifft, so ist es durchaus möglich, dass er damit die Reaktion seines Gesprächspartners testen wollte.

Zwei Monate nach dem Treffen mit Nixon trat de Gaulle zurück. Er stand weder unter nationalem noch unter internationalem Druck, diesen Schritt zu vollziehen. Er wählte diesen Zeitpunkt für seinen endgültigen Abschied aus der Politik, weil er geeignet schien für einen historischen Übergang.

Wer war dieser beeindruckende Hüne, der so wortgewandt über die Weltordnung nachdachte, der so selbstbewusst war, dass er bei einem Häppchen ganz beiläufig einen Krieg mit Deutschland in Erwägung ziehen konnte, der sich seines Erbes so sicher war, dass er freiwillig zurücktreten konnte, als er den richtigen Augenblick dafür gekommen sah? De Gaulle wusste sehr wohl, dass er auch deshalb zu einer Legende geworden war, weil er sich in ein Geheimnis gehüllt hatte. Wer war der Koloss hinter dem Schleier?

DER BEGINN DER REISE

Am 21. März 1940 wurde Paul Reynaud zum Nachfolger von Édouard Daladier als Premierminister ernannt, als Reaktion auf die Niederlage der französischen Truppen, die versucht hatten, den deutschen Angriff auf Norwegen abzuwehren. Bereits fünf Jahre zuvor hatte sich Reynaud für die Ansichten des damaligen Oberstleutnants Charles de Gaulle interessiert, der als Berater dieses hochrangigen Politikers in Reynauds engeren Kreis aufgenommen wurde.

Mitte Mai 1940 wurde der noch wenig bekannte 49-jährige Berufssoldat vom Oberst zum kommissarischen Brigadegeneral befördert, in Anerkennung seiner außergewöhnlichen Führung eines Panzerregiments bei den Bemühungen, den deutschen Einmarsch in Belgien zurückzuschlagen. Zwei

Charles de Gaulle: Die Strategie des Willens

Wochen später ernannte Reynaud, der gleichzeitig als Verteidigungsminister fungierte, de Gaulle zu seinem Unterstaatssekretär für Verteidigung. De Gaulle bezog sein Büro im Verteidigungsministerium am 5. Juni, genau an dem Tag, als die Angriffe der deutschen Luftwaffe die Außenbezirke von Paris erreichten. Eine Woche später zog sich die französische Regierung aus der Hauptstadt zurück. Am 17. Juni erfuhr der neu ernannte Unterstaatssekretär von Reynauds Rücktritt und dem Plan, einen Waffenstillstand mit Adolf Hitler anzustreben, und flog kurzerhand von Bordeaux aus nach London. De Gaulles Flugzeug überquerte die Häfen von Rochefort und La Rochelle, wo die Deutschen zahlreiche Schiffe in Brand gesteckt hatten, sowie das bretonische Dorf Paimpont, wo seine Mutter Jeanne im Sterben lag. Bei seiner Abreise ordnete er an, dass seiner Frau und seinen drei Kindern möglichst rasch Pässe ausgehändigt werden sollten, damit sie ihm nach London folgen konnten.[3] Am nächsten Tag hielt er bei der BBC eine im Radio ausgestrahlte Rede, in der er die Gründung einer Widerstandsbewegung ankündigte, gerichtet gegen die Politik der französischen Regierung:

Das Schicksal der Welt steht auf dem Spiel. Ich, General de Gaulle, jetzt in London, rufe alle französischen Offiziere und Männer auf, die sich gegenwärtig oder in Zukunft mit oder ohne Waffen auf britischem Boden befinden, und ich lade alle Ingenieure und Facharbeiter der Rüstungsbetriebe, die sich gegenwärtig oder in Zukunft auf britischem Boden befinden, ein, sich mit mir in Verbindung zu setzen. Was auch immer geschieht, die Flamme des französischen Widerstands darf und wird nicht erlöschen.[4]

Es handelte sich, gelinde gesagt, um eine außergewöhnliche Stellungnahme von jemandem, der der überwältigenden Mehrheit des französischen Volkes noch völlig unbekannt war. Ein Unterstaatssekretär und Frankreichs rangniedrigster General rief dreist zur Opposition gegen die französische Regierung auf, in die er selbst weniger als zwei Wochen zuvor aufgenommen worden war und der er nominell noch angehörte. Im Gegensatz zu der hochtrabenden Rhetorik anderer historischer Verlautbarungen – etwa der Unabhängigkeitserklärung der Vereinigten Staaten von 1776 – kamen die knappen Worte der Radioansprache genau auf den Punkt: Es war eine Aufforderung an die Franzosen, die sich auf britischem Staatsgebiet aufhielten, sich gegen ihre Regierung aufzulehnen, zugunsten eines noch nicht näher definierten Vorhabens.

Ein paar Tage zuvor konzentrierte sich die britische Regierung darauf, die französische Führung davon abzuhalten, einen Separatfrieden mit Hitler zu schließen. Um dies zu verhindern, war Premierminister Winston Churchill so weit gegangen, einer Verbindung der französischen mit der britischen Souveränität das Wort zu reden, um das am meisten gefürchtete Ergebnis zu verhindern: einen vollständigen Zusammenbruch Frankreichs mit dessen anschließender Eingliederung in den deutschen Machtbereich.[5] De Gaulle befürwortete diese Geste, auch wenn er einige Details nicht guthieß, weil er glaubte, dass sie die französische Regierung ermutigen würde, länger durchzuhalten, ohne zu kapitulieren.

Die Initiative war von Charles Corbin und Jean Monnet ausgegangen; Letzterer sollte später eine wichtige Rolle bei der Konzeption der Europäischen Union spielen.[6] Die Ausarbeitung des Plans für die De-facto-Union der beiden Länder machte am 16. Juni rasche Fortschritte. De Gaulle, der in England zu Verhandlungen war, las ihn am Telefon Reynaud vor, der sich erkundigte, ob Churchill offiziell zugestimmt habe. De Gaulle holte Churchill ans Telefon, der das Angebot persönlich wiederholte. Reynaud antwortete, er werde es in der nächsten Stunde seinem Kabinett vorlegen. Dazu ein Historiker:

> Churchill, Attlee, Sinclair und die Stabschefs sollten in jener Nacht mit dem Kreuzer *Galatea* nach Concarneau vor der bretonischen Küste gebracht werden, um mit Reynaud und seinen Kollegen über die Fortsetzung der Kampfhandlungen und die Zukunft der neuen Nation zu beraten. Sie [...] kamen aber nur bis zur Londoner Waterloo Station, wo sie in einem Sonderzug Platz nahmen, der um 21.30 Uhr nach Southampton fahren sollte.
>
> Der Zug [...] jedoch sollte den Bahnhof nie verlassen. Churchill erhielt von seinem Privatsekretär eine handschriftliche Nachricht, dass die Reise wegen einer ›ministeriellen Krise‹ in Bordeaux [wohin sich die französische Regierung geflüchtet hatte] abgesagt wurde.[7]

Charles de Gaulle: Die Strategie des Willens

Reynaud war abgesetzt worden. An seiner Stelle ernannte man den 87-jährigen Marschall Philippe Pétain zum Premierminister.

Solange der Ausgang der Waffenstillstandsverhandlungen noch ungewiss war, hielten die Briten de Gaulle offiziell auf Distanz. Der von ihm angekündigte Zusammenschluss von Offizieren und Männern unter dem Namen »Freies Frankreich« (»France libre«) wurde nicht formell anerkannt, und eine weitere Radioansprache über die BBC, die zunächst geplant war, wurde gestrichen.[8] Doch dann waren die Würfel schnell gefallen: Am 22. Juni unterzeichnete Frankreich einen Waffenstillstand mit Deutschland, der die gesamte Atlantikküste und die Hälfte des Landes unter deutsche Besatzung stellte. Genau das hatte de Gaulle unbedingt verhindern wollen. Sein übergeordnetes Ziel war es von nun an, die französische Souveränität durch eine Befreiung seiner Heimat wiederherzustellen, an der die Freien Franzosen maßgeblich beteiligt sein sollten, und den Befreiungsprozess dann für eine moralische Wiedergeburt der französischen Gesellschaft zu nutzen, die durch den moralischen und militärischen Zusammenbruch von 1940 notwendig geworden war.

Am 23. Juni hielt de Gaulle, der dafür nun die Erlaubnis des britischen Kabinetts erhalten hatte, dann wieder eine von der BBC übertragene Rede. Trotzig wandte er sich an Marschall Pétain von Vichy-Frankreich – so benannt nach dem Kurort in Zentralfrankreich, wohin sich die Regierung zurückziehen sollte und von wo aus in den folgenden zwei Jahren in Zusammenarbeit mit Deutschland die Verwaltung des unbesetzten Teils von Frankreich erfolgte.

Pétain, der in den frühen 1920er-Jahren de Gaulles Mentor gewesen war, wurde dafür verehrt, dass er im Ersten Weltkrieg den deutschen Angriff bei Verdun abgewehrt hatte. Nun wandte sich also der jüngste französische General ungeachtet des militärischen Rangunterschieds mit grimmiger Herablassung an den dienstältesten (und bis dahin von der Bevölkerung am höchsten geschätzten) General. De Gaulle erklärte, der Waffenstillstand habe Frankreich in die Knechtschaft gestürzt, und formulierte einen bitteren Vorwurf: »Um einen solchen Akt der Erniedrigung zu akzeptieren, hätten wir Sie, *Monsieur le Maréchal*, nicht gebraucht. Der Sieger von Verdun war dafür nicht nötig. Das hätte auch irgendjemand sonst erledigen können.«[9]

STAATSKUNST

Mit dieser Beleidigung vollzog de Gaulle den Bruch mit dem offiziellen Frankreich und beschleunigte seine Bemühungen, sich an die Spitze der entstehenden Bewegung Freies Frankreich zu setzen. Zu jenem Zeitpunkt lebten bereits mehrere namhafte französische Flüchtlinge, vor allem aus dem akademischen Milieu, im Londoner Exil, aber sie hatten weder das Format noch die notwendige Überzeugung, um die Führung einer durch den Krieg bedingten Bewegung zu übernehmen. Der britische Geheimdienst hatte seinerseits mit dem Gedanken gespielt, zwei herausragende französische Politiker der Dritten Republik im noch nicht besetzten Frankreich – Édouard Daladier, den ehemaligen Premierminister, und Georges Mandel, den letzten Innenminister – zur Bildung einer Dissidentenregierung im Exil zu überreden. Dieser Plan wurde jedoch fallen gelassen, als die beiden Männer nach ihrer Flucht nach Algerien von Vichy-treuen französischen Kolonialbeamten daran gehindert wurden, Kontakt zu den Briten aufzunehmen, und anschließend ins französische Mutterland abgeschoben wurden.

Es war Churchills Überzeugung von der Notwendigkeit eines symbolischen Ausdrucks des französischen Widerstands, die alle Unklarheiten beseitigte. »Sie sind allein«, sagte er zu de Gaulle. »Nun, ich werde Sie allein anerkennen.« Am 28. Juni, nur elf Tage nach seiner Ankunft, erklärte die Regierung des Vereinigten Königreichs Charles de Gaulle zum »Führer der Freien Franzosen, wo auch immer sie sich befinden mögen«.[10] Es war eine der für Churchill so typischen mutigen Entscheidungen, denn er konnte weder de Gaulles Ansichten alle im Detail kennen noch die Auseinandersetzungen voraussehen, die er damit im Lager der Alliierten entfachen würde.

Bald darauf formalisierte Großbritannien die Beziehungen zu de Gaulle und akzeptierte die einzigartige Überzeugung des Generals von der nationalen Würde Frankreichs. So bestand er beispielsweise darauf, dass Großbritannien die Freien Franzosen zwar mit Ressourcen und Geldern versorgen würde, diese aber als zurückzuzahlende Darlehen und nicht als Geschenke gewährt werden sollten. Und obwohl die Freien Französischen Streitkräfte (die es offiziell noch gar nicht gab) einem britischen oder alliierten Oberkommando unterstellt sein würden, sollten sie als autonome Einheiten unter

Offizieren der Freien Franzosen operieren. Eine solche Charta war eine beachtliche Leistung für »einen mittellosen Brigadier, der als Exilant in einem Land lebte, dessen Sprache er nicht beherrschte«.[11]

DIE URSPRÜNGE UND ZIELE DES VERHALTENS VON DE GAULLE

Vor 1940 war de Gaulle bekannt als hervorragender Soldat und fortschrittlicher strategischer Denker, aber nichts deutete darauf hin, dass er eines Tages zu einem legendären Führer aufsteigen würde. Am 15. August 1914 gehörte er zu den ersten französischen Soldaten, die im Ersten Weltkrieg verwundet wurden, als er bei heftigen Kämpfen in Dinant, einer belgischen Stadt an der Maas, eine Kugel ins Knie bekam. Nach einer kurzen Rekonvaleszenz kehrte er sofort an die Front zurück. Im Januar 1915 wurde er mit dem Croix de Guerre ausgezeichnet, weil er waghalsige Aufklärungsmissionen leitete, bei denen er und seine Soldaten bis an den Rand des Niemandslands krochen, um Gespräche in den deutschen Schützengräben zu belauschen. Am 2. März 1916 wurde de Gaulle nach einer Bajonettverletzung im Oberschenkel gefangen genommen. Trotz fünf Fluchtversuchen blieb er bis zum Waffenstillstand am 11. November 1918 in Deutschland inhaftiert.

In der Schule hatte de Gaulle Deutsch gelernt, und während seiner Haft verschlang er deutsche Zeitungen mit dem Interesse eines eifrigen Studenten und der Neugier eines angehenden Militäranalytikers. Er schrieb ausgiebig über die deutschen Kriegsanstrengungen, las Romane, diskutierte mit seinen Mitgefangenen lebhaft über militärische Strategien und hielt sogar eine Reihe von Vorträgen über die Beziehungen zwischen der Zivilgesellschaft und dem Militär in der französischen Geschichte. Zwar sehnte er sich danach, wieder an die Front zurückzukehren, doch die Internierung war für ihn eine Art von Studium. Sie war auch ein Prüfstein beim Ertragen der Einsamkeit. In seiner Gefängniskladde notierte der 26-jährige de Gaulle: »Die Selbstbeherrschung sollte zur Gewohnheit werden, ein moralischer Reflex, den man sich durch ständige Willensanstrengung aneignet, vor allem in den kleinsten Dingen: in der Kleidung, im Gespräch, in der Art zu denken.«[12]

Während seiner Schulzeit ein feinfühliger Leser und Autor von Gedichten, schien sich de Gaulle im frühen Erwachsenenalter in die Einsamkeit zurückzuziehen, die der französische Dramatiker Pierre Corneille im 17. Jahrhundert als Preis für die Staatskunst bezeichnete, wie in den Worten des römischen Kaisers Augustus in der Tragödie *Cinna*: »Ciel, à qui voulez-vous désormais que je fie / Les secrets de mon âme, et le soin de ma vie?«[13] (»Himmel, wem kann ich nun noch anvertrauen / Die Geheimnisse meiner Seele und die Sorge um mein Leben?«) Die Tugend der Selbstbeherrschung, die er in seinem Tagebuch beschrieb, sollte zu einem zentralen Merkmal seines Charakters werden. Von nun an sollte der Stoizismus sein Auftreten in der Öffentlichkeit prägen, Gefühle sollten hauptsächlich seiner Familie vorbehalten bleiben – insbesondere seiner Frau Yvonne und der behinderten Tochter Anne.

Als er nun wieder in einer Armee in Friedenszeiten diente, erkannte de Gaulle, dass er sich zwar nicht mehr auf dem Schlachtfeld auszeichnen konnte, dies stattdessen aber durch intellektuelle Anstrengungen möglich war. 1924 veröffentlichte er *La Discorde chez l'ennemi* (»Über die Zwietracht beim Feind«), eine tiefgreifende Analyse der Ursachen für den Zusammenbruch der deutschen Kriegsanstrengungen im Jahr 1918. Das Buch, das auf seiner Lektüre deutscher Zeitungen beruhte, brachte de Gaulle die Aufmerksamkeit von Marschall Pétain, der de Gaulle zu seinem Adjutanten machte, zu einer Art Forschungsassistenten für ein in Vorbereitung befindliches – später aufgegebenes – Buch über die Geschichte der französischen Armee. Er zollte den Fähigkeiten des jüngeren Mannes Respekt, indem er ihn für eine Reihe von Vorträgen an der französischen Militärakademie empfahl und sich den ersten Vortrag sogar persönlich anhörte.

Da die Fähigkeit, sich dankbar zu erweisen, nicht zu de Gaulles ausgeprägtesten Charaktereigenschaften gehörte, hinderten weder diese Geste Pétains noch der Rangunterschied zwischen ihnen den Jüngeren daran, seinen Mentor wegen der seiner Meinung nach unzureichenden Anerkennung seiner literarischen Leistungen zur Rede zu stellen. Als sich seine Beziehung zu Pétain daraufhin verschlechterte, kehrte er zu seinem Kommando und zum Schreiben zurück.

In seinem einflussreichsten Buch, *Vers l'Armée de Métier* (dt.: *Frankreichs Stoßarmee: Das Berufsheer, die Lösung von morgen*),[14] kritisierte de Gaulle

Charles de Gaulle: Die Strategie des Willens

die Verteidigungspolitik des französischen Militärs und empfahl stattdessen dringend eine auf offensiver Panzerkriegsführung beruhende Strategie. Damals war Frankreich gerade dabei, die vermeintlich uneinnehmbare Maginot-Linie entlang seiner Ostgrenze zu Deutschland zu errichten, die sich 1940 als spektakulär nutzlos gegen die deutsche Panzerinvasion über Belgien erweisen sollte. De Gaulles Ratschläge, die von der französischen Heeresleitung ignoriert wurden, fanden jedoch Mitte der 1930er-Jahre in Deutschland Beachtung. Die Richtigkeit seiner Warnungen wurde nur wenige Jahre später durch den deutschen Sieg über Frankreich bestätigt.

De Gaulle war sich schon früh während des Krieges darüber im Klaren, dass Amerika schließlich in den Konflikt hineingezogen werden und sich damit das Kräftegleichgewicht zuungunsten der Achsenmächte verschieben würde. Wehe der Seite, die Amerika gegen sich aufbringen würde!»Große Mächte der freien Welt haben bisher noch keinen Beitrag geleistet«, verkündete de Gaulle im Juli 1940 und fügte hinzu:

> Eines Tages werden diese Mächte den Feind vernichten. An diesem Tag muss Frankreich auf der Seite des Sieges stehen. Wenn dies der Fall ist, wird es wieder das werden, was es vorher war, eine große und unabhängige Nation. Das, und nur das, ist mein Ziel.[15]

Aber zum wiederholten Male war de Gaulle unter seinen französischen Militärkollegen der Einzige, der die Lage richtig einschätzte.

Unter normalen Umständen hätte de Gaulle mit seiner Erfahrung auf dem Schlachtfeld, seiner Beförderung zum Brigadegeneral und seiner intellektuellen Brillanz damit rechnen können, eine hochrangige Position in der Armee und, nach etwa einem weiteren Jahrzehnt, vielleicht einen Platz im französischen Kabinett zu erlangen. Dass er stattdessen zum Symbol Frankreichs werden sollte, hätte sich kaum jemand vorstellen können.

Politische Führer, die den Lauf der Geschichte verändern, haben jedoch nur selten eine geradlinige Entwicklung hinter sich. Man hätte erwarten können, dass der Auftritt eines Brigadegenerals von niedrigem Rang, der inmitten des Chaos der Kapitulation Frankreichs vor Hitlerdeutschland die Gründung einer Widerstandsbewegung verkündet, vielleicht zu einer

Fußnote der Geschichte geworden wäre, die seine Rolle als Nebenfigur bei der Gestaltung einer Zukunft gewürdigt hätte, die am Ende von den Siegern bestimmt werden würde. Doch obwohl er in London mit nichts weiter als seiner Uniform und seiner Stimme ankam, katapultierte sich de Gaulle aus der Dunkelheit der Weltgeschichte in die Riege international maßgeblicher Staatsmänner. In einem Aufsatz, den ich vor über 50 Jahren verfasste, habe ich ihn als Illusionisten bezeichnet.[16] Zunächst als Anführer der Freien Franzosen während des Krieges, später als Gründer und Präsident der Fünften Republik beschwor er Visionen herauf, die über die objektive Realität hinausgingen, und überzeugte sein Publikum, sie als Tatsachen zu betrachten. Für de Gaulle war Politik nicht die Kunst des Möglichen, sondern die Kunst des Gewollten.

Im London der Kriegszeit wimmelte es von Polen, Tschechen, Dänen, Niederländern und Staatsangehörigen eines halben Dutzends anderer Länder, die aus ihrer besetzten Heimat geflohen waren. Alle betrachteten sich als Teil der britischen Kriegsanstrengungen. Keiner erhob Anspruch auf eine autonome Strategie. Nur de Gaulle tat dies von Anfang an. Obwohl er die britische Leitung der militärischen Operationen akzeptierte, weil seine Streitkräfte noch zu klein waren, als dass er dies hätte verweigern können, war sein Kriegsziel letztlich ein anderes als das seiner Verbündeten.

Großbritannien und nach 1941 auch die Vereinigten Staaten kämpften für die Niederlage Deutschlands und Japans. Diese wurde von de Gaulle ebenfalls angestrebt, aber vor allem als Zwischenstation auf dem Weg zu seinem eigentlichen Ziel: der Erneuerung der Seele Frankreichs.

DE GAULLE IN DER GESCHICHTE FRANKREICHS

Nicht einmal Churchill dürfte zu Beginn ihrer Beziehung die Tragweite von de Gaulles Vision begriffen haben. Laut dieser hatte Frankreich im Laufe von fast zwei Jahrhunderten seine ehemalige »Grandeur« verloren, jenes mystische, kaum übersetzbare Konzept, das für materiellen Erfolg in Verbindung mit moralischer und kultureller Überlegenheit steht. Jetzt, da seine Heimat am historischen Tiefpunkt angelangt war, präsentierte sich de Gaulle als

Charles de Gaulle: Die Strategie des Willens

Abgesandter des Schicksals, dessen Aufgabe es war, Frankreichs nationale Größe wiederherzustellen. Dass es keine Vorzeichen gegeben hatte, die ihn für diese Mission prädestinierten, spielte keine Rolle; seine Legitimität beruhte auf einer ihm innewohnenden Überzeugung persönlicher Autorität, die gestützt wurde von einem unerschütterlichen Glauben an Frankreich und seine Geschichte.

Nach Ansicht von de Gaulle hatte Frankreich die Elemente seiner hohen Stellung in einem langen historischen Prozess erworben, der im mittelalterlichen Europa begann, als die feudalen Fürstentümer ihre Meinungsverschiedenheiten durch Anpassungen des bestehenden Machtgleichgewichts beilegten. Auf diese Weise entwickelte sich der Kern Frankreichs bereits im 6. Jahrhundert unter dem fränkischen König Chlodwig zu einem zentralistisch regierten Gemeinwesen.

Zu Beginn des 17. Jahrhunderts, als sich die Habsburger-Monarchie von Österreich aus über Mitteleuropa und im Westen bis nach Spanien ausbreitete, benötigte Frankreich eine stärkere Zentralgewalt und eine komplexe Strategie, um sich vor einer Einkreisung zu schützen. Die Aufgabe, diesen Plan zu entwerfen, fiel Armand-Jean du Plessis, Kardinal Richelieu, zu, der von 1624 bis 1642 als Erster Minister von Ludwig XIII. diente und der Hauptarchitekt des späteren Aufstiegs Frankreichs zur führenden europäischen Macht unter Ludwig XIV. war. Richelieu lehnte vorherrschende Strategien ab, die auf dynastischer Loyalität oder konfessioneller Zugehörigkeit beruhten, und richtete stattdessen die Innen- und Außenpolitik Frankreichs nach der »Staatsräson« (*raison d'état*) aus, das heißt der flexiblen Verfolgung des nationalen Interesses auf der Grundlage einer realistischen Einschätzung der Umstände.

Für de Gaulle war dies der erste wirklich groß angelegte Ansatz für europäische Angelegenheiten seit dem Ende des Römischen Reiches. Frankreich sollte ab jenem Zeitpunkt versuchen, die Vielzahl der Staaten in Mitteleuropa auszunutzen, indem es ihre Rivalitäten förderte und von ihren Zwistigkeiten profitierte, um sich eine Stellung zu sichern, die immer stärker sein würde als jedes mögliche Bündnis anderer Nationen. Unter Missachtung des französischen Katholizismus und ihres eigenen Glaubens unterstützten Richelieu und sein Nachfolger Jules Mazarin während des Dreißigjährigen Kriegs, der Mitteleuropa verwüstete, die protestantischen Staaten, was Frankreich die Rolle eines Schiedsrichters der Rivalitäten unter den anderen Nationen verschaffte.

Auf diese Weise entwickelte sich Frankreich zum einflussreichsten Land des Kontinents, wobei Großbritannien die Rolle eines Gegengewichts spielte. Zu Beginn des 18. Jahrhunderts bestand die sogenannte europäische Ordnung des Ancien Régime aus zwei sich teilweise überschneidenden Koalitionen, die manchmal miteinander Krieg führten, gelegentlich Abkommen unterzeichneten, aber nie die Konflikte so weit trieben, dass sie das Überleben des Systems gefährdet hätten. Dabei handelte es sich um das primär von Frankreich orchestrierte Gleichgewicht in Mitteleuropa, wobei Großbritannien seine Marine und seine finanziellen Ressourcen gegen die jeweils stärkste europäische Macht, in der Regel gegen Frankreich, in die Waagschale warf, was ebenfalls die Machtverhältnisse konditionierte.

In einer 1939 gehaltenen Rede lobte de Gaulle die grundlegende Strategie von Richelieu und seinen Nachfolgern:

Frankreich hat immer natürliche Verbündete gefunden, wenn es das wollte. Um gegen Karl V., dann gegen das Haus Österreich und schließlich gegen das aufstrebende Preußen zu kämpfen, bedienten sich Richelieu, Mazarin, Ludwig XIV. und Ludwig XV. nacheinander all dieser Verbündeten.[17]

Zu Beginn des 19. Jahrhunderts ging Frankreich unter Napoleon dazu über, seine Interessen nicht mehr durch Bündnisse und begrenzte Kriege durchzusetzen, sondern die herrschende Ordnung durch vollständige Eroberungen statt durch einfache Siege auf dem Schlachtfeld zu stürzen; dabei berief es sich auf das neue Prinzip der Volkslegitimation der Französischen Revolution. Doch am Ende wurde selbst die militärische Schlagkraft Napoleons und seiner »Nation in Waffen« durch eine fatale Fehlkalkulation zunichte gemacht: die Invasion Russlands. De Gaulle hielt Napoleon für ein außergewöhnliches Genie, warf ihm aber auch vor, Frankreichs Macht und Prestige verspielt zu haben: »Er hat Frankreich kleiner hinterlassen, als er es vorgefunden hat.«[18] Napoleons Brillanz und seine Anfälligkeit für katastrophale Fehleinschätzungen ließen sich laut de Gaulle nicht ohne Weiteres voneinander trennen; Frankreichs große napoleonische Siege schufen die Voraussetzung für seine späteren Niederlagen. Aus diesem Grund datierte de Gaulle den Niedergang Frankreichs als Weltmacht auf die Ära Napoleons, obwohl Frankreich auch nach dessen Abgang von der Bühne der internationalen Politik weiterhin im Mittelpunkt des Geschehens stand.

Als Frankreich von aufstrebenden Mächten wie Deutschland wirtschaftlich überflügelt wurde, konnte es seine kulturelle Vormachtstellung weiter behaupten. In den 1820er-Jahren entschlüsselten französische Gelehrte die Hieroglyphen des Steins von Rosette und eröffneten so den Zugang zu alten Sprachen. Im Jahr 1869 verbanden französische Ingenieure das Rote Meer durch den Suezkanal mit dem Mittelmeer. Im letzten Viertel des 19. Jahrhunderts – als Renoir, Rodin, Monet und Cézanne die bildende Kunst zu neuen Höhen führten – war Frankreich künstlerisch führend in Europa und gleichzeitig immer noch eine bedeutende Wirtschafts- und Handelsmacht. Während Baron Georges Haussmann große Boulevards durch die mittelalterliche Vergangenheit der Stadt verlaufen ließ und der Moderne zur Durchsetzung verhalf, war Paris das Herz der westlichen Zivilisation, »die Hauptstadt des 19. Jahrhunderts«.[19] In Übersee errichtete die Dritte Französische Republik, die mit den neuesten Waffen ausgerüstete Armeen entsandte, unter dem Banner der *mission civilisatrice* ein riesiges Kolonialreich.*

Diese Erfolge bei den Überseebesitzungen und im Bereich der Kultur verdeckten den Niedergang von Frankreichs innerer Stärke. Am Ende der Napoleonischen Kriege im Jahr 1815 zählte Frankreich 30 Millionen Einwohner und übertraf damit alle europäischen Staaten mit Ausnahme des rückständigen Russlands. Bis zum Beginn des 20. Jahrhunderts war diese Zahl nur auf 38,9 Millionen angestiegen,[20] während die Bevölkerung des Vereinigten Königreichs von 16 Millionen auf 41,1 Millionen[21] und die Deutschlands von 21 Millionen auf 67 Millionen angewachsen war.[22] In der Industrieproduktion lag Frankreich im Jahr 1914 hinter den Vereinigten Staaten, Deutschland,

---

* Das französische 75-mm-Feldgeschütz, das 1897 vorgestellt wurde, war ein bahnbrechendes Artilleriegeschütz, das große Reichweite mit extremer Präzision verband. Französische Dienstwaffen wie das Chassepot-Gewehr von 1866 waren hervorragende Repetiergewehre, die auf Metallpatronen umgerüstet werden konnten. (Chris Bishop, »Canon de 75 modèle 1897«, in *The Illustrated Encyclopedia of Weapons of World War II* [London: Amber Books, 2014]; Roger Ford, *The World's Great Rifles* [London: Brown Books, 1998].)

Großbritannien und Russland, insbesondere in den Schlüsselindustrien Kohle und Stahl.[23]

Es folgte eine erneute und nunmehr besorgte Suche nach Bündnissen, um das wachsende Ungleichgewicht gegenüber Deutschland abzufedern. Eine Allianz mit Russland im Jahr 1894 und die Entente cordiale mit Großbritannien im Jahr 1904 waren darunter die bedeutendsten. Als sich die Großmächte in zwei festen Bündnisgruppen zusammengeschlossen hatten, erschwerte dies die Diplomatie und führte dazu, dass eine anfangs unscheinbare Balkankrise zwischen Serbien und Österreich im Sommer 1914 einen Weltkrieg auslöste, in dem die Opferzahlen bei allen Beteiligten die bisherigen Erfahrungen in der Geschichte der europäischen Kriege um ein Vielfaches übertrafen.

Die schlimmsten Verluste erlitt jedoch Frankreich, das zwei Millionen Tote – vier Prozent seiner Bevölkerung – und die Verwüstung seiner nördlichen Regionen hinnehmen musste.[24] Russland, bis dahin Frankreichs wichtigster Verbündeter, wurde 1917 von einer Revolution erschüttert und anschließend durch die verschiedenen Friedensschlüsse Hunderte von Kilometern nach Osten zurückgedrängt. Die Niederlage Österreichs in Verbindung mit Woodrow Wilsons Doktrin der nationalen Selbstbestimmung und demokratischen Bestrebungen führte dazu, dass Deutschland nun in Ost- und Mitteleuropa einer Vielzahl von Staaten mit schwachen Institutionen und wenigen Ressourcen gegenüberstand. Jedes künftige Wiedererstarken der deutschen Militärmacht würde durch eine französische Offensive im deutschen Rheinland zurückgeschlagen werden müssen.

Trotz seines Sieges im Jahr 1918 wusste Frankreich besser als alle seine Verbündeten, wie nahe es der Niederlage gekommen war. Und es hatte dadurch seine psychologische und politische Widerstandsfähigkeit verloren. Mit einer dezimierten Jugend, der Furcht vor dem geschlagenen Gegner, dem Gefühl, von den Alliierten im Stich gelassen zu werden, und dem Eindruck der Ohnmacht erlebte Frankreich die 1920er- und 1930er-Jahre als eine fast ununterbrochene Folge von Frustrationen.

Nichts hätte das Gefühl der Unsicherheit Frankreichs nach 1918 besser zum Ausdruck bringen können als die Entscheidung, mit dem Bau der Maginot-Linie zu beginnen, und zwar zu einem Zeitpunkt, als die französische

Armee die größte in Europa war und die deutsche durch den Friedensvertrag auf 100 000 Mann begrenzt war. Dieser Entschluss war umso bemerkenswerter, als der Versailler Vertrag Deutschland ausdrücklich die Stationierung von Streitkräften im Rheinland untersagt hatte – dem Gebiet, das vor einem Angriff auf Frankreich durchquert werden musste. Nach seinem Sieg fühlte sich Frankreich so unsicher, dass es nicht glaubte, einem eklatanten Bruch des Friedensvertrags durch seinen entwaffneten Gegner mit einer eigenen Offensive begegnen zu können.

Als Oberstleutnant hatte de Gaulle die französische Militärdoktrin in seinem 1934 erschienenen Buch *Vers l'Armée de Métier* einer grundlegenden Kritik unterzogen. Mobilität, so schrieb er, sei der Schlüssel zur richtigen Strategie, mit Luftstreitkräften und Panzern als wichtigsten Umsetzungsmitteln.[25] Die Armee, in der er diente, hatte jedoch eine Strategie der statischen Verteidigung entwickelt, die sich als katastrophal unzureichend erweisen sollte.

In einer Passage dieses Werks von 1934 formulierte de Gaulle seinen resignierten Befund:

> Es war einmal ein altes Land, das gehemmt war durch Gewohnheit und Umsicht. Einst das reichste und mächtigste Volk, das mitten auf der Weltbühne stand, zog es sich nach großen Schicksalsschlägen gleichsam in sich selbst zurück. Während um es herum andere Völker sich weiterentwickelten, blieb es unbeweglich.[26]

Genau diese Einstellung wollte de Gaulle in allen Phasen seiner Laufbahn unbedingt verändern.

DE GAULLE UND DER ZWEITE WELTKRIEG

Die Lage, in der sich de Gaulle im Sommer 1940 in London befand, bot auf den ersten Blick nicht die geringste Möglichkeit für eine Wiederherstellung französischer Grandeur. Ganz Zentraleuropa war von Hitler unterworfen worden. Die Sowjetunion, die letzte verbliebene kontinentale Macht, hatte im

Jahr zuvor einen Nichtangriffspakt mit Deutschland unterzeichnet.[27] Frankreich, das nun von Pétain unter teilweiser deutscher Besatzung regiert wurde, manövrierte zwischen Neutralität und Kollaboration.

De Gaulle war weder von einer offiziellen französischen Institution zum Führer des Freien Frankreichs ernannt worden, noch war seine Führerschaft durch Wahlen bestätigt worden. Sein Führungsanspruch hatte keine andere Basis als seine Proklamation. »Die Legitimität einer Regierungsmacht«, würde er später schreiben, »ergibt sich aus ihrer Überzeugung und ihrer Fähigkeit, die Menschen zu überzeugen, dass sie die nationale Einheit und Kontinuität verkörpert, wenn das Land in Gefahr ist.«[28] Damit auf einen anderen historischen Augenblick anspielend, in dem die Nation in Gefahr war, wählte er als Banner seiner Bewegung das Lothringer Kreuz mit seinen zwei Querbalken, das Symbol der als Märtyrerin gestorbenen Jeanne d'Arc, die mit ihren mystischen Visionen die Franzosen fünf Jahrhunderte zuvor dazu gebracht hatte, ihr Land von den ausländischen Besatzern zurückzuerobern. De Gaulle behauptete – ohne dies in irgendeiner Form beweisen zu können –, er sei »bevollmächtigt« durch die »höchste Autorität« eines ewigen, unbesiegbaren Frankreichs, das unabhängig von allen vorübergehenden Tragödien, die sich innerhalb seiner Landesgrenzen abspielten, stets fortbestehe.[29]

In den folgenden Monaten und Jahren trat de Gaulle mit solcher Selbstsicherheit und Kompromisslosigkeit auf, dass er in der Lage war, den (deshalb oft verärgerten) Führern der Alliierten – Churchill, Franklin D. Roosevelt und sogar Stalin – eine Reihe von Zugeständnissen abzuringen; er brachte sie dazu, Frankreichs von ihm behauptete Unverzichtbarkeit für ein wiederhergestelltes Europa anzuerkennen.

Seit seinem Aufruf vom 18. Juni 1940 verhielt sich de Gaulle so, als seien die Freien Franzosen kein Wunschtraum, sondern eine Realität. Er startete sein Vorhaben mit einer Gruppe von Beratern, die sich aus angesehenen französischen Persönlichkeiten zusammensetzte, die sich aus eigenem Antrieb ins Londoner Exil begeben hatten, und mit einer Militärtruppe, die sich weitgehend aus den Reihen der dezimierten französischen Streitkräfte rekrutierte, die aus Dünkirchen evakuiert worden waren. Ende 1940, als ein Reichsverteidigungsrat aus zivilen Unterstützern gebildet wurde, gab es nur 7000 tatsächlich zur Verfügung stehende Kämpfer der Freien Franzosen.

Charles de Gaulle: Die Strategie des Willens

Wie konnte er seine Vision mit einer so geringen Zahl von Männern verwirklichen? De Gaulle war klar, dass er nur wenige militärische Optionen hatte. Er beschloss daher, sich auf die Schaffung einer geografischen Basis für seine Legitimität zu konzentrieren, indem er die weit verstreuten Truppen des französischen Kolonialreichs auf seine Seite zog. Zu diesem Zweck reiste er durch die entlegenen Kolonien, um sie zunächst der Kontrolle von Vichy zu entziehen, als ersten Schritt zur Befreiung des Mutterlandes. Sein Hauptfeind war dabei nicht Deutschland, sondern die Regierung in Vichy. Sein Hauptziel bestand nicht darin, den Krieg zu gewinnen (auch wenn er dazu beitragen würde), sondern die Voraussetzungen für die territoriale, institutionelle und moralische Erneuerung Frankreichs in dem anschließenden Frieden zu schaffen.

Es sollte zwei Monate dauern, bis de Gaulles Bemühungen in den Überseeterritorien Früchte trugen. In der Zwischenzeit standen die Alliierten vor einer schwierigen Entscheidung: Was sollte mit der französischen Flotte geschehen, die im Marinestützpunkt Mers-el-Kébir vor der algerischen Stadt Oran vor Anker lag? Falls sie in die Hände der Deutschen fallen würde, würde dies das Gleichgewicht der Seestreitkräfte zuungunsten Großbritanniens verschieben oder sogar eine mögliche Invasion der britischen Inseln durch die Nazis begünstigen. Churchill beschloss, dass er dieses Risiko nicht eingehen wollte. Nachdem er die Flotte zunächst aufgefordert hatte, britische Häfen anzulaufen, befahl Churchill am 3. Juli die Bombardierung des algerischen Marinestützpunkts. Bei dem Angriff wurden fast 1300 französische Seeleute getötet und drei Schiffe versenkt, darunter das Schlachtschiff *Bretagne*. Obwohl dies für de Gaulle ein schmerzlicher Vorfall war, reagierte er gelassen und verteidigte die britische Vorgehensweise in der BBC: »Kein Franzose, der diesen Namen verdient, kann auch nur einen Augenblick daran zweifeln, dass eine britische Niederlage die Knechtschaft seiner Heimat für immer besiegeln würde.«[30] Nach dem Krieg sagte er, dass er an Churchills Stelle dasselbe getan hätte.[31]

Eine gute Nachricht für die Freien Franzosen kam schließlich am 26. August, als Generalgouverneur Félix Éboué aus dem Tschad, Frankreichs erster hochrangiger Kolonialverwalter afrikanischer Abstammung, de Gaulle die Unterstützung der Kolonie zusagte. In einer Radiosendung am folgenden Tag lobte de Gaulle diese Entwicklung: »Frankreich bleibt Frankreich. Es gibt in ihm eine geheime Quelle der Kraft, die die Welt immer überrascht hat und die nicht aufhört, sie zu überraschen. Das besiegte, gedemütigte und verlassene Frankreich beginnt, aus dem Abgrund wieder emporzusteigen.«[32]

Dieser Aufstieg sollte jedoch nicht leicht sein, denn Französisch-Westafrika blieb fest in der Hand von Vichy. Im September steuerte eine französisch-britische Flottille den Hafen von Dakar an, um den Senegal und die benachbarten Kolonien auf die Seite der Freien Franzosen zu ziehen. Diese Unternehmung endete in einem Fiasko. Einige Tage lang war de Gaulle am Boden zerstört.[33] Ein begeisterter Empfang in Douala, Kamerun, am 7. Oktober hob seine Laune, und bald darauf wurde Brazzaville in Französisch-Kongo zur neuen Hauptstadt des Freien Frankreichs erklärt. Am 10. November gelang es einer kleinen Militäroperation des Freien Frankreichs, Gabun einzunehmen und damit ganz Französisch-Äquatorialafrika in de Gaulles Hand zu bringen.

Trotz der finanziellen und militärischen Beschränkungen seiner Bewegung hatte de Gaulle damit einen Nerv getroffen. Am 11. November, dem Tag, an dem des Waffenstillstands am Ende des Ersten Weltkriegs gedacht wurde, fanden in Paris gut besuchte Demonstrationen zugunsten der Freien Franzosen statt; ein subversiver Einfall von Studenten bestand darin, zwei Angelruten (»*deux gaules*«) bei sich zu tragen.

Da der Tschad strategisch günstig an den historischen Handelsrouten durch die Sahara lag, sollte er sich als ein wichtiger Ausgangspunkt für Militäroperationen der Freien Franzosen erweisen, vor allem für Vorstöße in Italiens Kolonie Libyen. Anfang 1941 führte der Oberst der Freien Franzosen Philippe Leclerc de Hauteclocque eine Kolonne von 400 Männern durch mehr als 1500 Kilometer unwegsames Gelände, um einen gewagten Angriff auf die südlibysche Oasenstadt Kufra durchzuführen, in der eine italienische Garnison stationiert war. Nach zehntägiger Belagerung kapitulierten die Italiener am 1. März. In einem Schwur, der bald als »Eid von Kufra« bekannt wurde, ließ Leclerc seine Männer geloben, nicht vor dem Tag zu ruhen, an dem »unsere Nationalfarben, unsere schönen Nationalfarben, vom Straßburger Münster wehen werden«.[34]

In der Schlacht von Kufra errangen die Freien Franzosen ihren ersten

Charles de Gaulle: Die Strategie des Willens

großen militärischen Sieg in diesem Krieg, was ihre Moral stärkte und den Grundsatz von de Gaulle bestätigte: »In unserer Position fällt zurück, wer stehen bleibt.«[35] Zwei Jahre später, nach der Landung der Alliierten in Nordafrika, führte Leclerc auf Befehl von de Gaulle eine Kolonne Freier Franzosen, bestehend aus 4000 Afrikanern und 600 Franzosen, vom Tschad durch Libyen nach Tunesien, wo sie an der Seite der Briten gegen das Afrikakorps des deutschen Feldmarschalls Rommel kämpften.

Doch bevor Leclerc ein zweites Mal durch Libyen marschieren konnte, mussten die Freien Franzosen ihren Mut auf anderen Schauplätzen unter Beweis stellen. Ihre Operationen verfolgten das Ziel, mithilfe der Alliierten von Vichy kontrollierte Gebiete zu befreien, um der Welt zu zeigen, dass die Freien Franzosen tapfer sowie fähig und entschlossen waren, Frankreichs Rang als globale Großmacht wiederherzustellen. Dabei würde de Gaulle stets darauf bestehen, dass das Freie Frankreich als gleichberechtigter Partner und nicht als Bittsteller mitwirkte.

Bei der Invasion Syriens und des Libanons im Juni 1941 – Regionen, die nach dem Ersten Weltkrieg vom Völkerbund zu französischen Mandatsgebieten erklärt worden waren – wiederholte sich die zuvor in Afrika erprobte Vorgehensweise. Während Großbritannien Deutschland daran zu hindern versuchte, Luftwaffenstützpunkte in der Levante zu errichten, beteiligte sich de Gaulle mit seinen wenigen Streitkräften an diesen Bemühungen, um die historische Rolle Frankreichs in der Region zu verteidigen, wozu auch in nicht unerheblichem Maße eine starke Rivalität mit Großbritannien gehörte.

Da der Statthalter von Vichy in Syrien sich weigerte, mit den Freien Franzosen zu verhandeln, sprach an ihrer Stelle der britische Kommandant mit Petains Hochkommissar Henri Dentz. Ein Abkommen vom Juli 1941, das als Waffenstillstand von Saint Jean d'Acre bekannt wurde, sicherte Großbritannien die Oberhoheit über die gesamte Levante zu. Dass französisches Territorium Gegenstand britischer Verhandlungen mit Vichy sein konnte, war de Gaulle jedoch ein Gräuel. Die in diesem Abkommen enthaltenen Bestimmungen über die Rückführung französischer Truppen nach Vichy verschlimmerten seinen Unmut. Er hatte gehofft, seine kleine Armee mit Deserteuren aus den syrischen Vichy-Streitkräften aufstocken zu können, und vor allem war er besorgt, dadurch könne ein Präzedenzfall für den Umgang mit Frankreich geschaffen werden. Genauer gesagt fürchtete er, dass nach dem Endsieg Frankreichs Regierung unter die Kontrolle der Alliierten gestellt und eine neue französische Regierung dann durch die Bündnismächte legitimiert werden würde und nicht durch Frankreichs eigene Entscheidungen.

Am 21. Juli empfing Oliver Lyttelton, der britische Kolonialminister für den Nahen Osten, de Gaulle in seinem Büro in Kairo. De Gaulle drohte eiskalt, seine Männer aus der gemeinsamen Streitkraft abzuziehen und die Freien Franzosen aus der Unterordnung unter das britische Kommando.[36] »In der durchlässigen, intrigenreichen und bestechlichen Umgebung, die die Levante den Plänen Englands darbot«, notierte de Gaulle später in seinen Memoiren über diese Episode, »war das Spiel [...] leicht und verlockend. Nur die drohende Aussicht eines Bruchs mit uns und die Notwendigkeit, die Gefühle Frankreichs zu besänftigen, konnten London zu einer gewissen Mäßigung veranlassen.«[37] Lyttelton skizzierte kurzerhand eine Form von Waffenstillstand, die de Gaulle beschwichtigen sollte: »Großbritannien hat kein Interesse an Syrien oder dem Libanon, außer den Krieg zu gewinnen. Wir haben nicht die Absicht, in irgendeiner Weise die Stellung Frankreichs in der Region zu beeinträchtigen.«[38] In seinen Memoiren räumte de Gaulle auch die ernüchternde Tatsache ein, dass »der moralische und materielle Schaden, den eine Trennung von Großbritannien für uns bedeutet hätte, uns natürlich zögern ließ«.[39] Als de Gaulle am 12. September mit Churchill zusammentraf, wurde das Gespräch zunächst mehrfach von Wutanfällen und eisigem Schweigen unterbrochen. Einer der Assistenten des Premierministers fragte sich, ob sie sich »gegenseitig erwürgt hätten«, und obwohl die beiden Führer anschließend zigarrenrauchend auftauchten, konnten sie sich nicht einmal auf ein gemeinsames Protokoll einigen.[40]

Nachdem er Churchill herausgefordert hatte, den Regierungschef, der ihm seinen eigenen Aufstieg ermöglicht hatte, zögerte de Gaulle nicht, sich mit einer noch imposanteren Persönlichkeit anzulegen, nämlich mit Präsident Roosevelt, und zwar im Wesentlichen über dasselbe Thema: das Schicksal der von den Alliierten zurückeroberten französischen Gebiete. Hier stieß er auf eine weniger tolerante Sichtweise. Roosevelt war einzig und allein darauf aus, den Krieg zu gewinnen, und Rangstreitigkeiten innerhalb der Koalition irritierten ihn, insbesondere wenn sie von einer Person vorgebracht wurden, deren Geltungsanspruch in keiner Weise durch entsprechende Macht gestützt wurde. Für das, was er de Gaulles Jeanne-d'Arc-Komplex nannte, hatte er nur Verachtung übrig.[41]

De Gaulles Kontroversen mit Amerika begannen wegen St. Pierre und Miquelon, zwei winzigen Inseln vor der Küste Neufundlands: spärliche Überreste des französischen Nordamerikareichs, die im Pariser Vertrag von 1763 ausgespart worden waren. Nach dem japanischen Angriff auf Pearl Harbor hatte sich Roosevelt an den für Frankreichs Besitzungen in der westlichen Hemisphäre zuständigen Vichy-Beamten gewandt und um die offizielle Neutralitätserklärung der beiden Inseln gebeten, um zu verhindern, dass deren Radiosender an vorbeifahrende deutsche U-Boote Signale senden würden. Obwohl Vichy dieser Bitte nachkam, hielt de Gaulle es für inakzeptabel, dass sich ein fremdes Land – selbst wenn es befreundet war – ohne seine Zustimmung in französische innere Angelegenheiten einmischte. Er befahl daher dem Kommandanten seiner kleinen Marine, Admiral Émile Muselier, die Inseln im Namen der Freien Franzosen zu besetzen.

Diese Vorgehensweise war umso dreister, als die Landung am 23. Dezember stattfand, als Churchill gerade in Washington eintraf, um sich mit Roosevelt bei ihrem ersten Treffen als Kriegsverbündete zu beraten. In einem an Heiligabend verfassten Schreiben an Muselier wies de Gaulle ihn an, sich von den amerikanischen Protesten nicht beirren zu lassen:

> Wir haben einen Pflasterstein in einen Froschteich geworfen. Bleiben Sie ruhig in Saint-Pierre, kümmern Sie sich dort um die Organisation der Verwaltung und den Radiosender. Jeder Vertreter einer ausländischen Regierung, der sich bezüglich der Inseln an Sie wendet, sollte von Ihnen aufgefordert werden, seine Anfrage an das Nationalkomitee [der Freien Franzosen] zu richten.[42]

Museliers Truppen hatten die Inseln eingenommen, ohne auf Widerstand zu stoßen, und am 26. Dezember wurde ein Plebiszit organisiert, um deren Loyalität gegenüber den Freien Franzosen zu bestätigen.

Dass ein derartiger Überraschungsangriff in der westlichen Hemisphäre, und sei er noch so winzig, Washington in Aufruhr versetzen musste, war klar, vor allem zwei Wochen nach Pearl Harbor. Außenminister Cordell Hull war so empört, dass er in einer Protestnote von den »sogenannten Freien Franzosen« sprach, eine Formulierung, die in den Medien und im Kongress auf massive Kritik stieß.[43] De Gaulle revanchierte sich und nannte Hull fortan den »sogenannten Außenminister«. Bis Februar 1942 gelang es jedoch Sumner Welles, Hulls Stellvertreter, die Zusammenarbeit zwischen den Freien Franzosen und Washington wiederherzustellen.[44]

Auf diese Weise wurde de Gaulles scheinbar absurde Inseleroberung zu einem Symbol für das politische Wiedererstarken Frankreichs. Sein konsequentes und in vielerlei Hinsicht heroisches Bemühen, die historische Identität Frankreichs trotz großer Machtunterschiede zu verteidigen, wurde tatsächlich zur Grundlage für die Wiederherstellung der französischen Größe. Er war sich durchaus bewusst, wie sehr dies seine Verbündeten irritierte: »Man denkt vielleicht, dass es nicht leicht ist, mit mir zusammenzuarbeiten«, sinnierte er. »Aber wenn ich anpassungsbereiter wäre, würde ich heute im Generalstab von Pétain sitzen.«[45]

De Gaulles herausforderndes Verhalten beruhte auf dem Konzept der Grandeur, die er wiederherstellen wollte. Dies hing zusammen mit Frankreichs traditionellem Streben nach einer Vormachtstellung auf dem Kontinent – ein Ziel, dessen Erreichen durch die britische Politik des Kräftegleichgewichts immer wieder vereitelt wurde – und prägte de Gaulles Verständnis von seiner Verantwortung als Führer der Freien Franzosen. Dazu gehörte zwangsläufig auch das Bemühen, jeglichen Versuch der Briten zu vereiteln, historische Rangstreitigkeiten im Laufe des Krieges präventiv zu entscheiden.

Weil er von ihm nicht selten genervt war, witzelte Churchill einmal: »Ja, de Gaulle hält sich für Jeanne d'Arc, aber meine verdammten Bischöfe lassen mich ihn nicht verbrennen.« Letztlich gelang es de Gaulle und Churchill jedoch, während des gesamten Krieges trotz wechselhafter Stimmungen zusammenzuarbeiten. Churchill machte de Gaulles Bemühungen durch finanzielle Zuschüsse überhaupt erst möglich und nahm ihn vor Roosevelts Anfeindungen in Schutz – so etwa im Mai 1943, als der amerikanische Präsident nicht ganz ernsthaft vorschlug, de Gaulle nach Madagaskar zu verbannen.*

Im Herbst 1943 schien de Gaulle zu erkennen, dass er die britische Geduld bald erschöpft haben würde. Er fragte den sowjetischen Botschafter Iwan Maiski, ob er auf russischem Territorium aufgenommen werden könne, wenn die Meinungsverschiedenheiten mit Churchill zu groß würden. Ohne dieses Ansinnen von vornherein abzulehnen, forderte der sowjetische Botschafter de Gaulle auf, sich das offizielle Einreichen eines derartigen Antrags gut zu überlegen. Es ist unwahrscheinlich, dass de Gaulle die Absicht verfolgte, die Freien Franzosen auf russischem Gebiet zu stationieren; vermutlich wollte er ihm offen stehende Optionen für die Zukunft ausloten und Stalin zeigen, dass er Russland in seine langfristigen Planungen mit einbezog.

De Gaulle war sich darüber im Klaren, dass es in absehbarer Zeit nötig sein würde, seine Vision vor Ort in Frankreich zu verwirklichen. Auf diesen Kampf bereitete er sich sorgfältig vor. Nach der Gründung des Nationalkomitees der Freien Franzosen (Comité national français, CNF) im September 1941 schuf er rechtliche Strukturen, die zu einem späteren Zeitpunkt in das Mutterland verlegt werden konnten. In Ermangelung einer Legislative und von Gerichten nutzte das CNF nach alter französischer Tradition ein Amtsblatt (*Journal officiel*), um vorläufige Gesetze und Dekrete zu verkünden.**

De Gaulle blieb auch in engem Kontakt mit der großen Emigrantengemeinde in London und präsentierte sich ihr gegenüber als Verkörperung des wahren Frankreichs. Seine Legitimität wurde dort nie in Frage gestellt, und er zog eine bedeutende Gruppe von Bewunderern an. Außerdem baute er seine Anhängerschaft im französischen Mutterland auf und umwarb verschiedene Gruppierungen der Résistance, darunter auch die Kommunisten.

All diese Elemente wurden durch seine Persönlichkeit zusammengehalten: gebieterisch, unnahbar, leidenschaftlich, visionär und unsagbar patriotisch.

---

* Die Briten hatte diese französische Besitzung im Mai 1942 besetzt, ohne de Gaulle vorher zu informieren.

** Ein *Journal officiel* gab es seit dem Ende des Zweiten Kaiserreichs (1870) und während der Dritten Republik; auch das Vichy-Regime hatte eine eigene Ausgabe. Heutzutage gibt es eine digitale Version davon.

STAATSKUNST

So erklärte de Gaulle am 18. Juni 1942 in der Londoner Royal Albert Hall auf einer Kundgebung anlässlich des zweiten Jahrestages der Gründung der Freien Franzosen:

> Wenn unsere Aufgabe beendet ist, wir unsere Rolle erfüllt haben, in der Nachfolge all derer, die Frankreich seit den Anfängen seiner Geschichte gedient haben, als Vorgänger all derer, die ihm in der Ewigkeit seiner Zukunft dienen werden, dann werden wir zu Frankreich wie [der Dichter Charles] Péguy sagen: »Mutter, sieh auf deine Söhne, die für dich gekämpft haben.«[46]

Die Freien Franzosen sollten diese ganze bedingungslose, fast mystische Hingabe benötigen, um ihre nächste Prüfung zu bestehen.

NORDAFRIKANISCHE AUSEINANDERSETZUNG

Am 8. November 1942 landeten amerikanische und britische Truppen im Rahmen der »Operation Torch« in Französisch-Marokko und dem riesigen Gebiet Algeriens. Die drei Küstenregionen Algeriens galten damals nicht als Kolonien, sondern als Teil des französischen Staatsgebiets, weshalb sie als Departements verwaltet wurden.* Algerien war für die Alliierten von strategischer Bedeutung, nicht zuletzt weil das Gebiet der Standort einer beträchtlichen Armee war, die zur Verstärkung der alliierten Streitkräfte bei einer eventuellen Invasion Europas rekrutiert werden konnte. Für die Freien Franzosen war damit jedoch vor allem die Frage nach der Regierung Frankreichs verbunden, denn diejenige der in Algerien konkurrierenden Seiten, die sich durchsetzen sollte, würde nach Kriegsende einen begründeten Anspruch darauf erheben können, die legitime Regierung des französischen Mutterlandes zu stellen.

---

* Die drei Küstenregionen Oran, Algier und Constantine wurden von 1848 bis 1957 als Departements von Frankreich verwaltet. Ein viertes Gebiet, Bône, wurde von 1955 bis 1957 hinzugefügt. Die von der Küste entfernten Wüstenregionen Algeriens wurden nie als Teil des »französischen Mutterlandes« betrachtet.

Charles de Gaulle: Die Strategie des Willens

Die »angelsächsischen« Mächte, wie de Gaulle sie zu nennen pflegte, hatten wenig Interesse daran, dem unbequemen Führer der Freien Franzosen derart bedeutende Ressourcen zu überlassen. Sie informierten ihn nie über ihre Planungen; von der Invasion erfuhr er erst im Nachhinein. Noch schwerer wog, dass die Alliierten einen möglichen Rivalen für de Gaulles Führerschaft mit nach Algerien brachten.

General Henri Giraud, ein Veteran des Ersten Weltkriegs, hatte während des Feldzugs von 1940 die französischen Truppen in den Niederlanden befehligt. Er geriet in Gefangenschaft und wurde auf der auf einem Berg gelegenen Festung Königstein in der Nähe von Dresden inhaftiert, aus der der damals 63-Jährige im April 1942 durch Abseilen von einer knapp 50 Meter hohen Klippe entkam. Diese waghalsige Flucht stärkte Girauds ohnehin schon heldenhaften Ruf, den er sich durch eine frühere Flucht aus einem deutschen Gefangenenlager im Ersten Weltkrieg erworben hatte.[47] Nach seiner Rückkehr nach Vichy-Frankreich bemühte er sich vergeblich, Pétain davon zu überzeugen, dass Deutschland den Krieg verlieren würde und dass Frankreich zu den Alliierten überlaufen sollte. Obwohl Pétain Girauds Argumente zurückwies, weigerte er sich, ihn an Deutschland auszuliefern. Am 5. November 1942 wurde Giraud in einem britischen U-Boot, das nominell unter amerikanischem Kommando stand, heimlich aus Frankreich nach Gibraltar gebracht. Am 9. November, nach der Landung im Zuge von Operation Torch, flog er nach Algier, wo sowohl Roosevelt als auch Churchill versuchten, ihn mit ihrem Segen zur dominierenden Persönlichkeit zu machen.

In diesem wichtigen Kampf um die politische Legitimität war noch ein dritter Kontrahent in Algier, der kurz vor der Landung der Alliierten dort eingetroffen war. Es handelte sich um Admiral François Darlan, den Marinekommandanten von Vichy, der angeblich gekommen war, um seinen kranken Sohn zu besuchen.

War dies der erste Schritt zu einer Distanzierung Pétains von den Deutschen? Oder ein Mittel, um die Verteidigung Algeriens gegen eine mögliche anglo-amerikanische Invasion zu organisieren? In einer solch zweideutigen Situation konnte das Verhalten eines Kollaborateurs in das eines Patrioten übergehen. Am 10. November beschloss Eisenhower als Oberbefehlshaber der alliierten Streitkräfte, die Anwesenheit Darlans zu nutzen, um einen Waffenstillstand mit den Vichy-Truppen vor Ort auszuhandeln, und ernannte ihn zur Belohnung für seine Mitwirkung am Feldzug der Alliierten in Nordafrika zum Hochkommissar Frankreichs in Afrika.

Darlans Herrschaftsanspruch währte nur 41 Tage. Am Weihnachtsabend fiel er einem Attentäter zum Opfer, das Motiv wurde nie geklärt. Alle um die Macht streitenden Parteien hatten ein Interesse an der Beseitigung Darlans, aber niemand wollte seine Rolle dabei offenlegen.

Somit blieb Giraud als Hauptkonkurrent von de Gaulle übrig. Er verkörperte das Streben des Vichy-Frankreichs nach moralischer Wiedergutmachung.

Bevor der Streit zwischen den beiden Generälen eskalieren konnte, trafen sich Roosevelt, Churchill und ihre Stäbe im Januar 1943 in Casablanca, um die anglo-amerikanische Kriegsstrategie zu planen und den Streit zwischen den zwei – wie Roosevelt sie nannte – französischen Primadonnen zu schlichten. Bei ihrem ersten Treffen am 22. Januar legte Roosevelt de Gaulle seine Sicht der Dinge dar. Die von ihm vertretene Lösung für das zurückeroberte Frankreich war für de Gaulle ein Albtraum:

> Der Präsident wies erneut darauf hin, dass das französische Volk zu diesem Zeitpunkt nicht in der Lage sei, seine Souveränität geltend zu machen. Der Präsident erklärte, dass es daher notwendig sei, auf die juristische Analogie der »Treuhandschaft« zurückzugreifen, und dass er der Ansicht sei, dass die alliierten Nationen, die derzeit auf französischem Gebiet im Einsatz seien, für die Befreiung Frankreichs kämpften und dass sie die politische Verantwortung für das französische Volk »treuhänderisch« wahrnehmen müssten.[48]

Roosevelts Ankündigung zwang de Gaulle dazu, das bisher Unausgesprochene explizit zu verkünden. Er nutzte eine Begegnung mit Erzbischof Francis Spellman aus New York, um seine Entschlossenheit zu betonen, nur eine französische Lösung zu akzeptieren. Spellman besuchte die amerikanischen Truppen in Marokko und hatte von Roosevelt den Auftrag erhalten, den General zu überzeugen, eine untergeordnete Rolle in einer von Giraud dominierten

Organisation zu akzeptieren. De Gaulle war jedoch weit davon entfernt, sich zu fügen, und antwortete mit einer Drohung: Es wäre unklug, wenn die Angloamerikaner den nationalen Willen Frankreichs untergraben würden, denn dann könne es passieren, dass die französischen Führer ihre Rettung bei einer dritten Partei suchten – gemeint war eindeutig die Sowjetunion.[49] Dies war eine Variation des Manövers, das er kurz zuvor bei seinem Besuch beim sowjetischen Botschafter in London durchgeführt hatte.[50]

Roosevelt, unterstützt von Churchill, gab daraufhin ein Stück weit nach und schlug nunmehr ein Duumvirat der beiden Generäle vor. De Gaulle lehnte dies ab, wiederum mit der Begründung, dass nur er das wahre Frankreich vertrete, eine Position, auf der er während der gesamten drei Tage der Konferenz von Casablanca beharrt hatte.

Hätte Giraud auch nur das geringste politische Talent besessen, hätte er in dieser Situation ein für ihn günstiges Ergebnis erzielen können. Seine Schwächen in diesem Bereich wurden von Harold Macmillan, dem damaligen Vertreter der Briten in Algier und späteren Premierminister, treffend beschrieben:

Ich glaube, in der ganzen Geschichte der Politik hat noch nie ein Mensch in so kurzer Zeit ein so großes Kapital verspielt. [...] Zu Beginn des Kartenspiels besaß er alle Asse, alle Könige und fast alle Königinnen im Blatt, [...] doch gelang es ihm mit bizarrer Fingerfertigkeit, sich um seinen eigenen Einsatz zu betrügen.[51]

Girauds Scheitern wurde durch das politische Geschick seines Rivalen beschleunigt. Als es darum ging, die »angelsächsischen« Führer davon abzuhalten, eine von ihnen gewählte Lösung für eine innerfranzösische Angelegenheit durchzusetzen, zeigte de Gaulle plötzlich eine unerwartete Flexibilität. Obwohl er von Giraud immer noch mit Geringschätzung sprach – »Ganz Frankreich ist auf meiner Seite [...]. Giraud soll sich vorsehen! [...] Selbst wenn er siegreich, aber ohne mich nach Frankreich zurückkehrt, werden sie auf ihn schießen« –,[52] lud er diesen im April 1943 zu einem Treffen ein (das schließlich am 31. Mai stattfand). Bei dieser Unterredung akzeptierte er das Prinzip der gemeinsamen Führung, das er wenige Monate zuvor noch abgelehnt hatte, und schlug ein Komitee mit zwei Vorsitzenden vor: ihm selbst als

Chef der politischen Abteilung und Giraud als Chef des Militärs. Dem neuen Comité français de Libération nationale (CFLN) sollten drei von de Gaulle, drei von den algerischen Behörden und drei von Giraud ernannte Personen angehören.

Dies war ein gewagter Schachzug von de Gaulle, der auf der Überzeugung beruhte, dass seine überlegenen Führungsqualitäten die von den algerischen Behörden ernannten Mitglieder des CFLN langfristig davon überzeugen würden, ihn zu unterstützen.[53] Und in der Tat gelang es de Gaulle, nachdem sein organisatorischer Vorschlag angenommen worden war, im Rahmen des CFLN den älteren, weit weniger geschickten General zu übertrumpfen. Letztlich wurde Girauds militärisches Kommando der nominell »zivilen« Kontrolle des Komitees unterstellt, was die Alliierten vor die vollendete Tatsache einer einheitlichen französischen Autorität stellte. Im Zuge dessen wurde ein neuer Verteidigungsausschuss mit de Gaulle an der Spitze geschaffen, der die militärischen Operationen beaufsichtigen sollte, wodurch Giraud faktisch in den Rang eines Stabsangehörigen degradiert wurde.[54]

De Gaulle selbst sollte Girauds politisches Scheitern später folgendermaßen beschreiben:

> Es war daher unvermeidlich, dass Giraud sich nach und nach immer stärker isoliert und abgelehnt fühlte, bis zu dem Tag, an dem er, eingeschränkt durch Bedingungen, die er nicht akzeptierte, und außerdem der äußeren Unterstützung beraubt, die die Quelle seiner hochfliegenden Ambitionen war, sich zum Rücktritt entschloss.[55]

De Gaulle war es dank seiner immensen Selbstsicherheit und Geduld gelungen, Giraud auf raffinierte und rücksichtslose Weise jeglichen Weg zur Führerschaft zu versperren und das CFLN zur Vorstufe der späteren republikanischen Regierung Frankreichs zu machen.

Unter de Gaulles Leitung entwarf das CFLN in Algier die Institutionen, die nach der Befreiung die inneren und äußeren Angelegenheiten Frankreichs regeln sollten, um einer angelsächsischen Treuhandschaft zuvorzukommen. Durch einen Erlass des CFLN vom Juni 1944 wurden Sondergerichte eingerichtet, die nach der Befreiung Schwurgerichtsverfahren gegen Nazi-

Kollaborateure durchführen sollten, was in der französischen Rechtstradition ungewöhnlich war. Nur Bürger mit einem »Nachweis nationaler Gesinnung« oder einer makellosen, vom örtlichen Befreiungskomitee geprüften Kriegsakte waren als Geschworene zugelassen.[56] Von Anfang an besaß de Gaulles Proto-Staat eine starke Exekutive, die von beratenden Gremien mit begrenzten Befugnissen unterstützt wurde. Sie waren alle de Gaulle unterstellt, was ihn offensichtlich zum Chef einer künftigen Regierung machte.

Im Umgang mit Roosevelt und Churchill verhielt sich de Gaulle, als sei er bereits Regierungschef, und verlor nie die Mission aus den Augen, deren Hauptaufgabe nach dem Sieg kommen würde. Als die britisch-amerikanischen Alliierten im Juni 1944 im französischen Mutterland landeten, war der mittellose Juniorgeneral vom Juni 1940, dem jegliche Anerkennung fehlte, zum unangefochtenen Führer des französischen Kontingents der Alliierten und der potenziellen Regierung Frankreichs geworden.

ERLANGUNG POLITISCHER MACHT

Die Bewährungsprobe kam, als die Westalliierten die Befreiung Frankreichs durchführten, die sie Stalin auf dem Gipfel von Teheran Ende 1943 versprochen hatten. Im Vorfeld der Landung in der Normandie im Juni 1944 konzentrierte sich de Gaulle darauf, einen Bürgerkrieg zwischen seinen eigenen Truppen und den politischen Kräften innerhalb Frankreichs, die in der Résistance aktiv waren, zu vermeiden. Dies war umso wichtiger, als seine amerikanischen und britischen Partner zwar zähneknirschend seine Befehlsgewalt über die bestehende französische Armee akzeptierten, aber noch nicht bereit waren, ihn bei der Frage der künftigen Regierung Frankreichs als gleichberechtigten Partner zu behandeln. Sowohl Roosevelt als auch, in geringerem Maße, Churchill bemühten sich, die endgültige Entscheidung in dieser Frage bis zum Ende des Krieges aufzuschieben. Seinem Kriegsminister Henry L. Stimson vertraute Roosevelt an, wie er die politische Zukunft Frankreichs einschätzte: »De Gaulle wird sehr rasch an Bedeutung verlieren [...]. Wenn die Befreiung des Landes im Gange ist, werden andere Parteien auftauchen, und de Gaulle wird zu einer Randnotiz werden.«[57]

STAATSKUNST

Obwohl es de Gaulle gelungen war, das französische Kolonialreich in Übersee auf seine Seite zu ziehen und seinen Konkurrenten Giraud im Kampf um die Führungsposition auszuschalten, war die Kontrolle der Freien Franzosen über das französische Mutterland alles andere als gesichert. Zu Beginn der deutschen Besatzung hatten die Vichy-Behörden beträchtlichen Rückhalt in der Bevölkerung genossen. Die internen Widerstandsgruppen hatten erst nach der Landung der Alliierten in Nordafrika begonnen, sich in größeren Einheiten zu strukturieren. Unter den Widerstandsbewegungen waren die Kommunisten am besten organisiert; auch die Sozialisten waren stark vertreten. Jedoch hatten sich die verschiedenen Strömungen der Résistance in Frankreich nie unter einem einzigen Kommando zusammengeschlossen.

De Gaulle fürchtete, dass die in Frankreich einmarschierenden alliierten Truppen eine Übergangsregierung bilden und Roosevelts Vorhersage erfüllen könnten. Es schien ihm daher unerlässlich, sich so schnell wie möglich in Frankreich zu zeigen, bevor eine solche Regierung eingesetzt werden konnte, und in Paris als nationale Identifikationsfigur aufzutreten, die die Spaltungen der Dritten Republik überwinden würde.

Am 6. Juni 1944 landeten amerikanische und britische Truppen an der Küste der Normandie und errichteten bald einen 100 Kilometer breiten und 25 Kilometer tiefen Brückenkopf. Es sollte jedoch sechs Wochen dauern, bis dort genügend alliierte Truppen zusammengezogen werden konnten, um den entschlossenen deutschen Widerstand zu brechen.

De Gaulle wartete nicht so lange, um seine Autorität zu etablieren. Vom Tag der Landung an bestand er darauf, die zurückeroberten Gebiete zu besuchen. Churchill stimmte einem Besuch im britischen Sektor nur widerwillig zu und wies den britischen Befehlshaber General Montgomery an, de Gaulle nicht auf dem Flugplatz auf französischem Boden, sondern im britischen Hauptquartier zu empfangen.

Diese Kränkung erwies sich als nützlich für de Gaulles Ziel, politische Präsenz in seiner Heimat zu zeigen. Am 14. Juni begab er sich nach einem kurzen Besuch im britischen Hauptquartier nach Bayeux, mit 15 000 Einwohnern der größten Stadt in dem von den Briten befreiten Gebiet. Dort lehnte de Gaulle ein ihm angebotenes Glas Champagner des noch amtierenden Unterpräfekten von Vichy ab, grüßte sehr distanziert die örtlichen Würdenträger und begab sich stattdessen auf den zentralen Platz der Stadt, um seine erste Rede auf dem Boden des französischen Mutterlandes zu halten. Im Schatten der prächtigen mittelalterlichen Kathedrale von Bayeux wandte er sich an die Zuhörer, als wären diese seit 1940 Mitglieder der Résistance gewesen (»Ihr habt seit Beginn des Krieges nie aufgehört [zu kämpfen]«) und als sei er legitimiert, ihnen Befehle zu erteilen:

> Wir werden weiterhin mit unseren Land-, See- und Luftstreitkräften Krieg führen, wie dies derzeit in Italien der Fall ist, wo sich unsere Soldaten bereits mit Ruhm bedeckt haben, was in Kürze auch in Frankreich erfolgen wird. Unser Kolonialreich, das sich in Gänze um uns schart, stellt eine enorme Hilfe dar [...]. Ich verspreche Ihnen, dass wir den Krieg fortsetzen werden, bis die Souveränität über jeden Zentimeter des französischen Territoriums wiederhergestellt ist. Niemand wird uns daran hindern.
> Wir werden an der Seite der Alliierten als deren Verbündete kämpfen. Und der Sieg, den wir erringen werden, wird der Sieg der Freiheit und der Sieg Frankreichs sein.[58]

Die britischen Truppen, die Bayeux in Wirklichkeit befreit hatten, wurden von ihm ebenso wenig erwähnt wie die amerikanischen Streitkräfte, die bei der Landung hohe Verluste erlitten hatten. De Gaulle wollte in den Köpfen seiner Zuhörer das, was im Wesentlichen eine anglo-amerikanische Expedition war, in einen einzigartigen französischen Sieg verwandeln. Mit seinem Besuch in Bayeux wollte er nicht so sehr Anspruch auf das Territorium der Nation erheben als vielmehr deren Seele heraufbeschwören. Nicht zum letzten Mal versuchte er, seine Zuhörer dazu zu bringen, eine Darstellung, die wenig mit der Realität zu tun hatte, als eine Art von Offenbarung zu akzeptieren.

De Gaulle schloss seinen Besuch mit einer wichtigen politischen Geste ab. Als er sich von Montgomery verabschiedete, bemerkte er fast beiläufig, dass er einen Teil seines Gefolges zurücklassen werde. Montgomery berichtete von diesem Vorfall, fügte aber hinzu, er habe nicht verstanden, weshalb diese Leute zurückblieben. De Gaulle wusste dies sehr wohl: Sie sollten dort bleiben, um durch den Aufbau einer neuen Zivilregierung seine Autorität zu manifestieren.[59]

STAATSKUNST

In den folgenden zwei Monaten versuchte de Gaulle, seine Stellung unter den Alliierten zu stärken, und besuchte Rom, um dort französische Truppen aus Algerien zu treffen, die sich dem Italienfeldzug der Alliierten angeschlossen hatten. Anschließend reiste er zum ersten Mal nach Washington, um die Beziehungen zu seinem amerikanischen Verbündeten zu verbessern. Es blieben ihm nur noch vier Wochen, um sich auf den krönenden Abschluss von drei Jahren voller Unruhe, Hoffnung und Ehrgeiz vorzubereiten: akzeptiert zu werden als die Verkörperung der politischen Legitimität Frankreichs auf französischem Boden.

Paris war der einzige Ort, an dem dies möglich war, aber sein dortiger Triumph erscheint erst im Nachhinein als selbstverständlich. Er hatte keine eigenen militärischen Kräfte, denn die Truppen der Freien Franzosen, die mit der Genehmigung von General Omar Bradley die Speerspitze bei der Befreiung von Paris dargestellt hatten, standen unter alliiertem Kommando. Die Résistance war zu diesem Zeitpunkt stark genug geworden, um die deutschen Besatzungssoldaten allein bekämpfen zu können. De Gaulle kam aber nicht, um ihren Sieg über die Deutschen zu feiern, sondern um seine Mission zu verkünden.

Nach seiner Ankunft mit dem Auto in Paris am 26. August 1944 hielt er am Gare Montparnasse, wo die Résistance die Kapitulation der deutschen Besatzungstruppen in der Stadt angenommen hatte, um General Leclerc von der Freien Französischen Division zu danken. Von dort aus begab er sich in sein ehemaliges Büro im Verteidigungsministerium, wo er genau fünf Tage lang als Unterstaatssekretär gearbeitet hatte, bevor er sich nach London abgesetzt hatte. Er stellte fest, dass seit seiner Abreise kein einziges Möbelstück bewegt worden war, nicht einmal ein Vorhang. De Gaulle betrachtete die dazwischenliegenden vier Jahre als eine Lücke in der französischen Geschichte. In seinen Memoiren schrieb er dazu: »Es fehlte nichts außer dem Staat. Es war meine Pflicht, ihn wiederherzustellen.«[60]

Als Symbol für die Kontinuität der französischen Geschichte war de Gaulles nächster Halt das Hôtel de Ville (der Sitz der Pariser Stadtregierung), denn dort waren sowohl die Zweite als auch die Dritte Republik ausgerufen worden.[61] Viele erwarteten von ihm, dass er nun eine Vierte Republik verkünden würde, um die Dritte Republik, die den Krieg verloren hatte, zu beenden.

Doch das wäre das Gegenteil von dem gewesen, was er vorhatte. Als Georges Bidault, der nominelle Chef der Résistance, sich erkundigte, ob de Gaulle während seines Besuchs in Paris eine Republik ausrufen würde, lautete dessen schroffe Antwort: »Die Republik hat nie aufgehört zu existieren [...]. Warum sollte ich sie proklamieren?«[62] Seine Absicht war es, eine neue politische Realität für das französische Volk zu schaffen, bevor er deren Form benennen würde.

De Gaulle wurde im Hôtel de Ville mit emotionsgeladenen Begrüßungsreden von Bidault und Georges Marrane willkommen geheißen; der Letztgenannte war der Vizepräsident des Pariser Befreiungskomitees und ein hochrangiges Mitglied der Kommunistischen Partei. Er antwortete ihnen mit einer ergreifenden Erklärung zur Bedeutung dieses Tages:

> Wie könnte man das Gefühl verbergen, das wir alle verspüren, die wir hier sind, *chez nous*, in Paris, das sich erhoben hat, um sich zu verteidigen, und das dies aus eigener Kraft geschafft hat. Nein! Wir werden dieses heilige und tief empfundene Gefühl nicht verbergen. Es gibt Momente, die jedes unserer armseligen Leben übersteigen. Paris! Paris wurde geschändet! Paris wurde unterdrückt! Paris wurde zum Märtyrer gemacht! – Aber Paris wurde nun befreit! Befreit durch sich selbst, befreit durch seine Einwohner mithilfe der Armeen Frankreichs, mithilfe der Unterstützung des ganzen Frankreichs, des kämpfenden Frankreichs, des einzigen Frankreichs, des wahren Frankreichs, des ewigen Frankreichs.[63]

Das außerordentliche metaphysische Pathos von de Gaulles Ansprache war Ausdruck seines Glaubens an die Einzigartigkeit seiner Heimat. Die alliierten Armeen vor den Toren von Paris, die freundlicherweise abgewartet hatten, um den Freien Franzosen den Einzug an erster Stelle zu ermöglichen, wurden von ihm nicht erwähnt. Genauso wenig würdigte er Großbritannien und die Vereinigten Staaten, obwohl sie den Krieg mit enormen Verlusten und Opfern geführt hatten. Er stellte die Befreiung von Paris als eine rein französische Leistung dar. Indem er dies verkündete, überzeugte er seine Zuhörer davon, dass es tatsächlich so war: Ihm gelang die Schaffung einer politischen Realität durch bloße Willenskraft.

Dieser scheinbare Mangel an Dankbarkeit gegenüber den Befreiern und die zwanghafte Betonung der angeblichen französischen Rolle verfolgten einen weiteren Zweck. De Gaulle wusste sehr wohl, dass sich ein Großteil der französischen Bevölkerung unter die Besatzung gefügt hatte. Ein genauerer Blick auf jene Zeit hätte zu viel fragwürdiges Verhalten offenbart, und die Betonung der Rolle der amerikanischen und der britischen Streitkräfte hätte es ihm schwerer gemacht, das Vertrauen der Franzosen in sich selbst wiederherzustellen.

Eine Parade auf den Champs-Élysées, die hinsichtlich der Zahl ihrer Teilnehmer beispiellos war und zu deren Pathos es in der ganzen französischen Geschichte nichts Vergleichbares gab, besiegelte de Gaulles Legitimität. Sie bot den Parisern zum ersten Mal die Gelegenheit, die physische Präsenz einer Persönlichkeit zu erleben, die zuvor für sie nur eine Stimme in der BBC gewesen war. Die begeisterte und ergriffene Menge sah einen ungewöhnlich großen Offizier, der den langen Weg vom Arc de Triomphe zur Place de la Concorde zu Fuß zurücklegte. Mit seinem Delegierten für Paris zu seiner Rechten und Bidault zu seiner Linken schritt de Gaulle einen halben Schritt voraus, sichtlich bewegt, wenn auch selten lächelnd, und schüttelte ab und zu ein paar Hände. Auf der Place de la Concorde stand die Menge so dicht gedrängt, dass er den Rest des Weges bis Notre-Dame gefahren werden musste. An beiden Stellen wurde von Heckenschützen auf ihn gefeuert. Wie bei späteren Attentatsversuchen – und wie zuvor im Krieg – machte de Gaulle keine Anstalten, in Deckung zu gehen und schenkte den Vorfällen keine Aufmerksamkeit. Sein unerschrockener Mut, den er an solchen Tagen bewies, trug dazu bei, seinen Führungsanspruch für Frankreich zu bekräftigen.

Die Résistance wurde schnell in die neue provisorische Regierung integriert. In einem privaten Gespräch, das in der Woche nach der Befreiung von Paris stattfand, unterbrach de Gaulle einen ehemaligen Widerstandskämpfer, der mit »Die Résistance ...« zu einer Bemerkung ansetzte, schroff mit den Worten: »Wir haben die Résistance hinter uns gelassen. Die Résistance ist vorbei. Die Résistance muss jetzt Teil der Nation werden.«[64]

Zwei Jahre zuvor, 1942, als er noch dabei war, an Statur zu gewinnen, hatte de Gaulle in einer Rede in der Londoner Albert Hall den Aphoristiker Nicolas Chamfort aus dem 18. Jahrhundert zitiert: »Die Vernünftigen haben überlebt.

Die Leidenschaftlichen haben gelebt.« (Nur die Letztgenannten also hatten ein erfülltes Leben.) Er erklärte dann, dass die Freien Franzosen den Sieg davontragen würden, weil sie die beiden französischen Charakteristika Vernunft und Leidenschaft in sich vereinten. Was ihn betraf, so zeigte sich die Vernunft in der Gefühlskälte, mit der er einige seiner Mitstreiter behandelte. Die Leidenschaft war bei der Parade auf den Champs-Élysées und bei der Messe in Notre-Dame spürbar.

Bis zum 9. September gelang es de Gaulle, unter seiner Leitung als Präsident der provisorischen Regierung ein neues Kabinett zusammenzustellen. Langjährige Weggefährten aus den Reihen der Freien Franzosen, erfahrene Politiker der Dritten Republik, die nicht durch die Mitwirkung im Regierungsapparat von Vichy belastet waren, Kommunisten, Christdemokraten, ehemalige Führer der Résistance und Technokraten – sie alle konnten für diese Regierung der nationalen Einheit gewonnen werden. Die strenge Art, mit der de Gaulle die erste Kabinettssitzung eröffnete – »Die Regierung der Republik, in veränderter Zusammensetzung, setzt ihre Arbeit fort« –, spiegelte seine Auffassung wider, dass ohne den Staat das Chaos ausbrechen würde.[65] Überzeugt davon, dass es interne Zwietracht gewesen war, die zum Niedergang Frankreichs geführt hatte, war de Gaulle entschlossen, dass sein Land die Nachkriegszeit mit einer Geschlossenheit beginnen sollte, die seiner historischen Grandeur würdig war.

EIN BESUCH IN MOSKAU

Was am 26. August geschehen war, war der Krönung eines republikanischen Monarchen gleichgekommen. De Gaulles provisorische Regierung lehnte jedwedes Mitspracherecht einer alliierten Besatzungsmacht in Frankreich ab und sorgte mit bemerkenswerter Schnelligkeit für die Wiederherstellung der öffentlichen Ordnung. Die Vergeltungsmaßnahmen aus dem Volk und von Seiten der Justiz gegen führende Persönlichkeiten des Vichy-Regimes und Nazi-Sympathisanten glich er durch einen großzügigen Gebrauch seiner Begnadigungsbefugnis aus. Obwohl er sich zuvor bemüht hatte, die politische Ebene der Résistance zu stärken, bestand er nun auf einem starken

Präsidialsystem, um die zu Konflikten führende Rolle der Parteien am Ende der Dritten Republik zu überwinden.

Nachdem seine Autorität in Frankreich gefestigt war, reiste de Gaulle am 24. November nach Moskau, nur drei Monate nach der Befreiung von Paris. »Hoffen wir, dass es keine Revolution gibt«, scherzte er bei seiner Abreise halb ernsthaft.[66] Die deutschen Truppen hielten zu diesem Zeitpunkt immer noch Teile von Elsass und Lothringen besetzt. Der Krieg wütete noch immer auf französischem Boden, beim Wiederaufbau würden gewaltige Aufgaben zu bewältigen sein. Eine letzte deutsche Invasion – die Ardennenoffensive – sollte in Kürze beginnen, wenngleich die alliierten Generäle dies noch nicht ahnten.

De Gaulle sah in Frankreichs Wiedereintritt in die internationale Diplomatie ein entscheidendes Element bei der Behauptung seiner führenden Stellung im eigenen Land und bei der moralischen Erneuerung der Nation. Die Niederlage von 1940 hatte Frankreich auf dem diplomatischen Parkett ins Abseits gedrängt. Es war von der Konferenz von Teheran im Jahr 1943 ausgeschlossen worden, auf der Churchill, Roosevelt und Stalin die Strategie für den weiteren Verlauf des Krieges festgelegt hatten. Auch bei den Konferenzen von Jalta und Potsdam im Jahr 1945, im Rahmen derer die Struktur Nachkriegseuropas festgelegt wurde, war Frankreich nicht eingeladen. De Gaulle konnte den Einfluss Frankreichs nicht wiederherstellen, wenn er sich wie ein Bittsteller verhielt, der sich um die Aufnahme in internationale Konferenzen bemühte; er musste Großbritannien und den USA zeigen, dass Frankreich ein autonomer Akteur mit unabhängigen Entscheidungen war, um dessen Wohlwollen man ersuchen musste. Wenn Frankreich wieder in die erste Reihe der internationalen Diplomatie zurückkehren wollte, musste es sich selbst Gelegenheiten dafür schaffen, und den Anfang machte de Gaulle mit seiner gewagten Mission nach Moskau, um dort mit Stalin zu verhandeln.

Vor diesem Besuch waren Churchill und amerikanische Diplomaten wie Averell Harriman und Wendell Willkie auf der Nordroute nach Murmansk geflogen, um Gespräche mit Stalin zu führen. Doch de Gaulle verfügte weder über Passagierflugzeuge, die für diese Route geeignet gewesen wären, noch über Kampfflugzeuge mit der nötigen Reichweite, um sie zu begleiten. Deshalb entschied er sich für einen Umweg mit einem französischen Flugzeug,

Charles de Gaulle: Die Strategie des Willens

das ihn über Kairo und Teheran nach Baku am Kaspischen Meer brachte, gefolgt von einer fünftägigen Reise in einem von Stalin bereitgestellten Sonderzug durch eine von der Schlacht von Stalingrad und den Kämpfen um Moskau verwüstete Landschaft. Die Unannehmlichkeiten dieser Route waren ein Preis, den zu zahlen sich lohnte. De Gaulle hatte dadurch die Möglichkeit, mit dem sowjetischen Autokraten noch vor dem nächsten anglo-amerikanischen Treffen mit ihm über die Friedensregelung für die Nachkriegszeit zu sprechen, und zwar als Vertreter einer eigenständigen Macht. Er wurde dadurch zum ersten Landeschef der Alliierten, der mit Stalin über die Nachkriegsordnung sprach.

Diese war nach seiner Ankunft im Kreml das wichtigste Thema. Stalin ließ keinen Zweifel daran, dass sein Ziel die Herrschaft über Osteuropa war. Er forderte Frankreich auf, die Regierung in Lublin anzuerkennen, die er im sowjetisch besetzten Polen als spätere Nachfolgerin der international anerkannten Regierung jenes Landes eingesetzt hatte, zu dessen Verteidigung seiner territorialen Integrität Großbritannien 1939 Deutschland den Krieg erklärt hatte. De Gaulle wich dem Ansinnen aus, indem er sagte, er müsse zuvor noch mehr über die Regierung in Lublin erfahren, womit er andeutete, dass ihre Billigung durch die Sowjetunion allein für eine Anerkennung durch Frankreich nicht ausreiche; gleichzeitig gab er aber auch zu erkennen, dass das bei einer angemessenen Gegenleistung für Stalin kein unerreichbares Ziel sei.

De Gaulle legte seinerseits einen eigenen Vorschlag für Mitteleuropa vor, der auf eine Abkehr von zweihundert Jahren europäischer Geschichte hinauslief. Seiner Ansicht nach sollten die deutschen Gebiete westlich des Rheins an Frankreich abgetreten werden, einschließlich des Saargebiets (eines wichtigen Kohlereviers) und von Teilen des Ruhrgebiets. In dem neu geordneten Deutschland sollte Bayern der größte Bundesstaat und Preußen aufgelöst werden, wobei der größte Teil davon an die neu strukturierte Provinz Hannover fallen sollte.

Eine Abstimmung dieses Plans mit den Alliierten war von de Gaulle nicht vorgesehen, und Stalin war sich zweifellos darüber im Klaren, dass die Amerikaner und die Briten einer derart radikalen Veränderung der europäischen Landesgrenzen niemals zustimmen würden. Daher antwortete er,

STAATSKUNST

dass er den Vorschlag mit den Briten besprechen müsse, um deren Empfindlichkeiten er sich zuvor nicht besonders gekümmert hatte. Indem er die Vereinigten Staaten nicht erwähnte, deutete Stalin aber auch an, dass ein separates europäisches Abkommen unter Ausschluss der USA möglich sein könnte.

Schließlich einigten sich die beiden politischen Führer auf einen Beistandspakt, der als Abschreckung gegen eine deutsche Aggression in der Nachkriegszeit dienen sollte. In einer überraschenden Zusatzklausel verpflichteten sie sich zu einem gemeinsamen Vorgehen für den Fall, dass eine der beiden Seiten, nachdem sie »alle erforderlichen Maßnahmen zur Beseitigung jeglicher neuen Bedrohung durch Deutschland« ergriffen habe, überfallen würde. Ein solcher Beistandsvertrag, der der Französisch-Russischen Allianz aus der Zeit vor dem Ersten Weltkrieg ähnelte, war aufgrund der geografischen Entfernung zwischen den beiden Mächten und der Tatsache, dass die französische Regierung erst drei Monate zuvor eingesetzt worden war, jedoch nicht unmittelbar wirksam.

Dabei lernte de Gaulle schon frühzeitig den sowjetischen Verhandlungsstil kennen, der Jahre später im Kalten Krieg zum Klischee werden sollte. Der sowjetische Außenminister Wjatscheslaw Molotow, der die Ausarbeitung der endgültigen Dokumente für Stalin überwachte, lehnte den ersten französischen Entwurf ab und versprach, rasch eine Alternative zu formulieren. Zwei Tage später, am Abend des geplanten Abschlussdinners des Besuchs, war der neue Text immer noch nicht aufgetaucht. De Gaulle ließ sich von dieser Taktik nicht beirren. Nachdem er das Essen und eine Reihe scheinbar endloser Trinksprüche über sich ergehen lassen hatte, erhob er sich kurz nach Mitternacht (und damit relativ früh für ein Bankett bei Stalin) von seinem Platz und bat um eine Abfahrt seines Zugs am frühen Morgen.

Mit leeren Händen von einer solch anstrengenden Reise nach Hause zurückzukehren wäre eine Demütigung gewesen, aber der Trick funktionierte. Um zwei Uhr nachts wurde de Gaulle endlich eine sowjetische Neufassung des Abkommens vorgelegt, die mit kleinen Änderungen für ihn annehmbar war. Der Text wurde morgens um vier Uhr in Anwesenheit von Stalin unterzeichnet, der scherzte, die Franzosen hätten ihn überlistet. Angesichts von Stalins Ruf, verschlagen und rücksichtslos zu sein, hatten solche selbstironischen

Bemerkungen schon manchen früheren Gesprächspartner erfreut, darunter Hitlers Außenminister Joachim von Ribbentrop.*
De Gaulles Rückkehr aus Moskau am 17. Dezember 1944 wurde in Paris als Wiedereintritt Frankreichs in die europäische Politik nach vierjähriger Abwesenheit und als persönlicher diplomatischer Triumph gefeiert.[67] Die Vereinbarung stärkte auch de Gaulles innenpolitische Position gegenüber den französischen Kommunisten. Doch schon wenige Tage später rückte der Krieg durch den Beginn der deutschen Offensive in den Ardennen und im Elsass wieder in den Vordergrund.

DE GAULLE UND DIE ÜBERGANGSREGIERUNG

Während seiner gesamten Führungszeit bei den Freien Franzosen verfolgten de Gaulles Äußerungen und Handlungen ein gemeinsames Ziel: den Wiederaufbau eines legitimen und mächtigen französischen Staates, denn nur dieser würde in der Lage sein, nach der Befreiung die Ordnung wiederherzustellen und ein gleichberechtigter Partner der Alliierten beim abschließenden Kampf gegen Deutschland zu sein. »Der Staat, der die Verantwortung für Frankreich trägt«, schrieb de Gaulle, nachdem er Präsident geworden war, in seinen Memoiren, »ist gleichzeitig für das Erbe von gestern, die Interessen von heute und die Hoffnungen von morgen zuständig.«[68] Indem er den Staat als Generationenvertrag auffasste, lag de Gaulle auf einer Linie mit Edmund Burke, der die Gesellschaft als »eine Partnerschaft [...] zwischen den Lebenden, den Toten und den noch zu Gebärenden« definierte.[69]
Diese Vorstellung vom Staat diente dazu, die Selbstachtung Frankreichs zu

---

* Amerikanische Unterhändler sollten in der Folgezeit ähnlichen Taktiken ausgesetzt sein, die durch Stalins Neigung zur Rachsucht eine besonders unheilvolle Wendung nahmen. Während des Kalten Krieges wurde es in der sowjetischen Ost-West-Diplomatie fast zur Gewohnheit, die psychologische Belastbarkeit des Gegners durch Verzögerungen auf die Probe zu stellen. Genauso häufig kam es zu einer überstürzten Einigung in der Schlussphase – beispielsweise beim Moskauer Gipfeltreffen zwischen Nixon und Breschnew im Mai 1972 –, so als würden die in monatelangen Verhandlungen sorgfältig gepflegte Planung und Selbstdisziplin plötzlich von der Furcht überwältigt, die geduldig angestrebten Ergebnisse könnten durch eine fatale Fehleinschätzung des Durchhaltevermögens des Gegners wieder zunichte gemacht werden.

retten, indem Vichy als ein irrtümliches Interregnum zwischen einer glorreichen Vergangenheit und einer strahlenden Zukunft dargestellt wurde – und das Freie Frankreich stand während dieser Zeit für die wahre Kontinuität des Staates. Wäre de Gaulle in den Kriegsjahren nicht ein so entschlossener Kämpfer für die französische Identität gewesen – und hätte er nicht die Führung einer französischen Alternative zu Vichy übernommen, die ihre Basis außerhalb des Mutterlandes hatte –, dann hätte der Mythos der Kontinuität nicht aufrechterhalten werden können. Wie wir gesehen haben, unterstützte nur ein relativ kleiner Teil der französischen Bevölkerung aktiv die Freien Franzosen; jedoch war das Charisma von de Gaulle so stark, dass diese Tatsache faktisch aus dem Gedächtnis der Franzosen verdrängt wurde. Das Vergessen ist paradoxerweise manchmal der Kitt für Gesellschaften, deren Zusammenhalt sonst nicht gewährleistet wäre.

Das Kleinreden der Bedeutung von Vichy gab de Gaulle im Oktober 1944 auch die Möglichkeit, die Patriotische Miliz aufzulösen, eine Gruppe ehemaliger Widerstandskämpfer, die gegen angebliche Nazi-Kollaborateure vorging. An ihrer Stelle führte er das geregeltere Justizsystem ein, das er zuvor in Algier vorbereitet hatte. Entweder besaß der Staat das Monopol für legitime Gewalt auf seinem Territorium oder nicht; Hinrichtungen im Schnellverfahren hatten in de Gaulles Frankreich keinen Platz.

Die militärische Entwicklung schritt zügig voran. Gegen Ende des Jahres 1944 waren die französischen Streitkräfte auf 560 000 Mann angewachsen. Am 23. November eroberte die Erste Französische Armee unter dem Kommando von General Jean de Lattre die mittelalterliche Stadt Straßburg zurück und erfüllte damit Leclercs Schwur von Kufra. Doch die im Dezember 1944 von Deutschland eingeleitete Offensive ins Elsass – kombiniert mit der früher gestarteten Ardennenoffensive – drohte nun die Stadt einzukesseln. Diese Ereignisse warfen die seit jeher immer wieder neu gestellte Frage auf, ob eine Kriegsstrategie eher von militärischen oder von politischen Überlegungen geprägt sein sollte. Solange sich der Schauplatz der militärischen Auseinandersetzung auf französischem Boden befand, gab de Gaulle der Politik den Vorrang.

Der amerikanische Befehlshaber, General Bradley, wollte eine Verteidigungslinie entlang der Vogesen errichten, um von dort aus eine Gegenoffensive zu starten – eine Strategie, die die Evakuierung Straßburgs voraussetzte. Die Reaktion von de Gaulle war unmissverständlich. Er beharrte darauf, dass sich die französischen Streitkräfte nicht aus einer Stadt zurückziehen würden, die im letzten Jahrhundert viermal zwischen Deutschland und Frankreich den Besitzer gewechselt hatte. Einen Konflikt zwischen seinen nationalen Interessen und seinen Verpflichtungen gegenüber den Alliierten in Kauf nehmend, wies er de Lattre an, die Befehle Eisenhowers zu ignorieren. Parallel dazu appellierte er an Roosevelt, Churchill und sogar Eisenhower, ihre Vorgehensweise zu überdenken, und kündigte einen persönlichen Besuch im Hauptquartier der Alliierten an, um seine Argumente vorzubringen.

Als er am 3. Januar 1945 in Versailles eintraf, fand er dort bereits Churchill vor, der versuchte, einen offenen Konflikt zwischen den Alliierten inmitten einer deutschen Offensive zu vermeiden. In dieser Situation war das Glück sowohl ihrem Erfolg als auch de Gaulles Platz in der Geschichte hold. Die militärische Lage hatte sich verbessert, Eisenhower hatte seine Meinung bereits geändert, und die französischen Streitkräfte durften folglich in Straßburg bleiben. Eisenhowers zustimmende Reaktion verhinderte, dass sich de Gaulle zu dem Aufsehen erregenden Schritt einer französischen Gehorsamsverweigerung gegenüber dem alliierten Oberbefehlshaber hinreißen ließ, während eine Schlacht im Gange war. Doch obwohl de Gaulle sich diesmal durchsetzte, sollten die Amerikaner in Zukunft nun weniger bereit sein, ihm entgegenzukommen.

In der Endphase des Krieges im April 1945 kam es zu einer weiteren Demonstration französischer Autonomie: De Gaulle befahl seinen Truppen, die südwestdeutsche Industriestadt Stuttgart zu besetzen, obwohl sie der künftigen amerikanischen Besatzungszone und vorab operativ der amerikanischen Armee zugewiesen worden war. Seiner üblichen Vorgehensweise folgend, änderte de Gaulle seinen Befehl keineswegs, als er auf diese Diskrepanz hingewiesen wurde; wie üblich lud seine Initiative auch nicht zum Dialog ein.

Harry Truman, der am 12. April die Nachfolge Roosevelts als Präsident angetreten hatte, zeigte sich unbeeindruckt von de Gaulles Erklärung für sein trotziges Verhalten: dass im Ergebnis Frankreich Großbritannien als

Amerikas wichtigsten europäischen Verbündeten ablösen solle. Die Briten, so argumentierte de Gaulle, seien durch den Krieg zu erschöpft, um diese Rolle noch spielen zu können. Truman bestand jedoch auf der vereinbarten Grenzziehung der Besatzungszonen und drohte damit, die bestehenden Verträge in Gänze in Frage zu stellen. De Gaulle hatte daraufhin keine andere Wahl, als einzulenken, wenngleich er dies nicht sehr höflich tat.

Die Heimatfront litt derweil unter Entbehrungen. »Es fehlte uns an Lebensmitteln, um die Grundversorgung sicherzustellen«, schrieb de Gaulle in seinen Kriegserinnerungen über die Zeit nach der Befreiung.[70] Die Menschen durften nur 1200 Kalorien pro Tag zu sich nehmen. Wer Geld hatte, konnte sich auf dem Schwarzmarkt zusätzliche Güter besorgen, aber fast überall herrschte Knappheit:

> Da es keine Wolle, keine Baumwolle und kaum Leder gab, trugen viele Bürger abgewetzte Kleidung und liefen auf Holzschuhen herum. In den Städten wurde nicht geheizt, denn die wenige Kohle, die gefördert wurde, war für die Armeen, die Eisenbahnen, die Kraftwerke, unverzichtbare Industriezweige und die Krankenhäuser bestimmt. [...] Zu Hause, bei der Arbeit, in den Büros und in den Schulen zitterte jeder vor Kälte [...]. Es sollte einige Jahre dauern, bis wir den Lebensstandard der Vorkriegszeit wieder erreicht hatten.[71]

Die Franzosen lebten in materieller wie geistiger Not. Der Kommunismus präsentierte sich als Ausdruck der Solidarität mit den Unterdrückten und genoss ein hohes Ansehen aufgrund der Rolle der Kommunisten in den Reihen der Résistance und der Siege Stalins an der Ostfront. De Gaulle hielt es daher für die »sofortige Aufgabe« der Regierung, »Reformen [durchzuführen], um Anhängerschaften neu zu gruppieren, die Unterstützung der Arbeiter zu gewinnen und den wirtschaftlichen Aufschwung zu sichern« – alles für sich allein sinnvolle Ziele, mit der Nebenwirkung, die Machtübernahme der Kommunistischen Partei in Frankreich zu verhindern.[72]

Reformen, die in ruhigeren Zeiten vielleicht Jahrzehnte gedauert hätten, wurden innerhalb weniger Wochen auf den Weg gebracht. Die provisorische Regierung führte eine Familienbeihilfe ein, um das Aufziehen von Kindern zu unterstützen und die Geburtenrate in Frankreich wieder anzukurbeln. Die französischen Frauen konnten zum ersten Mal das Wahlrecht ausüben, entsprechend der langjährigen Überzeugung von de Gaulle, eine moderne Gesellschaft benötige das allgemeine Wahlrecht. Die soziale Absicherung wurde drastisch ausgeweitet: »Damit verschwand die Furcht, die die Menschheit seit jeher begleitet hatte, dass Krankheit, Unfall, Alter oder Arbeitslosigkeit zu einer erdrückenden Last für die Arbeiter werden könnten«, schrieb de Gaulle.[73] Die kriegsbedingte Planwirtschaft wurde nicht abgebaut, sondern in eine dirigistische Wirtschaftspolitik umgewandelt. Air France, Renault, Kohle, Gas und Elektrizität – alles wurde verstaatlicht. Die Hohe Kommission für Atomenergie und die Ècole nationale d'administration (ENA; Nationale Hochschule für Verwaltung), zwei Pfeiler Nachkriegsfrankreichs, wurden beide in der zweiten Hälfte des Jahres 1945 gegründet.

De Gaulle bewies, dass revolutionäre Veränderungen keine Revolution erforderten. Er nahm eine Position zwischen Kommunisten und Verfechtern der freien Marktwirtschaft ein, zwischen Mietern und Eigentümern, die an die ausgewogene Haltung des athenischen Gesetzgebers Solon gegenüber den Reichen und den Armen seiner Gesellschaft erinnerte: »Vor beide hielt ich meine schützende Macht / Und ließ keinen das Recht des anderen antasten.«[74]

Doch so mächtig de Gaulles Schutz auch war, er drohte unter dem innenpolitischen Druck zu zerbrechen. Die politischen Institutionen Nachkriegsfrankreichs waren noch im Entstehen begriffen; de Gaulle konnte sich auf keine Struktur stützen, um das zu formen, was er später »*une certaine idée de la France*« (»eine bestimmte Vorstellung von Frankreich«) nennen sollte. Um die heftigen Gegensätze einzudämmen, die Frankreich seit Langem in Katholiken und Laizisten, Monarchisten und Republikaner, Sozialisten und Konservative gespalten hatten, war eine von allen anerkannte Autorität in zentraler Stellung unerlässlich.

De Gaulle strebte keine Diktatur an: Die zentrale Autorität konnte durch periodische Willensbekundungen des Volkes kontrolliert werden. Ihm schwebte vielmehr eine starke Exekutive in einem republikanischen System mit einer Zwei-Kammer-Legislative und einer unabhängigen Judikative vor:

Damit der Staat das Instrument der französischen Einheit, der übergeordneten Interessen des Landes und der Kontinuität der nationalen Politik sein konnte – was seine Aufgabe ist –, hielt ich es für notwendig, dass die Regierung ihre Legitimität nicht vom Parlament, also von den Parteien, ableitet, sondern von einer Instanz über diesen, einem Führer, der direkt von der gesamten Nation beauftragt und ermächtigt ist, Weichen zu stellen, zu entscheiden und zu handeln.[75]

Am 21. Oktober 1945 wählten die französischen Wähler die Verfassunggebende Versammlung, eine provisorische Legislative, welche die Verantwortung für die Ausarbeitung einer neuen Verfassung hatte. Drei Wochen später bestätigte sie de Gaulle mit fast einstimmigem Votum als Regierungschef, was, wie er in seinen Memoiren ironisch anmerkte, eher eine Anerkennung vergangener Verdienste war, als dass es von Verständnis seiner Vision für die Zukunft zeugte.

Sobald die Regierung ihre Arbeit aufnehmen wollte, traten die traditionellen Probleme der Dritten Republik wieder zutage. Diese begannen bereits bei der Regierungsbildung am 21. November, die gemäß der Verfassung vom Parlament gebilligt werden musste. Als größte Partei in der Verfassunggebenden Versammlung forderten die Kommunisten für sich die drei wichtigsten Kabinettsressorts: Außenpolitik, Verteidigung und Inneres. Obwohl de Gaulle sich weigerte, auf diese Forderung einzugehen, fühlte er sich verpflichtet, den Kommunisten für heimische Fragen wichtige Ministerien wie Wirtschaft und Arbeit zu übertragen.

Innerhalb weniger Wochen erkannte de Gaulle, dass er den Kampf um die Gestaltung der neuen Verfassung verlieren würde. Ein normaler Spitzenpolitiker hätte eine solche Enttäuschung vielleicht als Preis für den Machterhalt akzeptiert, aber de Gaulle war nicht bereit, seine Überzeugung gegen das einzutauschen, was andere für machbar hielten. Er hatte während seines gesamten mühevollen Wegs durch den Krieg bewiesen, dass das, was zunächst als unwahrscheinlich erschien, Wirklichkeit werden konnte. Ohne die moralische Erneuerung der französischen Gesellschaft würde er das aufgeben, was die meisten politischen Führer als Erfüllung ihrer Mission betrachten würden und wofür er gekämpft und gelitten hatte.

Am 19. November fragte er den kanadischen Botschafter, ob Kanada ihm einen Wohnsitz zur Verfügung stellen würde, falls er zurücktreten sollte. In einer Rede vor der Nationalversammlung am 1. Januar 1946, in der er seinen Verteidigungshaushalt präsentierte, deutete er an, dass es das letzte Mal sein könnte, dass er »in dieser Aula« sprechen würde.[76] Fünf Tage später reiste er in den Urlaub; als er am 14. Januar zurückkehrte, äußerte er gegenüber seinem Innenminister Jules Moch in einem vertraulichen Gespräch:

> Ich glaube nicht, dass ich für diese Art von Kampf gemacht bin. Ich möchte nicht jeden Tag von Männern angegriffen, kritisiert und bedrängt werden, deren einziges Verdienst darin besteht, dass sie in irgendeiner kleinen Ecke Frankreichs gewählt worden sind.[77]

Am 20. Januar, einem Sonntag, nicht ganz 18 Monate nach seiner triumphalen Rückkehr ins befreite Paris, berief de Gaulle eine Sondersitzung seines Kabinetts ein. Dort verlas er eine kurze Erklärung, in der er seine Verachtung für das »exklusive Regime der Parteien« zum Ausdruck brachte und seinen »unwiderruflichen« Entschluss zum Rücktritt bekannt gab, ohne Angaben zu seinen weiteren Plänen zu machen.[78] Nachdem er seinen Kollegen die Hand geschüttelt hatte, stieg er in sein Auto und ließ den Chauffeur losfahren. Die verblüfften Kabinettsmitglieder standen vor einer Aufgabe, die niemand beim Betreten des Raumes vorhergesehen hatte: einen Nachfolger für eine bereits legendäre Persönlichkeit zu finden. Die Wahl fiel auf Félix Gouin von der Sozialistischen Partei, der nur fünf Monate lang im Amt bleiben sollte.

Die Historiker haben über den Zeitpunkt von de Gaulles Rücktritt gerätselt. Offensichtlich war er mit den Prozeduren der Dritten Republik nicht einverstanden, die bis zum Abschluss der Arbeiten der Verfassunggebenden Versammlung – die sich in eine Richtung bewegten, die ihm missfiel – weiterhin zu befolgen sein würden. Die Institutionen zu kritisieren, denen er als Regierungschef vorstand, hätte jedoch gewirkt wie ein Zeichen politischer Ohnmacht oder möglicherweise sogar wie eine Einladung zu einem bonapartistischen Staatsstreich. Doch paradoxerweise musste er, wenn er das Ziel erreichen wollte, dem er trotz aller Widrigkeiten und Zweifel stets treu geblieben war – nämlich die Macht zu übernehmen, um der republikanischen

Regierung eine hinreichende Legitimität zu verleihen –, zurücktreten, bevor die Arbeiten der Versammlung abgeschlossen waren, und nicht aus Protest gegen eine bestehende Verfassung.

Was dieser Meister des Timings möglicherweise falsch einschätzte, war der Zeitraum, den die politische Führungsschicht benötigte, um seine Unverzichtbarkeit zu erkennen und ihre Einstellung zu ändern.

DIE WÜSTE

De Gaulles plötzlicher Rücktritt zeigte, genauso wie sein Flug nach London fünfeinhalb Jahre zuvor, seine Bereitschaft, mit dem offiziellen Frankreich zu brechen, wenn er seinen Überzeugungen gemäß dessen Kurs nicht mehr mittragen konnte. Indem er dies tat, entschied er sich, »mich von den Geschehnissen zurückzuziehen, bevor sie sich ihrerseits von mir zurückgezogen hätten«.[79] Doch während ihn der Umzug nach London in den Mittelpunkt der weltgeschichtlichen Dynamik stellte und ihm die epische Verantwortung auferlegte, sich vom Exil aus um Frankreich zu kümmern, fand er sich nun in provinzieller Einsamkeit wieder, als Exilant in seiner eigenen Heimat.

Diese Geste entsprach de Gaulles sorgfältig gepflegtem Image als Mann des Schicksals, der sich von der üblichen Politik abgrenzt und nicht an der Macht um der Macht willen interessiert ist. Die Familie de Gaulle ließ sich in »La Boisserie« nieder, einem Landhaus aus dem frühen 19. Jahrhundert, das in dem Dorf Colombey-les-Deux-Églises, etwa 200 Kilometer östlich von Paris, lag. Der deutsche Bundeskanzler Konrad Adenauer beschrieb es später als »ein sehr einfaches Haus, das nur ein paar gut eingerichtete Zimmer im Erdgeschoss hat, aber ansonsten […] sehr primitiv ist«.[80] Die Winter waren dort düster und streng, denn es gab keine Zentralheizung. »Dies ist kein fröhlicher Ort«, sagte de Gaulle zu einem Besucher. »Man kommt nicht hierher, um zu lachen.«[81]

In den Kriegserinnerungen, die er während seines selbst gewählten Exils verfasste, beschrieb er, wie er in dieser kargen Existenz Frieden fand:

Charles de Gaulle: Die Strategie des Willens

Dieser Teil der Champagne ist von Ruhe durchdrungen – weite, schwermütige Horizonte, melancholische Wälder und Wiesen, der Fries alter, resigniert wirkender Berge, ruhige, unprätentiöse Dörfer, in denen die Dinge seit Tausenden von Jahren weder ihre Essenz noch ihren Standort verändert haben. All das kann man von meinem Dorf aus sehen [...]. Von einer Anhöhe im Garten blicke ich auf die wilde Tiefe hinunter, wo der Wald das Ackerland umhüllt wie das Meer, das an eine Landzunge schlägt. Ich beobachte, wie die Nacht sich über die Landschaft senkt. Wenn ich dann zu den Sternen hinaufschaue, versinke ich in Gedanken an die Unwichtigkeit alles Irdischen.[82]

Während jenes Zeitraums hielt de Gaulle nur eine einzige öffentliche Rede von bleibender Bedeutung: eine Ansprache am 16. Juni 1946 in Bayeux, in der er seine Vision für die politischen Institutionen Frankreichs darlegte. Zwei Jahre und zwei Tage zuvor hatte de Gaulle die normannische Stadt zum ersten Mal besucht, als der Brückenkopf der Alliierten eine Woche nach der Landung noch sehr schwach war. Sechs Monate nach seinem Rücktritt erinnerte er sich, welche Bedeutung es hatte, als er damals dort einen Präfekten einsetzte: »Auf dem Boden unserer Vorfahren war der Staat nun wieder präsent.«[83] Jedoch hatte er seine Aufgabe, die Institutionen Frankreichs mit der historischen Bestimmung der Nation in Einklang zu bringen, noch nicht abgeschlossen; die Verfassung der kommenden Vierten Republik wurde gerade ausgearbeitet, aber de Gaulle war überzeugt, dass die Verfassunggebende Versammlung zu keinem befriedigenden Ergebnis kommen würde.

De Gaulle erläuterte seine Diagnose der französischen Malaise mit der für ihn typischen Unverblümtheit: »Innerhalb eines Zeitraums von nicht mehr als zwei Generationen wurde Frankreich sieben Mal überfallen und musste dreizehn verschiedene Regimes erdulden.« Diese »zahlreichen Unruhen in unserem öffentlichen Leben« hätten die »alte gallische Neigung zu Zwist und Streiterei« verstärkt und schließlich zur »Entfremdung der Bürger von den Institutionen« geführt.[84] Es bedürfe einer starken und »überparteilichen« Präsidentschaft, welche »die Werte der Kontinuität« vertrete, wie de Gaulle selbst es als Führer der Freien Franzosen getan habe.[85]

STAATSKUNST

In Anlehnung an Montesquieu plädierte de Gaulle auch für eine strikte Gewaltenteilung. Es sei sehr wichtig, dass der Präsident nicht der Legislative ausgeliefert sei, denn dies würde zu einem »Gewaltenwirrwarr führen, in dem die Regierung bald nichts anderes mehr wäre als eine Ansammlung von Delegationen«, in dem nationale Interessen keinen Fürsprecher fänden und in dem jeder Kabinettsminister zu einem bloßen »Parteienvertreter« degradiert würde.[86] Eine Zwei-Kammer-Legislative würde den Wählern ein Oberhaus bieten, das das Recht hätte, sowohl die vom Unterhaus verabschiedeten Gesetze zu überprüfen und zu ändern als auch der Nationalversammlung eigene Gesetzesvorschläge zu unterbreiten. Auf diese Weise würde die französische Verfassung »die fruchtbare Grandeur einer freien Nation unter der Ägide eines starken Staates« nutzen.[87]

Diese zweite Rede in Bayeux war auch deshalb bemerkenswert, weil sie de Gaulles Gedanken zur Demokratie offenbarte, ein Thema, über das er selten sprach. Im Gegensatz zu seinen amerikanischen Kollegen identifizierte de Gaulle die Demokratie eher mit ihrem institutionellen Rahmen als mit einer Aufzählung von individuellen Freiheiten. In seiner denkwürdigen Rede von Bayeux pries er die Demokratie auf dem indirekten Weg einer scharfen Exposition der Schwächen und des letztlichen Scheiterns von Diktaturen:

Diktaturen sind fatalerweise bei allen ihren Unternehmungen zu Übertreibungen gezwungen. In dem Maße, in dem die Bürger ungeduldig angesichts der ihnen auferlegten Zwänge werden und sich nach ihrer verlorenen Freiheit sehnen, muss die Diktatur es unbedingt schaffen, dies mit immer größeren Leistungen zu kompensieren. Die Nation wird zu einer Maschine, der vom Herrscher ein Rhythmus der unkontrollierten Beschleunigung aufgezwungen wird. Am Ende muss etwas nachgeben, die grandiose Konstruktion stürzt ein, dabei Blutvergießen und Unglück verursachend. Die Nation bleibt zerrüttet zurück und in schlechterer Verfassung als zuvor.[88]

Eine republikanische Regierung war also das beste Bollwerk gegen Chaos und Tyrannei. Mit seiner Ansprache in Bayeux konnte de Gaulle jedoch nicht verhindern, dass in der endgültigen Version der Verfassung der Vierten Republik die Vorherrschaft des Parlaments und die Schwäche der Exekutive der vorhergehenden Republik beibehalten wurden. Die neue Verfassung wurde im Oktober 1946 per Referendum ratifiziert. Obwohl de Gaulle erwartet hatte, dass das Land schnell wieder nach ihm rufen würde, bemühte sich niemand um ihn. Die daraus resultierenden Phasen der Niedergeschlagenheit, die bisweilen apokalyptische Züge annahm, bekämpfte er mit demonstrativem Stoizismus. 1947 versuchte er, eine nationale politische Bewegung ins Leben zu rufen, die unabhängig von den etablierten Parteien existieren sollte; sie fand nur vorübergehend eine Anhängerschaft und kam dann wieder zum Erliegen.

In der Zwischenzeit stabilisierte und verbesserte sich die allgemeine innenpolitische Lage. Obwohl Frankreich ein Ringelreihen von Premierministern erlebte, kamen wieder Zeichen der Vitalität zum Vorschein. Die Wirtschaft begann sich mithilfe des von den USA geleiteten Europäischen Wiederaufbauprogramms (bekannter unter dem Namen Marshallplan) zu erholen, und Anfang der 1950er-Jahre führten Frankreichs gut ausgebildete Arbeitskräfte, sein technisches Know-how und seine Einbindung in ein von den USA gefördertes System des offenen Handels zu historischen Spitzenwerten hinsichtlich des Wohlstands.

Die Vierte Republik scheiterte 1958 nicht primär an innenpolitischen Problemen, sondern an ihrer Unfähigkeit, bezüglich ihres Kolonialreichs die richtige Politik zu verfolgen. Sie opferte einen zu großen Teil der politischen Gewinne des wirtschaftlichen Aufschwungs angesichts von drei kolonialen Konflikten: den Bemühungen, die Kontrolle über Indochina zu behalten, der Suez-Intervention und vor allem der Algerienkrise.

SCHEITERN IN INDOCHINA UND FRUSTRATION IM NAHEN OSTEN

Die Ereignisse in Indochina waren in der Nachkriegszeit die erste einer Reihe von Herausforderungen für den Anspruch der Vierten Republik auf die althergebrachten geopolitischen Einflussgebiete Frankreichs. Die von 1862 bis 1907 Stück für Stück von Frankreich eroberte Kolonie war nach der

STAATSKUNST

militärischen Niederlage Frankreichs im Juni 1940 von Vichy aus verwaltet und von den Japanern einvernehmlich besetzt worden. Aus Furcht vor einer alliierten Invasion und einem möglichen Aufstand der französischen Kolonisten kündigten die Japaner jedoch im März 1945 die Zusammenarbeit auf und rissen die Herrschaft an sich.

Als die Japaner im August 1945 kapitulierten, bereiteten sich zwei starke Kräfte darauf vor, das Machtvakuum auszunutzen: einerseits Ho Chi Minhs Aufständische, die kommunistischen Vietminh, die sich während des Krieges sowohl gegen die Franzosen als auch gegen die Japaner positioniert hatten, andererseits die Alliierten, die einen Feldzug zur Rückeroberung der Kolonie starteten, unter der Beteiligung von chinesischen, britischen und indischen Truppen sowie eines französischen Expeditionskorps unter dem Kommando von General Leclerc.

Anfang 1946 schienen die französischen Streitkräfte die Kontrolle über Indochina weitgehend wiedererlangt zu haben. Doch die Anstrengungen Frankreichs führten nur zu einem kurzen Interregnum der Ruhe. In der Nacht des 19. Dezember 1946 sorgten die Vietminh in Hanoi für dramatische Explosionen, die den Beginn eines weiteren langen und blutigen Krieges bedeuteten.

Im Jahr 1954 war die Kolonialherrschaft in Vietnam unhaltbar geworden. Laos und Kambodscha hatten bereits im Jahr zuvor ihre Unabhängigkeit von Frankreich erlangt. Die Eisenhower-Regierung, die gerade erst den Koreakrieg hinter sich gebracht hatte, war nicht bereit, Frankreich in Vietnam militärisch zu unterstützen. Die Strategie von General Henri Navarre, den Vietminh-General Vo Nguyen Giap in eine offene Feldschlacht zu locken, indem er seine Truppen in dem kesselartigen Tal von Dien Bien Phu konzentrierte, hatte zu einem Debakel geführt. Die von China unterstützten nordvietnamesischen Truppen hatten die Franzosen im Laufe von acht Wochen in eine Falle gelockt und Anfang Mai ihre Kapitulation erzwungen.

Nach dieser Katastrophe bemühte sich Pierre Mendès-France, der einzige Premierminister der Vierten Republik, für den de Gaulle später lobende Worte finden sollte, um einen raschen Abschluss der in Genf stattfindenden Verhandlungen über die Zukunft von Vietnam. Die am Ende unterzeichnete Vereinbarung sah vor, dass Frankreich die Kolonie aufgeben würde, die entlang des 17. Breitengrades zwischen dem kommunistischen Norden und dem antikommunistischen Süden aufgeteilt werden sollte.

De Gaulle, der während dieses Dramas kein politisches Amt innehatte, vergaß diese Lektion nie. Als er im Mai 1961 mit John F. Kennedy zusammentraf, warnte er den jungen amerikanischen Präsidenten vor einem Engagement in der Region. In einem offiziellen Memorandum wurde diesbezüglich festgehalten:

> Präsident de Gaulle erinnerte an den Krieg, den Frankreich in Indochina geführt hatte. Er gab seiner Überzeugung Ausdruck, dass ein weiterer Krieg dort nichts bringen würde, auch dann nicht, wenn er von den USA geführt würde. Falls die Vereinigten Staaten der Meinung sein sollten, dass ihre Sicherheit oder ihre Ehre sie zu einem Eingreifen zwinge, würden sich die Franzosen einer solchen Intervention nicht widersetzen, aber auch nicht daran teilnehmen, es sei denn, sie würde zu einem neuen Weltkrieg führen, in dem Frankreich immer an der Seite der USA stehen würde.[89]

Der zweite Nachkriegsschock für Frankreich resultierte aus einer französisch-britischen Militäroperation: Bei der Invasion der Region um den Suezkanal im Jahr 1956 – die gemeinsam mit Israel durchgeführt wurde, das seine eigenen nationalen Ziele verfolgte – sollte der Einfluss des Westens im Nahen Osten wiederhergestellt werden.

Denn 1954 hatte Gamal Abdel Nasser die Macht in Ägypten übernommen und General Muhammad Nagib abgesetzt, der zwei Jahre zuvor die Monarchie gestürzt hatte. Nasser schuf ein nationalistisches Regime, das zunehmend auf sowjetische Wirtschaftshilfe setzte und sich mit sowjetischen Waffen ausrüstete. Im Juli 1956 verstaatlichte er den Suezkanal, der zuvor im Besitz der Franzosen und Briten gewesen war. Für Großbritannien bedeutete dies das Ende seiner Vormachtstellung in der Region und für Frankreich die Aussicht, dass ein erstarkter Nasser seine Unterstützung für aufständische Nationalisten in den unter französischer Herrschaft stehenden Gebieten Nordafrikas, insbesondere in Algerien, intensivieren konnte.

Im Oktober 1956, wenige Tage nach dem Einmarsch israelischer Truppen auf der Sinai-Halbinsel, nahmen britische und französische Einsatzkräfte gemäß ihrer geheimen Absprache den Kanal in Besitz. Die Eisenhower-Regierung, die den Kalten Krieg als ideologischen Wettstreit um die Gunst der Entwicklungsländer betrachtete, war von der Furcht besessen, die Sowjetunion könnte diese Gelegenheit nutzen, um den Nahen Osten für sich zu vereinnahmen. Deshalb legten die Vereinigten Staaten am 30. Oktober, 24 Stunden nach dem Beginn des israelischen Angriffs, im Sicherheitsrat eine Resolution vor, in der sie die israelischen Streitkräfte aufforderten, »sich unverzüglich hinter die festgelegten Waffenstillstandslinien zurückzuziehen«. Als Großbritannien und Frankreich ihr Veto gegen diese Entschließung einlegten, brachte Eisenhower die Angelegenheit vor die Generalversammlung. Am 2. November forderte diese mit einer überwältigenden Mehrheit von 64 zu 5 Stimmen ein Ende der Kampfhandlungen. In einer Nachtsitzung vom 3. zum 4. November verabschiedete sie anschließend eine noch schärfere Resolution und begann mit der Diskussion über eine Friedenstruppe der Vereinten Nationen für den Kanal. Am 6. November geriet das britische Pfund in bedrohlichem Ausmaß unter Druck. Entgegen früheren Gepflogenheiten hielt sich Amerika zurück und weigerte sich, zur Beruhigung des Marktes zu einzugreifen.[90] Diese Schritte brachten Großbritannien und Frankreich dazu, die Operation abzubrechen.

Washingtons Distanzierung von der anglo-französischen Aktion am Suezkanal zeigte die Grenzen der NATO als zwischenstaatliches Militärbündnis auf – und desgleichen von Amerikas Bereitschaft, sich an der Seite seiner Verbündeten zu engagieren. London und Paris zogen aus dieser negativen Erfahrung gegensätzliche Lehren. Großbritannien, schockiert vom Niedergang seiner historischen Bedeutung und gekränkt durch den Zwist mit Washington, bemühte sich, seine früher stets enge Beziehung zu Amerika wiederherzustellen. Die Briten sollten sich entschließen, Teile ihrer traditionellen Politik zu modifizieren, um im Gegenzug ihren Einfluss auf die Entscheidungsfindung in den USA zu erhöhen. Frankreich hingegen, das weitaus weniger Hoffnung hatte, auf amerikanische Weichenstellungen einwirken zu können, zog sich enttäuscht zurück und schuf damit eine Kluft in der Haltung der Staaten innerhalb des Atlantischen Bündnisses, die erst nach de Gaulles Rückkehr an die Macht ihren vollen Ausdruck finden sollte.

Bevor es jedoch dazu kam, wurde die chronische Instabilität der Vierten Republik verschärft durch Frankreichs koloniale Krise in Afrika.

ALGERIEN UND DIE RÜCKKEHR VON DE GAULLE

Algerien, das bereits 1830 von Frankreich erobert worden war, nahm unter den französischen Überseegebieten eine Sonderstellung ein. In den Jahrzehnten nach der Annexion siedelten sich dort in mehreren Wellen französische und südeuropäische Kolonisten entlang der Küste an. In den 1950er-Jahren gab es etwa eine Million dieser Siedler in Algerien, die meisten von ihnen aus Frankreich, die »Pieds-noirs« (Schwarzfüße) genannt wurden.

Wie wir gesehen haben, spielte das nordafrikanische Küstengebiet während des Zweiten Weltkriegs eine entscheidende Rolle in der militärischen Strategie der Alliierten; insbesondere Algerien diente de Gaulles persönlicher Strategie zur Erlangung der Macht. Im Unterschied zu Tunesien, Marokko oder den französischen Kolonien südlich der Sahara war der algerische Küstenstreifen frühzeitig in der Verfassung als integraler Bestandteil des französischen Mutterlandes betrachtet worden, mit einem Korsika vergleichbaren Status. Aus diesem Grund plante Premierminister Mendès-France noch 1954, französische Waffenfabriken dorthin zu verlegen, außerhalb der Reichweite der Sowjets.

Die Vorstellung von Algerien als einer Art Zufluchtsort sollte jenes Jahr nicht überdauern. Im November 1954 wurde das Land von einer Reihe von Guerillaangriffen heimgesucht, die von der Nationalen Befreiungsfront (FLN) organisiert wurden, die einen unabhängigen Staat forderte, »souverän, demokratisch und sozial, im Rahmen der Grundsätze des Islam«.[91] Als Antwort auf diese Herausforderung erklärte Mendès-France: »Niemals wird eine französische Regierung dem Prinzip entsagen, dass Algerien Frankreich ist.«[92] Obwohl unter anderem der französische Gouverneur Jacques Soustelle glaubte, dass es mit Initiativen zur wirtschaftlichen Entwicklung des Landes möglich sein würde, den dort beginnenden Aufstand einzudämmen, verfestigten sich in den folgenden Monaten die ideologischen Positionen.

Die CIA hatte zunächst eine »algerische Einigung« innerhalb eines Jahres vorausgesagt.[93] Nach einigen Monaten revidierten die Experten jedoch ihre Einschätzung und argumentierten, dass Frankreichs Demütigung bei Dien Bien Phu und seine mangelnde Bereitschaft, sich den – nicht genauer definierten – »Realitäten« zu stellen, den Konflikt in Algerien anheizten. Sogar

STAATSKUNST

linksgerichtete französische Regierungen fanden nun keinen Ausweg aus dem Teufelskreis der militärischen Eskalation. François Mitterrand, der spätere Chef der Sozialistischen Partei und französische Staatspräsident, der damals Innenminister von Mendès-France war, sprach für viele Linke, als er dem Dogma des Premierministers zustimmte: »Algerien ist Frankreich.« Und er fügte hinzu: »Die einzig mögliche Verhandlung ist der Krieg.«[94]

Was ursprünglich als Stützpunkt für die Projektion französischer Macht erworben worden war, entwickelte sich nun zu einem Krebsgeschwür, das das Land von innen heraus auffraß. Weil die Pieds-noirs erzürnt waren über die Unfähigkeit der französischen Regierung in Paris, sie zu schützen, bildeten sie Bürgerwehren, die sich der gewählten Autorität widersetzten. In der französischen Armee wuchs der Unmut über die Politikerklasse, deren Unentschlossenheit sie für die festgefahrene Situation verantwortlich machte. Als eine Regierung nach der anderen stürzte – zwischen den Anschlägen der FLN im November 1954 und der Rückkehr de Gaulles im Juni 1958 mussten sechs Regierungen zurücktreten –, wurde die französische Öffentlichkeit angesichts dieser scheinbar unlösbaren Krise immer aufgebrachter. Da wichtige Teile der französischen Gesellschaft sich gegen die Staatsgewalt auflehnten, drohte aus dem anfänglichen Aufstand arabischer Nationalisten gegen den französischen Kolonialismus nunmehr ein Bürgerkrieg im französischen Mutterland zu werden.

Algerien war der letzte Akt in der Saga von Frankreichs Rückzug aus seinem Kolonialreich und der erste Akt von de Gaulles Rückkehr, um Frankreich ein zweites Mal zu retten. De Gaulle hatte die zunehmende Verhärtung der Lage von Colombey aus verfolgt. Zunächst hatte er erwartet, dass seine Unverzichtbarkeit schnell erkannt werden würde. Aber kein Parteiführer übernahm die Verantwortung, eine Verfassungsänderung in Aussicht zu stellen, geschweige denn zu unterstützen, die der von de Gaulle verkündeten Liste von Bedingungen für seine Rückkehr Genüge getan hätte.

Im Mai 1958 hatte die innenpolitische Entwicklung in Frankreich ein derart kritisches Stadium erreicht, wie es de Gaulle als Voraussetzung für seine Reaktivierung genannt hatte. Eine Gruppe von Generälen, darunter General Jacques Massu, der Kommandeur der Fallschirmjäger, forderte in einem putschartigen Appell an den französischen Staatspräsidenten René Coty, de Gaulle an die Spitze einer Regierung der nationalen Sicherheit zu setzen. Gleichzeitig suchte die Nationalversammlung nach einem starken Premierminister. Sie entschied sich für Pierre Pflimlin von der Christdemokratischen Partei, der zunächst zögerte und sich dann als unfähig erwies, eine stabile Mehrheit zu bilden. Algerien war weiterhin in Aufruhr.

De Gaulle manövrierte meisterhaft zwischen den streitenden Fraktionen und weigerte sich, eindeutig Stellung zu beziehen. Er erklärte sich erst dann bereit, wieder ein politisches Amt zu übernehmen, als alle Parteien aufgrund ihrer unvereinbaren Ziele in eine Sackgasse geraten waren. Das Parlament fürchtete zunehmend einen Militärputsch und erhoffte sich von de Gaulle, er würde ihn abwenden; die Armee war von der Vorstellung seiner Rückkehr angetan, weil der ehemalige Soldat für einen starken Staat eintrat, was sich als Entschlossenheit zur Niederschlagung der algerischen Aufständischen interpretieren ließ. Um in Paris die Angst vor einer Kommandoaktion von Fallschirmjägern zu schüren, besetzten Offiziere des Algerienverbands ohne Blutvergießen die Insel Korsika, was zum Rücktritt Pflimlins führte.

De Gaulle wurde von allen seinen Anhängern in einem bestimmten Maße missverstanden. Er nutzte den Druck der Armee als Instrument, wollte aber nicht die Macht mit Waffengewalt an sich reißen. Denn sein Ziel war nicht ein neuer Bonapartismus, sondern ein Rechtsstaat, der stark genug war, die Armee in die Kasernen zurückzuschicken. Daher auch wollte de Gaulle auf verfassungskonforme Weise in sein Amt zurückgerufen werden; erst dann wollte er das bestehende politische System abschaffen, statt ihm zu dienen.

De Gaulle formulierte keine konkreten Forderungen, sondern hielt sich geschickt bedeckt; er stellte sich für Anfragen aller Fraktionen zur Verfügung und erschien am Ende allen als die beste Lösung zur Bekämpfung ihrer schlimmsten Ängste, ohne dass er sich dabei festgelegt hätte. Indem er jede der konkurrierenden Kräfte in die Position eines Bittstellers manövrierte, verhandelte er stets aus einer Position der Zielbewusstheit heraus.

De Gaulle war sich bewusst, dass die politische Konstellation im Frühjahr 1958 ihm die wahrscheinlich letzte Gelegenheit bot, Frankreich seiner von ihm diagnostizierten historischen Bestimmung zuzuführen. Aber er war klug genug, dies wie ein chinesisches Weiqi- oder Go-Spiel anzugehen, bei dem jede Partei 180 Spielsteine besitzt und man mit einem leeren Brett beginnt; zum Ziel gelangt man nur durch Geduld und ein feines Gespür für die sich entwickelnde taktische Situation.

Wenn er über seine eigentlichen Ziele gesprochen hätte, wäre er das Risiko eingegangen, alle Fraktionen zu verärgern oder sie zu überstürzten Aktionen zu treiben. Stattdessen überzeugte er jede Gruppe davon, dass die Unterstützung seiner Kandidatur das beste Mittel sei, um den Erfolg ihrer Konkurrenten zu verhindern. Schließlich wurde de Gaulle am 29. Mai 1958 von Präsident Coty angeboten, der letzte Premierminister der Vierten Republik zu werden; diese Einladung wurde ihm vom Staatssekretär des Präsidialamtes übermittelt.

In der Zeit zuvor hatte de Gaulle nur eine einzige Pressekonferenz abgehalten – am 19. Mai, kurz vor dem Ende der Krise –, in der er sich als »Mann ohne Zugehörigkeit, der für alle da ist« bezeichnete und erklärte, er sei nur dann bereit, wieder Verantwortung zu übernehmen, wenn ihn das Parlament ausdrücklich zurückrufe, um eine neue Verfassung auf den Weg zu bringen.[95] Er hatte eine beruhigende Antwort für alle Bedenken. Der Armee sagte er, dass ihre Aufgabe normalerweise darin bestehe, dem Staat zu dienen, vorausgesetzt, es gebe einen richtigen Staat. Diejenigen, die sich Sorgen machten, dass er eine Gefahr für die Demokratie darstellen könne, erinnerte er daran, dass er 1944 die demokratischen Institutionen in Frankreich wiederhergestellt hatte. »Warum sollte ich im Alter von 67 Jahren eine Karriere als Diktator beginnen?«[96] Er beendete die Pressekonferenz mit den Worten: »Ich habe gesagt, was ich zu sagen hatte. Jetzt werde ich in mein Dorf zurückkehren und mich dort für das Land bereithalten.«[97]

Am 1. Juni wurden die zahlreichen Beratungen abgeschlossen, und de Gaulle erschien zum ersten Mal seit seinem Rücktritt im Januar 1946 wieder vor der Nationalversammlung. Er verlas emotionslos das Dekret, mit dem das Parlament aufgelöst und ihm für die Dauer von sechs Monaten die Vollmacht für die Ausarbeitung einer neuen Verfassung erteilt wurde; das Ergebnis sollte dann einem Referendum unterzogen werden. Die Debatte dauerte nur sechs Stunden; in der Abstimmung wurde de Gaulle am Ende mit 329 zu 224 Stimmen als Premierminister eingesetzt, was ein temporäres Sprungbrett für seine verfassungskonforme Präsidentschaft darstellte.

Charles de Gaulle: Die Strategie des Willens

Zweimal in seinem Leben übernahm de Gaulle die Führung Frankreichs: das erste Mal 1940, um das Land vor den Folgen einer nationalen Katastrophe zu retten, das zweite Mal 1958, um einen Bürgerkrieg abzuwenden. Beim ersten Mal gelangte der bis dahin unbekannte Brigadegeneral nach vier Jahren als einsamer Visionär zum krönenden Abschluss in Form der Befreiung von Paris. Beim zweiten Mal wurde er, bereits eine legendäre Gestalt, aus dem inneren Exil zurückgerufen, um die verfassungsmäßige Regierung vor sich selbst zu schützen und das französische Volk zu einer postkolonialistischen, aber dennoch dynamischen und unabhängigen Rolle in der Welt zu geleiten. Diese große Aufgabe wollte de Gaulle in vier Phasen angehen: Erneuerung der französischen Verfassungsordnung, um eine Regierung mit der nötigen Autorität zu bilden; Beendigung von Frankreichs kolonialen Abenteuern, um diese als Krebsgeschwür im Körper des Gemeinwesens zu beseitigen; Entwicklung einer militärischen und politischen Strategie für Frankreich, um die internationale Unentbehrlichkeit Frankreichs sowohl im Verteidigungssektor als auch in der Diplomatie zu verdeutlichen; und schließlich argumentative Vertretung dieses strategischen Konzepts gegenüber den Verbündeten, insbesondere dem skeptischen Amerika.

DIE FÜNFTE REPUBLIK

De Gaulle sah drei entscheidende Faktoren beim Untergang der Vierten Republik. Um »das Land zu retten und gleichzeitig die Republik zu bewahren«, schien es ihm erstens unerlässlich, »ein diskreditiertes politisches System zu ändern«, zweitens, die Armee »unverzüglich auf den Pfad des Gehorsams zurückzuführen«, und drittens, sich selbst in eine führende Position zu bringen, da er seines Erachtens der Einzige war, der die notwendigen Veränderungen herbeiführen konnte.[98]

Bei seinem Amtsantritt musste de Gaulle seine absichtliche taktische Zweideutigkeit umwandeln in ein strategisches Konzept zur Überwindung des revolutionären Aufruhrs, den er geerbt hatte. Seine innenpolitischen Kritiker von der Linken stellten sich die radikale Loslösung Frankreichs von Algerien als einfache und klare Aufgabe vor; in Wirklichkeit ließen sich die mehr als ein Jahrhundert währenden Prozesse der französischen Verwaltung und Besiedlung sowie der seit 1954 andauernde Krieg jedoch nicht auf Knopfdruck beenden wie der Wechsel eines Fernsehkanals. Die Entschlossenheit der Armee, Algerien in französischem Besitz zu bewahren, hatte de Gaulle ins Amt gebracht; nun handelte er in der Überzeugung, dass die Rückführung des Militärs in seine Rolle als Instrument der nationalen Politik nicht mit einer einzigen dramatischen Entscheidung erreicht werden konnte. Dafür würde ein Prozess erforderlich sein, der durch eine schrittweise Reduzierung der Rolle des Militärs in der zivilen Ordnung die Möglichkeit einer militärischen Dominanz ausschließen würde.

Per Dekret regierend, hatte de Gaulle sechs Monate Zeit erhalten, um eine neue Verfassung auszuarbeiten. Diese ersetzte gemäß den in seiner Bayeux-Rede von 1946 etablierten Grundsätzen die Vorherrschaft des Parlaments in der Dritten und Vierten Republik und die damit einhergehende Tendenz zur Aufspaltung in Fraktionen durch ein weitgehend präsidiales System. In der Fünften Republik sollte die Kontrolle über die Verteidigungs- und Außenpolitik dem Präsidenten vorbehalten sein, der für eine Amtszeit von sieben Jahren in indirekten Wahlen durch Wahlmänner gewählt wurde (was 1962 in direkte Wahlen geändert wurde). Um die Arbeit der Regierung zu überwachen, würde der Präsident einen Premierminister ernennen, den Repräsentanten einer Mehrheit in der vom Volk gewählten Nationalversammlung. Um eine Blockade zwischen Exekutive und Legislative zu verhindern, hatte der Präsident jedoch auch das Recht, das Parlament aufzulösen und Neuwahlen anzuberaumen.

In Angelegenheiten von übergeordneter nationaler Bedeutung konnte der Präsident auf Volksentscheide zurückgreifen, eine Methode, die von de Gaulle – weniger von seinen Nachfolgern – sehr gern angewandt wurde. Im Oktober 1962 leitete er die Kampagne für ein Referendum, durch das die Direktwahl des Präsidenten ermöglicht werden sollte. Während der Loslösung Frankreichs von Algerien führte er zwei Referenden durch, um zu zeigen, dass eine Mehrheit des Landes sein Programm unterstützte.

Zu Beginn seiner Präsidentschaft hatte de Gaulle wahrscheinlich keine genaue Vorstellung von seinem endgültigen Ziel in Algerien, obwohl er zumindest entschlossen war, einen Krieg zu beenden, der Frankreich daran hinderte, seine internationale und nationale Mission zu erfüllen. Nach seiner Rückkehr in politische Verantwortung verfolgte er mehrere Strategien gleichzeitig, die alle mit den beiden Bestrebungen, die ihn in sein Amt gebracht hatten, vereinbar waren, ohne sich dabei jedoch auf ein bestimmtes Ergebnis festzulegen.

De Gaulles kunstvolle Zweideutigkeit zeigte sich sehr deutlich bei seinem Besuch in Algerien im Juni 1958, kurz nachdem er Regierungschef geworden war. Vor einer begeisterten Menge von Pieds-noirs, die ihn für ihren Retter hielten, sagte de Gaulle: »*Je vous ai compris.*« (»Ich habe Sie verstanden.«) Dieser Satz bestärkte das Vertrauen, das die Anhänger eines französischen Algeriens in ihn setzten, die ihm zu seinem Amt verholfen hatten, schränkte aber seine Handlungsspielräume nicht ein. Seine Wortwahl könnte ihm auch das Leben gerettet haben: Jemand, der die Absicht hatte, ein Attentat auf ihn zu verüben, befand sich in einem nahegelegenen Gebäude, als de Gaulle sprach, setzte aber sein Gewehr ab, als er die Äußerung des Präsidenten hörte.[99]

Zunächst befahl de Gaulle dem kommandierenden General Maurice Challe, eine Großoffensive zu starten, um die Rebellen aus den ländlichen Gebieten zu vertreiben. Dadurch sollten sich seine beiden Optionen herauskristallisieren: entweder die weitere Zugehörigkeit Algeriens zu Frankreich, sichergestellt durch einen militärischen Sieg, oder, falls dies nicht gelingen sollte, die Diskreditierung des Vorgehens der Armee, um eine politische Lösung zu erreichen.

Parallel zum bewaffneten Einsatz führte de Gaulle umfassende innenpolitische Reformen durch. Sein Constantine-Plan, benannt nach der ostalgerischen Stadt, wo er im Oktober 1958 verkündet wurde, bedeutete eine ehrgeizige humanitäre und wirtschaftliche Entwicklungsanstrengung, um Algerien zu industrialisieren und zu modernisieren. Auf diese Weise nahm er sowohl der Kritik der Linken als auch den Befürwortern von *Algérie française* den Wind aus den Segeln.[100]

Um seine strategische Richtung zu verfolgen, griff de Gaulle auf das Verfahren des Volksentscheids zurück und verknüpfte dabei auf brillante Weise die Ratifizierung der neuen Verfassung mit einer neuen Regelung für die französischen Kolonialgebiete. Sowohl die Einwohner des Mutterlandes als auch die der Kolonien wurden aufgefordert, über den neuen Verfassungsrahmen abzustimmen. Indem er das Konzept einer »Französischen Gemeinschaft« vorschlug, konnte de Gaulle einer heiklen Verfassungsdebatte zwischen zwei politischen Führern französischer Kolonialgebiete in Afrika aus dem Weg gehen: Léopold Sédar Senghor (der spätere Präsident des Senegal) sprach sich für eine föderale Lösung aus, bei der die Afrikaner vollwertige Bürger Frankreichs werden und die Kolonien in zwei regionalen Zusammenschlüssen aufgehen sollten, während Félix Houphouët-Boigny (der frühere französische Gesundheitsminister und spätere Präsident der Elfenbeinküste) eine weniger enge Konföderation bevorzugte.

Jede Kolonie hatte die Wahl: Entweder sie stimmte der Verfassung zu und trat der Französischen Gemeinschaft bei, oder sie wurde sofort in die Unabhängigkeit entlassen. Mit Ausnahme von Guinea unter Sékou Touré entschieden sich alle für den Verbleib in der Französischen Gemeinschaft, einer Organisation mit nicht genau definierten Sicherheitsfunktionen. Doch die Tendenz zur politischen Unabhängigkeit wurde in ganz Afrika immer stärker, weshalb das Gemeinschaftsabkommen nach nur zwei Jahren zu Bruch ging. 1960, im »Jahr Afrikas«, erlangten nicht weniger als 14 frankophone Staaten des Kontinents ihre Unabhängigkeit, wodurch nationale Befreiungskriege weitgehend vermieden werden konnten. Die beiden Ausnahmen waren Kamerun, wo neun Jahre lang ein blutiger Kampf zwischen nationalistischen Aufständischen und dem französischen Militär tobte, und Algerien, das einen Übergangsstatus beibehielt, der sowohl mit einer militärischen als auch mit einer diplomatischen Lösung vereinbar war.

Um sich die Unterstützung Afrikas für die Gemeinschaftsidee zu sichern, unternahm de Gaulle im August 1958 eine fünftägige Reise quer durch den Kontinent, bei der er in ungewöhnlich schwärmerischem Ton von Frankreichs neuer Mission sprach. In der Hauptstadt Madagaskars erklärte er, während er mit einer Geste auf den altehrwürdigen Palast in der Nähe verwies: »Morgen werdet ihr wieder ein Staat sein, wie ihr es wart, als der Palast eurer Könige noch bewohnt war!«[101] In seinen *Memoiren der Hoffnung* erinnerte er sich an den Empfang, der ihm in Brazzaville, der Hauptstadt von Französisch-Kongo (heute Republik Kongo), bereitet wurde: Sowohl in den »beflaggten Straßen des Stadtzentrums« als auch »in den brodelnden Vorstädten

Bas-Congo und Potopoto« seien die Menschen »trunken vor Begeisterung« anlässlich des Volksentscheids gewesen.[102]

In einem Memorandum an Präsident Richard Nixon vom Mai 1969 beschrieb ich die Bedeutung von de Gaulles außergewöhnlichem Verfassungsentscheid:

> Es steckte darin mehr als Sympathie für afrikanische Nationalisten oder eine geschickte Anlehnung an die antikoloniale Strömung. De Gaulles Afrikapolitik war geprägt sowohl von seinem Konzept der Grandeur als auch vom Wert der Dankbarkeit. Aus seinen Memoiren ist klar ersichtlich, dass er besessen war von der zivilisatorischen Mission Frankreichs, und er konditionierte die Unabhängigkeit der Kolonien durch politische, wirtschaftliche und persönliche Beziehungen, die den französischen Einfluss und die französische Kultur dort weiterhin dominieren ließen. Die französischsprachigen Afrikaner verließen sich ihrerseits auf seine ganz besondere Art von Schirmherrschaft. Das Ergebnis war, dass dank de Gaulle Frankreich in Afrika stärker als anderswo die Stellung einer Großmacht bewahrte.[103]

DAS ENDE DES ALGERIENKONFLIKTS

Nachdem der verfassungsrechtliche Rahmen fertiggestellt war, steuerte de Gaulle seine Algerienpolitik auf ihren Abschluss zu. Mao Zedong, der die Schwierigkeiten Frankreichs klar erkannte, sagte dem FLN-Führer Ferhat Abbas voraus, dass die Franzosen nicht in der Lage sein würden, ihr militärisches Engagement in diesem Konflikt weiter im selben Umfang aufrechtzuerhalten: »Sie werden sehen, dass sie viele Probleme haben. Frankreich muss 800 000 Mann umfassende Streitkräfte unterhalten und dafür drei Milliarden Francs pro Tag ausgeben. Wenn das noch lange so weitergeht, werden sie sich das nicht mehr leisten können.«[104]

Es ist nicht überliefert, wann genau de Gaulle zu derselben Schlussfolgerung kam. Es war auch nicht ungewöhnlich für ihn, dies im Unklaren zu lassen. Trotz seiner dramatischen Art, ferne Ziele zu verkünden, vermied er es im Allgemeinen, den Weg dorthin zu präzisieren.

Für diesen Aspekt seines Verhaltens gibt es eine Reihe von Beispielen; eines davon wurde mir von Paul Stehlin, dem damaligen Chef der französischen Luftwaffe, erzählt. Auf einer Sitzung, bei der es um die nationale Strategie Frankreichs ging, hatte de Gaulle die Teilnehmer nach ihrer Meinung zu seiner NATO-Politik gefragt. Stehlin, der geschwiegen hatte, wurde kurz danach von de Gaulle in dessen Büro bestellt. »War Ihr Schweigen ein Ausdruck der Ablehnung?« Stehlin erläuterte nun, weshalb er eine andere Meinung vertrat, worauf de Gaulle kryptisch erwiderte: »Und woher wissen Sie, dass ich nicht das gleiche Ziel verfolge, nur auf meine eigene Weise?«[105]

Ein zweites Beispiel für de Gaulles abgehobene Art der Entscheidungsfindung war eine Episode im Dezember 1958 bei der Ausarbeitung seines Programms für eine Steuerreform. Der vorgeschlagene Plan, der von einem hohen Beamten und Wirtschaftswissenschaftler namens Jacques Rueff entworfen worden war, erwies sich als höchst umstritten. Während de Gaulle darüber nachdachte, rief er Roger Goetze, einen Finanzberater, in sein Büro und bemerkte, dass ein politischer Entscheidungsträger bei der Beurteilung der Erfolgsaussichten sogar eines perfekt durchdachten Vorschlags ein Drittel Zweifel einkalkulieren sollte. »Sie sind der Fachmann«, sagte de Gaulle. »Sie werden mir morgen früh verraten, ob Sie der Meinung sind, dass der Plan eine Erfolgschance von zwei Dritteln hat. Wenn ja, werde ich ihn übernehmen.«[106] Am nächsten Morgen sprach Goetze dem Rueff-Plan sein Vertrauen aus, und de Gaulle akzeptierte ihn daraufhin. Per Erlass verabschiedet und in einer Rundfunkansprache der französischen Öffentlichkeit präsentiert, stellte er die wirtschaftliche Grundlage für die Präsidentschaft de Gaulles dar, die offiziell am 8. Januar 1959 begann.

Am 16. September 1959 fasste de Gaulle in einer überraschend angesetzten Fernsehansprache für die französische Bevölkerung die in Algerien noch verbleibenden Optionen zusammen. Er stellte drei Alternativen vor, ohne sich endgültig auf eine davon festzulegen, wie sein Biograf Julian Jackson ausführte:

Die erste war die Unabhängigkeit oder »Sezession« [franz. »scission«], wie de Gaulle dies nannte. [...] Eine zweite Option war das, was er mit dem Neologismus »Francisation« [etwa: »Französisierung«] beschrieb, womit

Charles de Gaulle: Die Strategie des Willens

er das meinte, was die Befürworter der *Algérie française* als »Integration« bezeichneten. [...] Die dritte Option war »die Regierung Algeriens durch die Algerier, unterstützt durch die Hilfe Frankreichs und in enger Verbindung mit ihm«, mit einem föderalen System im Inneren Algeriens, in dem die verschiedenen Gemeinschaften friedlich zusammenleben würden.[107]

De Gaulle bevorzugte den dritten Weg, den er »Assoziation« nannte, aber insgeheim befürchtete er, dass es zu spät sein könnte, um die erste Variante, die vollständige Abtrennung Algeriens von Frankreich, noch zu verhindern.[108] Die erste und die dritte Option beinhalteten beide ein erhebliches Maß an Selbstbestimmung für die mehrheitlich muslimische Bevölkerung des Landes, während die zweite Variante die allmähliche Verschmelzung von Franzosen und Algeriern zu einem einzigen Volk vorsah.

Vier Monate später, im Januar 1960, als sich die militärische Lage immer noch nicht wesentlich verbessert hatte, begannen Pieds-noirs-Aktivisten, die mit de Gaulles Lösungsvorschlägen unzufrieden waren, mit dem Errichten von Barrikaden in Algier. Als diese Nachricht bekannt wurde, befand ich mich gerade in Paris und hatte den ersten Teil des Tages mit einer Gruppe französischer Offiziere verbracht, die mich zu einer Diskussion über mein Buch *Nuclear Weapons and Foreign Policy* (*Atomwaffen und Außenpolitik*) eingeladen hatten. Verständlicherweise überlagerte die Besorgnis aufgrund der Barrikaden das Interesse an der Nuklearstrategie. Mehrere meiner Gesprächspartner (meist im Rang eines Oberst oder Brigadegenerals) gaben ihrem Präsidenten die Schuld an der Sympathie der Truppen für die Pieds-noirs-Rebellen und argumentierten, dass de Gaulle, wann immer er sich öffentlich äußere, zur Spaltung Frankreichs beitrage und daher abgesetzt werden müsse.

Am selben Tag habe ich mit Raymond Aron, dem großen französischen Philosophen, der sich häufig mit politischen Themen beschäftigte, zu Mittag gegessen. In einem Café der Rive Gauche äußerte er seine Bestürzung angesichts der Barrikaden: »Ich schäme mich, ein Franzose zu sein; wir verhalten uns wie die Spanier, in einem Zustand der permanenten Revolution.« Nach diesen Worten erhob sich ein Tischnachbar, kam zu uns herüber, gab sich als Reserveoffizier zu erkennen und verlangte eine Entschuldigung im Namen der französischen Armee.

Am 29. Januar erwarteten viele Menschen in Frankreich – insbesondere alle meine dortigen Bekannten – einen Militärputsch, vielleicht sogar den Absprung von Fallschirmjägern über Paris. Am Abend dieses Tages trat de Gaulle in seiner Kriegsuniform im Fernsehen auf. Nach einer nüchternen Beschreibung der Lage in Algier wandte er sich an die französische Armee und befahl ihr, die Barrikaden sofort niederzureißen: »Alle französischen Soldaten müssen mir gehorchen. Kein Soldat darf sich zu irgendeinem Zeitpunkt, und sei es auch nur durch passive Billigung, mit der Rebellion verbünden. Am Ende muss die öffentliche Ordnung wiederhergestellt sein.«[109] Am nächsten Tag verschwanden die Barrikaden. Es war eine außergewöhnliche Demonstration charismatischer Führungsstärke.

Im April 1961 markierte ein missglückter Staatsstreich der Armee den letzten Aufstand der algerischen Siedler gegen das, was de Gaulle als seine historische Aufgabe verstand: die Loslösung Frankreichs. Erneut trat er im Fernsehen auf, diesmal, um den frevelhaften Vorfall in Algerien anzuprangern:

> Jetzt wird der Staat missachtet, man widersetzt sich der Nation, unsere Macht wird geschwächt und unser internationales Ansehen beschädigt, unsere Rolle und unser Platz in Afrika werden gefährdet. Und von wem? Herrje! Von Männern, deren Pflicht, Ehre und Daseinsberechtigung darin bestanden hatte, zu dienen und zu gehorchen.[110]

Der Putsch scheiterte, aber die Ressentiments seiner Gegner waren noch nicht verschwunden. Am 22. August 1962 entkamen de Gaulle und seine Frau Yvonne im Pariser Vorort Petit-Clamart auf spektakuläre Weise dem Tod, als mit Maschinengewehren bewaffnete OAS-Attentäter auf sie schossen. (Wie schon bei den Heckenschützen während der Messe in der Kathedrale Notre-Dame am 26. August 1944 weigerte sich de Gaulle, in Deckung zu gehen.) Andere hatten nicht so viel Glück; innerhalb von zwei Jahren tötete die OAS (Organisation de l'Armée secrète, dt. Organisation der geheimen Armee) etwa 2000 französische Staatsbürger durch Bombenanschläge und gezielte Ermordungen.*

---

* Eine dramatische Fiktionalisierung dieser realen Vorfälle findet sich in Frederick Forsyths 1971 erschienenem Roman *The Day of the Jackal* (deutsch 1972 unter dem Titel *Der Schakal*).

Charles de Gaulle: Die Strategie des Willens

Im August 1961, im dritten Jahr seiner Präsidentschaft, begann de Gaulle, das französische Volk auf das von ihm angestrebte Ende der Krise vorzubereiten. Er fing an, Truppen aus Algerien abzuziehen, mit der Begründung, sie würden für die Verteidigung Europas benötigt. Für die französischen Kolonisten bedeutete die Unterordnung der Sicherheit einer rechtlich zu Frankreich gehörenden Provinz unter europäische Verteidigungsinteressen einen Schlag gegen ihr Selbstverständnis; außerdem zeigte sich darin ein revolutionärer Wandel in den Prioritäten der französischen Nation. Die Bevölkerung in Frankreich mochte von den Kolonialkriegen genug haben, aber die Kolonisten selbst und vor allem die Armee hatten die Hauptlast der Opfer getragen und waren nun zutiefst enttäuscht.

Den Schlusspunkt setzten die Verträge von Évian, die Anfang 1962 unter Geheimhaltung zwischen de Gaulles Ministern und Vertretern der FLN ausgehandelt wurden. Dieses 93-seitige Dokument schuf einen unabhängigen Staat und sicherte gleichzeitig die strategischen Rechte Frankreichs auf dessen Territorium, einschließlich des Zugangs zu militärischen Einrichtungen und einer Vorzugsbehandlung für die französischen Energieunternehmen. Von den drei Optionen, die de Gaulle zuvor erwogen hatte, war dies eine etwas abgemilderte Sezession. De Gaulle kündigte dann für April ein Referendum über das Abkommen im französischen Mutterland an. Mit über 90 Prozent Ja-Stimmen fand es eine überwältigende Zustimmung, die durch die Verärgerung der Bevölkerung über Terroranschläge von Überbleibseln der OAS, die die Vereinbarung zu Fall bringen wollten, noch verstärkt wurde. Ein anschließender Urnengang in Algerien am 1. Juli bestätigte die Verträge von Évian mit 99,72 Prozent befürwortenden Stimmen. Zwei Tage später erkannte Frankreich den neuen Staat an. Doch die versprochenen Rechte zum Abbau von Bodenschätzen blieben aus, und vier Jahre später, 1966, sollte Frankreich seinen letzten Atombombentest in der algerischen Wüste durchführen.

De Gaulle hatte es geschafft, dass das Konzept der *Algérie française*, das Mitte der 1950er-Jahre noch eine Selbstverständlichkeit war, fünf Jahre später wie eine extremistische Parole wirkte, die vor allem von den Pieds-noirs verkündet wurde. Zu diesem Zeitpunkt waren die anfangs zahlreichen Anhänger der algerischen Integration, die de Gaulle 1958 zur Präsidentschaft verholfen hatten, bereits auf eine terroristische Randbewegung reduziert worden.

STAATSKUNST

Unter dem neuen Regime, das Aspekte von Islamismus, Sozialismus und arabischem Nationalismus miteinander verband, wurden 800 000 französische Kolonisten aus Algerien vertrieben oder kurz nach der Unterzeichnung des Friedensvertrags sich selbst überlassen. Aus Furcht vor Gewalt entschieden sich 150 000 der verbliebenen 200 000 Pieds-noirs bis 1970 für die Auswanderung.[111] Was die algerischen Muslime betrifft, die Frankreich treu geblieben waren – die Harkis –, so waren sie durch den französischen Rückzug den Repressalien der FLN schutzlos ausgeliefert, die sie als Verräter betrachtete. Etwa 40 000 von ihnen konnten nach Frankreich entkommen, doch Zehntausende blieben in Algerien und wurden massakriert.[112]

De Gaulle betrachtete seine Vorgehensweise als einen patriotischen Dienst, um Frankreichs nationale Selbstachtung wiederherzustellen und seiner Heimat in internationalen Angelegenheiten mehr Gehör zu verschaffen. Der Rückzug aus Algerien setzte Ressourcen frei für die wirtschaftliche Entwicklung und die militärische Modernisierung Frankreichs. Sobald er diesen Prozess in Angriff genommen hatte, fuhr er mit der gleichen Unnachgiebigkeit fort, die ihn seit seiner Ankunft in London im Jahr 1940 ausgezeichnet hatte.

De Gaulle ging nie darauf ein, wenn es ihm nahegelegt wurde, Mitgefühl für die französischen Siedler zu zeigen, die aus dem Land flüchten mussten, das sie für ihre Heimat hielten, und es ist auch nichts darüber bekannt, in welchem Maß ihn die Auswirkungen seiner Algerienpolitik persönlich berührten. Wenngleich er bei bestimmten Anlässen in der Öffentlichkeit Gefühle zeigte – zum Beispiel bei seinen Reden in Bayeux und Paris im Juni und August 1944 –, war de Gaulle es gewohnt, private Emotionen nie die Oberhand gewinnen zu lassen über sein Pflichtbewusstsein oder die Erfordernisse der historischen Rahmenbedingungen, wie er sie sah. Seiner Überzeugung nach war Algerien zu einer Belastung für Frankreich geworden, die das Land unter seinen Verbündeten isolierte und der Sowjetunion und anderen radikalen Kräften eine unwiderstehliche Gelegenheit zur Intervention bot. Die Amputation Algeriens rettete die Vitalität der Fünften Republik; sie war der Preis, den Frankreich für die Fähigkeit zahlen musste, eine unabhängige Außenpolitik zu betreiben und de Gaulles Vision von seiner Rolle in der sich neu strukturierenden Weltordnung zu erfüllen. Er übertrieb kaum, als er seine Algerien-

politik im Jahr 1959, während er diese gerade auf den Weg brachte, privat als
»vielleicht [...] den größten Dienst, den ich Frankreich jemals erweisen werde«,
bezeichnete.[113] De Gaulle wagte es, sich dem geschichtlichen Erbe zu widersetzen, um es in eine andere Richtung zu lenken.

DEUTSCHLAND ALS SCHLÜSSEL ZUR FRANZÖSISCHEN POLITIK: DE GAULLE UND ADENAUER

Am 14. September 1958, drei Monate nach seinem Amtsantritt als Premierminister, unternahm de Gaulle einen wichtigen Schritt, um die von seinen Vorgängern der Vierten Republik begonnene Politik der Aussöhnung mit Deutschland voranzutreiben. Seit dem Dreißigjährigen Krieg hatte jedes der beiden Länder das andere als seinen Erbfeind betrachtet. Allein im 20. Jahrhundert hatten Frankreich und Deutschland in zwei Weltkriegen gegeneinander gekämpft.

Im Sinne dieser traditionellen Feindschaft hatte de Gaulle 1944 bei seinem Besuch in Moskau dafür plädiert, ein besiegtes Deutschland in seine Einzelstaaten aufzuteilen und das Rheinland unter die wirtschaftliche Kontrolle Frankreichs zu stellen. Einen ähnlichen Plan legte er 1945 seinen europäischen Verbündeten vor.

Doch 1958, nach seiner Rückkehr aus dem inneren Exil, stellte de Gaulle mehrere Jahrhunderte politischer Geschichte auf den Kopf, indem er eine deutsch-französische Partnerschaft anregte. Um Energien für umfassendere Aufgaben freizusetzen und einen Block zu schaffen, der zu europäischer Autonomie führen könnte, lud de Gaulle den deutschen Bundeskanzler Konrad Adenauer zu einer Übernachtung in La Boisserie ein, seinem Privathaus in Colombey-les-Deux-Églises. Kein anderer Spitzenpolitiker, weder aus Frankreich noch aus dem Ausland, erhielt je von ihm eine vergleichbare Einladung. Als der französische Botschafter im Vereinigten Königreich, Jean Chauvel, einen ähnlichen Besuch für Premierminister Harold Macmillan vorschlug, antwortete ihm de Gaulle ganz unverfroren, Colombey sei zu klein für ein angemessenes Treffen.[114]

Die Aufmerksamkeit, die er Adenauer zuteilwerden ließ – beispielsweise indem er ihn persönlich durch sein Haus führte –, zeigte die Bedeutung, die de Gaulle der neuen Beziehung zu Deutschland beimaß. Eine weitere, nicht minder einzigartige Geste gegenüber Adenauer bestand darin, dass die Gespräche mit ihm ohne die Anwesenheit von Beratern und größtenteils auf Deutsch geführt wurden. Tatsächlich war der Ablauf des gesamten Treffens geschickt inszeniert, um den Gast psychologisch positiv zu stimmen und es den zwei alten Männern, die beide im 19. Jahrhundert geboren waren, zu ermöglichen, sich beim Austausch traditioneller Höflichkeiten persönlich näher zu kommen.

Konkrete Vereinbarungen zwischen ihnen wurden bei dieser Gelegenheit weder angestrebt noch abgeschlossen. Stattdessen ging es de Gaulle zu diesem Zeitpunkt, nur dreizehn Jahre nach dem Ende des Zweiten Weltkriegs, um eine vollständige Neugestaltung der bisherigen Beziehungen. Er schlug nicht vor, dass beide Seiten ihre Erinnerungen auslöschen sollten, denn von diesen würden notwendigerweise viele bestehen bleiben. Anstelle der jahrhundertealten Feindschaft bot er jedoch französische Unterstützung an bei der Rehabilitierung Deutschlands und dessen Suche nach einer europäischen Identität. Außerdem schlug er vor, eine enge Beziehung aufzubauen, um das Gleichgewicht der Kräfte und die Einheit Europas zu fördern. Im Gegenzug verlangte er von Deutschland die Anerkennung der bestehenden europäischen Grenzen (einschließlich der von Polen) und ein Ende des deutschen Strebens nach Vorherrschaft in Europa. Später schrieb er dazu in seinen Memoiren:

> Frankreich hatte seinerseits von Deutschland nichts zu fordern, was dessen Einheit, Sicherheit oder Status betraf, während es dazu beitragen konnte, seinen einstigen Aggressor zu rehabilitieren. Es würde dies tun – mit welchem Großmut! – im Namen der zu schaffenden Entente zwischen den beiden Völkern, des Machtgleichgewichts, der Eintracht und des Friedens in Europa. Aber um seine Unterstützung zu rechtfertigen, würde es darauf bestehen, dass bestimmte Bedingungen auf deutscher Seite erfüllt würden. Diese waren: Akzeptanz der bestehenden Grenzen, eine konstruktive Haltung in den Beziehungen zum Osten, vollständiger Verzicht auf atomare Aufrüstung und langfristige Geduld in Bezug auf die [deutsche] Wiedervereinigung.[115]

Als Gegenleistung für diese revolutionäre Neugestaltung der französischen Außenpolitik erwartete de Gaulle von Deutschland eine Abkehr von dessen traditionell nationalistischer Außenpolitik, wie sie ihm in seiner Jugend begegnet war. Adenauer schloss sich den Hauptzielen der NATO an, was für Deutschland den Weg zur Integration in ein europäisches Sicherheitssystem eröffnete. Für beide Männer war dies ein Schritt in die Zukunft.

DE GAULLE UND DIE ATLANTISCHE ALLIANZ

Die Gründung des Atlantischen Bündnisses im Jahr 1949 hatte ebenfalls eine radikale Veränderung etablierter politischer Verhaltensweisen zur Folge gehabt, mit noch größeren Auswirkungen auf die internationale Ordnung. Nach dem Ende des Zweiten Weltkriegs trat Amerika aus seiner traditionellen Isolation heraus und übernahm eine nie dagewesene globale Rolle. Mit einem Anteil von sechs Prozent der Weltbevölkerung war es wirtschaftlich führend; es verfügte über die Hälfte der weltweiten Industriekapazität und anfangs noch über das Monopol auf Atomwaffen.

Bis dahin hatte sich Amerikas internationales Engagement außerhalb der westlichen Hemisphäre darauf beschränkt, nur gegen strategische Bedrohungen vorzugehen und sich dann in die Isolation zurückzuziehen, wenn die Verringerung der Gefahr dies als sicher erscheinen ließ. Mit zwei großen Initiativen – dem Marshallplan und der NATO – gab Amerika zwischen 1945 und 1950 seine bis dahin gültige Handlungsweise auf und übernahm eine dauerhafte Rolle im Weltgeschehen. Das neu errichtete, architektonisch moderne Hauptquartier der Vereinten Nationen am East River im New Yorker Stadtteil Manhattan symbolisierte, dass Amerika Teil einer internationalen Ordnung geworden war.

Diese neuen Initiativen basierten auf Annahmen über das Wesen der internationalen Beziehungen, die so einzigartig und so besonders waren wie die amerikanische Geschichte selbst: dass die Zusammenarbeit zwischen den Nationen natürlich sei, dass der universelle Frieden die natürliche Folge der internationalen Beziehungen sei und dass eine geregelte Aufgabenteilung hinreichend Motivation und Ressourcen für das Funktionieren des Atlantischen Bündnisses erzeugen würde.

De Gaulles historische Erfahrung führte ihn zu völlig anderen Schlussfolgerungen. Er stand an der Spitze eines Landes, das durch zu viele enttäuschte Erwartungen vorsichtig und durch zu viele zerbrochene Träume skeptisch geworden war und das geprägt war nicht von einem Gefühl der nationalen Stärke oder des Zusammenhalts, sondern der latenten Verwundbarkeit. Auch glaubte er nicht, dass Frieden der natürliche Zustand zwischen den Staaten sei: »Die Welt ist voller gegensätzlicher Kräfte [...]. Der Wettstreit der Bestrebungen ist Teil des Lebens [...]. Das internationale Leben [der Völker] ist, wie das Leben im Allgemeinen, ein ständiger Kampf.«[116]

Weil Washington sich der amerikanischen Dominanz sicher war, konzentrierte es sich auf unmittelbar anstehende, praktische Aufgaben; es drängte auf eine Bündnisstruktur, die im Namen der Integration gemeinsame Aktionen der Alliierten fördern und selbständige Initiativen verhindern sollte. De Gaulle, der ein Land regiert, das über mehrere Generationen hinweg von internationalen und inneren Konflikten erschüttert worden war, betonte jedoch, dass die Art der Zusammenarbeit ebenso wichtig sei wie deren Ziel. Wenn Frankreich seine Identität zurückgewinnen wolle, müsse es als ein Land wahrgenommen werden, das aus freien Stücken und nicht unter Zwang handle, und deshalb müsse es seine Handlungsfreiheit bewahren.

Aufgrund dieser Überzeugungen lehnte de Gaulle jede Konzeption der NATO ab, die die französischen Streitkräfte unter ein internationales Kommando gestellt hätte, und jede Vorstellung von Europa, die die französische Identität in supranationalen Institutionen aufgelöst hätte. Er warnte vor einer bestimmten Form von Überstaatlichkeit, die sich durchzusetzen drohe (als ob »die Selbstaufgabe von nun an die einzige Möglichkeit und sogar das einzige Ziel sei«) und die im Widerspruch zu Frankreichs Nationalcharakter und seinen Bestrebungen stehe.[117]

Paradoxerweise hielt de Gaulle diese Auffassung für vereinbar mit einem geeinten Europa – »damit allmählich auf beiden Seiten des Rheins, der Alpen und vielleicht auch des Ärmelkanals der mächtigste, wohlhabendste und einflussreichste Verbund der Welt entstehen kann«.[118] Wenngleich er stets die praktische Bedeutung des Bündnisses mit den Amerikanern betonte, bezweifelte er, dass es für alle Herausforderungen, vor die sich Frankreich gestellt sah, von Nutzen sein würde. Insbesondere stellte er sich die Frage, ob Amerika sein umfassendes Engagement in Europa für immer aufrechterhalten könne oder wolle, vor allem im Bereich der Nuklearwaffen.

De Gaulles Durchsetzungsvermögen war das Ergebnis einer Kombination aus Selbstvertrauen und historischer Erfahrung, geprägt durch das Wissen um den Albtraum, den für Frankreich unerwartete Ereignisse bedeutet hatten. Im Unterschied dazu stützten sich die amerikanischen Spitzenpolitiker, auch wenn sie persönlich zurückhaltend auftraten, auf ihre Zuversicht bezüglich der Beherrschbarkeit der Zukunft.

Bei einem Besuch in Paris im Jahr 1959 sprach Präsident Eisenhower die französischen Vorbehalte direkt an: »Warum zweifeln Sie daran, dass Amerika bereit sein wird, eine Schicksalsgemeinschaft mit Europa zu bilden?«[119] Angesichts des Gehabes Washingtons gegenüber Großbritannien und Frankreich während der Suezkrise einige Jahre zuvor war dies eine merkwürdige Frage. Der Versuchung widerstehend, Suez zu erwähnen, erinnerte de Gaulle Eisenhower daran, dass Amerika im Ersten Weltkrieg seiner Heimat erst zu Hilfe gekommen war, nachdem Frankreich bereits drei Jahre lang in seiner Existenz bedroht gewesen war, und dass Amerika erst dann in den Zweiten Weltkrieg eingetreten war, als Frankreich bereits seit Langem besetzt war. Im Nuklearzeitalter wären beide Interventionen zu spät gekommen.[120]

Die geografisch bedingte Verwundbarkeit Frankreichs beschäftigte de Gaulle ebenfalls. Er widersetzte sich mehreren Plänen für Verhandlungen über den Rückzug der amerikanischen Streitkräfte aus Mitteleuropa, von denen der wichtigste von George Kennan im Rahmen der Reith-Vorlesungen von 1957 formuliert wurde. De Gaulle lehnte jede Art von symmetrischem Rückzug von der Trennlinie zwischen den Blöcken in Europa ab, da die amerikanischen Streitkräfte für ihn dann zu weit weg und die sowjetische Armee zu nahe gewesen wäre: »Wenn die Abrüstung sich nicht auf eine Zone erstrecken würde, die ebenso am Ural wie am Atlantik endet, wie sollte Frankreich dann geschützt werden?«[121]

De Gaulles Einschätzung der von der Sowjetunion ausgehenden Gefahr wurde deutlich, als der sowjetische Regierungschef Nikita Chruschtschow

1958 gegenüber den Alliierten ein Ultimatum wiederholte und damit drohte, ihnen die Zufahrt nach Berlin zu verwehren. De Gaulle weigerte sich jedoch beharrlich, sich erpressen zu lassen. Mit der für ihn charakteristischen Eloquenz führte er diese Provokation auf die Instabilität des sowjetischen Herrschaftssystems zurück:

> Dieser von den Sowjets organisierte Tumult von Verwünschungen und Forderungen hat etwas so Willkürliches und Künstliches an sich, dass man dazu neigt, ihn entweder der vorsätzlichen Entfesselung rasender Ambitionen oder der Absicht zuzuschreiben, die Aufmerksamkeit von großen Schwierigkeiten abzulenken. Diese zweite Hypothese erscheint mir umso plausibler, als trotz der Zwänge, der Isolierung und der Gewaltakte, mit denen das kommunistische System die Länder, die unter seinem Joch stehen, einschließt [...], in Wirklichkeit seine Defizite, seine Engpässe, seine internen Misserfolge und vor allem seine Natur unmenschlicher Unterdrückung sowohl von den Eliten als auch den Massen immer stärker wahrgenommen werden, wobei es ständig schwerer fällt, beide zu täuschen und zu unterwerfen.[122]

Auf der Grundlage dieser Bewertung war de Gaulle immer dann zur Zusammenarbeit bereit, wenn seiner Ansicht nach die französischen und amerikanischen Interessen tatsächlich übereinstimmten. Während der Kubakrise im Jahr 1962 waren amerikanische Regierungsvertreter erstaunt, dass de Gaulle ihre energische Reaktion auf die Stationierung sowjetischer Raketensysteme in dem Inselstaat uneingeschränkt unterstützte; unter allen Staatschefs der Alliierten erhielten sie von ihm die klarste Rückendeckung. Als Dean Acheson, der frühere Außenminister, der nun als Sondergesandter von Präsident Kennedy tätig war, eine bevorstehende Blockade Kubas bestätigte und ihm ein Briefing von Seiten des Weißen Hauses anbot, verzichtete de Gaulle mit der Begründung darauf, eine dringliche Reaktion eines wichtigen Verbündeten in Bedrängnis sei von sich aus hinreichend gerechtfertigt.

DAS NUKLEARDIREKTORIUM

Sofort nach seinem Amtsantritt beschleunigte de Gaulle das bestehende französische Nuklearprogramm zu militärischen Zwecken. Wenige Monate später leitete er seine Atlantikpolitik mit dem Vorschlag ein, die NATO bezüglich der Nuklearstrategie neu zu organisieren. Die Vereinigten Staaten hatten große und grundsätzliche Vorbehalte gegenüber unabhängigen europäischen Nuklearstreitkräften. Nach Ansicht Washingtons waren solche eigene Truppen unnötig und in die NATO-Pläne und gemeinsamen Kommandostrukturen zu integrieren; sie wurden als zweifelhafter Sonderweg gegenüber den von den USA bevorzugten konventionellen Streitkräften betrachtet.[123] De Gaulle jedoch betrachtete den Verzicht auf die Entwicklung einer bedeutenden militärischen Einsatzfähigkeit als eine Form von psychologischer Kapitulation. Am 17. September 1958 unterbreitete er Eisenhower und Macmillan einen Vorschlag für eine Dreiervereinbarung zwischen Frankreich und den beiden damaligen Atommächten der NATO, Großbritannien und den Vereinigten Staaten. Um zu verhindern, dass eines dieser Länder gegen seinen Willen in einen Atomkrieg hineingezogen würde, schlug de Gaulle vor, jedem Land ein Vetorecht über den Einsatz von Atomwaffen einzuräumen, außer es ginge um eine Reaktion auf einen direkten Angriff.[124] Aus dem gleichen Grund sollte das dreigliedrige Direktorium auch eine gemeinsame Strategie für bestimmte Weltregionen außerhalb Europas ausarbeiten.[125]

Stellte sich de Gaulle das Direktorium als Überbrückung vor, bis ein französisches Atomwaffenarsenal stark genug für eine autonome Strategie war? Oder strebte er eine neue, noch nie dagewesene Beziehung zu Washington und London an, die Frankreich eine besondere, auf Atomwaffen basierende Führungsrolle auf dem europäischen Kontinent verschaffen sollte? Den genauen Grund werden wir nie erfahren, da de Gaulles Vorschlag für ein Direktorium erstaunlicherweise nie eine Antwort erhielt.[126]

Eisenhower und Macmillan hatten bereits mit de Gaulle in Algier verhandelt, als dieser nur ein Anwärter auf die politische Führung Frankreichs war – und folglich nicht in der Lage, seine Ideen einseitig durchzusetzen. Sie dachten daher, sie könnten es sich leisten, ihn zu ignorieren. Ihre Taktik war jedoch nur dann angemessen, wenn sie davon ausgehen konnten, dass de Gaulle große Töne spuckte und keine praktische Alternative hatte. Diese Annahme erwies sich als falsch.

Für de Gaulle war dieses Thema von fundamentaler Bedeutung für die Rolle Frankreichs in der Welt. Seine Entschlossenheit, die Kontrolle über Entscheidungen zu bewahren, die das Schicksal seines Landes betrafen, war das zentrale Element seiner Strategie.

De Gaulle reagierte auf das Schweigen der Amerikaner und Briten, indem er ihnen zeigte, dass er tatsächlich über Optionen verfügte. Im März 1959 zog er die französische Mittelmeerflotte aus dem integrierten NATO-Kommando ab; im Juni desselben Jahres ordnete er den Abzug amerikanischer Atomwaffen von französischem Boden an; im Februar 1960 führte Frankreich seinen ersten Atombombentest in der algerischen Wüste durch; und 1966 trat er mit Frankreich vollständig aus der NATO-Kommandostruktur aus.[127] Er muss davon ausgegangen sein, dass Großbritannien und die USA keine andere Wahl haben würden, als ihn im Falle eines sowjetischen Angriffs zu unterstützen, während er durch diesen Schritt seine Entscheidungsfreiheit behielt.

In einer Fernsehansprache am 19. April 1963 erläuterte de Gaulle seine Beweggründe für den raschen Aufbau einer unabhängigen nuklearen Abschreckung:

> Um uns davon abzubringen, äußern sich wie immer gleichzeitig die Vertreter der Unbeweglichkeit und der Demagogie. »Es ist nutzlos«, sagen die einen. »Es ist zu kostspielig«, sagen die anderen. […] Doch dieses Mal werden wir nicht zulassen, dass Routine und Illusionen zu einer Invasion unseres Land einladen. Außerdem ist es inmitten der spannungsgeladenen und gefährlichen Welt, in der wir leben, unsere oberste Pflicht, stark zu sein und wir selbst zu sein.[128]

Am 24. August 1968 führte Frankreich seinen ersten thermonuklearen Test mit einer Wasserstoffbombe durch. Frankreich war nun in technologischer Hinsicht eine vollwertige Atommacht.

FLEXIBLE ERWIDERUNG UND NUKLEARSTRATEGIE

1961 ordnete der neu ins Amt gekommene Präsident John F. Kennedy eine Überprüfung der amerikanischen Verteidigungspolitik an. Ihm ging es vor allem darum, die damals vorherrschende Doktrin der massiven Vergeltung (die erstmals von Eisenhowers Außenminister John Foster Dulles vertreten worden war) zu ändern, die besagte, dass sich die Vereinigten Staaten einer Aggression durch einen überwältigenden nuklearen Gegenschlag an Orten ihrer Wahl erwehren würden.

Solange die Vereinigten Staaten über ein weit überlegenes Atomwaffenarsenal verfügten, war diese Doktrin hinreichend plausibel, auch wenn schon damals die Frage aufgeworfen wurde, ob die Amerikaner überhaupt bereit sein würden, derartige Waffen in jeder Situation einzusetzen.[129] Durch die Vermehrung der sowjetischen Atomwaffen verringerte sich jedoch die Glaubwürdigkeit eines massiven Vergeltungsschlags; die Verbündeten schlossen aus ihrer eigenen Zurückhaltung beim Einsatz atomar bestückter Waffen, dass Amerika ähnliche Skrupel haben würde.

Gleichzeitig fürchtete Großbritannien, dessen Atomwaffen größtenteils von Flugzeugen aus eingesetzt werden sollten, dass die Verbesserung der sowjetischen Flugabwehr die britische Fähigkeit zu Vergeltungsschlägen gefährden könnte. Es bemühte sich daher um den Erwerb einer amerikanischen Waffe, die sich damals in der Entwicklung befand: eine Luft-Boden-Mittelstreckenrakete namens Skybolt. Anfangs setzte sich Kennedy diesbezüglich über den Widerstand seines Verteidigungsministers Robert McNamara hinweg, der grundsätzlich gegen autonome nukleare Wehrfähigkeiten war.

Kennedy sollte jedoch bald seine Meinung ändern. Der gleichzeitige Einsatz verschiedener, voneinander unabhängiger Atomwaffen erschien ihm – und vor allem McNamara – zu gefährlich, und er drängte deshalb die mit den USA verbündeten Länder, ihre Nuklearstreitkräfte vollständig abzubauen. Im Juli 1962 gab McNamara eine Erklärung ab, in der er sich gegen einzelstaatliche Atomwaffenkapazitäten aussprach: »Umfangmäßig beschränkte und unabhängig voneinander operierende Nuklearwaffen sind gefährlich, teuer, schnell veraltend und als Abschreckung nicht glaubwürdig.«[130]

STAATSKUNST

Bedenken über den Nutzen einer unabhängigen britischen Atomstreitmacht waren zuvor nie geäußert worden; die enge Beziehung zu Amerika schien den selbstständigen Einsatz von Atomwaffen durch Großbritannien ohnehin auszuschließen. Doch im November 1962 beendete McNamara das amerikanisch-britische Skybolt-Programm, vorgeblich aus technischen Gründen. In Großbritannien wurde die Einstellung des Skybolt-Projekts mit Empörung aufgenommen, da sie den Status des Vereinigten Königreichs als Atommacht zunichtemachte und seine Sonderstellung unter den amerikanischen Bündnispartnern untergrub.

Bei einem Treffen in Nassau auf den Bahamas im Dezember 1962 einigten sich Präsident Kennedy und Premierminister Macmillan auf einen Kompromiss: Die Vereinigten Staaten würden Großbritannien beim Bau von Polaris-U-Booten unterstützen, deren Raketen in der Lage wären, die sowjetische Luftabwehr zu überwinden. Die U-Boote sollten unter das Kommando der NATO gestellt werden, doch in Fällen, in denen es um »höchste nationale Interessen« ging, konnte Großbritannien sie eigenständig einsetzen. Eine ähnliche Vereinbarung wurde auch Frankreich angeboten.

Macmillan stimmte dem zu und verließ sich dabei auf die Ausnahmeklausel von den »höchsten nationalen Interessen«, die Großbritannien einen gewissen Spielraum einräumte, da ein autonomer Einsatz von Atomwaffen gemäß dieser Festlegung nur bei einer schwerwiegenden Bedrohung der nationalen Sicherheit erfolgen würde.

De Gaulles Reaktion fiel völlig gegenteilig aus. Er betrachtete das Abkommen von Nassau als einen Affront, zumal es ihm öffentlich mitgeteilt wurde, ohne dass er vorher konsultiert worden wäre. Auf einer Pressekonferenz am 14. Januar 1963 wies er das amerikanische Angebot genauso in aller Öffentlichkeit zurück, wie er es erhalten hatte, und bemerkte bissig: »Ich spreche hier natürlich nur deswegen von diesem Vorschlag und dieser Vereinbarung, weil sie publik gemacht worden sind und weil ihr Inhalt bekannt ist.«[131]

Dabei lehnte de Gaulle auch Kennedys Vorstellung ab, dass die atlantischen Beziehungen auf einem Zwei-Säulen-Konzept beruhen sollten und der europäische Pfeiler nationenübergreifend aufgebaut sein sollte: »Ein derartiges System wäre zweifellos nicht in der Lage, die Völker mitzureißen und zu führen, vor allem nicht unser eigenes Volk, in Angelegenheiten, bei denen Leib und Seele auf dem Spiel stehen.«[132]

Schließlich verkündete de Gaulle auf derselben Pressekonferenz trotz Macmillans eifrigen Bemühungen um seine Gunst in den vorhergehenden zwei Jahren sein Veto gegen die britische Mitgliedschaft in der Europäischen Wirtschaftsgemeinschaft, womit er sowohl Macmillans eigene groß angelegte Strategie als auch das amerikanische Konzept einer Zwei-Säulen-Partnerschaft konterkarierte.

WAS IST EIN BÜNDNIS?

Geschichtlich betrachtet wurden Bündnisse stets geschlossen, um in fünffacher Hinsicht eine Übereinstimmung zwischen den Fähigkeiten einer Nation und ihren Absichten herzustellen: um Streitkräfte in genügender Zahl zu versammeln, damit mögliche Angreifer besiegt oder abgeschreckt werden können; um diese Fähigkeit nach außen hin zu zeigen; um Verpflichtungen festzulegen, die über das Kalkül eines Machtverhältnisses hinausgehen – wären diese eindeutig, wäre eine derartig formale Erklärung nicht erforderlich; um einen spezifischen Casus Belli zu definieren; um – als Mittel der Diplomatie in einer Krise – jeden Zweifel an den Absichten der Parteien auszuräumen.

Alle diese traditionellen Ziele wurden durch das Aufkommen von Atomwaffen verändert. Für Staaten, die sich auf die amerikanischen Nukleargarantien verließen, war die Verfügbarkeit von Truppen, die über die bereits vorhandenen hinausgingen, ohne Bedeutung; alles hing von der Glaubwürdigkeit der amerikanischen Zusicherungen ab. Die Bemühungen um eine Stärkung der NATO durch den Ausbau der konventionellen Streitkräfte der Verbündeten haben daher nie ihr Ziel erreicht. Die Bündnispartner waren nicht der Ansicht, dass konventionelle Waffen einen wesentlichen Beitrag zur gemeinsamen Stärke leisten würden, und erfüllten ihre diesbezüglichen Verpflichtungen zum Teil deshalb nicht, weil sie fürchteten, dass dadurch die amerikanische Nuklearmacht überflüssig werden könnte. Wenn sie sich an amerikanischen Militäraktionen beteiligten – etwa in Afghanistan und im Irak –, dann geschah dies nicht so sehr, um ihre strategischen Interessen in diesen Ländern zu verfolgen, sondern vielmehr, um weiterhin unter dem amerikanischen Nuklearschirm Schutz zu finden.

De Gaulle agierte in den Freiräumen dieser Ambivalenzen. Um eine unabhängige nukleare Abschreckungsfähigkeit Frankreichs zu rechtfertigen, verwies er auf die den nuklearen Garantien innewohnende Unsicherheit. Aber er hätte den Weg zur nuklearen Autonomie unabhängig von der Formulierung der amerikanischen Zusicherungen eingeschlagen. Für de Gaulle bestand politische Führung in der Ausarbeitung eines nationalen Ziels auf der Grundlage einer sorgfältigen Analyse des Ineinandergreifens von bestehenden Machtverhältnissen und historischer Entwicklung. Wenn sich Frankreich für seine Sicherheit auf »fremde Waffen« verlassen würde, schrieb er in seinen *Kriegserinnerungen*, »würde dies seine Seele und seine Existenz viele Generationen lang vergiften«.[133] In den 1960er-Jahren wollte er ein schlagkräftiges Militär mit einer unabhängigen nuklearen Abschreckung aufbauen, das sein Land in die Lage versetzen sollte, seine Bestimmung zur Gestaltung der Zukunft zu erfüllen.[134] Eine nachgeordnete Rolle wäre für Frankreich aus seiner Sicht niemals angemessen gewesen. Und das war für ihn eine moralische, keine technische Frage:

> Mit welcher Rechtfertigung sollten, was die unmittelbare Zukunft betraf, Frankreichs Söhne in einen Kampf geschickt werden, der nicht mehr der eigene war? Welchen Sinn hatte es, als Hilfstruppen für die Streitkräfte einer anderen Macht zu fungieren? Nein! Sollte die Anstrengung es wert sein, war es essenziell, dass in den Krieg nicht lediglich ein paar Franzosen eingebracht werden, sondern Frankreich.[135]

Für de Gaulle waren internationale Verpflichtungen aus zwei Gründen von Natur aus kontingent: Die Umstände, unter denen sie sich weiterentwickeln konnten, waren stets unvorhersehbar, und die Verpflichtungen selbst würden durch Veränderungen im geopolitischen Umfeld oder in der Sichtweise der führenden Politiker modifiziert werden. Infolgedessen gehörte de Gaulle einerseits zu den entschiedensten Befürwortern des Atlantischen Bündnisses, wenn die internationale Ordnung tatsächlich durch die Sowjetunion in Frage gestellt wurde, wie während der Kubakrise 1962 oder dem sowjetischen Ultimatum bezüglich des Status von Berlin. Andererseits betonte er unermüdlich,

Charles de Gaulle: Die Strategie des Willens

dass es seiner Heimat freistünde, die Folgen von Ereignissen selbstständig zu beurteilen, wenn diese einträten.

Das amerikanische Konzept der NATO hat über ein halbes Jahrhundert lang den Frieden in der Welt bewahrt. Die Präsidenten der USA betrachteten Bündnisse als eine Art rechtlich bindenden Vertrag, der auf der Grundlage einer vorwiegend juristischen Analyse der Bündnisbedingungen umgesetzt werden musste. Der Kern des Vertrags lag in der Einheitlichkeit der angekündigten Reaktion auf eine Herausforderung, die in Bezug auf das gesamte Bündnis als undifferenziert betrachtet wurde. Für de Gaulle jedoch kam es bei Bündnissen nur auf das Wesen und die Überzeugungen seines eigenen Landes an.

Präsident Nixon beendete die abstrakten Kontroversen über die Kontrolle von Kernwaffen, woraufhin die Spannungen zwischen Frankreich und den USA deutlich nachließen. In der Folgezeit konnten die autonomen französischen Nuklearstreitkräfte ohne Widerstand durch die Vereinigten Staaten aufgebaut werden, sogar mit deren gelegentlicher Unterstützung, wenn dies mit amerikanischem Recht vereinbar war. Zwar hat die Fünfte Französische Republik eine Reihe konventioneller Militäroperationen – insbesondere in Afrika und im Nahen Osten – durchgeführt, doch hat sie nie damit gedroht, ihre Atomwaffen eigenständig einzusetzen, und die Nuklearpolitik der USA und von Frankreich war stets entweder kompatibel oder koordiniert. Auf dem von de Gaulle eingeschlagenen Weg fortschreitend, hat Frankreich gaullistische Autonomie seiner Nuklearstreitkräfte und enge Koordinierung mit den Vereinigten Staaten bewahrt.

DAS ENDE DER PRÄSIDENTSCHAFT

Ende der 1960er-Jahre hatte de Gaulle Frankreich wieder aufgerichtet, seine Institutionen neu aufgebaut, die schwere Zeit des Algerienkriegs hinter sich gebracht und war zu einem zentralen Mitgestalter einer neuen europäischen Ordnung geworden. Er hatte Frankreich in die Lage versetzt, internationale politische Entwicklungen zu verhindern, die ihm nicht recht waren, und hatte gleichzeitig eine Reihe von Vereinbarungen vorangetrieben, bei denen die Mitwirkung Frankreichs unverzichtbar geworden war. Diese Art der Staatskunst hatte Richelieu im 17. Jahrhundert begründet, de Gaulle hatte sie im 20. Jahrhundert wiederbelebt.

Nach zehn Jahren Präsidentschaft hatte de Gaulle die historischen Aufgaben, die ihm zugefallen waren, erfüllt und musste sich nun um alltägliche Verwaltungsangelegenheiten kümmern. Aber solche Banalitäten waren nicht das, was ihn auf seinem legendären Lebensweg motiviert hatte. Beobachter bemerkten, dass sich bei ihm eine gewisse Langeweile einstellte, die fast an Melancholie grenzte. 1968 erzählte mir der damalige deutsche Bundeskanzler Kurt Georg Kiesinger von einem Gespräch, in dem de Gaulle seinen Rücktritt angedeutet hatte: »Wir [Franzosen] und die Deutschen haben Jahrhunderte der Weltgeschichte durchquert, meist im Wettstreit miteinander, auf der Suche nach einem verborgenen Schatz, nur um festzustellen, dass es keinen verborgenen Schatz gibt und uns nur die Freundschaft bleibt.« Nun begannen die Spekulationen über de Gaulles erneuten Rückzug aus dem öffentlichen Leben sowie über seine möglichen Nachfolger.

Doch die historischen Ereignisse ließen nicht zu, dass die Odyssee von de Gaulle einfach sang- und klanglos zu Ende ging. Im Mai 1968 erfasste eine Studentenrevolte, die sich zu einem gesamtgesellschaftlichen Protest ausweitete – und Ausdruck einer europaweiten Bewegung war –, einen Großteil von Paris. Die Studenten besetzten die Sorbonne, wo sie Fenster und Säulen mit maoistischen Plakaten schmückten.[136] Sie errichteten Barrikaden im Quartier Latin und lieferten sich Straßenschlachten mit der Polizei. Überall verkündeten Graffiti die anarchistische Gesinnung der Demonstranten: »Es ist verboten, zu verbieten.«[137] Ermutigt durch die Studenten und angesichts der Unentschlossenheit der Regierung riefen die Gewerkschaften einen landesweiten Streik aus.

Das Ende von de Gaulles Präsidentschaft schien unmittelbar bevorzustehen. François Mitterrand und Pierre Mendès-France – zwei Größen früherer Regierungsperioden – nahmen Sondierungsgespräche über seine Nachfolge auf, wobei jener als Präsident und dieser als Premierminister vorgesehen war. Der amtierende Premierminister Georges Pompidou begann mit den Demonstranten zu verhandeln, wobei nie klar war, ob es um eine Übergangslösung oder um die Absetzung de Gaulles ging. In Washington teilte Außenminister Dean Rusk Präsident Johnson mit, die Tage von de Gaulle seien gezählt.

Charles de Gaulle: Die Strategie des Willens

Aber de Gaulle hatte den Staat nicht als zentrales Element der Wiederbelebung Frankreichs konzipiert, um nun zuzulassen, dass seine Autorität durch Manöver im Stil der Dritten Republik in Frage gestellt wurde. Am 29. Mai, einem Mittwoch, verließ er plötzlich zusammen mit seiner Frau Paris und flog nach Baden-Baden, um sich dort mit General Jacques Massu zu treffen, dem Befehlshaber der französischen Garnison in Westdeutschland während des Kalten Krieges.

Massu war Kommandant der französischen Fallschirmjäger in Algerien gewesen und hatte allen Grund, sich von de Gaulle verraten zu fühlen. De Gaulle hatte ihn sogar von seinem Posten entfernt, weil er öffentlich erklärt hatte, dass er nicht automatisch alle Anweisungen des Staatschefs befolgen werde. Aber in Algerien war er auch mit dem nationalen Mythos konfrontiert worden, mit dem de Gaulle seine Handlungen umgab und der sich als stark genug erwies, um Massus Loyalität wiederherzustellen. Als de Gaulle andeutete, den Rücktritt zu erwägen, erwiderte Massu, dass es seine Pflicht sei, die Arena nicht zu verlassen und sich durchzusetzen. Der Präsident habe kein Recht zu fliehen, wenn die Schlacht innerhalb Frankreichs tobe. Eines Tages werde vielleicht der richtige Zeitpunkt für einen Rücktritt kommen, aber das sei jetzt noch nicht der Fall; die Pflicht verlange, dass er den Kampf fortsetze – ein Unterfangen, bei dem er die volle Unterstützung von Massu habe.*

Mit dieser Zusicherung flog de Gaulle zurück nach Paris und verschaffte der Autorität der Regierung wieder Geltung, ohne dabei Gewalt anzuwenden. Wie schon bei seinem Aufstieg an die Spitze Frankreichs ein Jahrzehnt zuvor beschloss er, das politische System in Frage zu stellen, indem er sich direkt an die französische Bevölkerung wandte. Dieses Mal entschied er sich für die

---

* Die Reise nach Baden-Baden bleibt ein Rätsel. De Gaulle hatte angeordnet, dass die deutsche Regierung über seine Anwesenheit informiert werden sollte. Und zuverlässige Zeugen haben ausgesagt, dass sich Gepäck für die Familie im Flugzeug befand. Hatte de Gaulle für den Fall, dass es ihm nicht gelingen sollte, Massu zu überzeugen, vor, eine Zeit lang zu bleiben, während er die Verhandlungen von Pompidou weiterlaufen ließ? Es ist undenkbar, dass de Gaulle für immer ins Exil nach Deutschland gegangen wäre. Wahrscheinlicher ist, dass er ohne Massus positive Reaktion das Ergebnis von Pompidous Unterredungen abgewartet hätte und danach zurückgekehrt wäre, um das Chaos zu bewältigen oder ins innere Exil zu gehen (falls Pompidou Erfolg gehabt hätte). Siehe »Secrecy Marked de Gaulle's Visit« und Henry Tanner, »Two Tense Days in Elysée Palace«, beide in *New York Times* vom 2. Juni 1968.

Ausrufung von Neuwahlen und nicht für die Anwendung von Notstandsbefugnissen, und das, obwohl er dank der Unterstützung von Massu als Ultima Ratio auf die Armee hätte zurückgreifen können (was er nie in Anspruch nehmen musste).

Am folgenden Tag sprach de Gaulle bei einer Massenkundgebung auf der Place de la Concorde, an der mindestens 400 000 Menschen teilnahmen, die sich im Namen der öffentlichen Ordnung versammelt hatten. Führende Persönlichkeiten der Freien Franzosen, der Dritten und der Vierten Republik und der Résistance stellten sich hinter de Gaulle und damit hinter die verfassungsmäßige Ordnung der Fünften Republik. Seit dem Marsch über die Champs-Élysées im August 1944, den de Gaulle am Tag nach der Befreiung der Stadt angeführt hatte, hatte es in Paris keinen solchen Ausdruck der Geschlossenheit mehr gegeben.

Am Tag nach der Kundgebung bot Pompidou, der die Signale erkannt hatte, sogleich seinen Rücktritt an. Einen Tag später versuchte er, seinen Rücktritt zurückzunehmen, musste jedoch von einem Mitarbeiter de Gaulles erfahren, dass eine Stunde zuvor Maurice Couve de Murville an seiner Stelle zum Premierminister ernannt worden war. Bei den anschließenden Wahlen erreichten die Anhänger de Gaulles eine überwältigende Mehrheit – die erste absolute Mehrheit für eine politische Gruppierung in der gesamten Geschichte der französischen Republiken.[138]

Die einzige Herausforderung, die de Gaulle jetzt noch blieb, war die Gestaltung seines Abgangs. Zu sagen, das Amt sei ihm zu anstrengend geworden, wäre unvereinbar gewesen mit der Haltung, durch die er vom einfachen Brigadegeneral zu einer Legende aufgestiegen war. Aber auch der Rücktritt nach einer politischen Niederlage wäre mit diesem Mythos nicht vereinbar gewesen.

De Gaulle wählte als Anlass eine technische Frage. Es war ein nationaler Volksentscheid über zwei Maßnahmen zur Reform der Provinzverwaltung anberaumt worden, die schon seit Längerem auf dem Gesetzgebungskalender standen. Obwohl keine der beiden Änderungen von verfassungsrechtlicher Bedeutung war, äußerte de Gaulle eine Vorliebe für bestimmte Formulierungen der beiden Maßnahmen, die sich deshalb nur schwer miteinander vereinbaren ließen. Das Referendum wurde für den 27. April 1969, einen Sonntag,

Charles de Gaulle: Die Strategie des Willens

angesetzt. Vor seiner Abreise nach Colombey-les-Deux-Églises, um dort gemäß seiner Gewohnheit das Wochenende zu verbringen, ordnete de Gaulle an, seine persönlichen Habseligkeiten und Papiere zu packen.

Am Tag nachdem seine Präferenz beim Referendum abgelehnt worden war, verkündete de Gaulle von Colombey aus seinen Rücktritt von der Präsidentschaft, ohne dies näher zu begründen. Er kehrte nie wieder in den Elysée-Palast zurück und gab auch keine öffentliche Erklärung mehr ab. Als er später gefragt wurde, warum er ausgerechnet diese Details als Auslöser für seinen Rücktritt gewählt hatte, antwortete de Gaulle: »Wegen ihrer Trivialität.«

Meine letzte Begegnung mit de Gaulle hatte vier Wochen zuvor im Zusammenhang mit der Beerdigung von Präsident Eisenhower im März 1969 stattgefunden. De Gaulle kündigte seine Absicht an, dem Begräbnis beizuwohnen, und Nixon bat mich, ihn im Namen des Präsidenten am Flughafen abzuholen. Er kam gegen 20 Uhr an, was zwei Uhr morgens Pariser Zeit bedeutet hätte. Er schien sehr müde zu sein. Ich informierte ihn über einige technische Vorkehrungen, die Nixon getroffen hatte, um ihm den Aufenthalt zu erleichtern, vor allem durch Arrangements seiner Fahrten und Transfers. Ich sprach mit ihm auf Englisch, und er antwortete mir ebenso auf Englisch, was er nur sehr selten tat: »Bitte danken Sie dem Präsidenten für die Art und Weise, wie er mich empfangen hat, und für all die Annehmlichkeiten, die er mir zuteilwerden lässt.« Mehr Worte wurden nicht gewechselt.

Am darauffolgenden Tag verbrachte de Gaulle eine Stunde mit Nixon und nahm anschließend an einem Empfang im Weißen Haus für ausländische Staatschefs und Würdenträger aus Washington teil, die Gäste bei der Beerdigung waren. Etwa 60 Staatsoberhäupter und Premierminister waren anwesend, ebenso Kongressabgeordnete und andere amerikanische Spitzenpolitiker. Unter den Washingtoner Gästen befand sich auch eine Reihe von Liberalen, die aus politischen Gründen nicht sonderlich begeistert von de Gaulle waren.

Als der Empfang bereits in vollem Gange war, erschien de Gaulle in der Uniform eines französischen Brigadegenerals. Seine Anwesenheit veränderte den Charakter der Veranstaltung. Nachdem die Gäste zuvor in losen Gruppen herumgestanden waren und höflich miteinander geplaudert hatten, bildete sich nun um de Gaulle herum ein Kreis, was mich zu der Bemerkung gegenüber einem Mitarbeiter veranlasste, ich hoffe, er werde sich nicht an ein Fenster stellen, damit der ganze Saal nicht umkippe. Er schien auf Bemerkungen und Fragen höflich zu reagieren, aber sehr zurückhaltend, denn er war gekommen, um Eisenhower die letzte Ehre von Seiten Frankreichs zu erweisen, nicht für belanglosen Smalltalk. Nach höchstens 15 Minuten wandte er sich an Nixon, um ihm sein Beileid auszusprechen, und verließ die Rezeption, um sich zum Flughafen zu begeben.

Einen Monat später trat er zurück.

DAS WESEN VON DE GAULLES STAATSKUNST

Wenn sich die Amerikaner heute überhaupt noch an de Gaulle erinnern, dann oftmals nur als Karikatur: der selbstverliebte französische Staatschef mit Größenwahn, der sich ständig über echte oder eingebildete Kränkungen aufregt. Seinen Amtskollegen fiel er häufig zur Last: Churchill schimpfte hin und wieder über ihn, und Roosevelt versuchte, seinen Einfluss zu reduzieren. In den 1960er-Jahren stritten sich die Regierungen Kennedy und Johnson ständig mit ihm, weil sie glaubten, dass seine Politik den amerikanischen Zielen chronisch zuwiderlief.

Die Kritik war nicht unbegründet. De Gaulle konnte hochmütig, kalt, aggressiv und kleinlich sein. Als Führungspersönlichkeit besaß er eine mystische Aura, aber keine emotionale Wärme. Als Mensch erweckte er Bewunderung, sogar Ehrfurcht, aber selten Zuneigung.

Dennoch bleibt de Gaulle in seiner Staatskunst außergewöhnlich. Kein Staatschef des 20. Jahrhunderts hat mehr Intuition bewiesen. In jeder wichtigen strategischen Frage, mit der Frankreich und Europa über nicht weniger als drei Jahrzehnte hinweg konfrontiert waren, hat de Gaulle richtig geurteilt, und das gegen eine überwältigende Mehrheit anderer Meinungen. Seine außerordentliche Weitsicht ging einher mit dem Mut, nach seiner Eingebung zu handeln, sogar dann, wenn dies seinen politischen Selbstmord zu bedeuten schien. Seine Karriere bestätigte die römische Maxime, dass das Glück den Tapferen hold ist.

Charles de Gaulle: Die Strategie des Willens

Bereits Mitte der 1930er-Jahre, als der Rest des französischen Militärs auf eine Strategie der statischen Verteidigung festgelegt war, erkannte de Gaulle, dass der nächste Krieg durch motorisierte Offensivkräfte entschieden werden würde. Im Juni 1940, als fast die gesamte politische Klasse Frankreichs zu dem Schluss kam, dass der Widerstand gegen die Deutschen aussichtslos sei, vertrat de Gaulle die gegenteilige Ansicht: dass früher oder später die Vereinigten Staaten und die Sowjetunion in den Krieg hineingezogen werden würden, dass ihre vereinte Stärke schließlich Hitlerdeutschland überwältigen würde und dass die Zukunft daher auf der Seite der Alliierten liege. Er betonte jedoch, dass Frankreich nur dann einen Beitrag zur Zukunft Europas leisten könne, wenn es seine politische Identität wiederherstellen würde.

Nach der Befreiung Frankreichs brach er erneut mit seinen Landsleuten, da er erkannte, dass das im Entstehen begriffene politische System der Herausforderung nicht gewachsen war. Er weigerte sich daher, weiterhin an der Spitze der provisorischen Regierung zu stehen, und trat überraschend von der führenden Position zurück, die er sich durch seine Verdienste während des Krieges so hart erarbeitet hatte. Er zog sich in sein Haus in Colombey-les-Deux-Églises zurück in der Erwartung, dass man ihn zurückrufen würde, sobald die von ihm vorhergesagte politische Lähmung einträte.

Auf diese Gelegenheit musste er jedoch zwölf Jahre lang warten. Inmitten einer gespannten Lage, die einen Bürgerkrieg befürchten ließ, führte de Gaulle eine Umgestaltung des französischen Staates durch, die die Stabilität wiederherstellte, die er zu seinen Lebzeiten vermisst hatte. Zur gleichen Zeit und trotz seiner nostalgischen Gedanken in Bezug auf Frankreichs glorreiche Vergangenheit trennte er Algerien, ohne zu zögern, vom Staatskörper ab, da er zu dem Schluss gekommen war, dass sein Verbleib fatale Folgen haben würde.

De Gaulles Staatskunst war einzigartig. Seine Laufbahn, die sich auszeichnete durch ein unablässiges Engagement für die nationalen Interessen Frankreichs und ein bleibendes geistiges Erbe, brachte nur wenige konkrete Lehren für die Politikgestaltung hervor, keine detaillierten Anleitungen, die unter bestimmten Umständen zu befolgen wären. Aber das Vermächtnis einer Führungspersönlichkeit muss inspirierend sein, nicht nur in einer Lehre bestehen.

STAATSKUNST

De Gaulle führte und inspirierte seine Anhänger durch sein Beispiel, nicht durch Verordnungen. Mehr als ein halbes Jahrhundert nach seinem Tod kann die französische Außenpolitik immer noch treffend als »gaullistisch« bezeichnet werden. Und sein Leben ist ein Paradebeispiel dafür, wie große Staatsmänner die Umstände meistern und die Geschichte prägen können.

DE GAULLE UND CHURCHILL IM VERGLEICH

Das Eingangskapitel dieses Buches enthält Überlegungen zur Klassifizierung großer Führungspersönlichkeiten als entweder Propheten oder Staatsmänner. Der Prophet wird durch seine Vision definiert, der Staatsmann durch seine analytischen Fähigkeiten und sein diplomatisches Geschick. Der Prophet ist auf der Suche nach dem Absoluten, und für ihn können Kompromisse eine Quelle der Demütigung sein. Für den Staatsmann hingegen kann der Kompromiss eine Etappe auf einem Weg sein, der aus gleichwertigen Anpassungen und zahlreichen Nuancen besteht, aber vom Blick auf das Endziel geleitet wird.

De Gaulle bestimmte seine Ziele in der visionären Manier eines Propheten; deren Verwirklichung erfolgte jedoch im Modus des Staatsmannes, stählern und berechnend. Sein Verhandlungsstil bestand darin, einseitig zu agieren, um vollendete Tatsachen zu schaffen, und Verhandlungen in erster Linie über kleinere Modifizierungen seiner Absichten zu führen, nicht über deren grundsätzliche Änderung. Diese Vorgehensweise wandte er sogar gegenüber Winston Churchill an, auf dessen finanzielle und diplomatische Unterstützung er 1940 völlig angewiesen war und dem er seine Stellung und seinen Verbleib im Amt verdankte.

Es gehörte zu Churchills innerer Größe, dass er de Gaulles Fähigkeiten sofort erkannte, nachdem dieser ohne Ressourcen, Waffen, Wählerschaft oder Beherrschung der Sprache in England angekommen war, und ihn als Führer der Freien Franzosen akzeptierte, die damals als politische Kraft vor allem in der Vorstellung dieses einen Franzosen existierten. Er erfuhr bald, dass de Gaulles Weltsicht die Erinnerung an die jahrhundertelange kriegerische Rivalität zwischen ihren beiden Nationen umfasste und dass er die britische

Charles de Gaulle: Die Strategie des Willens

Dominanz auf den an Europa angrenzenden Schauplätzen, wie dem Nahen Osten oder Afrika, als bedauerlich, ja sogar als anstößig empfand.

Dennoch stand Churchill trotz ihrer gelegentlich schwerwiegenden Konflikte in den entscheidenden Fragen an der Seite de Gaulles. Ohne seine Hilfe hätte de Gaulle die Gegnerschaft Roosevelts – die bis zu seiner Ankunft in Paris anhielt – nicht überstehen können.

Churchill unterstützte die Gründung der Freien Franzosen als Fortsetzung seiner eigenen unvergesslichen und verklärten Erfahrung der Französisch-Britischen Allianz im Ersten Weltkrieg, was im Angebot Großbritanniens gipfelte, die beiden Staaten formell zu vereinen, als Frankreich im Zweiten Weltkrieg am Rande der Katastrophe stand. Churchill hielt diese Bindung gegenüber de Gaulle aufrecht und verstärkte sie noch, als dieser sich von einer Notlösung zu einer bedeutenden Persönlichkeit entwickelte.

Beide waren einzigartige Staatsmänner und verfügten über eine außergewöhnliche analytische Begabung und ein besonderes Gespür für die Nuancen der historischen Entwicklung. Dennoch haben sie unterschiedliche Vermächtnisse hinterlassen und schöpften aus unterschiedlichen Quellen. Churchills Aufstieg erfolgte durch seine Teilnahme an der britischen Politik; wie de Gaulle verstand er seine Zeit und deren Zukunftsaussichten besser als fast alle seine Mitbürger und ging auch größere Risiken ein als diese. Da seine Vision dem Verständnis seiner Nation vorauseilte, musste er auf das höchste Amt warten, bis die Herausforderungen, mit denen seine Zeitgenossen konfrontiert waren, seine Weitsicht bestätigten. Als seine Stunde endlich gekommen war, konnte er sein Volk durch seine Persönlichkeit, die Respekt und Zuneigung hervorrief, durch dessen schlimmste Zeit führen, was auch daran lag, dass er die Anstrengungen, zu denen die Bevölkerung gezwungen war, als Teil des Verlaufs der britischen Geschichte sah, an die er mit einzigartiger Meisterschaft zu erinnern vermochte. Er wurde zum Symbol des Durchhaltevermögens und des Triumphs Großbritanniens.

Während Churchill in seiner Führungsrolle dem britischen Volk dazu verhelfen wollte, weiter zu gedeihen und einen neuen historischen Erfolg zu erringen, verstand sich de Gaulle als singuläres Ereignis, dazu bestimmt, das französische Volk zu einer Spitzenstellung zu erheben, die wesentlich verloren gegangen war. Trotzig und unangepasst an die Zeit, in der er lebte, bemühte sich de Gaulle um einen Konsens, indem er die moralische und praktische Bedeutung einer verschwundenen Größe verkündete; er berief sich nicht so sehr auf ein historisches Kontinuum, sondern auf etwas, das Jahrhunderte zuvor erreicht worden war und wieder erreicht werden konnte. Mit diesem Narrativ half er Frankreich, sich von seinem Niedergang zu erholen, und führte es dann zu einem neuen Leitbild seiner selbst. Laut André Malraux war er »ein Mann von vorgestern und von übermorgen«.[139]

Im 17. Jahrhundert hatte bereits Richelieu für Frankreich eine Großmachtpolitik entworfen, allerdings im Auftrag eines Königs, den er von der richtigen Vorgehensweise überzeugen musste. De Gaulle hingegen musste seine Vision definieren, während er selbst dabei war, sie zu verwirklichen, und in verschiedenen Phasen seiner Laufbahn musste er dann das französische Volk davon überzeugen. Seine Äußerungen haben daher nicht den Charakter von Maximen; sie sollen weniger anleiten als vielmehr inspirieren. Und er sprach von sich immer in der dritten Person, so als ob es sich nicht um seine persönlichen Ansichten handeln würde, sondern um Winke des Schicksals.

Wenngleich sowohl Churchill als auch de Gaulle ihre Gesellschaft und ihr Volk retteten, gab es einen grundlegenden Unterschied in ihrem Führungsstil. Churchill verkörperte die Quintessenz britischer Staatskunst, die auf einem hohen, aber nicht außergewöhnlichen Niveau kollektiver Leistung beruht, woraus mit viel Glück in einer Situation großer Not eine außergewöhnliche Persönlichkeit hervorgehen kann. Churchills Staatsführung war eine den Umständen angemessene und daher herausragende Emanation einer Tradition; sein persönlicher Stil war überschwänglich und wurde aufgelockert durch köstlichen Humor. De Gaulles Führungsstil beruhte im Unterschied dazu nicht auf einem historischen Prozess, sondern war der einzigartige Ausdruck einer Persönlichkeit und einer besonderen Kombination von Prinzipien. Sein Humor war sarkastisch und zielte darauf ab, mit Klarheit die Besonderheit seines Gegenstands zu betonen.* Während Churchill seine

---

* Eine vergleichbare Differenz lässt sich bei den Landhäusern von Churchill und de Gaulle beobachten. Chartwell war ein Rückzugsort, an dem ein entspannter und geselliger Aufenthalt auch intellektuelle Aktivitäten ermöglichte, und die schöne Umgebung bot einen geeigneten Rahmen für Gespräche mit guten Freunden. Colombey-les-Deux-Églises hingegen war ein karges Refugium zum einsamen Nachdenken.

Führungsrolle als Kulmination eines historischen Prozesses und als persönliche Erfüllung ansah, betrachtete de Gaulle seine Begegnung mit der Geschichte als eine Pflicht, die zu erfüllen eine Bürde war und ihm keine persönliche Befriedigung verschaffte.

Im Jahr 1932 entwarf der 42-jährige de Gaulle, der zu diesem Zeitpunkt als Major in der französischen Armee diente und bei dem nichts ahnen ließ, dass er einmal zu einer berühmten Persönlichkeit werden würde, ein Konzept von Größe, das nichts für Schwächlinge war:

> Unnahbarkeit, Charakterstärke und die Verkörperung von Größe, diese Eigenschaften [...] umgeben mit ihrem Prestige diejenigen Menschen, die bereit sind, eine Last zu tragen, die zu schwer ist für gewöhnliche Sterbliche. Der Preis, den sie für ihre Führungsrolle zu entrichten haben, ist unablässige Selbstdisziplin, das ständige Eingehen von Risiken und ein immerwährender innerer Kampf. Das Maß des Leidens, das damit verbunden ist, variiert je nach dem Temperament des Einzelnen; aber es ist bestimmt nicht weniger quälend als das härene Gewand des Büßers. Dadurch lassen sich jene Fälle von Rückzug besser erklären, die sonst so schwer zu verstehen sind. Es kommt immer wieder vor, dass Männern mit einer ununterbrochenen Erfolgsbilanz und öffentlichem Beifall plötzlich die Last zu schwer wird [...]. Zufriedenheit und Ruhe und die einfachen Freuden, die man als Glück bezeichnet, werden denjenigen verwehrt, die Machtpositionen innehaben. Man muss sich dafür entscheiden, und das fällt nicht leicht: Daher rührt die vage Aura der Melancholie, die majestätische Existenzen umgibt [...]. Eines Tages sagte jemand zu Napoleon, als sie ein altehrwürdiges Denkmal betrachteten: »Wie traurig es aussieht!« »Ja«, erwiderte er, »so traurig wie die Größe.«[140]

HINTER DEM MYSTERIUM

Charles de Gaulle zog Bewunderer an, die ihm von Nutzen waren, aber eine Beziehung zu ihm beruhte weder auf Gegenseitigkeit, noch war sie von Dauer. Er ging als einsame Figur durch die Geschichte – unnahbar, tiefsinnig, mutig, diszipliniert, inspirierend, irritierend, seinen Werten und seiner Vision

STAATSKUNST

verpflichtet und nicht bereit, sie durch persönliche Emotionen zu schmälern. Als Kriegsgefangener in Deutschland während des Ersten Weltkriegs schrieb er in sein Tagebuch: »Man muss ein Mann mit Charakter werden. Der beste Weg, um im Einsatz erfolgreich zu sein, ist zu wissen, wie man sich ständig beherrschen kann.«[141]

Trotzdem benutzte er an einer Stelle in seinen Schriften ausnahmsweise ein Personalpronomen, um von sich selbst zu sprechen; und zwar in einem Gedicht am Ende seiner Kriegserinnerungen, in dem er über den Wechsel der Jahreszeiten in Colombey nachdachte: »Mit zunehmendem Alter kommt mir die Natur immer näher. Jedes Jahr finde ich Trost in ihrer Weisheit, in den vier Jahreszeiten, von denen jede eine Lektion darstellt.« Der Frühling lässt alles heiter erscheinen, »sogar das Schneegestöber«, und verjüngt alles, »sogar die schrumpeligen Bäume«. Der Sommer zeigt die Herrlichkeit der Fülle der Natur. Im Herbst zieht sich die Natur zurück, immer noch schön in ihrem »Gewand aus Purpur und Gold«. Und selbst im Winter, wenn alles »öde und gefroren ist [...], wird eine geheime Arbeit verrichtet«, die den Boden für neues Wachstum vorbereitet, vielleicht sogar für die Auferstehung:

> Die alte Erde, abgenutzt von den durchlaufenen Epochen, gemartert von Regen und Sturm, erschöpft und doch immer bereit, das hervorzubringen, was das Leben benötigt, um weiterzugehen!
>
> Das alte Frankreich, das an der Last seiner Geschichte zu tragen hat, das geschwächt wurde von Kriegen und Revolutionen, das unaufhörlich zwischen Größe und Niedergang schwankt, das aber in jedem Jahrhundert durch den Genius der Erneuerung wiederbelebt wird!
>
> Der alte Mann, erschöpft von den Strapazen, distanziert von den Aktionen der Menschen, das Näherkommen der ewigen Kälte spürend, aber immer noch in den Schatten nach dem Schimmer der Hoffnung Ausschau haltend![142]

Hinter de Gaulles undurchdringlich wirkendem Schutzpanzer verbarg sich ein tiefes Reservoir von Emotionen, sogar von Zärtlichkeit, die sich am deutlichsten in seiner Beziehung zu seiner behinderten Tochter Anne zeigte.

Anne hatte das Down-Syndrom, aber Charles und Yvonne de Gaulle beschlossen, sie bei sich zu Hause aufzuziehen, und widersetzten sich damit der damals üblichen Praxis, geistig behinderte Kinder in einer psychiatrischen Klinik aufwachsen zu lassen. Ein Foto aus dem Jahr 1933 zeugt von ihrer innigen Beziehung: De Gaulle und Anne sitzen an einem Strand, er 42 Jahre alt, gekleidet in einen dunklen dreiteiligen Anzug mit Krawatte und einem Zylinder an seiner Seite – immer in Uniform, auch in Zivil – und sie in weißer Strandkleidung. Sie scheinen »Backe, backe, Kuchen« zu spielen.

Anne starb 1948 im Alter von 20 Jahren an einer Lungenentzündung. »Ohne Anne hätte ich vielleicht nie getan, was ich getan habe. Ihr verdanke ich den Mut und die Inspiration«, verriet de Gaulle später seinem Biografen Jean Lacouture.[143] Nach ihrem Tod trug er für den Rest seines Lebens ein gerahmtes Bild von ihr in seiner Brusttasche.

De Gaulle starb am 9. November 1970 in La Boisserie an einem Aneurysma, weniger als zwei Jahre nach seinem Rücktritt von der Präsidentschaft. Er war gerade mit einem Solitaire-Spiel beschäftigt, eine für ihn symbolische Szene. Er wurde neben Anne auf dem kleinen Friedhof der Pfarrgemeinde von Colombey-les-Deux-Églises beigesetzt.

3

Richard Nixon:
Die Strategie des Gleichgewichts

DIE WELT, IN DIE NIXON KAM

Richard Nixon war einer der umstrittensten Präsidenten der amerikanischen Geschichte und der einzige US-Präsident, der sich genötigt sah, von seinem Amt zurückzutreten. Er hatte einen zukunftsweisenden Einfluss auf die Außenpolitik seiner Epoche und der Zeit danach, da es ihm gelang, die aus den Fugen geratene Weltordnung auf dem Höhepunkt des Kalten Krieges zu einer neuen Friedensstruktur zu formen. Nach fünfeinhalb Jahren im Amt hatte Nixon das amerikanische Engagement in Vietnam beendet, die Vereinigten Staaten als dominierende externe Macht im Nahen Osten etabliert und dem zuvor bipolaren Kalten Krieg durch die Öffnung gegenüber China eine Dreiecksdynamik aufgeprägt, die der Sowjetunion letzten Endes einen entscheidenden strategischen Nachteil brachte. Ab Dezember 1968, als er mich bat, als sein Nationaler Sicherheitsberater zu fungieren, bis zum Ende seiner Präsidentschaft im August 1974 war ich ihm ein enger Vertrauter in Fragen seiner politischen Führung und Entscheidungsfindung. In den restlichen 20 Jahren seines Lebens blieben wir regelmäßig in Kontakt.

Im Alter von 99 Jahren komme ich jetzt auf Nixon zurück, aber keineswegs, um noch einmal Kontroversen aufzugreifen, die mittlerweile ein halbes Jahrhundert zurückliegen (und auf die ich in meinen dreibändigen Memoiren ausführlich eingegangen bin), sondern vielmehr, um das Denken und den Charakter eines Staatenlenkers zu analysieren, der sein Amt inmitten eines beispiellosen kulturellen und politischen Umbruchs antrat und die Außenpolitik seines Landes nachhaltig veränderte, indem er sich ein geopolitisches Konzept des nationalen Interesses zu eigen machte.

STAATSKUNST

Schon vor dem 20. Januar 1969 – dem Tag, an dem Nixon als Präsident vereidigt wurde – war der Kalte Krieg voll ausgereift. Die Vereinigten Staaten waren nach dem Zweiten Weltkrieg mit ihrer scheinbar grenzenlosen Macht Schutzverpflichtungen im Ausland eingegangen, die sich im Laufe der Zeit sowohl in materieller als auch in emotionaler Hinsicht als zu belastend erwiesen, um aufrechterhalten werden zu können. Die Intensität der innenpolitischen Konflikte um den Vietnamkrieg näherte sich einem Höhepunkt, was von mancher Seite den Ruf laut werden ließ, sich militärisch und politisch aus dem geschundenen südostasiatischen Land zurückzuziehen. Sowohl die USA als auch die Sowjetunion hatten Raketen in Stellung gebracht, die sich durch höhere Nutzlast, bessere Zielgenauigkeit und interkontinentale Reichweite auszeichneten. Die Sowjetunion hatte fast ebenso viele strategische Langstrecken-Nuklearwaffen stationiert wie die USA, und manchen Analysten zufolge war sie sogar strategisch überlegen, was Befürchtungen über einen plötzlichen Vernichtungsschlag und eine lange Phase politischer Erpressungsversuche heraufbeschwor.

In den Monaten vor Nixons Wahlsieg im November 1968 begannen sich die Probleme abzuzeichnen, die ihm während seiner Präsidentschaft in drei strategisch wichtigen Regionen zu schaffen machen würden: in Europa, im Nahen Osten und in Ostasien.

Im August 1968 war die Sowjetunion zusammen mit ihren osteuropäischen Verbündeten in die Tschechoslowakei einmarschiert, die sich im sogenannten »Prager Frühling« erdreistet hatte, ihr politisches System innerhalb der sowjetischen Machtsphäre zu liberalisieren. In Deutschland hielt die Bedrohung Westberlins durch die Sowjetunion an, die 1958 damit begonnen hatte, dass Kremlchef Nikita Chruschtschow den westlichen Besatzungsmächten das Ultimatum stellte, ihre Truppen innerhalb von sechs Monaten abzuziehen. Als das nicht geschah, drohte Moskau in regelmäßigen Abständen mit einer Blockade der belagerten Stadt. Europa und Japan, die sich beide im Schutz des Sicherheitsschirms der USA von den Zerstörungen des Krieges erholt hatten, begannen mit der US-Wirtschaft in Konkurrenz zu treten und ihre eigenen, manchmal abweichenden Auffassungen von der sich entwickelnden Weltordnung zu vertreten.

Zur selben Zeit war die Volksrepublik China nach einem erfolgreichen

Atomwaffentest im Oktober 1964 zum fünften Land geworden – nach den Vereinigten Staaten, der Sowjetunion, dem Vereinigten Königreich und Frankreich –, das die verheerendste Waffe der Welt besaß. Chinas außenpolitische Haltung gegenüber dem internationalen System schwankte zwischen Teilnahme und Rückzug; Peking hatte maoistische Guerillatruppen in aller Welt ausgebildet und finanziert, aber auch in der Zeit vor dem Frühjahr 1967 inmitten der Umwälzungen der Kulturrevolution seine Botschafter aus praktisch allen Ländern der Welt abgezogen.[1]

Im Nahen Osten sah Nixon sich mit einer Region konfrontiert, die von Konflikten erschüttert war. Das 1916 geschlossene Sykes-Picot-Abkommen, in dem Großbritannien und Frankreich vereinbart hatten, die Gebiete des zerfallenden Osmanischen Reiches in ihre jeweiligen Einflusssphären einzubeziehen, hatte zur Bildung von größtenteils arabischen und muslimischen Gebieten geführt, die oberflächlich betrachtet Mitglieder eines Staatensystems zu sein schienen, das dem durch den Westfälischen Frieden geschaffenen Gefüge ähnelte. Aber nur an der Oberfläche: Im Gegensatz zu den europäischen Ländern, die noch unter dem überwiegend Westfälischen System standen, reflektierten die Staatsgrenzen im Nahen Osten in der Mitte des 20. Jahrhunderts keine gemeinschaftlichen nationalen Identitäten oder historischen Entwicklungen.

Ungeachtet der historischen Vorherrschaft Frankreichs und Großbritanniens im Nahen Osten waren beide Länder nach dem Aderlass der beiden Weltkriege immer weniger in der Lage, ihre Macht in die Region zu projizieren. Regionale Unruhen, die ursprünglich durch antikoloniale Bewegungen ausgelöst worden waren, wuchsen sich zu größeren Konflikten innerhalb der arabischen Welt – und zwischen den arabischen Ländern und Israel – aus. Israel wurde innerhalb von zwei Jahren, nachdem es 1948 unabhängig geworden war, von den meisten westlichen Ländern anerkannt und strebte dann danach, auch von seinen arabischen Nachbarn anerkannt zu werden, aus deren Sicht Israel ein von Anfang an illegitimer Staat war, der Gebiete besetzt hielt, die rechtmäßig ihnen gehörten.

In dem Jahrzehnt vor Nixons Amtsantritt hatte die Sowjetunion begonnen, das im Nahen Osten sich zusammenbrauende Chaos für eigene Zwecke auszunutzen und es zu schüren, indem sie Beziehungen zu den autoritären

STAATSKUNST

Militärregimes knüpfte, die die früheren, weitgehend feudalistischen Regierungsstrukturen des Osmanischen Reichs abgelöst hatten. Mit sowjetischen Waffensystemen neu ausgerüstete arabische Armeen dehnten den Kalten Krieg auf eine Region aus, die zuvor vom Westen dominiert worden war, verschärften die Streitigkeiten im Nahen Osten und erhöhten so das Risiko, eine globale Apokalypse zu entfesseln.

Als Nixon seinen Amtseid ablegte, überschattete das blutige Patt in Vietnam alle anderen Probleme. Die Regierung seines Vorgängers Johnson hatte über eine halbe Million amerikanische Soldaten in eine Region geschickt, die kulturell und psychisch ebenso weit von den USA entfernt war wie geografisch. Zum Zeitpunkt der Amtseinführung Nixons waren noch über 50 000 weitere Soldaten auf dem Weg dorthin. Nixon fiel die Aufgabe zu, die Vereinigten Staaten aus einem nicht überzeugenden Krieg zurückzuziehen, und das auch noch unter den turbulentesten innenpolitischen Umständen seit dem amerikanischen Sezessionskrieg, der 1865 endete. In den fünf Jahren vor seinem Wahlsieg war es zu innenpolitischen Kontroversen gekommen, die in dieser Intensität in der amerikanischen Nachkriegsgeschichte beispiellos waren: die Morde an Präsident John F. Kennedy, seinem Bruder Robert (damals Präsidentschaftskandidat der Demokratischen Partei) und dem zukunftsweisenden Bürgerrechtler Martin Luther King Jr. Protestdemonstrationen gegen den Vietnamkrieg und die Ermordung Kings hatten zu gewalttätigen Ausschreitungen auf den Straßen der amerikanischen Städte geführt und den politischen Betrieb in Washington tagelang lahmgelegt.

Die amerikanische Geschichte ist voll von heftigen innenpolitischen Kontroversen, aber die Situation, die Nixon bewältigen musste, war insofern beispiellos, als zum ersten Mal eine aufstrebende nationale Elite davon überzeugt war, dass eine Kriegsniederlage strategisch unvermeidlich wie auch ethisch wünschenswert sei. Eine solche Überzeugung bedeutete das Ende für den seit Jahrhunderten geltenden Konsens, das nationale Interesse sei ein legitimer, gar moralischer Zweck.

In mancherlei Hinsicht markierte dieser Glaubenssatz das Wiederaufleben einer früheren isolationistischen Auffassung, nach der Amerikas »Verstrickung« in die Probleme anderer Länder nicht nur für das Wohlergehen der Nation unnötig sei, sondern auch ihren Charakter untergrabe. Doch nun –

anstatt zu argumentieren, die Werte der Nation seien zu erhaben, um eine Einmischung in abgelegene Konflikte zuzulassen – wurde in dieser neuen isolationistischen Strömung die Ansicht laut, Amerika selbst sei mittlerweile zu korrupt geworden, um anderen Ländern noch als moralischer Wegweiser dienen zu können. Die Verfechter dieser Auffassung, die an den Hochschulen Fuß gefasst und schließlich einen nahezu dominanten Einfluss erlangt hatte, betrachteten die Vietnam-Tragödie weder aus einer geopolitischen Perspektive noch als ideologischen Kampf, sondern als Vorboten einer nationalen Läuterung, die eine längst überfällige Hinwendung nach innen bewirken werde.

EIN UNVORHERGESEHENER RUF

Während meiner Lehrtätigkeit an der Harvard University hatte ich hin und wieder auch Nelson Rockefeller in außenpolitischen Fragen beraten, den Gouverneur des Bundesstaates New York und sowohl 1960 als auch 1968 Nixons wichtigster Mitbewerber um die Nominierung zum Präsidentschaftskandidaten der Republikanischen Partei. Daher erwartete ich nicht, in den Stab des neu gewählten Präsidenten berufen zu werden, aber dennoch kam eine solche Einladung: Mir wurde die Position des Nationalen Sicherheitsberaters angeboten, der Posten mit dem zweithöchsten Rang, den der Präsident ohne Zustimmung des Senats besetzen kann (nach dem Stabschef des Weißen Hauses). Nixons Entscheidung, einem Harvard-Professor, der bekanntermaßen vorher gegen ihn opponiert hatte, eine solche Verantwortung zu übertragen, zeigte sowohl den geistigen Großmut des designierten Präsidenten als auch seine Bereitschaft, mit eingefahrenen politischen Denkmustern zu brechen.

Kurz nach seinem Wahlsieg im November 1968 lud Nixon mich zu unserem ersten nennenswerten Treffen ein, und zwar ins Pierre Hotel in New York City, wo er für die Phase der Amtsübergabe sein Hauptquartier eingerichtet hatte. (Zuvor waren wir uns nur einmal flüchtig begegnet, auf einer Weihnachtsfeier, zu der die eindrucksvolle Clare Boothe Luce eingeladen hatte.) Im Pierre Hotel bot sich die Gelegenheit, die aktuelle internationale

STAATSKUNST

Lage im Rahmen eines nachdenklichen, entspannten Gedankenaustauschs über die wichtigsten außenpolitischen Probleme zu erörtern, in dessen Verlauf Nixon mir seine Ansichten schilderte und mich nach meiner Meinung fragte. Er deutete mit keinem Wort an, dass es bei diesem Gespräch um die Besetzung eines Postens in seinem künftigen Regierungskabinett ging, geschweige denn, dass er aufgrund meiner Äußerungen beurteilen wolle, ob ich für eine bestimmte Position geeignet sei.

Bevor ich ging, stellte Nixon mich einem schlaksigen Kalifornier vor, seinem Stabschef H. R. Haldeman. Ohne nähere Erklärungen wies er dann Haldeman an, eine direkte Telefonleitung in mein Büro an der Harvard University zu schalten. Haldeman notierte die Anweisung des designierten Präsidenten auf einem gelben Schreibblock, unternahm aber deswegen nichts weiter – und lieferte mir so, neben einem Einblick in die vielseitige Persönlichkeit des angehenden Präsidenten, eine Vorablektion über die bürokratischen Gepflogenheiten in einem Weißen Haus unter Nixon: Manche Anweisungen des Präsidenten waren lediglich symbolischer Natur; sie deuteten zwar eine Richtung an, waren aber keine Aufforderung zu sofortigem Handeln.

Erstaunt und ein bisschen ratlos kehrte ich an die Harvard University zurück, um die weitere Entwicklung abzuwarten. Einige Tage später rief mich John Mitchell an, einer der Partner in derselben Anwaltskanzlei wie Nixon. Er stand kurz vor seiner Ernennung zum Attorney General (US-Justizminister) und fragte mich: »Werden Sie den Job annehmen oder nicht?« Als ich zurückfragte: »Welchen Job?«, murmelte er etwas wie »schon wieder verplappert« und bat mich dann, am nächsten Tag noch einmal bei Nixon vorzusprechen.

Dieses Mal bot Nixon mir ausdrücklich die Position des Nationalen Sicherheitsberaters an. Ich hatte nicht damit gerechnet und bat um etwas Zeit, um darüber nachzudenken und den Rat von Kollegen einzuholen, die meine früheren politischen Tätigkeiten kannten. Alle anderen Präsidenten oder Topmanager, die ich kennengelernt habe, hätten mich nach einer so halbherzigen Antwort von der Notwendigkeit befreit, noch weiter nachdenken zu müssen, indem sie das Gespräch sofort beendet hätten. Stattdessen antwortete Nixon, ich solle mir eine Woche Zeit nehmen, und empfahl mir – in rührender

Richard Nixon: Die Strategie des Gleichgewichts

Weise –, mit Lon Fuller darüber zu sprechen, seinem früheren Professor für Vertragsrecht an der Duke University, der inzwischen an der Harvard University lehrte und Nixon, seine Denkweise und sein Verhalten gut kannte.

Am nächsten Tag beriet ich mich mit Nelson Rockefeller, der gerade von einem Aufenthalt auf seiner Ranch in Venezuela zurückgekehrt war. Seine Reaktion beendete nicht nur meine Unentschlossenheit, sondern zeigte auch, dass nach wie vor ein gewisses grundlegendes Einvernehmen im Land herrschte. Er tadelte mich, weil ich nicht sofort zugesagt hatte, und drängte mich, Nixons Angebot unverzüglich anzunehmen. Wenn der Präsident der Vereinigten Staaten jemandem eine wichtige Position anbiete, so Rockefeller, sei Zögern keine angemessene Reaktion.»Denken Sie daran«, fügte Rockefeller hinzu, »dass Nixon mit Ihnen ein wesentlich größeres Risiko eingeht als Sie mit ihm.« Noch am selben Nachmittag rief ich Nixon an und sagte ihm, dass es mir eine Ehre sein werde, in seinem Kabinett zu dienen.

Nixon und ich entwickelten allmählich eine Arbeitsbeziehung, die man in ihrem Umgangsstil als »Partnerschaft« bezeichnen könnte – obwohl es eine echte Partnerschaft kaum geben kann, wenn die Macht zwischen zwei Seiten so ungleich verteilt ist. Der Präsident kann seinen Sicherheitsberater formlos und ohne Vorwarnung entlassen und hat die Befugnis, seine Entscheidungen ohne förmliche Ankündigung oder Erörterung durchzusetzen. Und ganz unabhängig davon, welchen Einfluss der Sicherheitsberater womöglich haben mag, liegt die Verantwortung für alle getroffenen Entscheidungen letztlich beim Präsidenten.

Ungeachtet dieser Umstände hat Nixon mich nie wie einen Untergebenen behandelt, wenn es um Fragen der nationalen Sicherheit und Außenpolitik ging, sondern eher wie eine Art akademischen Kollegen. Doch bei innen- und wahlpolitischen Fragen war es anders: Ich wurde nie zu Sitzungen eingeladen, bei denen es um solche Themen ging (außer während der Affäre um die »Pentagon Papers«, nachdem geheime Dokumente des Verteidigungsministeriums durchgesickert waren).

Unsere Arbeitsbeziehung nahm von Anfang an diese kollegiale Form an. Nixon machte nie eine abfällige Bemerkung über meine vorherige Zusammenarbeit mit Nelson Rockefeller. Selbst wenn er unter großem Druck stand, war sein Verhalten mir gegenüber stets zuvorkommend. Diese beständige Kultiviertheit war umso bemerkenswerter, da der in diesem Kapitel beschriebene entschlussfreudige und nachdenkliche Nixon auch noch eine andere Seite hatte – geplagt von Unsicherheiten über sein Image und seine Autorität, gequält von Selbstzweifeln. Dieser andere Nixon wurde begleitet von einer Variante des »unparteiischen Beobachters« von Adam Smith, also von einem zweiten »Ich«, das außerhalb von Nixons realem Selbst stand und seine Handlungen beobachtete und beurteilte. Meinem Eindruck nach scheint Nixon sein gesamtes Leben lang von dieser kritischen Selbstwahrnehmung geplagt worden zu sein.

Dieser Aspekt von Nixons Persönlichkeit bewirkte eine rastlose Suche nach Anerkennung – eine Befriedigung, die ihm häufig von ebenjenen gesellschaftlichen Gruppen vorenthalten wurde, die ihm am wichtigsten waren. Selbst in seinen schon lange bestehenden Beziehungen war eine gewisse Zurückhaltung zu spüren, während er Begegnungen mit Personen außerhalb seines inneren Kreises – vor allem mit Persönlichkeiten von Format – oft als eine Art Show betrachtete. Nixon ging es nicht immer darum, Informationen weiterzugeben; vielmehr wollte er mit seinen Äußerungen oft den Eindruck von einem bestimmten Zweck vermitteln, den er seinem Gegenüber nicht unbedingt offenbart hatte.

Infolge dieser komplexen Zusammenhänge machte Nixon manchmal Aussagen, die nicht den vollen Umfang seiner Absichten reflektierten. Dieses Verhalten durfte man nicht als Unentschlossenheit deuten; er war sich über seine Ziele durchaus im Klaren und verfolgte sie entschlossen und geschickt. Zugleich wollte er sich jedoch oftmals alle Optionen offenhalten, indem er den optimalen Zeitpunkt und das günstigste Forum wählte, um sie zu diskutieren.

Die Kombination dieser Eigenschaften prägt die besonderen Merkmale der Nixon-Administration. Er war immer sehr gut informiert, zumal in außenpolitischen Fragen, und präsentierte seine Analysen sehr wirkungsvoll, scheute aber vor persönlichen Konfrontationen zurück. Da es Nixon unangenehm war, Kabinettsmitgliedern, die anderer Meinung waren als er, direkte Anweisungen zu erteilen, delegierte er diese Aufgabe an Haldeman oder Mitchell – oder an mich, wenn es um außenpolitische Fragen ging.

Richard Nixon: Die Strategie des Gleichgewichts

Wenn man als Mitarbeiter Nixons tätig war, musste man sich dieses Modus Operandi stets bewusst sein: Nicht jede Bemerkung oder Anweisung des Präsidenten war dafür gedacht, wörtlich genommen oder tatsächlich ausgeführt zu werden. Die Anweisung an Haldeman am Ende unseres ersten Treffens, eine direkte Telefonleitung in mein Büro schalten zu lassen, ist ein Beispiel dafür: Er wollte seinem Stab zeigen, dass er mich in sein Team aufnehmen wollte, mir aber die Position nicht in einer Situation anbieten, in der das Risiko bestand, dass ich sie in Gegenwart Dritter ablehnen könnte.

Ein anderes, etwas schwerwiegenderes Beispiel: Im August 1969 wurde ein Passagierflugzeug einer amerikanischen Fluglinie auf einem Flug von Rom nach Israel von palästinensischen Terroristen gekapert und nach Damaskus umgeleitet. Als ich Nixon diese Nachricht überbrachte, saß er gerade an einem Samstagabend gemütlich mit alten Freunden in Florida beim Dinner. Seine Reaktion war: »Bombardiert den Flughafen von Damaskus.« Diese Äußerung war nicht etwa eine offizielle Anordnung, sondern sollte lediglich sowohl seine Berater als auch seine Dinnergäste beeindrucken, indem er ihnen seine Entschlossenheit zeigte, Flugzeugentführungen ein Ende zu setzen.

Aber natürlich wusste Nixon genau, dass es mehr als einen einfachen Befehl des Präsidenten erfordert, so einen militärischen Einsatz in Gang zu setzen; darauf muss eine Direktive folgen mit detaillierten operativen Anweisungen an die Dienststellen, die den Befehl ausführen sollen. In Erwartung einer solchen Direktive verbrachten Verteidigungsminister Melvin Laird, der Chef der Vereinigten Stabschefs General Earle Wheeler und ich einen großen Teil des Abends damit, dafür zu sorgen, dass die ersten Vorbereitungen für einen solchen Schlag in die Wege geleitet wurden – vor allem die Verlegung eines Flugzeugträgers der Sechsten Flotte nach Zypern, um ihn für die Aktion in Stellung zu bringen. Zwar muss der Stab eines Präsidenten dessen Befehle ausführen, doch er ist auch gehalten, alle Voraussetzungen dafür zu schaffen, dass der Präsident über die Folgen seiner Aktionen noch einmal nachdenken kann.

In diesem Fall beendete Nixon die Angelegenheit am nächsten Morgen. Im Rahmen seines morgendlichen Briefings informierte ich ihn über die Lage der Geiseln auf dem Flughafen von Damaskus und teilte ihm mit, dass sich die Schiffe der Sechsten Flotte jetzt unweit von Zypern befänden. »Ist außerdem noch etwas passiert?«, fragte er. Als ich das verneinte, sagte er mit regungsloser Miene nur ein einziges Wort: »Gut.« Damit war die Sache erledigt – es wurde nichts weiter zum Thema Luftangriff gesagt oder getan.[2]

So lernte Nixons engste Entourage, dass radikale Statements nicht unbedingt zu tatsächlichen Aktionen führen mussten. Oft brachten sie nur eine Stimmung zum Ausdruck oder dienten dazu, die Ansichten eines Gesprächspartners auszuloten. Um unwiderrufliche Maßnahmen hinauszuzögern, bis der Präsident eine wohlüberlegte Entscheidung treffen konnte, richtete Haldeman ein System ein, mit dem sichergestellt wurde, dass bei Nixons Besprechungen im Oval Office stets ein Berater des Präsidenten anwesend war. Und seine führenden Berater mussten seine Anweisungen über den Stabschef des Weißen Hauses weiterleiten. Wenn jemand, der nicht regelmäßig Kontakt zum Präsidenten hatte, dabei war, wenn Nixon über seine Optionen in einer bestimmten Angelegenheit laut nachdachte, konnte es zu Missverständnissen kommen. Ein Beispiel dafür ist die markige Erklärung des ehemaligen Eisenhower-Beraters und Nixon-Freundes Bryce Harlow für das Watergate-Debakel: »Irgendein Vollidiot ist ins Oval Office gekommen und hat tatsächlich das gemacht, was ihm gesagt wurde.«

Es ist nicht überraschend, dass Nixon selbst seine charakterlichen Eigenschaften für nicht ganz so exzentrisch hielt, wie es die vorstehende Beschreibung vermuten ließe. Kurz nach meinem Geheimbesuch in China im Juli 1971 – und Nixons Ankündigung, dass auch er im folgenden Jahr diese Reise machen wolle – schickte Nixon mir ein Memo mit Empfehlungen, was ich der Presse sagen solle. Darin sprach er von sich selbst in der dritten Person und schrieb:

> Eine wirkungsvolle Aussage, die Sie bei Ihren Gesprächen mit der Presse machen könnten, wäre, dass RN besonders gut vorbereitet ist auf ein solches Meeting und dass er ironischerweise ähnliche Eigenschaften und Erfahrungen wie [der chinesische Premierminister Zhou Enlai] aufweist. Im Folgenden nenne ich einige davon, die hervorgehoben werden könnten:

1. Prinzipientreue.
2. Hat sich trotz widriger Umstände emporgearbeitet.
3. Läuft in Krisen zu Bestform auf. Kühler Kopf, die Ruhe selbst.
4. Eine toughe, mutige, starke Führungsfigur. Bereit, Risiken einzugehen, wenn es notwendig wird.
5. Ein Mann, der langfristig denkt, der sich nicht um die Schlagzeilen von morgen schert, sondern darum, wie seine Politik viele Jahre später aussehen wird.
6. Ein Mann mit Hang zum Philosophischen.
7. Ein Mann, der ohne Notizen arbeitet – bei Treffen mit 73 Staats- und Regierungschefs hat RN stundenlang Gespräche geführt, ohne Notizen zu benötigen. [...]
8. Ein Mann, der Asien kennt und der besonderen Wert darauf gelegt hat, Asien zu bereisen und kennenzulernen.
9. Ein Mann, der in seinem persönlichen Auftreten sehr stark und sehr tough ist, wenn es notwendig wird – wie Stahl –, der aber auch feinfühlig und fast sanft ist. Je unnachgiebiger sein Standpunkt ist, desto leiser spricht er in der Regel.[3]

Dass dieses Memo ein Indiz für ausgeprägte Unsicherheiten und gezielte Imagewerbung ist, liegt auf der Hand. Dennoch war Nixons Selbsteinschätzung im Wesentlichen richtig: Er hatte in der Tat eine Menge Erfahrung in außenpolitischen Fragen; in Krisen lief er zu Bestform auf; er war mutig, neigte aber dennoch dazu, sehr sorgsam, manchmal sogar quälend genau zu reflektieren und zu analysieren; er hatte einen enormen Appetit auf Informationen; er nahm stets die langfristige Perspektive ein, dachte über die Herausforderungen, die sich der Nation stellten, gründlich nach und lief oft bei offiziellen, sorgfältig geplanten und unter hohem Druck stattfindenden Treffen mit anderen führenden Persönlichkeiten auf der weltpolitischen Bühne zu Bestform auf – zumindest, wenn es um Präsentation ging statt um Verhandlungen. Dass er auch darauf fixiert war, den Eindruck zu erwecken, die Kontrolle zu haben – was so weit ging, dass er manchmal das Protokoll schönte –, schmälert keineswegs die Erfolge seiner Administration.

STAATSKUNST

In Anbetracht ihrer nationalen Tragweite und des Zeitdrucks, unter dem viele Entscheidungen getroffen werden müssen, kann keine Arbeitsbeziehung zwischen hochrangigen Funktionsträgern des Weißen Hauses völlig frei von Spannungen sein. In meinem eigenen Fall führten Nixons Unsicherheiten hin und wieder zu Ressentiments des Präsidenten, wenn die Medien meinen Beitrag zur nationalen Politik auf Kosten seines eigenen hervorhoben. Der französische Philosoph Raymond Aron – ein lebenslanger Freund und intellektueller Mentor für mich – sagte einmal, dass die allzu ausführliche Berichterstattung der Presse über meine Rolle ihr als Feigenblatt für ihre Abneigung gegen Nixon diente. Die daraus resultierenden Spannungen wurden nur selten explizit angesprochen – und selbst wenn, dann nie von Nixon selbst, sondern von Funktionsträgern wie Haldeman oder John Ehrlichman, dem Chefberater für innere Angelegenheiten.

Dennoch habe ich nie die Art von Beleidigungen erlebt, mit denen Nixon – wie ich später erfuhr – gelegentlich andere überzog. Als die Mitschriften von Nixons Gesprächen im Oval Office bekannt wurden, rief ich George Shultz an (der als Etatdirektor und Finanzminister in der Administration gedient hatte), um ihn zu fragen, ob ich mich vielleicht so sehr an ungehobelte Sprache gewöhnt hätte, dass ich mich an Nixons Vulgaritäten gar nicht mehr erinnern könnte. Shultz hatte ähnliche Erinnerungen wie ich: In unserem Umgang mit ihm hatte Nixon sich stets höflich und gewählt ausgedrückt.

Nixons Handicaps – seine Ängste, seine Unsicherheiten, die seinen Drang hervorbrachten, maximalen Respekt einzufordern, sein Widerwillen, sich persönlichen Konfrontationen zu stellen – beschädigten letztlich seine Präsidentschaft. Aber die Erfolge, die Nixon im Verlauf seiner Karriere erreicht hat, müssen gewürdigt werden als eine gewaltige Anstrengung, Hemmungen zu überwinden, die eine weniger bedeutende Persönlichkeit behindert hätten.

ENTSCHEIDUNGSPROZESSE ZUR NATIONALEN SICHERHEIT IN DER NIXON-ADMINISTRATION

Jede US-Regierung legt einen Rahmen für Entscheidungsprozesse fest, um Beschlüsse zu erleichtern, die zu fassen nur der Oberbefehlshaber in der Lage ist. Direkt nach seiner Ernennung zum Stabschef organisierte Haldeman das Weiße Haus so, dass Nixon in die Lage versetzt wurde, seine Überzeugungen und seine Hemmungen ins Gleichgewicht zu bringen, wodurch er seine Schwächen verschleiern konnte und zugleich ein beträchtliches Maß an Kohärenz erreichte.

Der Zugang zum Präsidenten wurde generell nur in Anwesenheit eines seiner zwei Mitarbeiter im Weißen Haus gewährt: Ehrlichman für Innenpolitik und ich selbst für Fragen der nationalen Sicherheit. Unsere Büros waren dafür verantwortlich, den Präsidenten auf jedes anstehende Meeting vorzubereiten, was konkret bedeutete, sowohl die Probleme zu skizzieren, die möglicherweise zur Sprache kommen würden, als auch die verschiedenen Reaktionen, die ihm zur Verfügung standen. Nixon las solche Empfehlungen vor jedem Treffen sorgfältig durch, hatte aber in der Besprechung selbst nie Notizen vor sich liegen.

Wenn Nixon und ich uns beide in Washington aufhielten, war in der Regel ein Treffen mit mir sein erster Termin des Tages. Ich begleitete ihn auf seinen Auslandsreisen und nahm an jedem offiziellen Treffen teil. Wenn einer von uns innerhalb der USA auf Reisen war, telefonierten wir typischerweise jeden Tag mindestens einmal. Der erste Punkt der Tagesordnung war dann zumeist der Presidential Daily Brief, der von der Central Intelligence Agency (CIA) ausgearbeitet wurde. Wenn wir uns nicht gerade in einer Krise befanden, verbrachte Nixon relativ wenig Zeit mit Alltagsproblemen und beschäftigte sich lieber ausführlich mit der Geschichte oder den politischen Dynamiken einer bestimmten Region oder Situation. Dabei konzentrierte er sich stets auf potenzielle Wendepunkte oder wichtige anstehende Entscheidungen. In diesen Gesprächen, die sich oft über Stunden hinzogen, wurden die strategischen Leitlinien seiner Regierungsführung entwickelt.

Nixon hatte unter Dwight D. Eisenhower als Vizepräsident gedient und wollte dessen Arbeitsabläufe im Bereich nationale Sicherheit fortführen, sie dabei aber an seine eigenen Anforderungen anpassen. Zu diesem Zweck bat er General Andrew Goodpaster, der eine Zeit lang unter Eisenhower den Nationalen Sicherheitsrat (National Security Council, kurz NSC) koordiniert hatte, zusammen mit mir eine vergleichbare Struktur aufzubauen.[4] Unter Eisenhower hatten die Mitglieder des NSC-Stabs dessen Sitzungen hauptsächlich dadurch vorbereitet, dass sie die Perspektiven der einzelnen Ministerien zusammentrugen. Während der darauffolgenden Präsidentschaften von John F. Kennedy und Lyndon B. Johnson wurde Goodpasters Stab von McGeorge Bundy und Walt W. Rostow auf etwa 50 Experten – darunter auch Akademiker – erweitert, die sich an der inhaltlichen Vorbereitung der Sitzungen des NSC beteiligten. In der Nixon-Administration behielt er eine ähnliche Größe bei; seither ist er auf bis zu 400 Personen angewachsen.[5]

Als Goodpaster und ich in der Anfangsphase der Amtsübergabe an Nixon Eisenhower besuchten, der damals mit einer Herzerkrankung im Endstadium als Patient im Walter Reed Army Medical Center lag, hatte ich immer noch die (aus meiner Harvard-Zeit stammende) Vorstellung, die Gedankengänge des ehemaligen Präsidenten könnten ebenso vage sein wie die Formulierungen, die er mitunter auf seinen Pressekonferenzen zum Besten gab. Ich wurde schnell eines Besseren belehrt. Er kannte sich mit diversen Aspekten der nationalen Sicherheit sehr gut aus, sowohl mit ihrer konkreten Substanz als auch mit ihren Auswirkungen auf die Arbeit der Regierung. Eisenhowers Mienenspiel war lebhaft und ausdrucksstark, und er strahlte die Selbstsicherheit aus, die er in jahrzehntelanger Arbeit in führender Position erworben hatte. Er sprach kraftvoll, direkt und eloquent.

Nachdem er Goodpaster begrüßt hatte, kam Eisenhower direkt zur Sache. Ich würde vielleicht zu hören bekommen, so Eisenhower, dass er sich gegen meine Ernennung zum Sicherheitsberater ausgesprochen habe, weil seiner Ansicht nach Akademiker nicht ausreichend darauf vorbereitet seien, Entscheidungen auf höchster Ebene zu treffen. Dennoch werde er mich unterstützen, so gut er könne. Er sei zu der Einschätzung gelangt, dass der Ansatz von Präsident Johnson, nach dem das Außenministerium den Vorsitz über den ressortübergreifenden Aspekt des Verfahrens zur nationalen Sicherheit führe, nicht funktioniert habe, weil das Verteidigungsministerium sich dagegen sträube und ohnehin das Personal des Außenministeriums besser dafür geeignet sei, Dialoge zu führen, als strategische Entscheidungen zu treffen.

Dann umriss Eisenhower seine Empfehlungen, die im Wesentlichen darauf hinausliefen, den Betrieb des nationalen Sicherheitsapparats dem Sicherheitsberater des Weißen Hauses zu unterstellen. Der Sicherheitsberater oder eine von ihm beauftragte Person sollte den Vorsitz in diversen regionalen und technischen Unterausschüssen führen. Ein Ausschuss auf der Ebene des stellvertretenden Staatssekretärs sollte dann die Überlegungen der Unterausschüsse für den Nationalen Sicherheitsrat prüfen.

Goodpaster brachte diese Empfehlungen zu Papier, und Nixon setzte sie um. Diese Struktur ist seither im Wesentlichen unverändert geblieben. Innerhalb einer bestimmten Regierungsmannschaft wirken sich jedoch unweigerlich persönliche Faktoren auf die tatsächliche Machtverteilung aus.

In NSC-Sitzungen, bei denen die zuständigen Kabinettsmitglieder (Außen-, Verteidigungs- und Finanzminister sowie der CIA-Chef) anwesend waren, verstand Nixon es sehr geschickt, Formulierungen zu finden, die ein gewünschtes Ziel implizierten, ohne sich auf einen bestimmten Weg der Umsetzung festzulegen. Das Ausloten von Optionen wurde zu seiner bevorzugten Art, Meinungen über mögliche Vorgehensweisen in Erfahrung zu bringen, ohne eine Konfrontation über eine Entscheidung zu provozieren; dieser Ansatz ermöglichte es dem Präsidenten, langfristige Politik vom Tagesgeschäft zu trennen. Er erlaubte es ihm auch, die gesamte Palette von Optionen zu erfassen, als ob er sich mit einem abstrakten intellektuellen Problem beschäftigte, unabhängig von den Vorlieben bestimmter Personen oder Vorrechten bestimmter Ministerien. Nach Möglichkeit wurde Nixons tatsächliche Entscheidung erst später mitgeteilt, so dass er sich – ich kann mich an keine Ausnahme erinnern – eventuellen Meinungsverschiedenheiten nicht persönlich stellen musste.

Indem er Eisenhowers Empfehlungen für den NSC umsetzte, konnte Nixon seine schon vor langer Zeit gefasste Absicht verwirklichen, die Außenpolitik aus dem Weißen Haus heraus zu lenken. Das sollte durch ein in seinem Namen herausgegebenes Decision Memorandum angekündigt werden. In besonders kontroversen Situationen – wie etwa 1970 beim Einmarsch von US-Truppen in Kambodscha, um dort stationierten nordvietnamesischen Divisionen nachzusetzen – bekräftigte Haldeman oder Justizminister John N. Mitchell persönlich die endgültige Entscheidung gegenüber dem zuständigen Kabinettssekretär im Weißen Haus, verbunden mit dem Hinweis, dass sie nicht mehr zur Debatte stehe.

Nixons Hemmungen beeinträchtigten keineswegs seine Entschlusskraft. In Krisenmomenten trieb er den Entscheidungsprozess voran, wenn auch indirekt über meinen Stab. Und in mehreren kritischen Momenten – so zum Beispiel 1972 bei der Reaktion auf Nordvietnams »Osteroffensive« gegen Südvietnam oder im Oktober 1973 bei der strategischen Luftbrücke während des Jom-Kippur-Kriegs zur Versorgung Israels mit Waffen und Nachschub – griff er ein, indem er einen direkten Befehl erteilte.

Als Nixon im Januar 1969 sein Präsidentenamt antrat, hatte sich in den USA die öffentliche Debatte über den Vietnamkrieg von Grund auf gewandelt. Zunächst waren die anfänglichen innenpolitischen Auseinandersetzungen über das Thema in traditionellen Bahnen verlaufen: Es ging um Meinungsverschiedenheiten darüber, welche Mittel eingesetzt werden durften, um Ziele zu erreichen, über die man sich einig war. An Universitäten wurde bei sogenannten »Teach-ins« über den Vietnamkrieg debattiert, wobei die moralische Legitimität der jeweils anderen Seite als selbstverständlich vorausgesetzt wurde. In Johnsons Präsidentschaft drehte sich die Beurteilung der amerikanischen Kriegsführung in Vietnam um genau diese Frage der moralischen Legitimität: Die Kriegsgegner erklärten sie für unmoralisch und unvereinbar mit traditionellen amerikanischen Werten. Ihre Reaktion auf den Krieg bestand darin, dass sie sowohl die etablierte Politik als auch die moralische Legitimität mehrerer aufeinanderfolgender Regierungen in Frage stellten – bis hin zu einem Punkt, an dem manche Antikriegsaktivisten versuchten, durch riesige Protestdemonstrationen, von denen manche mehrere Tage andauerten, das Funktionieren der Regierung selbst zu untergraben. Eine weitere Taktik bestand darin, große Mengen an geheimen Informationen der Regierung durchsickern zu lassen, was mit einer Definition von »Open Government« gerechtfertigt wurde, die mit jeder Form von Geheimhaltung unvereinbar war.

»Geheimhaltung«, das bestätigte Nixon in seinen Memoiren, »fordert zweifellos einen hohen Preis hinsichtlich eines freien und kreativen Austauschs von Ideen im Regierungsapparat.« Aber, so fügte er hinzu, in Staatsangelegenheiten sei sie immer in gewissem Maße notwendig: »Ich kann ohne jede Einschränkung behaupten, ohne Geheimhaltung hätte es weder die diplomatische Öffnung nach China noch ein SALT-Abkommen mit der Sowjetunion noch einen Friedensvertrag zur Beendigung des Vietnamkriegs gegeben.«[6]

In diesem Zusammenhang lehrte Eisenhower mich eine wichtige Lektion über den Dienst als Regierungsbeamter in Washington. Mitte März 1969, als der ehemalige Präsident ganz offenbar schon geschwächt war, autorisierte Nixon mich, Eisenhower zu unterrichten über eine kurz zuvor abgehaltene Sitzung des Nationalen Sicherheitsrates, in der die Lage im Nahen Osten, die wachsende sowjetische Militärpräsenz in der Region und die Ausgewogenheit unserer Reaktion zwischen diplomatischen und anderen Maßnahmen erörtert worden waren. Da er im Begriff war, eine Entscheidung zu treffen, bat Nixon mich, Eisenhower die vom NSC erörterten Optionen zu erläutern.

Am nächsten Morgen erschien der Inhalt der NSC-Sitzung in den Medien. General Robert Schulz, der Militärreferent Eisenhowers, rief mich sehr früh an jenem Morgen an, um mich mit dem früheren Präsidenten zu verbinden. Eisenhower begrüßte mich mit einer Flut von Kraftausdrücken, die man normalerweise nicht mit seinem freundlichen öffentlichen Auftreten in Verbindung bringen würde, und warf mir dann vor, Nixons Handlungsspielraum eingeschränkt zu haben, weil ich Überlegungen aus dem NSC-Meeting an die Presse durchgestochen habe. Als ich ihn fragte, ob er denn glaube, dass die Indiskretion auf mein Büro zurückzuführen sei, feuerte er eine weitere Schimpfkanonade ab, um zu betonen, dass es meine Pflicht sei, die Geheimhaltung von Verschlusssachen im gesamten nationalen Sicherheitssystem sicherzustellen. Und diesen Auftrag hätte ich nicht erfüllt, wenn ich ihn so auslegen würde, dass er nur für die Sicherheit meines eigenen Büros gelte.

Meine Antwort – wir seien erst seit zwei Monaten im Amt und hätten in dieser Zeit unser Möglichstes getan, um Indiskretionen zu verhindern – fand auch keine Gnade. »Junger Mann,« – ich war damals 46 Jahre alt – »ich möchte Ihnen einen ganz wesentlichen Rat geben«, sagte Eisenhower in fast väterlichem Ton. »Sagen Sie nie jemandem, dass Sie nicht in der Lage sind, eine Ihnen anvertraute Aufgabe zu erfüllen.« Dies waren die letzten Worte, die ich aus seinem Munde gehört habe. Zwei Wochen später starb Eisenhower.

NIXONS SICHT DER WELT

Nixons Einschätzungen der Vergangenheit und seine Zukunftsahnungen beruhten sowohl auf seinen umfangreichen internationalen Erfahrungen als Politiker als auch auf seinen Jahren des Nachdenkens, bevor er Präsident wurde. Auslandsreisen in seiner Eigenschaft als Vizepräsident – und aussichtsreicher künftiger Präsidentschaftskandidat – hatten ihn mit führenden Politikern der Welt in Kontakt gebracht, die die amerikanische Mentalität verstehen und Nixons Karrierepotenzial einschätzen wollten. Auf der weltpolitischen Bühne wurde er als ernst zu nehmende Persönlichkeit behandelt – ein Respekt, der ihm von Widersachern und Journalisten im eigenen Land nicht immer entgegengebracht wurde.

Nixons außenpolitische Überzeugungen passten nicht nahtlos in überkommene politische Kategorien. In seiner Zeit als Kongressabgeordneter hatte er sich öffentlichkeitswirksam in der Debatte um den Strafprozess gegen Alger Hiss engagiert, einen ehemaligen Beamten des Außenministeriums und angeblichen sowjetischen Agenten, den weite Teile des politischen Establishments für ein Opfer einer »Hexenjagd« hielten – bis er wegen Meineids zu einer Haftstrafe verurteilt wurde (und sogar noch danach). Demnach hatten sowohl Konservative als auch Liberale ein festgefügtes Bild von Nixon, als er sein Amt antrat. Die Konservativen sahen ihn als einen eingefleischten Antikommunisten und Kalten Krieger und erwarteten, dass er einen eher konfrontativen Stil der Diplomatie an den Tag legen würde; die Liberalen befürchteten dagegen, dass er eine Ära einläuten würde, in der die Außenpolitik von demonstrativ zur Schau gestellter amerikanischer Stärke und die Innenpolitik von gesellschaftlichen Kontroversen geprägt sein werde.

Nixon erläuterte seine Sicht der internationalen Verpflichtungen Amerikas in einer Rede am 6. Juli 1971. Darin erklärte er die Verpflichtung der USA im Vietnamkrieg in meistenteils überparteilichen Begriffen und machte weder

Richard Nixon: Die Strategie des Gleichgewichts

seinen Amtsvorgängern von der Demokratischen Partei (Johnson und Kennedy) noch den linken Antikriegsaktivisten Vorwürfe. Er räumte die seinerzeit weitverbreitete Kritik an der US-Politik ein und zählte deren Argumente auf:

> Den Vereinigten Staaten kann man keine Macht anvertrauen; die Vereinigten Staaten sollten sich von der Weltbühne zurückziehen; sie sollten sich um ihre eigenen Probleme kümmern und die Führung der Welt anderen überlassen, da wir in unserer Außenpolitik unmoralisch handeln.[7]

Er räumte ein, dass die USA in Vietnam – wie auch in anderen Kriegen – am Anfang Fehler gemacht hätten, und stellte dann die zentrale Frage: »Welche andere Nation der Welt hätten Sie denn gern in einer solchen Vormachtstellung?« Amerika sei:

> eine Nation, die keine Vormachtstellung auf der Weltbühne angestrebt hat. Diese Rolle fiel uns zu wegen dem, was im Zweiten Weltkrieg geschah. Aber hier haben wir eine Nation, die ihren ehemaligen Feinden geholfen hat, die sich jetzt großzügig zeigt gegenüber jenen, die ihre Gegner sein könnten. [...] Eine Nation, die als führende Weltmacht zu haben [...] die Welt sich sehr glücklich schätzen kann.[8]

Zwar bekräftigte Nixon seine Vision von einer globalen Führungsrolle der USA in der Zeit nach dem Vietnamkrieg, doch er stellte die gängigen Prämissen der US-Außenpolitik in Frage. Damals wie heute vertrat eine wichtige Denkschule die Auffassung, dass Stabilität und Frieden der Normalzustand der internationalen Angelegenheiten seien, Konflikte dagegen die Folge von Missverständnissen oder Böswilligkeit. Sobald feindselige Mächte endgültig überwunden oder besiegt seien, würde die zugrunde liegende Harmonie oder das zugrunde liegende Vertrauen wieder zutage treten. Nach dieser typisch amerikanischen Auffassung sei Konflikt nicht naturbedingt, sondern menschengemacht.

Nixons Wahrnehmung war dynamischer. Er sah Frieden als Zustand eines fragilen und fluiden Gleichgewichts der Kräfte zwischen den Großmächten – ein prekäres Gleichgewicht, das selbst ein wesentliches Element der internationalen Stabilität bildete. In einem Interview für *Time* im Januar 1972 betonte er, dass dieses Gleichgewicht eine Voraussetzung für den Frieden sei:

> Erst wenn eine Nation im Verhältnis zu ihrem potenziellen Konkurrenten unendlich viel mächtiger wird, entsteht die Gefahr eines Krieges. Daher glaube ich an eine Welt, in der die Vereinigten Staaten mächtig sind. Ich meine, die Welt wird sicherer und besser sein, wenn wir starke, gesunde Vereinigte Staaten haben und wenn Europa, die Sowjetunion, China und Japan ein Gleichgewicht bilden, ohne dass einer gegen den anderen ausgespielt wird, ein ausgeglichenes Gleichgewicht.[9]

Jeder der großen britischen Staatsmänner des 19. Jahrhunderts hätte eine vergleichbare Einschätzung über das Schaffen eines Machtgleichgewichts in Europa abgegeben.

Wenn auch Europa* und Japan sich während der Amtszeit Nixons nicht als Mächte mit vergleichbarer Kapazität wie die USA manifestiert haben, wurde von Nixons Präsidentschaft an bis zum Ende des Kalten Krieges und darüber hinaus die »Triangulation« zwischen China und der Sowjetunion zu einem Grundsatz der US-Politik; sie trug sogar maßgeblich zur erfolgreichen Beendigung des Kalten Krieges bei.

Nixon stellte seine Strategie in einen spezifisch amerikanischen Kontext. Zu Beginn des 20. Jahrhunderts hatte Theodore Roosevelt (US-Präsident von 1901 bis 1909) die Ansicht vertreten, dass Amerika eines Tages die Rolle Großbritanniens bei der Aufrechterhaltung des globalen Kräftegleichgewichts erben werde – die wiederum auf den Erfahrungen der Briten bei der Aufrechterhaltung des Machtgleichgewichts auf dem europäischen Kontinent beruhte.[10] Die auf Roosevelt folgenden Präsidenten scheuten jedoch solche Analysen. Stattdessen setzte sich die zuerst von Woodrow Wilson (US-Präsident von 1913 bis 1921) vertretene Auffassung durch, dass internationale Stabilität durch kollektive Sicherheit angestrebt werden müsse, die durch das gemeinsame Durchsetzen des Völkerrechts definiert werde: Laut Wilson gab es »kein

---

* Obwohl Europa *als Gesamtheit* mächtig war, bildete es keine mächtige *Einheit*.

Richard Nixon: Die Strategie des Gleichgewichts

Gleichgewicht der Kräfte, sondern eine Gemeinschaft der Kräfte; keine organisierte Rivalität, sondern einen organisierten gemeinsamen Frieden«.[11]

Nixon war bestrebt, Theodore Roosevelts Konzept von Machtgleichgewicht in der amerikanischen Außenpolitik wiederherzustellen. Wie Roosevelt betrachtete er das nationale Interesse der USA als das definierende Ziel beim Verfolgen der nationalen Strategie und der Außenpolitik. Er war sich der Tatsache bewusst, dass nationale Interessen verschiedener Länder häufig unvereinbar sind und nicht immer zu sogenannten »Win-Win«-Ergebnissen zusammengeführt werden können. Er hielt es für die Aufgabe eines Staatsmannes, solche Differenzen zu erkennen und zu bewältigen; das konnte erreicht werden, indem sie entweder entschärft oder – wenn es unvermeidbar war und als letztes Mittel – mit Gewalt überwunden wurden. In so extremen Fällen neigte Nixon dazu, einer Maxime zu folgen, die er seinen Mitarbeitern häufig vorhielt: »Wenn man Politik halbherzig oder zögerlich betreibt, zahlt man den gleichen Preis, als wenn man sie richtig und mit Überzeugung betreibt.«

Nach Nixons Auffassung von Außenpolitik sollten die Vereinigten Staaten die Rolle des maßgeblichen Gestalters eines fluiden Systems sich verlagernder Gleichgewichte übernehmen. Diese Rolle hatte keinen definierbaren Endpunkt, aber falls Amerika sich aus ihr zurückzog, so glaubte Nixon, würde auf der ganzen Welt Chaos ausbrechen. Amerikas bleibende Verantwortung bestehe darin, sich an einem internationalen Dialog zu beteiligen und, wenn es angebracht war, die Führung in diesem Dialog zu übernehmen. Darum verkündete Nixon in seiner Rede zur Amtseinführung den Anbruch einer »neuen Ära der Verhandlungen«.

DIPLOMATIE UND JUNKTIMS

In seiner Außenpolitik verfolgte Nixon eine zweispurige Strategie gegenüber feindlichen Mächten: Zum einen wollte er die USA und ihre Allianzen stärken, vor allem die NATO; zum anderen wollte er durch die »Ära der Verhandlungen« einen ständigen Dialog mit gegnerischen Mächten wie der Sowjetunion und China führen. Indem er geopolitische und ideologische Ziele miteinander verknüpfte, wollte Nixon zwei Hindernisse überwinden, die es den Amerikanern erschwert hatten, ihre internationalen Schwierigkeiten zu bewältigen.

In meinem 1994 erschienenen Buch *Diplomacy* (deutsch: *Die Vernunft der Nationen. Über das Wesen der Außenpolitik*) habe ich diese beiden Konzepte als den »psychiatrischen« und den »theologischen« Ansatz bezeichnet. Ersterer geht davon aus, dass Verhandlungen Selbstzweck sind, was bedeutet, dass Differenzen zwischen Staaten, sobald sich deren Repräsentanten persönlich gegenübersitzen, als zu bewältigende und potenziell lösbare Missverständnisse behandelt werden können, fast wie persönliche Streitigkeiten. Nach dem theologischen Ansatz werden Kontrahenten dagegen als Ungläubige oder Abtrünnige betrachtet, und schon die Bereitschaft, mit ihnen Verhandlungen zu führen, gilt als eine Art Sünde.[12]

Im Gegensatz dazu betrachtete Nixon Verhandlungen als Element einer Gesamtstrategie, als Teil eines nahtlosen Netzes aus relevanten Faktoren – darunter diplomatische, wirtschaftliche, militärische, psychologische und ideologische Aspekte. Obwohl er ein eingefleischter Antikommunist war, betrachtete Nixon ideologische Differenzen mit kommunistischen Staaten nicht als Hindernisse für diplomatische Verhandlungen. Vielmehr sah er Diplomatie als eine bevorzugte Methode, um feindselige Pläne zu vereiteln und konfliktträchtige Beziehungen entweder in eine Kooperation mit dem Gegner oder in dessen Isolierung zu überführen. Demnach beruhte die Politik der Öffnung gegenüber China auf Nixons Überzeugung, dass die kommunistischen Rigiditäten Mao Zedongs dadurch kompensiert werden konnten, dass man die Bedrohung der Sicherheit Chinas durch die Sowjets ausnutzte. In einem ähnlich gelagerten Fall während des Jom-Kippur-Kriegs im Oktober 1973 eröffnete Nixons Überzeugung, dass Moskaus Verbündete im Nahen Osten nicht in der Lage sein würden, ihre Gebietsansprüche mit Gewalt durchzusetzen, ein strategisches und psychologisches Einfallstor, um den Einfluss der Sowjets in der Region zu schwächen und die USA in die Lage zu versetzen, Friedensverhandlungen zu vermitteln.

Nixon ließ sich nie von der Illusion in Versuchung führen, man könne durch Aufbauen guter persönlicher Beziehungen zu ausländischen Staats- und Regierungschefs gegensätzliche nationale Interessen überwinden. »Wir

Richard Nixon: Die Strategie des Gleichgewichts

alle müssen uns darüber klar sein, dass die Vereinigten Staaten und die Sowjetunion sehr weitreichende und fundamentale Differenzen haben«, sagte Nixon 1970 in einer Rede vor der UN-Vollversammlung und verkündete, wer etwas anderes sage, spiele »die Bedeutsamkeit unserer Meinungsverschiedenheiten herunter. Echte Fortschritte in unseren Beziehungen erfordern konkretes Handeln, nicht nur atmosphärische Aspekte. Eine echte Entspannung kann nur durch eine Reihe von konkreten Maßnahmen erreicht werden, nicht durch eine oberflächlich verbesserte Stimmung.«[13] Mit ideologischen Gegnern müssen man aus einer Position der Stärke heraus verhandeln, um eine Ordnung herbeizuführen, die den amerikanischen Interessen und Sicherheitsbedürfnissen entgegenkomme.

Diesen Grundsätzen folgend erreichte Nixon zu Beginn seiner ersten Amtszeit die Zustimmung des Kongresses zur nationalen Raketenabwehr – eine Initiative, die von vielen als eine militante Provokation für Moskau betrachtet wurde. Doch in den folgenden Jahrzehnten erwies sich diese Raketenabwehr als unentbehrlicherBestandteil der strategischen Rüstung der Vereinigten Staaten. Als die von der Sowjetunion unterstützten und ausgerüsteten Streitkräfte Syriens 1970 in Jordanien einmarschierten, löste Nixon einen regionalen Alarm aus, und als das sowjetische Staatsoberhaupt Leonid Breschnew am Ende des Jom-Kippur-Kriegs im Oktober 1973 mit einer Intervention drohte, schlug er weltweit Alarm. Obwohl er eisern darauf bestand, die Sowjetunion einzudämmen, war sein übergeordnetes Ziel, eine Friedensstruktur aufzubauen. Auf der UN-Vollversammlung 1970 erklärte Nixon seine Sicht der Dinge: »Macht ist ein unvermeidlicher Bestandteil internationaler Beziehungen. Unsere gegenseitige Verpflichtung besteht darin, diese Macht zu disziplinieren und gemeinsam mit anderen Nationen dafür zu sorgen, dass sie zur Erhaltung des Friedens eingesetzt wird und nicht, um den Frieden zu bedrohen.«[14]

Aber wie sollte »Frieden« definiert und erreicht werden? George Kennan, der visionäre Architekt der Eindämmungspolitik nach dem Zweiten Weltkrieg – wie auch die Außenminister Dean Acheson und John Foster Dulles –, hatte sich damit begnügt, die Sowjetunion durch das Aufbauen amerikanischer Stärke in Schach zu halten, in der Zuversicht, dass die Geschichte schließlich eine sowjetische Transformation oder den Zusammenbruch herbeiführen werde. Doch zwei Jahrzehnte, die von einem angespannten thermonuklearen Patt geprägt waren, das durch das Trauma des Vietnamkriegs noch verstärkt wurde, hatten deutlich gemacht, dass die USA eine aktivere Strategie brauchten. Nixons Politik zielte darauf ab, Moskau und Peking dazu zu bewegen, die Legitimität des internationalen Systems zu akzeptieren und sich an Prinzipien zu halten, die mit Amerikas Sicherheitsinteressen und Werten vereinbar waren, indem sie deren Differenzen auf diplomatischem Wege ausnutzte.

Nixon hielt sich für einen geschickten Verhandlungsführer. Das traf durchaus zu, solange es darum ging, einen Gesprächspartner in einen strategischen Dialog zu verwickeln. Aber seine Abneigung gegen direkte Konfrontationen hinderte ihn daran, sich auf das gegenseitige Abwägen und Justieren von Nuancen einzulassen – die Mechanismen, über die Diplomatie funktioniert.

Jedenfalls ist das Aushandeln von detaillierten diplomatischen Vereinbarungen ein Handwerk, von dem Abstand zu nehmen Präsidenten gut beraten wären. Angesichts des enormen Selbstbewusstseins, das sie brauchen, um ihre herausragende Stellung zu erreichen, neigen Präsidenten dazu, als Verhandlungsführer entweder zu entgegenkommend oder zu konfrontativ (oder beides) aufzutreten – Ersteres, wenn sie sich auf ihre Fähigkeit verlassen, ihr Gegenüber durch persönlichen Charme zu manipulieren, oder Letzteres, wenn sie unter dem Druck, dem sie während ihres innenpolitischen Aufstiegs ausgesetzt waren, Diplomatie mit Konfrontation gleichsetzen.

Eine diplomatische Pattsituation zwischen führenden Politikern macht auf beiden Seiten jede Anpassung *innerhalb* einer Regierung komplizierter – ein weiterer Grund, warum Detailfragen auf niedrigeren Ebenen geklärt werden sollten, wo das technische Fachwissen konzentrierter und ein Entgegenkommen für die Beteiligten nicht so bedrohlich ist. Bleiben in der Schlussphase von Verhandlungen nur noch wenige Fragen offen, haben die Regierungschefs die Freiheit errungen, ein substanzielles Ergebnis mit symbolischer Verbindlichkeit und einer pompösen Zeremonie zu feiern.

Nixons Stärken als Staatsmann lagen an den beiden Enden des Spektrums geopolitischer Strategie: Er zeigte analytische Präzision beim Entwickeln von Plänen und große Kühnheit bei deren Ausführung. In Bestform war er bei Verhandlungen über langfristige Ziele und in dem Bemühen, sein Gegenüber in ein strategisches Vorhaben einzubinden. Während Nixon auf dem

Richard Nixon: Die Strategie des Gleichgewichts

Moskauer Gipfeltreffen 1972 bei persönlichen Verhandlungen mit Breschnew über Details der strategischen Rüstungsbeschränkung (ABM-Vertrag) ruhelos war, zeigte er sich auf dem Gipfeltreffen in Peking im selben Jahr eifrig bemüht (und durchaus erfolgreich), mit Zhou Enlai die Grundsätze der amerikanisch-chinesischen Geopolitik zu erörtern; damit legte er das Fundament für eine koordinierte amerikanisch-chinesische Strategie, um das Streben der Sowjets nach globaler Hegemonie zu vereiteln.

Nixon verband seine Einstellung zu Verhandlungen mit einer Strategie, die dem außenpolitischen Establishment nicht zusagte: einer Diplomatie des Junktims. Am 4. Februar 1969 erklärte er in einem Schreiben an Außenminister William P. Rogers und Verteidigungsminister Melvin Laird die Strategie der neuen Regierung.[15] Im Wesentlichen ging es in seinem Brief um eine dramatische Abkehr von der Neigung früherer Regierungen, scheinbar verschiedenartige Themen voneinander zu trennen:

> Ich weiß, dass die vorige Regierung den Standpunkt vertrat, dass wir, wenn wir ein gemeinsames Interesse an einem bestimmten Thema mit der UdSSR sehen, eine Einigung anstreben und versuchen sollten, sie möglichst weitgehend vom Auf und Ab der Konflikte in anderen Regionen abzuschotten. Dies mag in vielen bilateralen und praktischen Fragen – etwa dem kulturellen oder wissenschaftlichen Austausch – durchaus zielführend sein. Doch in den entscheidenden Fragen unserer Zeit müssen wir meiner Auffassung nach versuchen, auf einer Front voranzukommen, die zumindest breit genug ist, um deutlich zu machen, dass wir einen gewissen Zusammenhang zwischen politischen und militärischen Fragen sehen.[16]

Dieses Memorandum löste bei Befürwortern der vorherrschenden Sicht – die besagte, über neu auftauchende Probleme müsse umgehend verhandelt werden, damit sie in Bereichen potenzieller Zusammenarbeit nicht zu Störungen führen könnten – Unbehagen aus, um es milde auszudrücken. Eine solche Strategie reflektierte die Struktur der aus separaten Organisationseinheiten bestehenden Regierung, in der die verschiedenen Ministerien und Behörden für ihre bevorzugte »Marschroute« eintraten. Nixon wusste, dass diese Segmentierung damals die Gefahr mit sich brachte, die Sowjetunion könnte die Tagesordnung vorgeben und die Verhandlungen als Vorwand für die Durchsetzung ihrer imperialen Ziele nutzen.

Letzten Endes änderte Nixons Strategie das Kalkül der Sowjets sehr deutlich. Drei Wochen nach der Ankündigung seines Besuchs in China am 15. Juli 1971 wurde er zu einem Gipfeltreffen in Moskau eingeladen. Im Mai 1972 – nur drei Wochen nachdem er die Bombardierung Nordvietnams und die Verminung des Hafens von Haiphong angeordnet hatte, und drei Monate nach dem Gipfeltreffen in Peking – demonstrierte ein einwöchiges amerikanisch-sowjetisches Gipfeltreffen in Moskau das Bestreben der Sowjets, die Beziehungen zu den USA zu stabilisieren. Der Vertrag über die Begrenzung strategischer Waffen (Strategic Arms Limitation Talks, SALT I-Vertrag), der Vertrag über die Begrenzung von antiballistischen Raketenabwehrsystemen (Anti-Ballistic Missile Treaty, ABM-Vertrag) und das Abkommen über Zwischenfälle auf See (US-Soviet Incidents at Sea Agreement) wurden während dieses Gipfels von Nixon und Breschnew unterzeichnet – es waren Schritte auf dem Weg zu dem Ziel, das Nixon in seiner ersten Antrittsrede formuliert hatte: die »Struktur des Friedens« zu stärken. Mit dem 1974 geschlossenen Abkommen zur Begrenzung von unterirdischen Atomwaffentests (Treaty on the Limitation of Underground Nuclear Weapon Tests, kurz Threshold Test Ban Treaty, TTBT) wurde der Friedensprozess fortgesetzt, 1975 gefolgt von der Schlussakte der Konferenz über Sicherheit und Zusammenarbeit in Europa (auch KSZE-Schlussakte, Helsinki Accords oder Schlussakte von Helsinki), die während der Regierungszeit von Nixons Nachfolger Gerald Ford unterzeichnet wurde.

Diese Abkommen warfen ein Schlaglicht auf einen anderen Begriff – Détente –, der mit Nixons Außenpolitik assoziiert wurde und Kontroversen auslöste. Abgeleitet vom Infinitiv des französischen Verbs *détendre* (»entspannen«) und daher von rätselhaften Konnotationen umwoben, implizierte das Wort eine Entspannung zwischen den Supermächten. Der wichtigste Einwand dagegen war die Forderung, die US-Diplomatie müsse sich darauf konzentrieren, das Sowjetsystem und das anderer Widersacher zu unterminieren und letztlich zu zerstören. Nixon und ich hielten dagegen, dass es in einem Zeitalter von Massenvernichtungswaffen und revolutionären Technologien auf anderen Gebieten jede Kontroverse mit dem Risiko einer totalen

Konfrontation überschatten würde, wenn man den Umsturz des gesamten Sowjetsystems zum definierenden Ziel erklärte. Stattdessen befürworteten wir eine starke militärische Position in Verbindung mit einer Diplomatie, die die Wahrung der strategischen Interessen der USA durch multiple Optionen zu erreichen suchte.

Ein weiteres Ziel der Entspannungspolitik bestand darin, den Sowjets Einfluss auf Schlüsselaspekte der amerikanisch-sowjetischen Beziehungen einzuräumen. Die Beziehungen sollten intensiviert werden, wenn die Sowjets sich verantwortungsbewusst verhielten, und in Zeiten der Belastung eingeschränkt oder verändert werden. Dabei blieb der Ansatz von Stärke *und* Diplomatie auf dem Tisch, sie wurden als Elemente derselben Strategie eingesetzt. Wie wir sehen werden, reagierten die Vereinigten Staaten robust auf Provokationen, die hochgradige Risiken bargen, um den Sowjets einen maximalen Anreiz zur Zurückhaltung zu setzen – wie etwa in der Jordanienkrise 1970, dem Südasienkonflikt 1971 und dem Jom-Kippur-Krieg 1973. Zugleich hielten die USA sich stets die Vision einer Koexistenz mit Gegnern offen.

EINE REISE NACH EUROPA

Nixons erste Auslandsreise als Präsident fand einen Monat nach seiner Amtseinführung statt, vom 23. Februar bis 2. März 1969. Erklärtes Ziel war die »Wiederherstellung eines neuen Kooperationsgeistes«, nachdem Differenzen über die Vietnam- und Nahostpolitik die Beziehungen der USA zu ihren europäischen Verbündeten belastet hatten.

Doch das erhabene Ziel der Reise kollidierte mit den Komplexitäten des zunehmenden Strebens der Europäer nach einer neuen Identität. Zwar hatte der Kontinent sich wirtschaftlich von den Verheerungen des Zweiten Weltkrieges weitgehend erholt, stand aber erst am Anfang des Weges, gemeinsame Institutionen zu schaffen, und war noch weit von seinem erklärten Ziel entfernt, eine gemeinsame geopolitische Strategie zu entwickeln. Über vier Jahrhunderte hatten die Europäer die Welt durch ihre militärische Stärke und ihre Beiträge zur politischen Philosophie geprägt; doch nun fürchteten die Nationen

Europas vor allem Pressionen der Sowjets, die durch militärische Gewalt unterlegt waren. Obwohl die Verbündeten die militärische Unterstützung der USA durch die NATO für unentbehrlich hielten, strebten sie daher nach mehr Autonomie bei der Gestaltung ihrer politischen und – vor allem – wirtschaftlichen Zukunft.

Seinen ersten Ausflug in die Außenpolitik hatte Nixon 1947 als Kongressabgeordneter im Herter Committee (einem Vorläufer des Marshallplans von 1948) unternommen. Die Europareise dieses Ausschusses im Herbst 1947 trug dazu bei, Nixons anhaltendes Engagement für organisch gewachsene Beziehungen zwischen der Neuen und der Alten Welt zu prägen. Damals strebte Europa eine vertiefte Beziehung zu den Vereinigten Staaten an. Als Nixon ein Vierteljahrhundert später Präsident war, beschäftigten sich die europäischen Staats- und Regierungschefs nach wie vor mit der inneren Entwicklung des Kontinents und setzten sich nur in Sonntagsreden für eine Verbesserung der politischen Partnerschaft mit den USA ein.

Erschwerend kam hinzu, dass innerhalb eines Jahres nach Nixons Reise jede bedeutende europäische Regierung aus innenpolitischen Gründen abgelöst werden sollte. Zwei Monate nach Nixons Besuch trat Charles de Gaulle zurück, nachdem er zweimal sein Veto gegen die Mitgliedschaft Großbritanniens in der Europäischen Wirtschaftsgemeinschaft, dem Vorläufer der Europäischen Union, eingelegt hatte. Er wurde von Georges Pompidou abgelöst. Bundeskanzler Kurt Georg Kiesinger, unser Gastgeber in Deutschland, der im Wesentlichen den Kurs Adenauers fortgesetzt hatte, wurde noch vor Ende des Jahres 1969 von Willy Brandt abgelöst, der sich unter der Parole »Ostpolitik«* für eine flexiblere Politik gegenüber der Sowjetunion einsetzte. Premierminister Harold Wilson, unser britischer Gastgeber, verlor die Wahl gegen den Parteichef der Konservativen, Edward Heath, unter dessen Regierung London dann mehr Distanz zu Washington suchte, da er die angestrebte Mitgliedschaft in einem vereinten Europa für wichtiger hielt, als die etablierten Beziehungen Großbritanniens zu den Vereinigten Staaten zu pflegen. Also befand sich Nixon auf einer Reise, auf der er einer Reihe von Staats- und Regierungschefs, die jeweils auf ihren innenpoli-

---

* Siehe Kapitel 1, Seite 77 f.

tischen Horizont konzentriert waren, die langfristigen Zusicherungen der USA übermitteln musste.

Und das war keineswegs die einzige Ironie, die sich während seines achttägigen Besuchs bemerkbar machte. Obwohl seine Gastgeber ihn ermutigten, Gespräche über atomare Rüstungskontrolle mit der Sowjetunion und über die Beendigung des Vietnamkriegs in die Wege zu leiten, wurden sie nervös, als er ihre Empfehlungen weitgehend akzeptierte. »Zu gegebener Zeit und gut vorbereitet werden die Vereinigten Staaten mit der Sowjetunion Verhandlungen über eine breite Palette von Themen aufnehmen«, erklärte Nixon bei einer Rede im NATO-Hauptquartier in Brüssel. Er räumte ein, dass solche Gespräche »Auswirkungen für unsere europäischen Verbündeten haben werden«, obwohl sie nur von den Vereinigten Staaten geführt werden sollten. Vor diesem Hintergrund betonte er, wie wichtig es sei, auch weiterhin zusammenzuarbeiten und Geschlossenheit zu zeigen: »Wir werden das auf der Basis umfassender Konsultationen und Kooperationen mit unseren Verbündeten tun, da wir wissen, dass die Erfolgsaussichten von Verhandlungen davon abhängen, wie geschlossen wir auftreten.«[17]

Seine Rede rief geteilte Reaktionen hervor. Die europäischen Verbündeten begrüßten die Unterstützung der Vereinigten Staaten gegen die sowjetische Bedrohung, blieben jedoch besorgt über die Frage, um welche Inhalte es bei den Verhandlungen zwischen den USA und der Sowjetunion tatsächlich gehen sollte. Nixons erklärte Absicht, mit diplomatischen Mitteln Bewegung in eine festgefahrene internationale Lage zu bringen, löste sowohl Zustimmung als auch Beunruhigung aus, während seine Forderung nach »echten Konsultationen mit den Verbündeten im Vorfeld der Verhandlungen« Zweifel über die Einigkeit des Bündnisses aufkommen ließ, die bis heute andauern.

Unter Nixon entwickelten sich die Beziehungen der Vereinigten Staaten zu Europa auf einer kooperativen, konsultativen Ebene und standen unter dem Vorzeichen von Nixons persönlichem Engagement für die NATO. Noch tiefer gehende strukturelle Probleme wurden erörtert, aber nicht gelöst: Welches Maß an Kooperation war außerhalb des NATO-Vertragsgebiets erforderlich, etwa im Nahen Osten oder in Asien? Wie viel Geschlossenheit brauchte das Bündnis inmitten einer zerfallenden Weltordnung und einer explosionsartigen Entwicklung von neuen Technologien? Wie viel Vielfalt konnte es verkraften?

STAATSKUNST

Ein Teil der Ambivalenz kann auf den Vietnamkrieg zurückgeführt werden, den die meisten europäischen Staats- und Regierungschefs als Ablenkung von ihren eigenen zentralen Sicherheitsinteressen empfanden. Dadurch, dass die USA und Europa globale Risiken unterschiedlich einschätzten, entstanden weitere Differenzen, zum Beispiel in Form der deutschen Ostpolitik, die gegenüber der Sowjetunion eine politische Vorwärtsstrategie propagierte.

Im dritten Jahr der Präsidentschaft Nixons kam es im Bereich der Wirtschaft zu einer einschneidenden Veränderung der transatlantischen Beziehungen. Die 1944 in Bretton Woods vereinbarte neue Währungsordnung hatte feste Wechselkurse zwischen ausländischen Währungen und dem US-Dollar festgelegt und anderen Ländern das Recht eingeräumt, Dollarbestände zu einem Kurs von 35 Dollar pro Unze in Gold umzutauschen. Das System hatte zwei Jahrzehnte lang gut funktioniert, geriet aber in den späten 1960er-Jahren zunehmend unter Druck.[18] Während Westeuropa und Japan sich von den Zerstörungen des Zweiten Weltkriegs erholten, hatten sie Dollarreserven angesammelt – bis 1971 waren es 40 Milliarden Dollar, gegenüber US-Goldreserven im Wert von 10 Milliarden Dollar. Da einige ausländische Regierungen das Vertrauen in die Fähigkeit der USA verloren hatten, die Goldkonvertibilität des Dollar aufrechtzuerhalten, forderten sie – allen voran Frankreich –, immer größere Summen aus ihren Dollarbeständen in Gold umzutauschen.[19]

Nixon reagierte mit der für ihn typischen Entschlossenheit. Im August 1971 beriet er sich drei Tage lang in Camp David mit seinen Wirtschaftsberatern. Der Chef der Federal Reserve, Arthur Burns, wollte das Bretton-Woods-System beibehalten, während Finanzminister John Connally und der Direktor des Office of Management and Budget, George Shultz, ein Ende der Goldbindung des Dollar befürworteten; Shultz ging sogar so weit, ein neues System mit freien Wechselkursen zur Diskussion zu stellen.[20] Nixon schloss sich Connally und Shultz an und kam zu dem Schluss, dass die Konvertibilität zwischen Dollar und Gold nicht aufrechterhalten werden könne und dass jeder Versuch, sie beizubehalten, zu spekulativen Angriffen gegen den Dollar führen würde. Am Sonntag, dem 15. August 1971,* hielt Nixon eine TV-An-

---

* An jenem Sonntag war ich auf der Reise nach Paris zu Friedensverhandlungen mit den Nordvietnamesen, wie beschrieben in Kapitel 3, Seite 217 bis 225.

sprache und verkündete eine »vorübergehende« Aussetzung der Konvertierbarkeit des Dollar in Gold.

Einige Verbündete waren nicht gerade erfreut, sowohl über diese Entscheidung als auch die einseitige Art und Weise, in der sie getroffen wurde. Frankreich sprach sich vehement gegen die Aussetzung der Goldbindung aus. Der französische Finanzminister Valéry Giscard d'Estaing (der später Präsident wurde) befürchtete, die in der US-Wirtschaft grassierende Inflation könne sich ohne die restriktive Wirkung der Goldbindung über das gesamte globale Finanzsystem ausbreiten.[21] Westdeutschland befürchtete seinerseits, dass die plötzliche und einseitige Aussetzung der Goldbindung ein Wiederaufleben von ökonomischem Nationalismus einläuten könnte.[22] Um solche Befürchtungen zu zerstreuen und die Grundzüge einer neuen langfristigen Währungsordnung zu entwickeln, traf sich der stellvertretende US-Finanzminister Paul Volcker mit europäischen Kollegen.

Diese Bemühungen führten zu dem Smithsonian Agreement vom Dezember 1971, mit dem der Dollar abgewertet und neue Wechselkurse festgelegt wurden. Bald stellte sich jedoch heraus, dass feste Wechselkurse ohne Goldstandard schwierig aufrechtzuerhalten sind, so dass dieses Abkommen im Februar 1973 scheiterte und die großen Wirtschaftsmächte flexible Wechselkurse einführten.[23] Ungeachtet anfänglicher Befürchtungen gilt dieses System bis zum heutigen Tag. Nixons dramatische Entscheidungen damals in Camp David bewirkten, dass die globale Währungsordnung in ein flexibleres – aber letztlich nachhaltigeres – Gleichgewicht gebracht wurde.

Im Jahr 1973 antwortete Nixon auf die anhaltenden Debatten über das Währungssystem wie auf das europäische Unbehagen über Atomwaffen und den Vietnamkrieg, indem er den Vorschlag machte, ein »Jahr Europas« auszurufen. Dabei handelte es sich um eine Erklärung über eine langfristige Partnerschaft zwischen Europa und den Vereinigten Staaten nach Beendigung des Vietnamkriegs, die damals abzusehen war.

In einer Rede, die ich im April 1973 in New York hielt, schlug ich in Nixons Auftrag vor, dass die USA und ihre europäischen Partner bis Ende des Jahres eine Erklärung über gemeinsame Ziele sowohl im politischen als auch im strategischen Bereich ausarbeiten sollten – nach dem Beispiel der von

Franklin D. Roosevelt und Winston Churchill am 14. August 1941 unterzeichneten Atlantik-Charta. Das Ziel der neuen Erklärung sollte sein, die gemeinsamen sicherheitspolitischen Anstrengungen auf den letzten Stand der Technik zu bringen und unter Berücksichtigung der Entwicklung der Krise in verschiedenen Regionen der Welt gemeinsame politische Ziele zu definieren. Doch dieser Vorschlag erwies sich als verfrüht. Unsere Verbündeten waren für die Idee einer neu entwickelten Erklärung über die strategischen Ziele, die ihre unmittelbare Sicherheit betrafen, durchaus empfänglich, aber sie widersetzten sich globalen Definitionen von transatlantischer politischer Einigkeit.

Nixon unterstützte die Struktur der NATO, verteidigte entschlossen die Freiheit Berlins und erreichte einen besseren Status für die geteilte Stadt, durch den eine über zehn Jahre anhaltende Krise und die Bedrohung des freien Zugangs nach Berlin beendet wurden. Darüber hinaus blieb er ständig mit der NATO und den wichtigsten Staats- und Regierungschefs Europas im Gespräch. Nach dem Ende seiner Präsidentschaft wurden US-Initiativen außerhalb des NATO-Vertragsgebiets – etwa die Bekämpfung von aufständischen Milizen in Afghanistan oder im Irak – von den Europäern durchaus unterstützt, allerdings mehr um sich das amerikanische Engagement für die Verteidigung Europas gegen Russland zu bewahren, als um ein gemeinsames globales Ziel zum Ausdruck zu bringen. Nixons ultimatives Ziel einer organisch gewachsenen Beziehung zu Europa in weltpolitischen Fragen steht daher bis heute auf der Agenda.

DER VIETNAMKRIEG UND SEINE BEENDIGUNG

Als Nixon sein Amt antrat, waren die USA bereits seit fast zwei Jahrzehnten am Vietnamkrieg beteiligt. Als er im Januar 1969 eingeschworen wurde, waren bereits 30 000 US-Soldaten im Kampf gefallen, und im ganzen Land hatte es zahlreiche, zum Teil gewalttätige Proteste gegen den Krieg gegeben. Als ich Nixon nach seinem Wahlsieg zum ersten Mal traf, im Pierre Hotel, betonte er, dass er entschlossen sei, den Krieg in Vietnam in seiner ersten Amtszeit zu beenden. Er versprach den Familien der gefallenen Soldaten ein für die USA

Richard Nixon: Die Strategie des Gleichgewichts

ehrenhaftes Ende. Er wolle versuchen, dieses Ziel durch eine Diplomatie des Junktims gegenüber der Sowjetunion zu erreichen. Möglicherweise werde auch seine Idee einer Öffnung gegenüber China eine Rolle spielen, aber er werde seinen Grundsätzen treu bleiben. Eine der Voraussetzungen für die Sicherheit der freien Welt, für internationalen Frieden und Fortschritt sei, dass die Führungsrolle der USA wiederhergestellt und über kurz oder lang erneuert werde. Militärische und politische Initiativen müssten auch weiterhin koordiniert stattfinden.

Schon während der Präsidentschaft von Harry Truman hatten sich die USA an der Verteidigung Südvietnams gegen kommunistische Aufständische beteiligt, indem sie Militärberater schickten. Eisenhower stockte die amerikanische Hilfe auf und erhöhte die Zahl der Militärberater, die der US-Botschaft in Saigon (heute Ho-Chi-Minh-Stadt) unterstellt waren, von 35 auf fast 700 im Jahr 1956.[24] Gegen Ende seiner Amtszeit kam Eisenhower zu dem Schluss, dass durch die neuen Nachschubwege, die nordvietnamesische Verbände sich durch Vorstöße nach Laos und Kambodscha – zwei schwache und neutrale Länder an der Grenze zu Südvietnam – eröffnet hatten, die Sicherheit Saigons zunehmend bedroht war und daher Widerstand geleistet werden müsse.

Diese Nachschublinien – ein System, das später als »Ho-Chi-Minh-Pfad« bekannt wurde – erstreckten sich durch das wilde Dschungelgebiet entlang der knapp 1000 Kilometer langen Westgrenze Südvietnams und waren daher schwer zu finden, anzugreifen und zu blockieren. Der Ho-Chi-Minh-Pfad war zum Dreh- und Angelpunkt der nordvietnamesischen Strategie geworden, die darauf abzielte, die südvietnamesische Regierung zu schwächen und schließlich zu stürzen.

Im Zuge der Amtsübergabe im Jahr 1960 riet Eisenhower seinem Nachfolger John F. Kennedy, US-Streitkräfte in die Region zu verlegen und gegebenenfalls Übergriffe auf Gebiete der neutralen Nachbarländer zu bekämpfen. Kennedy nahm diesen Rat Eisenhowers zur Kenntnis, handelte aber nicht sofort, sondern versuchte zunächst, durch Verhandlungen mit Hanoi eine politische Lösung zu erreichen. Das Ergebnis war das 1962 in Genf unterzeichnete International Agreement on the Neutrality of Laos. Als Hanoi jedoch später die Neutralität von Laos durch verstärkte Infiltration verletzte, reagierte Kennedy mit der Entsendung von 15 000 US-Soldaten, die südvietnamesische Kampfeinheiten ausbilden und beraten sollten. Da die Kennedy-Administration annahm, dem südvietnamesischen Autokraten Ngo Dinh Diem fehlten die breite Unterstützung der Bevölkerung und der politische Wille, den Krieg zu gewinnen, ermutigte sie das Militär Südvietnams, ihn abzusetzen. Dieser Putsch, der zur Ermordung Diems am 2. November 1963 führte, entkernte die Regierung Südvietnams inmitten eines Bürgerkriegs, bei dem per definitionem die umkämpfte Staatsgewalt die wichtigste Beute ist. Die Nordvietnamesen nutzten diese Gelegenheit, um ihre Guerillakräfte mit regulären Kampfeinheiten zu verstärken.

Nach der Ermordung von Kennedy am 22. November 1963 verstärkte Lyndon B. Johnson den US-Militäreinsatz in Vietnam, und zwar auf Anraten des nationalen Sicherheitsteams, das er von Kennedy übernommen hatte (der einzige Abweichler war George Ball, der stellvertretende US-Außenminister).* Johnson erkannte jedoch bald, dass das politische Chaos in der Region durch die Komplexitäten der Entwicklung einer militärischen Strategie noch verschärft wurde.

Schon allein die Dimension des US-Einsatzes in einer so weit entfernten Region machte es für die Amerikaner zwingend erforderlich, den Krieg möglichst schnell zu beenden. Hanoi verfolgte dagegen die Strategie, den Krieg in die Länge zu ziehen, um die Amerikaner mental zu erschöpfen. In einem Krieg zwischen einer technisierten Armee und im Dschungel operierenden

---

* Damit folgte Johnson der vorherrschenden Denkschule, die davon ausging, dass die Vorstöße der Kommunisten in Asien der gleichen Art waren wie jene in Europa in den 1940er- und 1950er-Jahren und dass man ihnen daher widerstehen konnte, indem man gesicherte Linien zog, hinter denen sich die bedrohte Bevölkerung in ihrem Streben nach Freiheit sammeln konnte. Leider gab es einen entscheidenden Unterschied zwischen den beiden Konstellationen: Die Völker Europas waren zumeist geprägt von einem gesellschaftlichen Zusammenhalt, der sie in die Lage versetzte, ihre historisch gewachsene Identität wiederherzustellen, sobald sie in Sicherheit waren. Indochina war dagegen ethnisch gespalten und von einem Bürgerkrieg zerrissen; zu Aggressionen kam es daher nicht nur über geografische Trennlinien hinweg, sondern auch innerhalb der Zivilgesellschaft. Im Jahr 1965 gab Maos Stellvertreter Lin Biao ein Manifest heraus, in dem er die Landbevölkerungen der Welt dazu aufrief, sich zu erheben und die Städte zu unterwerfen. Sowohl die Kennedy- als auch die Johnson-Administration fassten die Kampagne der Kommunisten als einen globalen Kreuzzug auf, bei dem Indochina die erste Etappe darstellte.

Guerillakämpfern sind Letztere im Vorteil, weil sie gewinnen, solange sie nicht verlieren. Im Januar 1969 hatte Nordvietnam das westliche Drittel von Laos und Teile Kambodias außer Reichweite der US-Streitkräfte unter seine Kontrolle gebracht und nutzte sie als Basen, über die es den größten Teil seines Nachschubs nach Südvietnam schicken konnte und so den südlichsten Teil von Südvietnam bedrohte, einschließlich der Hauptstadt Saigon. Das heißt, dass Nordvietnam logistisch in der Lage war, das Durchhaltevermögen der Amerikaner auf die Probe zu stellen, indem es eine Strategie verfolgte, die, wie es der nordvietnamesische Premierminister Pham Van Dong dem Korrespondenten der *New York Times* Harrison Salisbury erklärt hatte, auf der Überzeugung beruhte, dass die Nordvietnamesen sich leidenschaftlicher für Vietnam einsetzen würden als US-Soldaten – was darauf hinauslief, dass mehr Vietnamesen als US-Soldaten bereit seien, für Vietnam zu sterben.[25]

Doch ein festgefahrener Stellungskrieg auf dem Schlachtfeld und eine wachsende Zahl von Gefallenen führten an der amerikanischen Heimatfront zu einer Fragmentierung der Gesellschaft. Es begann während der Johnson-Administration mit einer Debatte an Hochschulen über Ziele und Möglichkeiten des Krieges. In der Zeit bevor Nixon seinen Amtseid ablegte, war diese Debatte geradezu explodiert und zu einer erbitterten Auseinandersetzung über das Verhältnis zwischen amerikanischen Werten und amerikanischem Verhalten geworden: War der Krieg gerecht? Und wenn er es nicht war, wäre es dann nicht besser, die ganze Unternehmung aufzugeben? Obwohl die letztere Position anfänglich für radikal gehalten wurde, galt sie bald in weiten Kreisen der gesellschaftlichen Eliten in den USA als Mehrheitsmeinung.

Der Amerikanische Exzeptionalismus wurde auf den Kopf gestellt; der rechtschaffene Idealismus, der nach dem Zweiten Weltkrieg die Übernahme von internationaler Verantwortung durch die USA hervorgebracht und unterstützt hatte, wurde nun angesichts des Vietnamkriegs wieder beschworen, um die globale Führungsrolle Amerikas pauschal abzulehnen. Die durch den militärischen Einsatz in Vietnam entfesselte Glaubenskrise reichte weit über den Krieg hinaus und drehte sich um das ureigenste Wesen und die moralische Essenz der Ziele Amerikas.

Als Teach-ins an Hochschulen sich zu Massendemonstrationen auflösten, war ein Punkt erreicht, an dem öffentliche Auftritte für Präsident Johnson im Wahljahr 1968 unmöglich gemacht wurden, mit der Ausnahme von Militärstützpunkten. Dennoch blieb ein unilateraler Rückzug aus dem Krieg unbeliebt in der Bevölkerung, und sowohl Hubert Humphrey, der Präsidentschaftskandidat der Demokratischen Partei, als auch sein republikanischer Kontrahent Richard Nixon lehnten einen unilateralen Rückzug ab. Sie gaben aber im Wahlkampf das Versprechen, dass sie einen Weg finden würden, den Krieg durch Verhandlungen zu beenden.

Nixon äußerte sich nicht eindeutig zu der Frage, wie er das schaffen wollte, sondern sagte nur, es würde sich um einen neuen Ansatz handeln; die *Protest*-Plattform der Demokratischen Partei forderte einen Truppenabzug, ohne jedoch Einzelheiten zu nennen. Der Streitpunkt, der die Demokratische Partei spaltete und zu Tumulten auf dem Nominierungsparteitag im August führte, war die Forderung nach einem *beidseitigen* Abzug der (US- und nordvietnamesischen) Streitkräfte aus Südvietnam. Der vorgeschlagene Abzug der US-Truppen, wie er Senator Edward »Ted« Kennedy und anderen gemäßigten Demokraten vorschwebte, wurde nicht weiter spezifiziert, als dass er »eine beträchtliche Anzahl« betreffen sollte.[26]

Seit unserem ersten Treffen hatte Nixon immer wieder auf einem ehrenhaften Ende in Vietnam als Erfordernis der globalen Führungsrolle der USA bestanden. In der Zeit der Amtsübergabe nach der Wahl definierten wir »ehrenhaft« so, dass die Menschen in Indochina, die für ihre Freiheit gekämpft hatten, die Möglichkeit erhalten mussten, selbst über ihr Schicksal zu entscheiden. Mittlerweile war die Protestbewegung in den USA dazu übergegangen, einen einseitigen Abzug zu fordern, was Nixon strikt ablehnte. Aus seiner Sicht erforderte es das nationale Interesse, einen Mittelweg zwischen Sieg und Rückzug zu finden. Ein bedingungsloser Truppenabzug war aus Nixons Sicht der Weg zu einer geistigen und geopolitischen Abdankung, mit anderen Worten: eine schwere Schädigung der Bedeutung der Vereinigten Staaten für die internationale Ordnung.

Sobald Nixon im Amt war, fand er praktische Gründe, um einen einseitigen Rückzug abzulehnen. Schätzungen der Vereinigten Stabschefs zufolge würde es 16 Monate dauern, den Abzug von einer halben Million Soldaten und ihrer

Ausrüstung vorzubereiten. Und selbst wenn man davon ausgeht, dass diese Schätzung der Vereinigten Stabschefs von ihrer Abneigung gegen diese Idee beeinflusst war, zeigt die Planlosigkeit beim Abzug von 5000 US-Soldaten aus Afghanistan im Jahr 2021, welch eine Unordnung ein einseitiger Truppenabzug unter Kriegsbedingungen anrichten kann. In Vietnam hatten es über 150 000 amerikanische Streitkräfte 1969 mit mindestens 800 000 nordvietnamesischen Soldaten zu tun – und einer vergleichbaren Zahl von Südvietnamesen, deren Verhalten, wenn sie sich verraten fühlten, von Feindseligkeit bis hin zu Panik reichen konnte.

Darum beschloss Nixon, wie er es im Wahlkampf gesagt hatte, über ein Junktim eine diplomatische Lösung mit der Sowjetunion anzustreben. Selbst angesichts einer Offensive Nordvietnams, die innerhalb von drei Wochen nach seinem Amtsantritt begann – also noch bevor er irgendeine größere militärische Entscheidung getroffen hatte –, hielt er an dieser Strategie fest, was dazu führte, dass in den ersten sechs Monaten seiner Präsidentschaft über 6000 US-Soldaten fielen.[27]

Nixon wollte herausfinden, ob eine Kombination aus Diplomatie und Druck die Sowjets dazu bewegen konnte, ihre Unterstützung für Hanoi einzustellen. Also entwickelte mein Stab einen diplomatischen Sondierungsplan, nach dem wir den Nordvietnamesen die Zugeständnisse machen würden, die einzuräumen wir imstande waren, möglicherweise über Moskau. Parallel dazu entwickelte mein Stab unter dem Codenamen »Duck Hook«* auch Optionen für eine militärische Eskalation (die hauptsächlich aus einer Blockade und der Wiederaufnahme von Bombardierungen bestehen würde). Falls Moskau unser Angebot ablehnen würde, wollte Nixon versuchen, es mit militärischer Gewalt durchzusetzen. (Die militärischen Elemente dieses Plans sollten drei Jahre später – im Mai 1972 – als Reaktion auf Hanois Osteroffensive großenteils in die Tat umgesetzt werden.)

Cyrus Vance, der für die Johnson-Administration mit Nordvietnam verhandelt hatte, schien für die Idee empfänglich zu sein, als Sondervermittler zur Verfügung zu stehen, falls unser Vorschlag im Kreml Anklang finden sollte.

---

* Ich kann mich nicht mehr daran erinnern und habe keine Dokumente darüber, warum oder von wem dieser Codename gewählt wurde.

STAATSKUNST

Mit Nixons Zustimmung legte ich das Konzept (ohne Einzelheiten) Anatoli Dobrynin vor, dem sowjetischen Botschafter in den Vereinigten Staaten. Wir haben nie eine Antwort aus Moskau erhalten, aber bei einem Treffen im August 1969 – meinem ersten mit den Nordvietnamesen – lehnte der stellvertretende Außenminister Xuan Thuy den Vorschlag mit der Begründung ab, Hanoi verhandele nie über Dritte.

Während über den diplomatischen Weg nachgedacht wurde, stellte Nixon der Welt am 25. Juli 1969 ein umfassendes strategisches Konzept für Südostasien vor.[28] Seine Ansprache hielt er auf der abgelegenen Insel Guam im Westpazifik, wo er während einer Reise um die Welt einen nachmittäglichen Zwischenstopp eingelegt hatte; kurz zuvor hatte er die Astronauten von Apollo 11 begrüßt, die gerade als Erste vom Mond zurückgekehrt waren.

Auf dieser Pressekonferenz präsentierte Nixon in Form einer scheinbar improvisierten Erklärung – die in Wirklichkeit im Weißen Haus sorgfältig vorbereitet und während des Fluges noch einmal überarbeitet worden war – seine Südostasienpolitik, um auf diesem Wege die Beziehungen der USA zu ihren Partnern in der Region zu betonen. Er warnte vor den Gefahren, die von den kommunistischen Regimes in China, Nordkorea und Nordvietnam ausgingen, und erklärte, die Vereinigten Staaten »müssen die Art von Politik vermeiden, durch die etliche Länder in Asien so abhängig von uns geworden sind, dass wir in Konflikte wie den in Vietnam hineingezogen werden«. Die mitreisenden Journalisten fragten natürlich nach Details, die Nixon bereitwillig lieferte. Seine Antwort:

> Ich glaube, die Zeit ist gekommen, dass die Vereinigten Staaten in ihren Beziehungen zu *allen unseren asiatischen Freunden* zwei Punkte nachdrücklich betonen: erstens, dass wir unsere vertraglichen Verpflichtungen einhalten werden [...], aber zweitens, dass die Vereinigten Staaten auch, soweit es Probleme der inneren Sicherheit und der militärischen Verteidigung betrifft – mit Ausnahme der Bedrohung durch eine atomar bewaffnete Großmacht –, diese asiatischen Nationen dazu ermutigen und mit Recht von ihnen erwarten können, dass sie sich in zunehmendem Maße selbst um dieses Problem kümmern und die Verantwortung dafür übernehmen.[29]

Richard Nixon: Die Strategie des Gleichgewichts

Der politische Rahmen, der später als die »Nixon-Doktrin« bekannt wurde, umfasste drei grundlegende Prinzipien:

- Die Vereinigten Staaten würden alle ihre vertraglichen Verpflichtungen einhalten.
- Sie würden einen Schutzschild bereitstellen für den Fall, dass eine Atommacht die Freiheit einer mit uns verbündeten Nation oder einer Nation bedroht, deren Fortbestehen die USA als unentbehrlich für ihre Sicherheit und die Sicherheit der gesamten Region betrachten.
- Bei andersartigen Aggressionen – das heißt, bei konventionellen Aggressionen durch Mächte ohne Atomwaffen – würden die USA militärische und wirtschaftliche Unterstützung leisten, falls sie darum ersucht würden. Sie würden jedoch von der unmittelbar bedrohten Nation erwarten, die primäre Verantwortung für die Bereitstellung von Truppen zu ihrer Verteidigung selbst zu übernehmen.[30]

Im Rahmen dessen, was später als »Vietnamisierung« bezeichnet wurde, wollten die USA nach der dritten dieser Maximen militärische Ausrüstung, Ausbildung und weiterhin Unterstützung aus der Luft bereitstellen, um es Südvietnam zu ermöglichen, so lange durchzuhalten, bis es stark genug war, sich selbst zu verteidigen. Mit der Nixon-Doktrin sollte die Entschlossenheit der Amerikaner demonstriert und Südvietnam so wehrhaft gemacht werden, dass Hanoi einer politischen Lösung zustimmen konnte, die es dem südvietnamesischen Volk ermöglichen würde, seine Zukunft selbst zu bestimmen.

Nixon versprach, die Verpflichtungen der USA gegenüber offiziellen Verbündeten wie Südkorea und Thailand einzuhalten, aber auch andere Länder in Asien zu verteidigen, die von einer Atommacht bedroht wurden, womit implizit China und die Sowjetunion gemeint waren. Der Unterschied zwischen Nixon und seinen Amtsvorgängern bestand darin, dass er den Umfang der amerikanischen Hilfen davon abhängig machte, dass die bedrohte Nation die Verantwortung für ihre Verteidigung selbst übernahm. Damit wollte er die Länder, deren Überleben vom Schutz der Amerikaner abhing, dahingehend beruhigen, dass Verhandlungen zur Beendigung des Vietnamkriegs keinen strategischen Rückzug der Schutzmacht USA aus Asien bedeuteten.*

Unterdessen waren ganz am Ende von Johnsons Präsidentschaft offizielle Verhandlungen mit Nordvietnam aufgenommen worden, die unter Nixon fortgesetzt wurden. Jede Woche trafen sich Repräsentanten von Nordvietnam, den USA, der südvietnamesischen Regierung in Saigon und der Nationalen Befreiungsfront Südvietnams zu einer Verhandlungsrunde im Hotel Majestic in Paris. Die Nordvietnamesen betrachteten diese Gespräche nie als Teil eines diplomatischen Prozesses, sondern lediglich als eine weitere Stufe ihrer psychologischen Strategie, den Siegeswillen der Amerikaner zu zermürben und die »illegitime« Regierung von Südvietnam zu stürzen.

Bei diesen Verhandlungen, die Präsident Johnson in den letzten Tagen seines Präsidentschaftswahlkampfs 1968 mit großen Hoffnungen angekündigt hatte, verfolgten die Nordvietnamesen zwei Ziele: Die Regierung Südvietnams sollte delegitimiert werden, indem Hanoi sich zunächst weigerte, überhaupt mit ihr zu verhandeln, und dann darauf bestand, dass auf südvietnamesischer Seite die kommunistische Nationale Befreiungsfront der Verhandlungspartner sein müsse. Und nachdem ein Kompromiss gefunden worden war, nach dem beide südvietnamesischen Parteien an den offiziellen Verhandlungen teilnehmen sollten, weigerte sich Hanoi, überhaupt über inhaltliche Fragen zu sprechen. Es blieb das Ziel der Nordvietnamesen, die Verhandlungen ins Leere laufen zu lassen, bis die Vereinigten Staaten so zermürbt waren oder durch Proteste der eigenen Bevölkerung dermaßen mit dem Rücken zur Wand standen, dass sie ihre südvietnamesischen Verbündeten aufgeben würden. Dieses offizielle Verhandlungsforum im Hotel Majestic, bei dem die nordvietnamesische Delegation von Xuan Thuy geleitet wurde, brachte das erstaunliche Kunststück zustande, in vier Jahren sogenannter Verhandlungen keinerlei Fortschritt zu erzielen und als Ergebnis nur eine Folge inhaltsleerer formaler Erklärungen zu präsentieren.

---

* Im Juni, kurz bevor Nixon zu seiner Reise um die Welt aufbrach, war ein Abzug von 30 000 Soldaten aus Vietnam angekündigt worden. Diese Truppenreduzierung sollte günstige Voraussetzungen für Nixons Presseerklärung auf Guam schaffen, kam aber wahrscheinlich aus strategischer Sicht zu früh.

Richard Nixon: Die Strategie des Gleichgewichts

Im Sommer 1969 hatte Nixon die Möglichkeit sondiert, über den Moskauer Kanal zu verhandeln, um ein aus unserer Sicht ehrenhaftes Ergebnis zu erzielen. Bevor er jedoch die Option umsetzte, den Druck zu erhöhen, entschied er sich, einen weiteren Versuch zu unternehmen, um die festgefahrenen Verhandlungen wieder in Gang zu bringen. Diese Initiative bestand aus zwei Elementen: Ich sollte eine Reise um die Welt unterbrechen, um mich am 4. August 1969 in Paris mit Xuan Thuy zu treffen. Dies war ein erstes heimliches Treffen, aus dem bis April des folgenden Jahres ein geheimer Gesprächskanal zwischen Le Duc Tho und mir entstanden war.

Frankreich war das einzige NATO-Land, das diplomatische Beziehungen zu Hanoi unterhielt, und das Treffen war von Jean Sainteny, dem französischen Botschafter in Hanoi, eingefädelt worden. Seine Frau war für mich zu einer persönlichen Freundin geworden, als sie drei Monate lang an einem internationalen Seminar teilgenommen hatte, das ich im Rahmen des Sommerprogramms der Harvard University abgehalten hatte. Daher fand das erste geheime Treffen zwischen der Nixon-Administration und vietnamesischen Abgesandten in der eleganten Wohnung der Saintenys in der Rue de Rivoli statt; als er uns den Vietnamesen vorstellte, machte er zur Bedingung, dass wir keine Möbel zerschlagen dürften.

Es folgte ein Austausch, der uns eine Vorschau auf die drei Jahre des Stillstands lieferte, die folgen sollten. Xuan Thuy dozierte über den epischen Kampf der Vietnamesen um Unabhängigkeit und Hanois Entschlossenheit, ihn bis zum Ende zu führen. Diese Litanei wiederholte sich in den kommenden Jahren noch unzählige Male und endete stets damit, dass er die Vorbedingungen Hanois verkündete. Ich pflegte dann zu antworten, dass wir auf der Basis eines politischen Prozesses, an dem alle Gruppen – auch die Kommunisten – teilnehmen konnten, zu Verhandlungen bereit seien.

Nixon hatte mich instruiert, die Gelegenheit für einen kühnen Schachzug zu nutzen: Ich sollte erklären, dass wir, wenn wir bis zum 1. November über keinen der beiden Verhandlungskanäle eine aussagekräftige Antwort auf unseren Vorschlag erhielten, etwas anderes als diplomatische Verhandlungen in Betracht ziehen müssten – was den Einsatz militärischer Gewalt implizierte. Xuan Thuy, der sich wie alle vietnamesischen Unterhändler, denen ich begegnet bin, immer ausgesprochen höflich verhielt, zählte daraufhin nur noch einmal die Konditionen Hanois auf: Abzug aller US-Streitkräfte und Sturz der Regierung in Saigon als Vorbedingung für echte Verhandlungen.

Da Nixon nicht bereit war, sich auf Diskussionen über solche Bedingungen einzulassen, beschloss er, am 20. Oktober im Weißen Haus gegenüber dem sowjetischen Botschafter Dobrynin unser Ultimatum zu wiederholen. Nixon nahm einen gelben Notizblock von seinem Schreibtisch im Oval Office und gab ihn dem Botschafter mit den Worten: »Zum Mitschreiben.«[31] Dobrynin stellte einige klärende Fragen und beteuerte, er wisse nichts über den Inhalt des Ultimatums. Um Moskau und Hanoi den Termin noch einmal einzuhämmern, ging Nixon sogar so weit, dass er für den 3. November eine Rede zum Vietnamkrieg ankündigte, wobei er den Endtermin unterstrich. Sie sollte sich als eine seiner beeindruckendsten Reden erweisen.

Sämtlichen Protesten zum Trotz, die Washington seit Wochen lahmlegten, appellierte Nixon an die »große schweigende Mehrheit« der US-Bevölkerung, felsenfest für einen ehrenhaften Frieden einzustehen:

Lassen wir die Geschichtsschreiber nicht verzeichnen, wir hätten in einer Zeit, als Amerika die mächtigste Nation der Welt war, am Wegesrand gestanden und zugelassen, dass die letzten Hoffnungen vieler Millionen Menschen auf Frieden und Freiheit durch totalitäre Kräfte begraben wurden.

Und so bitte ich heute Abend Sie, die große schweigende Mehrheit meiner amerikanischen Mitbürger, um Ihre Unterstützung.[32]

Aber nun trat Nixon – das einzige Mal während meiner Zusammenarbeit mit ihm – von einem Kurs zurück, den er verkündet hatte. Als der Ablauf des Ultimatums immer näher rückte, ohne dass Hanoi seine Haltung geändert oder der Präsident eine folgenschwere Entscheidung schon getroffen hätte, verfasste ich nach der Regel, dass der Nationale Sicherheitsberater verpflichtet ist, dem Präsidenten eine Analyse von folgenreichen Entscheidungen vorzulegen, zwei Memoranden an Nixon.

Das erste Memorandum untersuchte, ob die Vietnamisierung tatsächlich unsere vereinbarten Ziele erreichen könnte. Das zweite Memorandum vom Folgetag analysierte die Anreize für eine diplomatische Lösung in der existierenden Strategie.³³ Nixon beschloss, seinen De-facto-Kurs beizubehalten. Er wollte die militärische Eskalation, die er angedroht hatte und auf die sein Stab sich vorbereitete, vermeiden, aber auch den von Hanoi und der Protestbewegung in den USA geforderten einseitigen Truppenabzug. Letztlich entschied er sich im Wesentlichen für den Kurs einer »Vietnamisierung«, wie er sie auf seiner Pressekonferenz in Guam umrissen hatte. In seiner Rede vom 3. November beschrieb er seine Strategie als einen stufenweisen Abzug der US-Truppen, während zugleich die Verhandlungen fortgesetzt werden sollten – bis Saigon stark genug sei für eine politische Lösung, die es dem südvietnamesischen Volk ermögliche, sein Schicksal selbst zu bestimmen. Die von Verteidigungsminister Melvin Laird entwickelte – und von Nixon angekündigte – Vietnamisierung bedeutete einen graduellen Abzug der US-Kräfte, die Zug um Zug durch südvietnamesische Truppen ersetzt werden sollten. Als Nixon seine Rede hielt, war der Abzug von etwa 100 000 US-Soldaten bereits im Gang.

Damals tat ich mich schwer mit seiner Entscheidung. Im Laufe der Jahre, in denen ich viel über die Alternativen nachgedacht habe, bin ich aber zu dem Schluss gekommen, dass Nixon einen klügeren Kurs eingeschlagen hat. Wäre er seinem ersten Impuls gefolgt, dann wäre es im Kabinett zu einer Regierungskrise gekommen, die sich noch dadurch verschärft hätte, dass das ganze Land durch die Protestdemonstrationen in den Großstädten gelähmt worden wäre. Die Öffnung gegenüber China war noch nicht mehr als eine Idee; Peking hatte auf unsere Initiative noch nicht reagiert.* Die Machtprobe mit der Sowjetunion im Nahen Osten und in Berlin war noch nicht beendet, und die Verhandlungen mit den Sowjets waren noch in einer Sondierungsphase. Darüber hinaus hatten unsere europäischen Verbündeten am Anfang jenes entscheidenden Jahres während Nixons Europareise ihre Abneigung gegen einen Krieg in Südostasien gezeigt.

Daher setzte ich Nixons Entscheidung in den folgenden Jahren trotz meiner anfänglichen Vorbehalte mit voller Überzeugung um. Sowohl Nixon als auch ich waren davon überzeugt, dass die Stabilität der sich entwickelnden

---

* Siehe Kapitel 3, Seite 237 ff.

internationalen Struktur durch die strategische Glaubwürdigkeit Amerikas untermauert werden musste, die wir nicht verspielen durften – vor allem gegenüber China und der Sowjetunion. Ungeachtet der Geringschätzung der Eliten war Nixon bestrebt, die Versprechen zu halten, die er Amerikas »schweigender Mehrheit« gegeben hatte – also nicht nur eine demütigende Niederlage in Vietnam zu vermeiden, sondern *auch* damit aufzuhören, ihre Söhne in einen sinnlosen Stellungskrieg zu schicken. Die Frage, ob diese Ziele miteinander vereinbar seien, stand im Mittelpunkt einer anhaltenden nationalen Debatte, die zu Einschränkungen unseres Handlungsspielraums führte, die uns von einer aufrührerischen Stimmung an den Hochschulen und auf den Straßen sowie ständigen Bedenken in Nixons Umfeld auferlegt wurden.

Andererseits hatte Hanoi nicht jahrzehntelang um eines politischen Prozesses oder eines ausgehandelten Kompromisses willen gegen Frankreich und Amerika gekämpft, sondern um einen totalen politischen Sieg zu erringen. Da Nixon nichts unversucht lassen wollte, um zu einer Verhandlungslösung zu kommen, nahm er jetzt geheime politische Gespräche mit Hanoi auf. Daraufhin schickte Hanoi das Politbüromitglied Le Duc Tho als Chef der nordvietnamesischen Delegation nach Paris, wo ich mich ungefähr alle drei Monate mit ihm traf. Diese Treffen brachten zwar etwas mehr Fortschritte als die offiziellen Verhandlungen, aber auch nur in verschwindend geringem Maße. Bei jeder Zusammenkunft verlas Le Duc Tho eine Erklärung, in der er die angeblich von US-Militärs begangenen Verstöße gegenüber Vietnam aufzählte. Die Minimal- und Maximalforderungen Hanois blieben gleich: Als Vorbedingungen für Verhandlungen sollten die Regierung in Saigon durch »friedliebende« Personen ersetzt und sämtliche US-Truppen abgezogen werden. Als wir uns seine Definition von »friedliebend« etwas näher ansahen, stellte sich heraus, dass kein etablierter südvietnamesischer Politiker seine Kriterien erfüllte.

Aber Nixon ließ sich nicht beirren. Zwei Jahre später, am 25. Januar 1972, ließ er – zum großen Erstaunen der Medien, die ihm lange vorgeworfen hatten, den Friedensprozess zu vernachlässigen – die Protokolle der geheimen Verhandlungen mit Le Duc Tho veröffentlichen, die ich über einen Zeitraum von zwei Jahren geführt hatte. In einer Rede am selben Abend machte er ein im Wesentlichen endgültiges Angebot. Es sah einen Waffenstillstand vor, die Selbstverwaltung Südvietnams und den Abzug der US-Truppen – also genau die Strategie, die er seit seiner Rede vom 3. November 1969 stillschweigend verfolgt hatte.[34]

Hanoi reagierte darauf, indem es am 30. März 1972 seine »Osteroffensive« gegen Südvietnam startete, bei der es alle Kampfdivisionen (bis auf eine) einsetzte und zum ersten Mal seit Nixons Amtsantritt eine Provinzhauptstadt einnehmen konnte, nämlich Quang Tri. Hanoi muss darauf spekuliert haben, dass die USA ein für Mai 1972 in Moskau geplantes Gipfeltreffen in einem Wahljahr nicht durch eine militärische Eskalation gefährden würden.

Doch bis zu diesem Zeitpunkt waren wir bei der Verwirklichung der Vietnamisierung ein gutes Stück vorangekommen: Bis Ende 1971 waren sämtliche Kampfeinheiten abgezogen worden. Ende 1972 verblieben nur noch weniger als 25 000 US-Soldaten im Land – bei Nixons Amtsantritt waren es noch über eine halbe Million gewesen. Mittlerweile führten südvietnamesische Bodentruppen mit US-Luftunterstützung den gesamten Einsatz, um die neueste Offensive Hanois zurückzuschlagen. Die Anzahl der US-Gefallenen war dramatisch zurückgegangen, von 16 899 im Jahr 1968 über 2414 im Jahr 1971 auf nur noch 68 im Jahr 1973 – dem Jahr, in dem die USA nach dem Pariser Friedensabkommen ihre noch verbliebenen Truppen komplett abzogen.[35]

Durch das Timing der Osteroffensive hatte Hanoi den Einsatz, der bei denkbaren Gegenmaßnahmen Nixons auf dem Spiel stand, deutlich erhöht. Sein Staatsbesuch in China war ein historischer erster Schritt auf dem Weg zur Beendigung des Kalten Krieges gewesen; das Gipfeltreffen Ende Mai in Moskau sollte eine weitere zukunftsweisende Zusammenkunft werden. Die Mehrheitsmeinung in Washington befürwortete militärische Zurückhaltung, was Nixon jedoch ablehnte.

Während einer Sitzung zur nationalen Sicherheit am Morgen des 8. Mai 1972 im Weißen Haus räumte der Präsident ein, dass eine Eskalation in Form eines Vergeltungsschlags den Gipfel in Moskau und die monatelang dafür getroffenen Vorbereitungen gefährden konnte. Wenn wir aber nichts taten oder uns aus Vietnam vertreiben ließen, hätte das bedeutet, dass wir in die

Verhandlungen in Moskau vor dem Hintergrund eines Verzichts auf die Führungsrolle der USA hineingegangen wären.

In diesem Sinne hielt Nixon eine Ansprache an die Nation und legte die amerikanische Position dar, die im Wesentlichen auf eine Wiederholung des Friedensangebots hinauslief, das er bereits im Januar gemacht hatte: ein Waffenstillstand und der Abzug der US-Truppen als Gegenleistung für die Anerkennung einer Regierung in Saigon, die durch einen vorher ausgehandelten politischen Prozess gebildet werden sollte. Nixon erläuterte:

> In diesem Krieg gibt es für uns nur noch zwei Fragen. Erstens: Sollen wir angesichts einer massiven Invasion tatenlos zusehen, das Leben von 60 000 Amerikanern [einschließlich zivilem Personal] aufs Spiel setzen und die Südvietnamesen in einer langen Nacht des Terrors ihrem Schicksal überlassen? Das wird nicht geschehen. Wir werden alles tun, was getan werden muss, um das Leben von Amerikanern zu schützen und ihre Ehre zu bewahren. Zweitens: Sollen wir unserem Feind ungeachtet seiner völligen Kompromisslosigkeit am Verhandlungstisch gestatten, eine kommunistische Regierung in Südvietnam zu installieren? Auch das wird nicht geschehen. Wir werden die Grenze zwischen Großzügigkeit und Verrat nicht überschreiten.[36]

Gemäß einer häufig von ihm zitierten Maxime – dass man für eine halbherzige Aktion den gleichen Preis zahlen müsse wie für eine mit voller Überzeugung durchgeführte Aktion – ordnete Nixon nun an, das ursprünglich für 1969 vorgesehene Maßnahmenpaket in die Tat umzusetzen. Es sah vor, die Häfen Nordvietnams zu verminen und seine Nachschublinien zu bombardieren, wo immer sie auch liegen mochten. Damit kündigte er den Bombardierungsstopp auf, der seit 1968 in Kraft war.

Moskau zog es vor, die Provokation zu ignorieren, und der Gipfel fand plangemäß statt. Die Sowjets verurteilten zwar sowohl die Eskalation in Form von Bombardierungen als auch die Blockade der Häfen, äußerten jedoch ihre Kritik ausschließlich bei einem Abendessen in Breschnews Datscha. Dabei verzichteten sie auf Drohungen, und letztlich nahmen Außenminister Andrei Gromyko und ich noch am selben Abend die SALT-Gespräche wieder auf.

Richard Nixon: Die Strategie des Gleichgewichts

Kurz nach diesem Gipfel besuchte Nikolai Podgorny, der nominelle Staatschef der Sowjetunion, Hanoi. Die Sowjets ergriffen keine Vergeltungsmaßnahmen; in Moskau war man wohl zu dem Schluss gekommen, dass man die Bemühungen, ein Gegengewicht zu unserer China-Initiative zu schaffen, nicht aufgeben könne.

Im Juli eroberten unsere südvietnamesischen Verbündeten Quang Tri zurück. Hanoi sah sich immer stärker isoliert; weder die Sowjetunion noch China wollten helfen, abgesehen von öffentlichen Protesten. Im selben Monat wurden die Verhandlungen mit Le Duc Tho wieder aufgenommen. Zwar waren seine formalen Positionen unverändert geblieben, doch er schlug einen etwas entgegenkommenderen Ton an. Er warf die Frage auf, wie schnell ein endgültiges Abkommen ausgehandelt werden könne, falls wir einen Durchbruch erzielen würden. Bei einem Treffen am 8. Oktober legte er plötzlich ein offizielles Dokument vor, von dem er sagte, damit würde Hanoi Nixons letzten Vorschlag vom Januar akzeptieren. Er sagte: »Aber dieser neue Vorschlag ist genau das, was Präsident Nixon selbst vorgeschlagen hat: Waffenstillstand, Beendigung des Krieges, Entlassung der Kriegsgefangenen und Truppenabzug.«[37]

Das war im Wesentlichen richtig, wenn auch zahlreiche Fallstricke erst im Lauf der Verhandlungen erkennbar wurden. Aber damit, dass Hanoi das Fortbestehen der Regierung in Saigon akzeptierte, hatten wir eines unserer Hauptziele erreicht. Als Le Duc Tho fertig war, bat ich um Bedenkzeit. Nachdem er den Raum verlassen hatte, drehte ich mich zu Winston Lord, meinem Sonderbeauftragten und Freund, schüttelte ihm die Hand und sagte: »Wir könnten es geschafft haben.«[*]

Nachdem er uns fast drei Jahre lang hingehalten hatte, verhielt Le Duc Tho sich nun ganz anders, weil Hanoi daran gelegen war, die Verhandlungen noch vor den in den USA anstehenden Präsidentschaftswahlen abzuschließen, da man befürchtete, andernfalls mit einem durch über-

---
[*] Ich hatte Winston überzeugen können, nicht aus Protest gegen die 1970 durchgeführten Angriffe von US-Truppen gegen die Stützpunkte Hanois in Kambodscha in den Ruhestand zu treten, indem ich ihn bat, sich zu entscheiden zwischen den Alternativen, vor dem Weißen Haus ein Protestplakat hochzuhalten oder noch so lange im Amt zu bleiben, bis wir diese Operation gemeinsam beendet hätten.

wältigendes Mehrheitsvotum wiedergewählten Präsidenten verhandeln zu müssen.

Nixon war sich darüber im Klaren, dass er es in seiner zweiten Amtszeit wahrscheinlich mit einem unkooperativen Kongress zu tun haben würde, der schon dabei war, die Mittel für den Kriegseinsatz zusammenzustreichen. Für einen kurzen Moment lief das taktische Kalkül auf beiden Seiten in die gleiche Richtung; der Konflikt hatte endlich ein Stadium erreicht, das Wissenschaftler, die sich mit Verhandlungspsychologie beschäftigen, als »reif« bezeichnen. Also verbrachten Le Duc Tho und ich drei volle Tage und Nächte damit, ein endgültiges Abkommen auszuarbeiten (vorbehaltlich der Zustimmung von Nixon und Saigon). Ein Frieden war zum Greifen nah, und Hanoi drängte uns, unsere Arbeit sofort abzuschließen.

Aber weder Nixon noch ich wollte den Krieg beenden, indem wir ihn einem Volk aufzwangen, das 20 Jahre lang an unserer Seite gekämpft hatte. Und die Regierung in Saigon, die genau wusste, dass ihr Überlebenskampf nicht mit einem Friedensabkommen zu Ende sein würde, beharrte auf langwierigen Verhandlungen über die Details des Abkommens – womit sie zeigte, dass nicht nur der Norden des Landes zum Durchhalten befähigt war. Die Hinhaltetaktik Saigons hatte jedoch einen durchaus nachvollziehbaren Grund: die Angst, mit einem zu allem entschlossenen Feind alleingelassen zu werden, für den das Wort »Frieden« nur eine taktische Bedeutung hatte.

Inzwischen war die Gemengelage die genaue Umkehrung dessen, was wir fast während der gesamten ersten Amtszeit von Nixon erlebt hatten: Die Nordvietnamesen drängten uns, möglichst bald ein Abkommen abzuschließen, dem sie sich fast zehn Jahre lang entzogen hatten. Sie wollten uns festlegen auf das, was diskutiert worden war, und veröffentlichten den gesamten Text des aktuellen Verhandlungsergebnisses. Auf einer Pressekonferenz am 26. Oktober 1972 erläuterte ich den Stand der Dinge und betonte, dass wir uns nach wie vor dem bereits ausgehandelten Endergebnis verpflichtet fühlten, das ich (mit Nixons Zustimmung) mit dem Satz umschrieb: »Wir glauben, der Frieden steht vor der Tür.« Ich beendete mein Statement mit einem Absatz, der sowohl die Dringlichkeit unseres Wunsches nach einem Abkommen als auch die Grenzen unserer Kompromissbereitschaft zum Ausdruck bringen sollte:

Wir werden uns nicht zu einem Abkommen drängen lassen, solange dessen Bestimmungen nicht adäquat sind. Wir werden uns nicht von einem Abkommen abbringen lassen, wenn dessen Bestimmungen adäquat sind. Und mit dieser Haltung und einer gewissen Kooperation der anderen Seite glauben wir, dass wir in den Vereinigten Staaten sehr bald Frieden und Einigkeit wiederherstellen können.[38]

Nach der Wiederwahl Nixons am 7. November kehrte Le Duc Tho, der nun glaubte, die Zeit arbeite für ihn, wieder zu seiner Hinhaltetaktik aus der Zeit vor dem Verhandlungsdurchbruch zurück. Bis Anfang Dezember war Nixon zu der Überzeugung gelangt, Hanoi werde versuchen, die Verhandlungen bis in seine zweite Amtszeit hinein in die Länge zu ziehen, und ordnete Luftangriffe mit B-52-Bombern gegen militärische Ziele an. Dieser Befehl wurde in den Medien, im Kongress und international scharf kritisiert. Aber zwei Wochen später kehrte Hanoi wieder an den Verhandlungstisch zurück und stimmte den von Saigon geforderten Änderungen am Entwurf des Abkommens zu. Der Vertrag von Paris wurde am 27. Januar 1973 unterzeichnet; er enthielt im Wesentlichen die wichtigsten Bestimmungen, die Nixon ein Jahr zuvor gefordert hatte.

Neun Nationen – und die Regierungen in Saigon und Hanoi sowie die südvietnamesischen Kommunisten – stimmten dem Abkommen offiziell zu und markierten damit den Höhepunkt der Vietnampolitik Nixons.[39] Im März begann Hanoi jedoch erneut, unter eklatanter Verletzung des Friedensvertrags, über den Ho-Chi-Minh-Pfad große Mengen an militärischer Ausrüstung nach Südvietnam einzuschleusen. Anfang April 1973 beschloss Nixon, dass die Luftangriffe auf Hanois Nachschublinien wieder aufgenommen werden sollten.[40] Das war für Anfang April geplant, sobald alle amerikanischen Kriegsgefangenen aus nordvietnamesischer Gefangenschaft zurückgekehrt sein würden.

Doch dann, Mitte April, begann John Dean, der Rechtsberater des Weißen Hauses, bei Ermittlungen gegen sein Büro wegen der angeblichen Beteiligung an Abhörmaßnahmen und anderen Aktivitäten mit der US-Bundesanwaltschaft zu kooperieren. Daraus entwickelte sich rasch der Skandal, der heute als Watergate bekannt ist. Unter dem Eindruck dieses Skandals wurde aus gewissen Vorbehalten des Kongresses ein totales Verbot sämtlicher militärischen Einsätze in Indochina.

Der mit dem Abkommen von Paris vereinbarte Frieden hing immer von der Bereitschaft und Fähigkeit ab, dessen Bestimmungen durchzusetzen. Er beruhte auf den Annahmen, dass erstens der Süden während der nordvietnamesischen Osteroffensive 1972 bewiesen hatte, dass er den Angriffen des Nordens standhalten konnte, solange er den im Vertrag zugestandenen Nachschub erhielt (nämlich einen Eins-zu-eins-Ersatz ausgefallener Waffen und Ausrüstung), und dass zweitens im Fall eines totalen Angriffs der Nordvietnamesen Unterstützung durch US-Luftstreitkräfte zur Verfügung stehen würde.*

Inmitten der Watergate-Ermittlungen wollte die entnervte Öffentlichkeit keine weiteren Konflikte in Indochina unterstützen. Der Kongress stoppte sämtliche Militärhilfen für Kambodscha und überließ somit das Land der Herrschaft der mörderischen Roten Khmer; er reduzierte die wirtschaftlichen und militärischen Hilfen für Südvietnam um 50 Prozent; und er untersagte sämtliche Militäreinsätze »auf dem Boden, in der Luft oder vor den Küsten von Nordvietnam, Südvietnam, Laos und Kambodscha«.[41] Unter diesen Umständen wurde es unmöglich, die Restriktionen des Pariser Abkommens durchzusetzen, was bedeutete, dass die Beschränkungen für Hanoi wegfielen.

Mit dem Vertrag von Paris hatte Nixon sein Land zu einem Ende des US-Militäreinsatzes in Vietnam geführt, das sowohl ehrenhaft als auch geopolitisch sinnvoll war, auch wenn es kurz darauf von einer innenpolitischen Katastrophe in den Hintergrund gedrängt wurde. Im August 1974 trat er von seinem Amt als Präsident zurück. Acht Monate später fiel Saigon nach einer Invasion der gesamten Streitkräfte Nordvietnams, einschließlich sämtlicher Kampfdivisionen. Außer den Vereinigten Staaten hielt es keine der neun internationalen Garantiemächte des Abkommens für nötig, dagegen auch nur zu protestieren.

Der Vietnamkrieg setzte eine innere Spaltung der US-Gesellschaft in Gang,

---

* Vergleichbare Annahmen lagen auch dem koreanischen Waffenstillstandsabkommen von 1953 zugrunde und sorgten dafür, dass es eingehalten wurde.

die sie bis heute zerreißt. Der Konflikt brachte einen Stil der öffentlichen Debatte hervor, bei dem es immer weniger um Inhalte als um politische Motive und Identitäten geht. Wut hat den Dialog als Mittel der Auseinandersetzung abgelöst, und aus Uneinigkeit ist einKampf der Kulturen entstanden. Im Zuge dieser Entwicklung laufen die Amerikaner Gefahr, aus dem Blick zu ver-lieren, dass eine Gesellschaft nicht durch den Triumph einer Bewegung oder das Niedermachen von Widersachern im eigenen Land großartig wird, nicht durch Siege untereinander, sondern durch gemeinsame Ziele und Versöhnung.

GROSSMACHTDIPLOMATIE UND RÜSTUNGSKONTROLLE

Nixons Bedeutung als Staatsmann beruht auf seinem fundamental geostrategischen Ansatz. Nach seiner Europareise Anfang 1969 startete er eine diplomatische Offensive, um die Hegemonie der Sowjetunion über ihre osteuropäischen Satellitenstaaten zu schwächen, indem er sie einen nach dem anderen in den Einflussbereich amerikanischer Diplomatie zog.

Nachdem Nixon ein Treffen mit Nicolae Ceaușescu, dem autokratischen Führer Rumäniens, vorgeschlagen hatte, war er im August desselben Jahres der erste US-Präsident, der ein Mitgliedsland des Warschauer Pakts besuchte. Ceaușescu war so erpicht auf die Symbolik eines Besuchs des amerikanischen Präsidenten, dass er sogar einen Kongress der Kommunistischen Partei verschob, der an dem von Nixon vorgeschlagenen Termin stattfinden sollte, und den Besuch des Sowjetführers Leonid Breschnew, der zu diesem Kongress anreisen wollte, absagte. Plakate, die Breschnew in Rumänien willkommen hießen, wurden abgenommen oder übermalt.

Nixon wurde von der Bevölkerung Rumäniens mit Begeisterungsstürmen empfangen, die zum Teil inszeniert worden waren, um Ceaușescus eigene Autonomiebestrebungen innerhalb des sowjetischen Einflussbereichs voranzutreiben, aber auch die Sehnsucht des rumänischen Volkes nach nationaler Freiheit reflektierten. (Als Mitglied von Nixons Entourage kam ich in den Genuss der luxuriösen Annehmlichkeiten, die normalerweise kommunistischen Führungskadern vorbehalten blieben: eine große Suite mitsamt überdachtem Swimmingpool.) In seinem Trinkspruch, in öffentlichen Statements und vor allem in seinen Gesprächen mit Ceaușescu ermutigte Nixon solche positiven Emotionen. Darüber hinaus spannte er Ceaușescu als Mittelsmann ein, um einen Dialog mit China einzufädeln, indem er ihm erzählte, dass er an einem solchen Projekt sehr interessiert sei. Fünf Monate später erfuhren wir, dass Ceaușescu diesen Wunsch an Peking weitergeleitet hatte; danach nutzten die Chinesen hin und wieder – wenn auch nur selten – Rumänien als alternativen Gesprächskanal für die Kommunikation mit Washington.

Nixon hatte das strategische Ziel, es für die Sowjets so teuer zu machen, ihr europäisches Imperium zu halten, dass sie gezwungen wären, beträchtliche Mittel und Aufmerksamkeit von anderen wichtigen Zielen abzuziehen. Im Verlauf seiner Präsidentschaft besuchte Nixon weitere osteuropäische Länder, die nach Autonomie von Moskau strebten, etwa Jugoslawien im Jahr 1970 und Polen im Jahr 1972. Als Willy Brandt der erste sozialdemokratische Bundeskanzler Westdeutschlands wurde, fand sich das Weiße Haus mit den Grundzügen seiner Ostpolitik ab, mit seiner Initiative zur Normalisierung der Beziehungen zu Ostdeutschland, den anderen Ostblockländern und schließlich der Sowjetunion selbst. Nixon stimmte dieser Abkehr von Adenauers Politik in den ersten Tagen der Kanzlerschaft Willy Brandts zu, nahm ihm aber auch die Zusicherung ab, sich mit den Alliierten abzustimmen. Wir versuchten, Brandts Ostpolitik mit den Zielen der NATO in Einklang zu bringen und Einfluss auf Pläne der Sowjets zu erlangen. Diese Strategie erwies sich sowohl für die Vereinigten Staaten als auch die Bundesrepublik Deutschland als wirkungsvoll.

Am Ende seines ersten Monats als Präsident und kurz vor seiner Europareise lud Nixon Botschafter Anatoli Dobrynin ins Oval Office ein und ließ seine Bereitschaft durchblicken, direkt mit der sowjetischen Führung zu verhandeln. Einige Tage später ernannte der Präsident mich zum wichtigsten Ansprechpartner für die Kommunikation mit dem sowjetischen Botschafter über sensible Fragen.

Dieses Arrangement etablierte ein Muster für die gesamte restliche Amtszeit Nixons: Direkte Kontakte zum Kreml wurden über den sogenannten »Channel« hergestellt, einen direkten Gesprächskanal zwischen Kissinger

Richard Nixon: Die Strategie des Gleichgewichts

und Dobrynin, der Nixon mit der sowjetischen Führung verband. Es stellte sich bald heraus, dass eines der wichtigsten Themen die Auswirkungen der riesigen Atomwaffenarsenale beider Länder auf die Weltordnung war – in Verbindung mit der Frage, wie sich eine globale Katastrophe verhindern ließ, sei es in Form eines Präventivschlags oder durch Eskalation eines Konflikts zwischen den beiden Atommächten.

In seiner Zeit als Vizepräsident während der Eisenhower-Regierung hatte Nixon über den Einfluss von Nukleartechnologie auf weltpolitische Strategie nachgedacht – sowohl über die Frage, wie man auf nukleare Bedrohungen reagieren sollte, als auch auf theoretischer Ebene über die Einsatzmöglichkeiten solcher furchterregenden Waffensysteme. Er machte sich die Doktrin der Massiven Vergeltung zu eigen, nach der die nukleare Abschreckung auf der Fähigkeit beruht, dem Gegner einen so großen Schaden zuzufügen, dass er als inakzeptabel galt. Mit diesem Konzept, aus dem später die »Mutual Assured Destruction« wurde (»gegenseitig zugesicherte Vernichtung« oder sinngemäß »Gleichgewicht des Schreckens«), versuchte man, ein lähmendes Dilemma auf ein nüchternes Kalkül der Eskalationsrisiken auf beiden Seiten zu reduzieren. In der Praxis bedeutete diese Theorie – die auf der Quantifizierung von »akzeptabler« versus »inakzeptabler« Zerstörung beruhte – allerdings, dass man mit einer so riesigen Zahl von Todesopfern rechnen musste, dass sie binnen weniger Stunden die Gesamtzahl der Todesopfer in beiden Weltkriegen übersteigen würde.

Nixon hat einmal zu einem Journalisten gesagt, politische Führung im Atomzeitalter würde es – neben anderen Qualitäten – notwendig machen, die Bereitschaft durchblicken zu lassen, im Namen des nationalen Interesses irrational zu handeln.[42] Obwohl diese Aussage Nixons lediglich seinen Gesprächspartner beeindrucken sollte, aber keineswegs eine konkrete Handlungsanweisung darstellte, rief sie scharfe Kritik wegen seiner vermeintlichen Leichtfertigkeit hervor. Und doch reflektierte sie in ihrem Kern eine fundamentale und bleibende Wahrheit über die Zerstörungskraft in den Händen der Atommächte.

Wie wir in den vorigen Kapiteln gesehen haben, hüteten sich sowohl Charles de Gaulle als auch Konrad Adenauer davor, die Sicherheit ihrer Länder von Waffen ihrer Verbündeten abhängig zu machen, die keinen plausiblen

STAATSKUNST

Weg offenließen, einen Konflikt ohne apokalyptische Zerstörungen beizulegen. Im Hinblick auf den Einsatz von Atomwaffen stellten sich drei Fragen: War es möglich, einen Gegner oder einen Verbündeten davon zu überzeugen, dass man bereit sei, einen Krieg zu führen, der die eigene gesellschaftliche Ordnung beschädigen konnte? War es möglich, rationales Kalkül in ein letztlich irrationales Szenario einzubringen? Und war es möglich, zwischen Selbstzerstörung und Diplomatie abzuwägen?

Diese Dilemmata, die vor fast 80 Jahren mit Beginn des Atomzeitalters zutage traten, sind bis heute nicht gelöst. Seit Nagasaki ist es nicht mehr zu einem Einsatz von Atomwaffen unter Kriegsbedingungen gekommen. Selbst in Konflikten mit Ländern, die keine nuklearen Waffen besitzen, haben Atommächte es vorgezogen, die Verluste eines konventionellen Krieges in Kauf zu nehmen, anstatt um eines schnelleren Kriegserfolgs willen Atomwaffen einzusetzen. Die militärischen Aktionen der Sowjetunion in Afghanistan – wie auch der USA in Korea, Vietnam und Irak – belegen das.

Nixon war sich darüber im Klaren, dass zum Zeitpunkt seines Amtsantritts das nukleare Waffenarsenal der US-Streitkräfte Gefahr lief, vom Kongress kontovers diskutiert zu werden. Daher berief er Melvin Laird zum Verteidigungsminister, der einige Jahre als Vorsitzender des Unterausschusses für Verteidigung im Haushaltsausschuss des Repräsentantenhauses fungiert hatte. Nixon wollte verhindern, dass eine Situation entstand, in der ein Aggressor durch die Entwicklung einer überlegenen nuklearen Kapazität eine ernst zu nehmende strategische Bedrohung aufbauen konnte. Laird half Nixon dabei, dem Kongress sein Engagement für einen Raketenschutzschild und sein Ziel einer größeren Vielfalt bei der Konstruktion und Kapazität strategischer Waffen schmackhaft zu machen. Darüber hinaus trug Laird zur Flexibilität und Kampfkraft der strategischen US-Streitkräfte bei, indem er Marschflugkörper und mobile landgestützte Waffensysteme entwickeln ließ.

Zweitens nahm Nixon Rüstungskontrolle ernst. Das 1963 von Kennedy und Chruschtschow unterzeichnete Moskauer Atomteststoppabkommen war der erste förmliche Schritt zur nuklearen Rüstungskontrolle. Vier Tage nach dem tödlichen Anschlag auf Präsident Kennedy schlug Präsident Johnson vor, die Abrüstungsverhandlungen mit der Sowjetunion über strategische

Waffen wieder aufzunehmen.[43] Allerdings waren die Vorverhandlungen zur Festlegung der Tagesordnung durch alltägliche Streitigkeiten so starken Störungen ausgesetzt, dass die Parteien sich erst im Sommer 1968 – kurz vor dem Wahlsieg Nixons – auf Bedingungen einigen konnten, die den Beginn von Verhandlungen ermöglichten.[44] Dieses geplante Gipfeltreffen wurde dann aber nach dem Einmarsch sowjetischer Truppen in die Tschechoslowakei im August 1968 abgesagt.

So stellte sich für Nixon schon früh die Frage, ob er die Abrüstungsverhandlungen mit der Sowjetunion überhaupt fortsetzen sollte. Diese Entscheidung wurde symbolisch für den politischen Kurs seiner Regierung. Nixon erklärte ein Junktim: Er wollte einer Wiederaufnahme der Strategic Arms Limitation Talks (SALT-Verhandlungen) mit den Sowjets erst zustimmen, nachdem man sich über das weitere Vorgehen in Vietnam geeinigt hatte.

Das im Oktober 1969 angekündigte Eintreten der USA in Abrüstungsverhandlungen machte es notwendig, bereits bestehende Strukturen der Regierung neu auszurichten. Für das Pentagon war Rüstungskontrolle ein völlig neues Thema; der Aufgabenschwerpunkt des Ministeriums hatte zuvor darin bestanden, nukleare Fähigkeiten zu entwickeln, nicht aber, sie zu begrenzen. Abrüstungsverhandlungen, an denen hochrangige Militärs teilnehmen sollten, die selbst gerade erst in dieses Thema eingearbeitet wurden, erforderten neuartige Führungsstrukturen.

Der von Nixon schon früh in seiner Präsidentschaft vorgelegte Vorschlag, einen zwölf Standorte umfassenden *defensiven* Raketenschutzschild zu errichten, hatte auch den vorherrschenden intellektuellen Konsens in Frage gestellt, nach dem ein strategisches Gleichgewicht ausschließlich erreicht werden konnte durch gegenseitig zugesicherte Vernichtung. Eine defensive Initiative, so der Vorwurf von Kritikern, würde die Abschreckungswirkung vermindern, da sie der gegenseitigen Verwundbarkeit entgegenwirke. Diese Kritik sowie Bedenken wegen der Kosten und Zweifel an der abschreckenden Wirkung eines Raketenabwehrsystems führten dazu, dass viele Kongressabgeordnete sich dagegen aussprachen und eine Kürzung des dafür vorgesehenen Etats befürworteten.

Auf der anderen Seite des Kalten Krieges war die Sowjetunion zu einer übersteigerten Einschätzung unseres im Aufbau befindlichen Raketenschutzschilds (»Anti-ballistic Missile System«, ABM) gelangt und befürchtete daher, dass die US-Raketenabwehr die Offensivkraft der Sowjets untergraben würde. Wenn die Vereinigten Staaten dank ihrer Raketenabwehr weniger von einem sowjetischen Vergeltungsschlag zu befürchten hätten, so die Logik der Sowjets, könnten sie eher geneigt sein, den Gegner mit einem Präventivschlag außer Gefecht zu setzen.

Die Anfänge der SALT-Verhandlungen degenerierten zu einem Stellungskrieg über Formalien und Reihenfolge. Die Sowjets wollten zuerst über Begrenzungen für Defensivwaffen verhandeln und sich erst dann mit Offensivwaffen befassen. Nixon bestand dagegen darauf, das Thema Verteidigungswaffen zurückzustellen, um den für Verhandlungen über Begrenzungen für Angriffswaffen notwendigen Druck aufzubauen – und um unsere Zivilbevölkerung zu schützen.

Die bevorstehenden Atomwaffen-Abrüstungsverhandlungen führten zu einem neuen Komplex innenpolitischer Debatten. Die meisten Liberalen sprachen sich dafür aus, zunächst die SALT-Verhandlungen möglichst bald wiederaufzunehmen und sie dann schnellstmöglich voranzutreiben, um die Spannungen mit der Sowjetunion abzubauen. Aber jetzt, da Abrüstungsverhandlungen sich auf der internationalen Agenda etablierten, bildete sich zusehends eine neue Koalition von Liberalen und Konservativen, die diese Verhandlungen kritisierten, weil sie sich nur um Symptome, nicht aber die eigentlichen Ursachen drehten, nämlich das autoritäre Wesen des kommunistischen Systems und die von ihm begangenen Menschenrechtsverletzungen.

Darüber hinaus erschwerten die Eigenschaften der gegnerischen Atomwaffenarsenale jede praktikable Definition von Gleichgewicht. Die sowjetischen strategischen Systeme (Langstreckenraketen) waren groß und nicht besonders zielgenau; die amerikanischen Waffen waren mobiler und treffsicherer. Dieses Gleichgewicht würde gestört werden, wenn die Amerikaner ihre Zielgenauigkeit durch höhere Nutzlast ergänzten oder die Sowjets ihre Nutzlast durch bessere Treffsicherheit.

Nach monatelangem Gerangel intervenierte Nixon selbst. Nachdem er am 11. März 1971 ein anfängliches Ziel von vier Standorten für Defensivwaffen festgelegt hatte, lehnte er die sowjetische Forderung nach »null« Standorten ab und forderte mich auf, die festgefahrenen Verhandlungen über das Verhältnis von Defensiv- zu Offensivwaffen durch vertrauliche Gespräche mit Dobrynin wieder in Gang zu bringen.[45] Er ließ über diese Gespräche nichts verlautbaren – um unter anderem zu verhindern, dass der Kongress das Raketenabwehrsystem in der Zwischenzeit beschnitt und wir es dadurch als Verhandlungsmasse verloren hätten.

Nixons Entscheidung, sich selbst einzuschalten, beschleunigte die Verhandlungen. Ende März 1971 aktivierte ich den Gesprächskanal über Dobrynin und schlug in Nixons Namen vor, parallel über offensive und defensive Begrenzungen zu verhandeln. Der darauffolgende Austausch führte – über Verhandlungen, die auf amerikanischer Seite von Gerard Smith und auf sowjetischer Seite von Wladimir Semjonow in Wien geführt wurden[46] – zu den SALT-I-Verträgen, die von Nixon und Breschnew auf dem Moskauer Gipfel im Mai 1972 unterzeichnet wurden.

Obwohl Nixon bei der Gestaltung der Verhandlungen eine zentrale Rolle spielte, war er an Details weniger interessiert. Am Anfang jeder Verhandlungsrunde verfassten mein Stab und ich eine Zusammenfassung unserer internen Beratungen, einschließlich Szenarien möglicher Entwicklungen. Nixon machte darauf handschriftliche Anmerkungen, wobei er sich aber weitgehend auf allgemeine Fragen von grundsätzlicher Bedeutung beschränkte. Während die Verhandlungen liefen, schickte ich ihm jeden Abend eine Zusammenfassung mit dem aktuellen Stand der Dinge. Im Großen und Ganzen hielt er sich mit Kommentaren zurück, bis ein Durchbruch unmittelbar bevorstand. Technische Diskussionen über das Gleichgewicht der Bewaffnung auf beiden Seiten interessierten ihn nur selten, seine drei Hauptziele aber behielt er immer fest im Blick: verhindern, dass der Gegner die Fähigkeit zum Erstschlag erlangt; verhindern, dass ein eventueller Konflikt automatisch eskalieren würde; und der US-Öffentlichkeit zeigen, dass er sich dafür einsetzte, das Wettrüsten zu beenden oder es zumindest zu reduzieren.

Das Gipfeltreffen in Moskau führte zu den ersten umfassenden strategischen Abrüstungsvereinbarungen des Atomzeitalters. Sie limitierten die Raketenabwehr auf zwei Standorte (ABM-Vertrag), begrenzten die Anzahl der strategischen Angriffswaffen auf das bestehende Niveau (SALT-I-Vertrag) und definierten Verfahren, um Zwischenfälle auf See beziehungsweise Atomunfälle unter Kontrolle zu bringen. Als Nebenprodukt dieser Gespräche übernahmen die USA (gemeinsam mit Frankreich und Großbritannien) die Führung bei Verhandlungen mit der Sowjetunion über ein neues Abkommen, das den Zugang zu Berlin bis zum Fall der Berliner Mauer im Jahr 1989 sicherte.

Für den Rest seines Lebens hielt Nixon Rüstungskontrolle für einen wesentlichen Bestandteil der internationalen Ordnung. Und in der einen oder anderen Form wurden in jeder der auf ihn folgenden Präsidentschaften bis zur Trump-Administration substanzielle Verhandlungen zu diesem Thema geführt. Die Ford-Regierung schloss 1975 die von Nixon begonnenen Verhandlungen über die Schlussakte von Helsinki ab, mit der sich sämtliche europäischen Länder (mit Ausnahme Albaniens), die Sowjetunion und die USA auf gemeinsame Grundsätze in den Bereichen Sicherheitspolitik, Wirtschaftspolitik und Menschenrechte verpflichteten. Unter Präsident Carter wurde der SALT-II-Vertrag abgeschlossen, den der US-Senat allerdings nie ratifiziert hat; dennoch wurde er in seinen Grundzügen eingehalten. Die Reagan-Regierung erreichte das einzige Abrüstungsabkommen mit der Sowjetunion, das die Abschaffung einer ganzen Waffenklasse vorsah, nämlich der Mittelstreckenraketen (Intermediate Range Nuclear Forces Treaty, INF-Vertrag). Und schließlich handelte die Regierung von George H. W. Bush den Strategic Arms Reduction Treaty (START-I-Vertrag) aus, der Washington und Moskau veranlasste, ihre strategischen Atomwaffenarsenale um fast 60 Prozent zu reduzieren, von insgesamt 48 000 Sprengköpfen im Jahr 1991 auf etwa 20 000 im Jahr 2001.[47] Was unter Nixon als Novum begann, wurde nach ihm zur Routine.

AUSWANDERUNG AUS DER SOWJETUNION

Als Nixon sein Amt antrat, lag die Zahl der jüdischen Auswanderer aus der UdSSR bei nur einigen hundert pro Jahr.[48] Nixon beauftragte mich, mit Dobrynin aus praktischer – statt ideologischer – Sicht über das Problem zu sprechen. Ich sagte ihm, wir nähmen die Emigrationspolitik der Sowjetunion

Richard Nixon: Die Strategie des Gleichgewichts

interessiert zur Kenntnis; wenn die Sowjets unsere Anliegen respektierten, würden wir das bei unserem Umgang mit den sowjetischen Prioritäten berücksichtigen. Mit anderen Worten: Erleichterungen für die Auswanderung von Juden würde die Kooperationsbereitschaft der Vereinigten Staaten fördern.

Dobrynin ließ mir nie eine offizielle Antwort zukommen, zeigte sich aber bereit, über einzelne Härtefälle zu verhandeln. Bis 1972, dem Ende von Nixons erster Amtszeit, hatte die Zahl der jüdischen Emigranten aus der Sowjetunion über 30 000 pro Jahr erreicht.[49] Nixon hat diese Entwicklung nie für sich im Wahlkampf reklamiert, und die Sowjets haben sie nie als offizielle Vereinbarung anerkannt.

Aber dann wurde diese stillschweigende Vereinbarung durch einen innenpolitischen Vorgang gestört. Senator Henry »Scoop« Jackson aus dem Bundesstaat Washington – ein anerkannter Experte für internationale Angelegenheiten, der Nixons Bemühungen um einen angemessenen Verteidigungsetat parteiübergreifend unterstützt hatte, obwohl er Mitglied der Demokratischen Partei war – stellte die Frage der jüdischen Auswanderung in ideologischen Begriffen dar. Mit dem Argument, Auswanderungsförderung müsse ein fester Bestandteil der US-Diplomatie werden, forderte er eine Änderung des Trade Act of 1974; er wollte die Handelsbeziehungen zwischen den USA und den Ostblockländern davon abhängig machen, wie viele Menschen die Sowjetunion auswandern ließ. Danach ging die Auswanderung aus der Sowjetunion stetig zurück, von etwa 35 000 Personen im Jahr 1973 auf weniger als 15 000 im Jahr 1975.[50]

Nixons Ziele im Hinblick auf die Auswanderung von Juden entsprachen denen seiner Nachfolger, aber seine Methoden waren weiter gefasst und subtiler; er ordnete ideologische Konfrontationen improvisierten pragmatischen Arrangements unter.

STAATSKUNST

ÖFFNUNG GEGENÜBER CHINA

Im Jahr 1967 – also vor seiner Zeit als Präsident – veröffentlichte Nixon einen bahnbrechenden Artikel in *Foreign Affairs*, in dem er die Möglichkeit zur Diskussion stellte, dass China nicht »für immer von der Familie der Nationen ausgeschlossen« bleiben müsse.[51] Er stellte diese Überlegung in einem imposanten strategischen Rahmen dar und führte aus, dass es dem Weltfrieden zugutekäme, wenn China seine Unterstützung für revolutionäre Aufstände in aller Welt reduzieren und über kurz oder lang in diplomatische Beziehungen mit dem Westen eingebunden werden könnte. In seinem Artikel unterließ er es allerdings, einen konkreten Weg zu einer eventuellen diplomatischen Öffnung aufzuzeigen.

Zwei Jahre später, nachdem er Präsident geworden war, wurde die Öffnung gegenüber China in die Tat umgesetzt. China steckte damals inmitten der Wirren der Kulturrevolution. Im Rahmen eines grandiosen Plans zur ideologischen Läuterung hatte Mao Zedong aus allen Ländern außer Ägypten die Botschafter Chinas abgezogen. (In einigen Ländern, zum Beispiel in Polen, blieben jedoch chinesische Diplomaten unterhalb des Botschafterrangs vor Ort.) Die erste Initiative ging von Nixon selbst aus. Wie oben erwähnt, ließ er während seines Besuchs in Rumänien im Juni 1969 gegenüber Ceaușescu seine Absicht durchblicken, die Chinesen einzubinden, und Ceaușescu gab ihm zu verstehen, dass er diese Anregung weiterleiten werde. Eine Reaktion blieb aus, vermutlich weil die Chinesen eine sowjetische nachrichtendienstliche Durchdringung eines Satellitenstaats befürchteten, selbst wenn es um ein so herausfordernd autonomes Land wie Rumänien ging.[52]

Während der Genfer Konferenz von 1954, am Ende von Frankreichs Kolonialkrieg in Vietnam, war die chinesische Botschaft in Warschau zur Vermittlungsstelle zwischen Washington und Peking bestimmt worden. Tatsächlich hatten schon 162 Treffen auf Botschafterebene stattgefunden. Sie hatten jedoch ausnahmslos damit geendet, dass beide Seiten die Vorbedingung der jeweils anderen Seite ablehnten: Die USA weigerten sich, über die bedingungslose Rückgabe Taiwans an China zu verhandeln, und Peking weigerte sich zuzusichern, sein Ziel der Wiedereingliederung Taiwans ausschließlich

Richard Nixon: Die Strategie des Gleichgewichts

mit friedlichen Mitteln voranzutreiben. Einige Jahre lang hatten nicht einmal diese Pro-forma-Treffen stattgefunden. Doch im Januar 1970 beschlossen wir, diesen Gesprächskanal wieder zu aktivieren. Ich wies den US-Botschafter in Polen, Walter Stoessel, an, einen chinesischen Diplomaten bei dem nächsten gesellschaftlichen Anlass, an dem beide teilnahmen, auf unser Gesprächsangebot anzusprechen. In der Annahme, es handele sich um eine private Initiative meinerseits, ignorierte Stoessel meinen Auftrag – ein Symbol der Rivalitäten zwischen Weißem Haus und Außenministerium. Für Konsultationen nach Washington zurückbeordert, fand Stoessel sich im Oval Office ein, wo der Präsident ihm seine Instruktionen persönlich mitteilte. Daraufhin präsentierte Stoessel unser Angebot auf einer gesellschaftlichen Veranstaltung in Jugoslawien, wo ein chinesischer Diplomat ihm zunächst aus dem Weg ging, aber schließlich unseren Vorschlag entgegennahm, da Stoessel ihn nicht entkommen ließ.

Zwei Wochen später suchte der chinesische Botschafter in Polen unangekündigt die US-Botschaft auf. Er hatte den Auftrag, einen Dialog einzufädeln. Es fanden vier Treffen statt. Auf amerikanischer Seite gerieten die Fortschritte aufgrund der formalen Geheimhaltungsvorschriften der Washingtoner Bürokratie ins Stocken, zunächst innerhalb der Regierung und dann im Kongress, was Nixon eines Tages ausrufen ließ: »Sie werden dieses Baby umbringen, bevor es noch zur Welt gekommen ist!«

Jedenfalls brachen die Chinesen kurz nach dem Einmarsch von US-Truppen in Kambodscha im Mai 1970 aus Protest die Gespräche über den Warschauer Kanal ab. Doch im Oktober desselben Jahres erwähnte Nixon gegenüber dem pakistanischen Präsidenten Yahya Khan, der ihn anlässlich eines Besuchs der Vereinten Nationen im Weißen Haus aufgesucht hatte, erneut sein Interesse an direkten Gesprächen mit Peking. Diesmal erhielt Nixon eine direkte Antwort von dem chinesischen Premierminister Zhou Enlai, in Form eines Briefs im Auftrag von Mao Zedong. Am 9. Dezember 1970 wertete Zhou in vier kryptischen Sätzen das formlose Gespräch zwischen Nixon und Yahya Khan zu einer offiziellen Botschaft auf und bezeichnete es als das erste Mal, dass die USA auf höchster Ebene auf China zugekommen seien: »von einem Staatsoberhaupt über ein anderes zu einem dritten«.[53]

Zhou ließ durchblicken, China sei bereit, mit den Vereinigten Staaten über die Rückkehr Taiwans ins Mutterland zu verhandeln. Wir gaben die kryptische Antwort, dass es im Fall eines Dialogs jeder Seite freistehen sollte, die ihr wichtigen Themen selbst anzusprechen. Die folgende Korrespondenz wurde ohne Briefkopf und Unterschriften hin und her geschickt, um das Risiko eines Durchsickerns an die Öffentlichkeit, einer entsprechenden Reaktion in Moskau und der Verunsicherung der übrigen Welt zu minimieren. In einer Rückkehr zu traditionellen Methoden der Diplomatie wurden die Depeschen von einem Boten aus Washington in die pakistanische Hauptstadt Islamabad und von dort aus nach Peking befördert – und die chinesischen Antworten nahmen den gleichen Weg in umgekehrter Richtung.

Die Taktzahl dieses Schriftwechsels wurde dadurch reduziert, dass beide Seiten unbedingt vermeiden wollten, dass die jeweils andere Seite ihren jeweiligen Eifer ausnutzte und dass sie ihn bis aufs Äußerste vor dem Kreml geheim halten wollten. Daher vollzog sich der Dialog zwischen Nixon und Mao viele Wochen lang über meine Korrespondenz mit Zhou, die jedes Mal mit wenigen Sätzen auskam. Eine sowjetische Fehleinschätzung beschleunigte die Auflösung dieses Stillstands.

Im Verlauf des Frühjahrs 1971 trugen unsere geheimen Gespräche Früchte, und ein Besuch von mir in Peking wurde vereinbart. Wir verhandelten mit China und Russland zur gleichen Zeit über ein Gipfeltreffen. Nixon löste das taktische Dilemma durch die Anweisung, beiden Ländern ein Angebot zu machen, angefangen mit den Sowjets. Falls beide unser Angebot annahmen, sollten die Gipfel in der Reihenfolge stattfinden, in der die Antworten eingegangen waren.

Im Juni 1971 legte ich Dobrynin in Camp David unseren Vorschlag für ein Gipfeltreffen vor. Die Sowjets lösten das Problem für uns, indem sie ihre Zustimmung zu dem Gipfel davon abhängig machten, inwieweit wir sie bei den vorgesehenen Verhandlungen mit der Bundesrepublik Deutschland, Großbritannien und Frankreich über ein neues Berlin-Abkommen unterstützten. Zhou Enlai schlug während meines Geheimbesuchs in Peking im Juli 1971 einen Besuch Nixons in China vor, aber im Gegensatz zu den Sowjets ohne Vorbedingungen. Drei Tage nach meiner Rückkehr aus China nahm Nixon die

Einladung aus Peking an. Daraufhin sprach Dobrynin innerhalb eines Monats eine Einladung nach Moskau aus, die ebenfalls nicht an Vorbedingungen geknüpft war. Wie geplant setzten wir den Besuch in Moskau drei Monate nach der ins Auge gefassten Chinareise an.

Der geheime Besuch in Peking wurde organisiert, indem ich eine Reise nach Vietnam, Thailand, Indien und Pakistan plante. Sobald ich in Islamabad angekommen war, wurde Zeit für die letzte Etappe freigemacht, indem ich eine Unpässlichkeit vorschob, von der ich mich zwei Tage lang in den Bergen erholen müsse. Das gesamte Prozedere – von Nixons Gespräch mit Yahya Khan am 25. Oktober 1970[54] bis zu meiner Ankunft in Peking am 9. Juli 1971 – hatte gut acht Monate gedauert. Die eigentliche Reise, von der Abreise aus Washington bis zur Ankunft in Peking, dauerte acht Tage. In Peking selbst verbrachte ich nur exakt 48 Stunden.

Wie sollte ich diese kurze Zeit am besten nutzen? Für die Gespräche über die Botschaft in Warschau hatte die US-Regierung eine festgelegte Agenda. Wichtige Diskussionspunkte waren unter anderem Taiwan, aus der Enteignung von amerikanischem Eigentum entstandene Ansprüche und Vermögenswerte, politische Gefangene und die Schifffahrtswege im Südchinesischen Meer. Nixon und ich kamen jedoch zu der Einschätzung, dass solche Themen wahrscheinlich nur zu Differenzen über Nebensächlichkeiten oder zu ideologischen Blockaden führen würden, die jeden Fortschritt auf dem Weg zu dauerhaften Beziehungen behindern konnten. Mir wurde gesagt, ich solle mich bereit zeigen, über Taiwan zu sprechen, allerdings nur im Kontext der allgemeinen chinesisch-amerikanischen Beziehungen und dem Ende des Vietnamkriegs.

Im Zuge dieser Fokussierung auf geopolitische Themen hielt Nixon am 6. Juli 1971 in Kansas City, Missouri, eine Rede, während ich auf der Reise nach China war. Darin erklärte er seine Vorstellungen von einer Weltordnung, die auf einem Machtgleichgewicht zwischen den Großmächten beruht, ohne dabei Taiwan auch nur zu erwähnen:

Anstatt dass Amerika nur aus wirtschaftlicher Sicht die Nummer eins in der Welt ist, die überragende Weltmacht, und anstatt dass nur zwei Supermächte existieren, gibt es, wenn wir in wirtschaftlichen Zusammenhängen und Potenzialen denken, [...] fünf wirtschaftliche Supermächte: die Vereinigten Staaten, Westeuropa, die Sowjetunion, Festlandchina und natürlich Japan.55

Die einzige Vereinbarung, die während des Geheimbesuchs erreicht wurde, war eine Einladung an Nixon, China zu besuchen. Beide Seiten konzentrierten sich darauf, ihre generelle Haltung als Grundlage für weitere Gespräche deutlich zu machen. Ich erläuterte Nixons Rede; Zhou begann unser Gespräch mit einem Mao-Zitat: »Es herrscht große Unordnung unter dem Himmel, die Lage ist ausgezeichnet.«

Ein etwas konkreterer diplomatischer Dialog wurde bei meinem zweiten Besuch drei Monate später begonnen, im Oktober 1971. Er zielte darauf ab, das Gipfeltreffen vorzubereiten und dafür ein Kommuniqué zu entwerfen. Der Abstand von vier Monaten zwischen meinem zweiten Besuch und der Reise Nixons reflektierte unsere Überzeugung, dass wir nicht riskieren sollten, dass es beim ersten persönlichen Treffen von Nixon und Mao zu einer Pattsituation käme, weil die Gespräche durch die innenpolitischen Zwänge der jeweiligen Seite und die draußen wartenden Medien eingeengt wurden.

Ich hatte ein Standardkommuniqué mitgebracht, in dem unsere allgemeinen Absichten bekräftigt wurden, dem es aber an Konkretheit fehlte. Zhou kam am nächsten Morgen mit einer expliziten Botschaft von Mao zurück: Nachdem unsere Länder über so viele Jahre hochrangige Kontakte vermieden hatten, sollten wir jetzt nicht so tun, als wäre allgemeine Harmonie zum Greifen nah. Mao schlug vor, in das Kommuniqué eine ausführliche Erklärung unserer Meinungsverschiedenheiten in bestimmten Fragen aufzunehmen, sowie einige klar formulierte Übereinstimmungen. In einem solchen Kontext würde das Kommuniqué die öffentliche Aufmerksamkeit viel stärker auf die Übereinstimmungen lenken, als wenn wir darin lediglich eine pauschale Erklärung unseres guten Willens verkünden würden. Eine gemeinsame Erklärung zur Zukunft Taiwans blieb Nixon und Mao vorbehalten, aber Zhou und ich einigten uns als Warnung an die Sowjetunion auf die Position, dass wir uns gemeinsam jeglichen hegemonialen Bestrebungen in Asien entgegenstellten.

Richard Nixon: Die Strategie des Gleichgewichts

Der plötzliche Eifer der Regierung in Peking war zweifellos darauf zurückzuführen, dass sie sich durch die über 40 sowjetischen Panzerdivisionen, die entlang der chinesischen Grenzen in der Mandschurei und Xinjiang stationiert waren, unter Druck gesetzt fühlte. Die Zusammenarbeit mit China auf höchster Ebene, um ein globales Gleichgewicht herbeizuführen, sollte nun ausdrücklich angekündigt werden und das Wesen des Kalten Krieges nachhaltig verändern.

Es gab weder einen Präzedenzfall für den Entwurf einer Agenda, der vor dem Gipfeltreffen gemeinsam erarbeitet wurde, noch sollte es einen vergleichbaren Nachfolger geben. Wie es beschlossen worden war, legten beide Seiten lange Listen mit ihren Meinungsverschiedenheiten vor, gefolgt von einer kürzeren Aufzählung der unstrittigen Punkte. Jede Seite übernahm selbst die Verantwortung für ihre eigenen Formulierungen. Da keiner von uns ein Vetorecht gegenüber der anderen Seite verlangte, eröffnete diese Vorgehensweise die Möglichkeit, die Haltung der USA zu Taiwan in einem gemeinsamen Kommuniqué ausdrücklich darzulegen. Der Entwurf musste dann von Nixon und Mao genehmigt werden.

Auf dem Gipfel selbst war Mao nur 45 Minuten anwesend, wegen – wie uns später von chinesischen Ärzten mitgeteilt wurde – einer schweren gesundheitlichen Krise in der Woche zuvor. Aber er hatte den Entwurf des Kommuniqués vom Oktober gebilligt, der die vollständige Position der USA zu Taiwan und anderen Fragen enthielt. Vor diesem Hintergrund kam einer Erklärung, die er dann bei seinem kurzen Treffen mit Nixon abgab, besondere Bedeutung zu: China wolle Taiwan nicht sofort, erklärte er, denn die Taiwaner »sind ein Haufen Konterrevolutionäre. [...] Wir können vorläufig mit ihnen leben, selbst wenn es noch hundert Jahre dauert.«[56]

Indem wir dem Thema, das Verhandlungen zwischen den beiden Ländern lange Zeit im Wege gestanden hatte, die Dringlichkeit nahmen, wurde eine Erklärung möglich, die zum Ausdruck brachte, was in den seither vergangenen 50 Jahren der beherrschende Grundsatz der Beziehungen zwischen den USA und China geblieben ist: »Die Vereinigten Staaten erkennen an, dass alle Chinesen auf beiden Seiten der Formosastraße [Meerenge zwischen Festlandchina und der Insel Taiwan] sagen, dass es nur ein China gibt und dass Taiwan ein Teil Chinas ist. Die Regierung der Vereinigten Staaten stellt diese Position nicht in Frage.«[57]

Nach einem von Nixon auf dem Gipfel gemachten offiziellen Vorschlag wurde diese Formulierung in das sogenannte Shanghai-Kommuniqué aufgenommen, das am Ende seines Besuchs veröffentlicht wurde.

Weder Nixon noch ich haben uns diese Formulierung ausgedacht, sondern sie vielmehr einer Erklärung entnommen, die während der Präsidentschaft Eisenhowers entworfen wurde, um Verhandlungen mit Peking vorzubereiten, die dann allerdings nie stattfanden. Diese Erklärung hatte den Vorzug, dass sie die erklärten Ziele sowohl Taipehs als auch Pekings genau aufführte.

In dem Kommuniqué von 1972 gaben die USA ihre Forderung nach einer »Two China solution« (Zweistaatenlösung) auf und legten sich hinsichtlich der Frage, *welches* China die erklärten Wünsche des chinesischen Volkes verwirklichen solle, nicht fest.

Nach ein paar Tagen akzeptierte Zhou unsere Formulierung. Deren Vagheit gab beiden Seiten die Freiheit, eine Politik der strategischen Zusammenarbeit zu betreiben, die das globale Gleichgewicht von der Sowjetunion entfernen würde. Das Kommuniqué implizierte, dass Taiwan auf absehbare Zeit als autonom zu behandeln sei. Beide Seiten stimmten dem Grundsatz von dem einen China zu, während die USA auf Erklärungen oder Handlungen verzichten würden, die eine Zweistaatenlösung implizierten, und keine der beiden Seiten würde versuchen, ihre bevorzugte Lösung durchzusetzen. Im amerikanischen Teil des Kommuniqués wurde ausdrücklich erwähnt, dass die USA auf einer friedlichen Lösung bestanden. Zwei weitere Kommuniqués, die während der Präsidentschaften von Jimmy Carter und Ronald Reagan vereinbart wurden, erweiterten die Menge der Übereinstimmungen. Zusammen bilden diese Erklärungen bis heute die Grundlage der Beziehungen zwischen China und Taiwan. Sollte eine der beiden Seiten sie in Frage stellen, würde die Gefahr einer militärischen Konfrontation erheblich zunehmen.

In den 20 Jahren nach Nixons Besuch verfolgten die Vereinigten Staaten und China auf breiter Ebene eine Politik der Zusammenarbeit, um die Macht der Sowjetunion einzudämmen. In dieser Zeit kooperierten sogar die Nachrichtendienste der USA und Chinas, wenn auch nur in begrenztem Umfang. Bei einem weiteren Besuch im Februar 1973 wurde deutlich, wie engagiert die Chinesen waren: Mao drängte mich, ebenso viel Zeit in Japan zu verbringen wie in China, um zu vermeiden, dass die Japaner sich vernachlässigt fühlten und sich weniger intensiv für die gemeinsame Verteidigungspolitik gegen die Sowjetunion engagieren würden. »Anstatt dass Japan engere Beziehungen zur Sowjetunion hat«, so Mao, »wäre es uns lieber, wenn Japan seine Beziehungen zu den USA verbessern würde.«[58]

Einen Monat später nahm Lee Kuan Yew, der Premierminister Singapurs, eine Vorlesung an der Lehigh University in Pennsylvania zum Anlass, um über die Bedeutung der von der Nixon-Administration betriebenen Diplomatie zu sinnieren:

Wir leben in bewegten Zeiten. Seit geraumer Zeit hat die Welt nicht mehr so dramatische Veränderungen in den Beziehungen zwischen den Großmächten erlebt wie in den vergangenen zwei Jahren. Wir werden Zeugen von Verschiebungen im Gleichgewicht der Macht, da sich die Gewichte verschoben haben. Und die Großmächte lernen, friedlich miteinander auszukommen. [...]

Die alten unverrückbaren Trennlinien des Kalten Krieges erscheinen nunmehr fließend und nebulös. Washington ist von Konfrontation zu Verhandlungen übergegangen, mit Peking wie mit Moskau. Beide kommunistischen Mächte wollen, aus welchen Gründen auch immer, dass der Krieg in Vietnam zurückgefahren und Amerika in die Lage versetzt wird, in Ehren abzuziehen. [...]

China seinerseits zeigt sich gegenüber den kapitalistischen Ländern Amerika und Japan entgegenkommender als gegenüber dem kommunistischen Russland. [...]

Ideologische Gegensätze scheinen weniger wichtig geworden zu sein. Einstweilen scheinen die nationalen Interessen die zuverlässigste Leitlinie für das Handeln und den politischen Kurs von Regierungen zu sein.[59]

Nixon hätte sich keine bessere Beurteilung seiner Politik wünschen können.

Mao Zedong starb 1976. Zwei Jahre später kehrte Deng Xiaoping aus seiner zweiten Ächtung zurück und setzte die Reformen um, die er 1974 nach seiner Rückkehr aus der ersten Ächtung in die Wege geleitet hatte. Von diesem Zeitpunkt an bis zum Amtsantritt von Donald Trump im Jahr 2017 basierte die

STAATSKUNST

Chinapolitik der USA auf den in dieser Zeit aufgestellten und im Wesentlichen von Demokraten und Republikanern gemeinsam getragenen Grundsätzen.

Inzwischen hat China sich zu einem in wirtschaftlicher und technologischer Hinsicht ernst zu nehmenden Konkurrenten der Vereinigten Staaten entwickelt. Aus heutiger Sicht kommt hin und wieder die Frage auf, ob Nixon, wenn er denn heute noch am Leben wäre, seine Politik der Öffnung gegenüber China bereuen würde. Die wachsende Wirtschaftsmacht Chinas ist eine Herausforderung, die er vorhergesehen hat. Seine Rede in Kansas City im Juli 1971 verrät, dass er sich des Potenzials der Chinesen, das weltpolitische Gefüge zu verändern, durchaus bewusst war:

> Gerade der Erfolg unserer Politik, die Isolierung Festlandchinas zu beenden, wird eine enorme Eskalation der wirtschaftlichen Herausforderung nicht nur für uns, sondern auch für viele andere Länder der Welt mit sich bringen. [...] 800 Millionen Chinesen, die sich der Welt öffnen, mit all der Kommunikation und dem Ideenaustausch, zu denen diese Öffnung zwangsläufig führen wird, werden sich zu einer globalen Wirtschaftsmacht mit enormem Potenzial entwickeln.[60]

Bekanntlich hat der britische Premierminister Henry Palmerston einmal gesagt: »Wir haben weder ewige Verbündete noch ewige Feinde. Aber unsere Interessen sind ewig und beständig, und es ist unsere Pflicht, diese Interessen zu verfolgen.« Während des Kalten Krieges war es ein vorrangiges Interesse der Vereinigten Staaten, eine Kooperation mit China als Gegengewicht zur Sowjetunion aufzubauen; heute muss jegliche politische Initiative der USA gegenüber China im Kontext der riesigen Wirtschaftskraft Chinas – vergleichbar mit derjenigen der Vereinigten Staaten –, seiner wachsenden militärischen Macht und seines diplomatischen Geschicks erfolgen, das auf der Tradition einer jahrtausendealten, einzigartigen Kultur beruht.

Demnach war die Öffnung gegenüber China – wie jeder strategische Erfolg – nicht nur eine Reaktion auf die Probleme der damaligen Zeit, sondern auch eine »Eintrittskarte« für künftige Herausforderungen. Deren markanteste ist diese: Während die Zerstörungskraft eines Atomkriegs durch moderne

Technologien in Form von vielfältigen, neu entwickelten Hightech-Waffen und radikalen Verbesserungen auf dem Gebiet der künstlichen Intelligenz immer weiter zunimmt, haben China, Russland und die USA begonnen, ihre Waffenarsenale zu modernisieren. Wenn Waffen die Fähigkeit entwickeln, ihre Ziele selbst zu suchen und aus Erfahrung zu lernen, und wenn Cyberwaffen ihren Ursprung verschleiern können, ist es geboten, parallel zur technologischen Entwicklung einen ständigen Dialog einzurichten, um die Stabilität der Weltordnung – und vielleicht das Überleben der menschlichen Zivilisation – zu gewährleisten. (Für Näheres dazu siehe das Schlusswort.)

CHAOS IM NAHEN OSTEN

Zu Beginn seiner Präsidentschaft sah Nixon sich mit zwei Themen konfrontiert, die zugleich eng miteinander verknüpft und scheinbar nicht miteinander in Einklang zu bringen waren: Wie konnte die Position des Westens im (überwiegend arabischen) Nahen Osten aufrechterhalten und dabei die Sicherheitsgarantie der USA gegenüber Israel erfüllt werden? Wie seine Vorgänger machte Nixon sich beide Ziele zu eigen, begann aber auch, sie aus einer neuen strategischen Perspektive zu verfolgen.

Im letzten Jahr der Johnson-Regierung zeichnete sich der Status quo ab, in dem Nixon die Nahostkrise vorfinden sollte. Der Nahostkrieg von 1967 zwischen Israel und seinen arabischen Nachbarländern – Ägypten, Syrien und Jordanien – endete damit, dass Israel die ägyptische Sinai-Halbinsel, die syrischen Golanhöhen und das jordanisch-palästinensische Westjordanland besetzte. Diese Eroberungen veränderten die Verhandlungspositionen beider Seiten. Israel würde in einen Friedensprozess – wenn er denn überhaupt begonnen werden konnte – im Besitz materieller Geländegewinne hineingehen, den es für immaterielle strategische Ziele zu nutzen gedachte, nämlich für die Anerkennung seiner Legitimität und seiner Existenz sowie sichere Grenzen, was implizierte, dass die Waffenstillstandslinien von 1949 angepasst werden mussten.

Die Vereinten Nationen wollten mittels der Resolution 242 des UN-Sicherheitsrates einen internationalen Rahmen für den Friedensprozess schaffen.

1967 angenommen, enthielt sie allesakrosankten Begriffe – »Frieden«, »Sicherheit«, »politische Unabhängigkeit« –, aber in einer Reihenfolge, die ihnen die praktische Bedeutung nahm, da sie es jeder Seite ermöglichte, ihre eigenen Definitionen anzuwenden. Sie lautete:

Der Sicherheitsrat,
[...]
1. *erklärt,* dass die Verwirklichung der Grundsätze der [UN-]Charta die Schaffung eines gerechten und dauerhaften Friedens im Nahen Osten verlangt, der die Anwendung der beiden folgenden Grundsätze einschließen sollte:
   a) Rückzug der israelischen Streitkräfte aus (den) Gebieten, die während des jüngsten Konflikts besetzt wurden;
   b) Beendigung jeder Geltendmachung des Kriegszustands beziehungsweise jedes Kriegszustands sowie Achtung und Anerkennung der Souveränität, territorialen Unversehrtheit und politischen Unabhängigkeit eines jeden Staates in der Region und seines Rechts, innerhalb sicherer und anerkannter Grenzen frei von Androhungen oder Akten der Gewalt in Frieden zu leben. [...][61]

Der Umfang der Gebiete, aus denen Israel abziehen sollte, blieb unklar, ebenso die Definition eines »gerechten und dauerhaften Friedens« – ein Zustand, der sich in einer Welt souveräner Staaten ohnehin als schwierig aufrechtzuerhalten erwiesen hat. Daher legte jede Kriegspartei den Text auf der Grundlage ihrer bereits vorhandenen Überzeugungen aus.

Im März 1969 versuchte der ägyptische Präsident Nasser, den Prozess zu beschleunigen, indem er die israelischen Stellungen entlang des Suezkanals mit schwerer Artillerie beschoss. Israel reagierte mit Luftangriffen auf Ägypten, die weit in das ägyptische Hinterland hineinreichten. Nixon traf eine Reihe von Entscheidungen mit sofortiger Wirkung: Er beauftragte Außenminister William Rogers mit den Verhandlungen über den Nahen Osten, überließ es aber mir, eine Reihenfolge festzulegen, in der die Nahostdiplomatie erst nach Abschluss unserer diplomatischen Bemühungen in Bezug auf Vietnam in Angriff genommen werden sollte, da er gleichzeitige innenpolitische Auseinandersetzungen über zwei so unterschiedliche Themen vermeiden wollte.

Rogers' Vermittlungsbemühungen führten zu einem Waffenstillstandsabkommen entlang des Suezkanals unter der Schirmherrschaft der UNO, das eine 50 Kilometer breite entmilitarisierte Zone auf beiden Seiten des Kanals vorsah. Dieses Abkommen wurde von Rogers am 19. Juni 1970 vorgeschlagen und von ihm am 7. August verkündet. Nasser und die Sowjets brachen es umgehend, indem sie 50 von der Sowjetunion gelieferte Batterien hoch entwickelter Flugabwehrraketen in die entmilitarisierte Zone entlang der Westseite des Suezkanals verlegten.*

Ein militärischer Zusammenstoß am Suezkanal schien also unmittelbar bevorzustehen, und eine Untergruppe des Nationalen Sicherheitsrats der USA kam zu dem Schluss, dass dessen Initiator am wahrscheinlichsten Israel sein würde. Nixon wies diese Einschätzung zurück. Er war dagegen, dass Israel in so großer Entfernung von seinen Grenzen einen Konflikt anfing; eine solche Aktion, so argumentierte er, würde zu einer Konfrontation mit der Sowjetunion oder einem breiteren Konflikt führen können. Eine Konfrontation entlang des Suezkanals berührte amerikanische Sicherheitsinteressen; falls erforderlich, sollten US-Streitkräfte eingreifen, um eine maximale Abschreckungswirkung gegenüber der Sowjetunion zu erzielen. Nixon behielt es sich selbst vor, eine solche Aktion einzuleiten, und untersagte, dieses Szenario durchzuspielen, bevor er es nicht genehmigt hatte. Die angespannte Lage entschärfte sich dann für einige Wochen, bis sich der Schwerpunkt der Nahostkrise vom Suezkanal auf die Zukunft des jordanischen Staates verlagerte.

In dieser Zeit konzentrierte sich Nixons Suche nach einer umfassenden Strategie darauf, die entscheidende Bedeutung, die sowjetische Militärhilfe beim Vorantreiben radikaler arabischer Pläne gespielt hatte, zu verringern.[62] Bei den allmorgendlichen Diskussionen in Nixons privatem Büro im Weißen Haus gingen wir davon aus, dass Ägypten und Syrien ihren Druck lockern

---

* Dadurch wurde Ägypten in die Lage versetzt, Streitkräfte aufzubauen und die Voraussetzungen zu schaffen für den Oktoberkrieg, der drei Jahre später unter dem Schutz von Boden-Luft-Raketen stattfand (»surface-to-air missiles«, SAM).

würden, sobald sie erkannt hatten, dass die USA bereit waren, die Unterstützung der Sowjets – die von MiG-Flugzeugen über schwere Artillerie bis hin zu etwa 20 000 Militärberatern für Bodentruppen reichte – zu vereiteln. Als Ergänzung zur Vereitelung der sowjetischen Militärhilfen und zur Beschränkung von Flugabwehrbatterien planten wir, ernsthafte Friedensverhandlungen im Nahen Osten zu unterstützen, sofern die arabischen Staaten bereit wären, direkt mit Israel zu sprechen.

Nixon war begeistert von dieser Strategie und drängte mich, sie öffentlich zu erwähnen; also erklärte ich in einem Gespräch mit einem Journalisten, das am Anfang der Präsidentschaft Nixons stattfand: »Wir versuchen, die Sowjets zur Aufgabe ihrer militärischen Präsenz zu veranlassen. Das betrifft nicht so sehr die Berater, sondern vor allem die Piloten der Militärmaschinen und die Kampftruppen, und zwar sollen sie Ägypten verlassen, bevor sie sich dort auf die Dauer eingerichtet haben.«[63]

Der erste Test für diese Strategie kam im September 1970, als die Palästinensische Befreiungsorganisation (PLO), eine 1964 in Kairo gegründete antiisraelische Terrorgruppe, vier westliche Passagierflugzeuge entführte und mit dreien davon in Jordanien landete. (Das vierte wurde nach Kairo dirigiert und kurz nach Freilassung der Passagiere in die Luft gesprengt.)[64] Mit dieser Aktion, die den Auftakt zu einer Anschlagsserie bildete, die in der arabischen Welt als »Schwarzer September« bekannt wurde, hatten palästinensische Terroristen es fast geschafft, das souveräne Jordanien zu einer Operationsbasis zu machen.

Der jordanische König Hussein, ein unerschrockener Monarch, der jahrzehntelang mit großem diplomatischem Geschick und Mut mit den Feindseligkeiten seiner arabischen Nachbarn und Israels Sicherheitsbedenken fertiggeworden war, warf ihnen den Fehdehandschuh hin. Er schloss die palästinensischen Flüchtlingslager auf jordanischem Boden, die zu PLO-Stützpunkten gemacht worden waren, und vertrieb die Bewohner, zumeist in den Libanon.

Unter zunehmenden Spannungen begannen die syrische und die irakische Armee, ihre Truppen an den Grenzen zu Jordanien zusammenzuziehen. Auf unserer Seite folgte eine Reihe von Meetings der Washington Special Action Group. (Diese WSAG war eine flexible ressortübergreifende

Richard Nixon: Die Strategie des Gleichgewichts

Einsatzgruppe auf der Ebene eines stellvertretenden Ministers, die unter dem Vorsitz des Nationalen Sicherheitsberaters das Krisenmanagement koordinierte.) Wir kamen zu der Einschätzung, dass Hussein nicht nachgeben und Israel bei einem militärischen Angriff auf Jordanien durch dessen Nachbarländer nicht tatenlos zusehen würde. Als Nixon über diese Einschätzung der Lage informiert wurde, wiederholte er nachdrücklich seine Instruktionen während der Suezkrise: Jordanien müsse als Staat erhalten bleiben, aber israelische Maßnahmen zu diesem Zweck dürften nicht ohne Abstimmung mit den USA unternommen werden und militärische Aktionen der USA ohne Nixons Zustimmung weder stattfinden noch konkret angedroht werden.

Am 18. September überquerte eine syrische Panzerdivision die jordanische Grenze und rückte auf die Stadt Irbid vor. König Hussein leistete Widerstand und bat die Vereinigten Staaten um Unterstützung.

Die Krise hatte sich zu einer direkten strategischen Herausforderung entwickelt. Sollten Jordanien zerfallen und arabische Armeen an der Ostgrenze Israels auftauchen, würde das womöglich zu einem Krieg führen, der sowjetische Truppen in die Region bringen könnte, um die sowjetischen Berater zu unterstützen, die bereits den syrischen und irakischen Streitkräften angegliedert waren. Dann wäre ein militärischer Widerstand Israels wahrscheinlich, und amerikanische Unterstützung dafür wäre – zumindest auf diplomatischer Ebene – unentbehrlich.

Beim Krisenmanagement sind Störungen manchmal unvermeidlich. Als ich Nixon an einem Sonntagabend[65] die Nachricht von der syrischen Invasion in Jordanien überbrachte, war er gerade im Keller des Eisenhower Executive Office Building beim Bowling (was nur sehr selten vorkam). Es war wichtig, eine Eskalation der Krise in Jordanien zu verhindern, aber wir konnten auch nicht zulassen, dass eine syrische Besatzung strategisch wichtiger Teile Jordaniens mithilfe sowjetischer Waffen und Berater zu einem *Fait accompli* wurde. Als ich ihm das Problem erläuterte, autorisierte Nixon erste Schritte, um die Krise einzudämmen und Syriens Abenteuer zu beenden. In seinem Beisein – immer noch auf der Bowlingbahn – rief ich Yitzhak Rabin an, den damaligen Botschafter Israels in Washington, um ihm mitzuteilen, dass wir die syrische Invasion nicht tatenlos hinnehmen würden. Ich sagte ihm, dass wir eine Mobilisierung der israelischen Streitkräfte unterstützen würden, so dass Israel die syrische Flanke bedrohen konnte, aber militärische *Aktionen* sollten erst nach weiteren Gesprächen erfolgen. Dann rief ich US-Außenminister Rogers an, um ihn über die Einstellung des Präsidenten zu informieren. Er antwortete, dass ihm nicht wohl sei bei dem Gedanken an ein militärisches Vorgehen; er wolle aber Joseph Sisco, den Assistant Secretary of State, bitten, in den Situation Room im Weißen Haus zu kommen, um beim Koordinieren unserer diplomatischen Aktivitäten zu helfen. Bezeichnenderweise war Nixon nicht bereit, eine Krise im Weißen Haus in Bowlingkleidung zu managen. Er verschwand für ein paar Minuten, um einen Anzug anzuziehen, und kam dann zu Sisco und mir in den Situation Room.

Diplomatische Gepflogenheiten würden nahelegen, beide Parteien aufzufordern, sich zurückzuhalten, und eine wie auch immer geartete diplomatische Konferenz einzuberufen, um strittige Fragen zu klären. Doch in der gegebenen Situation hätte ein solcher Schritt die Krise wahrscheinlich noch verschärft, weil er dem Aggressor Zeit verschafft hätte, sein erobertes Gebiet noch weiter auszudehnen. Der Aufruf zu einer internationalen Konferenz *vor* einem syrischen Rückzug hätte sowohl die Flugzeugentführungen als auch die Invasion belohnt. Zudem hätte ein solches Vorgehen eine syrische Militärpräsenz tief im jordanischen Hoheitsgebiet mit sich gebracht. Und anstatt die arabischen Regime und ihre sowjetischen Unterstützer zu spalten, wie es unsere Politik erreichen sollte, hätte so eine Aktion der USA ihre Abhängigkeit von Moskau wahrscheinlich noch verstärkt.

Je größer eine Konferenz, desto schwieriger ist es, einen Konsens zu erreichen. Die Weigerung, das Existenzrecht Israels anzuerkennen, war in der arabischen Diplomatie seit der Gründung Israels fest verankert. Die meisten europäischen Länder hatten zwar Israels Legitimität anerkannt, missbilligten aber, dass es vor einem Waffenstillstand auf direkten Verhandlungen bestand. Und selbst wenn all dies nicht der Fall gewesen wäre, hätte Diplomatie naturgemäß nicht Schritt halten können mit dem Vormarsch der syrischen Streitkräfte und ihrer sowjetischen Berater auf jordanischem Gebiet.

Daher beschloss Nixon im Situation Room, dass alle Appelle anderer Länder, sich zurückzuhalten, in erster Linie an die syrischen Invasoren und ihre

Richard Nixon: Die Strategie des Gleichgewichts

sowjetischen Sponsoren zu richten waren. Als Vorbedingung für Verhandlungen bestanden wir auf dem Rückzug der syrischen Streitkräfte aus Jordanien. Eine solche Politik machte es notwendig zu demonstrieren, wie entschlossen die Haltung der USA war. Darum erhöhte Nixon die Alarmbereitschaft der US-Streitkräfte in Europa um eine Stufe. Alle Marinesoldaten der Sechsten Flotte wurden auf ihre Schiffe im Mittelmeer zurückbeordert, und in den Vereinigten Staaten wurde die 82nd Airborne Division für einen potenziellen Einsatz in Alarmbereitschaft versetzt.[66] Die erhöhte Alarmstufe – die fast nur für konventionelle Streitkräfte galt – sollte den betroffenen Parteien, vor allem der Sowjetunion und Syrien, zeigen, dass die Vereinigten Staaten ein militärisches Eingreifen in Betracht zogen.

Nachdem er diese Strategie festgelegt hatte, folgte Nixon seiner gewohnten Praxis, es seinen Untergebenen zu überlassen, sie umzusetzen. Er verließ den Situation Room und überließ es Sisco, General Alexander Haig (damals mein Stellvertreter) und mir, uns um die Details zu kümmern. Der israelischen Premierministerin Golda Meir teilten wir in Nixons Namen mit, die Vereinigten Staaten würden gegen die Intervention äußerer Mächte – gemeint war die Sowjetunion – Widerstand leisten, und wir forderten sie auf, die Mobilisierung der israelischen Streitkräfte vorerst nicht weiter voranzutreiben, um unserer Strategie Zeit zu geben, Wirkung zu zeigen. König Hussein ließen wir mitteilen, er könne sich auf unsere Unterstützung bei der Wiederherstellung des Status quo verlassen. Auch die NATO-Verbündeten wurden über die Alarmbereitschaft und die ihr zugrunde liegenden Überlegungen in Kenntnis gesetzt.

Nachdem wir also deutlich gezeigt hatten, dass die Vereinigten Staaten den militärischen Druck, den Syrien mit Unterstützung der Sowjetunion ausübte, nicht dulden würden, beendete Moskau seine Beteiligung an der Krise. Auf einem diplomatischen Empfang, der am folgenden Nachmittag, dem 21. September, in einer Botschaft stattfand, nahm Dobrynins Stellvertreter mich beiseite, um mir mitzuteilen, dass die sowjetischen Militärberater zurückgeblieben seien, als die syrischen Truppen nach Jordanien einmarschierten. Ohne die Unterstützung der Sowjets kehrten die syrischen Einheiten alsbald in ihre Militärbasen zurück, und Hussein übernahm wieder die Kontrolle über sein Land.

Diese Strategie zur Bewältigung der Jordanienkrise reflektiert ein Muster, das sich später in Nixons Krisenmanagement erneut zeigen sollte: eine Phase des Nachdenkens, auf die eine plötzliche Aktion folgte, die weitgreifend genug war, um dem Gegner klarzumachen, dass eine weitere Eskalation ein zu hohes Risiko mit sich brächte. In beiderlei Hinsicht sollte die Entwicklung im September 1970 eine Vorschau auf den noch folgenschwereren Jom-Kippur-Krieg im Oktober 1973 liefern.

DER JOM-KIPPUR-KRIEG

Selbst als die Sowjetunion die Möglichkeit einer Koexistenz mit den Vereinigten Staaten auszuloten begann, schickte sie Militärhilfen und Waffen in ihre arabischen Satellitenstaaten, was die Gefahr erhöhte, dass es zu einer weiteren Konfrontation kommen konnte. Auch innerhalb der Vereinigten Staaten hatten sich bedeutende Veränderungen vollzogen. Im November 1972 wurde Nixon mit dem zweitgrößten Stimmenvorsprung in der Geschichte der US-Präsidentschaftswahlen wiedergewählt. Er wollte Außenminister Rogers ablösen, hatte sich aber noch nicht entschieden, wer sein Nachfolger werden sollte, was einer der Gründe für ein Nachlassen der diplomatischen Aktivitäten im Hinblick auf den Nahen Osten war. Der wichtigste Grund war jedoch, dass Nixon unbedingt vermeiden wollte, dass es zur gleichen Zeit zu innenpolitischen Debatten über Vietnam und den Nahen Osten kam; daher wollte er die Nahost-Diplomatie auf einen Zeitpunkt nach den Wahlen verschieben. Im August 1973 beschloss Nixon, mich zum Außenminister zu berufen; am 21. September wurde ich im Amt bestätigt.

Zwei Wochen später, am 6. Oktober, begann ein Krieg im Nahen Osten, als Ägypten in den Sinai einmarschierte und Syrien in die Golanhöhen. Zur gleichen Zeit hatte die Watergate-Krise sich rasch zugespitzt, nachdem John Dean, der Rechtsberater des Weißen Hauses, gegenüber dem Attorney General ausgesagt hatte, dass es im Weißen Haus zu Unregelmäßigkeiten gekommen sei (und welche Rolle er selbst dabei gespielt habe).

Im Nahen Osten hatte sich die Motivation der Araber unter dem Eindruck der Jordanienkrise und des Todes des ägyptischen Präsidenten Gamal Abdel Nasser im September 1970 – der die treibende Kraft hinter der Konfrontationspolitik der Araber gewesen war – deutlich verschoben. Sein Nachfolger Anwar el-Sadat setzte zunächst die Strategie seines Vorgängers fort, sich auf die Sowjets zu verlassen, damit die Amerikaner Druck auf Israel ausübten, sich vom Sinai zurückzuziehen. Doch dann, im Sommer 1972, verwies Sadat plötzlich die mehr als 20 000 nach Ägypten entsandten sowjetischen Militärberater des Landes und ordnete an, ihre militärischen Einrichtungen und schwere Ausrüstung zu beschlagnahmen.* Im Februar 1973 schickte er seinen Sicherheitsberater Hafez Ismail nach Washington, um die Haltung der USA zu erneuten Verhandlungen auszuloten.

Ismails Bedingungen blieben im Wesentlichen die gleichen wie jene, die zuvor zu einem Patt mit Israel geführt hatten: Rückzug Israels innerhalb der Grenzen von 1967 als Vorbedingung für die Anerkennung Israels und direkte Friedensverhandlungen. Ein neuer Aspekt seiner Botschaft war allerdings die Andeutung, dass Ägypten womöglich bereit sei, diese Schritte im Alleingang und ohne seine arabischen Verbündeten zu gehen.

Nixon empfing Ismail im Oval Office und teilte ihm mit, dass wir nach den für November angesetzten Wahlen in Israel Friedensbemühungen in die Wege leiten wollten und damit eine Auffassung umsetzen wollten, zu der er 1972 gemeinsam mit Golda Meir gelangt war. Bei einem anschließenden Gespräch unter vier Augen wiederholte ich Nixons Zusicherung und umriss, wie sie in die Tat umgesetzt werden konnte. Für Sadat war das eine zu unsichere Aussicht, da auf israelische Wahlen in der Regel wochenlange – wenn nicht sogar monatelange – Koalitionsverhandlungen zur Bildung einer Regierung folgten (und folgen). Stattdessen schockierte Sadat am 6. Oktober – Jom Kippur, der heiligste Tag im jüdischen Kalender, an dem die meisten Israelis in der Synagoge sind – sowohl Israel als auch die USA mit einem Überraschungsangriff auf Israel. Ägyptische Truppen setzten über den Suezkanal, und syrische Truppen rückten auf die Golanhöhen vor. Ägyptens plötzlicher Angriff traf Israelis, Amerikaner und die Welt unvorbereitet.

Genau zu diesem Zeitpunkt war Nixon mit Watergate und seinen Folgen

---

* Für eine ausführlichere Darstellung siehe Kapitel 4, Seite 311 bis 316.

beschäftigt. Am 6. Oktober 1973, dem ersten Tag des Krieges, kam auch noch hinzu, dass der Rücktritt von US-Vizepräsident Spiro Agnew unmittelbar bevorstand. Gegen Agnew waren Vorwürfe laut geworden, er habe sich in seinem früheren Amt als Gouverneur von Maryland korrupt verhalten. Weil sie sich geweigert hatten, den Sonderermittler Archibald Cox zu feuern, entließ Nixon am 20. Oktober Justizminister Elliot Richardson und dessen Stellvertreter William Ruckelshaus; dieser Tag wurde bald in der Medienberichterstattung als »Saturday Night Massacre« bekannt. Dann entließ der neue Attorney General Robert Bork Sonderermittler Cox, was dazu führte, dass im Repräsentantenhaus ein Amtsenthebungsverfahren gegen Nixon eingeleitet wurde.

Ungeachtet dieser Serie innenpolitischer Desaster übernahmen die Vereinigten Staaten eine Hauptrolle beim Herbeiführen eines Waffenstillstands und dem Einleiten eines Friedensprozesses im Nahen Osten, der sich bis weit in die nächsten Jahrzehnte hinein erstrecken sollte. Nixon verlor die zentralen strategischen Ziele nie aus den Augen: die Fortsetzung kreativer diplomatischer Beziehungen zu den arabischen Staaten, den Schutz der Sicherheit Israels, die Schwächung des Einflusses der Sowjetunion und die Beendigung des Krieges durch eine nachhaltige, auf Frieden orientierte Vermittlung der Vereinigten Staaten. Das wesentliche Merkmal dieser diplomatischen Bemühungen hatte sich bereits drei Jahre zuvor bei der Jordanien-Krise angedeutet: Um Sackgassen und zunehmenden Spannungen zuvorzukommen, waren wir entschlossen, eine mühselige Konferenz mit allen Parteien und zu sämtlichen Themen zu vermeiden, um ein Patt und zunehmende Spannungen zu verhindern. Die Alternative war ein schrittweises Vorgehen, bei dem nur die Parteien miteinbezogen werden sollten, die wirklich bereit waren, sich in Richtung Frieden zu bewegen. Ob diese Strategie durchführbar war, würde von den Ergebnissen der damals tobenden Schlachten abhängen.

Mit seinem Überraschungsangriff hatte Sadat das militärische Establishment Israels aus dem Tritt gebracht. Und er hatte aufgedeckt, dass unsere eigenen Nachrichtendienste denkbar schlecht vorbereitet waren, da sie in einem ersten Lagebericht davon ausgegangen waren, dass *Israel* den Überraschungsangriff gestartet hatte, nicht Ägypten und Syrien, und dass eine Zerschlagung der arabischen Armeen unmittelbar bevorstand. Doch tatsächlich überquerten die ägyptischen Streitkräfte den Suezkanal und setzten sich auf der Sinai-Halbinsel in einem 16 Kilometer breiten Besatzungsgürtel fest, den sie trotz massiver israelischer Gegenangriffe halten konnten, und zwar mit Hilfe sowjetischer Boden-Luft-Raketen, mit denen sie die israelische Luftwaffe außer Gefecht setzten. Unterdessen eroberten syrische Einheiten einen Teil der Golanhöhen; zeitweise schien ein syrischer Durchbruch nach Israel selbst durchaus möglich zu sein.

Doch bis zum vierten Kriegstag, dem 9. Oktober, hatte Israel seine Reserven vollständig mobilisiert, und seine Streitkräfte hatten sich in Bewegung gesetzt. In Washington ging man am frühen Morgen davon aus, dass ein israelischer Sieg unmittelbar bevorstand.

Um unsere Ziele voranzutreiben, hatte Nixon ab dem zweiten Kriegstag den Transport von militärischem Hightech-Equipment nach Israel über eine durch private israelische Fluglinien organisierte Luftbrücke genehmigt. Es entstand die Herausforderung, die umfangreichen Verluste Israels an Panzern und Flugzeugen zu ersetzen. Der israelische Militärattaché General Mordechai Gur wandte sich am 9. Oktober mit einer dringenden Anfrage an mich. Die israelischen Verluste waren unerwartet hoch – so hoch, dass die Premierministerin bereit sei, nach Washington zu fliegen, um die Lage der Dinge persönlich vorzutragen. Ich sagte ihm, dass ein solcher Besuch den Eindruck entstehen lasse, Israel sei verzweifelt. Hinzu kam noch, dass Nixon mit dem bevorstehenden Rücktritt von Spiro Agnew von seinem Amt als Vizepräsident beschäftigt war. Am Ende dieses Tages autorisierte Nixon mich, dem israelischen Botschafter zu versichern, dass wir Israel nach dem Krieg seine gesamten Verluste ersetzen würden und dass die Israelis ihre Reserven nutzen sollten, solange wir daran arbeiteten, Nachschub zu organisieren und zu liefern.

Es folgte technisch und politisch nahezu ein toter Punkt. Die Kapazitäten der USA, in Friedenszeiten eine Luftbrücke einzurichten, werden durch die Befugnis des Pentagons, zivile Flugzeuge zu requirieren, erweitert. Doch zivile Fluggesellschaften hatten Bedenken, in einem Kriegsgebiet zu operieren, und so wurde aus einem technischen Hindernis ein politisches: Um Israel von den Vereinigten Staaten aus zu erreichen, mussten zivile Flugzeuge einen Tankstopp einlegen, und Portugal und Spanien – die am besten dafür geeigneten Länder – weigerten sich, auf ihrem Gebiet Zwischenlandungen zum Auftanken zu genehmigen, weil sie negative Reaktionen aus arabischen Länder und Pressionen der Sowjetunion befürchteten.

Als solche Komplikationen sich bis in den siebten Kriegstag (12. Oktober) hinzogen, traf Nixon eine für ihn typische Entscheidung: Er ordnete den Einsatz von Militärtransportern der US Air Force an, die ohne Tankstopp das benötigte Gerät nach Israel bringen konnten. Dies war keine rein taktische Entscheidung, da sie den Israelis die Möglichkeit eröffnete, ihre anfänglichen Rückschläge wieder wettzumachen. Außerdem stellte sie eine beträchtliche Intensivierung der Beteiligung der USA an diesem Krieg dar. Bei einer Krisensitzung im Weißen Haus am Morgen des 12. Oktober lehnte Nixon den Vorschlag, nur eine begrenzte Zahl von Militärflugzeugen einzusetzen, mit diesen Worten ab: »Wenn wir nur drei Flugzeuge einsetzen, wird man uns genauso heftig dafür kritisieren wie für dreihundert.« Letztlich, so der Präsident, würde unsere Strategie anhand ihres politischen Ergebnisses beurteilt werden, und er erklärte: »Unsere Beteiligung muss so aussehen, dass wir bei diplomatischen Initiativen mit dem Ziel, eine wirkliche Lösung zu erreichen, eine konstruktive Rolle spielen können.« Ich sah das genauso und fügte hinzu: »Wenn wir unsere Haltung beibehalten können, werden wir am besten in der Lage sein, zu einer Lösung beizutragen.«[67]

Das vorrangige Ziel blieb die Wiederherstellung des Gleichgewichts der Kräfte, zunächst im Hinblick auf die militärische Schlagkraft der Israelis und dann als Auftakt zu diplomatischen Bemühungen. Nixon bekräftigte dieses allgemeine Prinzip in einem Telefonat mit mir zwei Tage später:

> Das Gedanke ist im Grunde – der Zweck solcher Lieferungen ist nicht, den Krieg anzuheizen, sondern der Zweck [ist], das Gleichgewicht aufrechtzuerhalten [...] denn nur, wenn die militärischen Kräfte ausgeglichen sind, kann es eine gerechte Lösung geben, die nicht die eine oder andere Seite zugrunde richtet.[68]

Richard Nixon: Die Strategie des Gleichgewichts

DIE DIPLOMATIE DES WAFFENSTILLSTANDS

Während in Washington über Nachschub auf dem Luftweg diskutiert wurde, informierte mich der israelische Botschafter Simcha Dinitz über eine neue Initiative aus Jerusalem. Verteidigungsminister Moshe Dayan und Generalstabschef David Elazar hatten Golda Meir vorgeschlagen, einen Waffenstillstand zu fordern. Sie meinten, die neue ägyptische Frontlinie am Suezkanal sei schwer zu überwinden, solange Israel nicht einen Weg fand, die sowjetischen Flugabwehrraketen zu zerstören. Die Premierministerin wollte diese Forderung unterstützen, aber erst, wenn eine laufende israelische Gegenoffensive auf den Golanhöhen weiter in Richtung Damaskus vorgestoßen sei. Ich sagte, ich wolle in Erfahrung bringen, ob Großbritannien einen entsprechenden Beschluss im UN-Sicherheitsrat unterstützen würde, und setzte dafür eine Sitzung des Sicherheitsrats am Samstag, dem 13. Oktober, an.

Dank der Luftbrücke der US Air Force konnten die Kampfhandlungen rasch beendet werden, was noch durch einen Fehler Sadats beschleunigt wurde. Als die israelische Offensive auf den Golanhöhen in Richtung Damaskus vorrückte, bat der syrische Präsident Hafiz al-Assad Sadat um Hilfe. Da Sadat sich seinem syrischen Verbündeten verpflichtet fühlte und die Bedeutung des Erfolgs der Ägypter, den Suezkanal überquert zu haben, überschätzte, lehnte Sadat den Vorschlag eines Waffenstillstands ab, während dieser noch von Großbritannien geprüft wurde. Stattdessen befahl er, mit zwei Panzerdivisionen den Sinai anzugreifen, um die Pässe im zentralen Hochland unter ägyptische Kontrolle zu bringen. Im Zuge dieser Offensive jedoch ließen die ägyptischen Panzerverbände den durch Boden-Luft-Raketen geschützten Streifen am Kanal hinter sich und setzten sich so der vollen Kampfkraft der israelischen Luftwaffe aus. Am Sonntag, dem 14. Oktober, wurden 250 ägyptische Panzer zerstört. Dadurch wurde es der israelischen Panzertruppe möglich, das Patt am Suezkanal – das die eigenen Offiziere noch drei Tage zuvor als völlig festgefahren beurteilt hatten – zu durchbrechen, den Kanal zu überqueren und am 16. Oktober auf ägyptisches Gebiet vorzustoßen.*

---

* Für eine ausführlichere Darstellung siehe Kapitel 4, Seite 317 bis 324.

Am Donnerstag, dem 18. Oktober, sprach Sadat von einem Waffenstillstand, und auch Dobrynin in Washington tastete sich an diese Begrifflichkeit heran. Am Freitag, dem 19. Oktober, luden mich die Sowjets nach Moskau ein, um den Prozess mit Breschnew zu Ende zu bringen.

Die militärische Lage der Ägypter war inzwischen so schwierig, dass die Sowjets darauf verzichteten, unsere innenpolitischen Schwierigkeiten auszunutzen. Am Sonntag, dem 21. Oktober, wurde in Moskau mit Nixons Zustimmung ein Entwurf für eine Waffenstillstandsvereinbarung fertiggestellt, der am Montag, dem 22. Oktober, vom UN-Sicherheitsrat gebilligt wurde.[69] Die Vereinbarung, die zwölf Stunden nach Verabschiedung der UN-Resolution in Kraft treten sollte, enthielt auch Bestimmungen zur Aufnahme von Verhandlungen über eine politische Lösung zwischen den Parteien.

Obwohl die israelische Führung uns drei Tage zuvor gebeten hatte, eine Waffenruhe zu vermitteln, zögerte sie dann, diese zu akzeptieren, da sie ihren strategischen Vorteil durch den Vorstoß über den Suezkanal ausbauen wollte. Daher reiste ich von Moskau über Israel nach Washington zurück, und Israel akzeptierte den Waffenstillstand. Als ich am selben Tag, an dem ich in Moskau abgereist war, in Washington eintraf, musste ich feststellen, dass die Waffenruhe leichter zu verkünden als zu halten war – sie wurde fast sofort gebrochen. Bei Waffenstillstandsverhandlungen streben die Parteien in der Regel eine Demarkationslinie an, die für sie vorteilhaft ist. Bei diesem Bruch der Waffenruhe ging es jedoch nicht um taktische Vorteile, sondern vielmehr um strategische Fragen. Denn die israelischen Einheiten, die auf die Stadt Suez vorrückten, waren kurz davor, die ägyptische 3. Armee östlich des Suezkanals von ihrem Rückzugsgebiet abzuschneiden.

In Moskau empfand man eine solche Entwicklung – ein paar Tage nachdem man gemeinsam eine Waffenstillstandsvereinbarung ausgearbeitet hatte – als eine direkte und bewusste Provokation. Bis Mittwochabend, dem 24. Oktober, schlug der Kreml immer bedrohlichere Töne an, die gegen 21.00 Uhr in einer ominösen Botschaft von Breschnew gipfelten. Nachdem er die sowjetische Sicht der Dinge seit den Verhandlungen vom vorigen Wochenende zusammengefasst hatte, schlug Breschnew eine gemeinsame Aktion der sowjetischen und amerikanischen Streitkräfte vor, um den Waffenstillstand durchzusetzen. Er warnte uns:

Richard Nixon: Die Strategie des Gleichgewichts

Ich sage es ganz deutlich: Wenn Sie sich außerstande sehen, in dieser Angelegenheit gemeinsam mit uns zu handeln, werden wir unverzüglich in Erwägung ziehen, ob wir im Alleingang geeignete Schritte in die Wege leiten können. Wir werden keine Willkür von israelischer Seite dulden.[70]

Wir standen vor der dramatischsten und menschlich schwierigsten Lage während der Präsidentschaft Nixons. Laut Erkenntnissen unserer Nachrichtendienste wurden sowjetische Luftlandedivisionen einsatzbereit gemacht und Hightech-Waffen auf Schiffen der sowjetischen Marine ins Mittelmeer verlegt. Ich berief eine Krisensitzung der WSAG im Situation Room ein. (Ich fungierte damals zugleich als US-Außenminister und Nationaler Sicherheitsberater.) Die Herausforderung bestand darin, nicht nur einen gemeinsamen Militäreinsatz mit den Sowjets im Nahen Osten abzulehnen, der sich gegen einen verbündeten Staat richtete (was unter den gegebenen Umständen das politische Gleichgewicht dramatisch verändert hätte), sondern darüber hinaus Moskau von einer einseitigen Militäraktion abzuhalten.

Unser Treffen fand in einer dramatischen Atmosphäre statt. Wochenlange persönliche Belastungen und internationale Spannungen hatten Nixon bis zur Erschöpfung getrieben, so dass die Ärzte des Weißen Hauses ihm noch vor Eintreffen der Botschaft von Breschnew dringend geraten hatten, sich auszuruhen. Daher wurde es notwendig, Entscheidungen auf unübliche Weise zu treffen. Im Nationalen Sicherheitsrat herrschte die Überzeugung vor, dass es für die Vereinigten Staaten nicht in Frage käme, Streitkräfte als Puffer zwischen Israel – einem Verbündeten der USA – und Ägypten einzusetzen, einem Land, dessen militärische Operationen durch sowjetische Waffen ermöglicht wurden und das über eine Luftbrücke der Sowjets mit Waffen versorgt wurde. Andererseits konnten die USA auch nicht zulassen, dass sowjetische Truppen in der Region einseitig strategische Pläne der Sowjets in die Tat umsetzten. Zu diesen Punkten bestand Einigkeit im Sicherheitsrat.

Der Nationale Sicherheitsrat einigte sich dann darauf, dass wir Breschnews Vorschlag ablehnen sollten. Anschließend mussten allerdings noch einseitige sowjetische Aktionen abgewendet werden. Die Sitzung wurde ohne Präsident Nixon fortgesetzt, wobei General Haig (der Haldeman als Stabschef abgelöst hatte) als Verbindungsmann zu ihm fungierte, während ich mich um die diplomatischen Kontakte kümmerte. Noch während des Meetings rief ich Botschafter Dobrynin an, um ihn vor einseitigen sowjetischen Aktionen zu warnen, und teilte ihm mit, dass eine offizielle Antwort auf Breschnews Depesche in Vorbereitung sei. Gemäß Prozeduren, die auf früheren Beschlüssen des Sicherheitsrats basierten, und unter Berücksichtigung unserer Erfahrungen aus der Jordanien-Krise empfahl der NSC Maßnahmen, um unmittelbar bevorstehenden Aktionen der Sowjets zuvorzukommen. Unter anderem wurde die Alarmbereitschaft der atomaren Streitkräfte auf »DEFCON 3« angehoben, was eine ernste Krise signalisierte; die nächste Stufe wären konkrete Vorbereitungen auf einen Atomkrieg gewesen.

In der Antwort auf Breschnews Brief lehnten wir im Namen des US-Präsidenten den Vorschlag eines gemeinsamen Einsatzes amerikanischer und sowjetischer Truppen in Ägypten ab, betonten jedoch erneut, dass die Vereinigten Staaten für eine beratende Rolle im Rahmen von Friedensverhandlungen zur Verfügung stünden. Wir hielten unser Antwortschreiben ein paar Stunden zurück, damit die Anhebung der Alarmstufe Wirkung entfalten konnte und die Sowjets genügend Zeit für interne und alliierte Beratungen bekamen. Währenddessen unterrichtete ich die US-Botschafter der NATO-Mitgliedsländer und anderer verbündeter Staaten, vor allem Israels.

Aufgrund der häufigen Interaktionen zwischen den beteiligten Parteien blieb ich im Situation Room, während General Haig hin und wieder den Raum verließ, um sich mit dem Präsidenten abzustimmen. Auf diese Weise und mit der einmütigen Überzeugung des Nationalen Sicherheitsrats – die später nie durch Indiskretionen oder in Memoiren angezweifelt wurde –, dass wir keine Zeit verlieren dürften, um eine unwiderrufliche sowjetische Aktion zu verhindern, wurden Nixons strategische Ziele verwirklicht.

Im Morgengrauen kam Nixon wieder ins Oval Office und billigte die Details der vom NSC ausgesprochenen Empfehlung. Bis Mittag lag dem Präsidenten eine Antwort von Breschnew vor, der zurückruderte und nun seine Forderung nach einer gemeinsamen militärischen Intervention dahingehend abschwächte, dass beide Supermächte eine begrenzte Zahl von militärischen Beobachtern entsenden sollten, um über die Einhaltung der Waffenruhe zu berichten. In einer Pressekonferenz fasste Nixon den Lauf der Ereignisse zusammen und betonte, die Amerikaner seien dagegen, dass im laufenden Konflikt sowjetische Streitkräfte eingesetzt werden, und bereit, beim Streben nach Frieden eine zentrale Rolle zu spielen.

Was hatte Breschnew zum Nachgeben veranlasst? Seine Entscheidung passte zu dem generellen Verhaltensmuster der Sowjets während der gesamten Krise von 1973. Moskau war einerseits daran gelegen, seine Partner im Nahen Osten diplomatisch zu unterstützen und per Luftbrücke mit Material zu versorgen, wollte aber andererseits eine direkte militärische Konfrontation mit den Vereinigten Staaten vermeiden, um die Entspannungspolitik nicht zu gefährden. Es kann auch gut sein, dass diese Entscheidung einen Vorboten des nachlassenden ideologischen Engagements und des allgemeinen wirtschaftlichen und gesellschaftlichen Niedergangs darstellte, der 18 Jahre später im Untergang des Sowjetreichs gipfelte.

DER FRIEDENSPROZESS IM NAHEN OSTEN

Damit ein Friedensprozess im Nahen Osten eine Chance hatte voranzukommen, mussten zunächst die scheinbar unvereinbaren Vorbedingungen der Kriegsparteien überbrückt werden. Israel bestand auf einer diplomatischen Anerkennung durch Ägypten und Syrien, bevor es bereit war, die Feindseligkeiten einzustellen; Ägypten und Syrien verlangten, dass Israel der Rückkehr zu den Grenzen von 1967 zustimmte. Keine Seite akzeptierte die Vorbedingung der anderen, und beide Seiten lehnten eine vorläufige Vereinbarung als Ausgangspunkt für Verhandlungen ab.

Und dies waren keineswegs die einzigen Komplikationen. Wenn alle Parteien der Waffenstillstandsvereinbarung, einschließlich der Sowjetunion, an Friedensverhandlungen teilnahmen, würde die unversöhnlichste von ihnen auf der dann folgenden Konferenz ein Veto einlegen – was den Sowjets und radikalen arabischen Ländern bei der Verfolgung ihrer Ziele im Kalten Krieg eine Gelegenheit bieten würde, die Bemühungen des Westens zu unterlaufen. Dennoch beschlossen wir, die Verhandlungen durch eine multilaterale Konferenz unter Beteiligung aller Parteien zu legitimieren. Sollte es jedoch zu einer Pattsituation kommen, wollten wir den Prozess überführen in schrittweise Verhandlungen mit den Parteien, die weiterzumachen bereit waren.

Für den 22. Dezember 1973 wurde in Genf eine Konferenz angesetzt, zu der alle Parteien der Waffenstillstandsvereinbarung eingeladen wurden. Assad verweigerte die Teilnahme. Sadat, der nicht bereit war, sich einem sowjetischen Veto zu unterwerfen, übernahm die diplomatische Führung und drängte auf ein schrittweises Vorgehen. Israel bestand dagegen auf einem parallelen Vorgehen auf der Basis einer Serie gegenseitiger Zugeständnisse – ein Prozess, den Premierminister Jitzchak Rabin später als »ein Stück Land für ein Stück Frieden« beschrieben hat. In diesem Stadium war es unmöglich, ein umfassendes Abkommen zu erreichen – es blieb das einzige Treffen, und dann folgte ein schrittweises Vorgehen.

Während der Präsidentschaft Nixons wurden – unter Vermittlung der USA – eine Reihe von Vereinbarungen im Nahen Osten erreicht. Im Januar 1974 vereinbarten Ägypten und Israel ein Truppenabzugsabkommen, mit dem eine Pufferzone am Suezkanal eingerichtet wurde. Die Streitkräfte wurden voneinander getrennt und Einschränkungen für ihre militärische Bewegungsfreiheit und Waffenarsenale in jeder Zone festgelegt. Im Juni 1974 wurde ein im Wesentlichen militärisches Rückzugsabkommen zwischen Syrien und Israel geschlossen. Seine formalen und nachprüfbaren Restriktionen basierten darauf, dass keine der beiden Seiten in Sichtweite der Frontlinie der anderen Seite schwere Waffen einsetzen durfte. Es hat sich gezeigt, dass diese Klausel ausreichte, um in dem halben Jahrhundert, das seit Unterzeichnung des Abkommens vergangen ist, die wesentlichen gegenseitigen Restriktionen zwischen den beiden Ländern aufrechtzuerhalten – auch im Verlauf des Bürgerkriegs in Syrien, der 2011 begann.

Diese Vereinbarungen wurden möglich, weil alle beteiligten Parteien das schrittweise Vorgehen akzeptierten und auch weil sie den Vereinigten Staaten in ihrer Vermittlerrolle vertrauten. Alle Parteien mussten Opfer bringen, um diesen Weg zu akzeptieren: Ägypten und Syrien mussten ihre Forderung nach Rückgabe von Gebieten, die sie als ihr Eigentum betrachteten, als Eintrittskarte für Verhandlungen modifizieren; Israel musste im Gegenzug für die

Zusicherung von Frieden, die per definitionem jederzeit zurückgezogen werden konnte, Geländegewinne auf der Sinai-Halbinsel und seine weit vorgeschobenen Positionen in Syrien aufgeben.

Im Jahr 1975 wurden diese Vereinbarungen durch ein weiteres ägyptisch-israelisches Abkommen ergänzt, das den Rückzug der israelischen Streitkräfte hinter die Gebirgspässe des Sinai vorsah. Im Gegenzug musste Kairo sich bereit erklären, den Suezkanal zu öffnen und die Passage israelischer Schiffe durch den Kanal zu dulden. Die Einhaltung des Abkommens sollte von einem US-Radarposten auf dem Sinai überwacht werden. Ende 1976 verhandelten Ägypten und Israel dann über die Beendigung des Kriegszustands; als Gegenleistung forderte Ägypten den Rückzug der israelischen Streitkräfte von den zentralen Gebirgspässen des Sinai bis hinter eine Demarkationslinie, die von Ras Mohammed bis nach El-Arisch verlief, das gut 30 Kilometer vor der ägyptisch-israelischen Grenze liegt.

Dass der Kreml diesen Prozess duldete, signalisierte eine bedeutsame geopolitische Veränderung in einer strategisch wichtigen Region, in der es noch kurz zuvor so ausgesehen hatte, als ob die UdSSR dabei wäre, ihren Einfluss auszubauen. Es war auch eine Bestätigung für unsere Junktimdiplomatie und Nixons Herangehen an Verhandlungen. Im Laufe der Krise ermöglichte die Diplomatie der Détente einen ständigen Kommunikationskanal nach Moskau, über den unnötige Konfrontationen vermieden werden sollten. Noch wichtiger war, dass dieser diplomatische Ansatz den Sowjets ein Pfund bei Verhandlungen über andere Probleme verschaffte, die sie nicht gefährden wollten, darunter Gespräche über den Status von Berlin und der Prozess, der zur 1975 verabschiedeten Schlussakte von Helsinki führte.

Im Jahr 1979 unterzeichneten Präsident Carter, der israelische Premierminister Begin und Präsident Sadat im Rahmen einer feierlichen Zeremonie auf dem Rasen des Weißen Hauses einen offiziellen Friedensvertrag zwischen Israel und Ägypten. Der Friedensprozess, der 1974 bei Frühstückssitzungen in Nixons privatem Büro im Weißen Haus konzipiert worden war, hatte damit seinen Abschluss gefunden.*

---

* Für eine ausführlichere Darstellung siehe Kapitel 4, Seite 354 bis 359.

BANGLADESCH UND DER DAMIT VERBUNDENE KALTE KRIEG

In der zweiten Hälfte des 20. Jahrhunderts wurde das internationale System, das auf dem europäischen Gleichgewicht des 19. Jahrhunderts beruht hatte, erneut von Grund auf verändert. In einer Entwicklung, die sich 100 Jahre zuvor durch den Aufstieg des sich industrialisierenden Japan abgezeichnet hatte, begannen traditionelle asiatische Zivilisationen wie Indien und China, im internationalen System als eigenständige Großmächte aufzutreten. Diese aufstrebenden Mächte verließen sich nicht mehr auf einen Wettstreit von Bündnissen, wie er im 19. Jahrhundert die Konkurrenz um die Vorherrschaft in Europa geprägt hatte, sondern zeigten sich fähig, das globale Gleichgewicht aus eigener Kraft in Frage zu stellen. Wenn die Dekolonisierung Asiens und Afrikas erstmals das mit dem Westfälischen Frieden etablierte Staatensystem auf den gesamten Globus ausgedehnt hatte, so schwächte nun die zunehmende Macht Indiens und Chinas die relative Stärke der alten imperialen Mächte weiter. Die internationale Ordnung, die bis dahin durch die Beziehungen westlicher Mächte definiert war, entwickelte sich zur Weltordnung.

Nixons Entscheidung, China in das Westfälische System einzubinden – indem er es bei Verhandlungen nicht als Anhängsel des von den Sowjets geführten Ostblocks behandelte, sondern als Gegengewicht zur Sowjetunion und als neuen Akteur, der von sich aus Respekt verdiente –, rückte noch nie da gewesene strategische Möglichkeiten in den Blick. Indem er sich die zunehmende Feindseligkeit zwischen den beiden wichtigsten kommunistischen Mächten zunutze machte, wurde Nixons Streben nach einer Weltordnung zu einem wahrhaft multipolaren Unterfangen.

Im März 1971 manifestierte sich diese sich neu abzeichnende Realität. Fast genau zum selben Zeitpunkt, als China durch den Dialog mit Zhou Enlai – wenn auch einstweilen noch im Verborgenen – in das internationale System miteinbezogen wurde, wurden die Vereinigten Staaten, China und Russland zusehends in eine Krise in Südasien hineingezogen, die als eigentlich regionale Störung zwischen Pakistan und Indien begonnen hatte. Das in Ostpakistan aufkommende Problem stellte somit eine noch nie da gewesene

Richard Nixon: Die Strategie des Gleichgewichts

Entwicklung dar: eine Krise, an der drei atomar bewaffnete Großmächte beteiligt waren, die alle als souveräne Staaten auf Augenhöhe miteinander konkurrierten.

Der Ursprung dieser Krise lag mehr als zwei Jahrzehnte zurück und wurzelte in der Teilung des indischen Subkontinents, bei der es zu einem entsetzlichen Blutvergießen gekommen war. Britisch-Indien, das während der Kolonialzeit als eine einzige große Verwaltungseinheit regiert worden war, wurde 1947 durch die Dekolonisierung in zwei souveräne Staaten geteilt, Indien und Pakistan; Letzteres wurde wiederum in zwei Gebiete aufgeteilt, die beide unter pakistanischer Souveränität standen, aber durch das fast 2000 Kilometer breite Indien voneinander getrennt waren.

Von den beiden Staaten war Indien säkular und hatte eine überwiegend hinduistische Bevölkerung, wenn auch mit einem beträchtlichen und wachsenden muslimischen Anteil. Pakistan war erklärtermaßen islamisch, aber in seinen ethnisch und sprachlich unterschiedlichen und geografisch getrennten Gebieten lebten Völker, für die der gemeinsame islamische Glaube keine einheitliche Identität stiftete, geschweige denn ein Gefühl von politischem Zusammenhalt.

Dieser geteilte pakistanische Staat wurde von Islamabad in Westpakistan aus regiert, wo die Panjabi-Mehrheit die nationale Armee und andere wichtige Regierungsinstitutionen dominierte. Aus historischer Sicht zerfiel die überwiegend bengalische Bevölkerung Ostpakistans in verschiedene Splittergruppen, die von der Zentralregierung in Islamabad regelmäßig gegeneinander ausgespielt wurden. Doch im Januar 1969 brachen in Ostpakistan Massenproteste aus, die letztlich dazu führten, dass am 26. März 1971 der neue unabhängige Staat Bangladesch ausgerufen wurde.

Der Beginn der Krise löste bei keinem der großen internationalen Akteure – mit Ausnahme Indiens – eine sofortige strategische Reaktion aus. Im Oktober 1970 suchte der pakistanische Präsident Yahya Khan Nixon im Rahmen einer UN-Vollversammlung auf; bei dieser Gelegenheit sagte er zu, Peking mitteilen zu wollen, dass der US-Präsident an einer Öffnung gegenüber China interessiert sei. Yahya Khan sagte uns, dass er im Dezember eine Wahl abhalten wolle, die seiner Erwartung nach dazu führen werde, dass die politische Landschaft Ostpakistans in Splittergruppen zerfalle, wodurch er die

Uneinigkeit der Bengalen auch weiterhin für seine eigenen politischen Ziele werde ausnutzen können.

Doch die Wahlen im Dezember 1970 brachten das Gegenteil dessen, was Yahya Khan erwartete. In Ostpakistan errang die Awami-Liga – eine politische Partei, die sich die Autonomie Bangladeschs auf die Fahnen geschrieben hatte – die absolute Mehrheit. Spätestens im März 1971 war die gesellschaftliche Ordnung in Ostpakistan zusammengebrochen, und unter der Führung von Scheich Mujibur Rahman wurde am 7. März 1971 die Unabhängigkeit – oder, wie Westpakistan es sah, die Abspaltung – des östlichen Landesteils ausgerufen.

In dem Bestreben, seine Herrschaft in Ostpakistan durch systematische Gewalt wiederherzustellen, schaffte Yahya Khan daraufhin das System freier Wahlen ab und rief das Kriegsrecht aus. Das führte zu einem entsetzlichen Blutvergießen und einem massenhaften Zustrom von Flüchtlingen, die aus Ostpakistan vor allem nach Westen über die Grenzen Indiens flohen. Während Islamabad die ganze Entwicklung als innenpolitische Angelegenheit betrachtete und sich die Einmischung ausländischer Mächte verbat, sah Indien in der Krise die Chance, seinen Zustand der strategischen Umklammerung zu beenden. Mit dem Argument, der Zustrom von Flüchtlingen aus Bangladesch auf indischen Boden würde seine Finanzen strapazieren, begann Indien, sie als antipakistanische Guerillakämpfer auszubilden und zu organisieren.

In den Vereinigten Staaten zeigten die Nachrichten über den verheerenden Blutzoll, den der Konflikt forderte, eine direkte Wirkung, da sich die Diskussion um den Kampf im fernen Südasien mit dem innenpolitischen Diskurs über das Wesen der von den USA ausgeübten Macht und die moralischen Fragen, die mit dem Vietnamkrieg aufgekommen waren, vermischte. Die Nixon-Administration geriet unter heftigen Beschuss, weil ihre Reaktion nicht – wie von vielen gefordert – darin bestand, Westpakistan mit aller Schärfe öffentlich zu verurteilen. Die gesellschaftliche Debatte in den USA über die Lage in Ostpakistan wurde weiterhin von Menschenrechtsaktivisten dominiert, von denen einige über die Kommentarspalten großer Zeitungen Präsident Nixon zu weitgehend symbolischen Gesten aufforderten.

Ihre Vorschläge reichten von der Forderung nach einer UN-Untersuchungsmission und einer Präsenz des Roten Kreuzes in Ostpakistan bis hin zur

Aussetzung sämtlicher militärischer und wirtschaftlicher Hilfen der USA für Westpakistan.[71] Für die Entscheidungsträger in Washington war das Kalkül damals jedoch viel komplexer. Westpakistan war ohnehin schon schwer bewaffnet, und die Tragik bestand darin, dass weder ein Waffenembargo noch ein Aussetzen von US-Hilfen die pakistanische Führung davon abhalten hätte können, ihre Armee gegen die Bevölkerung Ostpakistans einzusetzen. Sicherlich hätten solche Maßnahmen das Missfallen der USA über die Ausschreitungen Westpakistans zum Ausdruck gebracht, aber auch unseren Einfluss geschmälert und die sich anbahnende Öffnung gegenüber China – für die Pakistan unser wichtigster Vermittler war – gefährdet.

Paradoxerweise setzten zahlreiche Kritiker die Reaktion der Regierung auf diese jüngste Krise mit deren Vorgehen in Vietnam gleich – allerdings aus diametral entgegengesetzten Gründen: Bei Ostpakistan wurde der Fehler der Vereinigten Staaten darin gesehen, dass sie in eine abgelegene Krise *nicht* eingriffen, als ob sie die dort verübten Ungerechtigkeiten billigten; im Hinblick auf Vietnam wurden die USA dagegen für ihre lang anhaltende Einmischung verurteilt.

Die Abneigung Washingtons, sich öffentlich in die Krise einzumischen, hatte wenig mit mangelndem Mitgefühl zu tun (wenn auch einige interne Diskussionen nicht gerade eine moralisch einwandfreie Haltung reflektierten); das Weiße Haus unter Nixon war auf die Öffnung gegenüber China fixiert, und die Tragödie, die sich in Ostpakistan vollzog, fiel mit unserem Austausch mit China über Datum und Agenda meiner bevorstehenden geheimen Reise nach Peking zusammen und machte ihn komplizierter. Darüber hinaus war Pakistan über das 1954 von Außenminister John Foster Dulles ausgehandelte SEATO-Abkommen (South East Asia Treaty Organization) ein Vertragspartner der USA.

Die von Nixon betriebene Politik war nie so eindimensional, wie es uns im Hinblick auf den Verlauf der Pakistan-Krise vorgeworfen wurde, den man auf seine Abneigung gegen Indiens Premierministerin Indira Gandhi zurückführte. Sicherlich war uns ihre lautstarke Kritik an der Politik der USA im Kalten Krieg und vor allem am Vietnamkrieg schon lange ein Dorn im Auge gewesen – aber eben nur das. Jedenfalls war die tatsächliche Politik der USA wesentlich vielschichtiger. Sobald die Krise Anfang März begonnen hatte, kam der Stab des Nationalen Sicherheitsrats zu dem Schluss, dass ihr wahrscheinliches – und wünschenswertes – Endergebnis die Selbstverwaltung Ostpakistans und schließlich seine Unabhängigkeit sein werde. Freilich wollten wir dieses Ziel erreichen, ohne Pakistan direkt zu provozieren oder unseren Kanal nach China zu blockieren.

Das Weiße Haus genehmigte umfangreiche Nahrungsmittelhilfen, um die aus Ostpakistan geflüchteten Menschen zu unterstützen. Außerdem nahmen wir über die CIA verdeckte Gespräche mit Vertretern der Awami-Liga auf, um Kontakte für eventuelle spätere offizielle Verhandlungen zu knüpfen. Entsprechend wurde das Außenministerium beauftragt, Kontakte zwischen der Awami-Liga und Indien herzustellen; diese Bemühungen wurden jedoch von Indien abgelehnt, weil es Ostpakistan dazu bewegen wollte, nicht nur politische Eigenständigkeit, sondern auch eine Abspaltung von Westpakistan anzustreben.

Insgesamt verfolgten die Vereinigten Staaten mit ihrer Politik während der ersten Phase der Krise (etwa von März bis Juli 1971) in erster Linie das Ziel, zu verhindern, dass sich ein regionaler Konflikt zu einer globalen Krise ausweitete, und die Möglichkeit offenzuhalten, den Kalten Krieg durch eine Öffnung gegenüber China zu entschärfen.

Beide Ziele wurden durch meinen Geheimbesuch in China komplizierter gemacht. Auf meiner Reise nach Peking im Juli 1971 über Saigon, Bangkok, Neu-Delhi und Islamabad wurde ich – vor allem in den beiden letztgenannten Hauptstädten – mit verschiedenen Auffassungen zur Südasienkrise konfrontiert. Die Haltung Indiens, vor allem jene von Premierministerin Gandhi, war weniger auf die Flüchtlingsfrage fokussiert als vielmehr auf die Errichtung Ostpakistans als unabhängigem Staat. Während meines Aufenthalts in Indien erklärte ich, dass die USA bereit seien, Indien bei der Bewältigung der Flüchtlingsströme zu unterstützen, vor allem in Form von Nahrungsmittellieferungen, und ich sprach über unsere Bemühungen um einen Dialog mit der Awami-Liga. Meine indischen Gesprächspartner waren zwar zuvorkommend und höflich, aber weitgehend – und nachdrücklich – darauf bedacht, den damaligen Landesteil eines erklärten Gegners an ihrer Ostgrenze zu einem neuen Staat zu machen, der Indien gegenüber neutral oder sogar freundlich gesinnt sein würde. In meinem Bericht an Nixon erwähnte ich, dass Indien

Richard Nixon: Die Strategie des Gleichgewichts

möglicherweise nach seiner erklärten geopolitischen Position handeln und versuchen könnte, die Krise durch eine entschlossene militärische Intervention in Ostpakistan zu lösen – ein aggressiver Schritt, der womöglich eine Reaktion Chinas, eines langjährigen Verbündeten Pakistans, nach sich ziehen würde.[72]

Bei meinem nächsten Stopp in Islamabad, von wo aus ich am nächsten Morgen nach China weiterreisen wollte, traf ich mich mit Präsident Yahya Khan und Außenminister Sultan Khan. Mein Bericht an Nixon enthielt eine Zusammenfassung unserer Gespräche über die Krise in Ostpakistan:

> Ich betonte, wie wichtig es sei, in den kommenden Monaten zu versuchen, die Krise [in Ostpakistan] zu entschärfen. Um das zu erreichen, so mein Vorschlag, konnten wir beispielsweise versuchen, die Flüchtlingskrise – zumindest in den Augen der internationalen Gemeinschaft – möglichst weitgehend von dem Problem zu trennen, die politische Struktur Ostpakistans wieder aufzubauen. Falls das versucht werden sollte, wäre es für Pakistan wichtig, eine Reihe von durchgreifenden Maßnahmen zu einem Paket zusammenzufassen, das darauf ausgelegt sein müsste, sowohl für die Flüchtlinge vor Ort als auch für die Weltgemeinschaft wichtige Verbesserungen zu bringen, und darüber hinaus vielleicht auch noch die Bemühungen auf eine internationale Basis stellen zu können.[73]

Unsere Empfehlung lautete daher, die verschiedenen von uns geforderten Reformmaßnahmen in einem Paket zusammenzufassen, um den Wiederaufbau der politischen Struktur Ostpakistans zu unterstützen. Das praktische Ergebnis wäre Autonomie.

Die Öffnung gegenüber China wurde im Juli 1971 angekündigt, und Nixons Reise nach Peking war für den folgenden Februar geplant. Bis Sommer 1971 war die Bangladesch-Krise in ihre zweite Phase eingetreten. In Ostpakistan waren die systematischen Menschenrechtsverletzungen erheblich vermindert worden.* Um einer möglichen Neuausrichtung des internationalen Systems durch eine Öffnung der USA gegenüber China entgegenzuwirken, versuchte

---

* In den letzten Phasen der pakistanischen Herrschaft wiederholten sich allerdings einige der früheren Gräueltaten.

Indira Gandhi nicht länger, ihre eigenen Pläne zu verschleiern, und trieb offen die Abspaltung Ostpakistans voran. Sie intensivierte Indiens Unterstützung für die Guerilla-Kampagne in Bengalen und unternahm im August einen weiteren Schritt in Richtung eines Showdowns gegenüber Islamabad, indem sie mit der Sowjetunion ein Freundschafts- und Militärhilfeabkommen abschloss.

Dieses Abkommen war die erste Initiative der UdSSR im Rahmen einer Südasienstrategie, die eine erhebliche Ausweitung von Militärhilfe und diplomatischer Unterstützung für Indien vorsah.[74] Er war eine direkte Antwort sowohl auf China als auch auf die Strategie der USA und transformierte den Konflikt in Bangladesch von einer regionalen und humanitären Angelegenheit zu einer Krise von global-strategischem Ausmaß – genau das, was wir unbedingt hatten vermeiden wollen. Falls Pakistan unter sowjetisch-indischem Druck zerfallen würde, so kurz nachdem wir unsere Öffnung gegenüber China eingefädelt hatten, wäre nicht nur Nixons bevorstehender Gipfel in Peking gefährdet, sondern gerade die Prämisse unserer China-Strategie – die darin bestand, ein Gleichgewicht zur Sowjetunion herzustellen – würde ins Wanken geraten.

Nixon stand innenpolitisch unter großem Druck, sich auf die Seite Indiens zu stellen, dessen Demokratie weithin bewundert wurde. Für das Weiße Haus ging es jedoch nie um die innere Struktur Ostpakistans, sondern um die Aufrechterhaltung eines angemessenen internationalen Gleichgewichts. Ich betonte diesen Punkt gegenüber dem indischen Botschafter Lakshmi Jha bei einer Reihe von Treffen im Laufe des Sommers 1971. Am 9. August berichtete ich Nixon von dem folgenden Gespräch mit Jha:

> Wir Amerikaner seien an einem starken, selbstständigen, unabhängigen Indien interessiert. […] Ostbengalen werde auch ohne Intervention Indiens seine Unabhängigkeit erlangen. Wir seien nicht am indischen Subkontinent interessiert, außer an einem starken und sich entwickelnden Indien und einem unabhängigen Pakistan. In der Tat gebe es einen Unterschied zwischen unserer Haltung gegenüber Indien und unserer Haltung gegenüber Pakistan: Indien sei eine potenzielle Weltmacht, Pakistan würde dagegen immer eine regionale Macht bleiben. Aus all diesen Gründen werde

Richard Nixon: Die Strategie des Gleichgewichts

sich das Problem von selbst lösen, wenn wir das Thema humanitäre Hilfe von der Flüchtlingskrise und das Problem der Flüchtlingskrise von der Frage politischer Zugeständnisse gegenüber Pakistan trennen würden. Der Botschafter sagte, er habe kein Problem damit, humanitäre Hilfe von der Flüchtlingskrise zu trennen, sehe aber keine Möglichkeit, die Flüchtlingskrise von der Frage politischer Zugeständnisse zu trennen.[75]

Die Spannungen nahmen zu, und am 11. September wiederholte ich gegenüber Botschafter Jha die Position der USA:

> Wir seien nicht daran interessiert, Ostbengalen als Teil Pakistans zu erhalten. Wir seien allerdings durchaus daran interessiert zu verhindern, dass ein Krieg ausbricht und dieses Problem zu einem internationalen Konflikt eskaliert. Davon abgesehen würden wir nicht aktiv Partei ergreifen, weder auf der einen noch auf der anderen Seite.[76]

Als die Krise sich zuspitzte, zeigten sich gewisse Parallelen zu den Wochen vor dem Ausbruch des Ersten Weltkriegs, als zwei Bündnisse von Großmächten wegen eines regionalen Konflikts aneinandergerieten, der sie anfänglich gar nicht betraf. Aus amerikanischer Sicht erschien es uns als nicht wünschenswert, Pakistan so kurz nachdem es unsere Initiative gegenüber Peking ermöglicht hatte zu demütigen. Außerdem war es uns wichtig, das strategische Ziel nicht aus den Augen zu verlieren, das Nixons Besuch in China zugrunde lag – nämlich dem sowjetischen Machtstreben in aller Welt etwas entgegenzusetzen und die internationale Ordnung wieder ins Gleichgewicht zu bringen. Hätten wir zugelassen, dass die Sowjetunion auf dem Weg über ihr neues Bündnis mit Indien in Südasien Fuß fasst, wäre dieses zweite Ziel untergraben worden.

Doch unser sofortiges und vorrangiges Ziel war es, zu verhindern, dass auf dem Subkontinent ein Krieg ausbrach. Im Oktober 1971 kam Yahya Khan abermals zu Gesprächen nach Washington, und Nixon brachte das Thema Unabhängigkeit für Ostpakistan zur Sprache. Khan war beunruhigt über den Aufmarsch von Militär rings um Pakistan und die internationale Kritik an seiner Politik, und er versprach Unabhängigkeit für Ostpakistan, sobald eine verfassungsgebende Versammlung einberufen worden sei, was für März 1972 geplant war. Wir deuteten die Zusage der Autonomie für Ostpakistan als Auftakt dafür, dass sich bald ein unabhängiges Bangladesch konstituieren werde.

Auf das Treffen mit Yahya Khan folgte vom 3. bis 6. November 1971 ein desaströser Besuch Gandhis in Washington. Die schwierige Lage wurde durch die beiderseitige Antipathie der beiden Regierungschefs noch komplizierter. Als Nixon Gandhi mitteilte, Khan habe zugestimmt, das Kriegsrecht aufzuheben, eine Zivilregierung einzusetzen und Bangladesch Autonomie zu gewähren, zeigte sie wenig Interesse. Sie wolle ein unabhängiges Bangladesch, nicht eine autonome Region, die von den Vereinigten Staaten unterstützt würde. Als brillante und hartgesottene Realistin war sie zu der Überzeugung gelangt, dass das bestehende Kräftegleichgewicht es ihr ermöglichen würde, das von Indien bevorzugte strategische Ergebnis durchzusetzen.

Am 4. Dezember, im Anschluss an dieses kühle und förmliche Treffen im Weißen Haus, marschierte Indien in Ostpakistan ein, wodurch der Konflikt ein weiteres Mal verändert wurde und in seine dritte und letzte Phase eintrat. Wie Sadat zwei Jahre später war Gandhi durchaus klar, dass die einseitige Anwendung militärischer Gewalt die Bedingungen einer eventuellen Beilegung des Konflikts verändern konnte. Während Ostpakistan unaufhaltsam auf seine Autonomie zusteuerte, die unter dem Schutz der überlegenen indischen Streitkräfte wahrscheinlich zur Unabhängigkeit führen würde, hatte Nixon seine öffentliche Kritik darauf beschränkt, bei der UNO gegen Indiens Missachtung international anerkannter Grenzen zu protestieren. Doch als Gandhi beschloss, die territorialen Streitigkeiten an der *westlichen* Grenze Indiens durch Maßnahmen gegen den von Pakistan besetzten Teil Kaschmirs (jene Provinz am Himalaja, die ihrerseits 1947 geteilt worden war, wobei Indien den größeren und historisch bedeutenderen Teil behielt) zu beenden, wurde Nixon aktiver. Indien, das von der Sowjetunion militärisch und diplomatisch unterstützt wurde, war durchaus in der Lage, Pakistan zu demontieren, eine Provinz nach der anderen. Und wenn Pakistan infolge eines indisch-sowjetischen Bündnisses kurz vor der Auflösung gestanden hätte, war es durchaus denkbar, dass China direkt in die Kämpfe eingegriffen hätte, was wiederum zu einem großen Krieg geführt und die Weltordnung ins Wanken hätte bringen

Richard Nixon: Die Strategie des Gleichgewichts

können. Jedenfalls hätte eine solche Entwicklung gezeigt, dass die Vereinigten Staaten in einer strategisch wichtigen Region nicht mehr wirklich relevant gewesen wären.

Nixon war bereit, die innenpolitische Entwicklung Ostpakistans der politischen Führung von Bangladesch zu überlassen, die die Unabhängigkeit des Landes anstrebte. Doch er zog die Grenze bei Absprachen zwischen Indien und der Sowjetunion, welche die Existenz Westpakistans bedrohten. Bezeichnenderweise ließ er keinen Zweifel über die amerikanische Position aufkommen. Um deutlich zu machen, dass die Vereinigten Staaten auf ein strategisches Gleichgewicht in Südasien Wert legten, befahl er, eine Task Force der 7. Flotte unter Führung des Flugzeugträgers USS *Enterprise* in den Golf von Bengalen zu verlegen. Außerdem beauftragte er mich, in einem Hintergrundgespräch durchblicken zu lassen, dass der Erfolg des bevorstehenden Moskauer Gipfels vom Verhalten der Sowjets in der Südasienkrise abhing, und deutete damit die Bereitschaft an, den Gipfel bei Provokationen durch die Sowjets platzen zu lassen. Um die Angelegenheit öffentlich zuzuspitzen, machte Nixon allen beteiligten Parteien einen förmlichen Vorschlag für einen sofortigen Waffenstillstand.

Ein dramatischer Moment der Entscheidung war gekommen – zwei Monate vor dem Gipfel in Peking und fünf Monate vor dem Gipfel in Moskau. In der Nacht zu Freitag, dem 10. Dezember 1971, traf ich mich mit Huang Hua, dem ersten Botschafter Pekings bei den Vereinten Nationen. Während des Treffens, um das China ersucht hatte, warnte der Botschafter, dass China nicht ruhig zusehen könne, wenn die bestehenden militärischen Trends sich fortsetzten. Am Sonntagmorgen verschärfte sich die Spannung, als er um ein weiteres Treffen bat, was Befürchtungen aufkommen ließ, dass der Zweck dieses neuerlichen Treffens sein könnte, uns über einen militärischen Schritt Chinas zu informieren. Seine Anfrage kam zu einem Zeitpunkt, als Nixon und ich gerade zu einem Flug auf die Azoren aufbrechen wollten, um mit dem französischen Präsidenten Georges Pompidou über die kurz zuvor erfolgte Aussetzung des Goldstandards durch die USA zu sprechen. Nixon meinte, dass er das Treffen nicht so kurzfristig absagen könne, ohne eine Panik an den Finanzmärkten auszulösen, und bat mich, ihn zu begleiten für den Fall, dass sich die Lage auf dem indischen Subkontinent verschärfen sollte.

Also vertrat Alexander Haig, mein Stellvertreter, die Vereinigten Staaten bei dem zweiten Treffen mit Huang Hua. Was sollten wir sagen, wenn China eine militärische Aktion ankündigte? Und wenn die Sowjetunion darauf reagierte? Nixon wies Haig an, die Aussage zu treffen, die wir 1970 gegenüber Israel gemacht hatten, als syrische Truppen in Jordanien einmarschierten: Haig sollte nicht konkret Stellung beziehen, war aber befugt zu sagen, dass Amerika einem sowjetischen Militärschlag nicht *indifferent* gegenüberstehen würde.

In diesem Fall brauchten diese Instruktionen nicht umgesetzt zu werden. Die chinesische Botschaft wiederholte lediglich die gleiche Warnung wie zwei Tage zuvor, doch dieses Mal abgeschwächt insofern, dass man unseren Waffenstillstandsvorschlag unterstützen wolle. Am Donnerstag, dem 16. Dezember 1971, rief Indien einen Waffenstillstand im westlichen Kriegsgebiet aus, zumindest partiell in Erwiderung auf Nixons Appell.[77]

Die Beilegung dieses Konflikts erwies sich als Wendepunkt im Kalten Krieg, auch wenn sie weder damals noch heute allgemein als ein solcher anerkannt wurde. Das Waffenstillstandsangebot Indiens resultierte unter anderem aus Nixons Bereitschaft, mit militärischen Signalen und diplomatischen Initiativen auf höchster Ebene das strategische Gleichgewicht neu zu justieren und dadurch die Krise zu entschärfen. Mit seinem Verhalten riskierte er die geplanten Gipfeltreffen in Peking und Moskau. Zugleich zeigte er aber auch die Bereitschaft, die Macht der Vereinigten Staaten entschieden für geopolitische Zwecke einzusetzen – eine Lehre, die auch traditionellen Verbündeten nicht entging.

Die Bangladesch-Krise wird oft in der Begrifflichkeit der Debatten der 1960er-Jahre über die moralischen Pflichten der Vereinigten Staaten in der Welt beurteilt. Davon abgesehen kann sie als die erste Krise um die Form der ersten wirklich globalen Ordnung der Weltgeschichte betrachtet werden. In moralischer wie strategischer Hinsicht bildet die relativ rasche Beilegung der Krise in Ostpakistan – in weniger als einem Jahr – auf eine Weise, die der Weltordnung und humanistischen Werten dienlich ist, einen scharfen Gegensatz zum Bürgerkrieg in Syrien, der seit 2011 schon über ein Jahrzehnt andauert – ganz zu schweigen von den anhaltenden Unruhen in Libyen, im Jemen und im Sudan.

In Bangladesch agierten die Vereinigten Staaten auf der Grundlage einer wohlerwogenen Definition ihres nationalen Interesses. Sie konzentrierten sich auf ihre wichtigsten strategischen Ziele und passten sie an die sich verändernden Umstände und die eigenen Fähigkeiten an. Sie berücksichtigten vorrangig humanitäre Erwägungen und ergriffen bedeutende und erreichbare Maßnahmen in deren Sinne.

Die Bangladesch-Krise war ein wichtiger Schritt bei der Umwandlung des Kalten Krieges von einer starren bipolaren Struktur in ein komplexeres globales Gleichgewicht, in das Asien als immer bedeutender werdendes Element eingebunden ist. Dank einer Verbindung aus Diplomatie, Kühnheit und Zurückhaltung, die in den richtigen Momenten eingesetzt wurde, wurde die Möglichkeit eines Weltkriegs um Bangladesch immer weniger vorstellbar. Letztlich haben alle an der Krise Beteiligten so viel gewonnen – oder im Fall Pakistans so wenig verloren –, dass seit Jahrzehnten kein größeres Land das Arrangement gestört hat.

Innerhalb von zwei Monaten fand das Gipfeltreffen mit Mao wie geplant statt. Sein Ergebnis war das Shanghai-Kommuniqué, in dem sowohl China als auch die USA erklärten, dass sie jeden Versuch eines Staates, Hegemonie in Asien zu erlangen, ablehnten. Bangladesch erlangte seine Unabhängigkeit; die Vereinigten Staaten erkannten den neuen Status Bangladeschs knapp vier Monate nach dem Waffenstillstand.[78] Obwohl die Vereinigten Staaten ihre Beziehungen zu Indien wie zur Sowjetunion belastet hatten, fand das Moskauer Gipfeltreffen im Mai 1972 nach dem vor der Südasienkrise aufgestellten Zeitplan statt und führte zu Ergebnissen, die den Kalten Krieg in Richtung eines am Ende friedlichen Ausgangs lenkten. Die Beziehungen zwischen den USA und Indien begannen sich innerhalb von zwei Jahren wieder zu verbessern und sind seither auf einem positiven Kurs geblieben. Während meines Besuchs in Neu-Delhi im Jahr 1974 gründeten die beiden Länder die US-India Cooperation Commission, die zur institutionellen Grundlage für eine Koordinierung der Interessen wurde, die sich bis zum heutigen Tag immer weiter vertieft hat.[79]

NIXON UND DIE KRISE
DER VEREINIGTEN STAATEN

Das historische Gedächtnis ist oftmals mit dem Anschein der Unvermeidlichkeit behaftet; verschwunden sind die Zweifel, das Risiko und die Ungewissheit der Ereignisse, welche die Akteure des jeweiligen Moments begleiten – und manchmal zu überwältigen drohen. Nixons Führungsstärke bestand darin, seine eigene latente Untergangsstimmung zu überwinden und inmitten quälender Ungewissheiten komplexe geopolitische Trends zu einer breit gefassten Definition des nationalen Interesses zu verschmelzen, die er dann angesichts sämtlicher Widrigkeiten aufrechterhielt. Nixon handelte nach der Überzeugung, Frieden sei in einer Welt, in der Spannungen und Konflikte fast schicksalhaft vorherbestimmt seien, ein fragiles und gefährlich vergängliches Ergebnis besonnener Staatskunst. Pflicht des Staatsmannes sei es, Konfliktlösungen anzustreben auf der Basis einer inspirierten Vision der Zukunft.

Bei der Trauerfeier für Richard Nixon im Jahr 1994 sagte ich, er habe »die aus seiner Prägung in einer Quäkerfamilie stammende Vision von Frieden weiterentwickelt«. Das gilt in einem ganz offenkundigen und unmittelbaren Sinne: Er holte die US-Truppen aus Vietnam zurück nach Hause, trug zur Beendigung der Kriege im Nahen Osten und in Südasien bei und setzte im Wettstreit mit der Supermacht Sowjetunion Anreize zur Zurückhaltung durch diplomatische Initiativen statt durch einseitige Zugeständnisse. Seine Vision von Frieden offenbarte sich aber auch in der Art und Weise, wie er die Weltordnung neu ausrichtete, indem er durch die Öffnung gegenüber China Multipolarität in das globale System einbrachte und zugleich die Interessen der USA und die Stabilität auf der weltpolitischen Bühne förderte.

Durch Anpassen der Rolle der Vereinigten Staaten von einer schwindenden Vorherrschaft zu einer kreativen Führungsrolle war Nixon – eine gewisse Zeit lang – erfolgreich. Doch der Kollaps seiner Regierung im August 1974 wegen der Watergate-Tragödie, der noch durch den Fall von Saigon acht Monate später verschlimmert wurde, verhinderte, dass seine außenpolitische Strategie den Einfluss auf das amerikanische Denken ausübte, der ihr gebührte. Daher wurden der schließliche Triumph der Vereinigten Staaten im Kalten Krieg und der Zerfall des Sowjetreichs weithin eher ideologisch als geopolitisch wahrgenommen und als Bestätigung von Amerikas selbstgewissen Grundwahrheiten über die Welt verstanden.

Diese Wahrheiten haben wiederum einen Großteil der amerikanischen Strategie für die Ära nach dem Kalten Krieg bestimmt. Dazu gehört der Glaube, dass Gegner aufgrund ihrer eigenen Dynamik zusammenbrechen oder vernichtet werden können; dass Spannungen zwischen Ländern eher die Folge von Missverständnissen oder bösem Willen sind als von unterschiedlichen Interessen oder Werten, die beide Seiten sich zu eigen machen; und dass, wenn die Vereinigten Staaten nur einen Anstoß geben, sich eine regelbasierte Weltordnung als Ausdruck des unaufhaltsamen menschlichen Fortschritts ganz von selbst entwickeln wird.

Heute, ein halbes Jahrhundert nach Nixons Präsidentschaft, haben diese Beweggründe die Vereinigten Staaten in eine Situation geführt, die jener erstaunlich ähnlich ist, die Nixon Ende der 1960er-Jahre vorgefunden hat. Wieder ist es zuerst eine Geschichte von überbordendem Selbstvertrauen, das zu Selbstüberschätzung führt, und dann von Selbstüberschätzung, die lähmende Selbstzweifel hervorbringt. Erneut stehen heute die Vereinigten Staaten in fast allen Regionen der Welt vor großen, miteinander verflochtenen Problemen, die sowohl ihre Strategien als auch ihre Werte in Frage stellen. Der lange herbeigesehnte Weltfrieden ist nicht eingetreten; stattdessen gibt es erneut ein Potenzial für katastrophale Konfrontationen.

Und wieder signalisieren heute die Schwankungen zwischen rücksichtslosem Triumphalismus und selbstgerechter Zurückhaltung eine Gefahr für Amerikas Rolle auf der Weltbühne. Die amerikanische Außenpolitik braucht eine flexiblere Einstellung gemäß Nixons Beispiel, die zugleich realistisch und kreativ ist. Trotz zahlreicher wichtiger Unterschiede zwischen Nixons Amtszeit und unserer Gegenwart würden drei vertraute Maximen seiner Staatskunst den Vereinigten Staaten auch weiterhin zum Vorteil gereichen: die zentrale Bedeutung des nationalen Interesses, das Bewahren des globalen Gleichgewichts und das Initiieren anhaltender und intensiver Gespräche zwischen den gewichtigen Ländern, um ein Grundgerüst der Legitimität zu schaffen, innerhalb dessen das Gleichgewicht der Kräfte definiert und beobachtet werden kann.

STAATSKUNST

Bestimmte Eigenschaften von Nixons Staatskunst könnten helfen, diese Maximen in die Tat umzusetzen: ein Verständnis dafür, wie die verschiedenen Aspekte nationaler Macht untereinander in Beziehung stehen; ein Gespür für winzige Verschiebungen im globalen Gleichgewicht und die Beweglichkeit, diese auszugleichen; eine Vorstellung von taktischer Kühnheit; das Geschick, die Bewältigung regionaler Störungen zu einer globalen Strategie in Beziehung zu setzen; und die Vision, Amerikas traditionelle Werte auf die Krisen der Gegenwart anzuwenden.

Um die globale Ordnung zu bewahren, brauchen die USA eine hohe Sensibilität für die sich entwickelnden und oftmals widersprüchlichen Ereignisse. Dieses Ziel erfordert auch die Fähigkeit, strategische Prioritäten zu setzen. Wir müssen uns fragen: Für welche Bedrohungen und Chancen werden Verbündete gebraucht? Und welche Herausforderungen sind so zentral für die nationalen Interessen und die Sicherheit Amerikas, dass wir sie allein bewältigen werden, wenn es notwendig wird? Ab welchem Punkt führt multilaterale Verpflichtung zur Schwächung, und wann zieht sie vermehrt Vetos nach sich? Um Frieden zu erreichen, müssen konfrontative Formen des Wettstreits genug Raum für ein Gefühl gemeinsamer Legitimität lassen. Ausgewogene Machtverhältnisse und unstrittige Legitimitäten bilden gemeinsam die solideste Struktur für Frieden.

Gegen Ende seiner ersten Amtszeit hielt Nixon eine Rede vor einer gemeinsamen Sitzung beider Kammern des Kongresses, in der er die Ergebnisse der Außenpolitik, die seine Regierung bis dahin erzielt hatte, zugleich als eine nationale Leistung und eine weltweite Mission darstellte:

> Amerika ist eine unvergleichliche Chance in die Hände gelegt worden. Noch nie gab es eine Zeit, in der Hoffnung berechtigter war – oder Selbstzufriedenheit gefährlicher. Wir haben einen guten Anfang gemacht. Und weil wir angefangen haben, erlegt uns die Geschichte nun die besondere Verpflichtung auf, es zu Ende zu bringen.[80]

Die Essenz von Nixons Diplomatie bestand darin, dass er die Macht und nationale Zielsetzung der Vereinigten Staaten diszipliniert einsetzte, nachdem sie kurz davor gestanden hatten, durch innenpolitische Kontroversen aufgezehrt zu werden. Nach den Präsidentschaftswahlen von 1972 bestand die Möglichkeit, die Methoden und Überlegungen, die den diplomatischen Erfolgen der ersten Amtszeit zugrunde lagen, in eine dauerhafte »Denkschule« der US-Außenpolitik umzusetzen – eine Neuorientierung nicht nur der Strategie, sondern auch der Geisteshaltung, die ihr zugrunde lagen. In diesem Szenario würde der Amerikanische Exzeptionalismus so verstanden werden, dass er sich ebenso sehr dem geschickten und maßvollen Einsatz seiner inhärenten Stärke verdankt wie der Entschlossenheit, seine fundamentalen Prinzipien in die Tat umzusetzen.

Aber nur zwei Wochen nachdem Nixon diese Rede gehalten hatte, wurde in ein Büro im Watergate-Gebäudekomplex eingebrochen.

4

Anwar el-Sadat: Die Strategie der Überwindung

DER EINZIGARTIGE ANWAR EL-SADAT

Die sechs in diesem Band besprochenen Staatslenker ähneln einander insofern, als sie sich für ein neues Ziel in ihrer jeweiligen Gesellschaft einsetzten und es mit lebendigen Traditionen zu verbinden suchten. Selbst wenn ihr Vermächtnis umstritten sein mag, hat die Nachwelt die Leistungen von fünf dieser Persönlichkeiten anerkannt und in die Geschichtsschreibung ihrer Länder aufgenommen.

Das gilt jedoch nicht für Anwar el-Sadat, Präsident Ägyptens von 1970 bis 1981. Seine politischen Triumphe sind in erster Linie Konzeptionen geblieben, deren Umsetzung durch Sadats Ermordung verhindert wurde; seine wenigen politischen Erben in der Region übernahmen lediglich die praktischen, nicht aber die visionären Aspekte seiner Bemühungen, und keiner von ihnen bewies jenen zielstrebigen Mut, der Anwar el-Sadat auszeichnete. Infolgedessen geriet seine große politische Errungenschaft – der Friede mit Israel – zunehmend in Vergessenheit, und seine höheren moralischen Ziele wurden von so gut wie allen ignoriert, obwohl gerade sie die Grundlage für die israelisch-palästinensischen Oslo-Abkommen, den Frieden zwischen Israel und Jordanien und die Normalisierung der diplomatischen Beziehungen Israels mit den Vereinigten Arabischen Emiraten, Bahrain, dem Sudan und Marokko bildeten.

In einer Periode nahezu unüberbrückbarer regionaler Konflikte und diplomatischer Blockaden bestand Sadats Beitrag in einer kühnen Friedensvision, deren Konzept beispiellos und deren Umsetzung waghalsig war. Sadat, zu Beginn seiner Laufbahn unauffällig, in den prägenden Jahren ein Revolutionär und zunächst politisch eher als eine Figur aus der zweiten Reihe eingestuft – selbst nach der Übernahme eines hohen nationalen Amtes und während seines Aufstiegs zur Präsidentschaft wurde er nicht ganz ernst genommen –, legte ein Friedenskonzept vor, dessen Versprechen nach wie vor unerfüllt geblieben ist. Keine andere zeitgenössische Persönlichkeit des Nahen Ostens hat sich zu vergleichbaren Bestrebungen bekannt oder die Fähigkeit bewiesen, sie zu verwirklichen. So bleibt sein kurzes Zwischenspiel ein überwältigender Ausnahmemoment der Geschichte.

Als Präsident Ägyptens unterschied sich Sadat stark von anderen Führungspersönlichkeiten der Region: Ihnen ging es vor allem darum, den arabischen Nahen Osten und Nordafrika unter einem einzigen Banner zu vereinen. Im Unterschied zu seinem charismatischen Vorgänger Gamal Abdel Nasser, dem überspannten libyschen Nachbarn Muammar al-Gaddafi oder dem mürrischen Realisten Hafiz al-Assad in Syrien vollzog Sadat, nachdem er sich mit deren Herangehensweise an das internationale politische System auseinandergesetzt hatte, eine erstaunliche Wende hin zu den Methoden westlicher Diplomatie. Strategisch gab er dabei der nationalen Souveränität und der Annäherung an die Vereinigten Staaten den Vorrang gegenüber dem panarabischen Nationalismus und der Blockfreiheit, die damals in der arabischen und islamischen Welt rasch an Zuspruch gewannen. Neben seiner strategischen Vorstellungskraft verfügte Sadat auch über außergewöhnliche menschliche Qualitäten: Er war mutig, einfühlsam und kühn, sein Wort besaß Gewicht, und als Staatsmann strahlte er in praktischer wie in spiritueller Hinsicht Bedeutung und Würde aus. Seine Politik ergab sich organisch aus seinen persönlichen Überlegungen und inneren Wandlungen.

Dieses Kapitel versucht, seine Entwicklung nachzuzeichnen und zu verstehen, wie er sich gegen die konventionellen Überzeugungen seiner Zeit stemmte und so die Ideologien überwand, welche die Wahrnehmungen im Nahen Osten seit Jahrzehnten verzerrt und den ägyptischen Staat ausgeblutet hatten.

DER EINFLUSS DER GESCHICHTE

Aufgrund seiner Geschichte besitzt das Land Ägypten einen außergewöhnlichen Sinn für Kontinuität und zivilisatorische Geschlossenheit. Seit Jahrtausenden bildet das Nildelta nördlich von Assuan das Kerngebiet Ägyptens. Und trotz einer 23 Jahrhunderte während nominellen Fremdherrschaft – zunächst unter den Ptolemäern, dann unter den Römern, Byzantinern, einer Reihe von Kalifen, Mameluken, Ottomanen und schließlich den Briten – war Ägypten immer wieder in der Lage, seinen scheinbaren Eroberern die lokale Kontrolle zu entreißen. Obwohl das Land seit Alexander dem Großen nie wieder völlig unabhängig war, wurde Ägypten gleichwohl nie zu einer Kolonie. Stattdessen war es eine Zivilgesellschaft, deren pharaonische Vergangenheit bis in die Gegenwart hinein sinnstiftend wirkte. Der unverwechselbare Charakter Ägyptens verwies immer auf mehr als ein provinzielles Format. In diesem Sinne war Sadats wichtigstes Anliegen vor und während seiner Präsidentschaft zugleich Ausdruck des Strebens der ägyptischen Gesellschaft nach dauerhafter Unabhängigkeit. Trotz seiner geschichtlichen Kontinuität bewegt sich Ägypten seit Jahrhunderten zwischen zwei zivilisatorischen Identitäten: Die eine geht zurück auf das antike mediterrane Königreich in Ägypten, die ptolemäische Dynastie, die sich an Griechenland und Rom orientierte. Innerhalb dieses Bezugsrahmens nahm Ägypten einen bedeutenden Platz während des Hellenismus und des frühen Römischen Reiches ein. Alexandria war der große Umschlagplatz der antiken Welt, und an den fruchtbaren Ufern des Nils wurde ein Großteil des Getreides für den Mittelmeerraum produziert.

Die zweite und jüngere Identität des Landes – die eines islamischen, nach Mekka ausgerichteten Staates – wurde im 18. und 19. Jahrhundert durch Expansionisten wie den Mameluken Ali Bey und den osmanischen Feldherrn Muhammad Ali wiederbelebt, die Arabien und die Levante beeinflussen und erobern wollten. Im Jahr 1805, nach dem kurzen Auftritt Napoleons in Ägypten, etablierte sich Muhammad Ali als erster Khedive – ein Vizekönig unter osmanischer Oberhoheit – und begründete eine Dynastie, die Ägypten in den nächsten 150 Jahren beherrschen sollte; seine Nachkommen sollten sich ebenfalls Khediven nennen. Die moderne ägyptische Weltsicht geht also weitgehend, wenn auch nicht vollständig, auf den Blick durch die islamische Brille zurück.[1]

Während des gesamten 19. Jahrhunderts verwob sich der ägyptische Geist der Unabhängigkeit mit westlichen Idealen. Es entstand eine breite Bewegung liberalen arabischen Denkens (*el nahda*, die ägyptische Renaissance), zum großen Teil inspiriert durch Übersetzungen liberaler und revolutionärer französischer Schriften.[2] In den späten 1870er-Jahren führten die Osmanen, die das Land seit dem 16. Jahrhundert verwalteten, vorübergehend eine schriftliche Verfassung ein, die eine politische Volksvertretung befürwortete und mit einer parlamentarischen Regierung experimentierte.

In diesem inspirierenden Moment fand eine Überlagerung und intellektuelle Verschmelzung der Identitäten Ägyptens statt, die sich beispielhaft an den großen Reformphilosophen Dschamal ad-Din al-Afghani und seinem Schüler Muhammad Abduh zeigt: Sie vertraten einen mit neuem Geist erfüllten Islam, der sich mit den Grundsätzen westlicher politischer Strukturen vereinbaren ließ.[3] Aber diese Visionäre waren die Ausnahme von der Regel. Das Land sollte noch ein Dreivierteljahrhundert auf einen anderen Visionär warten, dem es gelingen würde, diese Spaltungen innerhalb des ägyptischen Denkens zu überwinden.

Die ägyptischen Khediven, die in der zweiten Hälfte des 19. Jahrhunderts de facto die Unabhängigkeit von der schwächer werdenden osmanischen Herrschaft erreicht hatten, führten das Land in eine tiefe Schuldenkrise, die im Jahr 1875 schließlich zum Verkauf der ägyptischen Anteile des Suezkanals an die Briten und zur Aufgabe der ägyptischen Betriebsrechte führte. So erlangten Paris und London ab 1876 die Kontrolle über die ägyptischen Finanzen. 1882 besetzte das Vereinigte Königreich Ägypten und ernannte sich selbst zum »Beschützer Ägyptens«.[4] Eine neu entstehende Strömung des ägyptischen Nationalismus wandte sich gegen jene europäischen Mächte, deren Schriftsteller zuvor seine Inspirationsquelle gewesen waren. Nun verband sich Nationalismus mit dem Gefühl der arabischen Solidarität und übte, angeheizt durch den Unmut über die ständige Einmischung des Vereinigten Königreichs, prägenden Einfluss auf einen großen Teil der ägyptischen Bevölkerung in der ersten Hälfte des 20. Jahrhunderts aus.

In dieses Milieu wurde Anwar el-Sadat im Dezember 1918 hineingeboren.

DIE FRÜHEN JAHRE

Anwar el-Sadat war eines von dreizehn Kindern; der Vater – dessen Familie zum Teil türkischen Wurzeln hatte – arbeitete als Regierungsbeamter für das Militär; der sudanesische Vater der Mutter war nach Ägypten verschleppt und dort versklavt worden.[5] Die Familie wohnte in Mit Abu al-Kum, einem ländlichen Dorf im Nildelta, und zog in einen Vorort von Kairo, als Anwar sechs Jahre alt war.

Die Zeit in Kairo war schwierig. Sadats Vater nahm sich eine neue Frau, und Sadats Mutter und ihre Kinder hatten in der neuen Konstellation nur noch einen untergeordneten Status. Es gab viele hungrige Münder, doch manchmal war nicht einmal genug Geld für Brot da.[6] Später hat sich Sadat so gut wie nie über diese Zeit in der beengten und sehr gewöhnlichen Stadtwohnung geäußert und sich lieber an seine Kindheit in ländlicher Idylle erinnert.[7] Bei späteren öffentlichen Auftritten stellte er sich häufig als Kind des Nils und als Bauer vor.[8]

In seiner Jugend zeigte Sadat einen instinktiven Patriotismus, der jeder späteren politischen Theorie oder Ideologie vorausging. Als Kind in Mit Abu al-Kum hatte er die antikoloniale Ikone Mahatma Gandhi verehrt, der stets ungefärbte Baumwolle trug und »so tat, als ob er nichts essen wolle«.[9] Die nach wie vor bestehende Macht der Briten war ihm deutlich bewusst, da sie unmittelbaren Einfluss darauf hatte, wann und wo sein Vater arbeitete. Beispielsweise kehrte sein Vater nach dem durch die Briten erzwungenen Rückzug der ägyptischen Truppen aus dem Sudan 1924 nach Hause zurück.

Der kleine Anwar stibitzte gelegentlich Aprikosen aus dem königlichen Obstgarten.[10] Als Achtjähriger demonstrierte er für die Absetzung eines probritischen ägyptischen Ministers. Als Heranwachsender empfand er nur Verachtung für den britischen Polizisten, der mit seinem Motorrad durch das Kairoer Viertel fuhr, in dem Sadat wohnte.

Die Familie Sadats legte großen Wert auf Bildung. Anwars Großvater väterlicherseits konnte lesen und schreiben (zu jener Zeit eine Seltenheit in ägyptischen Dörfern), und sein Vater war der erste Mann in Mit Abu al-Kum, der einen Bildungsabschluss erwarb.[11] Trotz beschränkter finanzieller Mittel gelang es der Familie, die Schulausbildung von Anwar und seinem Bruder, den beiden ältesten Söhnen, zu finanzieren. Er wurde als gläubiger Muslim erzogen und lernte an zwei Schulen sowohl den Koran als auch christliche Traditionen kennen. Er war ein eifriger und vielseitig interessierter Leser.

Mit der Aufnahme in der Königlichen Militärakademie in Kairo wurde sich Sadat seiner eigenen sozialen Herkunft und des Klassenunterschieds bewusst. Die Akademie ließ erst seit Kurzem Studenten aus der Unter- und Mittelschicht zu.[12] Dass er überhaupt einen Studienplatz erhielt, konnte nur durch einen langen und demütigenden Prozess erreicht werden, und er musste entfernte Bekannte mit einflussreichen Posten innerhalb der Verwaltung um Referenzen bitten.

Bei dem jungen Erwachsenen entwickelte sich sein Patriotismus allmählich zu einer politischen Philosophie und einem Verständnis des eigenen Selbst. An einer Wand der Kairoer Wohnung hing ein Porträt von Kemal Atatürk, und er las die Biografie des türkischen Heroen, als er die Militärakademie besuchte.[13] Anschließend ging er häufig in Buchläden, um sich weiterzubilden.

In seiner Jugend fühlte sich Sadat sowohl innerhalb der Familie als auch an der Schule minderwertig. Die Bedingungen, unter denen er aufwuchs, lehrten ihn zu überleben, sei es durch Diebstahl oder vorgetäuschter Konformität. Diese Anpassungsfähigkeit sollte ihm später als Revolutionär oder zu Beginn seiner Präsidentschaft zugutekommen.

Trotz seiner Intelligenz und ausgeprägten geistigen Interessen war der junge Sadat noch keineswegs eine ausgeformte Persönlichkeit, und jene Ideen, die er später entwickeln sollte, waren noch fern. Dennoch war er für neue Erkenntnisse offen, voller Neugier und erfasste dadurch ein breites Spektrum an Möglichkeiten. Und er hatte die Hartnäckigkeit, die Inhalte neuer Gedanken in die Tat umzusetzen.

Widersprüchliche politische Entwicklungen prägten Sadats Jugend und seine Zeit als junger Erwachsener. Von 1882 bis 1914 war Ägypten eine autonome Provinz im Osmanischen Reich, obgleich die faktisch bestehende britische Kontrolle das Land bereits in ein »verschleiertes Protektorat« umgewandelt hatte.[14] Mit dem Ausbruch des Ersten Weltkrieges im Jahr 1914

Anwar el-Sadat: Die Strategie der Überwindung

erklärte Großbritannien Ägypten zum Sultanat unter britischem Protektorat und unterstützte den arabischen Aufstand gegen die letzten noch bestehenden Strukturen der osmanischen Herrschaft.[15] 1922, nach jahrelangen Unruhen aufgrund der Ausgrenzung der populären Wafd-Partei durch Großbritannien,* wurde Ägypten schließlich zähneknirschend die lang versprochene formale Unabhängigkeit zugestanden; aus dem Protektorat und Sultanat wurde nun eine Monarchie und Sultan Fuad I., neunter Nachkomme der Ali-Dynastie, deren König Fuad I. Zunächst war diese Veränderung eher nomineller Natur: Großbritannien betrieb weiterhin den Suezkanal, verhinderte die Einmischung ausländischer Mächte in Ägypten und »schützte« die ägyptische Sicherheit, die Außenbeziehungen und die internationalen Verbindungen des Landes.[16]

Die eher symbolische Unabhängigkeit führte jedoch allmählich zu echten Fortschritten bei der Selbstverwaltung, wie im Anglo-Ägyptischen Vertrag von 1936, der die Machtbefugnisse der ägyptischen Regierung stärkte und die britische Militärpräsenz im Lande reduzierte. Der Optimismus über diese Fortschritte wurde allerdings durch die zunehmende öffentliche Enttäuschung über die Wafd-Partei gebremst: Dieser gelang es weder eine umfassende Unabhängigkeit zu erzielen noch die ägyptische Kontrolle über den Sudan wiederherzustellen, der unter britischer Herrschaft blieb.[17]

Im Februar 1942 erreichte die öffentliche Verzweiflung über ausbleibende Reformen und fehlenden Widerstand gegen die Briten schließlich den Höhepunkt: Britische Truppen und Panzer zogen sich um den Abdeen-Palast zusammen und zwangen König Faruq, den Nachfolger Fuads, die von den Briten ausgewählte Regierung zu bestätigen.[18] Ägyptische Nationalisten verwiesen später auf diese Demütigung des Königs als eine der direkten Ursache für die Revolution im darauffolgenden Jahrzehnt.[19]

Die Prinzipien der revolutionären Gruppen in Ägypten sprachen die frühen religiösen und politischen Überzeugungen des jungen Sadat an. Er glaubte an ein islamisches Ägypten,[20] verehrte Scheich Hassan al-Banna, Begründer

---

* Die Wafd-Partei war Ägyptens führende politische Partei und die Speerspitze der Unabhängigkeitsbewegung. Der Säkularismus der Partei war ungewöhnlich, und ihr Slogan lautete: »Die Religion ist für Gott und die Nation für alle.«

der Muslimbruderschaft, und begegnete ihm persönlich.[21] Al-Banna vertrat eine kompromisslose Haltung im Hinblick auf die Unabhängigkeit Ägyptens.

Aufgrund seiner sudanesischen Wurzeln betrachtete Sadat die fortgesetzte Herrschaft der Briten im Sudan als persönlichen Affront. In seinen Augen waren die Briten verbrecherische Eindringlinge, und Churchill bezeichnete er als »Dieb« und »verhassten Feind«, der die Ägypter gedemütigt habe.[22]

1939 lernte Sadat, der die Militärakademie gerade als 20 Jahre alter, frisch gebackener Leutnant verlassen hatte, Gamal Abdel Nasser kennen. Nasser hatte die Gruppe der Freien Offiziere (Free Officers) gegründet, eine revolutionäre Untergrundzelle innerhalb der ägyptischen Armee. Wie die Muslimbruderschaft planten auch die Freien Offiziere, die Unabhängigkeit mit bewaffneten Mitteln zu erringen. Begeistert folgte Sadat Nassers Aufforderung, sich der Bewegung anzuschließen.

Sadats leidenschaftlich antibritische Haltung führte ihn auf den Weg der revolutionären Gewalt. Im Juni 1940, mit dem Zusammenbruch Frankreichs und Italiens wachsendem Expansionsdrang, wurde Nordafrika zu einem Schlachtfeld des Zweiten Weltkrieges. Sadat, dem es vor allem darum ging, die Briten zu vertreiben, obwohl sein Land nominell an deren Seite kämpfte, ließ sich von Aziz al-Misri begeistern, einem einflussreichen Anführer des arabischen Aufstands gegen die osmanische Herrschaft im Ersten Weltkrieg. Al-Misri hatte damals mit den Briten kooperiert, um die Osmanen von der Arabischen Halbinsel zu vertreiben.[23]

Nach dem Vorbild al-Misris – mach den Feind deines Feindes zu deinem Freund – fing Sadat an, mit den in Nordafrika operierenden deutschen Truppen zu korrespondieren und sie zu unterstützen. Während er gemeinsam mit den britischen Truppen stationiert war, hegte Sadat Gedanken an eine Rebellion. In seinen Memoiren erinnert er sich: »In jener Zeit, dem Sommer 1941, entwarf ich den ersten Plan für eine Revolution.«[24]

Im Sommer 1942 unternahm er den Versuch, den Verbündeten von General Erwin Rommel, der die deutsche Offensive von Libyen nach Ägypten leitete, Botschaften zu senden. Er war nicht der einzige Sympathisant: Im Februar 1942 hatten Demonstranten in Kairo Rommel und seine Truppen mit Sprechchören unterstützt.[25] Doch die Briten fingen Sadats Botschaften ab, verhafteten ihn und steckten ihn ins Gefängnis.

BETRACHTUNGEN WÄHREND DER HAFT

In den folgenden sechs Jahren, während des Krieges und danach, war Sadat mehrfach im Gefängnis (von 1942 bis 1944 und von 1946 bis 1948). Er entkam mehr als einmal aus seiner ersten Inhaftierung, lebte während dieser Zeit als Flüchtling und blieb in der Bewegung der Freien Offiziere aktiv. Im Januar 1946 wurde er wegen seiner Beteiligung an der Ermordung des probritischen Finanzministers Amin Osman angeklagt. Er wartete 27 Monate lang auf seinen Prozess und verbrachte einen Großteil der Zeit in Einzelhaft, bis er schließlich freigesprochen wurde – obwohl er später zugab, dass er tatsächlich daran beteiligt gewesen sei.

Während Sadat im Gefängnis saß und über lange Zeiträume isoliert war, setzten die Freien Offiziere ihre Aktivitäten fort. Sie bauten ihre im Entstehen begriffene Bewegung zu einer gut finanzierten, hierarchisch strukturierten Organisation aus. Die meisten von ihnen blieben, während sie insgeheim die Revolution planten, in einfachen militärischen Dienstgraden. Doch bald sollte ein aus Sicht der Freien Offiziere schockierendes Ereignis stattfinden, das ihre Ziele von Grund auf veränderte: die Gründung des Staates Israel am 14. Mai 1948.

Nach der Unabhängigkeitserklärung des neuen Staates, die David Ben-Gurion auf einer Versammlung in Tel Aviv verlas, und der sofortigen Anerkennung Israels durch US-Präsident Harry Truman traten die arabischen Nachbarstaaten in einen Bürgerkrieg ein, den Araber und Juden im Mandatsgebiet Palästina gegeneinander führten. Ägypten, Transjordanien, Syrien und der Irak marschierten ein und versuchten in einem zehnmonatigen Feldzug erfolglos, die Bildung eines unabhängigen israelischen Staates zu verhindern. Im Verlauf der nächsten 25 Jahre sollte es immer wieder zu Kriegen kommen.

Im Oktober 1948 mussten die ägyptischen Streitkräfte schwere Verluste hinnehmen; im Januar 1949 wurden sie zurückgedrängt und im Gazastreifen eingekesselt; im Februar unterzeichneten sie schließlich einen Waffenstillstand – als erste, aber nicht als letzte der arabischen Kriegsparteien.[26]

Die Niederlage war eine Blamage für die Arabische Liga, die daran gescheitert war, die ungleichen nationalen Armeen ihrer verschiedenen Mitglieder zu koordinieren. Veteranen des Krieges von 1948/49, darunter die künftigen Präsidenten Nagib und Nasser, vertraten die Ansicht, die Niederlage sei auf die Uneinigkeit der Araber zurückzuführen. Dies war der Auslöser für ein neues panarabisches Projekt: eine Militärunion arabischer Staaten, die Israel gegenübertreten und den westlichen Einfluss bekämpfen sollte. Vielleicht weil die Gründung Israels von vielen Ägyptern als eine weitere europäische Zumutung für die Region empfunden wurde, kam es in der Folge zu einer noch stärkeren Identifizierung der Ägypter mit arabischen Anliegen und einer noch heftigeren Ablehnung des Westens.

Nach dem Ende seiner Haftstrafe schloss sich Sadat erneut den Freien Offizieren an (mittlerweile als ein Mitglied des Führungsgremiums im Verfassungsgebenden Rat), blieb jedoch in gewisser Weise von ihnen distanziert. Viele der Freien Offiziere hatten im Krieg von 1948 gekämpft. Sadat hingegen hatte nur indirekt am Kriegsgeschehen teilgenommen, und seine Begeisterung für die arabische Einheit war schwächer geworden.

Außerdem hatte er sich während der Zeit im Gefängnis tiefgreifend gewandelt. Statt in der Einzelhaft den Mut zu verlieren, entwickelte er damals »innere Kraft«, wie er sich später erinnerte. Der langsame Rhythmus seiner Kindheit auf dem Lande hatte ihn geprägt, doch im Gefängnis fand er, nach eigener Aussage, zu einer noch tieferen inneren Ruhe. Diese strebte nicht nach Stillstand, sondern beinhaltete vielmehr »die Fähigkeit zur Veränderung«.[27]

In seiner Autobiografie schrieb Sadat: »Meine Versenkung in das Wesen des Lebens und der menschlichen Natur an jenem abgeschlossenen Ort hatte mich gelehrt, dass wer sein Gedankengebäude nicht zu verändern imstande ist, niemals fähig sein wird, die Realität zu verändern, und daher niemals einen Fortschritt erreichen wird.«[28]

Nach seiner Entlassung im August 1948 fühlte sich Sadat der revolutionären Sache unverändert verpflichtet, doch er war kein unkritischer Anhänger der Ideen seiner Landsleute. Inzwischen hatte er Selbstvertrauen entwickelt und hinterfragte seine früheren Überzeugungen.

DIE ÄGYPTISCHE UNABHÄNGIGKEIT

Die Demütigung des ägyptischen Monarchen, die Belastungen des Zweiten Weltkrieges und die schmachvolle Niederlage im Palästinakrieg 1948 befeuerten die antibritische Stimmung in der ägyptischen Öffentlichkeit. Im Oktober 1951 kündigte das ägyptische Parlament einseitig den Anglo-Ägyptischen Vertrag von 1936 auf. Dieser hatte, trotz offensichtlicher Vorteile für die ägyptische Souveränität, als Grundlage für eine weiter bestehende Militärpräsenz der Briten am Suezkanal gedient. Als die Briten einen Abzug verweigerten, blockierten die Ägypter die verbleibenden Truppen am Kanal.

Aus dieser Pattsituation entwickelten sich Scharmützel, und am 25. Januar 1952 zerstörten britische Panzer die ägyptische Polizeistation in Ismailia und töteten 43 Männer. Zwei Tage später kam es in Kairo zu heftigen Protesten, und ein großer Teil der Kairoer Innenstadt ging in den anschließenden Unruhen in Flammen auf; der Tag wurde als der »Schwarze Samstag« bekannt.[29] In den folgenden Monaten wurde Regieren mit parlamentarischer Mehrheit unmöglich: Drei aufeinanderfolgende Regierungen wurden gebildet und lösten sich wieder auf.

Die Freien Offiziere erkannten, dass die Situation an einem Wendepunkt angelangt war: Die Bevölkerung war bereit und die Regierung handlungsunfähig. In der Hoffnung, die »Briten zu neutralisieren«, nahmen die Offiziere Verbindung zu den mit den Briten verbündeten Amerikanern auf; in ihrer Nachricht an deren Botschaft stellten sie die Revolution als *fait accompli* dar und kündigten unmittelbar bevorstehende politische Veränderungen an.[30] Am 23. Juli 1952 führten sie einen erfolgreichen Staatsstreich gegen König Faruq, der daraufhin zugunsten seines minderjährigen Sohnes Kronprinz Fuad II. abdankte.

Sadat selbst verfasste die Abdankungserklärung des Königs und gab über den Rundfunk den Sieg der Freien Offiziere bekannt. In einer zurückhaltenden Ansprache betonte er die interne Wiederherstellung der ägyptischen Regierung und des Militärs, die Zurückdrängung ausländischer Einflüsse und die Aufnahme diplomatischer Beziehungen mit anderen Staaten auf der Grundlage der Gleichberechtigung.[31]

STAATSKUNST

Ein Regentschaftsrat übernahm die Verwaltung der Monarchie, wie es bei minderjährigen Thronfolgern üblich war. Doch die wahre Macht befand sich nun in Händen des Revolutionären Kommandorates (Revolutionary Command Council, RCC) mit General Nagib an der Spitze. Der RCC rief eine neue Verfassungscharta aus, gemäß der die Organisation für eine Übergangsphase von drei Jahren die Regierung führen würde. Im Sommer 1953 schaffte der RCC die Monarchie ab, erklärte Ägypten zur Republik und ernannte Nagib zum Präsidenten und Premierminister. Nasser übernahm den Posten des stellvertretenden Premierministers.

Bald schon kam es zu Führungskämpfen zwischen Nasser und Nagib. Letzterer hatte breiten Rückhalt in der Bevölkerung, gehörte jedoch der älteren Generation an; Nassers Charisma dagegen inspirierte die Freien Offiziere. Im Frühjahr 1954 überzeugte Nasser einige Offiziere in Schlüsselpositionen – das Militär war Nagibs angestammter Machtbereich –, dass Ägypten durch die pluralistischen und parlamentarischen Ambitionen Nagibs gefährlich nahe an die Anarchie herangeführt wurde.[32]

Nachdem sich Nasser der Unterstützung der Armee versichert hatte, konnte er seine eigenen Ziele verfolgen. Im Oktober 1954 wurden während einer Rede acht Kugeln auf ihn abgefeuert, die jedoch allesamt und wie durch ein Wunder ihr Ziel verfehlten. Unverletzt schloss Nasser seine Rede. »Nur zu, erschießt mich doch«, sagte er aus dem Stegreif. »Ihr könnt Nasser nicht töten, denn dann wird das ganze ägyptische Volk zu Nassern.«[33]

Manche behaupten, die Schießerei sei inszeniert gewesen. Das mag stimmen oder nicht, die Wirkung war jedenfalls durchschlagend. Im November 1954 wusste Nasser seine Popularität zu nutzen: Er erlangte nach Ablauf der dreijährigen Übergangsverfassung die Präsidentschaft, übernahm die Führung des RCC und verdrängte Nagib.[34]

Der Führungsstreit zwischen Nasser und Nagib war zugleich ein Kampf um die Demokratie Ägyptens.[35] Im Jahr 1954 hatte der Nagib nahestehende Flügel des RCC eine Verfassung ausgearbeitet, die dem Parlament weitreichende Befugnisse einräumte. Diese Fraktion wurde jedoch von den Anhängern Nassers überstimmt, und im Juni 1956 wurde mit der ersten republikanischen Verfassung Ägyptens eine relativ unkontrollierte Exekutive geschaffen – in der sich die skeptische Einstellung des Militärs zur Gewaltenteilung ausdrückte.[36] Zeitgleich wurde Nasser als Präsident wiedergewählt.

Durch geschickte Manöver und außerordentlichen Wagemut hatte Nasser damit seinen Hauptkonkurrenten ausgeschaltet. Der Revolutionsrat hatte sich schon früh das Wohlwollen der einfachen Bevölkerung durch eine Reihe populärer Maßnahmen gesichert: Investitionen in Industrialisierung und Bildungswesen, eine Landreform (die die Aristokratie schwächte) und die Abschaffung von Titeln (meist von türkisch-tscherkessischen Eliten). Als Reaktion auf die gewalttätigen Provokationen der Muslimbruderschaft hatte der Rat im Winter 1953 zudem die politischen Parteien verboten. Auf diese Weise gelang es Nasser und seinen Verbündeten, die Revolution durch eine autokratische Autorität zu ersetzen.[37]

SPRACHROHR DER REVOLUTION

Während der Amtszeit des Präsidenten Nasser wirkte Sadat als die treibende Kraft hinter den staatlichen ägyptischen Medien. Im Dezember 1953 gründete er die Zeitung *Al-Gumhuria* (Die Republik), übernahm dort mehrere Jahre lang den Posten des Chefredakteurs und wirkte als bekannter Kolumnist.[38] Unter seiner Leitung prangerte die Zeitung weiterhin den Imperialismus an[39]; in dieser Zeit verfasste Sadat drei Bücher über die Revolution, darunter den englischsprachigen Band *Revolt on the Nile* (1957) mit einem Vorwort Nassers.

Vom September 1954 bis zum Juni 1956 diente Sadat als Staatsminister (ohne eigenes Ressort) in Nassers Kabinett und wurde, trotz fehlender juristischer Ausbildung, Mitglied des Revolutionstribunals, eines Justizorgans. Zunächst konzentrierte sich das Tribunal auf die Beseitigung der Monarchisten und britischen Loyalisten, wandte sich aber schließlich auch gegen die Muslimbruderschaft.[40]

Bald schon übernahm Sadat größere Verantwortung. Nach Nassers Machtkonsolidierung und der Wiedereinführung der politischen Parteien innerhalb der Volksversammlung (des ägyptischen Parlaments) wurde Sadat 1957 Generalsekretär der Nationalen Union (Ägyptens stärkster Partei) und

Mitglied des Parlaments.[41] Im Jahr 1960 wurde er zum Sprecher der Versammlung ernannt. Trotz seiner hohen Positionen hielt sich Sadat weitgehend im Hintergrund.

In den folgenden zehn Jahren, selbst als er 1969 zum Vizepräsidenten aufstieg, vermied er es weiterhin, Aufmerksamkeit auf sich zu lenken. Später, nunmehr im Präsidentenamt, fragte ihn ein Journalist, ob seine relativ geringe Bedeutung der Grund für sein gutes Verhältnis zu Nasser gewesen sei. Der Journalist, bemerkt Sadat in seinen Memoiren, muss zu dem Schluss gekommen sein, dass er entweder »zu unbedeutend« oder »zu schlau« war, um in Konflikte zu geraten, die sich bei einer längeren Zusammenarbeit mit Nasser wohl oder übel einstellten. Sadat erwiderte:

> Ich war zur Zeit Nassers weder ein Niemand noch ein besonderer Schlaukopf. Hinter der ganzen Sache steckte nichts anderes, als dass Nasser und ich seit unserem 19. Lebensjahr Freunde waren. Als er nach der Revolution die Präsidentschaft übernahm, habe ich das begrüßt. Ich war glücklich, meinen Kameraden und Freund als Staatspräsidenten von Ägypten zu sehen.[42]

Sadat hat zu Recht darauf hingewiesen, dass er keineswegs unbedeutend war. Auch wenn er die Öffentlichkeit scheute, spielte er eine Schlüsselrolle in Nassers politischer Programmatik, insbesondere was die Gestaltung der Außenpolitik betraf. Hier deutete sich bereits vieles von jenen Zielen an, die er später als Präsident verfolgen sollte.[43]

Nasser versuchte, die Muslimbruderschaft, die eine politische Bedrohung darstellte, zu kriminalisieren und festzusetzen, wollte sich aber zugleich die Unterstützung der mehrheitlich muslimischen Bevölkerung Ägyptens erhalten. Zu diesem Zweck gründete er 1954 den Islamischen Kongress, eine Organisation zur Entwicklung der Beziehung zwischen Staat und einflussreichen Imamen.[44] Zu dessen Vorsitzenden ernannte er Sadat.

Sadat war tief gläubig und hatte früher mit führenden Mitgliedern der Muslimbruderschaft korrespondiert; er war der ideale Mann, um zwischen Nassers säkularer Regierung und der Bruderschaft und anderen islamischen Führungsfiguren zu vermitteln. In seiner späteren Karriere sollte er einen weiteren Versuch unternehmen, zwischen Säkularismus und Spiritualität innerhalb der ägyptischen Gesellschaft eine Brücke zu bauen – in beiden Fällen mit gemischten Ergebnissen.

Der Islamische Kongress diente auch einem wichtigen außenpolitischen Ziel: Ägypten mit Saudi-Arabien gegen den von Großbritannien unterstützten Bagdadpakt zu verbünden; dieser Pakt war ein (auch von den Vereinigten Staaten gefördertes) 1954 geschlossenes Verteidigungsbündnis, das dem sowjetischen Einfluss im Nahen Osten entgegenwirken sollte.[45] Nasser sah den Bagdadpakt als einen westlichen Trick, mit dem die arabische Welt vereinnahmt werden und der Irak als Gegenspieler Ägyptens aufgebaut werden sollte; er lehnte den Beitritt 1955 ab.[46] Im selben Jahr durchkreuzte Sadat die Beitrittspläne Jordaniens, indem er Druck auf einige jordanische Minister ausübte und das Scheitern eines solchen Abkommens sicherstellte. Ein westlicher Beobachter bezeichnete Sadat als »eine der direkten Ursachen für das Scheitern der Verhandlungen«.[47] Mit vergleichbaren Methoden torpedierte Sadat auch die Verhandlungen mit dem Libanon.

Ende der 1950er-Jahre war Sadat zu einem unverzichtbaren und zugleich relativ unauffälligen Mitglied der ägyptischen Regierung geworden. Er kontrollierte wichtige Wählergruppen und unterhielt kollegiale Beziehungen zu anderen Abgeordneten. Er hatte sich als gewandter Diplomat erwiesen, der über eine besondere Fähigkeit zur Empathie verfügte.[48] Er war eine Persönlichkeit des öffentlichen Lebens und hielt sich an die politische Linie von Präsident Nasser.

Doch innerhalb dieser Grenzen hatte er bereits begonnen, seine eigene Vision einer künftigen Führung Ägyptens zu entwickeln.

NASSER UND SADAT

Nasser übte eine hypnotische Anziehungskraft auf Ägypten und die arabische Welt aus. Während seiner Amtszeit zeichnete er sich vor allem durch die Art und Weise aus, wie er Konflikte anging – zunächst mit den Briten, später mit Israel; in praktischen Fragen der Verwaltung agierte er hingegen weniger geschickt. Wie ein Nahostexperte 1967 schrieb, besaß Nasser ein bemerkenswertes Talent, genau zu wissen, was er zu einem bestimmten Zeitpunkt will und wie er seine Haltung ändern und sich mit Gegnern versöhnen kann, wenn er den Bogen überspannt hat. [...] Bindende und langfristige Abmachungen sind jedoch seine Sache nicht, was zum Teil an seinem Temperament liegt, aber vor allen Dingen daran, dass die ägyptische Revolution, wie andere Revolutionen auch, noch im Begriff ist, ihre Ziele zu entwickeln.[49]

Bis Mitte der 1950er-Jahre setzte Nasser das fort, was Sadat als ursprüngliches Anliegen der Revolution betrachtete: die Verteidigung der nationalen Vorrechte Ägyptens. Im Oktober 1954 handelte er ein neues Abkommen mit Großbritannien aus, das formal den annullierten Anglo-Ägyptischen Vertrag von 1936 ersetzte: Britische Soldaten sollten innerhalb von zwei Jahren abgezogen werden, womit sich zum ersten Mal seit der Besetzung im Jahr 1882 keine ausländischen Truppen mehr auf ägyptischem Boden befänden.[50] Nasser hielt von Anfang an den Kontakt zu den Vereinigten Staaten wie zur Sowjetunion aufrecht. Auf der Bandung-Konferenz im Jahr 1955 wurde er zu einer Ikone der Bewegung der blockfreien Länder.

Nasser wusste, dass er zur Verteidigung der ägyptischen Souveränität die wirtschaftliche Autarkie des Landes stärken musste. In diesem Sinne nahm er das Projekt des Assuan-Staudamms in Angriff, ein bedeutendes Vorhaben, das, einmal abgeschlossen, den Abfluss des Nils kontrollieren, Überschwemmungen verringern, Anbauflächen vergrößern und Wasserkraft erzeugen sollte. Im Dezember 1955 erklärten sich die Vereinigten Staaten, Großbritannien und die Weltbank bereit, den Bau des Staudamms zu finanzieren.

Bald wurde jedoch deutlich, dass Ägypten nicht in der Lage sein würde, die Darlehen zurückzuzahlen, denn sowohl private Investitionen als auch die wirtschaftliche Entwicklung insgesamt verliefen seit der Revolution schleppend. Nassers Sticheleien gegen den Westen – antiamerikanische Propaganda, ein Waffengeschäft mit der Tschechoslowakei[51] und die Anerkennung der Volksrepublik China[52] – ließen die Vereinigten Staaten und Großbritannien glauben, er stehe bereits aufseiten der Sowjetunion. Washington strich am 19. Juli 1956 die Finanzierung des Assuan-Staudamms, das Vereinigte Königreich und die Weltbank zogen kurz darauf ebenfalls ihre Zusagen zurück.

Damit nicht genug, erklärten die Vereinigten Staaten öffentlich, Ägyptens Wirtschaft sei bankrott. »Niemandem gefällt es, wenn ihm die Bank den Kredit verweigert«, kommentierte der Präsident der Weltbank, Eugene Black, und fügte hinzu, dass »Menschen gerade dann [besonders] verärgert reagieren, wenn sie am nächsten Tag in der Zeitung lesen müssen, dass man ihnen den Kredit verweigert hat, weil sie für nicht kreditwürdig befunden wurden«.[53] Für Nasser und Sadat ging es indessen weit über die Kreditwürdigkeit hinaus. Sie sahen in der Sperrung der Kredite vielmehr den Versuch der Westmächte, Ägypten zu demütigen und handlungsunfähig zu machen – wie 70 Jahre zuvor, als sie das Land besetzt hatten.

Nur wenige Tage später holte Nasser zum Gegenschlag aus. Die Suezkanal-Gesellschaft, deren Anteile zum größten Teil französischen und britischen Aktienbesitzern gehörten, betrieb den Kanal seit Ende des 19. Jahrhunderts. Am 26. Juli 1956 verkündete Nasser die Verstaatlichung des Suezkanals, der nun in den Besitz der staatseigenen Suez Canal Authority überging. Ägypten, und nicht seine Kolonisatoren, sollte künftig von den lukrativen Mautgebühren für den Kanal profitieren, dem schnellsten und meistbefahrenen Seeweg von Europa nach Asien. Diese Einnahmen, so Nasser, würden den Bau des Assuan-Staudammes finanzieren.[54]

Die Verstaatlichung stellte eine frontale Herausforderung der britischen Stellung im Nahen Osten dar. Im August 1956 schrieb Premierminister Anthony Eden an Präsident Eisenhower: »Die Beseitigung Nassers und das Einsetzen eines dem Westen weniger feindlich gesinnten Regimes muss [...] zu unseren wichtigsten Zielen gehören.« Eden glaubte, in Nasser einen neuen »Mussolini« zu erkennen, dessen Ambitionen die Existenz Großbritanniens, »das seiner Gnade ausgeliefert war«, bedrohten.[55]

Nach Geheimabsprachen griffen Großbritannien, Frankreich und Israel im Oktober 1956 Ägypten an, um den Kanal erneut unter ihre Kontrolle zu bringen. Aufgrund der diplomatischen Intervention der Vereinigten Staaten kam es zu einem Beschluss der Vereinten Nationen gegen Großbritannien und Frankreich – den formalen Verbündeten Amerikas. Anschließend brach der Kurs der englischen Währung ein, und die Vereinigten Staaten hinderten den IWF (Internationaler Währungsfond) daran, das Pfund zu stützen. Von seinem wichtigsten Verbündeten im Stich gelassen, gesundheitlich angeschlagen und gedemütigt, brach Eden das Projekt ab und trat im Januar 1957 zurück.

Die Rettung durch die Vereinigten Staaten änderte jedoch nichts an Nassers feindseliger Haltung gegenüber dem Westen. Er nutzte die Gelegenheit, den Einsatz noch zu erhöhen. Nach Beendigung des Konflikts hielt er den Kanal weitere fünf Monate lang geschlossen, wodurch die Versorgung Europas aus Asien unterbrochen und die britische, französische und andere europäische Wirtschaften geschädigt wurden.

Die Schließung des Kanals brachte auch Israel in Schwierigkeiten; das Land hatte durch den Angriff militärische Verluste hinnehmen müssen und war nun mit der Aussetzung von Hilfsgeldern der Vereinigten Staaten, einer Unterbrechung der Öllieferungen und der Sperrung des Suezkanals für seine Schiffe konfrontiert.[56] Unter dem Druck von Eisenhower und der Androhung von US-Sanktionen zog sich Israel aus dem Sinai zurück – woraufhin in einigen ägyptischen Kreisen der Eindruck entstand, Washington könne die israelische Politik diktieren. Gleichzeitig führte eine Reihe von Strafmaßnahmen der Regierung Nasser zur Enteignung und Zwangsumsiedlung von rund drei Vierteln der 60 000 in Ägypten lebenden Juden.[57]

Obgleich die Schließung des Kanals Nassers Popularität noch gesteigert hatte und dazu beitrug, dass Ägypten auf der internationale Bühne wahrgenommen wurde, handelte es sich dabei um eine Art Pyrrhussieg. Im Anschluss an die Suezkrise froren Frankreich, Großbritannien und die Vereinigten Staaten sämtliche Guthaben der ägyptischen Regierung in ihren jeweiligen Ländern ein.[58] Der durch die Invasion beschädigte Kanal musste repariert werden, was hohe Kosten verursachte und den neuen Betreibern zunächst keine Einnahmen brachte. Der Tourismus ging zurück, Unternehmen verließen das Land – Wunden, die durch Nassers Beschlagnahmung der Anglo-Ägyptischen Ölgesellschaft, mehrerer Banken und Versicherungsgesellschaften sowie anderer Unternehmen in europäischem Besitz im November noch schmerzhafter wurden.[59] Ausländisches Kapital wurde aus Ägypten abgezogen.

Die Sowjets nutzten die Gelegenheit, um die Entfremdung Ägyptens vom Westen voranzutreiben und das Land enger an die Sowjetunion zu binden. In den nächsten acht Jahren sagte Ministerpräsident Nikita Chruschtschow

Anwar el-Sadat: Die Strategie der Überwindung

Ägypten umfangreiche Darlehen zu günstigen Konditionen zu: 325 Millionen US-Dollar für den Assuan-Staudamm sowie beinahe 175 Millionen US-Dollar für andere Industrieprojekte.[60] Daneben strömten zahlreiche sowjetische Hilfsgüter, große Mengen von Militärausrüstung und viele Militärberater nach Ägypten.[61]

Die Verstaatlichung der Suezkanal-Gesellschaft und die Verteidigung gegen europäische und israelische Militärangriffe hatten Nasser in der arabischen Welt zu einem Helden gemacht. Er genoss seine Führungsrolle und kultivierte sie mit den Slogans arabischer Solidarität. Doch sobald er die arabische Führungsrolle innehatte, wollten die Araber, dass er sie auch führe. Für Ägypten, das für Nahrungsmittel auf die Hilfe der Vereinigten Staaten und für Waffen auf die der Sowjetunion angewiesen war, war es ein ebenso unwillkommenes wie undurchführbares Projekt, die Lasten anderer zu schultern.

Als Syrien an Nasser herantrat und die Vereinigung beider Länder vorschlug, konnte er allerdings unmöglich ablehnen, denn damit hätte er die Grenzen seines Engagements für die arabische Welt aufgezeigt. Somit entstand die Vereinigte Arabische Republik (VAR), ein unglücklich verlaufendes Experiment der arabischen Einheit, das nur drei Jahre lang, von 1958 bis 1961, Bestand haben sollte. Die zunehmenden panarabischen Bestrebungen veranlassten Nasser, Ägypten in den jemenitischen Bürgerkrieg zu verwickeln, einen zermürbenden, unproduktiven Konflikt, der später als »Ägyptens Vietnam« bezeichnet wurde. Erst im Jahr 1971 zog Ägypten seine militärischen Kräfte endgültig aus dem Jemen ab.

Nasser, der Ägyptens außenpolitisches Engagement bereits bis an die Grenze der Belastbarkeit ausgedehnt hatte, entschied 1967 dennoch, Israel anzugreifen. Auf der Grundlage sowjetischer Informationen – die sich im Nachhinein als gefälscht herausstellten –, wonach Israel im Begriff sei, Syrien anzugreifen, schloss Nasser die Straße von Tiran und verlegte seine Streitkräfte auf die Sinai-Halbinsel, die seit der Suezkrise faktisch demilitarisiert war. Im darauffolgenden Krieg vernichtete die israelische Luftwaffe ihr ägyptisches Pendant, und israelische Truppen besetzten das Westjordanland, den Gazastreifen, die Golanhöhen, Ost-Jerusalem und die gesamte Sinai-Halbinsel. Der Sechs-Tage-Krieg, der im Juni 1967 von den gemeinsamen Streitkräften Ägyptens, Syriens und Jordaniens geführt wurde – in einigen Gebieten unterstützt von sudanesischen Kontingenten und in anderen von palästinensischen Guerillakämpfern – endete damit, dass Israel sein Territorium mehr als verdreifachte, seine Streitkräfte an den Suezkanal verlegte und seine arabischen Nachbarn gedemütigt zurückließ.

Nasser war die Niederlage so peinlich, dass er am 9. Juni vom Amt des Präsidenten zurücktrat. Aufgrund des öffentlichen Protests gegen seinen Rücktritt kehrte er wieder ins Amt zurück und versuchte zunächst, sein Ansehen wiederherzustellen, indem er einen Abnutzungskrieg gegen Israel anzettelte. Der Krieg im Jemen, der Sechs-Tage-Krieg und der Abnutzungskrieg (der bis 1970 andauerte) führten jedoch nicht dazu, dass Ägypten seine vorherige Bedeutung wiedererlangte, sondern hatten den kumulativen Effekt, dass die Ressourcen des Landes aufgebraucht wurden und seine Abhängigkeit von der Sowjetunion zunahm.

In den Jahren 1967 und 1968 schrumpfte die ägyptische Wirtschaft.[62] Die inländische Entwicklung verlief schleppend. Die Produktivität blieb niedrig. Eine zweite Schließung des Suezkanals, die acht Jahre lang dauern sollte, beraubte die Ägypter genau jener Einnahmen, die der Grund für die Verstaatlichung des Kanals gewesen waren. Darüber hinaus war aufgrund von Nassers Industrialisierungsprogramm Ackerland in Produktionsfläche umgewandelt worden und Ägypten infolgedessen auf Getreideimporte angewiesen.

Die Sowjetunion, Geldgeber für Nassers großartige nationale Projekte, erwies sich bald mehr als Söldner denn als Verbündeter. Als Chruschtschow im Jahr 1964 stürzte, wurde unter Leonid Breschnew, Alexei Kossygin und Nikolai Podgorny eine neue und härtere Gangart eingeleitet. Bereits 1966 versiegte die Wirtschaftshilfe[63] – und damit auch die sowjetische Bereitschaft zur Kooperation. Die sowjetische Führung sprach sich nun für eine ägyptische Sparpolitik aus; im Mai 1966 wies Kossygin ein Ersuchen aus Kairo um Stundung der Schuldenzahlung ab.[64] Die Sowjetunion behielt zwar ihren Einfluss als Waffenlieferant und gelegentlicher Geldgeber, fungierte jedoch nicht länger als Ägyptens Wohltäter unter den Großmächten.

Im Juni 1967 brach Nasser die Beziehung zu den Vereinigten Staaten ab, weil diese Israel militärisch unterstützt hatten. 1970 reagierten die Sowjets nicht mehr auf Nassers Bitten um Hilfe, Darlehen und Schuldenerlässe.[65] Durch sein Streben nach Panarabismus hatte Nasser Ägypten in die Isolation geführt.

DIE PERSPEKTIVE SADATS

Selbst auf dem Höhepunkt der Freundschaft zwischen Ägypten und der Sowjetunion waren die Beziehungen zwischen den beiden Staaten formell bis hin zur Frostigkeit. Sadat erlebte im direkten Kontakt, mit welcher Verachtung die Sowjets die von ihnen als ägyptische Abhängigkeit bezeichnete Situation seines Landes betrachteten. Im Juni 1961 war Sadat, damals Sprecher der ägyptischen Nationalversammlung, bei Ministerpräsident Nikita Chruschtschow zu Gast. Während des Abendessens soll Chruschtschow zu Sadat gesagt haben: »Wir können Ihrem Nasser wohl kaum vertrauen, wenn er die Kontrolle über das Land verliert und die Probleme seines Landes nicht löst.« Sadat verließ das Abendessen unverzüglich und reiste aus Moskau ab, ohne sich von seinen Gastgebern zu verabschieden.[66]

In den folgenden neun Jahren, während Sadat dabei zusehen musste, wie Nasser sich immer wieder auf die Sowjets verließ und immer wieder von ihnen vertröstet wurde, kam er zu der Überzeugung, dass eine weitere Annäherung an die Sowjetunion katastrophal sei. Am 28. September 1970, drei Monate nach einer letzten und erfolglosen Bitte an Moskau um mehr Unterstützung, erlitt Nasser einen Herzanfall und starb. In seinen Memoiren zitiert Sadat Zhou Enlai, den Ministerpräsidenten der Volksrepublik China, der sagte, die Russen seien die Ursache für Nassers Erkrankung. Auch Sadat war sich sicher, deren Verhalten habe sein Ende beschleunigt: »Das war zweifellos ein wesentlicher Grund, warum sein Lebenswille nachließ und damit auch die später tödliche Herzerkrankung ebenso beschleunigt wurde wie seine Zuckerkrankheit. Wann und wie ein Mann stirbt, ist natürlich Bestimmung Gottes, aber er [Zhou Enlai] hatte recht.«[67]

Nasser war davon überzeugt, dass Ägypten das Zentrum dreier, sich überschneidender Einflussbereiche bildete – des arabischen, des islamischen und des afrikanischen[68] –, und sah ein »gemeinsames Schicksal« mit der arabischen Welt als Ganzem.[69] Er betrachtete es als seine ureigene Aufgabe, die arabische Welt vom Joch des Kolonialismus zu befreien. Die arabische Einheit war dabei ein wichtiger erster Schritt – die Niederlage von 1948 gegen Israel hatte ihm vor Augen geführt, welche Risiken der Alleingang arabischer Länder barg – und er sah sich selbst als Einheitsstifter und charismatischen Führer.

Doch wenn 1948 Nasser nachhaltig geprägt hatte, so war 1967 genauso prägend für Sadat. Der Sechs-Tage-Krieg hatte ihm deutlich gemacht, wie gefährlich es war, die panarabische Solidarität über nationale Interessen zu stellen. Sadat spürte die »Anziehungskraft des Mittelmeers« und strebte nach Ägyptens »vollständiger Eingliederung in das System der Weltpolitik«.[70] Ein hohes Maß an Engagement in der arabischen Welt war zwar eine taktische Verpflichtung, aber keine zivilisatorische. In Ägyptens langer Geschichte stellten die arabischen Bindungen nur einen Teil der vielfältigen Einflüsse dar; panarabische Pläne ließen sich daher auch unter dem Gesichtspunkt ihrer unmittelbaren praktischen Vorteile beurteilen.

Nasser starb nur wenige Tage nach seinem Versuch, in der Auseinandersetzung zwischen König Hussein von Jordanien und Jassir Arafat, dem Führer der Palästinensischen Befreiungsorganisation (PLO), zu vermitteln. Arafat hatte im September 1970 vier Verkehrsflugzeuge entführt und versucht, Hussein zu stürzen, der seinerseits gegen die PLO vorging und sie außer Landes drängte.[71] Selbst wenn Nassers Tod nicht unmittelbar auf die Belastung durch seine Vermittlungsbemühungen zurückzuführen war, bestand für Sadat doch kein Zweifel, dass Nasser sich selbst in eine Sackgasse manövriert hatte. Seit dem Abbruch der diplomatischen Beziehungen zu den Vereinigten Staaten im Jahr 1967 war Ägypten ausschließlich auf sowjetische Hilfe angewiesen. Aus Sadats Sicht hatte die Annäherung an die Sowjetunion für Ägypten kaum Vorteile und stattdessen ein Einfrieren seiner außenpolitischen Stellung gebracht. Allerdings musste jede künftige Annäherung an die Vereinigten Staaten mit der Autonomie Ägyptens vereinbar sein.

Schon vor Nassers Tod begann Sadat seinem politischen Instinkt zu folgen. Während Nasser sich in Richtung Sowjetunion orientierte, suchte Sadat mit Erklärungen, die auf der klaren Berechnung nationaler Interessen beruhten, eine Annäherung an die Vereinigten Staaten. 1959 sagte er dem

Anwar el-Sadat: Die Strategie der Überwindung

amerikanischen Botschafter in Ägypten, dass die amerikanische und ägyptische Position in Bezug auf Afrika als vereinbar angesehen werden sollten.[72] Als Ägypten sich in den Jahren 1962 und 1963 im Jemen auf die Seite eines von der Armee angeführten Aufstandes gegen den herrschenden Imam stellte, hielt Sadat Kontakt zu Washington und riet den Vereinigten Staaten, nicht auf der Seite der Royalisten zu intervenieren; er wollte damit einen Konflikt zwischen den Vereinigten Staaten und Ägypten vermeiden.[73] Doch trotz seiner Anstrengungen entwickelten sich die Beziehungen zwischen Ägypten und den Vereinigten Staaten bis 1964 wegen der Differenzen in Bezug auf den Kongo, Jemen und die amerikanische Entwicklungshilfepolitik offen feindselig.[74] Dennoch war Sadat der hochkarätigste Ägypter seit der Revolution, der den Vereinigten Staaten 1966 einen offiziellen Besuch abstattete. Er kam in der Hoffnung, die Vereinigten Staaten davon zu überzeugen, die Rolle eines vertrauenswürdigen Vermittlers zu spielen, während Ägypten versuchte, ein Abkommen mit Saudi-Arabien über den Jemen zu schließen.[75]

Es waren nüchterne Appelle, die auf der rationalen Abwägung gegenseitiger Interessen beruhten. Hätte Sadat damals, als ägyptischer Spitzenpolitiker, außergewöhnliche Freundlichkeit bekundet, wäre dies bestimmt einem seiner amerikanischen Gesprächspartner aufgefallen. Weder in seinen Jahren als Minister noch in seinem Jahrzehnt als Anführer der Legislative wurde seine Haltung gegenüber den Vereinigten Staaten als besonders herzlich eingestuft.

Zu diesem Zeitpunkt hatte Sadat seine visionären Ansichten über den Frieden noch nicht entwickelt. Wahrscheinlich erkannte er im Herbst 1970 die praktische Sinnlosigkeit eines andauernden Krieges mit Israel: Die ständigen Kämpfe waren kostspielig und die ägyptische Staatskasse nahezu leer. Die Luftangriffe, die Kairo bedrohten, lähmten auch die ägyptische Wirtschaft.[76] Die militärische Auseinandersetzung – die Ägypten in Konflikt mit dem Westen brachte – hinderte das Land daran, eine Rolle im größeren internationalen System zu spielen. Als Minister unter Nasser war Sadat für politische Ordnungsrahmen eingetreten, die staatlicher Souveränität den Vorzug vor imperialer Hegemonie oder regionaler Solidarität gaben. Und er verstand auch – im Gegensatz zu Nasser –, wie viele Handlungsmöglichkeiten die Neutralität erschloss. Doch noch hatte er die Teile dieses Puzzles nicht zu einer kohärenten und langfristigen Vision von Ägyptens zukünftigem Kurs oder von sich selbst als dem Steuermann zusammengefügt.

Zu diesem Zeitpunkt gab es auch noch keine Anzeichen für sein Potenzial, Friedensstifter zu werden. Alle Zeichen wiesen vielmehr in die entgegengesetzte Richtung. Trotz seiner Kontakte zu den Vereinigten Staaten kritisierte er sie häufig und vehement – eine Tendenz, die zumindest in den ersten Jahren seiner Präsidentschaft anhielt. In seinem 1957 erschienenen Buch *Revolt on the Nile* behauptet er, Israel sei entstanden, »weil das amerikanische Außenministerium davon träumte, der islamischen Welt vom Kaukasus bis zum Indischen Ozean seine Autorität aufzuzwingen«.[77] 1970 verwarf er sogar kategorisch die Anerkennung des Staates Israel: »Niemals! Niemals! Niemals! Niemand kann diese Entscheidung treffen. [...] Unser Volk würde jeden vernichten, der das tut!«[78] Israel war für ihn die Speerspitze des amerikanischen Imperialismus: »Israel war immer die erste Verteidigungslinie der amerikanischen Interessen, und [...] die Amerikaner haben grünes Licht für die Aggression im Gazastreifen gegeben.«[79]

Diese heftige Kritik an den Vereinigten Staaten war auf seine Neigung zu Inszenierungen mit dramatischer Wirkung zurückzuführen. Sadat war der Ansicht, dass »in Ägypten Persönlichkeiten immer wichtiger waren als politische Programme«.[80] In seinen Anfangsjahren als Präsident zitierte er einmal einen sowjetischen Berater in sein Büro und hielt ihm eine Standpauke. In der Uniform des Oberbefehlshabers der ägyptischen Streitkräfte warnte er ihn: »Ich bin Stalin und nicht Kalinin [seinerzeit das formelle Staatsoberhaupt der Sowjetunion]. Wenn Sie meinen Befehl nicht ausführen, werde ich Sie genauso behandeln, wie Stalin es getan hätte.«[81] Sadat sprach meist mit großem Nachdruck und neigte hin und wieder zum Überschwang; er berichtete mitunter von Konfrontationen oder mutigen Taten, für die eindeutige Zeugnisse fehlten. Dadurch wirkte er manchmal eher als Rhetoriker, dem es vor allem um Schauspiel und Status geht, denn als jemand, der für politische Zielstrebigkeit steht.

In den ersten beiden Jahren seiner Präsidentschaft schien seine oppositionelle Haltung gegenüber den Vereinigten Staaten einen zentralen Bestandteil von Sadats Politik zu bilden. Er stellte die vermeintlichen Vorteile

Anwar el-Sadat: Die Strategie der Überwindung

einer ägyptischen Partnerschaft mit der Sowjetunion dem Geiz des Westens gegenüber, der sich weigerte, »uns auch nur eine einzige Pistole zu liefern, selbst wenn wir den Preis dafür in Devisen bezahlen würden«,[82] oder »uns zu helfen vorgab und dann einen Rückzieher machte, in der Hoffnung, dadurch das Vertrauen unseres Volkes in sich selbst, in seine Träume und in seine revolutionäre Führung zu erschüttern«.[83] Anfang 1971 bezeichnete er Vorschläge Golda Meirs, der damaligen israelischen Ministerpräsidentin, als »einen Wunschtraum, der auf einem Siegeskomplex beruht«.[84] Bis weit in seine Präsidentschaft hinein wurde Sadat von amerikanischen Entscheidungsträgern als eine weniger dramatische Version Nassers betrachtet.

DIE KORREKTURREVOLUTION

Das politische Wirken charismatischer Anführer vom Schlage Gamal Abdel Nassers zeichnet sich dadurch aus, dass sie andere in ihren Bann ziehen. Ihre inspirierende Rhetorik und ihr ganzes Auftreten zielen darauf ab, die schnöden Wahrheiten des Alltagslebens zu ersticken. Erst wenn eine solche einzigartige, alles überstrahlende Persönlichkeit verschwindet, geraten diese hartnäckigen Realitäten wieder ins Zentrum der Aufmerksamkeit.

Genau das prägte die Atmosphäre im Oktober 1970. Nach Nassers Tod übernahm der damalige Vizepräsident Sadat entsprechend der ägyptischen Verfassung und vorbehaltlich der Zustimmung durch das Parlament kommissarisch die Präsidentschaft. Seine Amtseinführung wurde von den Trauerfeierlichkeiten überschattet, zu denen Millionen Menschen die Straßen füllten. Die Prozession war so ausufernd, dass Sadat befürchtete, die Menschenmenge würde ein angemessenes Staatsbegräbnis verhindern und Nassers Leichnam mit sich forttragen.[85]

Weil Sadat sich dem Rampenlicht fernhielt, war er auch nach knapp zwei Jahrzehnten in den obersten Rängen der nationalen Politik dem ägyptischen Volk kaum bekannt, dem Rest der Welt noch viel weniger.[86] Während er die politische Karriereleiter emporkletterte, wurde Sadat in Washington nicht sonderlich geschätzt. Als er im Dezember 1969 zum Vizepräsidenten ernannt wurde, hieß es nicht nur in der Presse, sondern auch in Washington und in unserer Botschaft in Kairo, Sadat sei vornehmlich wegen seiner Belanglosigkeit befördert worden, aufgrund derer er Nassers Führungsposition nicht gefährden konnte.[87]

Nixon erfuhr Ende September 1970 auf einer Fahrt mit dem Flugzeugträger USS *Saratoga* im Mittelmeer von Nassers Ableben und Sadat als seinem automatischen Nachfolger.[88] Die Anwesenden waren mehrheitlich der Ansicht, dass Sadat sich nicht lange als Präsident halten würde, eine Meinung, die auch in den verfügbaren Geheimdienstberichten vertreten wurde. Es hatte den Anschein, als verkörpere er die Fortführung von Nassers aggressiv nationalistischer Ideologie. Außerdem wirkte er wie jemand mit nur wenig Einfluss oder Substanz.[89] Ein hochrangiger Berater gab ihm etwa sechs Wochen. Die Begründung: Sadats Nachrücken sei nur ein »bequemer Weg, die Wahl eines stärkeren Rivalen zu blockieren«.[90] Auch in einem Bericht der CIA aus jener Zeit wurde Sadat nicht zu den »wichtigsten Männern im Umfeld Nassers zum Zeitpunkt seines Todes« gezählt und vorausgesagt, es sei »höchst unwahrscheinlich, dass er sich um eine endgültige Machtübernahme bemühen wird«.[91]

Sadats Charaktereigenschaften trugen durchaus zu seiner relativen Unbekanntheit bei. Obgleich er sich manchmal als durchsetzungsfähig präsentierte, wie zum Beispiel bei seiner Zurückweisung des sowjetischen Beraters oder seinen Tiraden gegen Amerika, waren diese Auftritte lediglich Mittel zum Zweck. In Wirklichkeit war er außerordentlich unaufgeregt. Dieser Charakterzug schirmte ihn in gewisser Weise vor dem Erwartungsdruck und der Hektik des politischen Lebens ab. In den 18 Jahren, die er in der Regierung war, stand er stets etwas abseits vom Zentrum des Geschehens. Er war eines der wenigen RCC-Mitglieder, die anfangs keinen Ministerposten erhielten. Zuweilen geschah dies absichtlich: Mindestens einmal setzte er seine Mitgliedschaft im Revolutionären Kommandorat aus, weil ihm das Gehabe und die Machtkämpfe nicht behagten.[92]

Aufgrund seiner ruhigen Persönlichkeit und seiner Freundschaft mit Nasser waren die sonst üblichen Anreize, eine eigene politische Basis zu entwickeln, weniger ausgeprägt – außerdem war er nie ein geborener Politiker. So verbrachte er mehr Zeit mit Nachdenken und in gewisser Weise auch mit

Beten als am Rednerpult. Durch seine Neigung zur Einsamkeit verfügte er über Einsicht und unabhängiges Denken, galt dadurch aber auch als Einzelgänger.

Wie die ausländischen Beobachter hatten auch viele Ägypter den Eindruck, Sadat werde lediglich eine vorübergehende Führungsrolle einnehmen. Seine Kollegen im RCC, insbesondere die mächtige Gruppe um Ali Sabri, Shaarawi Gomaa, Sami Sharaf und General Mohamed Fawzi, hielten ihn für leicht kontrollierbar.[93] Sabri gehörte der ägyptischen Aristokratie an und galt als logischer Nachfolger Nassers, da er als dessen Vizepräsident, Premierminister und Geheimdienstchef gedient hatte. Gomaa war Nassers Innenminister gewesen, Fawzi sein Verteidigungsminister und Sharaf ein enger Berater des Präsidenten – sein Consigliere also. (Sadat übernahm diese drei zu Beginn seiner Präsidentschaft, den Letztgenannten als Staatssekretär.)

Um die Nachfolge offiziell anzutreten, musste Sadat vom Exekutivkomitee der Arabischen Sozialistischen Union (ASU), Ägyptens Einheitspartei, für die Präsidentschaft nominiert werden. Dieses Gremium stimmte seiner Nominierung am 7. Oktober 1970 mit Unterstützung des einflussreichen Ministerrats zu.[94] Zum Teil willigten sie ein, weil sie sich nicht einigen konnten, wer aus ihren Reihen die Rolle Nassers übernehmen sollte, durchaus aber auch, weil sie Sadat für zu schwach hielten, als dass er sie hätte herausfordern können. Um sich ihre Einflussnahme zu sichern, knüpften sie seine Nominierung an fünf Bedingungen, darunter das Versprechen, gemeinsam mit den führenden Vertretern der ASU und der Nationalversammlung zu regieren, unter denen sich vor allem die Verbündeten von Sabri und Gomaa befanden. Faktisch hatte sich dieser Personenkreis ein Vetorecht über die Politik des Präsidenten gesichert. Sadat stimmte zu, wurde nominiert und ordnungsgemäß gewählt.

Der verstorbene Präsident Nasser blieb trotz seiner fehlgeschlagenen Bemühungen um die arabische Einheit, des unzureichenden Zustands der Streitkräfte und seiner Misswirtschaft, die sowohl den privaten als auch den öffentlichen Sektor hatte verkümmern lassen, eine geliebte Ikone des ägyptischen Volkes. Wer über die von ihm hinterlassene wirtschaftliche und politische Situation enttäuscht war, suchte nach einem anderen Schuldigen. Diese Bürde fiel auf den neuen Präsidenten Sadat.

STAATSKUNST

Auch unter den besten Umständen ist es ein schwieriges Unterfangen, die Nachfolge einer charismatischen Führungspersönlichkeit anzutreten: Politik ist übertragbar, Charisma eine ungreifbare Größe. Es war unwahrscheinlich, dass Sadat die Vorstellungskraft der Menschen, die immer noch um Nasser trauerten, für sich gewinnen würde. Ihm war zudem bewusst, dass er ohne Kontrolle über die Abläufe in seiner Regierung lediglich eine Marionette sein würde. Es galt zunächst einmal, sich zu etablieren.

Binnen sechs Monaten nach seiner Wahl traf Sadat eine Reihe von einseitigen Beschlüssen, die den Ansichten derjenigen zuwiderliefen, die ein Veto gegen ihn einlegen wollten. Per Dekret schaffte er die Beschlagnahme und Enteignung von Privateigentum ab, deutete eine Friedensgeste gegenüber Israel an und schloss ein Föderationsabkommen mit Syrien und Libyen.[95]

Entsetzt über dieses eklatante Abweichen des neuen Präsidenten von ihren Vereinbarungen begannen Sabri und Gomaa einen Militärputsch zu planen.[96] Sadat deckte das Komplott auf und entließ sie. In der Hoffnung, eine Verfassungskrise heraufzubeschwören, traten die Verschwörer daraufhin geschlossen zurück. Doch Sadat arbeitete mithilfe seiner seit 1952 und während der Jahre als Parlamentspräsident geknüpften Beziehungen zur Nationalversammlung daran, über Nacht Nachfolger für jeden der freigewordenen Posten in seiner neu gebildeten Regierung zu finden.

Anstatt sich wie erwartet den Forderungen seiner Gegner zu beugen, fegte er sie mit einem Schlag beiseite, ein Schachzug, der als »Korrekturrevolution« bekannt werden sollte. Innerhalb von 24 Stunden ließ er die meisten Verschwörer verhaften; 91 wurden schließlich vor Gericht gestellt. Eine solche Entschlossenheit war in Sadats früherer Laufbahn nicht zu beobachten gewesen, sie sollte sich zum Markenzeichen seiner Präsidentschaft entwickeln. Jeder seiner gewagten und unvorhergesehenen Schritte diente ganz bewusst einem größeren strategischen Ziel. Ein hochrangiger Diplomat drückte es damals so aus: »Falls sie glaubten, er werde nachgiebig sein, haben sie sich gewaltig geirrt. [...] Sie haben vergessen, dass er als junger Revolutionär Bomben in der Tasche trug.«[97]

STRATEGISCHE GEDULD

Durch die Korrekturrevolution konnte Sadat seine Macht festigen und sich dem Einfluss seiner politischen Umgebung entziehen. Gleichzeitig war er aber immer noch an Nassers Vermächtnis und die Verhältnisse in Ägypten gebunden und sah sich zwei widersprüchlichen Zwängen ausgesetzt: Einerseits musste er den Nasserismus und seine Verbindung zu Nassers Vorbild beibehalten, um die öffentliche Akzeptanz zu bewahren; andererseits würde er viele Elemente von Nassers Politik über Bord werfen müssen, um eine Wende in Ägyptens Schicksal herbeizuführen. Daher entschied er sich, Nassers Programmatik zu bekräftigen und zugleich schrittweise und zunächst unmerklich in eine andere Richtung zu lenken. Indem er den scheinbar bereits eingeschlagenen Kurs weiterverfolgte, konnte er seine wahren Absichten verschleiern.

In einer Ansprache vor der Nationalversammlung kurz nach seiner Ernennung am 7. Oktober kündigte Sadat an, dass er »den Weg von Gamal Abdel Nasser in jedem Fall und von jeder Position aus weiterverfolgen« werde. Unter Beibehaltung von Nassers Außenpolitik, insbesondere gegenüber Israel, werde er versuchen, die arabischen Länder von der israelischen Besatzung zu befreien, die arabische Einheit zu stärken und »die Rechte des palästinensischen Volkes umfassend zu schützen«.[98]

Bei der Wiederherstellung der historischen Rolle Ägyptens würde die Innenpolitik zwar eine große Rolle spielen, aber Sadat war überzeugt, dass die Etablierung eines wirklich unabhängigen Ägyptens letztlich von seiner Außenpolitik abhing. Bei seinem Amtsantritt ließ er jedoch keine Anzeichen für einen grundlegenden Kurswechsel in der Außenpolitik erkennen. Als Nachfolger und Erbe Nassers durfte er keine allzu drastische Distanzierung riskieren, selbst wenn er sie insgeheim in Erwägung gezogen haben mochte.

Sadats erster Schritt war die Unterzeichnung eines Freundschaftsvertrags mit der Sowjetunion im Mai 1971 – ein politischer Schachzug jenseits von Nassers wirtschaftspolitischer Entscheidung zur Annahme der sowjetischen Hilfe für den Assuan-Staudamm im Jahr 1956. Im September würdigte er Nassers panarabisches Erbe, indem er die Grundvoraussetzungen für eine Föderation mit Libyen und Syrien erfüllte. Während der ganzen Zeit behielt er die von Nasser gewohnte Tirade gegen Israel und Amerika bei:

> Die führende Kraft ist nicht Israel, sondern Israels Beschützer, Amerika. Es bringt uns in allem eine offene Missachtung entgegen: Missachtung unserer Existenz, Missachtung unserer Würde, unserer Unabhängigkeit, unseres Willens, aller Werte, für die wir und die vergangenen Generationen nach der Revolution vom 23. Juli gekämpft haben.[99]

Wie viele andere Schachzüge Sadats erfüllte auch dieser zweierlei Funktionen: Zu einer Zeit, in der Ägypten in puncto militärischer Ausrüstung noch von der Sowjetunion abhängig war, milderte er das Unbehagen der Sowjets über die Entlassung und Inhaftierung des prosowjetischen Ali Sabri. Darüber hinaus konnte auf diese Weise getestet werden, ob das Bündnis mit der Sowjetunion als Druckmittel gegen die USA genutzt werden konnte, um Israel zu einer Nahostlösung auf der Grundlage der arabischen Forderungen zu bewegen.

Auf ihrem Gipfeltreffen in Khartum 1967 hatten die arabischen Spitzenpolitiker geschworen, Israel niemals anzuerkennen, niemals Frieden mit Israel zu schließen und niemals mit Israel zu verhandeln. In den ersten Jahren seiner Amtszeit ließ Sadats innenpolitische Position keine Abweichung von den Beschlüssen von Khartum zu. Zu diesem Zweck setzte er nun Nassers Angriffe auf Israel und die Vereinigten Staaten fort, ja, er verschärfte sie sogar noch. In seiner Rede vor der Nationalversammlung im Jahr 1972 erklärte er: »Durch bewaffneten Kolonialismus, wie wir ihn in Israel erleben, wird ein Volk aus seinem Land vertrieben. [...] Die dabei eingesetzten Mittel sind Völkermord und Verelendung.« Die Vereinigten Staaten seien zwar »stark, mächtig und tyrannisch«, aber auch »impotent«.[100] Was auch immer seine Ambitionen im ersten Jahr seiner Amtszeit waren, so beschränkte sich Sadat auf die von seinem Vorgänger vorgezeichneten außenpolitischen Pfade, wie etwa die Entsendung von UN-Diplomaten, um Israel indirekt in die Verhandlungen über einen vorläufigen Waffenstillstand entlang des Suezkanals einzubeziehen.

Anwar el-Sadat: Die Strategie der Überwindung

Doch unter diesem Deckmantel der Beständigkeit leitete Sadat auch eine allmähliche »Ent-Nasserisierung« ein. Umsichtig förderte er den Übergang zum Kapitalismus. Er veranlasste zudem die Ausarbeitung einer neuen Verfassung, in der die in der Revolution von 1952 festgelegte institutionelle Grundstruktur einer starken präsidialen Führung zwar beibehalten, aber demokratische Rechte stärker betont und eine größere Nachsicht gegenüber religiösen Gruppen eingeräumt wurden, insbesondere gegenüber den Muslimbrüdern, von denen er viele aus dem Gefängnis entließ.

Was die Außenpolitik anbelangt, so interpretierte Sadat von seiner privilegierten Position in Nassers Gefolge und dann als sein Vizepräsident her das Ende seines Vorgängers als ein Lehrstück darüber, wie wichtig das Anerkennen von Grenzen ist. Mit dem Abschluss des Suez-Abkommens und dem Engagement Ägyptens in der arabischen Welt hatte sich Nasser übernommen und den Wert der schrittweisen Entwicklung auch (oder gerade) bei der Verfolgung ideologischer Ziele verkannt. Dies verursachte Einbußen in Bezug auf das Ansehen Ägyptens, seine Wirtschaft und das Militär – und auch in Bezug auf Nassers eigene Handlungsfähigkeit, da er sich in unpraktischen Verpflichtungen und ideologischen Festlegungen verstrickt hatte.

Vor diesem Hintergrund initiierte Sadat frühzeitig ein Friedensangebot an Israel, das für spektakuläre Ergebnisse allerdings zu vage war. Bereits im Februar 1971, nur fünf Monate nach seinem Amtsantritt, bot er an, den Suezkanal wieder zu öffnen, wenn Israel sich aus dessen unmittelbarer Umgebung zurückziehen würde.*[101] Dies stellte zweifellos eine Abkehr von der Forderung Ägyptens und der arabischen Welt nach einem vollständigen Rückzug Israels in die Grenzen von vor 1967 dar.

Von Israel wurde dieses Angebot als ein Manöver interpretiert, das die Bar-Lev-Linie gefährdete, eine Reihe von befestigten Dämmen entlang des östlichen Ufers des Suezkanals. Israel war auch mit Sadats indirekter Verhandlungsmethode nicht einverstanden, bei der UN-Beamte als Vermittler

---

* Die Wiedereröffnung war noch nicht erfolgt, weil damit zwar dringend benötigtes Geld hereingekommen, dafür aber Ausrüstung erforderlich gewesen wäre, die Ägypten fehlte. Außerdem wäre der Schritt ein bedeutendes Zugeständnis an Israel und Europa gewesen, die jeweils für billige Öltransporte auf den Kanal angewiesen waren.

auftraten, in der Regel in Form eines vom UN-Generalsekretär ernannten Mediators. Um den Kontakt zu Israel aufrechtzuerhalten, stimmte Sadat Vereinbarungen zu einem vorübergehenden Waffenstillstand entlang des Suezkanals zu und verzichtete auch bei deren Scheitern auf den Befehl, die Kampfhandlungen wiederaufzunehmen.[102]

Nur etwas über ein Jahr später, im Juli 1972, wich Sadats schrittweises Vorgehen einer drastischen Maßnahme: der abrupten Ausweisung von etwa 20 000 sowjetischen Beratern aus Ägypten, ohne dass Moskau vorgewarnt oder ein westliches Land, einschließlich der Vereinigten Staaten, bezüglich dieser Entscheidung oder ihrer Folgen zu Rate gezogen worden wäre.[103] Diese Strategieänderung sollte sich als ein Wendepunkt in der Nahostdiplomatie erweisen, auch wenn es eine Weile dauerte, bis sich die Auswirkungen in vollem Umfang abzeichneten.

Im Nachhinein betrachtet hat Sadat offenbar zwei Jahre lang beobachtet, ob Nassers Vertrauen in Moskau zu greifbaren Ergebnissen führen würde. Aus diesem Grund drängte Breschnew nach der Unterzeichnung eines Freundschaftsabkommens zwischen der Sowjetunion und Ägypten im Mai 1971 Nixon dazu, die Friedensbemühungen im Nahen Osten zu beschleunigen.

Breschnews Vorstoß fiel in die letzte Phase des Vietnamkriegs und in die Zeit vor den Gipfeltreffen 1972 in Peking (Februar) und Moskau (Mai), auf denen die diplomatische Weltkarte neu gezeichnet werden sollte. Die amerikanische Reaktion darauf entsprach der Antwort, die wir auch den Parteien im Nahen Osten gegeben hatten: Wir waren bereit, die Grundsätze einer möglichen Lösung zu diskutieren, auch auf dem Gipfeltreffen in Moskau. Der Beginn eines offiziellen Prozesses würde sich nach dem Fortschritt dieser Verhandlungen richten.

Zu der zu Beginn der Nixon-Administration verfolgten Strategie gehörte, Ägypten einen Anreiz zu verschaffen, sich an die amerikanische Diplomatie zu wenden. Das Moskauer Gipfeltreffen endete mit einer gemeinsamen Grundsatzerklärung, in der man sich unter anderem dazu verpflichtete, die Stabilität im Nahen Osten aufrechtzuerhalten, in der jedoch mit keinem Wort eine sofortige Wiederaufnahme aktiver Verhandlungen erwähnt wurde. Gepaart mit der sowjetischen Weigerung, Ägypten in einem von Sadat als angemessen betrachteten Umfang mit Waffen zu versorgen, scheint dies seine

Anwar el-Sadat: Die Strategie der Überwindung

Auffassung gefestigt zu haben, die sowjetische Partnerschaft habe keinen Nutzen.

Jeder führende Staatsmann, dem ich begegnet bin – mit der möglichen Ausnahme von de Gaulle –, hätte eine neue Strategie schrittweise umgesetzt, und zwar so, dass ein Rückzug möglich gewesen wäre, falls sie sich als unwirksam erwiesen hätte. Im Gegensatz dazu vollzog Sadat einen radikalen Aufbruch, in dessen Folge es nur noch in eine Richtung weitergehen konnte.

Die Spannungen zwischen ägyptischen und sowjetischen Beamten hatten sich über Jahre hinweg aufgebaut.[104] Von Kindheit an hatte der Anblick von Ausländern, die Ägyptern Demütigungen zufügten, Sadat persönlich tief berührt. Als 1972 der sowjetische Staatschef Leonid Breschnew eine Erklärung für die Ausweisung sowjetischer Berater verlangte, teilte Sadat ihm mit: »Sie behandeln uns, als ob wir ein rückständiges Land wären, während unsere Offiziere an Ihren Kriegsschulen ausgebildet werden, genau wie Ihre eigenen Offiziere.«[105] In seinen Memoiren schreibt Sadat: »Ich wollte der Sowjetunion mitteilen, dass Ägypten allein über sein Schicksal zu entscheiden hat; ich wollte der Welt mitteilen, dass wir stets unsere eigenen Herren sind.«[106]

Ägypten nahm weiterhin sowjetische Wirtschaftshilfe an, und die Sowjetunion, die sich auch zukünftig ein Mindestmaß an Einfluss sichern wollte, gewährte sie weiterhin. Aber Sadat hatte sein Ziel erreicht und demonstriert, dass Ägypten nicht lediglich Vasall einer fernen Supermacht, sondern zu autonomem Handeln fähig war.

Mit der Ausweisung des sowjetischen Personals aus Ägypten hatte Sadat ein wesentliches Hindernis für die amerikanische Beteiligung an einem Friedensprozess beseitigt. Da der Einfluss der Sowjetunion schwand, schien der diplomatische Weg über Amerika naheliegend.

Aber die Außenpolitik wird von nicht greifbaren Faktoren ebenso beeinflusst wie von den tatsächlichen Gegebenheiten. In Washington genoss Sadat immer noch wenig Ansehen. Seine ersten öffentlichen Schritte als Präsident standen im Widerspruch zu seinen privaten Bemühungen, die in jedem Fall zu indirekt und subtil waren, als dass sie eine mögliche Öffnung in Richtung eines transformatorischen Dialogs hätten andeuten können. Meine persönliche Einschätzung fiel nicht wesentlich besser aus als bei seinem Amtsantritt. Ein Jahr später reiste der Nationale Sicherheitsberater Hafez Ismail im Rahmen von Sadats ersten Kontaktbemühungen nach Washington und lud mich nach Kairo ein – falls wir in unseren Gesprächen Fortschritte erzielen würden. Für einen Kollegen kritzelte ich folgende Notiz: »Ob es wohl unhöflich wäre zu fragen, was der zweite Preis ist?«

Die Einladung war aus verschiedenen Gründen unattraktiv. Angesichts der häufigen antiamerikanischen Äußerungen Sadats in den Jahren 1971 und 1972 wirkte Kairo nicht gerade wie ein vielversprechender Ort für Verhandlungen. Außerdem fand Hafez Ismails Besuch in Washington knapp einen Monat nach dem Pariser Abkommen zur Beendigung des Vietnamkriegs statt. Etwa zur gleichen Zeit versprach Nixon der israelischen Premierministerin Golda Meir, dass eine weitere Verhandlung mit Israel über eine Reihe von scheinbar unlösbaren Problemen erst nach den bevorstehenden israelischen Wahlen stattfinden würde, die damals für Ende Oktober angesetzt waren. Offensichtlich wollte Sadat die Vereinigten Staaten für eine neue Nahostvereinbarung zu den bekannten arabischen Bedingungen gewinnen, wobei der bedingungslose Rückzug Israels auf die Grenzen vor 1967 den Auftakt zu Verhandlungen über die Anerkennung Israels bilden sollte. Dieses Ergebnis hatte Nasser mithilfe der Sowjetunion nicht erreichen können, und mehrere arabische Spitzenpolitiker, die es mit Gewalt nicht durchsetzen konnten, lehnten einen Dialog ab.

Die grundlegende Herausforderung des arabisch-israelischen Friedensprozesses bestand darin, dass beide Seiten als Voraussetzung für die Aufnahme von Verhandlungen ein unwiderrufliches Zugeständnis verlangten. Die arabischen Länder forderten, dass Israel der Wiederherstellung der Grenzen von vor dem Krieg zustimmte; Israel bestand auf direkten Verhandlungen, was seine Gegner mit der Begründung zurückwiesen, dass dies die Anerkennung bedeuten würde.

Trotz dieser Hindernisse willigte Nixon in ein Sondierungsgespräch mit Hafez Ismail ein. Bei dieser Zusammenkunft am 23. Februar 1973 sprach Ismail aus, was Sadats Ausweisung der sowjetischen Berater bereits impliziert hatte: Ägypten war bereit, seine Beziehungen zu den Vereinigten Staaten zu normalisieren. Nixon bekräftigte seine Absicht, diese Möglichkeit in gutem Glauben zu prüfen. Zum Abschluss brachte er auf den Punkt, worin seiner Meinung nach die Schwierigkeit der Verhandlungen im Nahen Osten bestand: »Hier prallt eine unwiderstehliche Kraft auf ein unbewegliches Objekt.« Er vertrat die Ansicht, dass eine Lösung sowohl der Forderung nach ägyptischer Souveränität als auch zwingend Israels Ringen um Sicherheit gerecht werden müsse. Angesichts der von ihm als »Kluft zwischen den Parteien« bezeichneten Situation hielt er jedoch ein schrittweises Vorgehen und das Erarbeiten von Zwischen- und Teillösungen für ratsamer, als eine umfassende Lösung anzustreben (wobei er diese als Option nicht kategorisch ausschloss).[107]

Nixon wies auf die inzwischen übliche Vorgehensweise hin, dass die eigentlichen Verhandlungen über das Büro des Sicherheitsberaters geführt werden sollten und dass Ismail und ich sofort mit der Sondierungsphase beginnen sollten. Und tatsächlich nahmen wir schon am nächsten Tag die Gespräche auf. Sie fanden in einem Privathaus in einem New Yorker Vorort statt, um längere Unterredungen zu ermöglichen und den inoffiziellen, vertraulichen Rahmen zu unterstreichen.

In unseren Gesprächsrunden wiederholte Hafez Ismail, was er bereits gegenüber Nixon geäußert hatte: dass Ägypten der Lagebeschreibung »Kein Krieg, kein Frieden« überdrüssig und Sadat bereit sei, die diplomatischen Beziehungen zu den Vereinigten Staaten wiederherzustellen. Bei seinem Appell, die USA mögen sich aktiv am Friedensprozess beteiligen, wich er von den bereits vorliegenden arabischen Bedingungen lediglich insofern ab, als dass er die Bereitschaft signalisierte, sich um die Ausarbeitung eines separaten Friedensbeschlusses auf der Basis eines totalen israelischen Rückzugs zu bemühen. Ich hielt mich an den von Nixon empfohlenen Stufenplan und erläuterte in einigen Punkten, wie er funktionieren könnte.

Ich wies darauf hin, dass dies eine deutliche Abweichung von dem bisherigen Vorgehen in der Nahostdiplomatie darstellte. Der bisherige Kurs für den Frieden im Nahen Osten beinhaltete eine umfassende Lösung für alle Grenzfragen zwischen Israel und seinen Nachbarstaaten sowie den palästinensischen Arabern. Außerdem war eine große Friedenskonferenz vorgesehen, an der die wichtigsten Akteure der Region sowie Vertreter der Palästinenser teilnehmen sollten, wobei die Vereinigten Staaten und die Sowjetunion als Großmächte sowohl als Vermittler als auch als Bürgen für das geplante Abkommen fungieren sollten.

Bei einem schrittweisen Vorgehen hingegen wäre man bestrebt, den Konflikt zwischen Israel und den Palästinensern von möglichen regionalen Fortschritten hinsichtlich bestimmter Themen abzukoppeln. Bei einigen dieser Fragen ging es um die Souveränität (Rechtsprechung und Verwaltung, Normalisierung der Beziehungen und schließlich wechselseitige Anerkennung), bei anderen um die Sicherheit (Schaffung von Systemen zur Nichtverbreitung von Massenvernichtungswaffen, Bekämpfung von Terrornetzwerken und Gewährleistung des ungehinderten Verkehrs von Energierohstoffen). Wenn man in solchen praktischen Fragen Fortschritte erzielen würde, anstatt sie an die endgültige Lösung eines bedeutenden psychologischen und historischen Problems zu knüpfen, könnte dies zu einer natürlichen Eigendynamik führen, die es gerade den regionalen Akteuren, welche das größte Interesse an der Lösung der einzelnen Fragen hatten, den Erfolg nachhaltig zu sichern ermöglichte.

Die Gespräche mit Ismail führten nicht zu unmittelbaren Entscheidungen, was zum großen Teil daran lag, dass damals, im Frühjahr 1973, ein schrittweises Vorgehen durch innerarabische Vereinbarungen ausgeschlossen war. Dennoch erläuterte ich Ismail, welche Schritte unternommen werden könnten – zum Beispiel, indem ägyptische und israelische Hoheitsansprüche getrennt von der Abwägung beider Sicherheitsbelange behandelt würden. Zwar erhielt Ismail von uns keinen Plan, in dem seine erklärten Ziele enthalten waren, dafür aber eine ausführliche und genaue Darstellung unserer Gegenvorschläge (die Sadat am Ende akzeptierte).

Das war im Februar. Im Herbst – genauer gesagt am 6. Oktober – entschied sich Sadat, bevor er zur Diplomatie zurückkehrte, für einen Schock, der die Sichtweise auf ihn weltweit veränderte.

DER OKTOBERKRIEG 1973

Bereits im Juli 1971 hatte Sadat auf einer Sitzung des Kongresses der Arabischen Sozialistischen Union erklärt, dass er »diesen Schwebezustand: weder Krieg noch Frieden« nicht akzeptieren würde.[108] Das Problem – die festgefahrene Situation mit Israel – hatte er zwar erkannt, zu diesem frühen Zeitpunkt seiner Präsidentschaft aber wahrscheinlich noch nicht über eine mögliche Strategie zu dessen Lösung entschieden. Noch 1971 lotete er verschiedene Möglichkeiten zur Verbesserung seiner Verhandlungsposition aus.[109]

Erst 1972 beschloss er, seine Strategie zu ändern, doch zu diesem Zeitpunkt war es ihm nicht möglich, ein schrittweises Vorgehen in der arabischen Welt voranzutreiben und gleichzeitig ein Mindestmaß an Unterstützung durch die Sowjetunion zu sichern, ohne zuvor seine Glaubwürdigkeit auf drastische Weise zu untermauern.

Sadat beschloss, einen Krieg zu beginnen. Vielleicht hoffte er, seine erklärten Absichten damit auf einen Schlag zu erreichen. Viel wahrscheinlicher ist jedoch, dass er die Kampfhandlungen in der Annahme aufnahm, sie würden alternative diplomatischen Bemühungen rechtfertigen. Jehan Sadat, seine außergewöhnliche Ehefrau, erinnerte sich, dass er ihr die Situation so beschrieb, er müsse »noch einen Krieg führen, um zu gewinnen und aus einer gleichberechtigten Position heraus in Verhandlungen einzutreten«.[110] Die Gespräche mit Ismail im Weißen Haus im Jahr 1973 bestätigten ihm, dass die Vereinigten Staaten nur in begrenztem Maße zu einem Engagement bereit waren, und überzeugten ihn davon, dass der schrittweise Ansatz beim Ausbleiben eines ägyptischen Gesamtsiegs eine Alternative darstellen könnte.

Über ein Jahr lang arbeitete Sadat auf die richtige Kräftekonstellation hin, um »einen echten Frieden zu erreichen«.[111] Der ägyptische Journalist Mohammed Heykal beschrieb diese Zeit im August 1972 als »ein ständiges Ausbluten Ägyptens, ein Sterben ohne Heldentum, das das Land zu ersticken droht«.[112]

Jehan Sadat erinnerte sich:

> Noch immer fielen ägyptische Soldaten und Freiheitskämpfer bei den sporadischen Gefechten am Suezkanal. [...] Es herrschte eine sehr deprimierende

Atmosphäre in dieser Zeit, von der die Historiker später sagten, es habe weder Krieg noch Frieden geherrscht. Wir hassten diesen Zustand und wollten, dass er ein Ende nahm. Besonders Anwar.[113]

Sadat war entschlossen, die Entwicklung der Lage abzuwarten, und traf sorgfältige Vorbereitungen, damit sein Krieg »der letzte«[114] sein würde. Mitte 1972, nach der Ausweisung der sowjetischen Berater, ordnete Sadat die Ausarbeitung militärischer Pläne an. Als er sich im Oktober 1972 nach den Fortschritten erkundigte, stellte er fest, dass mit dieser Aufgabe noch nicht begonnen worden war, möglicherweise weil seine Generäle keine Erfolgsaussichten erkennen konnten. Nachdem er den Kriegsminister entlassen hatte, stellte Sadat zusätzliche Mittel bereit und kaufte weitere Waffen von der Sowjetunion.[115] Außerdem arbeitete er im Geheimen einen gemeinsamen Schlachtplan mit dem syrischen Präsidenten Hafiz al-Assad aus.[116]

Während er sein Heer in Stellung brachte, verwirrte er das israelische Militär. Im Frühjahr und Sommer 1973 provozierte Sadat die Israelis mit Drohungen und verleitete sie anschließend dazu, sich auf einen Angriff vorzubereiten. Zweimal wurden die israelischen Verteidigungskräfte unter großem Aufwand mobilisiert; zweimal stellte es sich als falscher Alarm heraus. Bei sechs verschiedenen Gelegenheiten führte Ägypten scheinbar routinemäßige Militärmanöver durch, die einer echten Operation ähnelten. Am Tag vor der eigentlichen Invasion wurden sowjetische Flugzeuge, mit denen Diplomaten der UdSSR evakuiert wurden – eine Geste, die die Israelis und die Vereinigten Staaten hätte alarmieren sollen –, fälschlicherweise als Teil eines sowjetischen Trainings interpretiert.[117] Nach dem Krieg 1973 antwortete der damalige israelische Verteidigungsminister Moshe Dayan auf die Frage, warum er im Oktober nicht mobilisiert habe, Sadat habe ihn »zweimal dazu gebracht, und es kostete uns jedes Mal zehn Millionen Dollar. Beim dritten Mal glaubte ich, es sei kein Ernst, aber er hat mich hereingelegt.«[118]

Knapp 18 Monate verbrachte Sadat bis zum Herbst 1973 damit, die internationale Landschaft vor dem Hintergrund eines drohenden Krieges gestalten. Die staatliche Flexibilität hinsichtlich der Kanalpassage hatte sein internationales Ansehen gestärkt. Durch die Ausweisung der Sowjets hatte er seine diplomatischen Möglichkeiten erweitert und dafür gesorgt, dass die

Berater seine Pläne weder vereiteln noch untergraben würden. Dank der Sondierungsgespräche mit dem Weißen Haus konnte er mit einer funktionierenden Beziehung zu Washington in den Krieg ziehen. Er muss darauf gesetzt haben, dass die Vereinigten Staaten die Auswirkungen eines militärischen Rückschlags eindämmen und sich auf Verhandlungen einlassen würden.

Auf der Grundlage dieser Überlegungen starteten Ägypten und Syrien am 6. Oktober 1973 eine koordinierte Offensive gegen Israel. Bereits im Januar 1972 hatte Sadat das ägyptische Volk dazu aufgerufen, sich auf eine »Konfrontation« vorzubereiten und sich geduldig zu zeigen:

> Vor uns liegen viele Nöte und Schwierigkeiten. Aber mit Gottes Hilfe werden wir die Bürden und Opfer bewältigen. Im Kampf wird unser Volk beweisen, dass es ein großes Volk ist, entsprechend seiner Geschichte, seiner langen Zivilisation, seiner Menschlichkeit und seiner Ideale. [...] Herr! Schenke uns festen Glauben und sei mit uns bis zum Sieg.[119]

Am ersten Tag des Krieges teilte Sadat mir, dem damaligen Außenminister, mit, er habe nur wenige Ziele und wolle sich nach Beendigung der Auseinandersetzungen für Friedensverhandlungen einsetzen. Am zweiten Tag des Krieges antwortete ich ihm: »Sie führen mit sowjetischen Waffen Krieg. Denken Sie daran, dass Sie mit amerikanischen Diplomaten Frieden schließen müssen.«[120]

Den ägyptischen Streitkräften gelang ein militärischer Erfolg, der Nasser verwehrt geblieben war: Sie legten Pontonbrücken über den Suezkanal und überquerten die Bar-Lev-Linie. Sie rückten bis zu 15 Kilometer in den Sinai vor und holten Gebiete zurück, die Israel 1967 eingenommen hatte. Gleichzeitig drangen die syrischen Streitkräfte in die israelischen Stellungen auf den Golanhöhen ein. Das Vorrücken der beiden größtenteils mit sowjetischen Waffen ausgerüsteten arabischen Streitkräfte[121] hatte für Israel erhebliche Opferzahlen und Ausrüstungsverluste zur Folge.

Der frühe ägyptisch-syrische Erfolg sorgte weltweit für Verblüffung, weil alle Seiten mit unerwarteten Situationen konfrontiert wurden. Doch als der Krieg erst einmal in vollem Gange war, schreckte der UN-Sicherheitsrat, der die Verantwortung für die Erhaltung des Friedens trug, paradoxerweise vor der Forderung nach einem Waffenstillstand zurück. Von den beiden mächtigsten Ratsmitgliedern sprach sich die Sowjetunion dagegen aus, weil sie den mutmaßlichen arabischen Vormarsch nicht behindern wollte, während die Vereinigten Staaten zögerten, um einen israelischen Gegenschlag nicht zu verhindern. Die anderen Mitglieder waren unschlüssig aus einer Mischung von Angst und Unsicherheit. Letztlich kam der Sicherheitsrat erst mehr als zwei Wochen nach Ausbruch des Krieges am 22. Oktober zur Abstimmung über einen Waffenstillstand zusammen, nachdem sich die Vereinigten Staaten und die Sowjetunion auf einen gemeinsamen Text geeinigt hatten.

Während dieser Wochen spitzte sich Nixons innenpolitische Krise zu. Zeitgleich mit dem Ausbruch des Oktoberkrieges 1973 begann für Vizepräsident Spiro Agnew sein Rücktrittsverfahren wegen Handlungen in seiner Amtszeit als Gouverneur von Maryland (1967 bis 1969). Dies wurde am 10. Oktober abgeschlossen, parallel war eine erneute Anhörungsrunde zu Watergate angesetzt, bei der es um die Frage ging, welche von Nixons aufgezeichneten Gesprächen freigegeben werden sollten. Nixons Bemühungen um Zurückhaltung der Tonbänder erreichten ihren Höhepunkt am 20. Oktober, zwei Wochen nach Beginn des Krieges im Nahen Osten, als er erst den Rücktritt forderte und dann die Entlassung des Justizministers und des Sonderermittlers erwirkte (während ich in Moskau einen Waffenstillstand aushandelte). Die darauffolgende Aufregung führte dazu, dass ein Amtsenthebungsverfahren gegen Nixon eingeleitet wurde.

Allen innenpolitischen Schwierigkeiten zum Trotz behielt Nixon die Außenpolitik im Griff. Während des Krieges formulierte er schon früh zwei vorrangige Ziele: die Kampfhandlungen so schnell wie möglich zu beenden und, wie ich in seinem Namen öffentlich sagte, dies »in einer Weise zu tun, die uns in die Lage versetzen würde, einen wichtigen Beitrag zur Überwindung der Bedingungen zu leisten, die in den [vorangegangenen] 25 Jahren zu vier Kriegen zwischen Arabern und Israelis geführt hatten«.[122]

Vor Ort änderte sich die Situation fast täglich. Am Dienstag, dem 9. Oktober – dem vierten Tag des Krieges und dem Tag, als Nixon mit Spiro Agnews formellem Rücktritt als Vizepräsident beschäftigt war –, erschienen

Anwar el-Sadat: Die Strategie der Überwindung

der israelische Botschafter Simcha Dinitz und der Militärattaché General Mordechai Gur im Map Room des Weißen Hauses, um mir mitzuteilen, dass Israel in den ersten Gefechten entlang des Suezkanals Hunderte von Panzern und eine Vielzahl Flugzeuge verloren hatte. Sie baten um sofortige Nachschublieferungen und ein Treffen in Washington mit Premierministerin Meir.

Nachdem Agnews Rücktrittsverfahren abgeschlossen war, erklärte Nixon sich zu einer Soforthilfe zur Deckung des unmittelbaren Bedarfs bereit. Er ordnete eine unverzügliche Versorgung mit drei Flugzeugen pro Tag und eine Machbarkeitsstudie bezüglich der Mobilisierung unserer zivilen Luftflotte an. Um Israel die Möglichkeit zu geben, seine Reservewaffen einzusetzen, sicherte Nixon zu, nach dem Krieg sämtliche Verluste zu ersetzen.

Am Donnerstag, dem 11. Oktober, meldete sich Dinitz mit einer weiteren dramatischen Nachricht im Weißen Haus: Der israelische Generalstabschef David Elazar und Verteidigungsminister Moshe Dayan hatten die Premierministerin davon überzeugt, dass weitere israelische Angriffe entlang des Suezkanals angesichts der am Westufer des Kanals aufgestellten Boden-Luft-Raketen zu kostspielig waren, um das Gebiet 25 bis 30 Kilometer östlich des Kanals aus der Luft zu decken. Israel war daher bereit, einen Waffenstillstand zu akzeptieren, und bat uns, diesen in die Wege zu leiten.[123] Um seine Verhandlungsposition zu verbessern, würde es eine Offensive an der verwundbareren syrischen Front eröffnen und damit einen Anreiz für die Sowjetunion schaffen, ein Waffenstillstandsgesuch im Sicherheitsrat zu unterstützen. Nixon stimmte zu, woraufhin wir uns an Großbritannien wandten, um eine solche Resolution einzubringen.

Die britische Regierung – vertreten durch den Außenminister Sir Alec Douglas-Home – ergriff die Initiative. Doch als Sadat am Samstag, dem 13. Oktober, um seine Zustimmung gebeten wurde, weigerte er sich zu unserem Erstaunen, solange Israel sich nicht verpflichtete, wieder zu den Grenzen aus der Zeit vor Juni 1967 zurückzukehren. Ein neuerliches Gesprächsgesuch mithilfe Australiens verlief ebenso erfolglos.

Am Sonntag, dem 14. Oktober, wurden Sadats Beweggründe für diese Weigerungen deutlich: Er hatte beschlossen, mit zwei Panzerdivisionen tiefer in den Sinai vorzustoßen. Sei es, dass er nach der Überquerung des Kanals

STAATSKUNST

übermäßig großes Vertrauen in seine militärischen Fähigkeiten hatte, sei es, dass er den Druck auf seinen Verbündeten Assad verringern wollte oder kurzzeitig das Augenmaß verloren hatte – der Vorstoß über die vom Boden-Luft-Raketen-Gürtel abgedeckten Gebiete hinaus führte zu einem katastrophalen Rückschlag. Rund 250 ägyptische Panzer wurden durch das Zusammenspiel von israelischer Luftwaffe – jetzt frei von den Einschränkungen des Boden-Luft-Raketen-Gürtels – und den Gegenangriffen der israelischen Panzer ausgeschaltet. Dies wiederum ermöglichte es den israelischen Panzern, die Dritte Ägyptische Armee in Richtung des Kanals zurückzudrängen. Innerhalb von zwei Tagen nach dieser Schlacht hatten die israelischen Streitkräfte unter heftigen Kämpfen selbst den Kanal überquert und damit begonnen, die von den Sowjets errichteten Flugabwehranlagen am Westufer des Kanals zu zerstören. In der Zwischenzeit stießen gepanzerte israelische Streitkräfte, die mittlerweile auf über 10 000 Mann angewachsen waren, hinter die Dritte Armee vor und drohten damit, diese und sogar Kairo einzukesseln.

Unter diesen Umständen drängte der ägyptische Feldkommandant General Saad el-Shazli darauf, die Dritte Armee zum Schutz der ägyptischen Bevölkerung vom Ostufer des Kanals auf das Westufer zu verlegen. Doch damit wäre Sadats übergeordnetes Vorhaben gescheitert. Er antwortete scharf (»Sie verstehen die Logik dieses Krieges nicht«) und befahl Shazli, standhaft zu bleiben. Ägypten brauche nur »vier Zoll« des Sinai, argumentierte Sadat, um die diplomatische Lage umzugestalten.[124]

Am Donnerstag, dem 18. Oktober, als sich zwei ägyptische Divisionen vom Sinai zurückzogen, rief Sadat plötzlich zu einem Waffenstillstand auf. Da sich das Blatt gegen ihn gewendet hatte, benötigte er eine Pause, solange er noch auf dem Sinai Fuß fassen konnte.[125] Auch als er zum Waffenstillstand aufrief, beanspruchte er einen psychologischen Sieg: »Der Feind ist aus dem Gleichgewicht geraten und bleibt bis zu diesem Moment instabil. Die verwundete Nation hat ihre Ehre wiederhergestellt, und die politische Landkarte des Nahen Ostens hat sich verändert.« In derselben Rede forderte er die Vereinigten Staaten auf, sich an der Seite Ägyptens an einem Friedensprojekt zu beteiligen.[126] So düster Sadats militärische Lage auch war, seine Analyse der politischen Optionen blieb klarsichtig.

Anwar el-Sadat: Die Strategie der Überwindung

Als die Organisation der Erdöl exportierenden Länder (OPEC) am 17. Oktober ein Ölembargo ankündigte, um die USA und deren europäische Verbündete zu nötigen, Israel zu einer Einigung zu zwingen, erfasste die Krise auch die Weltwirtschaft. Der Preis für ein Barrel Öl stieg sprunghaft an und überstieg schließlich 400 Prozent des Vorkrisenwertes.[127]

An den nächsten Tagen nahmen Botschafter Anatoli Dobrynin und ich Verhandlungen über den Wortlaut einer Waffenstillstandsvereinbarung für eine mögliche gemeinsame Vorlage für den UN-Sicherheitsrat auf. Am 19. Oktober lud mich Breschnew nach Moskau ein, um die Waffenstillstandsverhandlungen abzuschließen, und zwei Tage später legten die USA und die Sowjetunion dem UN-Sicherheitsrat einen gemeinsamen Entwurf vor, der am 22. Oktober einstimmig angenommen wurde.

Die Bemühungen um eine Aussetzung der Kampfhandlungen wurde vorübergehend zunichtegemacht, als der Waffenstillstand zusammenbrach und Israel der Versuchung nicht widerstehen konnte, den Nachschubweg für die Dritte Armee zu kappen, indem es die Stadt Suez einkesselte. Dem folgten 48 Stunden voller Anspannung. Die Sowjets protestierten gegen die Verstöße gegen den einige Tage zuvor in Moskau ausgehandelten Waffenstillstand, forderten dessen Wiederherstellung durch ein gemeinsames amerikanisches und sowjetisches Vorgehen und drohten mit einer einseitigen Militäraktion. Sadat hätte den sowjetischen Druck für seine Zwecke nutzen können, aber machte nie Gebrauch davon. Nach einer entschiedenen Ablehnung durch die Amerikaner schlugen die Sowjets stattdessen vor, dass sie sich mit neutralen Beobachtern an der Überwachung des Waffenstillstands beteiligen könnten. Das Ergebnis war die UN-Resolution 340, die eine Eingreiftruppe aus internationalen Beobachtern vorsah, die nicht von den ständigen Mitgliedern des UN-Sicherheitsrats gestellt werden sollten.*

Sadat nutzte die Gelegenheit, um mit einer symbolischen Geste sein Eintreten für eine neue Herangehensweise an den Konflikt zum Ausdruck zu bringen. Seit dem Waffenstillstand von 1948/49 hatten ägyptische und israelische Beamte nicht mehr von Angesicht zu Angesicht miteinander verhandelt. Zur Überraschung aller Beteiligten teilte Sadat den Israelis nun mit, dass er Militär-

---

* Ausführlicher zum Thema Diplomatie in Krisenzeiten in Kapitel 3, Seite 257 bis 261.

offiziere zum Kilometer 80 der Straße zwischen Kairo und Suez schicke, damit sie dort mit ihnen über die Resolution 340 verhandeln und Nachschub für Ägyptens eingeschlossene Dritte Armee organisieren. (Aus vielerlei praktischen Gründen wurde die eigentliche Verhandlung von Kilometer 80 nach Kilometer 101 verlegt.) Bei diesem Schritt handelte es sich weder um eine formelle noch um eine diplomatische Anerkennung Israels, er symbolisierte vielmehr Sadats Entschlossenheit, Ägypten auf einen neuen Kurs einzuschwören.

MEIR UND SADAT

Nach dem Krieg reiste die israelische Premierministerin Meir am 1. November 1973 nach Washington. Von allen israelischen Führungspersönlichkeiten, mit denen ich zu tun hatte, war keine schwieriger und keine, die mich mehr bewegte.

Sie war ein Original. Ihr runzliges Gesicht zeugte von den Turbulenzen ihrer lebenslangen Pionierarbeit für eine neue Gesellschaft in einer fremden und abweisenden Umgebung. Unsicher, geächtet, auf einem winzigen Stück Land von unerbittlich feindlichen Nachbarn bedroht, hatte Israel seine Existenz im Laufe seiner Geschichte nur mit knapper Not gesichert. Frau Meirs wachsame Augen schienen stets auf der Suche nach unerwarteten Herausforderungen zu sein, insbesondere von Seiten ihrer impulsiven amerikanischen Verbündeten. Sie betrachtete es als ihre Aufgabe, all das zu schützen, worauf die Hoffnung eines Volkes ruhte, das 2000 Jahre lang ein gefährliches Dasein in der Diaspora gefristet hatte. Durch meine eigene Kindheit in Hitlerdeutschland hatte ich Verständnis für ihre tief verwurzelte Besorgnis.

Außerdem war mir bewusst, dass ihre derzeitige Haltung uns gegenüber durchaus auch gerechtfertigt war. Als Opfer eines militärischen Angriffs sah sich ihre Regierung nun mit einer Situation konfrontiert, in der von dem amerikanischen Verbündeten, auf den sie zwar angewiesen war, der aber den Umfang des erlittenen Traumas nie so ganz zu begreifen schien, immer mehr Forderungen nach einem Friedensprozess laut wurden.

Mich als Juden behandelte sie wie einen Lieblingsneffen, der sie im Falle einer Meinungsverschiedenheit zutiefst enttäuschte. Unsere Beziehung war

Anwar el-Sadat: Die Strategie der Überwindung

so eng, dass ich mir angewöhnte, sie Golda zu nennen, was ich bis heute in Gedanken tue. Meine Frau Nancy pflegte zu sagen, dass die Auseinandersetzungen zwischen Golda und mir beim Abendessen in Goldas Zuhause in Israel zu den eindrucksvollsten Theatervorstellungen gehörten, die sie je erlebt hatte. Dass sie gewöhnlich damit endeten, dass Golda und ich uns in die Küche zurückzogen und eine Lösung austüftelten, erwähnte Nancy allerdings nicht.

Bei der ersten Gelegenheit nach dem Waffenstillstand traf Golda Meir in Washington ein. Insbesondere gefiel ihr nicht, dass wir auf Nachschub für die ägyptische Dritte Armee bestanden hatten, auch wenn es sich dabei nicht um militärische Güter handelte. Im Grunde wehrte sie sich nicht gegen eine bestimmte Politik, sondern gegen die veränderten strategischen Gegebenheiten: die offensichtliche Verwundbarkeit Israels und die Tatsache, dass sich Ägypten anscheinend zu einem akzeptierten amerikanischen Verhandlungspartner entwickelt hatte. Man mahnte sie zur Zurückhaltung, um ausgerechnet dem Land, das ihres angegriffen hatte, auf einen friedlicheren Weg zu verhelfen. Dieser Vorschlag leuchtete Meir nicht ein:

Meir: Wir haben den Krieg nicht angefangen, und dennoch ...
Kissinger: Frau Premierministerin, wir befinden uns in einer sehr tragischen Situation. Sie haben den Krieg nicht begonnen, müssen aber zur Absicherung Israels kluge Entscheidungen treffen. So sieht die Lage nun einmal aus. Das ist meine ehrliche Einschätzung als Freund.
Meir: Sie meinen also, uns bleibt keine andere Wahl.
Kissinger: Die internationale Situation, mit der wir konfrontiert sind, ist so, wie ich sie Ihnen beschrieben habe.[128]

Wenn eine Nation totale Autonomie vorgaukelt, ist das eine Form von Nostalgie. In Wirklichkeit muss jede Nation, selbst die mächtigste, ihr Verhalten den Kapazitäten und Absichten ihrer Nachbarn und Rivalen anpassen. Dass Meir schließlich in diesem Sinne agierte, zeugt von ihrer Führungsstärke.

Bei ihrem Besuch in Washington strebte Premierministerin Meir zwei Ziele gleichzeitig an: einerseits eine Einigung mit ihrem unverzichtbaren Verbündeten und andererseits eine Einigung mit ihrem Volk, das angesichts der veränderten Umstände mehrheitlich noch immer unter Schock stand und in

STAATSKUNST

vielen Fällen weiterhin zum Kämpfen bereit war. Unter der Aufsicht der UNO konnten die Nachschublieferungen ohne die direkte Mitarbeit der Kämpfer durchgeführt werden. Bei einem Abendessen in der israelischen Botschaft übte Meir halböffentlich Kritik an der US-Regierung (vielleicht auch um der anwesenden israelischen Assistenten, Minister und Berater willen). Ungeachtet dieser Schelte suchte ich sie am nächsten Tag im Blair House (der Residenz der Staatsgäste) zu einem privaten Treffen auf, bei dem nur die Berater anwesend waren. Dabei signalisierte sie ihre Bereitschaft, unter Einhaltung der sechs von mir formulierten Bedingungen die Nachschublieferungen wieder zuzulassen. Zu diesen Bedingungen gehörte unter anderem die Aufnahme von Gesprächen über den Rückzug, und darin war auch der Austausch von Kriegsgefangenen gleich zu Beginn des Prozesses vorgesehen, der für Israel ein zentrales Anliegen darstellte.*

Da in Israel Wahlen bevorstanden, verweigerte Meirs Kabinett ihr zunächst die Erlaubnis, diese Bedingungen während ihres Aufenthalts in Washington zu akzeptieren. Mittlerweile hatten wir die israelische Politik jedoch gut genug verstanden, um zu erkennen, dass die Premierministerin ein solches Programm nicht vorgelegt hätte, wenn sie den Entwurf für inakzeptabel gehalten hätte. Wenn sie tatsächlich den Vorsitz führen sollte, würde man sie nicht überstimmen.

Ohne Meirs Partizipation wäre Sadats Vision einer neuen Verhandlungsweise nicht durchsetzbar gewesen. Indem sie sich überhaupt auf Verhandlungen

---

* Die sechs Punkte lauteten: A. Ägypten und Israel verpflichten sich zur gewissenhaften Einhaltung des vom Sicherheitsrat der Vereinten Nationen vorgeschlagenen Waffenstillstands. B. Beide Seiten kommen überein, sofort Gespräche aufzunehmen, um die Frage einer Rückkehr auf die Stellungen vom 22. Oktober im Rahmen von Vereinbarungen über eine Truppenentflechtung unter der Aufsicht der Vereinten Nationen zu lösen. C. Die Stadt Suez wird täglich mit Verpflegung, Wasser und Medikamenten versorgt. Alle verwundeten Zivilpersonen in der Stadt Suez werden evakuiert. D. Der Transport nicht militärischer Versorgungsgüter auf das Ostufer darf nicht behindert werden. E. Die israelischen Kontrollpunkte an der von Kairo nach Suez führenden Straße werden durch Kontrollpunkte der Vereinten Nationen ersetzt. An dem bei Suez liegenden Ende dieser Straße können israelische Offiziere an der Überprüfung dieser Versorgungsgüter durch die Vereinten Nationen am Kanalufer teilnehmen. F. Sobald die Kontrollpunkte der Vereinten Nationen an der von Kairo nach Suez führenden Straße eingerichtet sind, werden alle Kriegsgefangenen einschließlich der Verwundeten ausgetauscht. Siehe Kissinger, *Memoiren 1973–1974*, S. 753.

einließ, nahm sie die Möglichkeit in Kauf, zum ersten Mal in der Geschichte Israels Territorium preiszugeben. Mit ihrer Zustimmung zur Bereitstellung von nicht militärischem Nachschub für die Dritte Armee gab sie die Chance auf einen entscheidenden militärischen Sieg Israels aus der Hand. Gleichzeitig schuf sie damit die Voraussetzung für einen Durchbruch bei den Verhandlungen. Im Interesse einer möglichen Annäherung an den Frieden bezwang sie ihr Bauchgefühl. Weder Sadat noch Meir hätten diesen ersten Schritt allein tun können.

DAS TREFFEN IM TAHRA-PALAST

Nur vier Tage nach Meirs Besuch, am 7. November 1973, begegnete ich Sadat zum ersten Mal. Indem er angesichts der Untergrabung des Waffenstillstands sowjetische Militäraktionen zurückgestellt hatte, hatte er den Boden für die amerikanische Diplomatie bereitet. Wie wir später erfuhren, verfolgte Ägypten mit dem Beginn des Krieges das strategische Ziel, die Situation in psychologischer Hinsicht zu verändern, um einen dauerhaften Frieden zu schaffen. Die Verhandlungsbereitschaft Sadats veränderte dann unsere Sicht auf ihn. Für uns war er nun kein Radikaler mehr.

Bis zu diesem Zeitpunkt waren Sadats Schritte eher symbolischer denn grundsätzlicher Natur gewesen. Hatten wir es mit einem tatsächlich neuen Ansatz zu tun, oder handelte es sich um eine taktische Variation des etablierten Musters? Die arabische Forderung nach der unverzüglichen Wiederherstellung der Grenzen aus der Zeit vor Juni 1967 blieb als Vorbedingung für Verhandlungen auf dem Tisch. Von einer Anerkennung der Legitimität des Staates Israel war nicht einmal ansatzweise die Rede. Ein solches Treffen konnte entweder zu einem schrittweisen Vorankommen oder in eine Sackgasse führen, sollte Sadat auf einer Gesamtregelung bestehen.

Im Verlauf unserer Gespräche galt es, wichtige Fragen zu klären. Das dringlichste Problem war die Versorgung der Dritten Armee, die bislang ad hoc erfolgte. An zweiter Stelle standen die Verhandlungen über den Frieden im Nahen Osten, die während des Waffenstillstands gefordert, aber nie offiziell beschlossen worden waren. Drittens ging es um die Zukunft der ägyptisch-amerikanischen Beziehungen, die rein theoretisch noch immer auf dem Stand von Nassers Abbruch der diplomatischen Beziehungen am Ende des Krieges von 1967 waren.

Die Zusammenkunft fand im Tahra-Palast statt, in einem ehemals mondänen Vorort von Kairo gelegen, der inzwischen Mühe hat, den schönen Schein zu wahren. Ich wurde auf eine Veranda gedrängt, auf der sich in Begleitung einer beträchtlichen Anzahl von Sadats Mitarbeitern eine Schar Journalisten versammelt hatte. Offensichtliche Sicherheitsvorkehrungen gab es nicht.

Inmitten dieses Chaos ertönte ein tiefer Bariton: »Willkommen, willkommen!« Ganz ohne Zeremoniell war Sadat eingetroffen. Er trug eine kakifarbene Militäruniform mit einem über die Schultern geschlungenen Mantel. (Im November kann es in Kairo ziemlich kalt sein.) Auf eine Eröffnungsrede verzichtete er und ließ sich nur kurz von Fotografen ablichten. Dann begleitete er mich in einen großen Raum mit Flügeltüren, der einen Blick auf eine große Rasenfläche bot, auf der Korbstühle für unsere Berater aufgestellt worden waren.

Wir beide setzten uns auf ein Sofa mit Blick auf die Gärten und bemühten uns, ganz gelassen zu wirken, obwohl wir uns sehr wohl bewusst waren, dass das Ergebnis unseres Gesprächs die ägyptisch-amerikanischen und möglicherweise auch die arabisch-amerikanischen Beziehungen in der unmittelbaren Zukunft prägen würde. Sadat wirkte sehr entspannt, stopfte seine Pfeife, zündete sie an und begann die Unterhaltung mit der Bemerkung, dass er sich schon lange nach einem persönlichen Treffen gesehnt habe. »Ich habe einen Plan für Sie. Ich habe ihn den Kissinger-Plan genannt.«

Mit diesen Worten ging er zu einer Staffelei, auf der Lagepläne platziert worden waren. Dort nahm er Bezug auf meine früheren Gespräche mit Hafez Ismail. Wie bereits erwähnt, hatte ich auf Ismails Vorschlag, Israel solle sich aus dem gesamten Sinai zurückziehen, mit der Anregung einer Übergangsregelung reagiert, um vor einer endgültigen Entscheidung eine Anpassung des Friedensprozesses zu ermöglichen. Während Ismail das von uns vorgeschlagene schrittweise Vorgehen abgelehnt hatte, akzeptierte Sadat diesen nun und bezeichnete ihn als Kissinger-Plan. Er schlug als ersten Schritt den israelischen Rückzug über zwei Drittel des Sinai bis zu einer Linie von El-Arisch (einer etwa 30 Kilometer von der israelischen Grenze und 150 Kilometer vom Suezkanal entfernten Stadt) bis zum Ras-Mohammad-Nationalpark am Südrand der Sinai-Halbinsel vor.[129]

Es war eine verblüffende Eröffnung für eine Verhandlung, von der wir erwartet hatten, dass sie sich in die Länge ziehen und schwierig würde – nicht weil sein Vorschlag so beispiellos war (eigentlich war er sogar unrealistisch), sondern weil er sich bereit erklärte, die Möglichkeit eines zeitweiligen Rückzugs zu prüfen. In keinem anderen Fall hatte ich einen Kontrahenten erlebt, der gleich mit seinem ersten Zug das Feld freigab. Jeder arabische Spitzenpolitiker, mit dem wir die Möglichkeit einer Übergangslösung erörtert hatten, hatte sie abgelehnt. Sadat akzeptierte sie, bevor sie überhaupt vorgeschlagen werden konnte.

Dabei muss Sadat gewusst haben, dass es unmöglich sein würde, die israelischen Entscheidungsträger davon zu überzeugen, sich am Ende eines von Ägypten initiierten Krieges über eine solche Entfernung zurückzuziehen, zumal auch die strategischen Pässe im Zentrum des Sinai im fraglichen Gebiet lagen. Um nicht gleich von einer Sackgasse aus in die Unterredungen mit Sadat einzusteigen, forderte ich ihn auf, mir zu erläutern, welche Überlegungen ihn an diesen Punkt geleitet hatten.

Sadat schilderte seine Absichten zunächst mit Bedacht und dann mit wachsender Vehemenz. Von den Sowjets war er enttäuscht; sie waren nicht in der Lage oder nicht willens, mit den USA zusammenzuarbeiten, um einen mit der Würde Ägyptens vereinbaren Frieden im Nahen Osten herbeizuführen. Die Sprache im Kommuniqué zum Abschluss des Moskauer Gipfels von 1972 räumte jeden Zweifel an den sowjetischen Prioritäten aus: Man würde wegen Ägypten keine Spannungen mit Amerika riskieren. Ein erster Schritt zur Wiederherstellung der ägyptischen Würde war daher die Entscheidung gewesen, etwa 20 000 sowjetische Berater auszuweisen, und auch der Krieg war ein Ausdruck dieses Bestrebens. Er hatte die Ausweisung nicht angekündigt und Amerika auch danach nicht um eine Gegenleistung gebeten.

Sadat sprach ausgezeichnetes Englisch, wenngleich etwas gestelzt, akkurat und förmlich – vielleicht weil er es sich im Krieg in britischen Gefängnissen aus Zeitungen, Kurzgeschichten und Büchern beigebracht hatte.[130] Er sprach mit Nachdruck und mit leicht zusammengekniffenen Augen, als würde er in die Ferne blicken. Er sei zu dem Schluss gekommen, dass ohne ein langfristiges Wohlwollen der Amerikaner kein Fortschritt zu erzielen sei. Deshalb werde er sich für die Versöhnung mit Amerika und einen dauerhaften Frieden im Nahen Osten einsetzen. Es ging ihm um eine Änderung der Grundhaltung, nicht um Linien auf einer Landkarte.

Er hatte mir seinen Kissinger-Plan vorgelegt. Wie, fragte er, sah der meine aus?

Das Ziel des Dialogs, sagte ich, sei ein dauerhafter Frieden. Ob der Frieden tatsächlich von Dauer sei, hänge jedoch davon ab, ob die Parteien nach und nach das Vertrauen der anderen Seite erlangen würden und damit auch das Vertrauen in den Prozess an sich. Mit einem ersten Schritt könne man unmöglich weder Frieden noch Vertrauen erreichen. Zum jetzigen Zeitpunkt, so fuhr ich fort, sei Sadats Kissinger-Plan zu gewagt. Eine realistischere Rückzugslinie für die israelischen Streitkräfte läge irgendwo westlich des Mitla- und des Gidi-Passes und würde damit deutlich hinter seinem Vorschlag zurückbleiben. Wahrscheinlich dauerten die Verhandlungen mehrere Monate. Wir würden unser Bestes tun, um den Rückzugsprozess mit Perspektive auf eine Fortsetzung einzuleiten und einen Friedensprozess darauf aufzubauen.

Gespräche mit Sadat wurden immer wieder durch Denkpausen unterbrochen. Nach einer dieser Pausen antwortete er jetzt mit nur zwei Worten: »Und Israel?« Ich reagierte ähnlich kryptisch, indem ich ihm die sechs mit Premierministerin Meir ausgearbeiteten Punkte überreichte.

Sadat sah sich das Papier einige Minuten lang an und akzeptierte es ohne jede Diskussion. Nassers Versuch, Amerika zur Zusammenarbeit zu zwingen, sei unklug gewesen, resümierte er. Bei den Beziehungen zwischen Ägypten und den USA spielte die Dritte Armee nicht die Hauptrolle. Sadats Ziel hingegen waren vertrauensvolle Beziehungen zu Amerika und Frieden mit Israel. Als symbolischen Ausdruck dessen kündigte er nach unserem Treffen eine Maßnahme an, die wir nicht einmal vorgeschlagen hatten: die Einrichtung einer ägyptischen Interessenvertretung in Washington unter Leitung eines Botschafters, um den seit 1967 bestehenden diplomatischen Boykott Ägyptens gegenüber den Vereinigten Staaten zu beenden. Der Botschafter sollte im Dezember 1973 ernannt werden. (Diese Vorgehensweise hatten wir auch bei

Anwar el-Sadat: Die Strategie der Überwindung

der Aufnahme der Beziehungen zu China im selben Jahr angewandt.) Nach Abschluss eines Entflechtungsabkommens sollten uneingeschränkte diplomatische Beziehungen aufgenommen werden.

Diese Äußerungen waren weder an Bedingungen geknüpft noch als Forderung nach Gegenseitigkeit formuliert, sondern als Beschreibung eines wünschenswerten Kurses. Wie wir später erfuhren, hatte Sadat entgegen der fast einhelligen Meinung seiner Berater beschlossen, sich auf das Wort des amerikanischen Außenministers zu verlassen, dass die Vereinigten Staaten innerhalb von drei Monaten erhebliche Fortschritte bei den ägyptisch-israelischen Gebietsverhandlungen ermöglichen würden. Während der gesamten Zeit würde die Dritte Armee in der Falle sitzen. Sollte etwas misslingen, wäre Sadat ruiniert und Ägypten gedemütigt.

Ein scheinbar unbedeutender Schritt – die Versorgung der belagerten Dritten Armee mit nicht militärischen Gütern – eröffnete die Möglichkeit einer vorläufigen Zusammenarbeit und entwickelte sich zu einem Sinnbild für den Weg zum Frieden. Noch während meines Aufenthalts in Kairo wurden die sechs Punkte, die mit Frau Meir in Washington ausgearbeitet und nun von Sadat akzeptiert worden waren, von Assistant Secretary of State Joe Sisco und dem ägyptischen Außenminister Ismail Fahmi in den Vertragstext aufgenommen.

Am Ende des Besuchs hatte Sadat das ursprüngliche Ziel seines waghalsigen Spiels erreicht: Er hatte den Status quo überwunden, um Verhandlungen mit Israel unter amerikanischer Schirmherrschaft zu ermöglichen. Letztlich ging es ihm darum, den Konflikt mit Israel zu beenden, der seit dem Krieg im Juni 1967 die Energie und das Selbstbewusstsein der Ägypter aufzehrte. In seinen Augen stellte nicht die Existenz Israels, wohl aber der *Krieg* mit Israel eine Bedrohung für Ägypten dar. Diese Bedrohung konnte durch ein neues, auf einem Friedensprozess mit Ägyptens Gegner und nicht auf dessen Vernichtung fußendes Sicherheitskonzept verringert und schließlich beseitigt werden.

Selbst erfolgreiche Verhandlungen hinterlassen in der Erinnerung der Unterhändler mitunter unangenehme Erinnerungen an die eingegangenen Kompromisse, die einen Schatten auf zukünftige Bemühungen werfen. Sadats Sicht auf dieses Treffen ist in seinen Memoiren festgehalten:

Unsere erste Gesprächsrunde dauerte drei Stunden. Während der ersten Stunde hatte ich das Gefühl, es mit einer völlig neuen Mentalität, einer neuen politischen Methode zu tun zu haben. [...] Jeder, der uns nach dieser ersten Stunde im Tahra-Palast sah, hätte denken können, wir seien seit Jahren befreundet. Wir hatten keinerlei Verständigungsprobleme, und so einigten wir uns auf ein Sechs-Punkte-Programm, zu dem auch die Zusage der USA gehörte, im Rahmen des Truppenabzugs an die Waffenstillstandslinie vom 22. Oktober zurückzukehren.[131]

Sadats Bereitschaft, den Rückzug samt der sechs Punkte zu akzeptieren, stellte eine seltene Ausnahme dar: Eine Seite in einer Verhandlung verzichtete auf ihr Vorrecht zu feilschen. Er vertrat die Ansicht, dass der Aufbau von Vertrauen und gutem Willen seitens der politischen Verantwortlichen am Ende wichtiger sei als unmittelbare Zugeständnisse. Dieses gegenseitige Vertrauen würde sich als unabdingbar erweisen, da die Parteien nur den ersten Schritt auf dem langen Weg, der vor ihnen lag, zurückgelegt hatten.

GENF UND DAS TRUPPENENTFLECHTUNGSABKOMMEN

Nach dem Treffen im Tahra-Palast hätte es nahegelegen, den Prozess der schrittweisen Annäherung unmittelbar fortzusetzen. Das war jedoch ausgeschlossen, da sich Sadat seinem Verbündeten Assad gegenüber verpflichtet hatte, keine Einzelverhandlungen zu führen. Zudem hatten sich die Vereinigten Staaten während der Waffenstillstandsgespräche in Moskau bereit erklärt, die Verhandlungen gemeinsam mit der Sowjetunion abzustimmen. Infolgedessen wurde 1973 eine Nahost-Friedenskonferenz in Genf einberufen.

Die Konferenz sollte als Forum für die Legitimierung der Folgeverhandlungen dienen. Alle regionalen Parteien sowie die Vereinigten Staaten und die Sowjetunion als Vermittler des Friedensprozesses waren zu ersten Gesprächen in Genf eingeladen. Der politische Druck auf Ägypten, sich daran zu beteiligen, kam einer Verpflichtung gleich; im Jahr 1967 hatte es der Khartum-Resolution zugestimmt, die separate arabische Verhandlungen mit Israel ausschloss, und Sadat hatte sich vor und während des Jom-Kippur-Kriegs von 1973 eben-

Anwar el-Sadat: Die Strategie der Überwindung

falls in diesem Sinne geäußert. Sadat erkannte die Dynamik, mit der Ägypten und seine Verbündeten auf die Genfer Konferenz zusteuerten, und beschloss, einseitig für deren Abbruch zu sorgen.

Sadat, der innerarabischen Streitigkeiten überdrüssig und misstrauisch in puncto Sowjetunion, lehnte einen übergreifenden Ansatz ab. Er befürchtete, Vetos könnten die Einigung vereiteln und Rivalitäten des Kalten Krieges die arabischen Prioritäten überlagern. Tatsächlich löste sich die Hoffnung auf eine mögliche Einigung in Genf bald in Luft auf. Der syrische Präsident Assad lehnte es ab teilzunehmen. Die Teilnahme Jordaniens, das die West Bank besetzt hielt, führte zu Kontroversen. Die Sowjetunion war mehr mit der Entwicklung der Entspannungspolitik beschäftigt als mit Gebietsverhandlungen (oder tolerierte eine schrittweise Annäherung nur, weil sie von deren Scheitern überzeugt war). Die Genfer Konferenz der Vereinigten Staaten, der Sowjetunion, Israels, Ägyptens und Jordaniens wurde daher nach Verlesung der Eröffnungsreden vertagt, um sich mit den Bedingungen und Voraussetzungen für eine zweite Runde zu beschäftigen; dies hatten Sadat und die Vereinigten Staaten ohnehin beabsichtigt.

Alles hing jetzt davon ab, ob es Ägypten und Israel gelang, ihre Sondierungsgespräche zu konkreten Ergebnissen zu führen. Dafür war eine Einigung über das Ausmaß des israelischen Rückzuges erforderlich, die Festlegung von Rüstungsbeschränkungszonen zwischen den Beteiligten, die Beendigung der arabischen Boykotte sowie über die Mittel und Wege, die jeweiligen Vereinbarungen zu kontrollieren und zu legitimieren.

Entscheidend für den weiteren Verlauf der Verhandlungen war die israelische Bereitschaft, sich erstmals aus den besetzten Gebieten zurückzuziehen. Moshe Dayan wurde daher zu einer Schlüsselfigur. Dayan, so nahe an einem Berufsmilitär, wie das israelische System des Bürgersoldaten es zuließ, zeichnete sich durch die Bandbreite und Flexibilität seines Intellekts aus und schien wie geschaffen dafür, den sich anbahnenden Friedensprozess von israelischer Seite aus zu begleiten. Doch seine Stimmung war melancholisch. Der Kriegsausbruch kam überraschend für ihn, Sadats Finten hatten ihn in die Irre geführt, und er wusste, dass er den politischen Preis für seine Fehleinschätzung der Mobilisierung würde zahlen müssen. Ende Juni 1974 sollten er und Meir nicht mehr im Amt sein.

STAATSKUNST

Dennoch führte Dayan seine Aufgabe mit Würde aus. Er verstand die tiefgreifende Bedeutung des ersten israelischen Gebietsrückzuges von den Grenzen des Jahres 1967. Und er wusste, obgleich seine persönliche Beteiligung am Geschehen sich dem Ende näherte, dass er sich am Anfang eines Prozesses befand, der eine eigene Dynamik entwickeln sollte.

Zu Beginn der Verhandlungen in Washington, am 4. Januar 1974, schlug Dayan eine rund 20 bis 30 Kilometer vom Suezkanal entfernte Rückzugslinie vor – und blieb damit deutlich hinter dem Vorschlag Sadats in dessen »Kissinger-Plan« zurück. Dayan zufolge war dies jedoch das größtmögliche Zugeständnis: Wurde die Rückzugslinie noch weiter Richtung Osten verlegt, würde Israel die Kontrolle über die einzige Nord-Süd-Straßenverbindung im Sinai westlich der Pässe verlieren. Es lag nicht in Dayans Interesse, zu Verhandlungszwecken eine härtere Linie anzuschlagen, und politische Manöver wollte er vermeiden. In einer siebenstündigen Diskussion, die sich über zwei Tage erstreckte, legte er seinen Rückzugsplan auf einer ausgefeilten Karte vor, einschließlich der Zonen mit beschränkter Waffen- und Truppenstärke.[132]

In der folgenden Woche stellte ich Sadat den sorgfältig ausgearbeiteten Plan Dayans vor. Unser Treffen zu den Einzelheiten des Rückzuges fand in Assuan statt, einer rund 680 Kilometer südlich von Kairo gelegenen Wüstenstadt, wo Sadat den Winter verbrachte. Während unseres ersten Treffens am 4. Januar unterbreitete er mir einen überraschenden Vorschlag: Er erklärte sich bereit, die israelischen Rückzugslinien zu akzeptieren, wenn ich bereit sei, weiterhin in der Region zu bleiben, um das Ergebnis des Austausches zwischen Ägypten und Israel zu beschleunigen. Sadat setzte sich selbst (und dem amerikanischen Team) eine Frist. Für das folgende Wochenende, den 18. Januar, hatte er einen Besuch bei seinen arabischen Verbündeten geplant, um mit ihnen das Ölembargo zu diskutieren, das die OPEC im Oktober über die Vereinigten Staaten verhängt hatte. Obgleich er der Ansicht war, dass einige der israelischen Vorschläge Kompromisse in puncto Souveränität beinhalteten, die nicht hingenommen werden konnten, war er bereit, über diese Punkte auch noch zu einem späteren Zeitpunkt der Verhandlungen zu diskutieren.

Die Pendeldiplomatie beschleunigte die Verhandlungen in einer beispiellosen Weise. Zwischen dem 11. und dem 18. Januar fanden sieben Reisen statt;[133]

Anwar el-Sadat: Die Strategie der Überwindung

bei einer dieser Vermittlungsrunden (am 12. und 13. Januar) legte Dayan einen neuen, komplizierten Entwurf für die Entmilitarisierung innerhalb der Entflechtungszonen vor.

Am 14. Januar änderte Sadat – nur dieses eine Mal – die Zusammensetzung der Gesprächsrunde. Er bat das gesamte amerikanische Team (den Botschafter Hermann Eilts und Joe Sisco) und den ägyptischen Außenminister Fahmi sowie den Verteidigungsminister Gamasy zu der Unterredung hinzu – vielleicht um die Bürde und Verantwortung für diese schwierigen Entscheidungen zu teilen.

Bei dem Gespräch kam es jedoch zu heftigen Auseinandersetzungen zwischen Sadat und seinen Ministern. Die Rückzugslinien wurden zwar erneut und ohne Widerspruch bekräftigt, aber Dayans Vorschlag, in den geräumten Gebieten Zonen mit beschränkter Waffen- und Truppenstärke einzurichten, stieß bei auf leidenschaftlichen Widerstand. Schon zuvor hatte mir Sadat im persönlichen Gespräch auseinandergesetzt, seiner Überzeugung nach dürfe keine ausländische Macht, und insbesondere keine sich mit Ägypten im Krieg befindliche, die Verteilung ägyptischer Streitkräfte, die Ägypten auf ägyptischem Boden verteidigten, vorgeben. Fahmi und Gamasy führten nun ähnliche Argumente an und widersetzten sich insbesondere der vorgeschlagenen Begrenzung auf 30 ägyptische Panzer am Ostufer des Suezkanals. Gamasy schloss seine Argumentation vehement mit den Worten: »Kein ägyptischer Offizier, der etwas auf sich hält, wird ein Abkommen unterzeichnen, in dem eine solche Bestimmung steht.«

Sadat schwieg einige Augenblicke lang. Dann löste er sich aus seinen Gedanken und richtete eine seltsame Frage an mich: »Können wir hier eine Arbeitsgruppe für beide Seiten bilden?« (Damit waren alle am Tisch gemeint, abgesehen von ihm selbst und mir.) Als ich zustimmte, schlug er vor, die Gruppe solle Vorschläge für eine Begrenzung der Waffen- und Truppenstärke ausarbeiten. Die Frage der Panzer behielt er sich und mir vor und lud mich in den angrenzenden Raum zu einem Gespräch unter vier Augen ein.

Dort stellte er mir als Erstes die Frage (in Bezug auf die Begrenzung der Panzer am Suezkanal): »Meint sie [Premierministerin Golda Meir] das ernst?«

Ich antwortete: »Sie verhandelt. Aber Sie müssen entscheiden, wie viel Zeit Sie für diese Frage aufwenden wollen.«

Sadat erwiderte: »Kehren wir wieder zu den anderen zurück«, ohne mir seine Entscheidung mitzuteilen. Am Konferenztisch legte er die Kontroverse bei: »Ich habe 30 akzeptiert [als Höchstgrenze ägyptischer Panzer am Ostufer des Kanals]. Dr. Kissinger wird mehr dazu bemerken, und Sie, Gamasy, werden unterzeichnen.«

Sadat hatte den drohenden toten Punkt in den Verhandlungen vermieden. Die Arbeitsgruppe einigte sich auf Grenzwerte für die wichtigsten Waffenkategorien. Diese wurden anschließend an die technische Arbeitsgruppe »Kilometer 101« weitergegeben, die bei Kriegsende zur Umsetzung der Verhandlungsergebnisse gebildet worden war. Meir erhöhte daraufhin die Anzahl der am Ostufer zugelassenen ägyptischen Panzer auf über 100.

Das Pendelverfahren beschleunigte nicht nur die Entscheidungen, sondern ermöglichte es Sadat auch, den Dialog zu vertiefen und voranzubringen. Meir, sagte er, würde verstehen, dass die Größe der Panzertruppe am Ostufer vor allem symbolische Bedeutung habe:

> Wenn ich angreifen will, kann ich über Nacht Hunderte von Panzern über den Kanal bringen. Als Zeichen meiner Bereitschaft zum Frieden können Sie [Meir] meine Zusicherung übermitteln, dass ich keine Panzer ans Ostufer des Kanals bringen werde. Ich möchte jedoch auch, dass die Ministerpräsidentin versteht, dass ein zukünftiges Abkommen vor allem von psychologischen Faktoren abhängt. Israel sollte die Würde der ägyptischen Streitkräfte nicht durch unerfüllbare Forderungen verletzen. Richten Sie ihr von mir aus, dass ich mich voll und ganz für den Friedensprozess einsetzen werde.[134]

Während der nächsten Reise (am 16. Januar 1974) bat Sadat um eine Karte der vorgeschlagenen Waffenbegrenzungszone zwischen ägyptischen und israelischen Streitkräften auf dem Sinai. Er strich kurzerhand die vielen Unterteilungen durch und zeichnete eine einfache Linie ein, die das Gebiet in zwei Abschnitte teilte: einen israelischen und einen ägyptischen. Die Waffenbegrenzungszonen, sagte er, sollten in Form von Entfernungen dieser Linie zum Kanal angegeben werden und nicht in Form nationaler Streitkräfte.

Er machte zudem einen genialen Vorschlag, um zukünftige Debatten darüber, wer wem nachgegeben hatte, zu vermeiden. Statt das Abkommen als eine Reihe gegenseitiger Verpflichtungen zu beschreiben, sollten Israel und Ägypten es als gegenseitige Verpflichtungen gegenüber dem Präsidenten der Vereinigten Staaten formulieren. Auf diese Weise würde das Abkommen indirekt von Washington garantiert werden. Um die Rolle der Vereinigten Staaten bei der Überwachung zu bekräftigen, schlug er vor, zwei UN-Inspektionseinheiten entlang des Suezkanals zu stationieren, die amerikanische Technologie und amerikanisches Personal einsetzten.* Anschließend waren nur noch zwei weitere Reisen nötig, um das erste Truppenentflechtungsabkommen in seine endgültige Form zu bringen.

Nach monatelangem Krieg und taktischen Manövern war es Sadat innerhalb nur einer Woche gelungen, einen Moment zu schaffen, wo beide Seiten das Wort »Frieden« zu erwähnen wagten. Nachdem er das Abschlussdokument der Arbeitsgruppe zur Übermittlung an Israel gebilligt hatte, fügte er eine Botschaft an Meir hinzu und unterstrich darin sein Engagement für einen

---

* In offizieller Sprache klang das Abkommen komplexer. Das zeigte sich auch darin, wie Sadat und ich der Arbeitsgruppe den Durchbruch vorstellten. Sadat bat mich, für ihn zu sprechen: »Sadat: Bitte, Sie sind viel klüger als ich.

Kissinger: Aber nicht so weise. Der Präsident und ich haben nicht nur über die technischen Bestimmungen gesprochen, sondern auch über die Frage, ob wir jetzt rasch vorankommen oder es der langsamen Entwicklung in Genf überlassen wollen. Die technischen Fragen lassen sich vielleicht in Genf besser lösen, aber wir sind zu der Auffassung gelangt, dass es günstiger sein wird, rasch voranzukommen.

Ägypten kann an der ägyptischen vordersten Linie verteidigt werden, Israel lässt sich an der israelischen Linie nicht verteidigen. Deshalb wäre es eine politisch unannehmbare Forderung, wenn die Ägypter ihre eigene Verteidigungslinie auf ägyptischem Gebiet zurücknehmen sollten. Ich muss sagen, ich halte das für ein sehr überzeugendes Argument. Ich bin daher bereit, nach Israel zurückzugehen und etwas mitzunehmen, von dem ich bisher noch nichts gehört habe – den Vorschlag, auf alle diese Zonen zu verzichten. Die israelischen Streitkräfte werden bis auf diese Linie zurückgehen, und die ägyptische Linie ist hier festgelegt – so dass ein ägyptischer Rückzug nicht erforderlich ist. Alle Begrenzungen werden daher nicht im Hinblick auf ein Zurücknehmen der vordersten Linie, sondern im Hinblick auf die Entfernungen zwischen der vordersten ägyptischen Linie, dem Kanal und der israelischen vordersten Linie festgelegt werden. Zweitens sprach Präsident Sadat davon, dass es für Ägypten sehr schwierig sei, ein Dokument zu unterzeichnen, das ihn zu Truppenbegrenzungen auf ägyptischem Territorium verpflichtet.

Sadat: Ganz richtig.«

(Kissinger, *Memoiren 1973–1974*, S. 967)

Frieden; inhaltlich entsprach das Schreiben dem, was er einige Tage zuvor während der Diskussion über die Begrenzung der Panzerkapazitäten gesagt hatte:

> Sie müssen meine Worte ernst nehmen. Als ich 1971 die Initiative ergriff, habe ich das so gemeint. Als ich mit dem Krieg drohte, meinte ich es auch so. Wenn ich jetzt von Frieden spreche, meine ich es ernst. Wir haben bisher keinen Kontakt gehabt. Jetzt stehen uns die Dienste von Dr. Kissinger zur Verfügung. Lassen Sie uns davon Gebrauch machen und über ihn miteinander sprechen.[135]

Noch waren wir jedoch einen Schritt von einem direkten Dialog entfernt. Die israelische Ministerpräsidentin empfing mich trotz einer Grippeerkrankung. »Das ist eine gute Sache«, bemerkte sie lakonisch. »Warum tut er das?« Tags darauf entschloss sie sich zu einer formellen Antwort. Ich überbrachte Sadat den Schlusstext des Abkommens und die Antwort Golda Meirs – es war sein erster, direkter Kontakt mit einer israelischen Regierungschefin. Ihr privater Brief lautete in Auszügen:

> Ich bin mir zutiefst der Bedeutung einer Botschaft bewusst, die die Premierministerin von Israel vom Präsidenten von Ägypten empfangen hat.
> Es ist für mich in der Tat eine Quelle tiefer Befriedigung, und ich hoffe aufrichtig, dass der Kontakt zwischen uns über Dr. Kissinger fortgeführt und sich als wichtiger Wendepunkt in unseren Beziehungen erweisen wird. Ich werde für meinen Teil alles tun, das Vertrauen und Verständnis zwischen uns herzustellen.
> Unsere beiden Völker brauchen und verdienen den Frieden. Ich bin fest davon überzeugt, dass der Frieden das Ziel ist, das wir mit unserer ganzen Energie verfolgen müssen.
> Lassen Sie mich wiederholen, was Sie in Ihrer Botschaft gesagt haben: »Wenn ich von einem dauerhaften Frieden zwischen uns spreche, dann meine ich es auch so.«[136]

Sadat hatte den Brief gerade gelesen und faltete ihn zusammen, als ein Assistent eintrat und ihm etwas zuflüsterte. Sadat kam auf mich zu und küsste mich auf beide Wangen. »Sie haben soeben an Kilometer 101 das Truppenentflechtungsabkommen unterzeichnet. Heute werde ich meine Uniform ablegen – und erwarte, dass ich sie künftig nur noch bei offiziellen Anlässen trage.«

Sadat fügte hinzu, er werde noch am selben Tag in die arabischen Hauptstädte aufbrechen, um dort das Verhandlungsergebnis bekannt zu geben. Ich sagte ihm, dass ich am Abend nach Damaskus fliegen und den schrittweisen Prozess mit Assad verhandeln werde, dem Verbündeten Sadats und Mitunterzeichner des arabischen Abkommens von 1967, nach dem sie niemals in Friedensverhandlungen mit Israel eintreten würden. Für Sadats Position innerhalb der arabischen Welt war es wichtig, dass hinsichtlich Syriens Fortschritte erzielt wurden.

Doch obwohl Sadat diese diplomatische Mission zu schätzen wusste, schlug er mir etwas anderes vor: »Es wäre gut für Sie, einen Tag in Luxor zu verbringen und den langen Atem unserer großen Geschichte zu spüren – und«, fügte er nach einer seiner typischen Pausen hinzu, »deren Verwundbarkeit.«

SYRISCHE INTERESSEN

Von allen in diesem Band porträtierten Persönlichkeiten war Sadat derjenige, dessen philosophische und moralische Vision den größten Durchbruch in seiner Zeit und im damaligen Kontext darstellte. Im Gegensatz dazu verfolgte der syrische Präsident Hafiz al-Assad einen rein pragmatischen Ansatz. Rücksichtslos und hochintelligent strebte er nach einer Führungsrolle in der arabischen Welt und war sich zugleich bewusst, dass er dieses Ziel nicht erreichen würde.

Anders als Ägypten blickte Syrien auf eine relativ kurze Geschichte der Selbstverwaltung zurück. Jahrhunderte von Eroberung und Teilung, von Errungenschaften, die sich mit Katastrophen abwechselten, hatten Syriens Größenordnung und Selbstvertrauen, die für ein autonomes Handeln notwendig sind, verringert. Assad, dem Sadats Vertrauen in die Fähigkeiten seines

Landes fehlte, steuerte Syrien mit Hartnäckigkeit, Willenskraft und Gerissenheit durch Konfrontationen mit seinem internationalen Umfeld. Damaskus ist einerseits die Quelle des modernen arabischen Nationalismus und andererseits zugleich ein Fallbeispiel dafür, wie die Einmischung Fremder diesen Prozess unterlaufen kann. Assad sagte einmal zu mir, dass Syrien vor dem Ersten Weltkrieg zuerst von der Türkei, anschließend von Großbritannien und Frankreich und nach dem Zweiten Weltkrieg schließlich von den Vereinigten Staaten verraten worden sei, die den israelischen Staat unterstützt hätten. Er sah daher keine Veranlassung, eine Zusammenarbeit mit den Vereinigten Staaten anzuvisieren, und bemühte sich auch nicht, Syrien in westliche Friedensvorschläge einzubinden. Er war äußerst aufgebracht über Sadats Alleingänge und weigerte sich sogar, den ägyptischen Präsidenten nach dem Rückzugsabkommen in Damaskus zu empfangen. Stattdessen nahm er Sadats Bericht über das Ergebnis der ersten Pendeldiplomatie am Flughafen entgegen.

Dennoch hatte Assad Syriens Interessen fest im Blick. Ihm war insbesondere daran gelegen, die Gebiete an der Straße nach Damaskus zurückzugewinnen, die Israel in der Schlussoffensive des Oktoberkrieges erobert hatte, und er wollte das Truppenentflechtungsabkommen auf die seit 1967 von Israel besetzten Golanhöhen anwenden.

Unser Dialog bestand daher aus detaillierten Diskussionen über militärische Vereinbarungen; es waren sehr pragmatische, nüchterne Gespräche ohne jede beflügelnde Eloquenz. Gelegentlich drohte ein – stets von Assad herbeigeführtes – Scheitern der Verhandlungen, die dann wieder gerettet werden mussten. Ich habe Assads Verhandlungstaktik einmal so beschrieben, dass er sich auf einen Abgrund zubewegt, bei Gelegenheit abspringt und sich darauf verlässt, dass ein Baum seinen Sturz auffangen und es ihm ermöglichen wird, wieder hochzuklettern.

Nach dem Modell der Sinai-Prinzipien über die Aufteilung der Streitkräfte, aber ohne das beschleunigende Element von Sadats moralischer Vision, führte Assad die syrische Pendeldiplomatie Meile um Meile durch die 35 Tage dauernden zähen Verhandlungen. Jedes Treffen in Damaskus beinhaltete drei, jeweils von Assad geleitete Phasen: zunächst eine erste ausführliche Diskussion, bei der nur mein Dolmetscher mit anwesend war; dann eine Sitzung

Anwar el-Sadat: Die Strategie der Überwindung

mit Assads Militärberatern und schließlich ein Treffen mit den Ministern. (Beim ersten Treffen war nicht einmal Assads Dolmetscher dabei; er wollte dadurch ausschließen, dass seine Untergebenen von meinem Bericht aus Jerusalem erfuhren.) Es war ein komplizierter Entscheidungsprozess, der es Assad jedoch ermöglichte, nach seinem Ermessen Informationen weiterzugeben. Es führte außerdem auch zu zeitraubenden Sitzungen, deren Länge die enervierte israelische Führung sich nicht erklären konnte.

Am Abend des vierunddreißigsten Tages hatte Assad die Verhandlungen an einen Punkt getrieben, an dem ein Bruch unvermeidlich schien. Die schriftliche Fassung des Kommuniqués, das den Abbruch der Verhandlungen ankündigte, lag bereits auf dem Tisch – buchstäblich, und ich steuerte bei diesem vermeintlich letzten Treffen schon auf die Tür zu –, als Assad doch noch einen Weg fand, die Verhandlungen wieder aufzunehmen. Im Anschluss erfolgte ein fünf Stunden langes Verhandeln über die Verhandlungen, und er ließ uns bis zum Abend feilschen.

Am Ende hatten die Syrer schließlich den letzten Blutstropfen aus dem Stein gepresst: Die Demarkationslinie wurde um ein paar hundert Meter auf neutrales Gebiet verschoben. Israel stimmte letztlich auch zu, sich aus den Gebieten 15 Kilometer südlich von Damaskus und aus Quneitra zurückzuziehen. Die gegnerischen Streitkräfte und ihre Waffen sollten durch einen Abstand von 50 Kilometern voneinander getrennt werden, so dass schwere Waffen die Frontlinie des Gegners nicht erreichen konnten.* Zusicherungen zur Durchsetzung wurden – wie im ägyptischen Abkommen – in einem Schreiben der Parteien an den Präsidenten der Vereinigten Staaten gegeben.

---

* Wie komplex dieses Ziel ist, zeigt ein US-Vorschlag aus einer späten Verhandlungsphase: »Eine Linie wird 200 Meter westlich von Quneitra gezogen, gemessen von der Linie der Gebäude auf der westlichen Seite der Weststraße. Diese Linie wird durch eine physische Barriere markiert werden. Das Gebiet westlich der Linie wird entmilitarisiert werden. Die UNO wird für die Einhaltung der Bestimmungen sorgen. Die israelische Zivilbevölkerung darf die Felder in diesem Gebiet bewirtschaften.
Die israelische Militärlinie wird am östlichen Fuß der beiden maßgeblichen Hügel verlaufen. Auf dem Kamm dieser Hügel sind jedoch keine Waffen erlaubt, die in gerade Linie auf Quneitra schießen könnten. Diese Zusicherung wird in einem Schreiben von Präsident Nixon an Präsident Sadat enthalten sein. Die Linie nördlich und südlich von Quneitra wird begradigt werden, so dass Quneitra nicht von israelischen Stellungen eingekreist wird.«

Natürlich stellte sich am Ende der syrischen Pendeldiplomatie nicht dasselbe Hochgefühl ein wie bei den Verhandlungen mit Ägypten. Das Abkommen zwischen Syrien und Israel war ein brutaler Handel zwischen Gegnern, die lediglich eine gewisse Positionsanpassung vornahmen. Assad hatte sich entschlossen, Sadats praktischen Lösungen zu folgen, lehnte jedoch dessen moralischen Bezugsrahmen ab. Obwohl von der Art des Friedens keine Rede war, zeigte sich Assad bereit, konkrete Vereinbarungen zu treffen, die einen neuerlichen Kriegsausbruch erheblich erschweren würden. Diese realistischen, von Emotionen unbeeinflussten Vorschläge waren sowohl praktisch als auch überprüfbar.

Die Bestimmungen des sogenannten Golan-Abkommens hatten jedenfalls Bestand, nicht zuletzt deshalb, weil Assad sie zwar hätte brechen können, es aber nicht tat. Trotz seines Stolzes und seiner Gerissenheit akzeptierte er schließlich – in der Praxis – eine indirekte, stillschweigende Form der Anerkennung Israels. Für einen Radikalen muss es ein schmerzhafter Prozess gewesen sein, eine solche Möglichkeit überhaupt in Betracht zu ziehen, geschweige denn, sie umzusetzen. Seine Feindschaft gegenüber Israel war ausgeprägter als die Sadats, und somit war sein Weg schwieriger und sein Fortschritt geringer. Aber genau wie Golda Meir am anderen Ende des Teleskops hatte auch er einen Blick darauf erhascht, welche Vorteile ein Ende des Konflikts bot.

Ohne die Initiative Sadats hätte Assad weder seine außenpolitischen Ziele noch den innenpolitischen Wandel Syriens verwirklichen können. Aber auch er leistete einen wesentlichen Beitrag zur schrittweisen Beilegung regionaler Streitigkeiten, obgleich er eher profane Ziele verfolgte. Und paradoxerweise hat gerade Assads Fähigkeit zu zähen, pragmatischen Verhandlungen es Sadat politisch möglich gemacht, auf dem Weg zur Verwirklichung seiner Vision voranzuschreiten.

EIN WEITERER SCHRITT IN RICHTUNG FRIEDEN: DAS SINAI-II-ABKOMMEN

Nachdem auch Syrien dem Truppenentflechtungsabkommen zugestimmt hatte, erwartete Sadat eine Weiterführung des Friedensprozesses mit Israel. Der logische nächste Schritt wäre ein Abkommen über das Westjordanland

Anwar el-Sadat: Die Strategie der Überwindung

gewesen, das Israel im Juni 1967 besetzt hatte. Dem stand jedoch die arabische Innenpolitik entgegen.[137] Obwohl die West Bank de facto von Jordanien regiert wurde, war sie weder Teil Jordaniens noch souverän. Am 28. Oktober 1974, kurz nach dem Abkommen mit Syrien, erklärte die Arabische Liga die PLO zum einzig legitimen Vertreter der Palästinenser. Damit war sichergestellt, dass jeder Versuch Israels, sich durch Verhandlungen mit König Hussein aus dem Westjordanland zurückzuziehen, zu einem sofortigen Bürgerkrieg in der arabischen Welt geführt hätte. Und Israel war nicht bereit, Verhandlungen mit der PLO aufzunehmen, die seine Vernichtung geschworen hatte.

Aus diesem Grund wurde die West Bank aus der Schritt-für-Schritt-Diplomatie herausgenommen. Eine ägyptisch-israelische Verhandlungsrunde über einen weiteren Rückzug der israelischen Streitkräfte aus dem Sinai erschien als der einzig gangbare Weg, um Fortschritte zu erzielen.

Die Verhandlungen verzögerten sich jedoch, bis die Auswirkungen des Rücktritts von Nixon im August 1974 aufgefangen werden konnten. Präsident Gerald Ford musste Zeit eingeräumt werden, bis er intern informiert war und seinen eigenen Stab im Weißen Haus zusammengestellt hatte. In seiner ersten öffentlichen Erklärung ernannte er mich zum Außenminister und stellte damit Kontinuität sicher.

Die wichtigste Kontinuität lag jedoch in der Persönlichkeit des neuen Präsidenten. Ford, aufgewachsen und ausgebildet in Michigan, verkörperte die gediegenen Qualitäten des amerikanischen Mittleren Westens: Patriotismus, Vertrauen in die Gemeinschaft und Vertrauen in amerikanische Ziele sowie außergewöhnlicher Common Sense. In Übereinstimmung mit den Friedensprinzipien des Nahen Ostens, die sich während der Amtszeit seines Vorgängers herauskristallisiert hatten, sah er sein großes innenpolitisches Ziel darin, die Spaltung Amerikas zu überwinden.

In Israel hatte ebenfalls ein Wechsel an der Spitze stattgefunden. Premierministerin Golda Meir hatte zwar die Wahlen im Dezember des Vorjahres überstanden, doch die öffentliche Kritik wegen angeblicher Versäumnisse zu Beginn des Jom-Kippur-Kriegs veranlasste sie zurückzutreten. Ihr Nachfolger, Jitzchak Rabin, war der erste *sabra* (gebürtiger Israeli) des Staates. Im Krieg von 1967 war Rabin Befehlshaber der israelischen Armee gewesen, und deren Siege hatten ihn zu einem Nationalhelden gemacht. Wie Sadat war er ein Soldat, der nach Überwindung des Krieges strebte. In einer ergreifenden Rede als Ministerpräsident erklärte er:

> Als ehemaliger Soldat werde ich [...] die Stille des Augenblicks kurz davor nie vergessen: jenes Verstummen, während die Zeiger der Uhr sich schneller zu drehen scheinen, wenn die Zeit abläuft und in einer Stunde, in einer Minute ein Inferno ausbricht.
> In diesem Augenblick höchster Anspannung, kurz bevor der Finger den Abzug betätigt, kurz bevor die Lunte zu brennen beginnt – in dieser unheilvollen Stille bleibt immer noch Zeit, sich selbst die Frage zu stellen: Ist zu handeln wirklich zwingend? Gibt es wirklich keinen anderen Weg?[138]

Der Unterschied zwischen Rabin und Meir war denkbar groß. Sie war als Pionierin nach Israel gekommen. Jeder Zoll israelischen Bodens war für sie mit Blut errungen worden und daher heilig; Land gegen Frieden zu tauschen bedeutete in dieser Perspektive, das Absolute gegen das möglicherweise Vergängliche zu tauschen. Für Rabin, der in Israel geboren war, war das Wunder der Existenz Israels weniger wichtig als die Notwendigkeit, das Überleben des israelischen Staates zu sichern. Rabin war der Ansicht, dass die historische Unsicherheit seines Landes nur durch die Verbindung seines Volkes mit den arabischen Nachbarn überwunden werden konnte. Als hochintelligenter und gebildeter Mann betrachtete Rabin den Verhandlungsprozess mit analytischem Blick. Er war ein erklärter Befürworter des schrittweisen Vorgehens und beschrieb es als »ein Stück Land für ein Stück Frieden«.

Im Jahr 1975, als Rabin und Sadat unter amerikanischer Vermittlung in zaghaften Verhandlungen das Sinai-Modell auszuloten begannen, waren Rabins Vorstellungen des schrittweisen Ansatzes noch nicht vollständig ausgeprägt.* Die Anfänge verliefen reibungslos: Beide Männer waren der Idee des Friedens verpflichtet und verfolgten übereinstimmend ein allmähliches, mehrstufiges Vorgehen. Als nächsten Schritt fassten beide einen weiteren israelischen Rückzug ins Auge – Sadat, um Ägyptens eigene Agenda in Richtung

---

* Sie fand ihren vollen Ausdruck erst im israelisch-palästinensischen Oslo-Abkommen, mit den drei Phasen des Rückzuges aus dem Westjordanland und dem Gazastreifen.

Anwar el-Sadat: Die Strategie der Überwindung

Frieden zu verfolgen, Rabin, um seinem zerstrittenen Kabinett die Fakten internationaler Beziehungen vor Augen zu führen.

Im März 1975 ließ Rabin durch mich einen Brief an Sadat übermitteln. Auf seine typische Art legte er darin seine Ansichten dar, die denen Meirs aus dem Jahr 1974 ähnelten:

> Es war immer meine feste Überzeugung, dass Ägypten aufgrund seines kulturellen Erbes, seiner Stärke, Größe und seines Einflusses eine der führenden Stimmen in den Friedensbemühungen in unserer Region ist. Was ich von Dr. Kissinger erfahren und auch aus Ihren öffentlichen Erklärungen entnommen habe, hat mich in meiner Überzeugung bestärkt, dass Sie entschlossen sind, sich mit allen Kräften um eine Einigung zu bemühen. Ich für meinen Teil bin nicht minder entschlossen, alle Anstrengungen zu unternehmen, um den Frieden zwischen uns zu fördern, und in diesem Sinne bringe ich den Wunsch zum Ausdruck, dass es uns doch noch gelingen möge, eine Vereinbarung zu erzielen, die unseren beiden Völkern zur Ehre gereicht.[139]

Als ich den Brief übergab, fragte mich Sadat, wer sich das ausgedacht habe. Ich gab zu, dass ich die Idee angeregt hatte, worauf er sich erkundigte: »Haben Sie ihn auch geschrieben? Das ist sogar noch wichtiger.« Ich erwiderte wahrheitsgemäß, dass Rabin den Brief selbst verfasst habe. Am nächsten Tag bat Sadat mich um ein Gespräch unter vier Augen und gab mir folgende mündliche Antwort:

> Meine Haltung ist, dass Macht nie wieder eine Rolle in den Beziehungen zwischen unseren beiden Völkern spielen soll. Ich werde versuchen, das arabische Volk in den Prozess einzubinden und es zu überzeugen, wenn Rabin seinerseits bereit ist, dasselbe in Bezug auf das israelische Volk zu tun. Ich bin entschlossen, die endgültige Annäherung an die vereinbarten Linien ausschließlich mit friedlichen Mitteln herbeizuführen. Sollte nach der Unterzeichnung dieses Abkommens eine Konferenz in Genf einberufen werden, so werde ich dieses Abkommen nicht antasten oder in Genf etwas an den Beziehungen zwischen uns ändern. Versichern Sie Rabin, dass ich

persönlich nicht daran glaube, wir könnten die Sache in Genf lösen. Was auch immer die Probleme sein mögen, ich werde keine Gewalt anwenden. Ich wäre bereit, Rabin persönlich zu treffen, sobald die israelische Besetzung ägyptischer Territorien beendet ist.[140]

Das Konzept, das jetzt auf dem Tisch lag, war ein weiteres Mal ein israelischer Rückzug, diesmal bis über die Pässe des Zentralsinai. Dafür erwartete Rabin eine ägyptische Friedenserklärung. Bei der Formel »Ein Stück Land für ein Stück Frieden« tauchte nun ein Problem auf: Frieden war nicht teilbar wie Land. Sadat war nicht darauf vorbereitet, ein generelles Ende der Feindseligkeiten zu verkünden, wollte jedoch durchaus eine Reihe definierter kriegerischer Handlungen einstellen. Die Schritte zum Frieden, die Ägypten einleiten musste, damit sich die israelischen Streitkräfte im Gegenzug hinter die Pässe zurückzogen, waren in Israel umstritten. Sie durften sich nicht auf gefühlsbetonte Phrasen beschränken. Insoweit Worte hier etwas ausrichten konnten, gab es keinen besseren Schutz vor israelischen Albträumen als Sadats durch mich an Rabin überbrachte Zusicherungen. Doch die jüdische Geschichte hatte nur allzu häufig gelehrt, dass Zusicherungen allein nicht vor Tragödien schützten; es bedurfte legaler oder verfassungsrechtlicher Bestimmungen, um die Umsetzung fragiler menschlicher Pläne zu gewährleisten.

Das israelische Kabinett und das Parlament mussten daher einem Abkommen zustimmen, doch Rabin verfügte, wie alle seine Vorgänger, in der Knesset nur über eine schmale Mehrheit – 65 von 120 Sitzen.[141] Meinungsverschiedenheiten innerhalb des Kabinetts – vorgetragen vor allem von Verteidigungsminister Shimon Peres (später Israels wichtigste Friedenstaube, damals jedoch noch ein Hardliner) – konnten ebenfalls den Friedensplan gefährden.

Im März 1975 lag schließlich der erste Vertragsentwurf vor. Er enthielt jedoch immer noch vage Elemente, die präzisiert werden mussten, insbesondere was den Status von Feindseligkeiten betraf. Am 18. März verpflichteten sich Sadat und Fahmi als Reaktion auf Rabins Einwände, auch dann auf Gewalt zu verzichten, wenn der Friedensprozess ins Stocken geraten sollte. Außerdem versprach Sadat sowohl gegenüber Israel als auch in einem Brief an den amerikanischen Präsidenten, Israel nicht anzugreifen, sofern Israel Ägypten gegenüber die gleiche Zusage in gleicher Form mache. Sadat akzeptierte

Anwar el-Sadat: Die Strategie der Überwindung

auch ausdrücklich, dass die Sinai-Pässe, von denen sich Israel zurückzöge, von UN-Truppen kontrolliert und nicht an Ägypten übergeben werden sollten.

Dennoch war das israelische Kabinett noch nicht bereit, sich auf das einzulassen, was man vor dem Krieg von 1973 als Erfüllung ihrer Wünsche angesehen hätte. Jigal Allon, der israelische Außenminister, widersetzte sich grundsätzlich allen Verhandlungen mit Ägypten und erklärte sich lediglich zu Gespräche mit Jordanien über das Westjordanland bereit. Verteidigungsminister Peres, ein lebenslanger Rivale Rabins, blieb bei seiner harten Linie und lehnte es kategorisch ab, die Kontrolle über die Sinai-Pässe aufzugeben, solange keine explizite Zusage zur Nicht-Kriegsführung vorlag.

Da Sadat sich nicht formal zur Beendigung der Kriegsführung verpflichten konnte, ohne dadurch Ägyptens Beziehungen zur arabischen Welt zu kappen, suchten die israelischen Unterhändler nach Ersatz in Form einer stetig länger werdenden Liste von Eventualitäten. Auf diese Weise konnte Sadat alles, was dem Begriff »Frieden« innewohnte, garantieren, ohne das eigentliche Wort zu verwenden.

Und doch sollten sich diese Stücke Frieden für das erwartete Stück Land als unzureichend herausstellen. Ende März 1975 scheiterten die Verhandlungen an Nuancen. Die Pendeldiplomatie wurde auf Eis gelegt. Es war, wie Rabin sich mir gegenüber ausdrückte, »eine griechische Tragödie«.[142]

Präsident Ford hatte sich nie zuvor mit der Diplomatie im Nahen Osten befasst, war aber, aufgrund seiner Tätigkeit im Streitkräfteausschuss des Repräsentantenhauses, vertraut mit den militärischen Elementen. Er traf sowohl mit Rabin als auch mit Sadat zusammen. Die Begegnung mit Sadat stand unter einem ähnlichen Unstern wie die Präsidententreffen mit anderen arabischen Führern, denn drängende innenpolitische amerikanische Probleme drohten Ordnungsfragen für den Nahen Osten zu überlagern. Als Sadat zum ersten Mal mit Nixon zusammentraf, hatte die Watergate-Krise gerade ihren Höhepunkt erreicht, und Nixon trat sechs Wochen später zurück. Am Wochenende des vorgesehenen Treffens mit Sadat sah sich Ford gezwungen, im Vorfeld des Präsidentschaftswahlkampfes 1976 seinen Verteidigungsminister James Schlesinger und den CIA-Direktor William Colby zu entlassen. Ein erheblicher Teil der Zeit musste infolgedessen darauf verwendet werden, Sadat die Beständigkeit der Regierung Ford zu versichern.

Für Ford war die Aussetzung der Pendeldiplomatie und der Verhandlungen ein schwerer Schlag. Obwohl er aus seiner Unruhe, die ich teilte, keinen Hehl machte, hatte er beschlossen, Rabin Zeit zu geben, um die innerisraelische Debatte zum Abschluss zu bringen. Dies wurde durch Peres erleichtert, der eine neue Position vertreten und den nächsten Schritt der Verhandlungen unterstützt hatte; Voraussetzung dafür war allerdings eine Verlegung des UN-Inspektionssystems in die Mitte des Sinai. Sadat machte das Angebot, die Warnstationen im Sinai mit Amerikanern zu besetzen, und wies seinen Außenminister an: »Das ist ein wichtiges Angebot. Die Amerikaner wären Zeugen. Die Israelis hätten damit eine vollständige Garantie.«[143]

Am 1. September 1975 kam es zu einer Einigung. Auch wenn das Sinai-II-Abkommen nicht denselben Jubel auslöste wie das erste Truppenentflechtungsabkommen, war seine Bedeutung erheblich weitreichender. Ägypten und Israel wogen darin das militärisch Notwendige und das politische Mögliche gegeneinander ab. Beide Seiten erklärten, dass in bestimmten definierten Kontexten keine Waffengewalt angewendet werden würde. Israel verzichtete auf die Pässe.* Ägypten verzichtete auf die Anwendung von Gewalt gegen Israel unter einer Reihe von Umständen, und es verpflichtete sich sogar, Syrien bei einem weiteren Angriff auf Israel nicht zu unterstützen. Die Gesamtheit dieser Maßnahmen würde die gesamte gegenseitige Wahrnehmung von Israel und Ägypten neu definieren. Von nun an strebten Sadat und Rabin eine umfassende Lösung an, nicht für die Gesamtregion, aber für Ägypten und Israel.

Außerdem wurde der Spielraum der beiden Seiten gerade aufgrund ihrer bisherigen Vereinbarungen zusehends enger: im Fall Sadats durch seine zunehmende Annäherung an die Grenze dessen, was sein Volk verstehen oder ertragen konnte, und im Fall Rabins durch die eigene allmähliche Annäherung an eine neue Definition des Friedens, bei der es nicht mehr nur um einige Stücke Land ging.

---

* Die anfänglich umstrittene Festlegung des Umfangs der Pässe wurde dadurch gelöst, dass Berater der Vereinten Nationen sowie Vertreter Israels und der USA die Pässe abliefen.

Anwar el-Sadat: Die Strategie der Überwindung

SADATS REISE NACH JERUSALEM

Sowohl Israel als auch Ägypten war klar, dass für ein weiteres Interim-Abkommen im Sinai nur noch wenig Handlungsspielraum blieb. Ende 1976 und im Vorfeld der bevorstehenden amerikanischen Wahlen loteten sie einen anderen Schritt aus, nämlich einen neuen Linienverlauf von El-Arisch nach Ras Mohammed, rund 30 Kilometer von der israelischen Grenze entfernt. Tatsächlich hatte dieser Verlauf große Ähnlichkeit mit der »Kissinger-Linie«, die Sadat beinahe drei Jahre zuvor bei unserem ersten Treffen vorgeschlagen hatte. Hätte Ford die Wahl gewonnen, wäre diese Linie – im Gegenzug für die Beendigung der Kriegsführung – der erste außenpolitische Schritt nach seinem Amtsantritt gewesen.

Im gesamten letzten Jahr der Ford-Administration und im ersten Jahr der Regierung Jimmy Carters versuchte Sadat, die Vereinigten Staaten für seine Vision eines umfassenden Friedens zu gewinnen. Im August 1976 teilte er dem amerikanischen Botschafter Hermann Eilts mit, er hoffe auf einen baldigen neuen Vorschlag der Amerikaner – andernfalls werde er die Israelis auffordern, »alle Karten auf den Tisch zu legen«.[144]

Während des Wahlkampfs 1976 hatte sich das Team von Carter für ein Gesamtabkommen zwischen Israel und allen arabischen Nachbarn eingesetzt; es sollte auf einer Konferenz aller Parteien erzielt werden, mit der Zukunft Palästinas als zentralem Thema. Präsident Carters Amtsantritt im Jahr 1977 beendete daher zunächst den Prozess der schrittweisen Annäherung als amerikanische Strategie.

Am 3. April 1977 und in der Annahme, die »Amerikaner hielten 99 Prozent der Karten im Spiel«, legte Sadat dem neu vereidigten Präsidenten einen Friedensplan vor.[145] Er bekräftigte darin, dass in einem Friedensabkommen sowohl Vorsorge für die Gründung eines Palästinenserstaates am Westufer des Jordans und im Gazastreifen getroffen werden sollte als auch dafür, dass Israel sich aus jenen Gebieten zurückziehe, die es seit 1967 besetzt halte. Er erklärte außerdem, er sei bereit, Israel formell anzuerkennen, und erhebe keine Einwände gegen US-Hilfen oder Garantien für den künftigen palästinensischen Staat.[146]

Nichts lag Sadat – oder den Israelis – ferner, als eine multilaterale Nahostkonferenz anzustreben oder auch nur der Versuch, zu einer umfassenden Regelung zu kommen. Zum einen würde ein solches Treffen unweigerlich zu Vorschlägen für eine Rückkehr zu den vorstaatlichen Grenzen von 1947 einladen, die keine politische Partei in Israel akzeptierte, zumindest was das Westjordanland betraf: Der Teilungsplan von 1947 sah eine Grenze des Westjordanlandes vor, die nicht weiter als 15 Kilometer von der Straße zwischen den beiden israelischen Großstädten Tel Aviv und Haifa entfernt war und sogar noch näher am Ben-Gurion-Flughafen lag, dem einzigen internationalen Knotenpunkt Israels. Zum anderen würde eine solche Konferenz auch die Frage der Präsenz der PLO – die Israel nicht akzeptierte – aufwerfen und die nicht minder problematische Frage einer sowjetischen Teilnahme. Sadat lehnte eine Gesamtkonferenz weiterhin ab: Sie hätte den sowjetischen Einfluss im Nahen Osten wiederhergestellt, Syrien ein Veto gegen die ägyptische Diplomatie eingeräumt und Sadats Vorstellungen, wie der Frieden schrittweise erreicht werden könne, gefährdet.

Präsident Carter war jedoch von Sadats Vorschlag vom April nicht überzeugt und störte sich am Widerstand des Ägypters gegen eine multilaterale Konferenz. Um Sadats Einwände zu überwinden, richtete Carter am 21. Oktober 1977 einen direkten Appell an ihn, die Konferenz zu unterstützen.[147] Aus Angst, der amerikanische Präsident könne ihn zu einer Diplomatie zwingen, bei der feindselige Sowjets und misstrauische arabische Verbündete seine Bemühungen möglicherweise unterliefen, entschloss sich Sadat, seine Ziele auf direktem Weg anzugehen. Wenn eine dauerhafte Neuregelung der ägyptisch-israelischen Beziehungen erreicht werden sollte, war ein weiterer Schock für das System erforderlich. Sadat schrieb später, Carters Eintreten für Frieden habe ihn selbst »indirekt zu einem völlig neuen Kurs des Handelns angeregt«.[148]

Als Antwort auf Carters Brief hielt Sadat bei der Eröffnung des neuen ägyptischen Parlaments am 9. November 1977 eine Rede, in der er wie üblich erklärte, er wolle für den Frieden »bis ans Ende der Welt« gehen.[149] Diesmal erwähnte er jedoch kurz einen hypothetischen Besuch in Israel: »Israel wird überrascht sein, wenn es hört, dass ich mich nicht weigern würde, in sein eigenes Haus, die Knesset, zu kommen und dort mit ihm über Frieden zu sprechen.«[150]

Anwar el-Sadat: Die Strategie der Überwindung

Den Bezug auf die Knesset versteckte er geschickt zwischen positiven Kommentaren zur von Carter vorgeschlagenen Genfer Konferenz[151] – die abzulehnen er nicht wagte. Da sich Jassir Arafat ebenfalls unter den Zuhörern befand, beharrte Sadat darauf, dass den Verhandlungsparteien einer solchen Konferenz auch palästinensische Vertreter angehören mussten – eine, wie er wusste, für Israel inakzeptable Forderung. Trotz der unverkennbaren Ernsthaftigkeit seines Engagements für Frieden[152] war fast keinem der Zuhörer klar, dass Sadat tatsächlich die Idee eines Besuchs in Israel in den Raum stellte und nicht die Absicht hatte, nach Genf zu reisen.

Der israelische Ministerpräsident Menachem Begin hatte Sadats Signal jedoch verstanden. Begin hatte Rabin im Mai 1977 als Ministerpräsident abgelöst. Er war 1942 aus Polen nach Palästina emigriert, hatte zunächst der Irgun, einer paramilitärischen Untergrundorganisation, angehört und dann drei Jahrzehnte lang in der politischen Opposition gearbeitet. Begin vertrat in Verhandlungen eine unflexible und auf rechtliche Aspekte konzentrierte Haltung. Gleichwohl schloss er einen »verbindlichen Frieden« nicht aus, vorausgesetzt die Grenzen von vor 1967 blieben davon unberührt.[153] Am 15. November ergriff Begin – womöglich in gutem Glauben, vielleicht aber auch nur, um Sadats Ansehen in der Weltöffentlichkeit zu schädigen – die Initiative und lud den ägyptischen Präsidenten formell nach Jerusalem ein.[154]

Am 19. November, einem Samstag, landete Sadats Maschine kurz nach Sonnenuntergang – aus Rücksicht auf den Sabbat – zum Erstaunen der gesamten Welt in Israel. Ich hatte am Tag zuvor mit Sadat telefoniert und ihm zu seinem Friedensinitiativencoup gratuliert. Er wirkte entspannt und mit sich selbst im Reinen und fragte mich, welcher führende israelische Politiker ihn meiner Ansicht nach besonders beeindrucken würde? Er selbst tippte auf den schneidigen Ezer Weizman, Israels ehemaligen Luftwaffenkommandanten und jetzigen Verteidigungsminister in Begins Regierung (in seiner Jugend ebenfalls Mitglied der Irgun-Untergrundbewegung). Ich schlug Dayan vor. Wir täuschten uns jedoch beide. Wie sich herausstellte, beeindruckte ihn »die Alte« (Golda Meir) am meisten; sie befand sich unter den israelischen Politikern des Empfangskomitees.[155]

Als Sadat eintraf, herrschte eine gespannte Stimmung. Die Israelis rechneten mit einem Anschlag, und Sadats Sicherheitsleute fürchteten um seine Sicherheit. Radikale auf beiden Seiten hätten diesen dramatischen Augenblick nutzen können, um seine Anstrengungen zunichtezumachen. Doch manche Ereignisse entziehen sich gewöhnlichen Erwartungen. Die anfängliche Starre legte sich, als begeistert jubelnde Israelis den ägyptischen Präsidenten unter Trompetenklängen zu einem Besuch empfingen, den sich zuvor niemand vorzustellen gewagt hätte.

Am nächsten Morgen betete Sadat in der Al-Aqsa-Moschee und besuchte anschließend die Grabeskirche und Yad Vashem, die israelische Holocaust-Gedenkstätte und das Museum. Seine nächste Amtshandlung war eine Rede vor der Knesset. Allein seine Anwesenheit dort stellte eine radikale Herausforderung des historischen arabischen Standpunktes dar. Die Rede selbst, die er in klassischem Arabisch hielt, verwarf die gängige Rhetorik der tief verwurzelten Feindschaft. Sie begründete das Erreichen des Friedens nicht mit der Taktik jahrzehntelanger gegenseitiger Beschuldigungen, sondern mit der Seele der Kontrahenten:

> Offenheit macht es notwendig, Ihnen das Folgende zu sagen: Erstens: Ich bin nicht hierhergekommen, um ein separates Abkommen zwischen Ägypten und Israel zu schließen. [...] Ohne eine gerechte Lösung des Problems der Palästinenser kann es niemals [...] einen dauerhaften und gerechten Frieden geben, den doch die ganze Welt wünscht. Zweitens: Ich bin nicht gekommen, um einen Teilfrieden zu suchen, nämlich den Kriegszustand in diesem Stadium zu beenden und die Lösung des gesamten Problems auf eine nächste Phase zu verschieben. [...] Ebenso bin ich nicht zu Ihnen gekommen, um ein drittes Truppenentflechtungsabkommen auf Sinai oder auch auf den Golanhöhen oder im Westjordanland abzuschließen. Denn dies würde bedeuten, dass wir das Zünden des Sprengsatzes hinausschieben.
>
> Ich bin zu Ihnen gekommen, auf dass wir gemeinsam einen dauerhaften Frieden auf der Basis von Gerechtigkeit schaffen werden, um zu verhindern, dass auch nur ein einziger Blutstropfen von einer Seite vergossen wird. Aus diesem Grund habe ich meine Bereitschaft erklärt, bis zur entferntesten Ecke auf Erden zu gehen.[156]

Anwar el-Sadat: Die Strategie der Überwindung

Sich mit Halbheiten zufriedenzugeben, so Sadat, bedeute nichts anderes, als dass »wir zu schwach sind, die Lasten und Verantwortungen eines dauerhaften, auf Gerechtigkeit basierenden Friedens zu schultern«.[157] Er glaube jedoch, beide Parteien seien stark genug, einen solchen Frieden zu schließen. In einem emotionalen Höhepunkt der Rede fragte er: »Warum reichen wir einander nicht vertrauensvoll und aufrichtig die Hände, um diese Barriere gemeinsam zu zerstören?«[158]

Sadat definierte Frieden weniger als eine endgültig festgelegte Reihe von Bedingungen, sondern vielmehr als einen zerbrechlichen, verletzlichen Zustand, der mit größtmöglicher Hartnäckigkeit gegen neu aufkeimende Konflikte verteidigt werden musste. »Frieden«, so Sadat, »ist keine bloße Bestätigung geschriebener Zeilen. Vielmehr handelt es sich dabei um ein Umschreiben der Geschichte. [...] Frieden ist ein gewaltiger Kampf gegen alle, gegen jeden Ehrgeiz und Sonderwünsche.«[159]

Begin reagierte auf die Rede mit einer Ansprache, die über seinen üblichen nüchternen, juristischen Ansatz hinausging, um den festgefahrenen Konflikt zu überwinden und das gesamte Spektrum der diplomatischen Optionen zu nutzen:

> Präsident Sadat weiß, und er wusste es von uns, bevor er nach Jerusalem kam, dass unsere Position in Bezug auf dauerhafte Grenzen zwischen uns und unseren Nachbarn von der seinen abweicht. Ich appelliere jedoch an den ägyptischen Präsidenten und an alle unsere Nachbarn: Schließen Sie keine Verhandlungen aus, gleichgültig, über welches Thema. Ich schlage, im Namen der überwältigenden Mehrheit des Parlaments vor, dass alles verhandelbar sein sollte. [...] Alles ist verhandelbar. Keine Seite darf das Gegenteil behaupten. Keine Seite darf Vorbedingungen stellen. Wir werden die Verhandlungen mit Respekt führen.[160]

Sadats Reise nach Jerusalem gehört zu jenen seltenen Gelegenheiten, bei denen die bloße Tatsache eines Ereignisses ein Innehalten der Geschichte darstellt und die Bandbreite des Möglichen verändert. Es war Sadats große Revolution, folgerichtiger und dem Geist seiner Führung tiefer verbunden als der Putsch im Juli 1952, die »Korrekturrevolution« im April 1971, die Ausweisung der Sowjets oder der Krieg im Oktober 1973. Dieser Besuch markierte die Vollendung von Sadats besonderem Verständnis von Nationalismus, der Frieden als eine Form der inneren Befreiung empfand.

DER MÜHSAME WEG ZUM FRIEDEN

Der Oktoberkrieg hatte in Ägypten mehr als 10 000 Opfer gekostet, und auch Sadats jüngster Bruder, ein Kampfpilot, war beim Angriff auf einen israelischen Militärflughafen ums Leben gekommen. Israel hatte mehr als 2600 Opfer und über 7000 Verletzte zu beklagen.[161] Als ich mit Sadat während einer Reise in einem Militärkrankenhaus zusammentraf, sagte er mir, wie sehr sein Land unter dem Krieg gelitten habe und dass es nicht noch mehr Märtyrer brauche.[162]

In den nächsten vier Jahren sollte sich herausstellen, dass Sadat die Anfangshürde für beide Seiten zu hoch angesetzt hatte. Die ersten Vorwürfe kamen aus der arabischen Welt. Vor Sadats Besuch in Jerusalem hatte die letzte Begegnung zwischen einem arabischen Staatschef und einer zionistischen oder israelischen Führungspersönlichkeit im Januar 1919 stattgefunden: Damals waren Emir Faisal und Chaim Weizmann zusammengetroffen.[163] Seitdem waren vier Kriege auf den Grundlagen genau jener Überzeugungen geführt worden, die Sadat nach eigenen Angaben aufzugeben bereit war.

Abgesehen davon, was unmittelbar auf dem Spiel stand, fühlten sich die arabischen Führer jedoch auch persönlich hintergangen, weil Sadat es versäumt hatte, sie im Vorfeld zu konsultieren. Auf praktischer Ebene befürchteten sie, seine Anwesenheit in Jerusalem könne die Verhandlungsposition der Israelis stärken.[164] Der syrische Präsident Assad machte keinen Hehl aus seiner Verachtung. Als ich ihn 1975 nach seiner Alternative fragte, erwiderte er eisig: »Sie verkaufen Vietnam; Sie werden auch Taiwan aufgeben. Aber wir werden noch da sein, wenn Sie Israels überdrüssig werden.«[165]

Sadat stieß auch in der eigenen Regierung auf erheblichen Widerstand. Am 15. November 1977 trat Außenminister Fahmi aus Protest gegen Sadats Entscheidung, Jerusalem zu besuchen, zurück.[166] Der amerikanische Druck auf Israel wuchs. Als Begin am 19. November Carter anrief, um die Ankunft Sa-

Anwar el-Sadat: Die Strategie der Überwindung

dats in Ägypten zu bestätigen, sagte Carter: »Sie wissen bestimmt, dass Fahmi zurückgetreten ist. Sadat darf nicht mit leeren Händen nach Hause zurückkehren. Er geht ein großes Risiko ein.«[167] In Anbetracht dieser Geschichte ist es sonderbar, dass Sadat nach seinem Besuch manchmal vorgeworfen wurde, er habe versucht, über Jerusalem nach Washington zu gelangen. In Wirklichkeit wollte er genau das Gegenteil erreichen.

Im Juli 1977 hatte Libyen unter Muammar al-Gaddafi (den Sadat zutiefst verachtete) einen kurzen Krieg gegen Ägypten angezettelt, weil Sadat auf dem Frieden mit Israel beharrt und Gaddafis Vorschläge zu einer Vereinigung mit Libyen abgelehnt hatte. Später beschrieb er Sadats Vorgehen als »Verrat an der arabischen Nation«.[168] In einem gemeinsamen Kommuniqué äußerten sich Syrien und die PLO ähnlich empört:

> [Sadats Besuch] hat zusammen mit dem Sadat-Begin-Plan kein anderes Ziel, als die arabische Nation vor vollendete Tatsachen zu stellen und damit alle Bemühungen um einen gerechten Frieden auf der Grundlage eines vollständigen Rückzuges aus allen besetzten arabischen Gebiete zunichtezumachen.[169]

Zu diesem Zeitpunkt war ein formeller »Sadat-Begin-Plan« ein reines Hirngespinst. Dennoch bezeichneten Syrien, Algerien, der Südjemen, Libyen und die PLO auf einer Konferenz in Tripolis im Dezember 1977 Sadats Vorgehen als »Hochverrat«.[170] Auf der Konferenz fassten sie den Beschluss, alle ägyptischen Unternehmen, die Handel mit Israel trieben, mit antiisraelischen Boykott-Gesetzen zu bestrafen.[171] Kurz darauf brach Ägypten seine Beziehungen zu fünf arabischen Staaten und der PLO ab.

Sadat hatte gehofft, dass sein Besuch in Jerusalem die exklusive Beziehung zwischen Amerika und Israel ergänzen und die Verhandlungen dadurch in eine neue Phase führen würde, die ein robusteres und dauerhafteres Friedensabkommen ermöglichte.[172] Er hatte auch erwartet, dass eine gespaltene arabische Front Israel neuen Verhandlungsspielraum eröffnen.[173] Doch im darauffolgenden Jahr kam es nur zu zögerlichen Schritten in Richtung Frieden. Im Dezember 1977 erwiderte Begin den ägyptischen Besuch mit einer Reise in die ägyptische Stadt Ismailia; das einzige Ergebnis dieses

Gipfeltreffens war eine Vereinbarung über ein Treffen der militärischen und politischen Experten beider Seiten, die Umsetzung geriet jedoch schnell ins Stocken.

Begin hatte, wie Sadat, als Revolutionär begonnen. Im Unterschied zu Sadat war er allerdings Regierungschef eines Landes, dessen Nachbarn ihm das Existenzrecht absprachen. Er führte hartnäckige Kämpfe, wenn es um Fragen der Symbolik und des Sprachgebrauchs ging. Auf das Argument, Israel müsse Gebiete abgeben, um von seinen arabischen Nachbarn anerkannt zu werden, antwortete er 1975, das israelische Volk brauche »keine Legitimität. [...] Wir existieren. Deshalb sind wir legitim.«[174] Noch mehr als die Frage der Anerkennung trieb Begin – in größerem Maß als seine Vorgänger – die Angst um, Sadat könne die Beziehungen zu Amerika gefährden, die Israels Existenz garantierten.[175]

1978 schrieb Sadat an Begin und erinnerte dabei an jene Formel, die Nixon gegenüber Hafez Ismail geäußert hatte: »Sicherheit sollte nicht auf Kosten von Land oder Souveränität gehen.« Dieser Grundsatz, schrieb Sadat, sei von Ägypten bereits im Hinblick auf die Existenz Israels anerkannt worden und werde sein Teil dazu beitragen, die Araber und die internationale Gemeinschaft davon zu überzeugen. Israel müsse jedoch nach demselben Prinzip handeln: Gegenüber den palästinensischen Arabern dürfe es nicht »die Frage nach Land und Souveränität stellen«, und von Ägypten dürfe es nicht verlangen, »Land und Souveränität« im Austausch für Frieden zu opfern. Sadat vertrat die Auffassung, Sicherheit werde durch ein stabiles und vereinbartes Gleichgewicht erreicht, das vor allem durch die Überwindung überkommener Formeln aufrechterhalten werde und auf einer Vorstellung von Gerechtigkeit beruhe, die von der Aussicht auf gegenseitigen Nutzen und der Verwirklichung einer gemeinsamen Friedensvision ausgehe.

Es gelang den beiden Seiten jedoch nicht, aufeinander zuzugehen, selbst nach einer erneuten amerikanischen Beteiligung im Frühjahr 1978. Sadats Enttäuschung wuchs, ebenso die Entfremdung von seinen Kollegen, denen sein Engagement für Frieden als übertrieben erschien.

Schließlich bat der entnervte Sadat Carter, sich mit an den Verhandlungstisch zu setzen. Der US-Präsident lud daraufhin sowohl ihn wie Begin im September 1978 zu einem Treffen in Camp David ein. Zu Beginn der Gespräche, die vom 5. bis 17. September dauerten, erwiesen sich die bilateralen Verhandlungen zwischen den beiden Seiten als so schwierig, dass Carter und Außenminister Cyrus Vance vermitteln mussten, um die Gespräche in Gang zu bringen.

Sadat hatte sogar innerhalb seiner eigenen Delegation Probleme. So sagte er zu einem Beamten des ägyptischen Außenministeriums:

> Ihr Leute im Außenministerium habt den Eindruck, dass ihr etwas von Politik versteht. In Wirklichkeit versteht ihr überhaupt nichts davon. Von nun an werde ich weder euren Worten noch euren Memos die geringste Aufmerksamkeit schenken. Ich bin ein Mann, dessen Handlungen von einer höheren Strategie bestimmt werden, die ihr weder wahrnehmen noch verstehen könnt.[176]

Es überrascht daher nicht, dass auch Fahmis Nachfolger, Außenminister Kamel, kurz vor Abschluss des Camp-David-Abkommens zurücktrat.[177] Von dem Augenblick an, als er den Fuß auf israelischen Boden setzte, war Sadat fest entschlossen, einen ägyptisch-israelischen Frieden herbeizuführen. Während der zwölftägigen Verhandlungen nahm er erhebliche Veränderungen am arabischen Standardprogramm vor.

Drei Monate vor Ausbruch des Oktoberkrieges im Jahr 1973 hatte Sadat amerikanische Ansichten in Bezug auf die Öffnung des Suezkanals noch brüsk zurückgewiesen:

> Keine Teillösung, keine separate Lösung mit Ägypten, keinerlei Verhandlungen. [...] Meine Initiative [zur Öffnung des Suezkanals] war weder als Teil- oder Stufenlösung noch als Selbstzweck gedacht. Was ich sagte, war: Lassen Sie mich Ihre Absichten in Bezug auf den Rückzug Israels auf die Probe stellen, damit ich überzeugt bin, dass es den Rückzug tatsächlich durchführen wird. [...] Wenn das endgültige Datum des Abzugs feststeht, würde ich den Kanal freigeben. Heute aber – nein![178]

Fünf Jahre später stimmte Sadat in Camp David einem Abkommen zu, das die Erfüllung der moralischen Vision in die Zukunft verschob, zugleich aber detaillierte Schritte enthielt, die sofort unternommen, und andere, die später eingeleitet werden sollten. Trotz weiterhin bestehender Differenzen stützte sich das Abkommen auf das in den vorangegangenen vier Jahren allmählich aufgebaute gegenseitige Vertrauen. Beide Seiten kamen überein, auf die Anwendung von Gewalt zu verzichten, ihre Beziehungen zu normalisieren, einen bilateralen Friedensvertrag zu unterzeichnen und die weitere Präsenz von UN-Truppen am Suezkanal zuzulassen. Israel erklärte sich zum Rückzug aus dem gesamten Sinai bereit.

Mit dem schrittweisen Ansatz war es gelungen, fast alles, was die Befürworter des umfassenden Ansatzes angestrebt hatten, in einer einzigen großen Konferenz umzusetzen. Gleichzeitig wurden die nationalen Ziele Ägyptens durch Sadats Strategie verwirklicht und darüber hinaus die Grundsätze für Frieden und Gleichgewicht in der Region festgelegt. Israel erzielte mit einem Nachbarn jenes verbindliche Abkommen, das es die Jahrzehnte seiner Existenz hindurch mit *allen* von ihnen angestrebt hatte. Israel erklärte sich außerdem zu Verhandlungen mit Jordanien über einen Friedensvertrag bereit, ebenso zu getrennten Verhandlungen über den endgültigen Status des Westjordanlandes und des Gazastreifens; die Bildung einer palästinensischen Selbstverwaltungsbehörde sollte zugelassen und die Palästinenser in Verhandlungen über ihre eigene Zukunft einbezogen werden, und zwar in einer Weise, die sowohl den arabischen inhaltlichen als auch den israelischen prozeduralen Anforderungen gerecht wurde.

Für das Abkommen von Camp David erhielten Sadat und Begin 1978 gemeinsam den Friedensnobelpreis. In seiner Dankesrede am 10. Dezember 1978 bekräftigte Sadat seine Friedensvision. Selbst dieser Triumph, so sagte er, sei nur ein vorläufiges »Ende« in einem viel weiter gehenden Prozess, der auf »Sicherheit, [...] Frieden und Würde [...] für alle Völker der Region« abziele. Ein endgültiger und dauerhafter Frieden – der noch nicht erreicht sei – würde »unteilbar« und »umfassend« sein. Der von ihm angestrebte Frieden sollte nicht nur »den Menschen vor dem Tod durch zerstörerische Waffen bewahren«, sondern auch die Menschheit von »den Übeln des Mangels und des Elends« befreien.[179]

Er schloss seine Rede mit den folgenden Worten:

Anwar el-Sadat: Die Strategie der Überwindung

Frieden ist ein dynamisches Gebilde, zu dem jeder beitragen, jeder einen eigenen Stein hinzufügen sollte. Er geht weit über ein formelles Abkommen oder einen Vertrag hinaus, über ein Wort hier und da. Deshalb braucht der Frieden Politiker mit Visionen und Vorstellungskraft, die über die Gegenwart hinaus in die Zukunft blicken.[180]

Zwischen dem Abschluss des Abkommens von Camp David und der Unterzeichnung des Friedensvertrages lagen sechs Monate. In der Zwischenzeit wurden die Verhandlungen fortgesetzt, und Sadat unternahm zusätzliche Schritte, um Israel zu beruhigen: Er akzeptierte, dass Ägypten nicht länger eine »Sonderrolle« im Gazastreifen beanspruchte, und erhob auch keine Einwände gegen die amerikanischen Zusicherung an Israel, den Verlust des kleinen Ölfeldes auf der Sinai-Halbinsel auszugleichen.[181] Schließlich wurde der Friedensvertrag am 26. März 1979 nach der Zustimmung der israelischen Knesset und der ägyptischen Nationalversammlung in Washington unterzeichnet.

Zwei Monate später trafen sich Begin und Sadat in El-Arisch, als die Stadt von der israelischen in ägyptische Kontrolle übergeben wurde. Sie sahen, wie ägyptische und israelische Soldaten einander umarmten und sich zum Frieden verpflichteten. In einem Brief an Sadat erinnerte sich Begin an diese Szene:

Es ist uns gelungen, diesen Vertrag in die lebendige Realität des Friedens, der Freundschaft und der Zusammenarbeit zu verwandeln. Wenn ich dies sage, kann ich nicht umhin, mit tiefstem Empfinden an jenes Treffen zu denken, dessen Zeugen wir in El-Arisch waren, als israelische und ägyptische Soldaten und Kriegsversehrte zueinander und zu uns sagten: »Nie wieder Krieg.« Was war das für eine einzigartige, bewegende Szene.[182]

DIE AUFLÖSUNG

Mit seiner Beschwörung uralter Beziehungen, der »Bruderschaft von Ismael und Isaak«, gelang es Sadat nicht, die Vorstellungskraft derjenigen auf beiden Seiten zu wecken, deren Mitwirkung bei der Umsetzung dieser Vision am nötigsten gewesen wäre. Kurz nachdem Ägypten und Israel dem Rahmenabkommen von Camp David zugestimmt hatten und noch vor der Unterzeichnung des bilateralen Vertrags zur Normalisierung der diplomatischen Beziehungen zeichnete sich ab, dass Israel nach Ablauf des dreimonatigen Baustopps den Siedlungsbau im Westjordanland und im Gazastreifen wieder aufnehmen würde.[183] Ende November 1978 wandte sich Sadat mit der Bitte um einen Zeitplan für die Übertragung der Autorität »an die Bewohner der West Bank und des Gazastreifens« an Begin.[184] Begin antwortete mit einer Liste ägyptischer Versäumnisse.

Begin interpretierte die Formulierung des Friedensvertrags in dem Sinne, dass ein Rückzug der israelischen Verteidigungskräfte aus dem Westjordanland oder dem Gazastreifen nicht erforderlich und den Palästinensern nicht der Status einer politischen Einheit, sondern eher der einer Verwaltungseinheit zuerkannt worden sei.[185] Am 30. Juli 1980 erklärte die Knesset Jerusalem erneut zur Hauptstadt Israels. Dagegen verwehrte sich Sadat, der stattdessen eine einheitliche Verwaltung, aber geteilte Hoheitsrechte über Jerusalem vorschlug. Begin erwiderte, die Stadt sei unteilbar.[186] Am 15. August 1980 erhielt Begin einen Brief, in dem Sadat schrieb, dass es unter diesen Umständen unmöglich sei, die Verhandlungen wieder aufzunehmen.[187]

Während Israel zwar einzelne Bestimmungen in Frage stellte, lehnte die arabische Welt die gesamte Programmatik des Friedensabkommens von Camp David ab. Die arabischen Staaten sahen darin einen Verstoß gegen das Abkommen der Arabischen Liga über die Zusammenarbeit in den Bereichen Verteidigung und Wirtschaft aus dem Jahr 1950, das es jedem Mitglied untersagte, separat Frieden mit Israel zu schließen.[188] Namhafte arabische Spitzenpolitiker lehnten das Abkommen von Camp David ab, weil keine endgültige Regelung über den Status des Westjordanlandes und des Gazastreifens vereinbart und die PLO nicht in die Verhandlungen einbezogen worden war.[189] König Hussein von Jordanien verurteilte das Abkommen vehement und erklärte, Sadats Handeln habe ihn »zutiefst erschüttert«.[190] Am 31. März 1979 hob die Arabische Liga die Mitgliedschaft Ägyptens auf und verlegte ihren Sitz von Kairo nach Tunis. Die Generalversammlung der Vereinten Nationen sprach sich im Dezember 1979 mit 102 zu 37 Stimmen gegen die Abkommen und andere »Teilvereinbarungen« aus, da darin die Rechte der Palästinenser nicht hinreichend berücksichtigt würden. Nahezu alle Mitglieder der Arabischen

Anwar el-Sadat: Die Strategie der Überwindung

Liga, die nicht bereits die diplomatischen Beziehungen zu Ägypten abgebrochen hatten, taten dies umgehend.

Der Widerstand in der arabischen Welt schürte die bereits bestehende Feindseligkeit gegenüber Sadat innerhalb Ägyptens. Nach dem Krieg 1973 hatte er durch die Überquerung des Suezkanals die erforderliche politische Legitimation erlangt, um sich von Nassers Erbe zu lösen. Im Frühjahr 1974 führte er das wichtigste innenpolitische Gesetz seiner Amtszeit ein, das die Wirtschaft Ägyptens liberalisierte: die *Infitah* oder »Politik der Öffnung«. Die *Infitah* sollte ausländische Unterstützung und Investitionen ankurbeln und einen wirtschaftlichen Aufschwung herbeiführen.

Die Hilfe kam: In den Jahren 1973 bis 1975 gewährten die arabischen Staaten Ägypten mehr als 4 Milliarden Dollar. Und auch die amerikanische Wirtschaftshilfe vervielfachte sich. Sie belief sich bis 1977 auf jährlich 1 Milliarde Dollar.[191] Dieser Betrag, der annähernd so hoch war wie die amerikanische Hilfe für Israel, war höher als die US-Unterstützung für ganz Lateinamerika und das übrige Afrika zusammen.[192] Doch obwohl die Wachstumsrate des ägyptischen BIP von 1,5 Prozent im Jahr 1974 auf 7,4 Prozent im Jahr 1981 anstieg,[193] blieb der erwartete Investitions- und Produktivitätsboom aus. Ägypten gelang es nicht, inländisches Kapital zu entwickeln.[194] Auf kurzfristige Kredite wurden Zinssätze von bis zu 20 Prozent erhoben, und 90 Prozent der für öffentliche Projekte verwendeten Mittel kamen von außerhalb Ägyptens.[195] Als Sadat im Januar 1977 versuchte, die Subventionen für Grundnahrungsmittel wie Brot zurückzufahren, brachen im ganzen Land Unruhen aus, und allein in Kairo demonstrierten 30 000 Menschen.[196]

Durch die Wirtschaftspolitik Sadats entwickelte sich auch eine sichtbare Klasse wohlhabender Ausländer. Größtenteils aus Mitgliedern der Mittelschicht oder der unteren Mittelschicht zusammengesetzte militante islamische Gruppen formierten sich zu offenem Protest und Widerstand.[197] Zu den entschiedensten Gegnern gehörten Muslimbrüder, deren Haftentlassung Sadat veranlasst hatte, ohne sich bewusst zu sein, wie viele von ihnen während ihrer Inhaftierung zu seinen Feinden geworden waren.[198]

Die beiden damals mächtigsten militanten islamischen Gruppen, Exkommunikation und Auszug (at-Takfir wa-l-Hijra) und die Islamische Befreiungsorganisation (Munazzamat al-Tahrir al-Islami), die sich beide dem Kampf gegen westliche Einflüsse und den Zionismus verschrieben hatten, lehnten Sadats Friedensbemühungen ebenfalls ab.[199] Seine Rede vor der Knesset im November 1977, in der er Israel als »feststehende Tatsache« bezeichnete, interpretierten sie als Anerkennung des israelischen Staates und damit als Verstoß gegen die islamistische Glaubenslehre.[200] Sein im Sommer 1978 bekannt gewordener Vorschlag, auf dem Berg Sinai eine Kirche, eine Moschee und eine Synagoge zu errichten,[201] wurde als blasphemisch angeprangert. Die Fundamentalisten wehrten sich auch leidenschaftlich gegen Sadats Gesetzesinitiativen zur Förderung der Frauenrechte, die mit Bezug auf seine junge, halb englische Frau, die sich für Geburtenkontrolle und eine Liberalisierung des Scheidungsrechts einsetzte, als »Jehans Gesetze« bezeichnet wurden.

Widerstand schlug in Gewalt um. Im Juli 1977 entführte und exekutierte eine fundamentalistische Gruppe einen ehemaligen Minister Sadats.[202] Daraufhin erließ Sadat ein Gesetz, das die Todesstrafe für alle vorsah, die einer geheimen bewaffneten Organisation angehörten.[203] Jehan Sadat, die zu diesem Zeitpunkt ein Masterstudium absolvierte, fürchtete zunehmend um die Sicherheit ihres Mannes. In ihren Memoiren erinnert sie sich:

> Ich fragte mich, ob Anwar wusste, wie tief der Hass gegen ihn in ihren Herzen verwurzelt war. Mein Mann hatte zwar Ratgeber und verfügte über Geheimberichte, ich aber hatte mehr Zugang zur Bevölkerung. [...] Anwar stattete den Universitäten hier und da mal einen Besuch ab, ich aber sah die Fundamentalisten tagtäglich mit eigenen Augen. Und im Gegensatz zu einigen seiner Berater zögerte ich nicht, ihm auch negative Berichte zu liefern.
>
> »Der Fundamentalismus findet immer mehr Anhänger«, warnte ich ihn im Herbst 1979. »Wenn du nicht bald eingreifst, erlangen sie vielleicht schon bald genug politische Macht, um alles zu stürzen, wofür du einstehst.«[204]

Die Spannungen in Ägypten verschärften sich nach dem offiziellen Friedensschluss. 1979 erklärte die Arabische Liga ihre Wirtschaftshilfe sowie private Bankkredite und Ölexporte nach Ägypten für beendet.[205] Aufgrund der Iranischen Revolution musste Sadat Position gegen die Islamisten beziehen, die den Aufstieg von Ayatollah Khomeini feierten. Zwischen Sadat und dem Schah hatte sich eine persönliche Freundschaft entwickelt, als Sadat noch

Anwar el-Sadat: Die Strategie der Überwindung

Vizepräsident war, und der Schah hatte ihn nach dem Krieg von 1973 finanziell und während einer Knappheit im Jahr 1974 durch Öllieferungen unterstützt.[206] Er hielt auch noch nach Sadats Jerusalemreise zu ihm.[207] Als der Schah 1980 in seinem Exil in Panama durch Auslieferungsforderungen seitens des Iran bedroht war, hieß Sadat ihn in Ägypten willkommen.[208]

Zu Sadats innenpolitischen Herausforderungen trug auch die Unzufriedenheit der Revolutionäre von 1952 bei, die danach auf Grundlage des Ansehens der Armee und Nassers Fähigkeit, die Massen zu begeistern, regiert hatten. Obwohl Sadat einige politische Reformen durchführte – so ersetzte er 1976 das Einparteiensystem offiziell durch Mehrparteienwahlen und nutzte Referenden, um die Nationalversammlung zu umgehen –, hatte er an der Verfassung der Regierung der Freien Offiziere, in der die autoritäre Herrschaft verankert war, keine grundlegende Änderung vorgenommen und außerdem die Dominanz der Militärelite beibehalten. Unter dem Eindruck der wachsenden Opposition wandte Sadat seine übliche Taktik an: Er begegnete seinen Gegnern, indem er sie direkt konfrontierte. Er ging gegen die freie Meinungsäußerung vor, löste Studentenvereinigungen auf und verbot extremistische religiöse Strömungen.[209]

Im Zuge dessen verkleinerte Sadat den Kreis derer, die ihn umgaben. Er sah sich einem klassischen Dilemma ausgesetzt: Je größer der Konflikt mit der ideologischen Mehrheit und je geringer sein Rückhalt, desto prekärer wurde seine Lage. Nachdem es im Sommer 1981 zu gewalttätigen Auseinandersetzungen zwischen Muslimen und Kopten gekommen war, ordnete Sadat im September Massenverhaftungen an und ließ mehr als 1500 Aktivisten inhaftieren.[210] Sogar der koptische Pope und der oberste Führer der Muslimbruderschaft wurden festgenommen.[211]

Für Sadats innenpolitisches Programm stellte die stetige Zunahme des religiösen Extremismus ein grundlegendes Paradox dar. Ein zeitgenössischer Beobachter drückte es so aus: »Je liberaler und demokratischer [Sadat] sein möchte, um seinen Traum zu verwirklichen, desto aufmerksamer und empfänglicher muss er für die Forderungen nach einer Rückkehr zur islamischen Tradition seitens der Bevölkerung werden.«[212] Sein Bestreben, den Traum von der Versöhnung zu verwirklichen, entwickelte sich zu einer Entscheidung für das Martyrium.

ATTENTAT

Schon als kleiner Junge hatte Sadat die Bemühungen der ägyptischen Patrioten im Kampf um die Unabhängigkeit bewundert. Besonders die Legende von Zahran, einem jungen Ägypter, der von den Briten zum Tode durch den Strang verurteilt wurde, hatte es ihm angetan. Während andere demütig in ihr Schicksal trotteten, schritt Zahran hocherhobenen Hauptes zum Schafott und verkündete trotzig: »Ich sterbe, um Ägypten zu befreien.« Sadats Tochter Camelia schrieb, ihr Vater habe sich sein ganzes Leben lang an Zahrans Vorbild orientiert.[213]

Am 6. Oktober 1981 feierte Ägypten den achten Jahrestag des Oktoberkrieges. Während einer Militärparade saß Sadat auf einer Tribüne, als plötzlich ein Lastwagen anhielt. Eine Gruppe von Soldaten – Fundamentalisten innerhalb des ägyptischen Militärs, darunter ein Mitglied des Islamischen Dschihad, das bei der früheren Razzia der Verhaftung entgangen war – eröffnete das Feuer. Sie töteten den Präsidenten und zehn weitere Personen.

Sadat hatte geglaubt, Ägyptens Freiheit würde in erster Linie durch Unabhängigkeit und dann durch eine Versöhnung historischen Ausmaßes erreicht werden. Sein Anliegen war es, den uralten Dialog zwischen Juden und Arabern wieder aufleben zu lassen, da er der Meinung war, dass ihre Geschichte miteinander verwoben sein sollte. Genau dieser Glaube an die Vereinbarkeit und das Miteinander unterschiedlicher religiöser Gesellschaften war seinen Gegnern unerträglich.

Unmittelbar nach dem Anschlag würdigte Premierminister Begin den Besuch Sadats in Jerusalem und erklärte, er sei »von den Feinden des Friedens ermordet« worden. Er ergänzte:

> Seine Entscheidung, nach Jerusalem zu kommen, und der Empfang, den ihm das Volk, die Knesset und die Regierung Israels bereiteten, werden uns als eines der bedeutendsten Ereignisse unserer Zeit in Erinnerung bleiben. Präsident Sadat ließ sich von Beschimpfungen und Anfeindungen nicht beirren und strebte weiter danach, den Kriegszustand mit Israel zu beenden und Frieden mit unserem Land zu schließen. Ein schwieriger Weg.[214]

Anwar el-Sadat: Die Strategie der Überwindung

Am 10. Oktober fand Sadats Beerdigung statt. Präsident Reagan, der selbst gerade ein Attentat überlebt hatte, konnte nicht daran teilnehmen. An seiner Stelle – und als Ausdruck des Respekts Amerikas – schickte er die Präsidenten Nixon, Ford und Carter sowie Außenminister Alexander Haig, Verteidigungsminister Caspar Weinberger und UN-Botschafterin Jeane Kirkpatrick. Als besondere Gefälligkeit nahm er mich, damals Privatmann, mit in die Delegation auf.

Die Beerdigung war eine merkwürdige Angelegenheit, geprägt von der strikten Überwachung durch Sicherheitskräfte, und noch immer lag ein gewisses Entsetzen in der Luft. Die Straßen waren ruhig, die öffentlichen Trauerbekundungen, die Nassers Beerdigung begleitet hatten, blieben aus. Über die Identität der für den Mord verantwortlichen Gruppe war noch nichts bekannt, aber offensichtlich hatte es auf höchster Ebene Absprachen gegeben, zumindest innerhalb des Militärs.[215]

Das bedeutete, dass die prominenten Gäste des Trauerzuges, darunter drei ehemalige amerikanische Präsidenten, Begin, Lee Kuan Yew, der Prinz von Wales, der ehemalige britische Premierminister James Callaghan, der britische Außenminister Lord Carrington, der französische Präsident François Mitterrand und der ehemalige Präsident Valéry Giscard d'Estaing, der deutsche Bundeskanzler Helmut Schmidt und Außenminister Hans-Dietrich Genscher sowie die Präsidentin des Europäischen Parlaments, Simone Veil, als potenzielle Ziele geschützt werden mussten.[216]

Nur zwei Tage zuvor hatten Aufständische versucht, das regionale Sicherheitshauptquartier südlich von Kairo zu stürmen. Erfreut über den Tod von Präsident Sadat verbreitete die libysche Regierung falsche Berichte über weitere Gewalt in Ägypten. Als mehrere hundert Trauernde versuchten, sich der Prozession anzuschließen, hielten die Wachen sie mit Warnschüssen davon ab.

Die etwa hundert Ehrengäste hatten sich in einem Zelt auf dem Gelände der Prozessionsstrecke versammelt, wo Sadat ermordet worden war. Nach einer Wartezeit von weit über einer Stunde folgten wir Sadats Sarg auf der gleichen Route wie die Militärparade vier Tage zuvor und kamen auf dem Weg zu seiner Bestattung am Ort seiner Ermordung vorbei.

Die schaurige Stimmung bei der Beerdigung spiegelte die ungewissen Aussichten im Nahen Osten wider. Das Auftreten Sadats war Ausdruck seiner

Zuversicht gewesen, dass seine Amtskollegen sich für seinen Weg entscheiden würden; sein Tod war Symbol für den Preis, den sie dafür möglicherweise würden zahlen müssen. Die Verfechter der gemäßigten Politik gerieten in Bedrängnis, als radikale Regime – verkörpert durch Gaddafis Herrschaft der politischen Gewalt, die den Terrorismus von Schottland bis Berlin finanzierte – Teile der arabischen Welt überrollten. Wie ich am Abend seines Todes sagte: »Sadat hat uns die Last vieler schwieriger Unsicherheiten abgenommen«[217] – eine Last, die nun andere würden schultern müssen.*

Auf dem Grabstein von Sadat steht ein Vers aus dem Koran: »Betrachtet diejenigen, die um Allahs willen getötet wurden, nicht als tot, sondern als lebendig und gesegnet an der Seite des Allmächtigen.« Darunter heißt es: »Ein Held des Krieges und des Friedens. Er lebte um des Friedens willen und wurde um seiner Prinzipien willen zum Märtyrer.«[218]

Anlässlich eines Besuchs in Ägypten im April 1983 erwies ich Sadat am Grab die letzte Ehre. Ich war der einzige anwesende Trauernde.

EPILOG: DAS NICHT ANGETRETENE ERBE

Anwar el-Sadat ist vor allem für den von ihm herbeigeführten Friedensvertrag mit Israel bekannt. Sein eigentliches Ziel war jedoch nicht ein Friedensvertrag, wenngleich dies eine beachtliche Errungenschaft war, sondern vielmehr ein historischer Wandel der ägyptischen Lebensweise und eine neue Ordnung im Nahen Osten als Beitrag zum Frieden in der gesamten Welt.

Von Jugend an hatte Sadat erkannt, dass Ägypten aufgrund seiner Geschichte ebenso wenig für die Rolle einer unterjochten Provinz wie für die einer ideologischen Führungsmacht in der arabischen Welt geeignet war. Ägyptens Stärke lag in seinem Streben nach einer ewigen Identität.

Die geografische Lage des Landes zwischen der arabischen Welt und dem Mittelmeerraum war gleichermaßen potenzieller Vorteil wie Belastung. Sadat

---

* Um nur ein Beispiel zu geben – der Professor und Diplomat Charles schrieb mir einmal: »Mit der Ermordung Sadats verlor Ägypten seine Rolle als staatlicher Unterhändler im Namen der Palästinenser mit Israel.«

Anwar el-Sadat: Die Strategie der Überwindung

stellte sich Ägypten als eine friedliche islamische Nation vor, die stark genug war, um mit ihrem ehemaligen Feind eine Partnerschaft einzugehen, anstatt ihn zu beherrschen oder von ihm beherrscht zu werden. Er verstand, dass ein gerechter Frieden nur durch eine gewachsene Entwicklung und die Anerkennung wechselseitiger Interessen erreicht werden konnte und nicht durch Zwang von äußeren Mächten. Der Gipfel dieses Prozesses wäre eine allgemeine Akzeptanz dieser Prinzipien.

Sadats übergreifende Vision unterschied sich zu stark von der seiner Kollegen und Zeitgenossen, als dass sie sich hätte durchsetzen können. Erhalten blieben nur die praktischen Elemente, die er als flüchtig angesehen hatte.

Die entscheidende Auseinandersetzung im modernen Nahen Osten ist nach wie vor präsent: Es handelt sich um einen Wettstreit zwischen den Verfechtern einer religiös oder weltanschaulich pluralistischen Ordnung – deren persönliche und gemeinschaftliche Überzeugungen mit einem staatlichen System vereinbar sind – und den Gegnern Sadats, die sich für eine alle Lebensbereiche durchziehende Theologie oder Ideologie einsetzen. In einer Zeit, in der imperialistische Bestrebungen ganze Staaten zu verschlingen drohen und Aufstände eine Spaltung von innen heraus bewirken, könnte Sadats Vision einer wertebasierten internationalen Ordnung souveräner Staaten ein Bollwerk gegen das Unheil sein.

Anlässlich der Verleihung der Ehrendoktorwürde an der Ben-Gurion-Universität im Mai 1979 rief Sadat dazu auf, den Geist der verhältnismäßig großen Toleranz des mittelalterlichen Goldenen Zeitalters des Islam wiederzubeleben. Weiter sagte er:

> Wir stehen nicht vor der Herausforderung, hier oder dort einen Punkt zu machen. Vielmehr geht es darum, wie wir eine tragfähige Struktur für den Frieden für Ihre und die kommenden Generationen schaffen können. Fanatismus und Selbstgerechtigkeit stellen keine Antwort auf die komplexen Probleme von heute dar. Die Antwort ist Toleranz, Mitgefühl und Großmut.
>
> Man wird uns nicht nach unseren starren Positionen beurteilen, sondern danach, welche Wunden wir geheilt, welche Seelen wir gerettet und welches Leid wir beseitigt haben.[219]

STAATSKUNST

Eines der wichtigsten Anliegen Sadats war es, Ägyptens ureigene Unabhängigkeit zu demonstrieren. Während eines privaten Abendessens, nach dem Ende unserer dienstlichen Beziehungen, bemerkte ich, dass ihm die Amerikaner, mit denen er zusammengearbeitet hatte, zu Dank verpflichtet seien, weil er uns besser aussehen ließ, als wir waren. Mit einigem Nachdruck erwiderte Sadat, er habe seine Arbeit nicht um seines oder irgendjemandes Ansehens willen getan. Er war angetreten, um die Würde und Hoffnung des ägyptischen Volkes wiederherzustellen und Maßstäbe für den Frieden in der Welt zu setzen. Wie er bei der feierlichen Unterzeichnung des ägyptischisraelischen Friedensvertrags im März 1979 sagte:

> Es soll keine Kriege und kein Blutvergießen mehr zwischen Arabern und Israelis geben. Es soll kein Leid mehr geben und keine Rechtsverletzungen. Keine Verzweiflung und keinen Verlust des Glaubens mehr. Keine Mutter soll mehr den Verlust ihres Kindes beklagen. Kein junger Mann soll sein Leben für einen Konflikt verschwenden, von dem niemand profitiert. Wir wollen zusammenarbeiten, bis der Tag kommt, an dem die Menschen ihre Schwerter zu Pflugscharen und ihre Spieße zu Sicheln umschmieden. Und Gott lädt ein zur Wohnstätte des Friedens. Dem Gerechten weist Er seinen Weg.[220]

Doch Sadat beschränkte sich nicht darauf, der Zivilisation, der er angehörte, Ausdruck zu verleihen, er veränderte und adelte sie. Genauso hatte er auch als Gefangener die Gefangenschaft überwunden: indem er sich dem moralischen und philosophischen Wandel öffnete. In seinen Memoiren über diese Jahre reflektierte er:

> Während des Aufenthaltes in Zelle 54 wurden meine materiellen Bedürfnisse immer geringer, zugleich begannen auch die Bande, die mich an die materielle Welt fesselten, eines nach dem anderen von mir abzufallen. Meine Seele, ihrer irdischen Last ledig, war nun frei und stieg empor wie ein Vogel, der in den Raum hinausfliegt, in die äußerste Region des Seins, in die Unendlichkeit. [...] Einmal von den Grenzen des Selbst mit seinen weltlichen Leiden und kleinlichen Empfindungen befreit, wird der Mensch

Anwar el-Sadat: Die Strategie der Überwindung

in eine neue, bisher unentdeckte Welt, die weiter und reicher ist, hinüberschreiten. Seine Seele wird absolute Freiheit genießen, sie wird sich mit dem Leben in dessen Gesamtheit vereinigen, wird Zeit und Raum überwinden.[221]

Mit dieser Einstellung überbrückte er in späteren Jahren die Kluft zwischen den ägyptischen und israelischen Sichtweisen und die anfängliche Unvereinbarkeit ihrer Verhandlungspositionen. Er verstand, dass eine Nullsummenpolitik nur einen Status quo festschreiben würde, der dem ägyptischen nationalen Interesse ebenso zuwiderlief wie dem Streben nach Frieden. Anschließend verfügte er über den außerordentlichen Mut, diese Revolution zu verwirklichen.

Bei diesem Unterfangen hatte er wichtige israelische Partner. Die geografischen Gegebenheiten Israels bieten sich nicht gerade für heldenhafte Gesten an. Doch die israelischen Führungsfiguren, die sich mit Sadat verbündeten – Golda Meir, Jitzchak Rabin und Menachem Begin –, waren von seiner Friedensvision berührt.[222] Vor allem Rabin sprach ähnlich wie Sadat über den Frieden. Anlässlich des jordanischen Friedensabkommens im Jahr 1994 sagte er vor dem amerikanischen Kongress:

> In der Bibel, unserem Buch der Bücher, wird der Frieden in seinen verschiedenen Ausdrucksformen 237-mal erwähnt. In der Bibel, aus der wir unsere Werte und unsere Kraft schöpfen, finden wir im Buch Jeremia eine Klage über Rachel, die Erzmutter. Dort heißt es: »Verwehre deiner Stimme das Weinen und deinen Augen die Tränen! Denn es gibt einen Lohn für deine Mühe, spricht der Herr.«
>
> Ich werde es nicht unterlassen, um diejenigen zu weinen, die von uns gegangen sind. Aber an diesem Sommertag hier in Washington, weit weg von zu Hause, ahnen wir, dass unsere Arbeit belohnt werden wird, wie es uns der Prophet vorausgesagt hat.[223]

Sowohl Rabin als auch Sadat wurden von Attentätern ermordet, die dem Wandel, den der Frieden nach sich ziehen könnte, feindlich gegenüberstanden. Kurz nach dem Mord an Sadat schrieb ich, es sei noch zu früh, um zu beurteilen, ob er »einen irreversiblen historischen Prozess eingeleitet« oder »ob sein Schicksal dem des Pharao Echnaton gleichen wird, der angesichts der unendlichen Vielfalt der ägyptischen Götterwelt von einem Monotheismus träumte, dem sich die Menschen erst tausend Jahre später zugewendet haben«.[224] Dass Sadats Ansichten gerechtfertigt waren, beweisen nun, 40 Jahre später, das langjährige ägyptisch-israelische Friedensabkommen, das entsprechende israelische Abkommen mit Jordanien, ja sogar das syrische Rückzugsabkommen und in jüngster Zeit die Abraham Accords Declaration – im Sommer und Herbst 2020 unterzeichnete diplomatischen Maßnahmen zur Normalisierung des Verhältnisses zwischen Israel und den arabischen Staaten. Mehr noch: Selbst dort, wo noch keine förmlichen Vereinbarungen getroffen wurden, hat die Zeit einiges an Illusionen abgetragen und den harten Kern von Sadats Wahrheit ans Licht gebracht.

Zu Beginn unserer Bekanntschaft fragte ich mich bisweilen, ob Sadat vielleicht ein Spiel spielte, das länger dauern sollte, als ihm zugestanden wäre. Würde er zu früheren Überzeugungen zurückkehren oder eine andere, noch weitreichendere Sichtweise einnehmen, nachdem er seine unmittelbaren Ziele erreicht hatte?

Ich kann mit gutem Gewissen nur über die Version von Sadat sprechen, die ich kennengelernt habe. Bei den verschiedenen in diesem Kapitel beschriebenen Verhandlungen haben wir Stunden zusammen verbracht und auch sonst viele Abende als Freunde bei eher abstrakten, aber ebenso erbaulichen Gesprächen. Für den Sadat, den ich kannte, hatte sich die strategische zu einer prophetischen Vision gewandelt. Das ägyptische Volk hatte von ihm lediglich die Rückkehr zu den Vorkriegsgrenzen verlangt. Stattdessen schenkte er ihm, angefangen mit seiner Rede vor der Knesset, eine Vision vom universellen Frieden, die ihn meiner Meinung im Kern ausmachte und den Kulminationspunkt seiner Überzeugungen darstellte.

Unser letztes Gespräch führten wir nach seinem ersten Treffen mit Präsident Reagan im August 1981 auf einem Flug von Washington nach New York. Zu diesem Zeitpunkt hatte er in sieben Jahren vier amerikanische Präsidenten kennengelernt, die jeweils ein anderes Regierungsprogramm vertraten. Er war sichtlich müde. Doch plötzlich wandte er sich mir zu und sprach über ein liebgewonnenes symbolisches Projekt. »Nächsten März erhalten wir den Sinai zurück«, sagte er. »Es wird eine große Feier geben. Sie haben dabei mitgeholfen, den ersten Schritt zu tun, und Sie sollten kommen und mit uns feiern.« Als die Empathie den Überschwang ablöste, folgte eine der für ihn so typischen langen Denkpausen. »Nein, Sie sollten lieber nicht kommen«, fuhr er fort:

> Für die Israelis wird es sehr schmerzhaft, dieses Gebiet aufzugeben. Dem jüdischen Volk würde es zu sehr zusetzen, Sie in Kairo mit uns feiern zu sehen. Sie sollten einen Monat später kommen. Dann können Sie und ich allein auf den Berg Sinai fahren, wo ich eine Synagoge, eine Moschee und eine Kirche bauen will. Das wäre eine bessere Gedenkveranstaltung.[225]

Sadat wurde bei einer Parade zur Feier desjenigen Ereignisses ermordet, das er initiiert und das den Nahen Osten verändert hatte. Die von ihm herbeigeführte Rückgabe des Sinai erlebte er nicht mehr. Die Gebetsstätten auf dem Berg Sinai, die er sich vorgestellt hatte, sind bis heute nicht gebaut worden. Seine Vision des Friedens harrt noch immer ihrer Verwirklichung.

Aber Sadat war sowohl geduldig als auch heiter. Seine Perspektive war die des Alten Ägypten, welches Erfüllung als entfaltete Ewigkeit betrachtete.

5

Lee Kuan Yew:
Die Strategie der Spitzenleistung

EIN BESUCH IN HARVARD

Am 13. November 1968 traf Lee Kuan Yew, der 45-jährige Premierminister von Singapur, an der Universität Harvard ein, um dort, wie er es nannte, ein einmonatiges »Sabbatical« zu verbringen.[1] Singapur war erst seit drei Jahren unabhängig, aber Lee war bereits seit 1959 Premierminister. Damals erlangte die Stadt in der Spätphase der britischen Herrschaft ihre Autonomie.

Gegenüber der Studentenzeitung *The Harvard Crimson* erklärte Lee, sein Ziel sei es, »neue Ideen zu bekommen, anregende Geister zu treffen und mit frischem Enthusiasmus für meine Arbeit zurückzukehren«. Mit einem Anflug von Bescheidenheit fügte er hinzu: »Ich beabsichtige, all die Dinge zu studieren, die ich in den letzten zehn Jahren ad hoc und ohne richtige Anleitung getan habe.«[2] *

Schon bald wurde er von der Fakultät des Harvard Littauer Center (heute Kennedy School of Government), die sich aus Professoren für Staatswesen, Wirtschaft und Entwicklung zusammensetzt, zu einem Treffen eingeladen. Damals wussten die Amerikaner nur wenig über Lee – oder das winzige, neu gegründete Land, das er vertrat. Die Fakultät war im Wesentlichen der

---

* Lee schrieb: »Schon früh im Amt stellte ich fest, dass ich in der Regierung nur mit wenigen Problemen konfrontiert war, die andere Regierungen noch nicht gelöst hatten. Also machte ich es mir zur Gewohnheit, herauszufinden, wer das Problem, mit dem wir konfrontiert waren, bereits gelöst hatte, wie sie es angegangen waren und wie erfolgreich sie gewesen waren.« Lee Kuan Yew, *From Third World to First* (New York: HarperCollins, 2000), S. 687.

Meinung, dass unser Gast eine halbsozialistische Partei und einen postkolonialen Staat leitete. Als er sich also an den großen ovalen Tisch setzte, wurde er von meinen überwiegend liberalen Kollegen, die sich zu diesem Anlass versammelt hatten, herzlich als Gleichgesinnter begrüßt.

Der energiegeladene Lee verschwendete keine Zeit mit Smalltalk oder einleitenden Bemerkungen. Stattdessen fragte er nach der Meinung der Fakultät zum Krieg in Vietnam.[3] Meine Kollegen, die sich leidenschaftlich gegen den Konflikt und die Beteiligung Amerikas daran aussprachen, waren sich vorwiegend darüber uneins, ob Präsident Lyndon B. Johnson ein »Kriegsverbrecher« oder lediglich ein »Psychopath« sei. Nachdem einige der Professoren gesprochen hatten, forderte der Dekan der Fakultät Lee auf, seine Standpunkte darzulegen, und lächelte dabei in einer Weise, die klar erkennen ließ, dass er seine Zustimmung erwartete.

Mit seinen ersten Worten kam Lee direkt auf den Punkt: »Sie machen mich krank.« Dann erklärte er, ohne sich auch nur im Geringsten anbiedern zu wollen, dass Singapur als kleines Land in einem turbulenten Teil der Welt für sein Überleben auf ein Amerika angewiesen sei, das sich seiner Mission, für globale Sicherheit zu sorgen, sicher sei und stark genug, den kommunistischen Guerillabewegungen entgegenzutreten, die damals mit Unterstützung Chinas versuchten, die jungen Nationen Südostasiens zu untergraben.

Lees Antwort war weder ein Hilfegesuch noch ein moralischer Appell, sondern eine nüchterne Analyse der geopolitischen Gegebenheiten in seiner Region. Er beschrieb, was seiner Meinung nach im nationalen Interesse Singapurs lag: wirtschaftliche Stabilität und Sicherheit zu erreichen. Er machte deutlich, dass sein Land alles in seiner Macht Stehende tun werde, um beide Ziele zu erreichen – wohl wissend, dass Amerika über jegliche Unterstützung aus eigenen Erwägungen heraus selbst entscheiden würde. Er lud seine Gesprächspartner ein, weniger eine gemeinsame Ideologie zu suchen als vielmehr zusammen das Notwendige zu erforschen.

Vor der verblüfften Fakultät vertrat Lee eine Weltanschauung, die frei von antiamerikanischen Vorbehalten und postimperialen Ressentiments war. Er gab den Vereinigten Staaten weder die Schuld an den Problemen Singapurs, noch erwartete er, dass sie sie lösen würden. Vielmehr bemühte er sich um amerikanisches Wohlwollen, damit Singapur, dem es an Öl und anderen natürlichen Reichtümern fehlte, durch die Kultivierung dessen gedeihen konnte, was er als seine wichtigste Ressource bezeichnete: die Stärke seines Volkes, dessen Potenzial sich nur dann entfalten könne, wenn es nicht kommunistischen Aufständen, Invasionen durch Nachbarländer oder der chinesischen Hegemonie ausgeliefert sei.

Zu Beginn jenes Jahres hatte der britische Premierminister Harold Wilson den Abzug aller Streitkräfte »östlich von Suez« angekündigt, was unter anderem die Schließung des großen Royal-Navy-Stützpunkts erforderte, der eine tragende Säule für Singapurs Wirtschaft und Sicherheit gewesen war. Lee suchte daher die Hilfe der Amerikaner, um die sich abzeichnenden Schwierigkeiten zu bewältigen. Er formulierte diese Aufgabe weniger im Sinne der vorherrschenden moralischen Kategorien des Kalten Krieges als vielmehr einen Bestandteil beim Aufbau einer regionalen Ordnung, an deren Aufrechterhaltung Amerika ein nationales Eigeninteresse entwickeln sollte.

Eine der wesentlichen Eigenschaften eines Staatsmannes ist die Fähigkeit, sich nicht von der Stimmung des Augenblicks mitreißen zu lassen. Lees Auftritt in jenem lange zurückliegenden Harvard-Seminar war nicht nur wegen der Klarheit seiner Analyse – sowohl der Position Amerikas als auch der Singapurs in der Welt – lehrreich, sondern auch wegen seines Muts, gegen den Strom zu schwimmen. Diese Eigenschaft stellte er während seiner politischen Laufbahn noch häufig unter Beweis.

DER RIESE AUS LILIPUT

Lees Verdienste unterscheiden sich von denen der anderen in diesem Band erwähnten Staatslenker. Sie alle repräsentierten ein großes Land mit einer über Jahrhunderte, wenn nicht Jahrtausende gewachsenen Kultur. Für solche Führungspersönlichkeiten, die versuchen, ihre Gesellschaft von einer vertrauten Vergangenheit in eine sich entwickelnde Zukunft zu leiten, wird der Erfolg an ihrer jeweiligen Fähigkeit gemessen, die historischen Erfahrungen und Werte ihrer Gesellschaft so zu lenken, dass ihr Potenzial ausgeschöpft werden kann.

Lee Kuan Yew praktizierte eine Staatskunst mit anderer Entwicklungsgeschichte. Als er im August 1965 Staatsoberhaupt des unabhängigen Singapur wurde, übernahm er die Führung eines Landes, das zuvor nicht existiert hatte – und daher faktisch keine politische Vergangenheit hatte, außer als imperiales Herrschaftsgebiet. Lees Leistung bestand darin, die bisherige Geschichte seiner Nation zu überwinden und ein eigenes Selbstverständnis zu entwickeln, indem er eine Gesellschaft, die sich aus unterschiedlichen ethnischen Gruppen zusammensetzte, in eine dynamische Zukunft führte und eine von Armut geplagte Stadt in eine Wirtschaftsregion von Weltbedeutung verwandelte. In diesem Prozess wurde er zum internationalen Staatsmann und begehrten Berater der Großmächte. Richard Nixon sagte, er zeige die »Fähigkeit, sich über die Ressentiments des Augenblicks und der Vergangenheit zu erheben und über das Wesen der neuen Welt, die kommen wird, nachzudenken«.[4] Margaret Thatcher nannte ihn »einen der fähigsten Staatsmänner des zwanzigsten Jahrhunderts«.[5]

All das erreichte Lee das trotz scheinbar erdrückender Nachteile. Singapurs Staatsgebiet war »bei Ebbe etwa 224 Quadratmeilen groß«, wie er zu sagen pflegte – kleiner als Chicago.[6] Es fehlte an den grundlegendsten natürlichen Ressourcen, darunter ausreichend Trinkwasser. Selbst die tropischen Regenfälle – Singapurs Haupttrinkwasserquelle zur Zeit der Unabhängigkeit – waren ein zweifelhaftes Geschenk, da sie den Boden auslaugten und eine produktive Landwirtschaft unmöglich machten.[7] Singapurs Bevölkerungszahl von 1,9 Millionen war im weltweiten Vergleich winzig und von Spannungen zwischen drei verschiedenen ethnischen Gruppen geprägt: Chinesen, Malaien und Indern. Es war von wesentlich größeren und mächtigeren Staaten umgeben, insbesondere von Malaysia und Indonesien, die es um seinen Tiefwasserhafen und seine strategische Lage an den Seehandelsrouten beneideten.

Trotz dieser ungünstigen Ausgangssituation entwickelte sich Singapur unter Lees Führung zu einem der erfolgreichsten Länder der Welt. Innerhalb einer einzigen Generation wurde eine Malaria-Insel vor der südlichsten Spitze der Malaiischen Halbinsel zum reichsten Land Asiens auf Pro-Kopf-Basis und de facto zum Handelszentrum Südostasiens. Heute rangiert es bei fast allen Parametern menschlichen Wohlstands weltweit im obersten Prozentbereich.

Lee Kuan Yew: Die Strategie der Spitzenleistung

Im Gegensatz zu Ländern, deren Fortbestehen durch die Wirrungen der Geschichte als selbstverständlich angesehen wird, würde Singapur nicht überleben, wenn es nicht Höchstleistungen erbrächte – wie Lee seine Landsleute unablässig warnte. In seinen Erinnerungen schrieb er, Singapur sei »kein natürliches Land, sondern von Menschenhand geschaffen«.[8] Gerade weil es keine Vergangenheit als Nation hatte, gab es keine Garantie für eine Zukunft; der Fehlerspielraum lag somit konstant nahe null. »Ich mache mir Sorgen, dass die Singapurer glauben, Singapur wäre ein normales Land«, sollte Lee später mehrfach sagen.[9] »Wenn wir eine Regierung und ein Volk haben, die sich vom Rest der Nachbarschaft nicht unterscheiden, wird Singapur aufhören zu existieren.«[10]

In Singapurs Kampf, sich als Nation zu behaupten und zu überleben, mussten Innen- und Außenpolitik eng miteinander verwoben sein. Es gab drei Erfordernisse: Wirtschaftswachstum, um die Bevölkerung zu ernähren; ausreichender innerer Zusammenhalt, um eine langfristige Politik zu ermöglichen – und eine Außenpolitik, die beweglich genug war, um zwischen internationalen Giganten wie Russland und China sowie begehrlichen Nachbarn wie Malaysia und Indonesien bestehen zu können.

Lee verfügte auch über das notwendige Geschichtsbewusstsein für eine echte Führungsrolle. »Stadtstaaten haben keine gute Überlebensbilanz«, stellte er 1998 fest.[11] »Die Insel Singapur wird nicht verschwinden, aber die souveräne Nation, zu der sie geworden ist und die in der Lage ist, ihren Weg zu gehen und ihre Rolle in der Welt zu spielen, könnte verschwinden.«[12] Seiner Meinung nach musste Singapurs Weg eine steile Aufwärtskurve sein, deren Ende nicht in Sicht war; andernfalls würde das Land Gefahr laufen, von seinem Hinterland oder vom schieren Ausmaß seiner wirtschaftlichen und sozialen Probleme verschlungen zu werden. Lee lehrte eine Art globaler Physik, in der Gesellschaften ständig danach streben müssen, Entropie zu vermeiden. Staatsoberhäupter seien zum Pessimismus verleitet, bemerkte er im Mai 1979 bei einer privaten Zusammenkunft von Staatsoberhäuptern aus der ganzen Welt, als Singapur noch in der Frühphase seines Wachstums stand, aber »wir müssen uns den Weg da heraus erkämpfen. Man muss einen glaubwürdigen, plausiblen Weg aufzeigen, wie wir den Kopf über Wasser halten können.«[13]

Parallel zu Lees düsteren Warnungen vor einem drohenden Untergang hatte er eine ebenso lebhafte Vorstellung von den Möglichkeiten seines Landes. Wenn jede große Errungenschaft zunächst ein Traum ist, bevor sie Wirklichkeit wird, dann war Lees Traum in seiner Kühnheit atemberaubend: Er stellte sich einen Staat vor, der nicht nur überleben, sondern durch sein beharrliches Streben nach Spitzenleistungen erblühen würde. In Lees Augen umfasste der Begriff der Spitzenleistung weit mehr als die Leistung des Einzelnen: Diese Anstrengung sollte in der gesamten Gesellschaft vorherrschen. Ob im Staatsdienst, in der Wirtschaft, in der Medizin oder im Bildungswesen – Mittelmäßigkeit und Korruption waren nicht akzeptabel. Bei Verfehlungen gab es keine zweite Chance, bei Versagen nur wenig Toleranz. Auf diese Weise erlangte Singapur einen weltweiten Ruf für herausragende kollektive Leistungen. Das Gefühl des gemeinsamen Erfolgs konnte nach Lees Ansicht dazu beitragen, die Gesellschaft zusammenzuhalten, obwohl es keine allgemein geteilte Religion, Ethnie oder Kultur gab.

Lees größtes Geschenk an sein multiethnisches Volk aber war sein unerschütterlicher Glaube daran, dass dessen größte Ressource die Fähigkeit war, ungeahnte eigene Potenziale zu aktivieren. Daneben bemühte er sich, bei seinen ausländischen Freunden und Bekannten ein vergleichbares Vertrauen zu erwecken. Er war nicht nur deshalb so überzeugend, weil er ein scharfsinniger Beobachter der regionalen Politik Südostasiens war, sondern auch, weil sein chinesisches Erbe in Verbindung mit seiner Ausbildung an der Universität Cambridge ihm außergewöhnlichen Einblick in die Dynamik der Interaktion zwischen Ost und West ermöglichte – einen der wichtigsten Dreh- und Angelpunkte der Geschichte.

Sein ganzes Leben lang bestand Lee darauf, sein Beitrag habe lediglich darin bestanden, die in der Gesellschaft Singapurs bereits vorhandenen Kräfte freizusetzen. Er wusste, dass sein Ziel zum Leitbild werden musste, sollte es zum Erfolg führen, und nicht zu einer persönlichen Tour de Force. »Jeder, der sich für einen Staatsmann hält, sollte einen Psychiater aufsuchen«, sagte er einmal.[14]

Mit der Zeit veranlasste der Erfolg Singapurs sogar China dazu, Lees Konzept zu analysieren und seine Ideen nachzuahmen. Im Jahr 1978 besuchte Deng Xiaoping den Stadtstaat in der Erwartung, ein rückständiges Land zu sehen und von einer Schar ethnischer Chinesen bejubelt zu werden. Deng hatte 1920 auf seinem Weg nach Paris zwei Tage in Singapur verbracht, und in den dazwischenliegenden Jahren waren seine Informationen über die Stadt größtenteils von einer unterwürfigen Entourage geliefert worden, die dazu neigte, die singapurische Führung als die »rennenden Hunde des amerikanischen Imperialismus« darzustellen.[15] Stattdessen waren die ethnischen Chinesen, denen Deng in Singapur begegnete, ihrer jungen Nation gegenüber äußerst loyal. Die glänzenden Wolkenkratzer und die makellosen Alleen, die Deng dort vorfand, lieferten ihm sowohl einen Anstoß als auch eine Vorlage für Chinas eigene Reformen nach Mao.

JUGEND UNTER KOLONIALHERRSCHAFT

Lee Kuan Yew wurde im September 1923 geboren, etwas mehr als ein Jahrhundert nachdem Sir Stamford Raffles, Gouverneursleutnant der britischen Kolonie Sumatra, einen Handelsposten auf der kleinen Insel nahe der Straße von Malakka gegründet hatte, die von den Einheimischen »Singa Pura« genannt wurde, was im Sanskrit »Löwenstadt« bedeutet. Das 1819 von Raffles gegründete Singapur wurde technisch gesehen von Kalkutta aus als Teil von »Hinterindien« verwaltet, obwohl die begrenzte Kommunikationstechnologie der damaligen Zeit den Kolonialverwaltern vor Ort erheblichen Spielraum ließ. Von London zum Freihafen erklärt – und durch die Rohstoffexporte vom malaiischen Festland begünstigt –, wuchs der neue Außenposten schnell und lockte Händler und Glücksritter aus Südostasien und anderen Teilen der Welt an. Ab 1867 unterstand Singapur als Kronkolonie der direkten Zuständigkeit des Kolonialamts in London.[16]

Vor allem ethnische Chinesen strömten nach Singapur und bildeten bald die Mehrheit der Bevölkerung – manche stammten von der nahe gelegenen Malaiischen Halbinsel und dem Malaiischen Archipel, andere flohen vor den Unruhen und der Armut im krisengeschüttelten China des 19. Jahrhunderts. Zu Letzteren gehörte Lees Urgroßvater, der 1863 aus der südchinesischen Provinz Guangdong nach Singapur reiste. Auch Malaien, Inder, Araber, Armenier und Juden ließen sich in dem dynamischen Wirtschaftszentrum nieder und verliehen der Stadt einen vielsprachigen Charakter. In den 1920er-Jahren produzierte Britisch-Malaya fast die Hälfte des weltweiten Kautschuks sowie ein Drittel des Zinns und exportierte beides über den Hafen von Singapur.[17]

Zur Zeit von Lees Geburt war Singapur außerdem zu einem Eckpfeiler der britischen Militärstrategie in Asien geworden. Großbritannien war seit 1902 ein Verbündeter Japans – was so weit ging, dass es 1915 bei der Niederschlagung einer Meuterei indischer Soldaten in Singapur japanische Marinesoldaten zur Unterstützung anforderte.[18] Im Jahr 1921 hingegen war die Admiralität über die wachsende Macht Japans besorgt und beschloss, in Singapur einen umfangreichen Marinestützpunkt zu errichten, um es zum »Gibraltar des Ostens« zu machen.[19] Trotz des Aufstiegs Japans erschien in der Welt von Lees Kindheit das Empire so unbesiegbar wie zeitlos. »Von Ressentiments konnte keine Rede sein«, erinnerte er sich Jahrzehnte später, »der überlegene Status der Briten in Regierung und Gesellschaft war schlicht eine Tatsache.«[20]

Lees Familie gelangte in den 1920er-Boomjahren zu Wohlstand. Beeinflusst durch einen besonders anglophilen Großvater, wagten Lees Eltern zudem den ungewöhnlichen Schritt, ihren Söhnen neben ihren chinesischen auch englische Namen zu geben. Lees Name war »Harry«. Ab seinem sechsten Lebensjahr wurde er an englischsprachigen Schulen unterrichtet.[21]

Trotz dieser englischen Einflüsse war Lees Erziehung traditionell chinesisch geprägt. Er wuchs mit seiner Großfamilie – darunter sieben Cousins – im Haus seines Großvaters mütterlicherseits auf, wo seine Eltern mit ihren fünf Kindern ein einziges Zimmer teilten. Aufgrund dieser Kindheitserfahrungen und der konfuzianischen Kultureinflüsse waren Respekt vor den Eltern, Genügsamkeit und die Wertschätzung von Harmonie und Stabilität schon früh in seinem Bewusstsein verankert.

Seine Eltern waren keine ausgebildeten Fachkräfte und gerieten 1929 in den Sog der Weltwirtschaftskrise. Lee schrieb in seinen Memoiren, dass sein Vater, ein Lagerhalter bei der Shell Oil Company, oft »schlecht gelaunt nach Hause kam, wenn er beim Blackjack verloren hatte [...] und etwas von dem Schmuck meiner Mutter verlangte, um ihn zu verpfänden, damit er zurückgehen und sein Glück erneut versuchen konnte«.[22] Sie weigerte sich jedoch stets, um die Bildung der Kinder zu gewährleisten, die sie ihrerseits

Lee Kuan Yew: Die Strategie der Spitzenleistung

bewunderten und sich ein Leben lang verpflichtet fühlten, ihren hohen Erwartungen gerecht zu werden.[23]

Der zwölfjährige Lee, ein kluger, aber bisweilen aufsässiger Schüler, schloss die Grundschule als Klassenbester ab. Dies ermöglichte ihm, seinen Bildungsweg an der Raffles Institution fortzusetzen, zusammen mit 150 der besten Schüler aller Ethnien und Klassen in Singapur und Malaya, die ausschließlich aufgrund ihrer Leistungen zugelassen worden waren – darunter auch Miss Kwa Geok Choo, die einzige weibliche Schülerin.[24] Damals wie heute war die Raffles Institution die strengste englischsprachige Sekundarschule in Singapur und die Kaderschmiede der künftigen Elite der Stadt. Ihr Ziel war es, die begabtesten Untertanen der Kolonien auf die Aufnahmeprüfungen an britischen Universitäten vorzubereiten. Als Lee später in seinem Leben mit führenden Persönlichkeiten des Commonwealth aus der ganzen Welt zusammentraf, stellte er immer wieder fest, »dass auch sie denselben Drill mit denselben Lehrbüchern durchlaufen hatten und dieselben Passagen aus Shakespeare zitieren konnten«.[25] Sie alle waren Teil des »unbeschwerten Alumni-Netzwerks (*old boy network*) [...], das vom kolonialen Bildungssystem der Briten gepflegt wurde«.[26]

Da sie um das akademische Potenzial ihres Sohnes wussten und zugleich bereuten, dass sie nicht mehr aus ihrer eigenen Laufbahn gemacht hatten, ermutigten Lees Eltern ihren Sohn zu einem Medizin- oder Jurastudium. Pflichtbewusst schmiedete er Pläne für ein Jurastudium in London und belegte bei den Cambridge-Prüfungen den ersten Platz in Singapur und Malaya.[27] Doch als 1940 in Europa ein weiterer Weltkrieg ausbrach, beschloss Lee, besser in Singapur zu bleiben und am Raffles College (der heutigen National University of Singapore) zu studieren, wo er ein Vollstipendium erhalten hatte.[28]

Während seines ersten Studienjahres zeigte Lee akademische Höchstleistungen und wetteiferte mit Miss Kwa in verschiedenen Fächern um den ersten Platz. Er kehrte zu seinem Traum zurück, in England Jura zu studieren, und setzte sich zum Ziel, ein Queen's Scholarship zu erhalten, welches die Kosten für ein Universitätsstudium in Großbritannien decken würde. Da in den Straits Settlements (Malakka, Penang und Singapur) jedes Jahr nur zwei Schüler ein solches Stipendium erhielten, war Lee ständig in Sorge, Miss Kwa und ein Spitzenschüler einer anderen Schule würden die ersten beiden Plätze belegen und er müsste in Singapur zurückbleiben.[29]

Es sollten noch größere Sorgen auf ihn zukommen. Im Dezember 1941 bombardierten die Japaner die US-Pazifikflotte in Pearl Harbor, Hawaii, und griffen gleichzeitig Britisch-Malaya, Hongkong und Singapur an. Zwei Monate später, im Februar 1942, wurde die Stadt von Japan erobert, was Winston Churchill als »die schlimmste Katastrophe und größte Kapitulation in der britischen Geschichte« bezeichnete. Lee, damals 18 Jahre alt, sprach später vom »ersten Wendepunkt meines Lebens« und kontrastierte den panischen Aufbruch der bürgerlichen britischen Familien mit dem stoischen Leiden der Kolonialherren und der 80 000 britischen, australischen und indischen Soldaten, die von den Japanern gefangen genommen worden waren. Für Lee und zahllose andere Singapurer war »die Aura der erdrückenden Überlegenheit, mit der die Briten uns in Schach gehalten hatten, für immer gebrochen«.[30]

Es folgte eine brutale Besatzungszeit, in der die vom Handel abhängige Wirtschaft Singapurs durch den Krieg zum Erliegen kam und die Bevölkerung durch eine schwere Nahrungsmittelknappheit demoralisiert wurde. Die japanischen Behörden benannten Straßen und öffentliche Gebäude um, entfernten die Bronzestatue von Raffles vom Empress Place und führten ihren kaiserlichen Kalender ein.[31] Lee selbst entging nur knapp dem Tod, nachdem er bei einer Massenverhaftung chinesischer Männer festgenommen worden war, von denen die meisten kurzerhand hingerichtet wurden – vor allem diejenigen mit gepflegten Händen oder Brillen, die als »Intellektuelle« ausgesondert wurden, deren Loyalität möglicherweise bei Großbritannien lag. Zehntausende wurden massakriert.[32] Lee wurde verschont, nahm an einem dreimonatigen Japanischkurs teil und fand Arbeit – zunächst als Angestellter in einer japanischen Firma, dann als Englischübersetzer für das japanische Propagandaministerium und schließlich als Schmuckhändler auf dem Schwarzmarkt.[33] Während der Kriegsjahre lernte Lee, dass »der Schlüssel zum Überleben die Improvisation war« – eine Lektion, die seine pragmatische, experimentelle Herangehensweise prägen sollte, mit der er Singapur regierte.[34]

Nach Kriegsende erhielt Lee endlich ein Queen's Scholarship für sein Jurastudium in Cambridge, das er mit einem hervorragenden Abschluss beendete. Miss Kwa, die Lee bereits während des Krieges umworben hatte, schlug denselben Weg ein, und im Dezember 1947 heirateten die beiden in aller Stille in Stratford-upon-Avon.[35] »Choo«, wie Lee sie nannte, war eine außergewöhnliche Frau, die über eine ungewöhnliche Kombination aus Intelligenz und Sensibilität verfügte. Sie wurde zur unverzichtbaren Stütze in seinem Leben, nicht nur im Alltag, sondern vor allem als emotionale und intellektuelle Begleiterin seiner öffentlichen Aktivitäten. Am Raffles College hatte sie als Hauptfach Literatur studiert und »von Jane Austen bis J.R.R. Tolkien, von Thukydides' *Peloponnesischen Kriegen* bis zu Vergils *Aeneis*« alles gelesen, wie Lee später sagte.[36] Nach ihrem Erfolg in Cambridge kehrten die beiden nach Singapur zurück und gründeten gemeinsam eine Anwaltskanzlei, Lee & Lee.

Lees Ansichten während seiner Jahre in Cambridge waren entschieden sozialistisch und antikolonialistisch, sogar antibritisch. Dies hatte zum Teil persönliche Gründe: In England wurde er gelegentlich wegen seiner Hautfarbe in Hotels abgewiesen,[37] vor allem aber hatte es mit dem zu tun, was er später als das »Gären in der Luft« bezeichnete. Die Unabhängigkeitskämpfe Indiens, Birmas und anderer Kolonien bewegten Lee zu der Frage: »Warum nicht Malaya, zu dem damals auch Singapur gehörte?«[38] In der Überzeugung, dass »der Wohlfahrtsstaat die höchste Form der zivilisierten Gesellschaft« sei, war Lee ein Bewunderer der Nachkriegsreformen der Labour-Regierung von Premierminister Clement Attlee wie der etatistischen Wirtschaftspolitik des indischen Premierministers Jawaharlal Nehru.[39]

Lee trat zum ersten Mal ins Licht der Öffentlichkeit, als er in Großbritannien für einen befreundeten Parlamentskandidaten der Labour Party Wahlkampf betrieb. Auf der Ladefläche eines Lastwagens in der Kleinstadt Totnes in Devon hielt Lee eine seiner ersten öffentlichen Reden, in der er seine Identität als britischer Untertan nutzte, um für die Selbstverwaltung Malayas zu werben. Seine Argumente gaben einen Vorgeschmack auf seinen späteren Stil, der eher praktisch als ideologisch war: Die Unabhängigkeit wäre dann am erfolgreichsten, wenn sie schrittweise in Zusammenarbeit von Unabhängigkeitsbewegung und Mutterland erreicht würde. Lee schloss seine Rede mit einem Appell an britische Vernunft und Eigeninteresse:

Selbst wenn Sie sich nicht um Fairness oder soziale Gerechtigkeit gegenüber den Kolonialvölkern scheren, sollten Sie um Ihres Eigeninteresses willen, um Ihres eigenen wirtschaftlichen Wohlergehens, um der Dollars willen, die Sie aus Malaya und Ihren anderen Kolonien herausholen, eine Regierung einsetzen, die das Vertrauen dieser Völker genießt, die dann gern mit Ihnen kooperieren und glücklich sein werden, im britischen Commonwealth und Empire aufzuwachsen.[40]

DER AUFBAU EINES STAATES

Während Lee in England studierte, litt Singapur unter schweren Nachkriegsproblemen. Bis weit ins Frühjahr 1947 hinein waren die Lebensmittel rationiert, und die Tuberkulose grassierte. Die malaiischen Kommunisten und ihre gewerkschaftlichen Verbündeten organisierten Streiks, welche die Wirtschaft weiter schädigten.[41]

Als Lee im August 1950 nach Singapur zurückkehrte, blieben zwei wesentliche Probleme bestehen: Wohnraum und Korruption. Nur ein Drittel der Singapurer verfügte über angemessenen Wohnraum, und die Bauarbeiten hielten nicht mit der Nachfrage Schritt. Nach Geschäftsschluss war es üblich, dass die Angestellten auf dem Boden schliefen.[42] Die unter britischer Herrschaft ungezügelte Korruption hatte sich durch die Kriegsbedingungen noch verschlimmert.[43] Die Inflation untergrub die Kaufkraft der Beamtengehälter, was die Versuchung erhöhte, Schmiergeld anzunehmen.[44]

Lee war mit der Absicht zurückgekehrt, als Anwalt zu praktizieren, wurde aber schnell in die Politik Singapurs hineingezogen. Seine Begabung wurde prompt belohnt: Im Jahr 1954, mit 31 Jahren, gründete er die People's Action Party (PAP); innerhalb von fünf Jahren beherrschte sie, angetrieben von Lees ungeheurer Energie, die politische Landschaft der Insel. Cyril Northcote Parkinson, der Raffles-Professor für Geschichte an der University of Malaya in Singapur, beschrieb Lees politische Positionierung in diesen Jahren als »so weit links wie möglich, nahe dem Kommunismus, und in Worten weiter links als in Taten«.[45] Mit einer starken sozialdemokratischen Botschaft thematisierte die PAP das Versagen der Kolonialbehörden bei der Bereitstellung

Lee Kuan Yew: Die Strategie der Spitzenleistung

angemessener öffentlicher Dienstleistungen und einer transparenten, effizienten Verwaltung. Die PAP-Kandidaten trugen im Wahlkampf keine Krawatten, sondern weiße, kurzärmelige Hemden, die zugleich eine Anpassung an das tropische Klima Singapurs und ein Symbol ihres Engagements für eine ehrliche Staatsführung sein sollten.[46] * Im Mai 1959 gestand London der Stadt die Selbstverwaltung in allen Angelegenheiten außer Außen- und Verteidigungspolitik zu. Nachdem die PAP bei den Wahlen im selben Monat eine parlamentarische Mehrheit erlangt hatte, wurde Lee zum Premierminister ernannt, ein Amt, das er bis zu seinem Rücktritt im November 1990, also mehr als drei Jahrzehnte, innehatte.[47]

Unmittelbar nach der Selbstverwaltung hatte Singapur innerhalb weniger Jahre drei verschiedene Verfassungsordnungen: als britische Kronkolonie von 1959 bis 1963, als Teil einer neuen Konföderation namens Malaysia von 1963 bis 1965 und als unabhängiger souveräner Staat nach 1965. In dieser Zeit, kurz vor dem Ende der Kolonialherrschaft, wurden die Grundlagen des modernen Staates Singapur gelegt. Lee stellte ein schlagkräftiges Kabinett zusammen – darunter der Wirtschaftswissenschaftler Goh Keng Swee (zum Finanzminister ernannt) und der Journalist S. Rajaratnam (zum Kulturminister ernannt) –, das Pläne zur Verbesserung der sozialen Bedingungen in der Stadt ausarbeitete.**

Die neue Behörde für Wohnungsbau und Entwicklung (Housing and Development Board, HDB) begann bald im großen Stil mit dem Bau von Hochhäusern. Ziel war es, allen Einwohnern Singapurs Zugang zu erschwinglichem Wohnraum zu verschaffen; die Bürger waren berechtigt, im Wesentlichen typengleiche Wohnungen zu festgelegten Preisen vom HDB zu erwerben. Lee ernannte einen kompetenten und dynamischen Geschäftsmann, Lim Kim San,

---

* Ihr Ziel sei es gewesen, so der singapurische Soziologe Beng Huat Chua, »die Askese und die aufopferungsvolle Haltung der radikalen Linken zu erreichen, wenn nicht gar zu übertreffen«. Siehe Beng Huat Chua, *Liberalism Disavowed: Communitarianism and State Capitalism in Singapore* (Ithaca, NY: Cornell University Press, 2017), S. 3.

** Lee schrieb später über Goh, Rajaratnam und zwei weitere vertrauenswürdige Mitarbeiter: »Sie waren alle älter als ich und hatten nie Hemmungen, mir zu sagen, was sie dachten, vor allem, wenn ich falsch lag. Sie halfen mir, objektiv und ausgeglichen zu bleiben.« (Lee, *From Third World to First*, S. 686)

zum Leiter der Behörde; unter Lims Leitung wurden in drei Jahren mehr Wohnungen gebaut als unter den Briten in den vorangegangenen 32 Jahren.[48] Mit der Zeit entwickelte sich Singapur zu einer Stadtgesellschaft von Hausbesitzern, in der jede Familie einen Anteil an der Zukunft Singapurs in Form von Eigentum besaß.[49] Wie Lee in seinen Memoiren hervorhob, sorgte die enge Verknüpfung von wirtschaftlichem Wohlstand der einzelnen Bürger mit dem Wohlergehen des Staates zudem für eine »gesicherte politische Stabilität«, die wiederum das Wirtschaftswachstum stärkte.[50] Gleichzeitig wurde die ethnische Trennung durch ein System von Herkunfts- und Einkommensquoten in Singapurs Wohnvierteln zunächst begrenzt und dann schrittweise beseitigt. Durch das Zusammenleben und -arbeiten entwickelten die Singapurer unterschiedlicher Ethnien und Religionen allmählich ein Nationalbewusstsein.

Ebenso rasch machte sich Lee an die Beseitigung der Korruption. Innerhalb eines Jahres nach seinem Amtsantritt verabschiedete seine Regierung das Korruptionsbekämpfungsgesetz, das schwere Strafen für Korruption auf allen Regierungsebenen vorsah und den Rechtsweg für mutmaßliche Bestechungsempfänger einschränkte. Unter seiner Führung wurde die Korruption rasch und rücksichtslos bekämpft.[51] Lee stellte zudem sämtliche ausländischen Investitionen unter strenge Aufsicht und führte persönlich einige der kompromisslosen Due-Diligence-Prüfungen seiner Regierung durch. Seine rigorose Durchsetzung der Gesetze Singapurs untermauerte dessen Ruf als ehrlicher, sicherer Ort für Geschäfte.

Um seine Ziele zu erreichen, setzte Lee auf Bestrafung von Beamten im Falle eines Fehlverhaltens, anstatt sie durch Gehaltserhöhungen zu motivieren; tatsächlich kürzte seine Regierung die Gehälter zunächst.[52] Erst 1984, als Singapur wohlhabender geworden war, führte Lee seine besondere Politik ein, die Gehälter von Beamten auf 80 Prozent der vergleichbaren Tarife in der Privatwirtschaft festzusetzen.[53] Infolgedessen gehörten die Regierungsbeamten in Singapur zu den bestbezahlten der Welt. Der Erfolg im Kampf gegen die Korruption sei nach wie vor die »moralische Grundlage der [PAP-]Herrschaft«, wie ein prominenter singapurischer Wissenschaftler feststellte.[54]

Korruption wird in Singapur nicht nur als ein moralisches Versagen der beteiligten Personen verstanden, sondern auch als Verstoß gegen den ethischen

Kodex des Gemeinwesens, der Leistung, Fairness und ehrenhaftes Verhalten in den Vordergrund stellt.[55] Singapur wird regelmäßig als eines der am wenigsten korrupten Länder der Welt eingestuft und erfüllt damit Lees Ziele für sein Land.[56] * Wie Lee später bemerkte: »Man braucht Männer mit gutem Charakter, gutem Verstand und starken Überzeugungen. Ohne sie wird Singapur es nicht schaffen.«[57]

Die Eindämmung der Korruption ermöglichte es, in Regierungsprogramme zu investieren, die das Leben der Singapurer wesentlich verbesserten, und sorgte für faire Wettbewerbsbedingungen auf der Grundlage von Chancengleichheit. Zwischen 1960 und 1963 stiegen die Bildungsausgaben Singapurs fast um das Siebzehnfache, während die Schulbevölkerung um 50 Prozent zunahm.[58] In den ersten neun Jahren der PAP-Regierung stellte Lee fast ein Drittel des Budgets Singapurs für Bildung zur Verfügung – ein erstaunlicher Anteil im Verhältnis zu den Nachbarländern, aber auch im weltweiten Vergleich.[59]

Die Betonung der Lebensqualität wurde für Singapur zu einem bestimmenden Aspekt der Staatsführung. Beginnend mit einer Röntgenkampagne gegen Tuberkulose im Jahr 1960 räumte Singapur der öffentlichen Gesundheit höchste Priorität ein.[60] Wie George Shultz und Vidar Jorgensen feststellten, »gibt der Stadtstaat nur 5% des BIP für die medizinische Versorgung aus, hat aber wesentlich bessere Gesundheitsergebnisse als die USA, die 18% des BIP für die Gesundheit ausgeben. Die Lebenserwartung in Singapur liegt bei 85,2 Jahren, verglichen mit 78,7 Jahren in den USA.«[61] Innerhalb einer Generation verwandelte sich Singapur von einem krankheitsgebeutelten Slum in eine Metropole der Ersten Welt – und das, während der Kostenanteil der Regierung stetig sank.[62]

Um diese Revolution in der Regierungsführung zu orchestrieren, schuf Lee ein Netz sogenannter »parapolitischer Institutionen«, die als Mittler zwischen dem Staat und seinen Bürgern fungierten. Gemeindezentren, beratende

---

* Die in Berlin ansässige gemeinnützige Organisation Transparency International stuft Singapur für 2020 als das am drittwenigsten korrupte Land der Welt ein (einen Platz, den es sich mit Finnland, der Schweiz und Schweden teilt. Neuseeland und Dänemark teilen sich den Spitzenplatz). (Siehe »Corruption Perceptions Index« 2020, Website von Transparency International, https://www.transparency.org/en/cpi/2020/index/sgp.)

Bürgerkomitees, Einwohnerkomitees und später auch Stadtverwaltungen boten Erholungsmöglichkeiten, schlichteten kleinere Streitigkeiten, boten öffentliche Dienstleistungen wie Kindergärten an und verbreiteten Informationen über die Regierungspolitik.[63] Die PAP spielte in diesen Institutionen eine wichtige Rolle und verwischte die Grenzen zwischen Partei, Staat und Volk.[64] So richtete Lee beispielsweise fast 400 Kindergärten ein, die ausschließlich von PAP-Mitgliedern betreut wurden.[65]

Durch eine Kombination aus öffentlichen Dienstleistungen und dem, was Lee als geschickten politischen »Straßenkampf« bezeichnete, konnte sich die PAP nach den Wahlen von 1959 und dann erneut bei den Wahlen von 1963 fest etablieren.[66] Im Jahr 1968 hatte Lee seine Konkurrenten weitgehend besiegt; die Opposition boykottierte diese Wahlen, und die PAP gewann fast 87 Prozent der Stimmen und alle 58 Parlamentssitze. In der Folgezeit blieb die PAP weitgehend unangefochten. Eine Ursache für ihre anhaltende Stärke war Singapurs Mehrheitswahlrecht, ein britisches Erbe, das Minderheitenstimmen nicht berücksichtigt. Eine andere war, dass Lee das Rechtssystem nutzte, um seine politischen Gegner zu isolieren und unliebsame Medien zu beschneiden.[67] Er beschrieb sein Ringen mit der Opposition als »unbewaffneten Kampf ohne Rücksicht auf Verluste, in einem Wettbewerb, bei dem der Sieger alles bekam«.[68]

Lee war leidenschaftlich um die öffentliche Ordnung besorgt. Als er an die Macht kam, gab es im Westen noch keine Gegenkultur und keine allgemeine Lockerung der Moralvorstellungen, was Lee später als Amoklauf der Freiheit bezeichnete. »Als Gesamtsystem finde ich Teile davon vollkommen inakzeptabel«, sagte er 1994 im Gespräch mit Fareed Zakaria und fuhr fort:

> Die Ausweitung des Rechts des Einzelnen, sich nach Belieben zu benehmen oder danebenzubenehmen, ist auf Kosten einer geordneten Gesellschaft gegangen. Im Osten besteht das vorrangige Ziel darin, eine gut geordnete Gesellschaft zu haben, damit jeder seine Freiheiten maximal genießen kann. Diese Freiheit kann nur in einem geordneten Staat existieren und nicht in einem natürlichen Zustand von Streit und Anarchie.[69]

Lee Kuan Yew: Die Strategie der Spitzenleistung

Beim Aufbau Singapurs glaubte Lee nicht, dass ein Stadtstaat auf sich allein gestellt sein könnte. Sein Hauptanliegen war es daher, die bevorstehende Unabhängigkeit Singapurs von Großbritannien durch eine Föderation mit Malaya zu sichern. In der Überzeugung, dass »Geografie, Wirtschaft und verwandtschaftliche Beziehungen« die Grundlage für eine natürliche Einheit der beiden Territorien bildeten, berief Lee für September 1962 ein Referendum über den Zusammenschluss ein.[70] Um die Bevölkerung Singapurs zu mobilisieren, produzierte er innerhalb eines Monats eine Reihe von 36 Radiosendungen: zwölf Skripte, die jeweils in drei Sprachen – Mandarin, Malaiisch und Englisch – aufgezeichnet wurden.[71] Sein rednerisches Talent führte in der Volksabstimmung zu einer überwältigenden Zustimmung für seinen Plan. Ein Jahr später, am 16. September 1963 (Lees 40. Geburtstag), schlossen sich Singapur und Malaya mit anderen in einer neuen Föderation namens Malaysia zusammen.

Dieser Bund sah sich sogleich innerem und äußerem Druck ausgesetzt. Der indonesische Präsident Sukarno, der das Potenzial des nunmehr erweiterten Malaysias erkannte, träumte davon, die malaiischen Völker in einem einzigen Land zu vereinen. Da er die Unterstützung sowohl Moskaus als auch Pekings genoss, begann er die sogenannte *Konfrontasi* – einen nicht offiziell erklärten Krieg mit Dschungelkämpfen und Terrorismus, der auf beiden Seiten Hunderte von Toten forderte. Für Singapur war das dramatischste Ereignis des Konflikts die Bombardierung des MacDonald House – des ersten klimatisierten Bürogebäudes in Südostasien – durch indonesische Marinesoldaten am 10. März 1965, bei der drei Menschen getötet und mehr als 30 verletzt wurden.

Innerhalb Malaysias misstrauten viele malaiische Politiker Lee, ungeachtet der Bemühungen der PAP, die kommunalen Spannungen in Singapur abzubauen und Malaiisch als Landessprache zu fördern.[72] Sie fürchteten, dass seine dynamische Persönlichkeit und sein offenkundiges politisches Talent sie in den Schatten stellen und zu einer chinesischen ethnischen Dominanz in der neuen Föderation führen würden.

Gegen Lee eingestellte malaiische Führungsfiguren schürten gewaltsame ethnische Unruhen in Singapur, zunächst im Juli und dann erneut im September 1964, bei denen Dutzende von Menschen getötet und Hunderte verletzt wurden. Der angebliche Auslöser für die Unruhen war der Abriss malaiischer

Dörfer (*kampongs*), um Platz für Sozialwohnungen zu schaffen, doch war eindeutig auch Opportunismus von ethnischen Chauvinisten und Kommunisten im Spiel.[73]

Infolgedessen trennten sich Singapur und Malaysia weniger als zwei Jahre nach ihrer Vereinigung wieder, entzweit durch heftige Parteilichkeit und ethnische Spannungen. Die Unabhängigkeit Singapurs wurde im August 1965 nicht durch einen eigenständigen Befreiungskampf herbeigeführt, sondern durch die kurzerhand getroffene Entscheidung Malaysias, seinen winzigen südlichen Nachbarn abzuspalten.

Mit dem Ausschluss war der Inselstaat völlig auf sich selbst gestellt, ein Ergebnis, das Lee weder erwartet noch angestrebt hatte. Als er das Scheitern des Zusammenschlusses bekannt gab, war er den Tränen nahe. »Jedes Mal, wenn wir auf diesen Moment zurückblicken [...], wird es ein Moment des Schmerzes sein«, sagte er auf einer Pressekonferenz, während der er, ganz untypisch für ihn, um Fassung rang und von der enormen Aufgabe, die nun vor ihm lag, beinahe überfordert schien. In seinen Memoiren schrieb Lee, Singapur sei durch die Trennung »ein Herz ohne Körper« geworden. »Wir waren eine chinesische Insel in einem malaiischen Meer«, fuhr er fort. »Wie sollten wir in einer so feindseligen Umgebung überleben?«[74] Durch die Erinnerung an diesen Tiefpunkt gewann Lee die lebenslange Überzeugung, dass sein Land über sich hinauswachsen müsse, da es sich auf einer ständigen Gratwanderung zwischen Überleben und Katastrophe befinde.

DER AUFBAU EINER NATION

Im Jahr 1970, fünf Jahre nach der Unabhängigkeit Singapurs, prognostizierte der Historiker Arnold Toynbee, Stadtstaaten generell seien »eine zu kleine politische Einheit geworden, um noch praktikabel zu sein«, und für Singapur speziell sei es unwahrscheinlich, als souveräner Staat bestehen zu bleiben.[75] Sosehr Lee Toynbee als Wissenschaftler respektierte, teilte er doch nicht dessen Fatalismus.[76] Seine Antwort auf Toynbees Zweifel war der Aufbau einer neuen Nation aus den verschiedenen Völkern, die von den Gezeiten der Geschichte an die Küsten Singapurs gespült worden waren.

Lee Kuan Yew: Die Strategie der Spitzenleistung

Nur das, was Lee als »fest zusammengefügtes, robustes und anpassungsfähiges Volk« bezeichnete[77] – ein Volk, das durch sein Nationalgefühl geeint war –, konnte den vielfältigen Prüfungen der Unabhängigkeit standhalten und sich gegen seine beiden beängstigenden Alpträume wappnen: innere Unordnung und ausländische Aggression. Die Herausforderung bestand nicht primär in einer technokratischen Aufgabe. Opfer konnten mit Gewalt erzwungen werden, aber sie ließen sich nur durch ein Gefühl der Zusammengehörigkeit und des gemeinsamen Schicksals aufrechterhalten.

»Wir verfügten nicht über die Zutaten für eine Nation, die elementaren Faktoren«, sagte Lee später, »eine homogene Bevölkerung, eine gemeinsame Sprache, eine gemeinsame Kultur und ein gemeinsames Schicksal.«[78] Um die singapurische Nation ins Leben zu rufen, tat er so, als ob sie bereits existierte, und festigte sie durch seine Politik. Am Ende der Pressekonferenz am 9. August 1965, auf der die Unabhängigkeit verkündet wurde, formulierte Lee eine übergeordnete Mission für sein Volk:

Es gibt keinen Grund zur Besorgnis. Vieles wird so weitergehen wie bisher. Doch bleiben Sie standhaft, bleiben Sie ruhig. Singapur wird eine Nation aus vielen Völkern sein. Wir werden ein Beispiel setzen. Dies ist keine malaiische Nation, dies ist keine chinesische Nation, dies ist keine indische Nation. Jeder wird seinen Platz haben. [...] Und schließlich sollten wir, die wahren Singapurer – ich kann mich jetzt nicht mehr als Malaysier bezeichnen –, [...] uns vereinigen, unabhängig von Rasse, Sprache, Religion und Kultur.[79]

Lees unmittelbare Sorge galt dem Aufbau eines Militärs, das in der Lage war, künftige indonesische Aggressionen zu verhindern.[80] Nach der Trennung von Malaysia verfügte Singapur über kein einziges loyales Regiment mehr, und es gab auch keine Führungskräfte, die wussten, wie man von Grund auf ein neues Militär aufbaut; der ansonsten durchaus fähige Goh Keng Swee, jetzt Verteidigungsminister, war bei der Kapitulation der Briten vor den Japanern im Jahr 1942 nur Gefreiter im Freiwilligenkorps von Singapur gewesen.[81] (Auf dem Weg zur Eröffnung des ersten singapurischen Parlaments im Dezember 1965 »eskortierten« malaysische Truppen Lee von seinem Büro zur

Sitzung.)⁸² Erschwerend kam hinzu, dass die chinesische Mehrheit der Insel keine soldatische Tradition hatte – ein Beruf, der in Singapurs Geschichte zumeist von ethnischen Malaien ausgeübt wurde –, was die Verteidigung zu einem ethnischen Pulverfass machen konnte.

Unmittelbar nach der Unabhängigkeit wandte sich Lee an den ägyptischen Präsidenten Gamal Abdel Nasser und den indischen Premierminister Lal Bahadur Shastri mit der Bitte, Militärausbilder zu schicken. Da sie Indonesien und Malaysia nicht verärgern wollten, lehnten beide jedoch ab. Daraufhin fasste Lee den kühnen Entschluss, ein Hilfsangebot Israels anzunehmen, ungeachtet der möglichen Gegenreaktionen seitens der bedeutenden muslimischen Bevölkerung Singapurs und der gesamten Region. Um dem vorzubeugen, beschloss Lee einfach, die Anwesenheit der Israelis nicht anzukündigen. Wer danach fragte, erhielt als Antwort, bei den neuen Militärberatern Singapurs handle es sich um »Mexikaner«.⁸³

Diese Kombination erwies sich als goldrichtig, denn Singapurs Sicherheitsdilemma entsprach in etwa dem Israels. Beide waren ressourcenarme Länder ohne strategische Tiefe, umgeben von größeren Ländern mit revanchistischen Bestrebungen. Lee übernahm die israelische Praxis eines kleinen, aber hochprofessionellen stehenden Heeres, das durch eine schnell mobilisierbare Reserve aus der gesamten Gesellschaft verstärkt werden konnte. Alle jungen Männer Singapurs, unabhängig von ihrer Herkunft, mussten einen Militärdienst ableisten und anschließend als Reservisten regelmäßig Übungslager absolvieren. Lee sah im Wehrdienst »politische und soziale Vorteile«, da er zu einem Gefühl der nationalen Einheit und sozialen Gleichheit über ethnische Grenzen hinweg beitrug.⁸⁴

Im Jahr 1966 wurde Singapur, das sich gegenüber der *Konfrontasi* als widerstandsfähig erwiesen hatte, von Indonesien diplomatisch anerkannt.⁸⁵ Bis 1971 stellte Singapur 17 Bataillone der Nationalen Streitkräfte und weitere 14 Reservebataillone auf. Trotz des enormen Drucks auf den Haushalt fand Lee Mittel für die rasche Schaffung von Luft- und Seestreitkräften, die für eine glaubwürdige Abschreckung der Nachbarn Singapurs erforderlich waren. Er setzte auf modernste Technik und eine strenge Ausbildung als »Multiplikatoren der Streitkraft«, um den begrenzten Raum und die begrenzten Humanressourcen auf der Insel zu kompensieren. Innerhalb einer Generation entwickelten sich die Streitkräfte Singapurs zu den leistungsfähigsten in Südostasien – ein Quell nationalen Stolzes und nationaler Einheit sowie ausländischer Bewunderung, nicht zuletzt durch das Verteidigungsministerium der Vereinigten Staaten.

Im Gegensatz zu vielen anderen postkolonialen Machthabern versuchte Lee nicht, seine Position dadurch zu festigen, dass er die verschiedenen Bevölkerungsgruppen des Landes gegeneinander ausspielte. Im Gegenteil, er verließ sich auf die Fähigkeit Singapurs, ein Gefühl der nationalen Einheit aus den Konflikten zwischen den ethnischen Gruppen heraus zu schaffen. Ungeachtet der heftigen Gewalt unter ihnen, die der Unabhängigkeit vorausgegangen war, trotzte er den zentrifugalen Kräften in der Singapurer Bevölkerung und entwickelte eine einheitliche nationale Identität. Im Jahr 1967 formulierte er dies so:

> Nur wenn man einem Menschen – ohne ethnische, kulturelle, sprachliche oder sonstige Unterscheidungen vorzunehmen – die Möglichkeit gibt, zu dieser großen menschlichen Gemeinschaft zu gehören, bietet man ihm einen friedlichen Weg zum Fortschritt und zu einer höheren Ebene des menschlichen Daseins.[86]

Lees Ansatz bestand weder darin, die Vielfalt Singapurs zu unterdrücken, noch sie zu vernachlässigen, sondern sie zu kanalisieren und zu verwalten. Jeder andere Weg, so bekräftigte er, würde das Regieren unmöglich machen.[87]

Die innovativste Initiative Lees war seine Sprachpolitik. Wie sollte man einen Stadtstaat regieren, in dem 75 Prozent der Bevölkerung verschiedene chinesische Dialekte, 14 Prozent Malaiisch und 8 Prozent Tamilisch sprachen? Nach dem gescheiterten Zusammenschluss mit Malaysia war Lee nicht mehr dafür, Malaiisch zur Landessprache zu machen. Mandarin als Amtssprache kam für Lee jedoch »nicht in Frage«, da »die 25 Prozent der Bevölkerung, die keine Chinesen waren, revoltieren würden«.[88] Englisch war schon lange die Arbeitssprache der Regierung, aber nur wenige Singapurer sprachen es wie Lee als Muttersprache.[89] * Seine Lösung war eine Politik der zweisprachigen

---

* Lee sprach von Kindheit an Malaiisch und Englisch. In seinen Teenagerjahren hatte er Mühe,

STAATSKUNST

Erziehung – englischsprachige Schulen mussten Mandarin, Malaiisch und Tamilisch unterrichten, während an allen anderen Schulen Englischunterricht vorgeschrieben war. In der Verfassung von Singapur sind vier Amtssprachen verankert: Malaiisch, Mandarin, Tamilisch und Englisch.[90] Im Jahr 1994 erklärte Lee:

> Hätte ich versucht, den Menschen in Singapur die englische Sprache aufzuzwingen, dann hätte es überall Aufruhr gegeben [...]. Stattdessen habe ich allen Eltern die Wahl zwischen Englisch und ihrer Muttersprache gelassen, für welche Reihenfolge auch immer sie sich entscheiden. Durch ihre freie Wahl und die Vorteile des Marktes über einen Zeitraum von 30 Jahren haben wir heute Englisch an erster und die Muttersprache an zweiter Stelle. Eine bereits in der chinesischen Sprache etablierte Universität wurde von Chinesisch auf Englisch umgestellt. Wäre diese Umstellung in fünf oder zehn Jahren erzwungen worden, anstatt sie über 30 Jahre hinweg – und aus freier Entscheidung – vorzunehmen, wäre das ein Desaster gewesen.[91]

Als englischsprachiges Land hatte Singapur auch einen wirtschaftlichen Vorteil. In den 1960er-Jahren hob sich Singapur durch seine ausgeprägte anglophile Ausrichtung von konkurrierenden Entwicklungsländern ab. Lees Entscheidung, die Raffles-Statue zu bewahren, machte eine nicht konfessionelle Figur aus Singapurs Vergangenheit zu einem verbindenden nationalen Symbol.[92] Sie signalisierte der Welt auch, dass Singapur offen für Geschäfte war und sich nicht mit gegenseitigen Schuldzuweisungen aufhielt.[93]

Mandarin zu lernen, nahm es in seinen späten Zwanzigern aber wieder auf und arbeitete noch bis weit in seine Achtziger hinein mit einem Lehrer zusammen. Um seine politische Basis zu erweitern, begann er in seinen späten Dreißigern, Hokkien zu lernen und Reden zu halten. (Siehe Perry, *Singapore*, S. 192; Lee, *My Lifelong Challenge: Singapore's Bilingual Journey*, S. 32–41; und Lee Kuan Yew, »Clean, Clear Prose«, Rede vor hohen Beamten im Regional Language Centre am 27. Februar 1979, in *Lee Kuan Yew: The Man and His Ideas*, S. 327.)

Lee Kuan Yew: Die Strategie der Spitzenleistung

»DIE GESCHICHTE MÖGE URTEILEN«

Der Bruch mit Malaysia zwang Lee dazu, seinen ursprünglich sozialistischen Ansatz zugunsten pragmatischer Notwendigkeiten umzuorientieren. Damit Singapur als Staat überleben konnte, musste seine Wirtschaft wachsen. Um als Nation erfolgreich zu sein, mussten die Früchte dieses Wachstums gerecht unter der Bevölkerung verteilt werden, unabhängig von ihrer ethnischen Herkunft. Und damit es als internationale Größe bestehen konnte, musste es seinen Einfluss bei den Großmächten – insbesondere bei den USA und China – ausbauen.

»Es gibt Bücher, aus denen man lernen kann, wie man ein Haus baut, wie man Motoren repariert und wie man ein Buch schreibt«, erinnerte sich Lee viele Jahre später:

> Aber ich habe noch kein Buch darüber gesehen, wie man aus einer ungleichen Ansammlung von Einwanderern aus China, Britisch-Indien und Niederländisch-Ostindien eine Nation aufbauen kann oder wie man den Lebensunterhalt für die Bevölkerung sichern kann, wenn die frühere wirtschaftliche Rolle des Landes als Umschlagplatz der Region nicht mehr gegeben ist.[94]

Lees Erfahrungen im Zweiten Weltkrieg, im Kampf um die politische Macht in Singapur und bei der Abspaltung von Malaysia hatten ihm Überzeugungen über die richtige Führung von Staaten vermittelt, wie es kein formeller Bildungsweg hätte tun können. Seine Reisen und Gespräche mit ausländischen Staatsoberhäuptern waren ebenfalls prägend; bis 1965 hatte er mehr als 50 Länder besucht und sich ein klares Bild von den Gründen für deren unterschiedliche Leistungsstärke gemacht.[95] »Eine Nation ist nicht allein durch ihre Ausdehnung groß«, sagte er 1963. »Es sind der Wille, der Zusammenhalt, die Ausdauer, die Disziplin ihres Volkes und die Qualität ihrer Führungskräfte, die ihr einen ehrenvollen Platz in der Geschichte sichern.«[96]

Aus diesem Grund machte Lee den Satz »Die Geschichte möge urteilen« zu seiner Handlungsmaxime. Er lehnte den Kommunismus ab, weil er die Demontage bestehender funktionierender Institutionen bedeutete. In ähnlicher

Weise leitete er seine Vorliebe für die Marktwirtschaft aus der Beobachtung ab, dass sie höhere Wachstumsraten hervorbrachte.[97] Als ein amerikanischer Gast ihn Jahre später bei einem Abendessen in meinem Haus dafür lobte, dass er feministische Prinzipien in die Entwicklung Singapurs einbezogen habe, widersprach Lee. Er habe die Frauen aus praktischen Gründen in die Erwerbsbevölkerung aufgenommen, sagte er. Ohne sie wäre Singapur nicht in der Lage gewesen, seine Entwicklungsziele zu erreichen. Dasselbe gelte für seine Einwanderungspolitik, die darauf abziele, talentierte Ausländer davon zu überzeugen, sich in Singapur niederzulassen. Dabei gehe es nicht um eine theoretische Auffassung von den Vorteilen des Multikulturalismus, sondern um die Erfordernisse des Wachstums Singapurs und seiner ansonsten starren demografischen Struktur.

Lees Denken zeigt eine starke utilitaristische Ausrichtung, wie er in seiner Rede zum 1. Mai 1981 demonstrierte:

> Jede vernünftige Regierung will das größtmögliche Wohlergehen und den größtmöglichen Fortschritt für möglichst viele ihrer Bürger. Um dies zu erreichen, unterscheiden sich die Systeme oder Methoden und die Prinzipien oder Ideologien, auf denen ihre Politik beruht. Seit der industriellen Revolution vor zwei Jahrhunderten ist eine Art Darwinismus zwischen den Regierungssystemen im Gange. Es geht darum, herauszufinden, welches ideologisch-religiöse, politische, soziale, wirtschaftliche und militärische System sich durchsetzen wird, weil es am besten geeignet ist, einer möglichst großen Zahl von Menschen einer Nation größtmöglichen Nutzen zu bringen.[98]

DER AUFBAU EINER VOLKSWIRTSCHAFT

Eine der ersten großen Bewährungsproben für die Anpassungsfähigkeit Singapurs kam im Januar 1968, als Großbritannien, verunsichert durch die Abwertung des Pfunds und geschwächt durch die Konflikte im Nahen Osten, beschloss, seine militärische Präsenz östlich von Suez aufzugeben. In der Unterhausdebatte im Jahr zuvor hatte Premierminister Harold Wilson in einem vergeblichen Versuch, die Existenz des britischen Stützpunkts in Singapur zu verteidigen, Rudyard Kiplings Gedicht »Recessional« (im Auszug) zitiert; jetzt las sich das Zitat wie eine Prophezeiung des imperialen Niedergangs Großbritanniens:

> Far-called, our navies melt away;
> On dune and headland sinks the fire:
> Lo, all our pomp of yesterday
> Is one with Nineveh and Tyre![99]

> (Weit gerufen, schmelzen unsere Flotten dahin;
> Auf Dünen und Landzungen sinkt das Feuer:
> Seht, all unser Prunk von gestern
> Ist eins mit Ninive und Tyros!)

Die für 1971 geplante Schließung des Marinestützpunktes und der Abzug der britischen Truppen drohten zum Verlust von einem Fünftel des Bruttosozialprodukts Singapurs zu führen.[100]

Auf der Suche nach Rat von außerhalb wandte sich Lee an Dr. Albert Winsemius, einen niederländischen Wirtschaftswissenschaftler, der Singapur erstmals 1960 auf Einladung von Goh Keng Swee im Rahmen einer Mission des UN-Entwicklungsprogramms besucht hatte.[101] Im Vergleich zu westlichen Ländern war Singapur zwar arm, die Löhne aber waren die höchsten in ganz Asien.[102] Winsemius riet, dass Singapur, um sich zu industrialisieren, die Löhne senken und die Produktion durch den Einsatz von Technologie und die Ausbildung von Arbeitskräften effizienter gestalten müsse. Er schlug vor, der Textilherstellung Vorrang einzuräumen, gefolgt von einfacher Elektronik und Schiffsreparatur, einem Sprungbrett zum Schiffbau. Lee und Goh (von 1967 bis 1970 erneut Finanzminister) folgten seinem Rat.[103] Angesichts des Abzugs der Briten warnte Winsemius, dass Singapur weder völlige Autarkie anstreben noch sich auf regionale Beziehungen verlassen könne. Da es sich nicht auf einen gemeinsamen Markt mit Malaysia stützen konnte, wie dies von 1963 bis 1965 der Fall gewesen war, musste es in einem größeren Rahmen agieren.

In den folgenden Jahren arbeiteten Lee, Goh und Winsemius gemeinsam an der Neuausrichtung der singapurischen Wirtschaft. Während andere Regierungschefs kürzlich unabhängig gewordener Länder multinationale Konzerne ablehnten, warb Lee um sie. Auf die spätere Frage, ob solche ausländischen Investitionen eine »kapitalistische Ausbeutung« darstellten, antwortete Lee nüchtern: »Alles, was wir hatten, waren Arbeitskräfte. [...] Warum also nicht, wenn sie unsere Arbeitskraft ausbeuten wollen? Sie sind willkommen.«[104] Um ausländische Investoren anzuziehen, bemühte sich Singapur um eine qualitative Verbesserung seiner Arbeitskräfte. Daneben arbeitete man gezielt an der Infrastruktur und am eigenen Erscheinungsbild als erstklassiger Standort. Lee sagte 1978 einmal zu mir: »Andere werden nicht in eine aussichtslose Sache investieren, also muss es nach einer erfolgversprechenden Sache aussehen.«[105]

Die Begrünung der Stadt erhielt hohe Priorität: Verringerung der Luftverschmutzung, Anpflanzung von Bäumen und Gestaltung der Infrastruktur unter Einbeziehung des natürlichen Lichts. Lee sorgte auch dafür, dass Touristen und Investoren hochwertige Dienstleistungen geboten wurden. Die Regierung führte Aufklärungskampagnen durch, in denen sie für angemessene Kleidung, gutes Benehmen und Hygiene warb. Singapurer (Ausländer aber ebenso) konnten mit einem Bußgeld belegt werden, wenn sie bei Rot über die Straße gingen, die Toilettenspülung nicht betätigten oder ihren Müll achtlos wegwarfen. Lee verlangte sogar einen wöchentlichen Bericht über die Sauberkeit der Toiletten am Changi-Flughafen – der für viele Reisende einen ersten Eindruck von Singapur vermittelte.[106]

Die Strategie ging auf. Jahrzehnte später erzählte Lee, nachdem es ihm gelungen sei, Hewlett-Packard von der Gründung einer Niederlassung in Singapur zu überzeugen (die im April 1970 eröffnet wurde), seien andere internationale Unternehmen gefolgt.[107]

Im Jahr 1971 verzeichnete die Wirtschaft Singapurs ein jährliches Wachstum von mehr als acht Prozent.[108] Im Jahr darauf war die Hälfte aller Arbeitskräfte Singapurs bei multinationalen Konzernen beschäftigt, die für mehr als 70 Prozent der industriellen Produktion verantwortlich zeichneten.[109] 1973 war Singapur weltweit das drittgrößte Zentrum der Erdölraffinierung.[110] Innerhalb von nur zehn Jahren nach der Unabhängigkeit stiegen die ausländischen Investitionen in der Produktion von 157 Millionen auf über 3,7 Milliarden Dollar.[111] Anfang 1968 war die Stimmung im Parlament von Singapur gedämpft und von Angst geprägt gewesen. Niemand hatte daran geglaubt, dass die Insel den Abzug des britischen Militärs verkraften könnte. Lee gab später zu, dass die Jahre von 1965 bis zum geplanten Abzug 1971 die nervenaufreibendsten seiner Amtszeit gewesen seien.[112] Doch als die Briten abzogen, war Singapur in der Lage, den wirtschaftlichen Schock zu verkraften; die Arbeitslosigkeit stieg nicht an.[113] Entgegen allen Erwartungen und herkömmlichen Vorstellungen brachte Lees Entschlossenheit, sich dem Wandel anzupassen, Singapur auf einen bemerkenswerten Weg.

Um weiterhin Investitionen anzuziehen, musste die Produktivität Singapurs kontinuierlich steigen. Zu diesem Zweck forderte Lee zunächst die Arbeitnehmer auf, im Interesse eines langfristigen Wachstums vorübergehend niedrigere Löhne zu akzeptieren.[114] Er räumte der Bildung dringende Priorität ein. Außerdem korrigierte er die industriellen und sozialen Ziele des Landes regelmäßig nach oben. In seiner Botschaft zum 1. Mai 1981 sagte Lee:

> Die größte Errungenschaft der singapurischen Arbeiterbewegung war die Umwandlung der revolutionären Leidenschaft während der Zeit des Antikolonialismus (d. h. der Feindseligkeit gegenüber ausländischen Arbeitgebern) in den 1950er-Jahren in ein Produktivitätsbewusstsein (Zusammenarbeit mit dem Management, sowohl dem singapurischen als auch dem ausländischen) in den 1980er-Jahren.[115]

Über drei Jahrzehnte trieb Lee Singapur auf ein immer höheres Entwicklungsniveau: von der Subsistenzwirtschaft zur verarbeitenden Industrie und von der verarbeitenden Industrie zu Finanzdienstleistungen, Tourismus und High-Tech-Innovationen.[116] Als Lee 1990 als Premierminister zurücktrat, befand sich Singapur in einer beneidenswerten wirtschaftlichen Position. Im Jahr 1992 sagte er mir rückblickend, dass er, hätte ich ihn noch 1975 gefragt, das Ausmaß des späteren Erfolgs seines Landes nicht vorhergesehen hätte – zu diesem Zeitpunkt hatte er bereits beträchtliche Summen ausländischer Investitionen nach Singapur gelockt.

LEE UND AMERIKA

Im Jahr 1968 verblüffte Lee meine Kollegen in Harvard mit seiner Verteidigung des amerikanischen Engagements in Indochina. Hätten sie sich früher mit der politischen Entwicklung Südostasiens befasst, wäre ihnen aufgefallen, dass er schon seit Langem dieselbe Botschaft verkündete. In der Tat war es Lees Überzeugung von der unverzichtbaren Rolle Washingtons für die Zukunft Asiens, die ihn im Laufe der Jahre zu zwei wichtigen Besuchen in Amerika veranlasst hatte.

Bei Lees erstem Staatsbesuch in Washington im Oktober 1967 stellte ihn Präsident Johnson bei einem Abendessen im Weißen Haus als »einen Patrioten, einen herausragenden politischen Führer und einen Staatsmann des neuen Asien« vor.[117] In seiner ihm eigenen Unverblümtheit nutzte Lee die hochrangigen Zusammenkünfte, um seine Gastgeber darüber zu belehren, dass das Vietnamdrama seine Vorgeschichte in amerikanischen Entscheidungen habe, die mehr als eineinhalb Jahrzehnte zurücklägen. Gegenüber Vizepräsident Hubert Humphrey verglich Lee die Vietnamkrise mit einer langen Busfahrt: Die Vereinigten Staaten hätten sämtliche Haltestellen verpasst, an denen sie hätten aussteigen können; die einzige Möglichkeit bestehe nun darin, bis zur Endhaltestelle weiterzufahren.[118]

In den folgenden Jahrzehnten wurde Lee von Präsidenten und Premierministern in aller Welt für seine Offenheit ebenso bewundert wie für seine Intelligenz. Die Schärfe und Präzision seiner Analysen und die Verlässlichkeit seines Handelns machten ihn zu einem Ratgeber für viele, von denen er selbst abhängig war. Wie gelang es dem Oberhaupt eines kleinen und verwundbaren Stadtstaates, einen so bedeutenden Einfluss auf zahlreiche Staatschefs im Ausland auszuüben? Was war seine Perspektive, und wie wirkte sich ein solcher Orientierungsrahmen in Krisenmomenten praktisch aus?

In gewissem Sinne war Lee Kuan Yew auf ständiger Suche nach einer Weltordnung. Er verstand, dass das globale Gleichgewicht der Kräfte ein Produkt nicht nur anonymer Mächte, sondern auch lebendiger politischer Einheiten war, die alle eine eigene Geschichte und Kultur besaßen und jeweils ihre eigenen Möglichkeiten bewerten mussten. Die Aufrechterhaltung des

Lee Kuan Yew: Die Strategie der Spitzenleistung

Gleichgewichts, von dem Singapurs Gedeihen als Handelsnation abhing, erforderte nicht nur das Gleichgewicht der großen Länder zueinander, sondern auch ein gewisses Verständnis für ihre unterschiedlichen Identitäten und die sich daraus ergebenden Perspektiven. So stellte Lee beispielsweise 1994 fest:

> Wenn man Gesellschaften über die Jahrtausende hinweg betrachtet, erkennt man bestimmte Grundmuster. Die amerikanische Zivilisation ist seit den Pilgervätern von Optimismus und der Herausbildung einer geordneten Verwaltung geprägt. Die Geschichte Chinas ist geprägt von Dynastien, die aufstiegen und fielen, vom Wachsen und Vergehen von Gesellschaften. Und während all dieser Turbulenzen waren die Familie, die Großfamilie, der Klan eine Art Überlebensinsel für den Einzelnen. Zivilisationen sind zusammengebrochen, Dynastien wurden von Eroberhorden hinweggefegt, aber dieses Rettungsfloß ermöglicht es der [chinesischen] Zivilisation, ihren Weg fortzusetzen und in die nächste Phase einzutreten.[119]

Die Regierungschefs von Staaten, die weitaus mächtiger waren als seiner, respektierten Lee in besonderem Maße, weil er ihnen Einsichten vermittelte, anhand derer sie ihre eigenen zentralen Herausforderungen einschätzen konnten. Wie seine Analyse der innenpolitischen Notwendigkeiten Singapurs stützte sich auch Lees Beurteilung der Außenpolitik auf seine Wahrnehmung der objektiven Realität. Subjektive Vorlieben spielten bei seinen Bewertungen, die stets den Kern der Sache trafen, keine Rolle. Manche Staatslenker versuchen, ihre Gesprächspartner durch die Kenntnis kleinster Details zu beeindrucken; Lee, der selbst über ein beachtliches Faktenwissen verfügte, besaß eine wertvollere Eigenschaft, nämlich ein Thema auf das Wesentliche zu reduzieren.

Die Schwierigkeiten, die mit der Geburt Singapurs einhergingen, waren prägende Erfahrungen in Lees politischem Leben, und deshalb richtete er auch während seiner weiteren Laufbahn besonderes Augenmerk auf die innenpolitische Entwicklung anderer Länder, wenn es darum ging, deren Bedeutung für die Weltordnung zu beurteilen. Zwei Länder standen im Mittelpunkt seiner Einschätzung von Singapurs Fortbestand und Stellung in der Welt: die Vereinigten Staaten und China. Bei einem Abendessen im Weißen Haus im April 1973 definierte Lee in einem Toast auf Präsident Richard Nixon ganz unprätentiös die Beziehung zu Amerika:

> Wir sind ein sehr kleines Land, das strategisch günstig an der südlichsten Spitze Asiens liegt, und wenn die Elefanten dort randalieren, kann es für eine Maus, die die Gewohnheiten der Elefanten nicht kennt, sehr schmerzhaft werden.[120]

Eine Rede vom Mai 1981 wiederum belegt seinen Weitblick und seine Klarsicht in Bezug auf das Sowjetsystem:

> Sechsunddreißig Jahre nach dem Ende des Zweiten Weltkriegs wissen wir, dass das kommunistische System im Wettstreit zwischen westlicher freier Marktwirtschaft/dem freien Markt und kommunistischer Planwirtschaft/ kontrollierter Umverteilung verlieren wird. Es kann seine Versprechen nicht einlösen. [...] Wenn dieser Wettstreit nicht in gegenseitiger Zerstörung durch Atomwaffen endet, wird das System überleben, das seinen Mitgliedern sowohl mehr Sicherheit als auch mehr wirtschaftliches/geistiges Wohlergehen bietet. Wenn es dem Westen gelingt, die Sowjets daran zu hindern, durch ihre militärische Überlegenheit leichte Beute zu machen, wird sich das marktwirtschaftliche System der persönlichen Initiativen und Anreize gegenüber dem zentral geplanten/kontrollierten Marktsystem eindeutig als überlegen erweisen.[121]

Zehn Jahre später, nach dem Zusammenbruch der Sowjetunion, sollte Lees Sichtweise zum Allgemeinwissen werden; damals erkannten nur wenige den bevorstehenden Zerfall der Sowjetunion.

Im amerikanischen Volk sah Lee eine ungewöhnliche Großzügigkeit und geistige Aufgeschlossenheit, die ihn an Elemente seiner eigenen konfuzianischen Überzeugungen erinnerten. In der unmittelbaren Nachkriegszeit, so stellte er fest, missbrauchte Amerika sein nukleares Monopol nicht:

> Jede alte und gefestigte Nation hätte ihre Vormachtstellung so lange wie möglich gesichert. Amerika hingegen machte sich daran, seine besiegten Feinde auf die Beine zu stellen, um eine böse Macht, die Sowjetunion, abzuwehren, führte den technologischen Wandel herbei, indem es den Europäern und Japanern großzügig und freigiebig Technologie zur Verfügung stellte, und ermöglichte ihnen dadurch, innerhalb von 30 Jahren zu Wettbewerbern zu werden. [...] Dies geschah aufgrund einer gewissen geistigen Größe, die aus der Angst vor dem Kommunismus und aus dem amerikanischen Idealismus resultierte.[122]

Als sich Lees geopolitisches Augenmerk in der Zeit nach den Deng-Reformen von der Bedrohung durch eine maoistische Unterwanderung hin zum komplizierteren großstrategischen Zusammenspiel zwischen China, der Sowjetunion und den Vereinigten Staaten verlagerte (und später noch zum Umgang mit China als wirtschaftlich und politisch äußerst mächtiger Kraft), änderte sich seine Einschätzung entsprechend. Doch er bestand auf der unverzichtbaren Rolle Amerikas für die Sicherheit und den Fortschritt in der Welt und insbesondere in Südostasien.

Es war nicht so, dass Lee auf sentimentale Weise »proamerikanisch« war – er war überhaupt nicht sentimental. Für Amerikas Herangehensweise an Politik und Geopolitik hatte er durchaus eine gesunde Portion Kritik übrig. Seine frühen Ansichten über die Amerikaner bezeichnete er als »gemischt«:

> Ich bewunderte ihre Tatkraft, teilte aber die Ansicht des britischen Establishments jener Zeit, dass die Amerikaner klug und forsch seien, dass sie über enormen Reichtum verfügten, ihn aber oft falsch einsetzten. Es stimmte eben nicht, dass es zur Lösung eines Problems genügte, Ressourcen darauf zu verwenden. [...] Sie meinten es gut, waren aber schwerfällig und hatten kein Geschichtsbewusstsein.[123]

Mit dem Vietnamkrieg differenzierte Lee seine Sichtweise: Es war nicht nur wichtig, die Unterstützung für die amerikanische Macht mit dem Verständnis und der Befürwortung amerikanischer Ziele in Einklang zu bringen; es war nun zwingend erforderlich, Amerika in die Verteidigung der Stabilität in Asien einzubinden. Der Rückzug Großbritanniens aus Asien hatte Amerika als Ausgleichsfaktor für die komplexen und aggressiven Kräfte, die das Gleichgewicht in der Region gefährdeten, unverzichtbar gemacht. Der Cambridge-Absolvent Lee, den der britische Außenminister George Brown einmal als »den verdammt besten Engländer östlich von Suez« bezeichnet hatte,[124] vertrat gegenüber den Vereinigten Staaten eine Haltung, die der Haltung Churchills bei der Begründung der »besonderen Beziehungen« Großbritanniens ähnelte: Lee beteiligte sich, soweit es ihm möglich war, am amerikanischen Entscheidungsprozess in allen für Südostasien relevanten Fragen. In seinem Fall allerdings wurde die Beziehung vom Oberhaupt eines winzigen postkolonialen asiatischen Stadtstaates gestaltet.

Nach Lees Ansicht reichten die großen amerikanischen Tugenden Großmut und Idealismus allein nicht aus; es bedurfte als Ergänzung geopolitischer Erkenntnisse, damit Amerika seine Rolle ausfüllen konnte. Ein Gespür für die Spannung zwischen nationalen Idealen und strategischen Realitäten war unerlässlich. Lee befürchtete, dass Amerikas Tendenz zu einer moralischen Außenpolitik in Neo-Isolationismus umschlagen könnte, wenn es angesichts der Weltlage enttäuscht würde. Eine Überbetonung demokratischer Bestrebungen wiederum könnte Amerikas Möglichkeiten schmälern, sich in die weniger entwickelten Länder einzufühlen, die zwangsläufig dem wirtschaftlichen Fortschritt Vorrang vor der Ideologie einräumten.

Lee entwickelte diese Ansichten in der für ihn typischen Art und Weise weiter: eine Kombination aus Geschichte, Kultur und Geografie, die er mit dem Blick auf zeitgenössische Belange aufbereitete, ein Bewusstsein der Interessen seines Gesprächspartners und eine wortgewandte Darstellung, die frei von Smalltalk, Nebensächlichkeiten oder auch nur einem Anflug von Bittstellerei war. 1994 bestand er darauf, dass Realismus auf einer klaren moralischen Unterscheidung zwischen Gut und Böse beruhen müsse:

Bestimmte Grundlagen der menschlichen Natur ändern sich nicht. Der Mensch braucht ein gewisses moralisches Empfinden für richtig und falsch. Es gibt so etwas wie das Böse, doch es ist nicht das Ergebnis davon, dass man ein Opfer der Gesellschaft ist. Es gibt einfach böse Menschen, die dazu neigen, böse Dinge zu tun, und davon muss man sie abhalten.[125]

Lee präsentierte sich der Welt als Führungsgestalt, die in ihrem kulturellen Kontext handelte und in der Lage war, regionale Entwicklungen mit der übrigen Welt in Bezug zu setzen. Als Analytiker und Vordenker nutzte er die Erkenntnisse, die er durch sein Netz von Kontakten und ausgedehnte Reisen gewonnen hatte, um Fragen zu beantworten und Ratschläge zu erteilen. »Wenn ich reise«, schrieb Lee, »dann beobachte ich, wie eine Gesellschaft, eine Verwaltung funktioniert. Warum sind sie gut?«[126]

Nach Lees Rücktritt vom Amt des Premierministers im Jahr 1990 machte er es sich zur Aufgabe, die Vereinigten Staaten an ihre Verantwortung zu erinnern. Während des Kalten Krieges war es Lee vor allem darum gegangen, dass Amerika angesichts der russischen Bedrohung eine wichtige Rolle bei der Aufrechterhaltung des *globalen* Gleichgewichts spielte. Nach dem Zusammenbruch der Sowjetunion verlagerte sich seine Aufmerksamkeit auf die entscheidende Bedeutung Amerikas bei der Definition und Aufrechterhaltung des *asiatischen* Gleichgewichts. In einer Rede in Harvard im Jahr 1992, auf dem Höhepunkt des amerikanischen Triumphalismus nach dem Kalten Krieg, warnte er, dass das geopolitische Gleichgewicht erheblich beeinträchtigt würde, wenn die Vereinigten Staaten sich nach innen wandten, die »Friedensdividende« nach dem Kalten Krieg kassierten und in ihrer globalen Verantwortung schwächelten:

Meine Generation von Asiaten, die den letzten Krieg, seine Schrecken und sein Elend miterlebt hat und sich an die Rolle der USA beim phönixgleichen Aufstieg aus der Asche dieses Krieges zum Wohlstand Japans, der sich neu industrialisierenden Volkswirtschaften und der ASEAN [Association of Southeast Asian Nations, Verband Südostasiatischer Nationen] erinnert, wird ein starkes Gefühl des Bedauerns darüber empfinden, dass die Welt sich grundlegend verändern wird, weil die USA im neuen Gleichgewicht eine weniger zentrale Rolle spielen.[127]

Im Jahr 2002 machte er darauf aufmerksam, dass globale »Brandbekämpfung« nicht dasselbe sei wie ein Amerika, das seine beträchtliche Hebelwirkung erkenne und nutze, um dauerhafte globale Stabilität zu schaffen.[128] Mit Blick auf die Außenpolitik als strategisches Instrument definierte er das Gleichgewicht der Großmächte als Schlüssel für die internationale Ordnung und vor allem für die Sicherheit und den Wohlstand Singapurs. »Wir wollen einfach so viel Raum wie möglich, um wir selbst zu sein«, sagte er im Jahr 2011. »Und das erreicht man am besten, wenn große ›Bäume‹ uns Platz lassen, [denn] zwischen ihnen haben wir Platz. Wenn wir nur von einem einzigen großen Baum bedeckt werden, haben wir keinen Platz.«[129]

Lee bewunderte Amerika, dessen Wechselhaftigkeit ihm Unbehagen bereitete. Er respektierte und fürchtete China, weil es zielstrebig seine Ziele verfolgte. Aus der historischen Nähe zu China und der notwendigen Freundschaft mit den Vereinigten Staaten destillierte Lee die Sicherheit und Zukunft Singapurs.

LEE UND CHINA

Lee sah das Potenzial Chinas für die Vorherrschaft in Asien voraus. Bereits im Jahr 1973 – als China als wirtschaftlich rückständig galt – sagte er: »China wird es schaffen. Es ist nur eine Frage der Zeit.«[130] Noch 1979 ging er jedoch davon aus, dass China auf mittlere Sicht vergleichsweise schwach bleiben würde:

> Die Welt stellt sich China als einen Riesen vor. Es ist jedoch eher eine schwabbelige Qualle. Wir müssen abwarten, wie etwas aus ihren Ressourcen [und] ihren zwei Schwächen gemacht werden kann: dem kommunistischen System und dem Mangel an Ausbildung und Fachkenntnissen. Ich fürchte, dass sie nicht stark genug sind, um die Rolle zu spielen, die wir uns für sie wünschen, nämlich als Gegengewicht zu den Russen zu fungieren. Ich fürchte mich nicht vor einem starken China; ich fürchte, die Chinesen könnten zu schwach sein. Ein gewisses Gleichgewicht ist erforderlich, wenn

wir unsere Partner für den Fortschritt frei auswählen sollen. Sie werden 15 bis 20 oder 30 bis 40 Jahre dafür brauchen.[131]

Damals war Lees Haltung gegenüber dem Aufstieg Chinas zwiespältig, da Singapur »widersprüchliche Ziele« verfolgte: China sollte einerseits stark genug werden, um das kommunistische Vietnam einzuschüchtern (wodurch sich Lee eine »Entlastung« versprach), andererseits aber nicht so stark, dass es Taiwan angreifen könnte.[132] Doch selbst in jenem Moment der relativen Schwäche Chinas warnte Lee vor der Entschlossenheit des Landes und den Umwälzungen, die es auslösen könnte: »Ich weiß nicht, ob die [chinesische] Führung die Art des Wandels, der ihr bevorsteht, wenn sie Erfolg hat, vollständig begreifen kann. Eines ist sicher: Sie wollen Erfolg haben.«[133] Seine Vorhersage entsprach genau der Sichtweise eines großen Strategen eines früheren Zeitalters, Napoleon, der über China gesagt haben soll: »Lasst China schlafen; denn wenn es erwacht, wird es die Welt erschüttern.«[134]

Aber wann? Bis 1993 hatten sich Lees Ansichten weiterentwickelt. Das Erstarken Chinas war nicht länger etwas, das in einer fernen Zukunft eintreten würde, sondern war zur größten Herausforderung der Gegenwart geworden. »Das Ausmaß der Verschiebung des Weltgleichgewichts durch China ist so groß, dass die Welt in 30 bis 40 Jahren ein neues Gleichgewicht finden muss«, sagte er. »Es ist nicht möglich, so zu tun, als sei China nur ein weiterer großer Akteur«, fügte er hinzu. »Es handelt sich bei ihm um den größten Akteur in der Geschichte der Menschheit.«[135] Einige Jahre später erläuterte er diese Ansicht noch genauer:

> Wenn es nicht zu einer großen, unvorhersehbaren Katastrophe kommt, die Chaos auslöst oder China wieder in viele Herrschaftsgebiete verschiedener Warlords aufteilt, ist es nur eine Frage der Zeit, bis sich das chinesische Volk neu organisiert, umzieht und ausbildet, um die Vorteile der modernen Wissenschaft und Technologie voll zu nutzen.[136]

Lees Haltung gegenüber China – genauso wie seine Analyse Amerikas – war völlig unsentimental. Während die Herausforderung Amerikas in Lees Augen in seinem Schwanken zwischen unzureichend reflektiertem Idealismus und gewohnheitsmäßigen Anfällen von Selbstzweifeln lag, bestand die Problematik Chinas in der Wiederbelebung eines traditionellen Imperialismus. Die Jahrtausende, in denen sich China als »Reich der Mitte« – das zentrale Land der Welt – verstand und alle anderen Staaten als tributpflichtig einstufte, hatten zwangsläufig Spuren im chinesischen Denken hinterlassen und eine Tendenz zur Hegemonie begünstigt. »Derzeit denke ich, dass die Orientierung an Amerika das Beste für uns ist«, sagte er 2011 in einem Interview:

> Ich sehe die Chinesen nicht als gutwillige Macht wie die Amerikaner. Ich meine, sie sagen bu cheng ba [sie wollten kein Hegemon sein]. Wenn man nicht die Absicht hat, ein Hegemon zu sein, warum sagt man der Welt dann immer wieder, man werde kein Hegemon sein?[137]

Entschlossen, sich Chinas destabilisierender Politik während der Mao-Ära zu widersetzen und danach jeden Eindruck zu vermeiden, dass das mehrheitlich chinesischstämmige Singapur von Natur aus dem Mutterland zugeordnet werden sollte, hatte Lee lange verkündet, dass Singapur das letzte ASEAN-Land sein werde, das diplomatische Beziehungen zu Peking aufnimmt. (Außerdem hatte Singapur auf taiwanesische Investitionen und taiwanesisches Knowhow gesetzt, um seine Industrie zu entwickeln, angefangen bei der Textil- und Kunststoffindustrie.)[138] Nachdem der Westen sich in den 1970er-Jahren gegenüber China geöffnet hatte, stand Lee zu seinem Wort. Er definierte Singapur als autonom sowohl gegenüber seinen Nachbarn als auch gegenüber den Großmächten. Im Jahr 1975 ignorierte er eine Einladung von Zhou Enlai zu einem Besuch in China – eine Entscheidung, die dafür sorgte, dass Lee und der kränkelnde Zhou nie zusammentreffen sollten. Erst 1990 erkannte Singapur die Volksrepublik China offiziell an.

Im November 1978 empfing Lee jedoch Chinas obersten Führer, Deng Xiaoping, in Singapur. Dieses Ereignis markierte den Beginn der heutigen Beziehungen zwischen Singapur und China. Um die von ihm diesem Besuch beigemessene Bedeutung zu symbolisieren, ließ Lee einen Aschenbecher und einen Spucknapf vor dem damaligen chinesischen Staatschef aufstellen, der ein starker Raucher war – trotz des gesetzlichen Rauchverbots in Singapur (und trotz seiner eigenen Rauchallergie).

Lee Kuan Yew: Die Strategie der Spitzenleistung

Dengs Ziel auf dieser Reise war es, unter den südostasiatischen Ländern eine Opposition gegen die Sowjetunion und das vereinigte Vietnam aufzubauen; Lee ging es in erster Linie darum, die Tendenz zu chinesischen Herrschaftsansprüchen gegenüber Singapur zu verringern. Er erklärte Deng, dass Chinas Radiosendungen, die darauf abzielten, die chinesische Diaspora Südostasiens zu radikalisieren, die Zusammenarbeit mit Peking erschwerten. Lee forderte Deng auf, die Propaganda zu stoppen; nach zwei Jahren wurde sie allmählich eingestellt.[139] Einige Jahre später bezeichnete Lee Deng als einen der drei internationalen Spitzenpolitiker, die er am meisten bewunderte (die anderen beiden waren Charles de Gaulle und Winston Churchill). Deng, so Lee, »war ein großer Mann, weil er China von einem maroden Staat, der wie die Sowjetunion implodiert wäre, zu dem gemacht hat, was es heute ist, eine Nation auf dem Weg zur größten Volkswirtschaft der Welt«.[140]

Laut dem renommierten Sinologen und Deng-Biografen Ezra Vogel war Deng bei seinem Besuch in Singapur noch unentschlossen, was seine Wirtschaftspolitik betraf, aber der Besuch »trug dazu bei, Dengs Überzeugung von der Notwendigkeit grundlegender Reformen zu stärken«.[141] Im darauffolgenden Monat kündigte er seine Politik der offenen Tür an, mit der Sonderwirtschaftszonen an der chinesischen Küste eingerichtet wurden, um ausländische Direktinvestitionen dort willkommen zu heißen. Wie Vogel feststellte, »hielt Deng das geordnete Singapur für ein attraktives Reformmodell« und schickte Abgesandte dorthin, »um sich über Stadtplanung, öffentliche Verwaltung und Korruptionskontrolle zu informieren«.[142]

Während Dengs Amtszeit begann Lee mit jährlichen Besuchen in China – noch vor dessen voller Anerkennung –, um sich über die dortige Stadtentwicklung und Agrarreform zu informieren und Kontakte zu führenden chinesischen Beamten zu knüpfen. Lee erklärte Zhao Ziyang, dem chinesischen Premierminister und späteren Generalsekretär der Kommunistischen Partei Chinas, dass die für das Wirtschaftswachstum erforderliche Offenheit nicht auf Kosten der »konfuzianischen Werte« gehen müsse. In einer späteren Reflexion, die mit einer Anspielung auf Deng Xiaopings Diktum, man müsse »den Fluss überqueren, indem man die Steine ertastet«, begann, sagte Zhao, Lee habe »diese Flussüberquerung für uns abgekürzt«.[143]

STAATSKUNST

Lees Ratschlag führte zur Gründung eines Industrieparks nach dem Vorbild von Singapur in Suzhou, einer alten chinesischen Stadt in der Nähe von Shanghai, die für ihre vielen schönen Gärten im chinesischen Stil bekannt ist. Der 1994 eröffnete Park sollte Managementpraktiken aus Singapur und einheimische Arbeitskräfte zusammenführen, um so die Industrialisierung zu beschleunigen und ausländisches Kapital nach China zu holen. Die Staatsfonds von Singapur, Temasek Holdings und GIC (früher Government of Singapore Investment Corporation), wurden zu wichtigen Investoren in China.

1989 schloss sich Lee dem Großteil des Westens an und verurteilte die Unterdrückung der Studentenproteste auf dem Platz des Himmlischen Friedens durch die chinesische Führung. Er prangerte die Brutalität der Methoden an und nannte deren menschliche Kosten inakzeptabel.[144] Aber er war auch davon überzeugt, dass die Implosion von Chinas politischem System ein schreckliches Risiko für die Welt darstellen würde – mit einer Vielzahl von Gefahren, die der Zerfall der Sowjetunion bald veranschaulichen würde. Lee drückte dies später beim Vergleich der beiden Fälle so aus:

> Deng war die einzige Führungsgestalt in China, die das politische Ansehen und die Kraft besaß, Maos Politik umzukehren. [...] Als Kriegs- und Revolutionsveteran sah er in den Studentendemonstranten auf dem Platz des Himmlischen Friedens eine Gefahr, die China wieder in Aufruhr und Chaos zu stürzen drohte, so dass es 100 Jahre lang geschwächt sein würde. Er hatte eine Revolution miterlebt und erkannte die ersten Anzeichen einer solchen auf dem Platz des Himmlischen Friedens. Gorbatschow hatte im Unterschied zu Deng nur von Revolutionen gelesen und bemerkte nicht die Gefahrensignale für den bevorstehenden Zusammenbruch der Sowjetunion.[145]

Nach Tiananmen schienen Chinas Wirtschaftsreformen ins Stocken geraten zu sein und wurden erst nach Dengs »Tour durch den Süden« im Jahr 1992 wiederbelebt – einer epischen und äußerst einflussreichen einmonatigen Reise durch mehrere Städte im Süden, auf der der 87-jährige Deng, der sich nominell bereits im Ruhestand befand, erneut überzeugend für die wirtschaftliche Liberalisierung plädierte.

Lee Kuan Yew: Die Strategie der Spitzenleistung

ZWISCHEN DEN USA UND CHINA

Für die Vereinigten Staaten war Lees Botschaft in Bezug auf China ernüchternd und im wahrsten Sinne des Wortes unwillkommen: Amerika würde gezwungen sein, seine Vormachtstellung im westlichen Pazifik und vielleicht auch in der ganzen Welt mit einer neuen Supermacht zu teilen. »Es muss einfach mit einem stärkeren China leben«, sagte Lee 2011, und das wäre »völlig neu für die USA, da bisher noch nie ein Land stark genug war, ihre Spitzenstellung ins Wanken zu bringen. China wird dazu in 20 bis 30 Jahren in der Lage sein.«[146]

Eine solche Entwicklung würde schmerzhaft für eine Gesellschaft wie die amerikanische sein, weil diese sich für außergewöhnlich halte, warnte Lee. Aber der amerikanische Wohlstand sei selbst auf außergewöhnliche Faktoren zurückzuführen: »geopolitisches Glück, eine Fülle von Ressourcen und die Energie von Einwanderern, ein großzügiger Kapital- und Technologiefluss aus Europa sowie zwei breite Ozeane, die internationale Konflikte von den amerikanischen Küsten fernhielten«.[147] In der künftigen Welt, in der China eine beeindruckende Militärmacht mit modernster Technologie wäre, würde die Geografie den Vereinigten Staaten keinen Schutz mehr bieten.

Lee sah voraus, dass der bevorstehende Wandel das vorherrschende internationale Gleichgewicht in Frage stellen und die Position der weniger großen Staaten prekär machen würde. Julius Nyerere, der ehemalige Premierminister von Tansania, hatte Lee gewarnt: »Wenn Elefanten kämpfen, wird das Gras zertrampelt.« Daraufhin hatte Lee, der, wie wir gesehen haben, selbst eine Vorliebe für Vergleiche mit Elefanten hatte, geantwortet: »Wenn Elefanten sich lieben, wird ebenso das Gras zertrampelt.«[148] * Lee glaubte, dass eine freundschaftliche, aber kühle Beziehung zwischen diesen beiden Supermächten den Zielen Singapurs, nämlich Stabilität und Wachstum, am besten dienen würde. In seinem eigenen Umgang mit Washington und Peking agierte

---

* 1973 hatte Lee über die Entspannung zwischen den USA und der Sowjetunion gesagt: »Es ist allerdings zu erwarten, dass die mittleren und kleinen Nationen, deren Interessen betroffen sein könnten, über die Gefahren der direkten Supermachtdiplomatie beunruhigt sind, insofern als die Einigung zwischen den Supermächten, die über ihre Köpfe hinweg stattfindet, durchaus zu ihren Lasten gehen kann.« (Lee, »Southeast Asian View of the New World Power Balance in the Making«, S. 8)

Lee jedoch weniger als nationaler Fürsprecher Singapurs, sondern eher als philosophischer Ratgeber für die beiden furchterregenden Riesen.

Bei seinen Treffen mit chinesischen Führern neigte Lee dazu, Argumente vorzubringen, die auf deren historische Traumata abgestimmt waren und mit einer bei ihm ansonsten seltenen Emotionalität vorgetragen wurden. Im Jahr 2009 warnte er die aufstrebende Generation chinesischer Führer, die die Entbehrungen und Katastrophen ihrer Vorfahren nicht erlebt hatten, aber einen tief sitzenden Groll über ihren Platz in der Welt verspürten:

> Diese [ältere] Generation ist durch die Hölle gegangen: der Große Sprung nach vorn, Nahrungsmangel, Hungersnöte, ein Beinahe-Zusammenstoß mit den Russen, [...] die schiefgelaufene Kulturrevolution [...]. Ich habe keinen Zweifel daran, dass diese Generation einen friedlichen Aufstieg will. Aber die Enkelkinder? Sie denken, dass sie bereits arriviert sind, und wenn sie anfangen, ihre Muskeln spielen zu lassen, werden wir ein ganz anderes China erleben. [...] Die Enkel hören nie auf ihre Großväter.
>
> Das andere Problem ist ein entscheidenderes: Wenn ein Volk von der Überzeugung ausgeht, die Welt sei unfreundlich zu ihm gewesen, die Welt habe es ausgebeutet, die Imperialisten hätten es zugrunde gerichtet, Peking geplündert, ihm all das angetan [...], so ist das nicht gut. [...] Jedoch kann es nicht zum alten China zurückkehren, als es die einzige Macht in der Welt war, soweit es wusste. [...] Jetzt ist es nur eine von vielen Mächten, von denen viele innovativer, erfinderischer und widerstandsfähiger sind.[149]

Parallel dazu riet Lee den USA, China nicht »von Anfang an als Feind zu behandeln«, da es sonst »eine Gegenstrategie entwickeln würde, um den USA im asiatisch-pazifischen Raum zu schaden«. Er warnte, dass die Chinesen ein derartiges Szenario bereits im Blick haben könnten, dass aber der unvermeidliche »Wettstreit zwischen den beiden Ländern um die Vorherrschaft im westlichen Pazifik [...] nicht zu einem Konflikt führen muss«.[150] Dementsprechend empfahl Lee Washington, Peking in die internationale Gemeinschaft zu integrieren und »China als großen, mächtigen, aufstrebenden Staat« mit »einem Sitz in der Vorstandsetage« zu akzeptieren. Anstatt sich in den Augen der Chinesen als Feind zu präsentieren, sollten die Vereinigten Staaten

Lee Kuan Yew: Die Strategie der Spitzenleistung

»[China] als Großmacht anerkennen, seine Rückkehr in eine Respekt heischende Position und die Wiederherstellung seiner glorreichen Vergangenheit begrüßen sowie spezifische und konkrete Wege der Zusammenarbeit vorschlagen«.[151]

Lee war der Auffassung, dass die Nixon-Administration diese Art von Ansatz praktiziert habe, und beschrieb Präsident Nixon als »pragmatischen Strategen«. In der Welt der Zukunft sollte Amerikas Haltung darin bestehen, »China einzubinden, statt es aufzuhalten«, aber auf eine Weise, die »auch in aller Ruhe die Voraussetzungen für eine Ersatzposition schaffen würde, falls China sich nicht an die Regeln eines guten Weltbürgers halten sollte«. Sollten sich die Länder der Region jemals gezwungen sehen, »Partei zu ergreifen, so sollten auf Amerikas Seite des Schachbretts Japan, Korea, die ASEAN-Gruppe, Indien, Australien, Neuseeland und die Russische Föderation stehen«.[152]

Ich war bei Vorträgen von Lee auf beiden Seiten des Pazifiks zugegen. Seine amerikanischen Gesprächspartner waren zwar grundsätzlich offen für Lees geopolitische Analyse, neigten aber dazu, ihn nach seinen Ansichten zu aktuellen Themen wie dem nordkoreanischen Atomprogramm oder der Entwicklung der asiatischen Volkswirtschaften zu befragen. Sie waren auch von der Erwartung durchdrungen, dass China am Ende eine Annäherung an die politischen Prinzipien und Institutionen der USA vollziehen würde. Lees chinesische Gesprächspartner begrüßten ihrerseits seine Auffassung, dass China wie eine Großmacht behandelt werden sollte und dass Unterschiede, selbst auf lange Sicht, nicht zwangsläufig zu Konflikten führen müssen. Doch hinter ihren höflichen Umgangsformen spürte man auch das Unbehagen, von einem Auslandschinesen über die richtige Rolle Chinas belehrt zu werden.

Lee stellte sich ein apokalyptisches Szenario für einen Krieg zwischen den USA und China vor. Massenvernichtungswaffen garantierten Verwüstung; darüber hinaus konnten keine sinnvollen Kriegsziele definiert werden, insbesondere nichts, was man einen »Sieg« hätte nennen können. Es ist daher kein Zufall, dass sich Lee gegen Ende seines Lebens mit seinen Appellen an China immer wieder an jene Generation wandte, die die Wirren seiner Generation nicht mitbekommen hatte und die sich möglicherweise zu sehr auf ihre Technologie oder Macht verlassen würde:

> Es ist von entscheidender Bedeutung, dass die jüngere Generation von Chinesen, die nur in einer Periode des Friedens und des Wachstums in China gelebt hat und keine Erfahrung mit Chinas bewegter Vergangenheit hat, auf die Fehler aufmerksam gemacht wird, die China infolge von Hybris und ideologischen Exzessen begangen hat. Diese jungen Leute müssen mit den richtigen Werten und Einstellungen erfüllt werden, damit sie der Zukunft mit Demut und Verantwortung begegnen können.[153]

Lee wurde nicht müde, seine Gesprächspartner darauf hinzuweisen, dass Globalisierung bedeute, dass jede Nation – auch (oder gerade) jene, die das System geschaffen und seine Regeln aufgestellt hatten – lernen müsse, in einer Welt des Wettbewerbs zu leben.[154] Die Globalisierung hatte ihre endgültige Form zu seinen Lebzeiten erst mit dem Zusammenbruch der Sowjetunion und dem Aufstieg Chinas erreicht. In dieser Welt würde großer Wohlstand in unmittelbarer Nähe zu großem Mangel gefährliche Spannungen hervorrufen.[155] »Der Regionalismus ist nicht mehr die ultimative Lösung«, sagte er 1979. »Die Realität ist jetzt die Interdependenz. Es ist alles eine einzige Welt.«[156] Die globale Verflechtung, so glaubte er, könne allen zugutekommen, wenn sie klug gehandhabt werde.

Wie er im Jahr 2002 zu mir sagte, war schließlich Singapurs eigenes internationales Engagement der Hauptgrund dafür, dass die Entwicklung des Landes diejenige Chinas überflügelt hatte.[157] Nach Lees Ansicht hatte das Ende des Kalten Krieges zwei widersprüchliche Phänomene hervorgebracht: die Globalisierung und die potenzielle strategische Rivalität zwischen den USA und China mit dem Risiko eines katastrophalen Krieges. Während viele nur die Gefahr sahen, betonte Lee die Unverzichtbarkeit gegenseitiger Zurückhaltung. Sowohl die USA als auch China seien unbedingt dazu verpflichtet, ihre Hoffnungen und ihr Handeln auf die Möglichkeit eines erfolgreichen Ausgangs auszurichten.

Wie nur wenige andere hat Lee schon früh die Schwierigkeiten vorausgesehen, die die Entwicklung Chinas sowohl für China selbst als auch für die USA mit sich bringen würde. Die beiden Nationen würden einander unweigerlich in die Quere kommen. Würde diese neue Beziehung zu einer zunehmenden Konfrontation führen, oder würde es möglich sein, das antagonistische

Lee Kuan Yew: Die Strategie der Spitzenleistung

Verhalten in eine gemeinsame Analyse der Anforderungen an eine friedliche Koexistenz zu verwandeln? Jahrzehntelang verkündeten Washington und Peking das letztgenannte Ziel. Doch heute, im dritten Jahrzehnt des 21. Jahrhunderts, scheinen beide ihre Bemühungen, der Koexistenz einen operativen Ausdruck zu verleihen, eingestellt zu haben und neigen stattdessen zur Verschärfung der Rivalität. Wird die Welt in einen Konflikt geraten, wie dies im Vorfeld des Ersten Weltkriegs der Fall war, als Europa unabsichtlich einen diplomatischen Weltuntergangsmechanismus konstruierte, durch den jede der aufeinander folgenden Krisen immer schwieriger zu lösen war, bis es schließlich zu einer Katastrophe kam, die die Zivilisation, wie man sie damals kannte, zerstörte? Oder werden die beiden Giganten wieder zu einer Definition von Koexistenz finden, die bezüglich der Vorstellung, die jede Seite von ihrer eigenen Größe und ihren Kerninteressen hat, vernünftig ist? Von der Antwort hängt das Schicksal der modernen Welt ab.

Lee war einer der wenigen Staatslenker, die auf beiden Seiten des Pazifiks sowohl für ihre Einsicht als auch für ihre Leistungen respektiert wurden. Er begann seine Laufbahn mit der Entwicklung eines Ordnungskonzepts für eine winzige Insel und ihre Umgebung und verbrachte seine letzten Jahre damit, an die Weisheit und Zurückhaltung der Länder zu appellieren, die in der Lage waren, eine globale Katastrophe anzurichten. Auch wenn er das für sich selbst nie in Anspruch genommen hätte, hatte der alte Realist nunmehr eine Rolle als Weltgewissen übernommen.

LEES VERMÄCHTNIS

Nach seiner langen Amtszeit trat Lee im November 1990 vom Posten des Premierministers zurück. Um einen geordneten Übergang zu ermöglichen, zog er sich schrittweise aus dem Tagesgeschäft zurück. Zunächst mit dem Titel des »Senior Minister«, dann mit dem des »Minister Mentor« bedacht, behielt er seinen Einfluss, war aber angesichts zweier Nachfolger im Amt des Premierministers für die Öffentlichkeit immer weniger sichtbar.*

---

* Der zweite war sein Sohn, was den Symbolcharakter seines Rücktritts etwas abschwächte.

STAATSKUNST

Eine Bewertung von Lees Vermächtnis muss beginnen mit dem außergewöhnlichen Wachstum des Pro-Kopf-Bruttoinlandsprodukts Singapurs von 517 Dollar im Jahr 1965 auf 11 900 Dollar im Jahr 1990 und 60 000 Dollar in der Gegenwart (2020).[158] Das jährliche BIP-Wachstum lag bis weit in die 1990er-Jahre hinein bei durchschnittlich acht Prozent.[159] Es handelt sich um eine der bemerkenswertesten wirtschaftlichen Erfolgsgeschichten der Neuzeit.

In den späten 1960er-Jahren galt es als selbstverständlich, dass die postkolonialen Herrscher ihre Volkswirtschaften vor den internationalen Marktkräften abzuschirmen hatten und durch intensive staatliche Intervention autonome Industrien vor Ort entwickeln sollten. Als Ausdruck ihrer neu gewonnenen Freiheit und aus nationalistischen und populistischen Beweggründen gingen einige sogar so weit, die Ausländer zu schikanieren, die sich während der Kolonialzeit auf ihrem Territorium niedergelassen hatten. Das Ergebnis war, wie Richard Nixon schrieb:

> Wir leben in einer Zeit, in der Führungsgestalten oft mehr nach der Schärfe ihrer Rhetorik und der ideologischen Färbung ihrer Politik beurteilt werden als nach dem Erfolg ihrer Maßnahmen. Vor allem in den Entwicklungsländern gehen zu viele Menschen mit vollen Ohren, aber leeren Mägen ins Bett.[160]

Lee führte Singapur in die entgegengesetzte Richtung und zog multinationale Unternehmen an, indem er Freihandel und Kapitalismus befürwortete und auf der Einhaltung von Geschäftsverträgen bestand. Er schätzte die ethnische Vielfalt seiner Heimat als besonderen Vorzug und bemühte sich intensiv darum, die Einmischung äußerer Kräfte in inländische Streitigkeiten zu verhindern, wodurch er auch dazu beitrug, die Unabhängigkeit seines Landes zu bewahren. Während die meisten Staatschefs in einer der seinigen vergleichbaren Lage im Kalten Krieg eine Haltung der Blockfreiheit einnahmen – was in der Praxis oft eine faktische Duldung der sowjetischen Pläne bedeutete –, vertraute Lee bei der Gestaltung der geopolitischen Zukunft Singapurs auf die Zuverlässigkeit der USA und ihrer Verbündeten.

Lee Kuan Yew: Die Strategie der Spitzenleistung

Bei der Festlegung des Weges für seine neue Gesellschaft legte Lee entscheidenden Wert auf die zentrale Bedeutung der Kultur. Er lehnte die in den liberalen Demokratien des Westens wie auch im sowjetisch geführten kommunistischen Block vertretene Auffassung ab, dass politische Ideologien für die Entwicklung einer Gesellschaft ausschlaggebend seien und dass sich alle Gesellschaften auf die gleiche Weise modernisieren würden. Laut Lee war das Gegenteil der Fall: »Der Westen glaubt, dass die Welt [seiner] historischen Entwicklung folgen muss. [Aber] Demokratie und individuelle Rechte sind dem Rest der Welt fremd.«[161] Die Universalität des liberalen Anspruchs war für ihn ebenso wenig einleuchtend wie die Vorstellung, dass die Amerikaner eines Tages Konfuzius folgen würden.

Aber Lee hielt solche zivilisatorischen Unterschiede auch nicht für unüberwindbar. Seiner Ansicht nach sollten die Kulturen koexistieren und sich einander angleichen. Heute ist Singapur nach wie vor ein autoritärer Staat, jedoch ging es Lee nicht um den Autoritarismus an sich – er war ein Mittel zum Zweck. Auch die Familienautokratie war nicht sein Ziel. Goh Chok Tong (nicht verwandt mit Goh Keng Swee) amtierte von November 1990 bis August 2004 als Premierminister. Lees Sohn Lee Hsieng Loong – dessen Kompetenz von niemandem angezweifelt wird – trat die Nachfolge von Goh an und ist nun dabei, sich aus der Rolle des Premierministers zurückzuziehen, damit bei den nächsten Wahlen ein Nachfolger bestimmt werden kann. Sie haben Singapur auf dem von Lee eingeschlagenen Weg weiter vorangebracht.

Die Wahlen in Singapur sind nicht demokratisch, aber auch nicht bedeutungslos. Während in Demokratien Wahlen aufgrund von Unzufriedenheit zu einem Machtwechsel führen können, haben in Singapur Lee und seine Nachfolger die Wahlen als Leistungsbewertung genutzt, um die Machthaber über die Wirksamkeit ihres Handelns zu informieren. Dies gab ihnen die Möglichkeit, ihre Politik entsprechend ihrer Einschätzung des Gemeinwohls entsprechend anzupassen.

Gab es eine Alternative dazu? Hätte ein anderer, demokratischerer und pluralistischerer Ansatz Erfolg haben können? Lee glaubte das nicht. Er war davon überzeugt, dass Singapur zu Beginn seines Wegs in die Unabhängigkeit von denselben sektiererischen Kräften bedroht war, die viele andere postkoloniale Länder entzweit hatten. Demokratische Staaten mit großen ethnischen Unterschieden in der Bevölkerung liefen seiner Meinung nach Gefahr, einer Identitätspolitik zu erliegen, die den Extremismus eher noch verstärkte.* Ein demokratisches System funktioniert, indem es einer (unterschiedlich definierten) Mehrheit die Möglichkeit gibt, durch Wahlen eine Regierung zu bilden und dann die Regierung zu wechseln, wenn sich die politische Meinung ändert. Wenn aber politische Einstellungen – und Spaltungen – durch unveränderliche Festlegungen der Identität und nicht durch fließende politische Unterschiede bestimmt werden, sinken die Aussichten auf ein solches Ergebnis proportional zum Ausmaß der Spaltung; die Mehrheiten neigen dazu, sich zu verstetigen, und die Minderheiten versuchen, der Unterdrückung durch Gewalt zu entkommen. Nach Lees Ansicht operierte eine Regierung am effektivsten als pragmatische Gruppe von engen Mitstreitern, die nicht an eine Ideologie gebunden waren, die technische und administrative Kompetenz zu schätzen wussten und schonungslos nach Spitzenleistungen strebten. Maßgeblich war für ihn ein Verständnis für den öffentlichen Dienst:

> Die Politik verlangt von einem Menschen besonderen Einsatz, ein Engagement für Menschen und Ideale. Das ist nicht nur einfach ein Job. Es ist eine Berufung, nicht anders als das Priesteramt. Man muss mit den Menschen mitfühlen, man muss die Gesellschaft verändern und das Leben besser machen wollen.[162]

Und was ist mit der Zukunft? Die Schlüsselfrage für Singapurs Zukunft ist, ob der anhaltende wirtschaftliche und technologische Fortschritt zu einem demokratischen und humanistischen Übergang führen wird. Falls die Leistungskraft des Landes nachlassen sollte und die Wähler deshalb Schutz in

---

* Das Beispiel Sri Lankas erschien Lee lehrreich: »Wenn man also glaubt, was amerikanische oder britische Liberale zu sagen pflegen, dann hätte das Land florieren müssen. Aber das tat es nicht. Die Ein-Mann-eine-Stimme-Regelung führte zur Vorherrschaft der singhalesischen Mehrheit über die tamilische Minderheit [...].« Lee, »How Much is a Good Minister Worth?«, Rede vor dem Parlament am 1. November 1994, in *Lee Kuan Yew: The Man and His Ideas*, S. 338.

Lee Kuan Yew: Die Strategie der Spitzenleistung

ihrer ethnischen Identität suchen sollten, könnten die Wahlen angesichts der singapurischen Rahmenbedingungen Gefahr laufen, zur Bestätigung einer ethnischen Einparteienherrschaft zu werden.

Für Idealisten besteht der Test einer Struktur in ihrem Verhältnis zu unveränderlichen Kriterien; für Staatsmänner ist es die Anpassungsfähigkeit an die historischen Gegebenheiten. Nach diesem Maßstab ist das Vermächtnis von Lee Kuan Yew bisher erfolgreich gewesen. Staatsmänner müssen aber auch nach der Weiterentwicklung ihrer Gründungsmodelle beurteilt werden. Bei der Bewertung ihrer Nachhaltigkeit ist das früher oder später ein wesentlicher Bestandteil. Kann ein besseres Gleichgewicht zwischen den Ansprüchen der Volksdemokratie und dem modifizierten Elitedenken gefunden werden? Dies wird die größte Herausforderung für Singapur sein.

Wie Mitte der 1960er-Jahre, als Singapur gegründet wurde, befindet sich die Welt auch heute wieder in einer Phase der ideologischen Unsicherheit darüber, wie eine erfolgreiche Gesellschaft aufgebaut werden kann. Die Demokratie der freien Marktwirtschaft, die sich nach dem Zusammenbruch der Sowjetunion als die tragfähigste Lösung darstellte, sieht sich gleichzeitig mit alternativen externen Modellen und schwindendem internen Vertrauen konfrontiert. Andere Gesellschaftsformen treten mit dem Anspruch auf, wirtschaftliches Wachstum und soziale Harmonie besser zu ermöglichen. Die Transformation Singapurs unter Lees Führung ging derartigen Auseinandersetzungen aus dem Weg. Er vermied die starren Dogmen, die er als »Lieblingstheorien« abtat. Stattdessen entwickelte er etwas, das er als singapurischen Exzeptionalismus bezeichnete.[163]

Lee war ein unermüdlicher Improvisator, kein Theoretiker der Regierungsarbeit. Er verfolgte eine Politik, von der er glaubte, dass sie funktionieren konnte, und revidierte sie, wenn er sah, dass sie es nicht tat. Er experimentierte ständig, nahm Ideen aus anderen Ländern auf und versuchte, aus deren Fehlern zu lernen. Dennoch achtete er darauf, sich nie auf das Vorbild anderer zu versteifen; vielmehr musste sich Singapur ständig fragen, ob es die Ziele erreichte, die durch seine einzigartige Geografie vorgegeben und durch seine besondere demografische Zusammensetzung ermöglicht wurden. Er selbst kommentierte dies folgendermaßen: »Ich war nie Gefangener irgendeiner

Theorie. Was mich leitete, waren die Vernunft und die Realität. Die Frage, die ich jeder Theorie oder Wissenschaft stellte, war: Würde sie funktionieren?«[164] Vielleicht hatte ihn Kwa Geok Choo das Diktum von Alexander Pope gelehrt: »Über die Regierungsformen sollen die Narren streiten; wahre Exzellenz zeigt sich in der besten Verwaltung.«[165]

Lee hat sowohl eine Nation geschaffen als auch ein Staatsmodell entworfen. Gemäß den in der Einleitung dieses Buches definierten Kategorien war er sowohl ein Prophet als auch ein Staatsmann. Er konzipierte seine Nation und bemühte sich dann, Anreize für diesen Staat zu schaffen, sich durch außergewöhnliche Leistungen in einer sich abzeichnenden Zukunft positiv zu entwickeln. Lee gelang es, einen kreativen Prozess zu institutionalisieren. Wird er auch angewandt werden, um eine Vorstellung von Menschenwürde zu entwickeln?

Der spanische Philosoph Ortega y Gasset behauptete, dass der Mensch »keine Natur hat; was er hat, ist [...] Geschichte«.[166] In Ermangelung einer nationalen Geschichte erfand Lee Kuan Yew die Natur Singapurs aus seiner Zukunftsvision und schrieb die Geschichte seines Landes nach und nach. Damit bewies er die Richtigkeit seiner Überzeugung, dass sich die Qualität eines Staatsmannes in der Anwendung seines Urteilsvermögens zeigt, während er »auf einer unmarkierten Straße zu einem unbekannten Ziel« reist.[167]

LEE ALS PERSON

»Es waren die Umstände, die mich geschaffen haben«, sagte Lee drei Jahre vor seinem Tod in einem Interview.[168] Insbesondere sei es seine Erziehung in einer traditionellen chinesischen Familie gewesen, die seine Persönlichkeit erkläre und ihn zu »einem unbewussten Konfuzianer« gemacht habe:[169]

> Die zugrunde liegende Philosophie besagt, dass eine Gesellschaft nur dann gut funktionieren kann, wenn die Interessen der Masse der Menschen berücksichtigt werden und die Gemeinschaft Vorrang vor den Interessen des

Einzelnen hat. Dies ist der Hauptunterschied zum amerikanischen Prinzip, [das] die primären Rechte des Einzelnen [betont].[170]

Für Lee bestand das konfuzianische Ideal darin, ein *junzi* oder Ehrenmann zu sein, der »seinem Vater und seiner Mutter gehorcht, seiner Frau treu ist, seine Kinder gut erzieht und seine Freunde gut behandelt«, der aber vor allem ein »guter, loyaler Bürger seines Kaisers« ist.[171]

Lee lehnte belanglosen Smalltalk entschieden ab. Er war davon überzeugt, dass er dazu bestimmt sei, Fortschritte für seine Heimat und, soweit möglich, für die Welt als Ganzes zu erreichen. Er hatte keine Lust, die ihm zugewiesene Zeit zu verschwenden. Zu seinen vier Besuchen in unserem Wochenendhaus in Connecticut brachte er immer seine Frau und in der Regel eine seiner Töchter mit. Nach vorheriger Absprache arrangierte ich Essen mit führenden Persönlichkeiten und Denkern, die sich mit Themen befassten, die ihm am Herzen lagen, sowie mit einigen gemeinsamen persönlichen Freunden. Lee nutzte diese Gelegenheiten, um sich über amerikanische Angelegenheiten zu informieren. Zweimal nahm ich ihn auf seine Bitte hin zu politischen Veranstaltungen vor Ort mit; bei der einen handelte es sich um eine Spendensammlung für einen Kongresskandidaten, bei der anderen um ein Town-Hall-Meeting. Wie von ihm gewünscht, stellte ich ihn einfach als einen Freund aus Singapur vor.

Bei meinen Besuchen pflegte Lee hochrangige Persönlichkeiten aus den Nachbarländern und leitende Mitarbeiter zu einer Reihe von Seminaren einzuladen. Dabei gab es immer ein Abendessen und eine Diskussion mit ihm allein, deren Dauer von den Themen abhing, die uns beide gerade am meisten bewegten, kurz aber waren sie nie. Die Treffen fanden im Istana statt, einem stattlichen Regierungsgebäude im Zentrum von Singapur. Bei meinen zahlreichen Reisen nach Singapur hat mich Lee nie zu sich nach Hause eingeladen, und ich habe auch nicht davon gehört, dass ein anderer jemals in den Genuss dieser Ehre gekommen wäre. Das ist vergleichbar mit de Gaulles Haltung in Colombey, wo der Besuch von Adenauer die einzige Ausnahme darstellte.

Zu unserer Freundschaft traten hinzu ein weiterer US-Außenminister, George Shultz, und Helmut Schmidt, der von 1974 bis 1982 als deutscher

STAATSKUNST

Bundeskanzler amtierte.* Wir trafen uns mehrmals als Gruppe, manchmal aber auch nur zu dritt, wenn Termine bei Shultz oder Schmidt dazwischenkamen: zuerst 1978 im Iran, dann 1979 in Singapur, 1980 in Bonn und auf der Veranda von Shultz' Haus in Palo Alto kurz nach seiner Ernennung zum Außenminister im Jahr 1982.[172] Wir zogen uns auch einmal zu viert auf das Land zurück, in die Redwood-Wälder nördlich von San Francisco: Schmidt, der im Übrigen Lees Verachtung für Smalltalk teilte, war auf meine Einladung hin Gast von Shultz und Lee. Obwohl unsere Ansichten über bestimmte politische Themen nicht immer deckungsgleich waren, teilten wir eine Verpflichtung: »Wir sagen einander immer die völlige Wahrheit«, wie Schmidt es gegenüber einem deutschen Journalisten ausdrückte.[173] Wenn Lee mit jemandem Gespräche führte, war das ein persönlicher Vertrauensbeweis; dies zeigte, dass er seinem Gesprächspartner inmitten seiner ansonsten mönchischen Lebensweise besondere Bedeutung beimaß.

Im Mai 2008 erlitt Choo, Lees geliebte Frau und Lebensgefährtin seit 60 Jahren, einen Schlaganfall, der sie in ihrem eigenen Körper gefangen hielt, unfähig zu kommunizieren. Diese Tortur dauerte mehr als zwei Jahre. Wenn er in Singapur war, setzte sich Lee jeden Abend neben ihr Bett und las ihr aus Büchern vor, manchmal auch Gedichte, darunter Shakespeares Sonette, von denen er wusste, dass sie sie schätzte.[174] Obwohl es dafür keine Beweise gab, war er überzeugt, dass sie ihn verstand. »Für mich bleibt sie wach«, sagte er zu einem Interviewer.[175]

In den Monaten nach ihrem Tod im Oktober 2010 unternahm Lee den noch nie dagewesenen Schritt, von sich aus mehrere Telefongespräche mit mir zu führen, in denen er auf seine Trauer zu sprechen kam – und insbesondere auf die Leere, die Choos Tod in seinem Leben hinterlassen hatte. Ich fragte ihn, ob er jemals mit seinen Kindern über sein Alleinsein gesprochen habe. »Nein«, antwortete Lee, »als Familienoberhaupt ist es meine Pflicht, sie zu unterstützen und mich nicht auf sie zu stützen.« Nach dem Tod von Choo nahm Lees überschäumende Lebhaftigkeit ab. Seine Intelligenz blieb erhalten, aber sein dynamisches Auftreten ging weitgehend

---

* Siehe Kapitel 1, Seite 78 f.

verloren. Bis zum Schluss erfüllte er das, was er als seine Pflichten ansah, aber ohne seine wichtigste Inspiration war die Freude aus seinem Leben verschwunden.

Obwohl ich Lee fast ein halbes Jahrhundert lang als Freund betrachtete, war er zurückhaltend, wenn es darum ging, persönliche Bindungen auszudrücken. Am nächsten kam er dem in Form einer unaufgeforderten Widmung, die er 2009 auf ein Foto von sich und Choo schrieb: »Henry, Deine Freundschaft und Unterstützung nach unserem zufälligen Treffen in Harvard im November 1968 war für mein Leben sehr bedeutsam. Harry.« Sowohl in der Freundschaft als auch in der Politik ließ Lee wichtige Dinge für sich selbst sprechen; große Worte zu machen würde deren Relevanz nur schmälern.

Als Lee Kuan Yew im März 2015 starb, 25 Jahre nach seinem Rücktritt als Premierminister, kamen Würdenträger aus der ganzen Welt nach Singapur, um ihm die letzte Ehre zu erweisen. Viele asiatische Regierungschefs waren anwesend, darunter die Premierminister von Japan, Indien, Vietnam und Indonesien sowie der Präsident von Südkorea. China war durch Vizepräsident Li Yuanchao vertreten, die Vereinigten Staaten durch den ehemaligen Präsidenten Bill Clinton, den ehemaligen Nationalen Sicherheitsberater Tom Donilon und mich selbst. Wir alle hatten Lee häufig über wichtige Fragen des politischen Alltags reden gehört.

Der bewegendste Aspekt der Trauerfeierlichkeiten war die Demonstration der Verbundenheit, die zwischen den Menschen in Singapur und ihrem Staatsgründer entstanden war. Während der drei Tage, an denen Lees Leichnam aufgebahrt blieb, standen Hunderttausende von Menschen bei strömendem Monsunregen an, um ihm an seinem Totenlager die letzte Ehre zu erweisen. Die Nachrichtensender informierten die Trauernden mit Laufschriften am Bildschirmrand darüber, wie lange sie warten mussten, um zum Sarg zu gelangen; es waren nie weniger als drei Stunden. Aus einer Mischung von Hautfarben, Religionen, Ethnien und Kulturen hatte Lee Kuan Yew eine Gesellschaft geschmiedet, die sein eigenes Leben überdauern sollte.

Lee wollte, dass sein Vermächtnis den Fortschritt inspiriert und nicht hemmt. Deshalb verfügte er, dass sein Haus in der Oxley Road nach seinem

Tod abgerissen werden sollte, um zu verhindern, dass es zu einem Gedenkschrein würde.¹⁷⁶ Er wünschte Singapur, die Führungspersönlichkeiten und Institutionen zu bekommen, die für die anstehenden Herausforderungen nötig wären, und dass es sich auf die Zukunft konzentrieren würde, statt der Vergangenheit zu huldigen. »Alles was ich tun kann«, sagte er in einem Interview, »ist, dafür zu sorgen, dass bei meinem Abschied die Institutionen gut, solide, sauber und effizient sind und dass es eine Regierung gibt, die weiß, was sie zu tun hat.«¹⁷⁷

Was sein politisches Erbe betraf, so nahm Lee wie immer eine unsentimentale und analytische Haltung ein. Er gab zu, manches zu bedauern, auch einige seiner Entscheidungen als Staatschef. »Ich behaupte nicht, dass alles, was ich getan habe, richtig war«, sagte er der *New York Times*, »aber alles, was ich getan habe, diente einem ehrenwerten Zweck. Ich musste einige unangenehme Dinge tun, darunter die Inhaftierung von Personen ohne Gerichtsverfahren.«¹⁷⁸ Ein chinesisches Sprichwort zitierend – »Ein Mensch kann nicht beurteilt werden, bevor sein Sarg geschlossen ist« –, sagte Lee: »Schließt erst meinen Sarg, und entscheidet dann.«¹⁷⁹

Heute gerät der Name Lee Kuan Yew im Westen langsam in Vergessenheit. Doch die Geschichte ist länger wirksam als zeitgenössische Biografien, und die Lehren aus Lees Erfahrung sind nach wie vor sehr wichtig für uns.

Die aktuelle Weltordnung wird gleichzeitig aus zwei Richtungen in Frage gestellt: einerseits durch das Auseinanderbrechen ganzer Regionen, in denen sektiererische Leidenschaften stärker geworden sind als traditionelle Strukturen, und andererseits durch den sich verschärfenden Antagonismus von Großmächten mit konkurrierenden Ansprüchen auf Legitimität. Ersteres droht sich ausweitende Zonen voller Chaos zu schaffen, Letzteres könnte zu apokalyptischem Blutvergießen führen.

Die Staatskunst von Lee ist in beiden Fällen von Bedeutung. Sein Lebenswerk ist ein Beweis dafür, dass es möglich ist, auch unter den ungünstigsten Ausgangsbedingungen für Fortschritt und nachhaltige Ordnung zu sorgen. Sein Auftreten in Singapur und auf der Weltbühne ist ein Lehrstück dafür, wie man Verständnis und Koexistenz inmitten unterschiedlicher Perspektiven und Hintergründe fördern kann.

Vor allem aber zeigt Lees Staatskunst, dass weder der materielle Reichtum noch andere konventionelle Maßstäbe der Macht das Schicksal einer Gesellschaft bestimmen, sondern vielmehr die Qualität seiner Menschen und die Vision ihrer politischen Führer. Wie Lee sagte: »Wenn man ausschließlich realistisch denkt, schränkt man sich ein und wird zu einem gewöhnlichen Menschen, der keinen Erfolg haben kann. Deshalb muss man in der Lage sein, sich über die Realität zu erheben und zu sagen: ›Das ist durchaus möglich.‹«[180]

6

Margaret Thatcher:
Die Strategie der Überzeugung

EINE HÖCHST UNWAHRSCHEINLICHE FÜHRUNGSPERSÖNLICHKEIT

Nur wenige politische Führungspersönlichkeiten prägen die Ära, in der sie regieren. Doch von 1979 bis 1990 war dies Margaret Thatchers einzigartige Leistung. Als Premierministerin des Vereinigten Königreichs bemühte sie sich, die Fesseln zu sprengen, die ihre Vorgänger behindert hatten, insbesondere die nostalgische Sehnsucht nach dem imperialen Ruhm vergangener Zeiten und das anhaltende Bedauern des nationalen Niedergangs. Das Großbritannien, das unter Thatchers Führung entstand, war für die Welt eine neue, selbstbewusste Nation und für Amerika ein geschätzter Partner in der Endphase des Kalten Krieges.

Thatchers Erfolg war freilich keineswegs sicher, als sie ihr Amt antrat; tatsächlich rechnete kaum jemand damit, dass sie lange an der Macht bleiben würde. Sie hatte die Führung der Konservativen Partei einem rein männlichen Establishment abgerungen, das sie nur erzwungenermaßen als Parteichefin tolerierte, und sie verfügte nur über geringes politisches Kapital: Ihre Leistungen in der Regierung waren bis dahin nicht bemerkenswert gewesen; sie hatte keine große Anhängerschaft im Land, und ihre internationale Erfahrung war kaum der Rede wert. Zudem war sie nicht nur die erste Frau, die in Großbritannien Premierministerin wurde, sondern stammte auch wie sonst kaum eine Führungsfigur der Konservativen aus der Mittelschicht. Sie war also in nahezu jeder Hinsicht eine völlige Außenseiterin.

Unter diesen ungünstigen Umständen war ihr größtes Plus ihr einzigartiger Führungsstil. Der Kern ihres Erfolgs war persönlicher Mut. Ferdinand

STAATSKUNST

Mount, Chef der Policy Unit in 10 Downing Street (1982/83), formulierte es hinsichtlich ihrer Reformen prägnant: »Das Bemerkenswerte daran ist nicht deren Originalität, sondern deren Realisierung. Der politische Mut liegt nicht in ihrer Realisierung selbst, sondern darin, für sie *die Bedingungen zu schaffen.*«[1]

Obwohl ich während Thatchers Amtszeit kein Regierungsamt bekleidete, hatte ich das Glück, ihren Führungsstil durch die Linse einer Freundschaft beobachten zu können, die nahezu vier Jahrzehnte lang währte.

THATCHER UND DAS BRITISCHE SYSTEM

Um den Aufstieg Margaret Thatchers und ihre vielen Jahre im Amt – aber auch ihren Sturz – zu verstehen, ist es hilfreich, sich zunächst mit dem politischen System Großbritanniens zu befassen. Amerikaner neigen dazu, ihr Präsidialsystem als eine Abfolge einzelner politischer Führer zu erleben. Wenigstens bis zur jüngsten Verschärfung der Differenzen zwischen den beiden Parteien in Amerika betrachteten die Wähler die politischen Parteien im Allgemeinen als Ausdruck verschiedener Präferenzen der Öffentlichkeit. Die Präsidenten gelangten ins Amt, indem sie diese Präferenzen verstanden, sie sich zu eigen machten und sie in die Zukunft projizierten. Im Gegensatz dazu sind die britischen Parteien streng institutionalisiert; ein Wahlsieg dient in erster Linie dazu, einer Partei die Macht im Parlament zu verschaffen und in der Folge einen neuen Premier ins Amt zu wählen. Oder wie es Thatcher 1968 in einer Rede vor dem Conservative Political Centre der Partei formulierte: »Das wesentliche Charakteristikum des britischen Verfassungssystems besteht nicht darin, dass es in Gestalt des Parteiführers eine personelle Alternative gibt, sondern dass es alternative politische Vorstellungen gibt und eine komplette alternative Regierungsmannschaft, die bereit ist, die Regierung zu übernehmen.«[2] Die politischen Vorstellungen werden in der Regel im Parteiprogramm ausgearbeitet, das seinerseits ein wichtiges Element im britischen Wahlkampf darstellt.

Der Premierminister ist also innerhalb und in mancher Hinsicht unterhalb der politischen Partei angesiedelt, der er oder sie angehört. Im Vergleich zum

Margaret Thatcher: Die Strategie der Überzeugung

amerikanischen Präsidialsystem, in dem die legitime Entscheidungsgewalt von oben nach unten fließt, haben die Minister, die die höchsten Ränge der Partei repräsentieren, im britischen Kabinettssystem mehr Macht; die Autorität bewegt sich zwischen dem Premierminister und dem Kabinett in beiden Richtungen. Die Minister werden zwar alle vom Premier ernannt, sind aber gleichzeitig Manager der Bürokratie, (tatsächliche oder nominelle) Unterstützer des Premierministers und haben manchmal auch den Ehrgeiz, diesen abzulösen. Im Kabinett können die Machenschaften einer einzelnen starken Persönlichkeit oder die Opposition einer einflussreichen Clique die Fähigkeit des Premierministers zur Verfolgung erwünschter politischer Ziele beeinträchtigen. Unter außergewöhnlichen Umständen kann der Rücktritt eines Ministers sogar die Machtposition des Premierministers gefährden.

Zwar ist die Autorität des Premierministers formell von der des Monarchen abgeleitet, tatsächlich jedoch beruht sie primär auf der Aufrechterhaltung der Parteidisziplin, also auf der Fähigkeit des Premiers, eine parlamentarische Mehrheit und das Vertrauen der Parteibasis zu behalten. In den USA ist die Exekutive durch die Gewaltenteilung gegen direkten Druck der Legislative abgeschirmt, wohingegen in Großbritannien Exekutive und Legislative weitgehend verschmolzen sind. Ein britischer Premierminister ist nicht nur durch Wahlen verwundbar, sondern kann auch durch ein parlamentarisches Misstrauensvotum oder durch eine Meuterei seiner Partei zu Fall gebracht werden. Ersteres ist selten: Verliert ein Premier eine Vertrauensabstimmung, müssen Neuwahlen stattfinden, durch die Abgeordnete ihre Sitze verlieren können. Weniger selten ist ein Kampf um die Parteiführung. Wenn Abgeordnete fürchten, dass der Parteiführer als Person unpopulär wird und sie in Gefahr geraten, bei den nächsten Wahlen ihren Sitz zu verlieren, werden sie vielleicht einen neuen Parteiführer küren.

Befinden sich Partei und Premierminister in Übereinstimmung und haben eine solide Mehrheit, dann funktioniert das System reibungslos. Weicht der Premierminister jedoch zu sehr von der Parteiorthodoxie ab oder erscheint im Parlament oder in der öffentlichen Meinung als schwach, muss er sowohl im Parlament als auch in der Partei um Unterstützung werben. Ein führungsschwacher Präsident kann im amerikanischen System überleben, weil die Exekutive vier Jahre im Amt bleibt. Dagegen sind für den Premier im britischen

System Mut, Überzeugung, Beherrschung der Materie und Überredungskunst erforderlich, um im Amt zu bleiben. Da es eine Katastrophe bedeuten kann, wenn es einem Premier nicht gelingt, seine Kollegen zur Unterstützung seiner Politik zu bewegen, muss dieser auch beweglich sein. Sonst kann ein abgelehntes politisches Projekt das Ende seiner politischen Karriere bedeuten.

Im November 1974 kandidierte Margaret Thatcher gegen Edward Heath um die Führung der Konservativen Partei. Heath hatte im Februar 1974 die Parlamentswahlen und damit auch sein Amt als Premierminister verloren. Gewöhnlich tritt der ehemalige Premierminister nach einer Wahlniederlage auch als Parteivorsitzender zurück, Heath aber blieb sogar nach einer weiteren Wahlniederlage im Oktober 1974 im Amt, weil er erwartete, dass die Beziehungen, die er in zehn Jahren als Parteiführer aufgebaut hatte, wie ein Bollwerk gegen eine ernsthafte Herausforderung wirken würden. Als Thatcher antrat, bestand deshalb die Erwartung, die Wahl sei eine bloße Formalität und werde Heaths Stellung als Parteiführer noch stärken. Viele waren deshalb überrascht, als Thatcher mit ihrer Herausforderung Erfolg hatte.

Heath war bei den Wählern nicht gut angekommen, und die konservative Rechte hatte eine Chance gewittert, die Partei neu auszurichten. Keith Joseph und Edward du Cann, zwei Hoffnungsträger der Konservativen, entschieden sich gegen eine Kandidatur, und Joseph unterstützte mit Margaret Thatcher seine Freundin und intellektuelle Verbündete. Sie war lediglich eine Notlösung für die Rechte und wurde auch von der Mitte widerstrebend gewählt. Als sie Heath in der ersten Abstimmung um elf Stimmen geschlagen hatte, setzte sie sich im zweiten Wahlgang mit großem Vorsprung gegen den Zentristen Willie Whitelaw durch und wurde die erste weibliche Vorsitzende einer großen europäischen Partei.

Nach ihrer Wahl zur Parteichefin fragte sie ein Journalist: »Welche Eigenschaft sollten die Torys unter Ihrer Führung am ehesten zeigen?« Sie antwortete: »Gewinnen, [...] die Eigenschaft, dass sie gewinnen.« Darauf der Journalist: »Welche philosophische Eigenschaft?« »Man gewinnt nur, wenn man sich für etwas einsetzt«, lautete Thatchers spontane Erwiderung. »Für eine freie Gesellschaft, in der die Macht gut auf die Bürger verteilt und nicht in den Händen des Staates konzentriert ist«, fuhr sie fort, »und in der die Macht sich

Margaret Thatcher: Die Strategie der Überzeugung

auf eine breite Verteilung des Reichtums unter den Staatsbürgern stützt und dieser sich nicht in den Händen des Staates befindet.«[3] Dies waren die Grundüberzeugungen, die sie als Premierministerin von 1979 bis 1990 in die Politik einbrachte und für die sie berühmt werden sollte.

DIE HERAUSFORDERUNGEN: GROSSBRITANNIEN IN DEN 1970ER-JAHREN

Großbritannien befand sich auf einem Tiefpunkt, als Thatcher im Mai 1979 Premierministerin wurde. Oder wie sie es in ihren Erinnerungen ausdrückte: Das Land »lag [...] am Boden«.[4] Es hatte, insbesondere was seine Wirtschaftsleistung betraf, gravierende Probleme. Doch nicht weniger gravierend war ein psychologisches Handicap: die weitverbreitete Überzeugung, dass es seine beste Zeit hinter sich hatte.

Im Jahr 1945 war Großbritannien siegreich, aber erschöpft und bankrott aus sechs Jahren totalem Krieg hervorgegangen. Seine Außenbeziehungen nach dem Krieg waren durch eine Kette von Enttäuschungen gekennzeichnet. Die Solidarität mit den Vereinigten Staaten während des Krieges war einem gewissen Unbehagen gewichen, als sich Washington daran machte, Großbritannien aus seiner globalen Vormachtstellung zu verdrängen. Schon wenige Wochen nach dem Ende des Krieges musste das Vereinigte Königreich die Demütigung verdauen, dass die USA das großzügige Lend-Lease-Programm einstellten und es durch kommerzielle Kredite ersetzte, die es sich kaum leisten konnte.

Die zunehmende Macht der Vereinigten Staaten und der Statusverlust Großbritanniens hatten zu neuen geopolitische Realitäten geführt. Churchill hatte 1946 in seiner wegweisenden Rede in Fulton, Missouri, nicht nur von dem »Eisernen Vorhang« gesprochen, der sich quer durch Europa herabsenkte, sondern auch eine »besondere Beziehung« zwischen dem Vereinigten Königreich und den Vereinigten Staaten vorgeschlagen. Er hoffte, eine Partnerschaft zu festigen, die den Einfluss Großbritanniens in der Welt über das Maß hinaus sichern würde, das sich allein mit seiner materiellen Macht erreichen ließ, also de facto amerikanische Macht durch eine enge konsultative

Beziehung zu *borgen*. Zwar trug die gemeinsame anglo-amerikanische Einschätzung der sowjetischen Bedrohung dazu bei, dass das transatlantische Bündnis ein neues Fundament erhielt, aber schon in jener Nachkriegsphase wurde schmerzhaft deutlich, dass es sich nicht um eine Partnerschaft zwischen Gleichen handelte.

Im Jahr 1956 wurden die neuen Kräfteverhältnisse, die schon für das Großbritannien der Nachkriegszeit enttäuschend gewesen waren, auf eine peinliche Weise unübersehbar. Im Juli jenes Jahres verstaatlichte der ägyptische Präsident Gamal Abdel Nasser den Suezkanal. Drei Monate später marschierte Großbritannien zusammen mit Frankreich in Ägypten ein, um den Kanal wieder unter seine Kontrolle zu bringen. Doch es kam zu einer Konfrontation mit der neuen amerikanischen Supermacht, in der Großbritannien den Kürzeren zog. Präsident Eisenhower hatte wenig Verständnis dafür, dass Großbritannien seinen alten imperialen Status wiederherstellen wollte, und noch weniger dafür, dass es ohne vorherige Konsultation in einem strategisch wichtigen Gebiet einmarschiert war. Der finanzielle Druck, den er kurz darauf ausübte, setzte dem britisch-französischen Abenteuer ein schnelles Ende und war ein verheerender Schlag für die globalen Ambitionen beider europäischer Staaten. Zur Einsicht gebracht, zog Großbritannien seine Truppen zurück und erlegte sich mehr außenpolitische Zurückhaltung auf. Die bleibende Lehre für viele Mitglieder der britischen herrschenden Klasse bestand darin, den Amerikanern nie mehr in die Quere zu kommen.

Die Belastungen durch die Entkolonialisierung im Ausland und die schwächelnde Wirtschaft zu Hause schmälerten das Ansehen Großbritanniens noch weiter. Im Jahr 1967 sah sich Harold Wilsons Labour-Regierung gezwungen, das britische Pfund abzuwerten; ein Jahr darauf verkündete Wilson, während das Land von rekurrierenden Finanzkrisen geplagt war, den Rückzug aller Truppen östlich von Suez. Ein ehemals globaler Akteur war gezwungen, sich auf einen regionalen Schauplatz zurückzuziehen. Die letzte Strophe von Philip Larkins »Homage to a Government« (1969) erfasst gut die trübe Stimmung, die damals in Großbritannien herrschte:

Margaret Thatcher: Die Strategie der Überzeugung

Next year we shall be living in a country
That brought its soldiers home for lack of money.
The statues will be standing in the same
Tree-muffled squares, and look nearly the same.
Our children will not know it's a different country.
All we can hope to leave them now is money.[5]

(Nächstes Jahr leben wir in einem Land,
Das seine Soldaten aus Geldmangel heimgeholt hat.
Die Standbilder stehen dann immer noch auf denselben
Baumbestandenen Plätzen und sehen fast genauso aus.
Unsere Kinder werden nicht wissen, dass es ein anderes Land ist.
Alles, was wir ihnen jetzt noch hinterlassen können, ist Geld.)

Als Großbritanniens globaler Einfluss zurückging, stand der anhaltenden Verlockung des atlantischen Paradigmas die konkurrierende Möglichkeit einer engeren Beziehung zu Kontinentaleuropa gegenüber. Das Vereinigte Königreich offenbarte damals eine Verwirrung über seine eigentliche Identität, die an Schizophrenie grenzte. Vor dem Suez-Debakel hatte der damalige Premierminister Anthony Eden einen britischen Beitritt zu der durch die Römischen Verträge gegründeten Vorläuferversion der heutigen Europäischen Union abgelehnt. Im folgenden Jahr jedoch schlug Edens Nachfolger Harold Macmillan unter Beibehaltung der engen Verteidigungsgemeinschaft mit den Vereinigte Staaten einen proeuropäischen Kurs ein.[6] Im Jahr 1963 und erneut 1967 versuchte Großbritannien verspätet der Europäischen Wirtschaftsgemeinschaft (EWG) beizutreten, scheiterte jedoch am Veto des französischen Präsidenten Charles de Gaulle. Die Feststellung des früheren amerikanischen Außenministers Dean Acheson im Jahr 1962, dass Großbritannien »ein Weltreich verloren, aber noch keine Rolle gefunden«[7] hatte, wurde berühmt – und verletzte den britischen Stolz, weil sie so wahr klang.

Edward Heath versuchte, als er 1970 Premierminister wurde, den von Macmillan entwickelten proeuropäischen Kurs zum Leitprinzip der britischen Außenpolitik zu machen. Der britische Beitritt zur EWG im Jahr 1973 wurde zu seinem krönenden Erfolg. Doch er wurde auch zu einer irritierenden Belastung der britisch-amerikanischen Beziehungen.

Präsident Nixon war über Heaths Wahlsieg begeistert gewesen; er war ihm viel lieber als Harold Wilson, dessen Labour Party er mit den amerikanischen Demokraten identifizierte. Tatsächlich jedoch hielt die Labour Party sowohl unter Wilson als auch unter seinem Nachfolger James Callaghan insbesondere in Bezug auf die NATO und die Ost-West-Beziehungen uneingeschränkt an der »besonderen Beziehung« zu den USA fest und stellte auch die unabhängige nukleare Abschreckung Großbritanniens nicht in Frage. Michael Stewart jedoch, der erste Außenminister der Labour Party, dem Nixon begegnete, hatte den Präsidenten im Oval Office wegen der amerikanischen Intervention in Vietnam angegriffen, und dieser negative Eindruck erwies sich als nachhaltig.[8]

Nixon hatte Heath schon kennengelernt, bevor dieser Premierminister wurde, und erwartete, dass sich ihre persönlich freundschaftliche Beziehung nach seiner Wahl zum Premierminister fortsetzen werde. Noch im Februar 1973 sprach er sehr positiv von Heath als »einem Freund in Europa [...], dem einzigen zuverlässigen, den wir haben«.[9] Leider erwies sich diese hohe Wertschätzung nicht als gegenseitig. Aus den wiederholten Vetos Charles de Gaulles gegen eine britische Mitgliedschaft in der EWG hatte Heath den Schluss gezogen, der britische Premierminister müsse ein »guter Europäer« sein. Da er eine besondere Beziehung zu den USA in diesem Zusammenhang für ein Hindernis hielt, versuchte er eine Bindung zu lockern, die, wenigstens öffentlich, mehr als eine Generation gepflegt worden war. Erst nach seiner Wahlniederlage im Februar 1974 begann die neue Labour-Regierung das Verhältnis wieder zu kitten. Es war deshalb eine offene Frage, ob die Konservativen nach einer Rückkehr an die Macht die von Heath geübte Distanz fortsetzen oder wieder zu ihren alten transatlantischen Wurzeln zurückkehren würden.

Die Unsicherheiten in der britischen Außenpolitik wurden durch eine innenpolitische Krise in den USA noch zusätzlich verschärft: den Watergate-Skandal, der zu Nixons Rücktritt führte. In der Folge beschränkte der Kongress die Macht der Exekutive, was wiederum die Verfolgung der alliierten Strategie im Kalten Krieg erschwerte. Die Sowjets witterten eine Chance und reagierten aggressiv, indem sie mit ihren kubanischen Stellvertretern in Angola inter-

Margaret Thatcher: Die Strategie der Überzeugung

venierten. Außerdem ließen sie auch im Jemen und in Afghanistan ihre Muskeln spielen, ohne dass eine effektive Reaktion des Westens erfolgt wäre.

Im Jahr 1976 begann die Sowjetunion in Ländern des Warschauer Pakts Mittelstreckenraketen des Typs SS-20 zu stationieren, gemäß der Verteidigungsdoktrin der NATO die größte Bedrohung des Westens seit einer Generation. Bei der NATO war das äquivalente Waffensystem landgestützter Mittelstreckenraketen damals noch in der Entwicklung, und es sollten sich, wie sich zeigte, die europäischen Mitgliedsstaaten der Allianz damit schwertun, die notwendige öffentliche Unterstützung für deren Stationierung zu mobilisieren. Die europäische Verteidigungsdoktrin stützte sich deshalb hauptsächlich auf die Funktionsfähigkeit des amerikanischen »atomaren Schutzschirms«. Mit anderen Worten, die militärischen Planer der Sowjetunion mussten annehmen, dass die politischen Entscheidungsträger in den Vereinigten Staaten auf einen konventionellen militärischen Konflikt in Europa mit dem Einsatz amerikanischer Interkontinentalraketen reagieren würden. Dass eine solche Eskalation logischerweise einen sowjetischen Gegenschlag nicht nur gegen Europa, sondern auch gegen die USA provozieren würde, stellte allerdings die Glaubwürdigkeit der erweiterten Abschreckung auf eine harte Probe, wie bereits in den Kapiteln zu Adenauer (Seite 75) und de Gaulle (Seite 155 ff.) diskutiert.

Außerdem erfreute sich Ende der 1970er-Jahre die Antiatombewegung in Europa wachsender Beliebtheit. Deshalb wurde es für europäische Politiker immer schwerer, ihre Sicherheitspolitik auf nukleare Abschreckung zu stützen. Die sinnvollste Reaktion auf die SS-20 war die Stationierung amerikanischer Mittelstreckenraketen auf europäischem Boden, was jedoch bei den Aufrüstungsgegnern auf heftige Ablehnung stieß.[10] Ihr Protest sprach sich für eine Verständigung mit den Sowjets aus und damit zweifellos auch für eine Hinwendung zur Neutralität im Ost-West-Konflikt.

Das größte Problem Großbritanniens in den 1970er-Jahren war jedoch seine darniederliegende Wirtschaft. Gelähmt durch niedrige Produktivität und hohe Besteuerung hinkte sie den größten Teil der 1970er-Jahre der Mehrzahl ihrer Konkurrenten hinterher. Die hohe Inflation jener Zeit führte zum Streit zwischen Arbeitgebern und Gewerkschaften. Da die Löhne der Arbeiter durch die hohen Preise an Wert verloren, drängten sie auf Lohnerhöhungen, was den inflationären Teufelskreis weiter anheizte. Unter dem Druck des so verursachten Konflikts zwischen der National Union of Mineworkers und der Regierung verhängte Heath ab dem 1. Januar 1974 eine Dreitagewoche. Das Fernsehen hörte um 22.30 Uhr auf zu senden, und der industrielle Stromverbrauch wurde auf drei Tage in der Woche begrenzt, um während des Bergarbeiterstreiks Kohle zu sparen. Anfang März wurde eine neue Labour-Regierung gewählt. Ihr Premierminister Harold Wilson bewilligte den Bergarbeitern sofort eine Lohnerhöhung von 35 Prozent.[11]

Doch die wirtschaftliche Krise hatte erst begonnen. Im Jahr 1976 erlitt Großbritannien die Demütigung, dass es beim Internationalen Währungsfonds (IWF) einen Kredit von 3,9 Milliarden Dollar (heute etwa 16 Milliarden Euro) beantragen musste. Die Verbraucherpreise, die noch 1967 mit einer stabilen Rate von 2,5 Prozent gestiegen waren, erhöhten sich 1975 um 24,2 Prozent, ein Rekord in der modernen britischen Wirtschaftsgeschichte. Im folgenden Jahr schien sich die britische Wirtschaft wieder stabilisiert zu haben, doch die Erholung war nur kurzlebig – eine historische Gelegenheit für die neue Oppositionsführerin Margaret Thatcher.

Ende 1978 war die Inflation mit Macht zurückgekehrt. Im November bewilligten die britischen Unternehmen der Ford Motor Company streikenden Arbeitern eine Lohnerhöhung von 17 Prozent. Damit verstießen sie gegen die von der (inzwischen von James Callaghan geführten) Labour-Regierung verhängte Deckelung von 5 Prozent. Die Strategie der Regierung, die Inflation durch einen Lohn- und Preisstopp unter Kontrolle zu bringen, wurde dadurch über den Haufen geworfen.

Im folgenden Januar lag die Durchschnittstemperatur in Großbritannien unter dem Gefrierpunkt, was ihn zum drittkältesten Januar der britischen Geschichte machte. Ermutigt durch die 17-prozentige Lohnerhöhung bei Ford, begannen die Lastwagenfahrer am 3. Januar 1979 einen wilden Streik. Sie erschienen nicht nur nicht zur Arbeit, sondern verwendeten auch ihre Fahrzeuge, um Straßen, Häfen und Ölraffinerien zu blockieren. Aus Angst vor Versorgungsengpässen kauften die Kunden die Regale in den Lebensmittelläden leer und sorgten dadurch selbst dafür, dass ihre Befürchtungen Wirklichkeit wurden.

Die Lage verschärfte sich weiter, als die Streiks auf den öffentlichen Sektor übergriffen: Züge fuhren nicht mehr, Busse blieben stehen. Der Leicester Square, das Zentrum von Londons Theaterviertel, verwandelte sich in eine behelfsmäßige Müllkippe. Notrufe wurden nicht mehr angenommen, und an mehr als einem Ort wurden die Toten nicht mehr begraben.[12]

All dies war das bittere Erbe einer Generation britischer Spitzenpolitiker, die sich mit einer ordentlichen Verwaltung des Niedergangs abgefunden hatten. Um sich aus dieser misslichen Lage zu befreien, sollten die britischen Wähler bald darauf eine ganz andere Führungsfigur wählen.

AUFSTIEG VON GRANTHAM AUS

Im Jahr 1948 bewarb sich Margaret Roberts, die kurz zuvor ihren Abschluss in Oxford gemacht hatte, bei Imperial Chemical Industries (ICI) um eine Stelle in der Forschung. Sie wurde abgelehnt. In der internen Bewertung ihrer Bewerbung hieß es: »Diese Frau ist willensstark, eigensinnig und gefährlich rechthaberisch.«[13] Drei Jahrzehnte später war das Gefühl, dass sie genau diese drei Eigenschaften besaß, womöglich der Grund, dass eine Mehrheit der britischen Bevölkerung »diese Frau« wählte, um die Probleme des Landes in Angriff zu nehmen.

Die 1925 in dem Marktflecken Grantham geborene Margaret Roberts wuchs in einer strenggläubigen methodistischen Familie auf, in der harte Arbeit, Integrität und die Lehren der Bibel hoch geschätzt wurden. Die Sonntage waren der Kirche gewidmet. Margaret und ihre ältere Schwester Muriel besuchten morgens den Gottesdienst und die Sonntagsschule und kehrten oft für eine zweite Runde Unterricht und Gebet am Nachmittag und noch einmal am frühen Abend in die Kirche zurück. Ihr Vater Alfred Roberts war ein methodistischer Laienprediger. Das Heim der Familie war bescheiden: ein paar Räume über Alfreds Lebensmittelladen, ohne heißes Wasser und eine Toilette im Haus.

Margaret kam kurz vor ihrem elften Geburtstag dank eines Stipendiums an die Kesteven and Grantham Girls' School, ein Elitegymnasium, an dem sie sich als herausragende Schülerin erwies. Als sie später in den Adelsstand erhoben wurde, entschied sie sich zu Ehren der Schule, die sie geformt hatte, für den Titel »Baroness Thatcher of Kesteven« und nicht für »of Grantham«. In jener prägenden Zeit nahm die Familie im April 1939 die 17-jährige Jüdin Edith Mühlbauer auf, die Margarets Brieffreundin gewesen war. Ediths Eltern hatten kurz nach der Besetzung Österreichs durch die Nationalsozialisten an Alfred Roberts geschrieben und angefragt, ob sie ihrer Tochter ein Visum besorgen könnten. Danach lebte Edith kurze Zeit bei der Familie Roberts, bevor sie zu einem wohlhabenderen Haushalt in Grantham zog. Ediths Eltern gelang es später, aus Deutschland zu fliehen und sich schließlich in Brasilien niederzulassen. Diese und andere frühe Erinnerungen – wie die Gewohnheit von Margarets Mutter, jede Woche Brot zu backen und die Laibe diskret an bedürftige Familien zu verteilen – bestärkten Margaret in ihrem kindlichen Glauben an das biblische Gebot: »Liebe deinen Nächsten wie dich selbst.«[14]

Nach sehr guten gymnasialen Leistungen bekam Margaret Roberts eine Zulassung für die Oxford University und wurde dort Präsidentin der Oxford University Conservative Association. Nach einem kurzen Zwischenspiel als Industriechemikerin machte sie einen Abschluss in Jura und wurde Anwältin. Aber so weit sie sich auch von ihrem Elternhaus in Grantham entfernte, sie blieb immer den Werten ihrer Familie und ihres Glaubens verpflichtet: Disziplin, Sparsamkeit, Mitgefühl und praktische Nächstenliebe.

In den 1950er-Jahren war die politische Landschaft für Frauen ausgesprochen unwirtlich. Mrs. Thatcher (so hieß sie, seit sie 1951 den Geschäftsmann Denis Thatcher geheiratet hatte, der sie lebenslang unterstützte) gewann durch schiere Hartnäckigkeit und Entschlossenheit und eine gesunde Portion Charme die Nominierung für einen sicheren Sitz der Konservativen Partei und wurde 1959 für einen Wahlkreis im Norden Londons ins Parlament gewählt.

Im Jahr 1960 hielt sie mit 34 Jahren ihre erste Rede vor dem Unterhaus. Die Rede hatte einen doppelten Zweck: erstens für ihren Gesetzesvorschlag zu werben und zweitens, sich ihren Kollegen und dem Land vorzustellen. Der zweite Zweck war schnell erfüllt, da sie auf jede schmückende Einleitung verzichtete und sagte: »Dies ist eine Jungfernrede, aber ich weiß, dass die Wähler von Finchley, die zu vertreten ich die Ehre habe, nichts anderes wünschen, als dass ich sofort auf den Punkt komme und mich vor dem Haus zu der Angelegenheit äußere.«[15]

Frei sprechend erklärte sie dann, was sie als ein ernstes verfassungsrecht-

Margaret Thatcher: Die Strategie der Überzeugung

liches Problem betrachtete. Es war damals üblich, dass lokale Mandatsträger mit verfahrenstechnischen Mitteln die Öffentlichkeit von Sitzungen der Gemeindeverwaltungen ausschlossen. Damals wie heute waren die Gemeinderäte für Schulen und Bibliotheken, den öffentlichen Wohnungsbau und die Müllabfuhr, also für die wesentlichen öffentlichen Dienstleistungen des täglichen Lebens, zuständig. Ohne direkten Zugang zu den Sitzungen, so Thatcher, sei die Öffentlichkeit auf die Presse angewiesen, aber auch diese werde von der Teilnahme ausgeschlossen. Thatchers Ansicht nach war die Öffentlichkeit der Sitzungen eine Grundsatzfrage:

> In England und Wales geben die Kommunen jährlich 1400 Millionen Pfund aus und in Schottland etwas mehr als 200. Diese Summen sind, selbst im Verhältnis zu den nationalen Haushalten, nicht unbedeutend. [...] Das wichtigste Ziel eines Zugangs für die Presse besteht darin, dass wir wissen können, wie dieses Geld ausgegeben wird. Zum zweitwichtigsten Ziel möchte ich den Bericht des Franks Committee zitieren: »Öffentlichkeit ist der beste und wirksamste Schutz gegen jede Art von Willkürmaßnahme.«[16]

Das Gesetz wurde verabschiedet und ist bis heute im Vereinigten Königreich in Kraft. Thatcher sollte das Thema des verantwortlichen Umgangs mit Steuergeldern während ihrer gesamten Karriere als Volksvertreterin immer wieder aufgreifen.

So begann ihr Aufstieg auf der parlamentarischen Karriereleiter, bei dem sie dank ihrer Kompetenz und ihrem Engagement auf jeder Sprosse einen bleibenden Eindruck hinterließ. Gleichzeitig schuf sie sich eine Position auf der rechten Seite des politischen Spektrums, mit der sie oft zu der moderateren Linie der Parteiführung in Konflikt geriet. Obgleich sie sich erst später als »Überzeugungspolitikerin« bezeichnen sollte, war ihre ungewöhnlich direkte Art damals schon deutlich erkennbar. So sagte sie etwa 1968 zum Verhältnis zwischen Wählern und Politikern:

> Wenn der Wähler den Politiker im Verdacht hat, nur wegen des Stimmengewinns Versprechen zu machen, verachtet er ihn; aber wenn die Versprechen nicht eingehalten werden, dürfte er ihn ablehnen. *Meiner Ansicht*

geht es bei Parteien und Wahlen um mehr als nur um konkurrierende Listen diverser Versprechen – und wenn dem nicht so wäre, wäre die Demokratie kaum der Erhaltung wert.[17]

Als die Konservativen 1970 unter Heath an die Macht zurückkehrten, bekam Thatcher ihren ersten Kabinettsposten als Ministerin für Bildung und Wissenschaft. Nicht zuletzt durch die schiere Intensität ihres Vorgehens löste sie in dem neuen Amt sofort Kontroversen aus. In dem Bestreben, Finanzmittel auf lohnendere Investitionen im Bildungswesen umzulenken, kürzte sie aufgeblähte Haushalte. Dazu gehörte auch die berühmt-berüchtigte Maßnahme, die Gratismilch für Grundschüler abzuschaffen, was ihr den Spitznamen »Milk-Snatcher« (Milchdiebin) einbrachte. Auch den Versuch der Labour-Regierung, die Grammar School abzuschaffen, machte sie rückgängig und war an der Verabschiedung von Gesetzen beteiligt, die die wissenschaftliche Forschung marktwirtschaftlicher und wettbewerbsfähiger machen sollten.

Heaths Bereitschaft, sich dem etatistischen Konsens zu unterwerfen, war für sie desillusionierend. Überzeugt von der Unhaltbarkeit des bestehenden Zustands der Wirtschaft, wandte sie sich an ihre Freunde vom Institute of Economic Affairs, einer marktwirtschaftlich orientierten Denkfabrik, die sie mit den Schriften von Frédéric Bastiat, Friedrich August von Hayek und Milton Friedman bekannt machte. Eine solche Selbstausbildung in Wirtschaftswissenschaften war für jeden Menschen, insbesondere jedoch für eine etablierte Politikerin mittleren Alters, eine eindrucksvolle Leistung. Unterdessen geriet Thatcher auch in der Außenpolitik mit Heath in Konflikt, weil dieser eine gute Beziehung zu Europa höher als eine enge Beziehung zu den Vereinigten Staaten bewertete.* Als sie ihre fundamentalen Differenzen mit Heath erkannte, wartete sie, bis er im Oktober 1974 die Wahlen verlor, und kandidierte dann gegen ihn um den Parteivorsitz.

Dass sie sich selbst für den Parteivorsitz vorschlug, obwohl allgemein mit einer fast sicheren Niederlage gerechnet wurde, war eine bemerkenswerte

---

* Thatchers proamerikanische Ansichten waren damals mit mehr Begeisterung für Europa gepaart als später in ihrer Karriere. So trat sie etwa bei dem Referendum von 1975 für einen britischen Verbleib in der Europäischen Wirtschaftsgemeinschaft ein.

Margaret Thatcher: Die Strategie der Überzeugung

Demonstration von Mut und Entschlossenheit. Die lange Zeit von einem männlichen Parteiadel dominierten Konservativen überraschten nicht nur sich selbst, sondern auch einen Großteil der westlichen Welt, als sie Thatcher im Februar 1975 zu ihrer Parteiführerin wählten. Die Partei von Winston Churchill, Anthony Eden und Harold Macmillan wurde nun von der Tochter eines Lebensmittelhändlers geführt.

Trotz des Neuheitswerts ihrer Wahl bestand die weitverbreitete Erwartung, dass sie nur kurz im Amt sein würde. Auch ich war als Präsident Fords Nationaler Sicherheitsberater nicht immun gegen diese Stimmung. Im Mai 1975 pries ich die Verdienste von Churchills Schwiegersohn Christopher Soames, der meiner Ansicht nach in Zukunft »ein großer Führer der Konservativen« sein würde. Meine Prognose, was die damals amtierende Parteichefin betraf, war weniger positiv: »Ich glaube nicht, dass Margaret Thatcher lang im Amt bleiben wird.«[18]

Mein Urteil in Bezug auf Thatchers Aussichten war alles andere als prophetisch, was aber ihren Charakter betraf, erwies es sich als zutreffender. Ich lernte sie 1973 während ihrer Amtszeit als Bildungsministerin kennen. Das Treffen fand auf Drängen meiner späteren Frau Nancy Maginnes statt. Sie hatte Thatcher im Zusammenhang mit einer Studie über Bildungsfragen konsultiert, die sie für den New Yorker Gouverneur Nelson Rockefeller verfasst hatte. Thatcher hatte sie beeindruckt, und deshalb schlug sie mir vor, mich ebenfalls um ein Treffen zu bemühen.

Meine Bitte traf allerdings auf erheblichen Widerstand von Edward Heath, denn er befand sich damals auf dem Höhepunkt seiner Anstrengungen, die Distanz zwischen Großbritannien und den Vereinigten Staaten zu vergrößern. Dennoch gelang es mir, mithilfe eines Freundes eine Begegnung zu arrangieren. Ein zweites Mal sollte ich Thatcher Ende 1973 treffen, und die dritte Begegnung fand im Februar 1975 statt, als sie Heath ausmanövriert und die Parteiführung übernommen hatte.

Gleich beim ersten Treffen blieb mir Thatchers Vorstellung von Führung dank ihrer Vitalität und ihres Engagements im Gedächtnis. Fast alle Politiker vertraten damals die Ansicht, dass sich Wahlen nur gewinnen ließen, wenn man die Mitte erobere. Thatcher widersprach. Ein solcher Ansatz, argumentierte sie, komme einer Subversion der Demokratie gleich. Der Kampf um das Zentrum sei ein Rezept für Inhaltslosigkeit. Stattdessen müssten verschiedene Argumente aufeinandertreffen, damit der Wähler wirklich die Wahl habe.

Ein weiteres Ereignis, das unsere neue Beziehung prägte, war Thatchers Besuch in Washington im September 1977. Präsident Jimmy Carters Einstellung gegenüber Konservativen jeder Art erinnerte an Nixons Verhältnis zur Labour Party. Dementsprechend war seine Behandlung der konservativen Parteichefin bei ihrem Besuch korrekt, aber distanziert. Der Nationale Sicherheitsberater Zbigniew Brzeziński riet dem Präsidenten, »sich auf einen vollen Terminkalender zu berufen« und Thatcher nicht zu empfangen; Carter kam dem nach.[19] In der Folge erhielt sie weniger Aufmerksamkeit, als sie angesichts ihrer eigenen positiven Gefühle für die Vereinigten Staaten erwartet hatte.

Nancy und ich luden Thatcher mit führenden Persönlichkeiten Washingtons aus beiden Parteien zu einem Abendessen ein – ein informelles Treffen, das für unsere späteren Begegnungen bestimmend werden sollte. Nach ihrer Wahl zur Premierministerin lud mich Thatcher stets privat (ich hatte inzwischen kein Amt mehr) zum Meinungsaustausch über internationale Themen ein. Manchmal ging es ihr auch darum, die in ihrem Außenministerium vorherrschenden Ansichten abzugleichen. Wenn noch eine andere Person anwesend war, handelte es sich in der Regel um einen engen Berater; Kabinettsmitglieder wurden nur sehr selten zu unseren Treffen eingeladen. Ab 1984 war Thatchers außenpolitischer Berater Charles Powell bei unseren Gesprächen eine Schlüsselfigur, einer jener Staatsbeamten, denen Großbritannien sein großes Ansehen verdankte.[20] Der hochintelligente, bescheidene und dezent patriotische Powell war nach einer erfolgreichen diplomatischen Karriere, die ihn nach Helsinki, Washington, Bonn und Brüssel geführt hatte, ins Außenministerium versetzt worden. Er wurde ein lebenslanger Freund Thatchers, der ihr auch bei ihrem schwierigen Rücktritt behilflich war.

Kurz nachdem Thatcher Vorsitzende der Konservativen Partei geworden war, skizzierte sie mir bei einem traditionellen englischen Frühstück im Claridge's ihre Pläne. Wortgewandt und umsichtig legte sie dar, dass sie nichts Geringeres als die Umgestaltung des Landes anstrebe. Dies wolle sie nicht erreichen, indem sie einen vagen Mittelweg anstrebe, sondern mit einem Pro-

Margaret Thatcher: Die Strategie der Überzeugung

gramm, das die Mitte von ihrer Sicht der Dinge überzeuge. Ihre Aussagen und ihre Politik sollten in echtem Gegensatz zur bisher dominierenden Einstellung stehen, die Großbritannien ihrer Ansicht nach zur Stagnation verurteilt hatte. Nach einem Sieg bei den nächsten Parlamentswahlen wollte sie fundamentale Reformen zur Überwindung der vorherrschenden Überzeugungen durchführen, die sie als eine Ideologie der Trägheit bezeichnete, und sie wollte der herrschenden Passivität in Bezug auf die Verheerungen der Inflation, der Macht der Gewerkschaften und der Ineffizienz der staatlichen Unternehmen ein Ende setzen.

Für Thatcher gab es keine heiligen Kühe und schon gar keine unüberwindlichen Hindernisse. Jeder politische Ansatz stand zur Debatte. Es reichte ihr nicht aus, wenn die Konservativen nur die rauen Kanten des Sozialismus abschliffen; sie mussten die Aufgaben des Staates reduzieren, bevor die britische Wirtschaft auf katastrophale Weise zusammenbrach. Im Reich der Außenpolitik war sie entwaffnend ehrlich, was ihre Unerfahrenheit betraf, und gestand, dass sie erst noch ihre eigenen detaillierten Ideen formulieren müsse. Doch sie stellte klar, dass sie leidenschaftlich an die »besondere Beziehung« zu den Vereinigten Staaten glaubte.

Indem sie ihre Ansichten so klar und kraftvoll wie möglich artikulierte, wollte sie den politischen Schwerpunkt in ihrem Sinne verschieben. Und sie vertraute darauf, dass die britischen Bürger den Unterschied zwischen soliden Grundsätzen und Modererscheinungen erkennen würden. In einem Interview drückte sie dies 1983 folgendermaßen aus: »Im Leben würde es keine großen Propheten, keine großen Philosophen und keine großen Dinge geben, für die man sich einsetzen kann, wenn alle, die ihre Ansichten vertraten, gesagt hätten: ›Folgt mir, Brüder, ich glaube an den Konsens.‹«[21]

Nach Thatchers Rücktritt setzten wir unsere Treffen für den Rest ihres Lebens fort. Ich schildere unsere Beziehung auf diese Weise, um einen bestimmten Punkt zu verdeutlichen: Im Gegensatz zum Präsidenten der Vereinigten Staaten kann der britische Premierminister sich nicht über seine Minister hinwegsetzen und trotzdem im Amt bleiben. Thatcher war sich dieser Grenzen bewusst. Als Ausgleich rief sie diskret Freunde in Großbritannien und in der ganzen Welt an und diskutierte mit ihnen ihre Vorstellungen und Optionen.

STAATSKUNST

EIN BEZUGSRAHMEN FÜR DIE FÜHRUNGSARBEIT

Thatchers außenpolitische Ansichten wurden mit der Zeit präziser und waren in einem beträchtlichen Ausmaß ihren ausgesprochen sorgfältigen Studien zu verdanken: Sie las und kommentierte bis spät in die Nacht Informationspapiere und veranstaltete immer wieder mit Universitätsprofessoren und anderen Intellektuellen Wochenendseminare über langfristige Trends. Einige ihrer strategischen Überzeugungen, wie etwa die unantastbare Souveränität des Nationalstaates, wurden schon bei unseren ersten Treffen deutlich. Als unerbittliche Verfechterin der Selbstbestimmung glaubte Thatcher an das Recht der Bürger, ihre Regierungsform selbst zu wählen, und an die Aufgabe des Staates, seine eigenen Hoheitsrechte zu verteidigen.

Für Thatcher war die britische Souveränität untrennbar mit der einzigartigen Geschichte der geografischen Unversehrtheit und der leidenschaftlich verteidigten Unabhängigkeit des Landes verbunden. Obwohl sie selten in abstrakten Begriffen sprach, vertrat sie in der Praxis die auf den Westfälischen Frieden von 1648 zurückgehende Auffassung, dass die Souveränität der Einzelstaaten entscheidend für stabile zwischenstaatliche Beziehungen war. Ihrer Ansicht nach hatte jedes Land das Recht, seine eigene rechtsstaatliche Regierung zu behalten und ohne unrechtmäßige Einmischung nach seinen Interessen zu handeln. »Obwohl ich eine überzeugte Verfechterin des Völkerrechts bin«, schrieb sie in ihren Erinnerungen, »widerstrebte es mir [...], die UNO in Fällen anzurufen, in denen es nicht unbedingt notwendig war. Denn dies erweckte den Eindruck, dass souveräne Staaten nicht genügend moralische Autorität besäßen, um in ihrem eigenen Namen zu handeln.«[22]

Die Logik dieser Überzeugungen führte bei ihr zum vorbehaltlosen Glauben an eine starke Verteidigung. Glaubwürdige Abschreckung war für sie die einzige wirklich sichere Garantie für den Frieden und die Erhaltung der Souveränität im Sinne des Westfälischen Friedens. In der Praxis bedeutete dies, dass die militärischen Fähigkeiten des Westens wiederhergestellt werden mussten, bevor produktive Verhandlungen mit der Sowjetunion geführt werden konnten.

Thatcher war außerdem durch entschieden antikommunistische Über-

Margaret Thatcher: Die Strategie der Überzeugung

zeugungen motiviert, die teilweise auf dem Glauben beruhten, der sowjetische Expansionismus stelle eine existenzielle Bedrohung für den Westen dar. Sie vertrat mit großer Entschiedenheit die Ansicht, dass die Unterwerfung des Individuums durch den Kommunismus von Natur aus unmoralisch sei. Sie setzte sich während ihrer gesamten Karriere für die liberale Demokratie ein, die sie als moralisch überlegen ansah, und wurde so zu einer Vorkämpferin der Freiheit.

Doch ihr Idealismus hatte wichtige Grenzen, die sich insbesondere aus der Existenz einer atomar bewaffneten Sowjetunion ergaben. Seit dem Zweiten Weltkrieg hatte Großbritannien viel weniger Möglichkeiten, weltpolitisch unilateral zu handeln; es konnte seine nationale Souveränität nur verteidigen, indem es eine enge Partnerschaft mit den Vereinigten Staaten einging. Churchills Vorstellung von einer besonderen Beziehung zu den USA war in vielerlei Hinsicht realistisch: Großbritannien konnte den eigenen Einfluss vergrößern, wenn es seine Politik stark an den Vereinigten Staaten ausrichtete. Für eine solche Beziehung war keine formale Struktur notwendig, aber sie erforderte bestimmte Verhaltensmuster. Die USA und das Vereinigte Königreich hatten während des Zweiten Weltkriegs eine enge und intelligente Kooperation entwickelt und setzten diese nach dem Krieg fort, als sie sich mit Australien, Kanada und Neuseeland zu der später als »Five Eyes« bezeichneten Geheimdienstallianz zusammenschlossen. Privat berieten sich die Staats- und Regierungschefs der USA und Großbritanniens vor wichtigen Entscheidungen intensiv, und in der Öffentlichkeit betonten sie ihre historische Freundschaft. Britische Diplomaten entwickelten extremes Geschick darin, sich an amerikanischen Entscheidungsprozessen zu beteiligen und sogar Schuldgefühle bei amerikanischen Politikern zu wecken, wenn sie den britischen Vorgaben nicht folgten.

Kein britischer Premier war dieser transatlantischen Orientierung mehr verpflichtet als Margaret Thatcher. Als Oppositionsführerin hatte sie es sich zur Aufgabe gemacht, die Beziehungen zu den Vereinigten Staaten nach den Enttäuschungen der Heath-Jahre wieder aufzubauen. Sie glaubte fest daran, dass die amerikanische Führung sowohl für das Wohlergehen Großbritanniens als auch für das der ganzen Welt unverzichtbar war. Zu mir sagte sie einmal: »Alles, was die Vereinigten Staaten schwächt, schwächt die freie

Welt.«[23] Auch über dieses praktische Urteil hinaus bewunderte sie die Vereinigten Staaten aufrichtig. Ihrer Ansicht nach sollten sich die USA und das Vereinigte Königreich als Erben vieler gemeinsamer Werte in einem gemeinsamen Projekt zur Wiederbelebung des westlichen Bündnisses engagieren. Unter ihrer Führung entwickelte sich Großbritannien vom Nutznießer zum Partner in diesem gemeinsamen Unternehmen.

Thatchers Führungsstil war von Prinzipien geprägt, dennoch ließ sie sich bei ihren Entscheidungen nie von rein abstrakten Überlegungen leiten. Ihre Stärke lag in ihrer unbezwingbaren Willenskraft, die durch einen reichlichen Vorrat an Charme verstärkt wurde. Ihre Genialität als Führungsgestalt war zum Teil der Fähigkeit geschuldet, sich an die Erfordernisse der Realität anzupassen, ohne dabei ihre weitergehenden Vorstellungen aufzugeben. In ihrer Entschlossenheit, Veränderungen herbeizuführen, akzeptierte sie Ergebnisse, die an sich nur Etappen in einem längeren Prozess waren. Charles Powell fasste es so: »Wie ein vernünftiger Marineoffizier wusste sie, wann sie Rauch machen und sich zurückziehen musste, um taktische Niederlagen zu vermeiden, behielt aber immer das Endziel im Auge und kämpfte weiter, um es zu erreichen.«[24] Ihrer Meinung nach war es immer besser, unvollkommen zu handeln, als nichts zu tun.

DIE WIRTSCHAFTSREFORMERIN

Außerhalb Großbritanniens hat man Margaret Thatcher als dominante Persönlichkeit auf der internationalen Bühne in Erinnerung, aber die Briten hatten sie in erster Linie als innenpolitische Reformerin gewählt. Ihr Sieg war keine sichere Sache: Im Herbst 1978 waren die dramatischen Ereignisse, die zum Rücktritt der Labour-Regierung führen sollten, noch nicht vorhersehbar. Thatcher jedoch war dank ihres autodidaktischen Studiums geistig darauf vorbereitet, politische Chancen zu nutzen, wenn sie sich boten. Sie verstand die Ursachen der britischen Misere und schlug überzeugende Lösungen vor, die bei den Parlamentswahlen im Mai 1979 auf Zustimmung stießen.

Gemessen an den strengen Maßstäben der Hayek'schen Theorie war Thatchers Wirtschaftsprogramm womöglich zu langsam und unvollständig. Wahl-

Margaret Thatcher: Die Strategie der Überzeugung

politisch betrachtet war ihr Ansatz jedoch entschlossen, ungewöhnlich experimentierfreudig und am Ende geschichtsträchtig. Entschlossen, die Inflation zu bekämpfen, erhöhte Thatchers neue Regierung die Zinssätze auf das rezessionsträchtige Niveau von 17 Prozent – bis heute ein Allzeithoch.

Und die Rezession kam. Im Jahr 1980 schrumpfte das Bruttoinlandsprodukt um zwei Prozent. Hunderttausende verloren ihre Stellen und bezogen Arbeitslosengeld. Als jedoch die Öffentlichkeit, die Konservative Partei und sogar Mitglieder ihres Kabinetts in Bezug auf die Reformen immer skeptischer wurden, blieb sie bei ihrer stählernen Entschlossenheit. Anfangs war sie privat nicht so konsequent wie in der Öffentlichkeit, aber allmählich gewann ihre politische Entschlossenheit die Oberhand. Sie unterstützte die Reformvorschläge ihres Finanzministers Geoffrey Howe und frustrierte damit Konsenspolitiker wie den Arbeitsminister James Prior. Obwohl die Öffentlichkeit stark auf einen Kurswechsel drängte, sprach sie auf dem konservativen Parteitag im Oktober 1980 den berühmten Satz: »The lady's not for turning« (»Die Dame ist für eine Kehrtwende nicht zu haben«). In Anlehnung an Hayek, aber mit einer schärferen, gleichermaßen moralischen und patriotischen Nuance betrachtete Thatcher die Inflation als eine Bedrohung für das nationale Interesse: »Die Inflation zerstört Nationen und Gesellschaften so sicher wie Invasionsarmeen«, erklärte sie auf dem Parteitag. »Die Inflation ist die Mutter der Arbeitslosigkeit. Sie ist der unsichtbare Räuber, der die Sparer bestiehlt.«[25]

Thatcher gab ihre Geldpolitik auch dann nicht auf, als deren erste Ergebnisse unpopulär waren. Ihre Beharrlichkeit war auch deshalb bemerkenswert, weil die Zinssätze in Großbritannien, anders als in den Vereinigten Staaten, nicht von einer unabhängigen Zentralbank, sondern (bis 1997) letztlich vom Finanzministerium bestimmt wurden und damit in der Verantwortung der Premierministerin lagen.*

Ab 1982 war die britische Wirtschaft wieder auf Wachstumskurs. Doch die Arbeitslosigkeit stieg bis weit in das Jahr 1984 hinein. In diesem Jahr war

---

* Die Bank of England erhielt 1997 die Kontrolle über die Geldpolitik, das heißt, sie konnte autonom die Zinssätze festlegen und Maßnahmen zur quantitativen Lockerung ergreifen. 1998 wurde sie unter Premierminister Tony Blair formell unabhängig.

Margaret Thatcher mit einer weiteren innenpolitischen Krise konfrontiert, die ihr alles politische Geschick, allen Weitblick und alle Kaltblütigkeit abverlangte, die sie aufbringen konnte.

Im März 1984 rief Arthur Scargill, der Vorsitzende der National Union of Mineworkers (NUM), einen Streik gegen das National Coal Board aus, die Körperschaft des öffentlichen Rechts, die mit der Verwaltung der staatlichen Bergwerke Großbritanniens beauftragt war. Unter Thatcher hatte die Behörde die am wenigsten produktiven Kohlegruben geschlossen. Obwohl Scargill nie eine Urabstimmung seiner Gewerkschaftsmitglieder abhielt, dauerte der Streik ein ganzes Jahr. In dieser Zeit wurden mehr als 1000 Polizeibeamte bei gewaltsamen Auseinandersetzungen mit den »fliegenden Streikposten« der Bergleute verletzt, die verhindern sollten, dass Streikbrecher zur Arbeit gingen.

Große Teile der Öffentlichkeit sympathisierten mit den streikenden Arbeitern, doch die mit dem Streik verbundene Gewalt und Scargills Versäumnis, eine Urabstimmung abzuhalten, stießen auf breite Missbilligung. Entschlossen, nicht in dieselbe Falle zu tappen, in die Heath ein Jahr zuvor gegangen war, hatte Thatcher eine Politik der Kohlebevorratung eingeleitet, die es ihr ermöglichte, den Streik zu überstehen. Dank der Kohlevorräte kam es im britischen Stromnetz nicht wie bei früheren Bergarbeiterstreiks zu Ausfällen. Im Lauf der Monate kehrten immer mehr Bergleute an ihre Arbeitsplätze zurück.

Ich selbst traf mich irgendwann während des Streiks mit dem früheren Premierminister Harold Macmillan, einem Konservativen alter Schule und Spross eines Verlagshauses, zum Frühstück. Macmillan sagte, er sei beeindruckt von Thatchers Mut während des Streiks, und fügte hinzu, sie habe keine andere Wahl gehabt. Dann jedoch räumte er ein, »dass ich mich nie zu so etwas hätte durchringen können«. Er habe als junger Offizier im Ersten Weltkrieg »die Väter und Großväter« der heutigen Bergarbeiter in Frankreich aus dem Graben zum Angriff geschickt.[26] Er hätte es nicht übers Herz gebracht, sich auf den menschlichen Durchhaltewettbewerb einzulassen, den Thatcher nun führte.

Im März 1985 war der Streik nach 26 Millionen verlorenen Arbeitstagen zu Ende. In Samuel Taylor Coleridges *Statesman's Manual*, einer »Laienpredigt«

Margaret Thatcher: Die Strategie der Überzeugung

für Menschen, die die Politik zu ihrem Beruf gemacht haben, bemerkt der romantische Dichter, es sei »eine weitverbreitete Schwäche derjenigen, die die Ehre haben, die Großen zu kennen, nationale Ereignisse bestimmten Personen [...] und nicht ihrer wahren Ursache: dem herrschenden Zustand der öffentlichen Meinung, zuzuschreiben«.[27] Thatcher jedoch war in der Mehrzahl der Fälle bereit, sich gegen die öffentliche Meinung zu stellen und die Ereignisse zu bestimmen, um die Öffentlichkeit am Ende auf ihre Seite zu ziehen.

Durch Thatchers Reformen wurde Großbritannien unwiderruflich verändert. Während ihrer Amtszeit beendeten die Konservativen die Devisenkontrollen, schafften die festen Handelsprovisionen ab und öffneten den britischen Aktienmarkt für ausländische Händler, ein Vorgang, der als »Big Bang« bekannt wurde und Großbritannien ab Ende der 1980er-Jahre zu einem internationalen Finanzzentrum machte. Die Konservativen schränkten auch die öffentlichen Ausgaben ein, wenngleich es ihnen nicht gelang, sie massiv zu reduzieren. Die Steuern auf Einkommen und Investitionen wurden gesenkt, die Verbrauchssteuern erhöht. British Telecom, British Airways, British Steel und British Gas wurden privatisiert. Die Zahl der britischen Aktienbesitzer vervierfachte sich nahezu.[28]

Ähnlich entschlossen ging Thatcher auch bei der Privatisierung des sozialen Wohnungsbaus vor. Sie führte das Programm »Right to Buy« ein, das es mehr als einer Million Bewohnern von kommunalen Häusern ermöglichte, diese zu günstigen Bedingungen zu kaufen. Indem sie ihren Slogan von der »Eigentumsdemokratie« in praktische Politik umsetzte, half sie Menschen aus der Arbeiterklasse, Vermögen zu erwerben. Mehr als nur eine Handvoll neuer Eigenheimbesitzer wurden konservative Wähler, ein lebendes Beispiel für Thatchers Grundsatz, dass man mit guter Politik neue Wählerschichten erschließen kann. Als Kritiker sie beschuldigten, viktorianische Werte zu predigen, gab Thatcher ihnen den Vorwurf zurück:

Winston [Churchill] hat es am besten formuliert. Wir brauchen eine Leiter, auf der jeder unabhängig von seiner Herkunft aufsteigen kann, aber [auch] ein grundlegendes Sicherheitsnetz, unter das niemand fallen kann. Das ist der britische Charakter. [...]

Barmherzigkeit hängt nicht davon ab, ob man aufsteht und auf dem Markplatz eine Rede darüber hält, was Regierungen tun sollten. Sie beruht darauf, wie man bereit ist, sein eigenes Leben zu führen und wie viel vom eigenen Besitz man bereit ist anderen zu geben.[29]

Thatcher lebte nach den Prinzipien, zu denen sie sich bekannte. Trotz ihres leidenschaftlichen Kampfes für die freie Marktwirtschaft war sie auch stolz darauf, dass ihre Regierung die Qualität der sozialen Einrichtungen verbessert hatte. Besonders deutlich wurde dies an ihrem Umgang mit dem National Health Service (NHS), dem staatlichen Gesundheitssystem als Krönung der Labour-Reformen unter Premierminister Clement Attlee nach dem Zweiten Weltkrieg. Trotz ihrer starken Präferenz für marktwirtschaftliche Lösungen zog sie eine Privatisierung des NHS nie ernsthaft in Erwägung. Stattdessen kürzte sie anderswo die Ausgaben und *erhöhte* die Mittel für den NHS. Dies war, wie sie nicht zögerte zu betonen, dem Reichtum zu verdanken, den die Entfesselung der Privatwirtschaft anderswo geschaffen hatte.

Der National Health Service bleibt bei uns unangetastet. [...] Diese Leistung im Sozialbereich wäre ohne eine effiziente und wettbewerbsfähige Wirtschaft, die den von uns benötigten Reichtum produziert, nie möglich gewesen. Effizienz ist nicht der Feind, sondern der Verbündete der Barmherzigkeit.[30]

Thatcher hatte ihr hohes Amt nach Jahren des offensichtlichen nationalen Niedergangs angetreten. Die Inflation hatte 1980 bei 18 Prozent gelegen und war auf 8 Prozent zurückgegangen, als sie 1990 aus dem Amt schied. Seit 1993 bis 2020 beträgt sie kontinuierlich 2 Prozent. Auch die Arbeitslosigkeit war von ihrem Höhepunkt im Jahr 1984 bei nahezu 12 Prozent bis 1990 auf 7 Prozent zurückgegangen, und im selben Zeitraum hatten sich die Einkommen von 7805 Dollar (in Dollar des Jahres 2020) pro Kopf auf 19 095 Dollar mehr als verdoppelt. Im Jahr 1983 verließen fast 100 000 Arbeiter Großbritannien, aber bis 1990 kamen jedes Jahr mehr als 200 000 neue ins Land.[31] Die Zahl der durch Arbeitskonflikte verlorenen Arbeitstage ging von 29,5 Millionen im Jahr 1979 auf 1,9 Millionen im Jahr 1990 zurück.[32] Großbritannien arbeitete nicht nur wieder, die von Thatcher und ihren fähigen Beratern eingeleitete wirtschaftliche Wende hatte auch das Ansehen Großbritanniens in der Welt wiederhergestellt.

Dank Thatchers erfolgreichen Wirtschaftsreformen verbesserte sich ihre politische Durchsetzungsfähigkeit. Sie verfügte über mehr Mittel und größere Flexibilität bei der Verfolgung ihrer außenpolitischen Ziele, und sie konnte die Rüstungsausgaben erhöhen. Als die Wirtschaft mehr und mehr florierte, führte sie die Konservative Partei zu drei Wahlsiegen hintereinander. Dennoch gelang es ihr nie, für ihre Wirtschaftsreformen einen breiten Konsens zu erreichen, auch nicht, als diese zu wirken begannen. Viele bewunderten sie, und manche liebten sie, aber einem Großteil der Arbeiter und der linken Intellektuellen blieb sie wegen der Belastungen der Reformperiode verhasst. Im Jahr 1988 wurde der Eindruck, sie sei kaltherzig, durch ihre Einführung der »Community Charge« (einer Kopfsteuer zur Finanzierung der Kommunen) wiederbelebt – einer Maßnahme, die breiten Protest auslöste und letztlich zu ihrem Sturz mit beitrug.

Beim durchschnittlichen Wähler und den politischen Eliten dagegen hatte Thatcher nachhaltigen Einfluss auf die wirtschaftlichen Ansichten. Als 1997, sieben Jahre nach Thatchers Abschied, Tony Blairs »New Labour«-Regierung gewählt wurde, beglückwünschte ich Thatcher in einem Brief, weil sie die Grundlage für Blairs weitgehende Abkehr von der Linken gelegt hatte:

> Ich hätte nie gedacht, dass ich Ihnen einmal zu einem Wahlsieg der Labour Party in britischen Wahlen danken würde, aber ich kann mir nichts vorstellen, was ihre Revolution mehr bestätigen würde als Blairs Programm. Mir scheint, er steht weiter rechts als die konservative Regierung, die der Ihren vorausging.[33]

Obwohl Thatcher immer noch darunter litt, wie sie aus dem Amt gedrängt worden war, reagierte sie humorvoll auf diese Feststellung: »Ich glaube, Ihre Analyse ist korrekt, aber meinen politischen Gegner wählbar zu machen war nicht ganz die Strategie, die mir vorschwebte!«[34]

Zwei Wochen nach seinem Amtsantritt lud Blair sehr zum Entsetzen seines linken Flügels Thatcher zum Tee nach 10 Downing Street ein.[35] Vordergründig wollte er ihren Rat zu einem bevorstehenden europäischen Gipfel einholen, doch es war zweifellos auch ein Element persönlicher Bewunderung im Spiel.³⁶ Auch Blairs Nachfolger Gordon Brown ließ es sich zehn Jahre später nicht nehmen, in seinen ersten drei Monaten als Premierminister eine ähnliche Einladung auszusprechen. Dieses Mal wurde Thatcher beim Verlassen der Residenz des Premierministers mit einem Blumenstrauß in den Händen gesehen.³⁷ Sie hatte das Ziel erreicht, das sie sich in den unheilvollen 1970er-Jahren gesetzt hatte: Sie hatte eine neue Mitte geschaffen.

ZUR VERTEIDIGUNG DER STAATSSOUVERÄNITÄT: DER FALKLANDKONFLIKT

Thatcher betrachtete es als ihre Pflicht, die britischen Interessen überall in der Welt – nah oder fern – zu verteidigen und die britische Fähigkeit zur Aufrechterhaltung des Atlantischen Bündnisses zu schützen. Sie nahm kein Blatt vor den Mund, wenn sie den britischen Standpunkt zu diesen Themen vertrat, war unnachgiebig in der Verfolgung britischer Wirtschaftsinteressen im Ausland und unerbittlich in der Verteidigung britischer Staatsbürger. Im April 1982 wurde ihre Bereitschaft, nach diesen Überzeugungen zu handeln, auf eine harte Probe gestellt, als Argentinien auf den Falklandinseln einmarschierte, die seit 1833 britisches Territorium waren. Sie musste handeln, damit die britische Hoheit in dem Gebiet erhalten blieb. Denn der argentinische Angriff hatte, wie sie später schrieb, »eine Krise der britischen Ehre« verursacht.³⁸

In der UNO, in deren Gründungsdokumenten die Staatssouveränität gemäß dem Westfälischen System verankert ist, wurde Thatchers Verteidigung dieser Souveränität dennoch heftig kritisiert. Viele neue UN-Mitglieder, die ihre Unabhängigkeit durch den Widerstand gegen den Kolonialismus erlangt hatten, betrachteten die Übernahme der Falklandinseln durch Argentinien lediglich als eine längst überfällige Episode der Dekolonisierung. Deshalb wurde Thatchers Ansicht, dass es bei dem Schicksal von ein paar dünn besiedelten Inseln im Südatlantik um wichtige Prinzipien ging, auch von vielen Mitgliedern des Westfälischen Systems absolut nicht geteilt. Selbst die amerikanische Regierung stand trotz der hohen Wertschätzung Ronald Reagans für

Margaret Thatcher: Die Strategie der Überzeugung

Thatcher und der langjährigen Beziehungen zu Großbritannien Thatchers Haltung zwiespältig gegenüber, und auch innerhalb der NATO war die Unterstützung nur lau. Dagegen erkannte der französische Präsident François Mitterrand die Stichhaltigkeit von Thatchers Argumenten und versicherte ihr: »Sie sollen wissen, dass andere Ihre Ablehnung dieser Art von Aggression teilen.«[39]

Thatchers Verhalten bei der Durchsetzung ihres Willens in der Falklandkrise wurde von Kritikern als unnachgiebig, kompromisslos und blutdürstig bezeichnet. Tatsächlich beruhte ihr Verhalten während des Konflikts auf ihrer Entschlossenheit bei der Durchsetzung ihrer Prinzipien, aber sie bewies auch ein kluges Verständnis dafür, wann die objektive Realität, insbesondere in den Beziehungen zu Washington, ein gewisses Maß an diplomatischer Flexibilität erforderte.

Die Falklandinseln sind etwa 400 Kilometer vom argentinischen Festland entfernt. Ihre strategische Bedeutung beruht auf ihrer Nähe zu dem an der Südspitze des amerikanischen Kontinents gelegenen Kap Hoorn, um das der, neben der Magellanstraße, zweite historische Seeweg zwischen Atlantik und Pazifik herumführte. Im 18. Jahrhundert war die Herrschaft über die Inseln zwischen Frankreich, Großbritannien und Spanien umstritten, und die Kolonie wechselte je nach dem Ausgang verschiedener europäischer Kriege oft den Besitzer. In den frühen 1830er-Jahren standen die Inseln unter Verwaltung des kurz zuvor unabhängig gewordenen Argentiniens. Aber Großbritannien besetzte sie im Januar 1833 und hatte sie danach ununterbrochen in seinem Besitz. Die Bewohner der Inseln waren also völkerrechtlich bis Anfang der 1980er-Jahre fast 150 Jahre lang Untertanen der britischen Krone gewesen, auch wenn Argentinien seinen Anspruch auf die Kolonie nie aufgegeben hatte.

General Leopoldo Galtieri, den die argentinische Militärjunta angesichts einer schweren wirtschaftlichen Krise zum Präsidenten gekürt hatte, wollte seine Popularität steigern, indem er dem alten Anspruch seines Landes auf die Falklandinseln Geltung verschaffte. In der Folge landeten am 2. April 1982 argentinische Truppen auf den nur leicht verteidigten Inseln und hatten sie schnell unterworfen.

Die Nachricht von der Invasion war ein Schock für die britische Regierung.

»Ich konnte es nicht fassen«, sollte Thatcher später schreiben. »Es waren doch unsere Staatsangehörigen, unsere Inseln!«[40] Doch ihr instinktives Bedürfnis, sofort zu handeln, stieß bei ihren Beratern auf wenig Gegenliebe. Im Außenministerium sah man keine diplomatische Lösung, und Verteidigungsminister John Nott vertrat die Ansicht, eine militärische Rückeroberung der mehr als 11 000 Kilometer entfernten Inseln sei nicht möglich.

Eine der wichtigsten Funktionen von Führungsstärke besteht darin, Mitarbeiter über das hinaus zu inspirieren, was diese für möglich halten. Mit ihrer ausgeprägten inneren Zuversicht trieb Thatcher ihre Regierung voran. »Sie werden sie zurückerobern müssen«, sagte sie zu Nott. Als er darauf beharrte, dass dies nicht möglich sei, wiederholte sie einfach: »Sie müssen.«[41]

Thatchers Weigerung, ein Nein als Antwort zu akzeptieren, erwies sich als richtig, als der Erste Seelord Sir Henry Leach eine Lösung fand. Er empfahl, einen Flottenverband zusammenzustellen, der, wen auch mit einem beträchtlichen Risiko, in der Lage wäre, die Inseln zurückzuerobern. Thatcher wies ihn unverzüglich an, die notwendigen Vorbereitungen zu treffen. Durch die Entscheidung war sie in keiner Weise an eine militärische Lösung gebunden, aber sie hielt sich auch diese Möglichkeit offen, während sie die diplomatischen Optionen erprobte, die ihr skeptische Kabinettsmitglieder und die amerikanischen Verbündeten vorschlugen.

Nachdem sie sich für eine Strategie entschieden hatte, begann sie sofort mit deren Umsetzung. Sie machte ihre Prinzipien öffentlich und schwor feierlich, sie zu verteidigen. Am Tag nach der argentinischen Invasion, einem Samstag, trat das Parlament zu einer Sondersitzung zusammen. Thatcher erläuterte ihre Haltung mit klaren Worten: »Zum ersten Mal seit vielen Jahren ist eine fremde Macht in britisches Hoheitsgebiet eingedrungen. […] Ich muss dem Haus sagen, dass die Falklandinseln und die dazugehörigen Gebiete britisches Territorium bleiben werden.« Kurz gesagt, der Konflikt sei kein Kolonialproblem, sondern eine Herausforderung von Großbritanniens nationaler Selbstachtung und Souveränität. »Keine Aggression und keine Invasion«, schloss Thatcher trotzig, »kann an dieser einfachen Tatsache etwas ändern. Es ist das Ziel der Regierung, dafür zu sorgen, dass die Inseln von der Besatzung befreit werden und wieder unter britische Verwaltung kommen, und das zum frühestmöglichen Zeitpunkt.«[42]

Margaret Thatcher: Die Strategie der Überzeugung

Thatcher hatte sich damit eindeutig festgelegt und sich die Möglichkeit zu einem Rückzieher verbaut.

Sie hoffte auf eine positive Reaktion des mächtigsten und wichtigsten Verbündeten Großbritanniens, der Vereinigten Staaten. Washington jedoch reagierte eher zwiespältig.

Die britisch-amerikanischen Beziehungen waren durch die Wahl Ronald Reagans zum Präsidenten im Jahr 1980 besser geworden und Anfang 1982 in einem sehr guten Zustand. Reagan und Thatcher hatten sich 1975 zum ersten Mal getroffen, kurz nachdem sie zur Parteichefin gewählt worden war und als er sich gerade auf den Wahlkampf bei den Präsidentschaftsvorwahlen der Republikaner vorbereitete. Die Begegnung hatte sich als großer Erfolg erwiesen. Die beiden aufstrebenden Politiker hatten einen vergleichbaren ideologischen Werdegang hinter sich und waren sich in vielen politischen Fragen einig. Und sie entwickelten auch ein gutes persönliches Verhältnis: »Sie müssen wissen, dass Sie hier in den ›Kolonien‹ einen begeisterten Unterstützer haben«, schrieb ihr Reagan kurz nach jenem ersten Treffen.[43]

Mit Reagans Amtsantritt wurden die transatlantischen Beziehungen enger. Im Februar 1981 besuchte Thatcher als erste europäische Verbündete Reagan in Washington und nahm an einem glanzvollen Staatsdinner im Weißen Haus teil. Und sie revanchierte sich für die ungewöhnliche diplomatische Ehre, indem sie am darauffolgenden Abend in der britischen Botschaft ein Dinner für Reagan veranstaltete. Über den Abend schrieb Reagan in seinem Tagebuch, er sei ein »wirklich herzliches & schönes Ereignis« gewesen, um dann hinzuzufügen: »Ich glaube, dass zwischen der Premierministerin, ihrer Familie & uns eine echte Freundschaft besteht. Jedenfalls empfinden wir das so, & ich bin mir sicher, dass es ihnen genauso geht.«[44] Reagan unterstützte zu Beginn seiner Amtszeit Thatchers Wirtschaftsreformen, und beide vertraten gemeinsam einen selbstbewussteren Ansatz in den Ost-West-Beziehungen.

Trotz all der neuen Wärme zwischen Washington und London unterhielten die USA aber auch wichtige Beziehungen zu Argentinien. Unter Reagan wurden die Beziehungen zu der argentinischen Militärjunta ausgebaut, und Buenos Aires unterstützte die offenen (und später auch geheimen) Bemühungen Washingtons, der bewaffneten antikommunistischen Opposition (Contras) gegen das von der Sowjetunion unterstützte sandinistische Regime in Nicaragua zu helfen. Führende amerikanische Politiker fürchteten, jede offene Unterstützung für Großbritannien im Falklandkonflikt werde das gemeinsame Unternehmen mit Argentinien kompromittieren und dem Ansehen der USA in der Dritten Welt schaden. Die Lage wurde weiter durch eine Warnung der CIA kompliziert, dass die Regierung Galtieri im Fall einer militärischen Niederlage durch ein »extrem nationalistisches Militärregime« [ersetzt werden könnte,] »das militärische Beziehungen zur UdSSR aufnehmen wird«.[45]

Angesichts dieser widerstreitenden Bedürfnisse verfolgte die US-Regierung einen uneinheitlichen und manchmal widersprüchlichen Kurs. Unter der Leitung des überzeugten Konservativen Caspar Weinberger lieferte das Pentagon Großbritannien seit dem Beginn des Konflikts eine Menge dringend benötigtes Militärmaterial. Ein Großteil dieser Hilfe fand unter anderem deshalb verdeckt statt, weil das Außenministerium unter Alexander Haig sich gegen eine öffentliche Unterstützung Großbritanniens ausgesprochen hatte. Haig unternahm sogar einen Vermittlungsversuch, um einen Bruch mit Argentinien zu vermeiden. Reagan wiederum duldete Haigs Pendeldiplomatie zwischen London und Buenos Aires, obwohl er mit den Briten sympathisierte.

Als Haig mich über seine Pläne informierte, äußerte ich privat ernste Bedenken, obwohl ich selbst schon, wenn auch im Nahen Osten, Pendeldiplomatie betrieben hatte. Sie hatte sich jedoch damals zwischen Hauptstädten abgespielt, die nur wenige hundert Kilometer voneinander entfernt waren, und bei der Krise im Südatlantik waren die betroffenen Hauptstädte mehr als 10 000 Kilometer voneinander entfernt. Im Nahen Osten konnten nicht nur über Nacht Entscheidungen getroffen werden, so dass eine sofortige Anpassung an alle Eventualitäten möglich war, sondern die Verantwortlichen auf beiden Seiten waren auch entschlossen, Fortschritte zu erzielen. Im Gegensatz dazu hatten Thatcher und die Junta in der Falklandkrise jeweils eine feste Position eingenommen, was Kompromisse ausschloss. Höchstwahrscheinlich hatte sich Thatcher nur deshalb mit Haigs Vermittlung einverstanden erklärt, um die Wünsche der Amerikaner zu erfüllen und um ihrer Flotte

Margaret Thatcher: Die Strategie der Überzeugung

Zeit zu verschaffen, bis sie die Gewässer um die Falklandinseln erreichte. Falls jedoch ein Vermittlungsvorschlag mit ihrem Verständnis der britischen Souveränität nicht vereinbar wäre, würde sie ihn zweifellos ablehnen.

Die Premierministerin erwartete, dass sich die Vereinigten Staaten rückhaltlos auf ihre Seite stellen würden. Deshalb waren Haigs Anstrengungen ein unwillkommener Schock für sie. Obwohl sie immer noch der festen Überzeugung war, dass die britische Souveränität über die Falklandinseln wiederhergestellt werden musste, sah sie sich nun gezwungen, Kompromisslösungen in Erwägung zu ziehen. Sie erklärte sich bereit, sich die amerikanischen Vorschläge für ein vermitteltes Abkommen anzuhören und in der Öffentlichkeit nicht auf einer militärischen Lösung zu bestehen. Während diese diplomatischen Initiativen verfolgt wurden, sorgte die Entsendung des britischen Flottenverbands am 5. April dennoch dafür, dass der Druck auf Argentinien zunahm. Thatcher war sich der öffentlichen Meinung in den USA sehr bewusst, ganz zu schweigen von der Notwendigkeit, im eigenen Land breite Unterstützung zu bekommen und einen Anschein von Flexibilität aufrechtzuerhalten. Also zog sie verschiedene Optionen in Erwägung, die Falklandinseln in eine UN-Treuhandschaft zu überführen.

Ende April brach die Pendeldiplomatie wegen der Unnachgiebigkeit der argentinischen Seite zusammen. Mit der Wahrscheinlichkeit eines militärischen Konflikts wuchs auch der Druck, eine Verhandlungslösung zu finden. Bei einem Besuch Anfang Mai in London lernte ich allerdings die Grenzen von Thatchers diplomatischer Flexibilität kennen.

Monate vor der Falklandkrise hatte mich der britische Außenminister Lord Carrington eingeladen, zum 200-jährigen Jubiläum des britischen Foreign Office eine Rede zu halten. Zum festgesetzten Zeitpunkt jedoch war Carrington nicht mehr im Amt. Das angebliche Versagen des Außenministeriums, weil es die Besetzung der Falklandinseln nicht voraussah oder verhinderte, hatte bei den konservativen Hinterbänklern großen Unmut verursacht. In Beachtung einer alten, aber keineswegs immer befolgten Tradition hatte Carrington die Verantwortung für die Fehler der Regierung übernommen und war zurückgetreten – ein Schritt, durch den er die Premierministerin und den Rest des Kabinetts entlastete. Carrington, der Inbegriff eines Ehrenmanns, hatte sich persönlich nichts zuschulden kommen lassen. Doch nach seinem

Verständnis von Pflicht betrachtete er den Rücktritt als einzig angemessene Handlungsmöglichkeit.*

Tatsächlich hatte sich Carrington in dem Jahr vor der Krise entschieden gegen eine britische Entscheidung ausgesprochen, die, wie sich herausstellte, die Argentinier zu ihrem Angriff eingeladen hatte. Es ging um den Abzug des Eisbrechers HMS *Endurance* aus dem Bereich der Falklandinseln, den Verteidigungsminister Nott vorgeschlagen hatte, um etwa 2,5 Million Dollar pro Jahr einzusparen. Carrington vertrat die Ansicht, dass Argentinien die Entscheidung als »Stadium einer bewussten britischen Politik, die Unterstützung für die Falklandinseln zu reduzieren« interpretierte.[46] In einer Unterhausdebatte über die HMS *Endurance* am 9. Februar 1982 hatte Thatcher unklugerweise eher Notts als Carringtons Position unterstützt. Doch der Preis für den Abbau der Abschreckung im Südatlantik erwies sich als hoch, genau wie die Kosten des Falklandkriegs, die sich insgesamt auf mehr als sieben Milliarden Dollar beliefen. Der Historiker Andrew Roberts bemerkt zu der Entscheidung: »Selten hat sich die Tatsache stärker bewahrheitet, dass relativ hohe Verteidigungsausgaben eine lohnende Investition sind, weil der Krieg stets weit kostspieliger als die Abschreckung ist.«[47]

Nach Carringtons Rücktritt wurde das 200-jährige Jubiläum unter der Ägide des neuen Außenministers Francis Pym gefeiert. Da ich fünf Jahre zuvor aus dem Amt geschieden war, besuchte ich das Fest als privater Gast. Dennoch wurden mir offizielle Aufmerksamkeiten zuteil: ein Mittagessen mit Pym und hohen Beamten, gefolgt von einem Nachmittagstee mit Thatcher.

Beim Essen konzentrierte sich die Diskussion auf die Kompromissmöglichkeiten, die sich aus Haigs Pendeldiplomatie ergeben hatten. Es gab weder einen Konsens über Einzelheiten noch einen Hinweis auf einen alternativen Kurs, der nicht auf irgendeinen Kompromiss hinausgelaufen wäre. Beim Tee in 10 Downing Street fragte ich Thatcher, welchen Kompromiss sie bevorzuge. »Ich will keinen Kompromiss!«, schrie sie. »Wie können Sie bloß, mein alter Freund? Wie können sie so etwas sagen?« Sie war so wütend, dass ich es

---

* Monate später fragte ich ihn, warum er seine Freunde nie über die gespannte Lage informiert habe. Er antwortete: »Es macht keinen Sinn, Verantwortung zu übernehmen, wenn man danach seinen Freunden zuflüstert, dass man nicht wirklich verantwortlich ist.«

nicht wagte zu erklären, dass jene Idee nicht von mir, sondern von ihrem Chefdiplomaten stammte.

Ihre Position, erklärte Thatcher, sei eine Frage des Prinzips und der Strategie. Daher ihre Enttäuschung, dass ihr engster Verbündeter ihr in Reaktion auf einen grundlosen Angriff auf britisches Territorium eine Vermittlung angeboten hatte. In meiner Rede »Reflektionen über eine Partnerschaft«, die ich am Abend hielt, unterstützte ich Thatchers Position in der Falklandkrise. Die Vereinigten Staaten wären unklug, wenn sie, wie 1956 in der Suezkrise, einen engen Verbündeten im Stich ließen:

> Die strategische Position oder das Selbstvertrauen eines engen Verbündeten in einer Frage, die er für lebenswichtig hält, darf nicht untergraben werden. Dieses Prinzip hat eine beträchtliche aktuelle Relevanz. In diesem Sinne wird die Falklandkrise letztlich den Zusammenhalt des Westens stärken.[48]

Trotz alledem kam es bei Thatcher gelegentlich auch vor, dass sie Ideen, denen sie anfangs Widerstand entgegensetzte, letztlich doch akzeptierte. Dies galt auch für ihre Haltung in der Falklandkrise. Sie ließ zu, dass sich ihre Verhandlungsposition Stück für Stück weiterentwickelte, obwohl Argentinien unklugerweise kaum entsprechend reagierte. Durch das sogenannte letzte britische Angebot, das am 17. Mai über UN-Generalsekretär Javier Pérez de Cuéllar übermittelt wurde,[49] erklärte sich Thatcher bereit, im Gegenzug für einen argentinischen Rückzug die Verwaltung der Inseln durch die Vereinten Nationen zuzulassen; die Hoheit über die Falklandinseln selbst sollte Gegenstand späterer Verhandlungen sein. Durch diese Zugeständnisse, die sie vor allem machte, um die Unterstützung der USA nicht zu verlieren, hatte sie sich erheblich von ihrem ursprünglichen Beharren auf einer Wiederherstellung des Status quo ante entfernt.

Beruhte ihr »letztes« Angebot auf einer kühlen rationalen Analyse? Oder gab es ein machiavellistisches Element in ihrer Haltung? Nachdem sie während der gesamten Verhandlungen mit der Unnachgiebigkeit Argentiniens konfrontiert gewesen war, war sie vielleicht zu dem Schluss gekommen, dass Galtieri ihr Angebot kaum annehmen würde. Außerdem wäre das Angebot möglicherweise eine Ersatzlösung gewesen, falls die britische Flotte auf dem

Weg zu den Falklandinseln inakzeptable Verluste erlitten hätte. Angesichts des unsicheren Ausgangs der Krise und im Bewusstsein der moralischen Überlegenheit, die eine von der UNO vermittelte Lösung bedeutet hätte, ging sie ein erhebliches Risiko ein.

Hätte Buenos Aires das Angebot angenommen, wäre es eine Herkulesaufgabe gewesen, auch das britische Unterhaus von seiner Annehmbarkeit zu überzeugen oder die UNO zu überreden, die Verwaltung der Falklandinseln nach der Lösung des Konflikts doch wieder Großbritannien zu überlassen. In einem solchen Fall hätte sie die Verhandlungen wohl in eine Richtung gelenkt, die es dem britischen Flottenverband ermöglicht hätte, sein ursprüngliches Ziel, eine Wiederherstellung der britischen Souveränität über die Inseln, doch noch zu verwirklichen. Zu ihrem Glück ging das Spiel jedoch auf: Am 18. Mai lehnten die Argentinier das britische Angebot rundheraus ab. Drei Tage später begannen die britischen Streitkräfte mit ihrem Angriff.

Zu Beginn der Kämpfe war der britische Sieg noch keineswegs sicher. Wegen der außerordentlich langen Nachschubwege und der begrenzten Ressourcen vor Ort war der britische Flottenverband sehr verwundbar. Außerdem hatte Argentinien in Frankreich mehrere Exocet-Raketen gekauft, die bei den britischen Schiffen schweren Schaden anrichteten. Wäre den Raketen einer der beiden Flugzeugträger HMS *Hermes* oder HMS *Invincible* zum Opfer gefallen, wäre es für die Briten gefährlich geworden.

Thatcher war sich dieser Gefahren und der potenziellen menschlichen Opfer nur allzu bewusst. Während sie der Öffentlichkeit ein Bild unnachgiebiger Härte vermittelte, nahm sie sich privat jeden Verlust sehr zu Herzen. Wie ihr autorisierter Biograf berichtet, fand Denis Thatcher seine Frau nach einem bestimmten argentinischen Angriff weinend und schluchzend auf dem Bett sitzend vor: »O nein, o nein! Noch ein Schiff! All meine jungen Männer!«[50] Bei Kriegsende hatte sie an die Familien gefallener britischer Soldaten 255 handgeschriebene Briefe geschickt.[51]

Thatchers Modus Operandi bei der Führung des Krieges bestand darin, dass sie die Rahmenbedingungen vorgab und es dann den Flaggoffizieren überließ, den Feldzug nach ihrem Gutdünken zu führen, ihnen jedoch uneingeschränkten politischen Rückhalt gab. Zu den politischen Rahmenbedingungen gehörte eine Sperrzone von 200 Seemeilen im Umkreis der Falkland-

Margaret Thatcher: Die Strategie der Überzeugung

inseln, die am 30. April von der britischen Regierung verkündet wurde. Innerhalb der Zone konnte jedes argentinische Schiff ohne Vorwarnung angegriffen werden. Die Regel wurde schon bald auf die Probe gestellt, und es musste eine Entscheidung getroffen werden. Am 1. Mai wurde der argentinische Kreuzer *General Belgrano* gesichtet, als er am Rand der Sperrzone entlangfuhr. Am folgenden Tag befahl Thatcher seine Versenkung, obwohl das Schiff zu diesem Zeitpunkt bereits mehr als 60 Kilometer von der Sperrzone entfernt war.[52] Bei dem Angriff wurden 300 argentinische Soldaten getötet. Thatchers Entscheidung war sehr umstritten, aber die *Belgrano* war auf ihrer Position für den auf die Falklandinseln zusteuernden britischen Flottenverband tatsächlich eine latente Bedrohung gewesen.

Am Ende des 21. Mai, dem ersten Tag des Landkriegs, waren 5000 britische Soldaten auf den Inseln gelandet. Von diesem Zeitpunkt an verhärtete sich Thatchers Position ungeachtet zunehmenden internationalen Drucks, einen Waffenstillstand zu schließen. Als an Land und zur See britisches Blut vergossen worden war, kehrte sie zu ihrer ursprünglichen Position zurück und weigerte sich, irgendeine andere Lösung als die volle Wiederherstellung der britischen Souveränität zu akzeptieren.

Diese Haltung war Washington unrecht, weil es unter wachsendem Druck lateinamerikanischer Verbündeter stand, den Kämpfen ein Ende zu setzen. Für kurze Zeit schien das britische Verlangen nach Souveränität den amerikanischen nationalen Interessen zuwiderzulaufen. Am 31. Mai, als die britischen Truppen auf Port Stanley, die Hauptstadt der Inseln, vorstießen, ließ sich Präsident Reagan dazu überreden, Thatcher anzurufen und sie um Großzügigkeit zu bitten. Doch sie blieb hart: »Ich gebe die Inseln jetzt nicht mehr auf«, sagte sie. »Ich habe nicht einige meiner besten Schiffe und einige meiner besten Leben verloren, um nach einem Waffenstillstand still und leise abzuziehen, ohne dass sich die Argentinier auch zurückziehen.«[53] Als sich das rhetorische Sperrfeuer fortsetzte, beschloss Reagan, Thatchers Argumentation im Kern anzuerkennen. Die USA machten keine weiteren Anstrengungen, den britischen Vormarsch aufzuhalten. Ein weiteres Anzeichen für die Stärke der britisch-amerikanischen Beziehungen war die später von dem früheren amerikanischen Marineminister John Lehman enthüllte Tatsache, dass Reagan sogar damit einverstanden war, der Royal Navy beim Verlust eines

Flugzeugträgers die USS *Iwo Jima* zur Verfügung zu stellen, einen für amphibische Angriffe gebauten Helikopterträger, den auch die britischen Senkrechtstarter des Typs Sea Harrier nutzen konnten. »Geben Sie Maggie alles, was sie braucht, um vorwärtszukommen«, wies Reagan seinen Verteidigungsminister Caspar Weinberger an.[54]

Am 14. Juni kapitulierten die argentinischen Besatzer nach schweren Kämpfen. Der britische Sieg war vollständig, und er hatte einen unschätzbaren symbolischen Wert. Zusammen mit den erfolgreichen Wirtschaftsreformen, die Thatcher in Großbritannien durchgeführt hatte, veränderte der Sieg im Falklandkrieg effektiv die Stellung Großbritanniens auf der Weltbühne. Sie selbst formulierte es so:

> Wir haben aufgehört, eine Nation auf dem Rückzug zu sein. Stattdessen haben wir ein neues Selbstvertrauen gewonnen: geboren in den wirtschaftlichen Schlachten zu Hause und in einer Entfernung von 13 000 Kilometern erprobt und für real befunden. [...] Wir freuen uns, dass Großbritannien den Geist wieder entzündet hat, der es so viele Generationen lang befeuert hat und heute wieder genauso hell wie früher brennt.[55]

In den Vereinigten Staaten fiel die Reaktion zwiespältiger aus. Dass Reagan Thatchers Politik geduldet hatte, beeinträchtigte die Beziehungen zu Argentinien, das seine Zusammenarbeit mit Washington abrupt beendete. Für andere Länder jedoch war das Gesamtbild positiver. Indem Thatcher ihre Glaubwürdigkeit auf dem Schlachtfeld unter Beweis stellte, hatte sie auch die Position des Westens im Kalten Krieg gestärkt. Sie machte einen zentralen Unterschied zwischen kolonialen Fragen und strategischen Herausforderungen und hatte die Falklandinseln eindeutig der letzteren Kategorie zugeordnet.

Margaret Thatcher: Die Strategie der Überzeugung

VERHANDLUNGEN ÜBER HONGKONG

Kurz nach dem Falkland-Krieg musste sich Thatcher mit einem Problem befassen, das eindeutig aus der kolonialen Vergangenheit Großbritanniens erwachsen war: der Zukunft Hongkongs.

Zwar war die eigentliche Insel Hongkong 1842 an Großbritannien abgetreten worden, doch die sogenannten New Territories, die sie umgaben, wurden von Großbritannien nur im Rahmen eines auf 99 Jahre befristeten britisch-chinesischen Pachtvertrags regiert, der 1997 auslief. Peking wies Großbritanniens historische Ansprüche auf die zentrale Insel zurück und verlangte, dass *beide* Territorien 1997 zurückgegeben wurden – zwei Jahre bevor die Kommunistische Partei Chinas (KPCh) den 50. Jahrestag ihres Sieges über die nationalistischen Kräfte Chiang Kai-sheks feierte.

China betrachtete die britische Herrschaft über Hongkong und die New Territories als historischen Irrweg. Die britische Position stützte sich auf drei Abkommen: den Vertrag von Nanjing (1842), mit dem China die Insel Hongkong für immer abtrat, die Konvention von Kowloon (1860), mit der China eine benachbarte Halbinsel ebenfalls abtrat, und die Konvention zur Erweiterung des Hongkong-Territoriums (1898), durch die die New Territories für 99 Jahre gepachtet wurden. Thatcher vertrat die Auffassung, dass die Ansprüche Großbritanniens als solche völkerrechtlich begründet seien. Aus chinesischer Sicht waren die Verträge jedoch unter Zwang zustande gekommen, und die Ansprüche Großbritanniens waren genauso illegitim, wie wenn es die Inseln mit Gewalt erobert hätte.

Ich war mit den chinesischen Ansichten über das Thema vertraut, weil man sie mir im Gespräch mit Zhou Enlai, Chinas Chefdiplomaten und nominellem Regierungschef unter Mao Zedong von 1949 bis 1975, und noch ausführlicher im Gespräch mit Deng Xiaoping, Chinas oberstem Führer von 1978 bis 1989, dargelegt hatte. Die Gespräche hatten sich hauptsächlich um die Beziehungen zwischen den USA und China gedreht, und das Thema Hongkong war nur gestreift worden. Deng erklärte, China werde geduldig verhandeln, aber in der Frage seiner staatlichen Souveränität, die es mit der Unverletzlichkeit des chinesischen Territoriums gleichsetzte, keine Kompromisse eingehen. Es könne allerdings einem gewissen Maß an Autonomie für

Hongkong zustimmen, wenn dies die Wiedervereinigung mit Taiwan erleichtern sollte.

Im Jahr 1982, als das Auslaufen der Pachtverträge im Jahr 1997 näher rückte, tat China öffentlich seine Absicht kund, die Verhandlungen so zu erweitern, dass sie auch die Insel Hongkong selbst mit einschlossen. Thatcher dagegen vertrat, noch ganz erfüllt von ihrem Sieg auf den Falklandinseln, insbesondere in Bezug auf die eigentliche Insel Hongkong eine harte Position gegen jede Aufgabe britischer Souveränität.

Sie war außerdem entschieden dagegen, britische Staatsbürger unter die Herrschaft der Kommunistischen Partei fallen zu lassen. Aufgrund ihrer Überzeugung, dass jedes kommunistische System, gleichgültig ob in der Sowjetunion, in China oder anderswo, die Freiheit des Individuums untergrub, glaubte sie nicht, sich darauf verlassen zu können, dass Peking die Rechte der Hongkonger Bürger respektieren würde. Einmal klagte sie mir gegenüber, zu welch großer Grausamkeit Deng Xiaoping fähig sei,[56] und bei einem weiteren Treffen in Hongkong (das wegen der Abhörsicherheit in einem Privatflugzeug stattfand) ließ sie keinen Zweifel an ihrem negativen Bild von der gesamten chinesischen Führung.

Doch ihr politischer Entscheidungsspielraum war begrenzt. Anders als in der Falklandkrise bestand nicht die Möglichkeit einer militärischen Lösung; angesichts der Stärke der Volksbefreiungsarmee war Hongkong nicht zu verteidigen. Es musste eine Verhandlungslösung gefunden werden, und zwar vor dem unangenehmen Hintergrund, dass China bei einem Scheitern der Verhandlungen die Macht hatte, die Frage unilateral zu entscheiden.

Thatchers Taktik bestand darin, sich notfalls auch flexibel zu zeigen. Sie wollte das Thema der Souveränität zu Beginn der Gespräche vermeiden und strebte stattdessen eine chinesische Zusage an, dass Hongkong unter britischer Verwaltung verbleibe. Eine solche Regelung, so ihr Argument, sei der einzige Weg, um das Vertrauen der internationalen Wirtschaft aufrechtzuerhalten, welches für den Wohlstand Hongkongs unverzichtbar sei und es sicher auch nach 1997 noch sein werde.

In September 1982 fuhr sie mit diesen Vorsätzen nach Peking. Doch in spannungsgeladenen Gesprächen mit Deng und dem Premierminister (und späteren Generalsekretär der Kommunistischen Partei) Zhao Ziyang bekam

Margaret Thatcher: Die Strategie der Überzeugung

sie eine Lektion über die chinesischen Realitäten erteilt. Sowohl öffentlich als auch privat wurde sie darüber informiert, dass nicht nur die Frage der Souveränität nicht verhandelbar sei, sondern auch ein Fortbestand der britischen Verwaltung nicht in Frage komme. Peking werde das kapitalistische System in Hongkong fortbestehen lassen, aber nur unter chinesischer Schirmherrschaft. Ein britischer Offizieller bemerkte später dazu: »Wenn es hart auf hart kam, hatte die Souveränität Priorität gegenüber der Prosperität.«[57]

Hier gab es nur noch wenige Strohhalme, nach denen Thatcher greifen konnte. Nach ihrem Gespräch mit Deng kam sie auf der Treppe der Großen Halle des Volkes ins Straucheln. Laut einem chinesischen Aberglauben war dies ein schlechtes Omen. In nur zehn Tagen war der Londoner Aktienmarkt um 25 Prozent gefallen.

Thatchers erste Reaktion bestand darin, sich noch mehr zu versteifen, wie ich im November jenes Jahres bei einem Arbeitsessen in 10 Downing Street feststellte. Zweck der Begegnung war es, meine Ansichten darüber zu hören, wie die Briten »in den Verhandlungen mit den Chinesen über die Zukunft Hongkongs [ihre] Karten am besten ausspielen könnten«.[58]

Soweit ich mich erinnere, war der Inhalt der Diskussion dann jedoch ein anderer. Obwohl britische Offizielle Thatcher bestimmt informiert hatten, dass die britische Souveränität über Hongkong abgetreten werden musste, ließ sie sich das in keiner Weise anmerken. Anfangs lehnte sie eine Aufgabe der Souveränität rundweg ab und bestand eisern darauf, dass sie Hongkong niemals aufgeben werde. Alle ihre Instinkte sprachen dagegen, Hongkong mit seinem einzigartigen britisch-chinesischen Leben aufzugeben. Ihre erste Modifikation dieser Position bestand darin, dass Großbritannien nur über die New Territories verhandeln werde, die im Gegensatz zu Hongkong kein britisches Eigentum, sondern nur eine Pacht mit ablaufender Frist seien.

Unter den Gästen bei jenem Dinner waren Außenminister Pym, Unterstaatssekretär Sir Antony Acland und der Gouverneur von Hongkong Sir Edward Youde. Die Diplomaten setzten sich mit Thatchers Argumenten auseinander. Ich bewunderte ihre wohlbedachte Hartnäckigkeit, als Welle auf Welle premierministerlicher Vehemenz über den Tisch rollte. Weder die Vertreter des Außenministeriums noch Youde zuckten auch nur mit der Wimper. Ich nahm zwar an der internen britischen Debatte nicht teil, antwortete aber auf Thatchers Frage nach einer möglichen Autonomie. Unter Bezug auf meine Gespräche mit Deng bemerkte ich, dass China Interesse daran haben könnte, eine gewisse Autonomie für Hongkong zu erhalten, um dem Grundsatz »ein Land, zwei Systeme« hinsichtlich der Zukunft Taiwans Glaubwürdigkeit zu verleihen. Beim Prinzip der Souveränität werde Deng meiner Ansicht nach nicht nachgeben. Der größte Teil des Abends war vorbei, als allmählich erste Anzeichen für einen Rückzug der Premierministerin erkennbar wurden. Bis zum Ende des Essens hatte Thatcher höchst widerstrebend eingeräumt, dass das Gesamtpaket zur Diskussion stehe, also die Zukunft von Hong Kong Island und Kowloon zusammen mit derjenigen der New Territories verhandelt werden könne.

Für mich war das Dinner wie eine Destillation von Thatchers Entwicklung während der Verhandlungen über Hongkong. Genau wie in der Falklandkrise versuchte sie jegliche Art von Zugeständnissen zu vermeiden, erklärte sich jedoch letztlich bereit, diese auszuloten. Dieses Mal jedoch waren ihre Zugeständnisse nicht lediglich taktische Manöver gegenüber einem ungeschickten Feind, denn in Hongkong hätte keine britische Flotte etwas retten können.

Im März 1983 traf Thatcher ihre Entscheidung. Sie schrieb privat an Zhao, sie werde dem britischen Parlament empfehlen, die Souveränität über ganz Hongkong wieder an China zu übertragen, wenn eine Einigung zwischen Großbritannien und China über die Verwaltung erzielt werden könne, die den Wohlstand und die Stabilität Hongkongs sicherte. Der Brief bahnte den Weg für offizielle Gespräche, in deren Verlauf Thatcher mehrere hart umkämpfte Zugeständnisse machen musste, einschließlich der Zusage, die administrative Verbindung der britischen Regierung zu Hongkong 1997 vollständig zu kappen.

In ihren Erinnerungen schildert Thatcher ein Gespräch mit Deng Xiaoping, in dem die gespannte Atmosphäre der Verhandlungen deutlich zu spüren ist:

> Er sagte, wenn die Chinesen wollten, könnten sie noch heute in Hongkong einmarschieren und die Stadt einnehmen. Ich konterte, das könnten sie allerdings, und ich könnte sie nicht einmal daran hindern. Doch werde dies zum Zusammenbruch Hongkongs führen, und dann werde die ganze

Margaret Thatcher: Die Strategie der Überzeugung

Welt sehen, welche Folgen ein Wechsel von der britischen zur chinesischen Herrschaft habe.
Da stutzte er zum ersten Mal.[59]

Im Dezember 1984 unterzeichneten Thatcher und Zhao die chinesisch-britische Erklärung, nach der die Souveränität am 30. Juni 1997 übertragen werden sollte. Der Vertrag regelte nicht nur die festen Bedingungen der Souveränität, sondern enthielt auch die einzigartige Regelung, dass sich das Gebiet in einem 50-jährigen Prozess von einem britischen Besitz in einen theoretisch autonomen Bestandteil des chinesischen Staates verwandeln sollte. Nach Abschluss der Übergabe, so sah das Abkommen vor, sollte die Souveränität Chinas über Hongkong 50 Jahre lang mit dem kontingenten und subjektiven Zustand der »Autonomie« koexistieren. Sollte es jedoch zu einem Konflikt zwischen beiden kommen, würde sich die chinesische Souveränität zwangsläufig durchsetzen. Der funktionale Erfolg des auf 50 Jahre geschlossenen Hongkong-Abkommens hing also davon ab, dass sich alle Parteien an seine Bedingungen hielten.

Doch die Vorstellungen beider Parteien gingen schon bei der Formulierung des Abkommens auseinander, und ihre Differenzen verhärteten sich im Laufe der Zeit mehr und mehr. Ob am Ende der 50-jährigen Autonomieperiode ein reibungsloser Übergang stattfinden würde, hing davon ab, ob die chinesische Entwicklung bis zu diesem Zeitpunkt mit dem britischen Erbe vereinbar wäre. China wiederum würde schwerlich die endgültige Rückkehr Hongkongs mit politischen Institutionen akzeptieren, die es als Überbleibsel des Kolonialismus betrachtete.

Der vorläufige Erhalt der Hongkonger Institutionen sicherte den Einwohnern ein gewisses Maß an demokratischer Teilhabe und stellte das Vertrauen in das Finanzzentrum wieder her, das die Grundlage für den Reichtum des Gebiets bildete. Obwohl das Abkommen sicherlich nicht das war, was Thatcher wollte, hatte sie die Situation vernünftig eingeschätzt. Eine härtere Gangart hätte das Risiko bedeutet, die Briten zur Bedeutungslosigkeit zu verurteilen, und mehr Entgegenkommen hätte vermutlich alle Hoffnungen auf eine Autonomie Hongkongs zunichte gemacht.

Für die britische Verhandlungsdelegation war es ein erheblicher Vorteil, dass Thatcher den Ruf hatte, unnachgiebig zu sein. Erfahrene Verhandlungsführer sind immer erfreut darüber, wenn sie eine scheinbar unvernünftige Person in ihren Reihen haben, die jedem möglichen Abkommen zustimmen muss. Thatcher spielte diese Rolle geschickt, und so konnten die Mitglieder ihrer Verhandlungsdelegation ihren chinesischen Verhandlungspartnern versichern, dass sie bestimmten Punkten ja gern zustimmen würden, aber schreckliche Angst hätten, das Missfallen ihrer furchterregenden Premierministerin zu erregen – und deren Überzeugungen in der zur Debatte stehenden Frage seien ja wohlbekannt.

Dank Thatchers Methode der öffentlichen Unnachgiebigkeit, um ihren Verhandlungsführern bessere Karten zu verschaffen, und der privaten Gespräche, damit beide Seiten das gemeinsame Interesse an einem prosperierenden Hongkong im Auge behielten, bewahrten die Briten ein gewisses Maß an Einfluss in einer schwierigen Situation. Ihre Haltung bedeutete außerdem, dass Großbritannien selbst in einer Lage, in der es die weitaus schlechteren Karten hatte, über einen bestimmten Punkt hinaus nicht nachzugeben bereit war. In den letzten Jahren der britischen Verwaltung kehrte Thatcher auch nach ihrem Rücktritt oft nach Hongkong zurück und unterstützte den letzten britischen Gouverneur Chris Patten nachdrücklich in seinem Bemühen, repräsentativere Institutionen und Verfahren in der Kolonie zu verankern, bevor sie übergeben wurde.

Diplomatische Abkommen werden oft durch Zusicherungen über ihre Langlebigkeit ergänzt. Die Entwicklung von Hongkongs Autonomie entsprach nicht den britischen Erwartungen. Thatcher und ihre Chefverhandler waren sehr darauf bedacht, dass Institutionen und Gerichtsverfahren nach britischem Modell beibehalten würden, worauf sie mit Geschick und Thatcher'scher Entschlossenheit hinwirkten. Sie erreichten eine Bestimmung von Autonomie, die 22 der eigentlich dafür festgelegten 50 Jahre währte. Die Autonomievereinbarung nahm ein Ende, weil die chinesische innere Entwicklung zunehmend abwich von den Erwartungen, die geherrscht hatten, als das Konzept »ein Land, zwei Systeme« von Deng formuliert worden war. Und bei einer jeden Übergabe von Kolonialgebieten ist das aufnehmende Land mehr auf seinen eigenen Kurs fokussiert als auf ein Vermächtnis der Kolonisatoren.

Margaret Thatcher: Die Strategie der Überzeugung

In diesem Konflikt zwischen Souveränität und Autonomie wurde diese massiv eingeschränkt. Die unsichere Zukunft, die Hongkong jetzt droht, erinnert an Thatchers warnende Frage an Deng: Kann es, wo die Freiheit bedroht ist, noch lange wirtschaftliche Dynamik geben? Daraus ergeben sich unweigerlich weitere Fragen: Wie kann noch strategisches Vertrauen aufgebaut werden, wenn Abkommen vorschnell gekündigt werden? Wird die Entwicklung Hongkongs die Spannungen zwischen China und den westlichen Demokratien weiter verschärfen? Oder wird man einen Weg finden, das Thema Hongkong in einen Dialog über Weltordnung und politische Koexistenz mit einzuschließen?

KONFRONTATION MIT EINEM ERBE DER GEWALT: NORDIRLAND

Keine Staatsangelegenheit berührte Margaret Thatcher unmittelbarer als der Konflikt in Nordirland, den sechs Countys, die nach der Teilung Irlands im Jahr 1921 beim Vereinigten Königreich geblieben waren. Und paradoxerweise löste kein anderes Thema während ihrer Amtszeit so viele Selbstzweifel bei ihr aus.

Thatcher lehnte es ab, sich der Einschüchterungstaktik der Irisch-Republikanischen Armee (IRA) zu beugen und deren Forderung nach einem Anschluss Nordirlands an die Republik Irland (die aus 26 Countys bestand) zu erfüllen. Es gelang ihr, durch Gipfeldiplomatie die Beziehungen zwischen Großbritannien und der Republik Irland stark zu verbessern. Im Jahr 1985 schloss sie das bahnbrechende Anglo-Irische Abkommen, das auf ein Ende der sogenannten »Troubles« abzielte: des gewaltsamen jahrzehntelangen Konflikts zwischen den überwiegend protestantischen Unionisten und den überwiegend katholischen Nationalisten in Nordirland.

Thatchers Verhalten war auch deshalb bemerkenswert, weil Airey Neave, ihr designierter Nordirlandminister, nur wenige Wochen vor ihrem Regierungsantritt im Mai 1979 von einer Splittergruppe der IRA ermordet worden war. Das Attentat auf diesen engen persönlichen Freund und Helden des Zweiten Weltkriegs bestätigte Thatchers grundlegende Instinkte, was ihren

Umgang mit Nordirland betraf: verstärkte Sicherheitsmaßnahmen bei gleichzeitigem Druck auf die Republik Irland, den Terrorismus zu bekämpfen. Ihr war klar, dass die Terroristen einer strategischen Logik folgten. Als sie später über die damalige Lage nachdachte, definierte sie den Ansatz ihrer Gegner folgendermaßen: »Terrorismus ist der kalkulierte Einsatz von Gewalt – wie schon ihre Androhung – zu dem Zweck, politische Ziele durchzusetzen«, und präzisierte: »Im Fall der IRA bestehen diese Ziele darin, die Mehrheit der nordirischen Bevölkerung, die ihren Wunsch nach dem Verbleib im Vereinigten Königreich zum Ausdruck gebracht hat, zwangsweise in einen einzigen irischen Staat zu integrieren.«[60]

In Nordirland war wie auch anderswo der Terrorismus die Methode der Schwachen. Die Mitglieder der IRA waren die Minderheit einer Minderheit, die spektakuläre Gewaltakte verübte. Sie wollten die britische Regierung entweder zu Zugeständnissen oder zu einer brutalen Überreaktion zwingen, die die katholische Minderheit in Nordirland weiter ins nationalistische Lager treiben würde. Der Mord an Airey Neave brachte Thatcher nicht von ihrem Kurs ab. Ihre Sympathien lagen klar bei der protestantischen und unionistischen Mehrheit in Nordirland: eine Einstellung, die durch ihren schwelenden Groll gegen die Republik Irland wegen deren Neutralität im Zweiten Weltkrieg noch verstärkt wurde.[61]

Am 27. August 1979 provozierte die IRA die neue Premierministerin mit zwei weiteren Terrorakten, indem sie zunächst 18 britische Soldaten bei der nordirischen Stadt Warrenpoint in einen Hinterhalt lockte und tötete und dann den Onkel der Königin und früheren Generalstabschef, Lord Mountbatten, durch einen Bombenanschlag auf See ermordete. Der Bombe fielen außer Mountbatten auch sein 14-jähriger Enkel, sein 15-jähriger Bootsführer und Baroness Brabourne zum Opfer. Thatcher trauerte um die Toten, aber sie ließ sich nicht provozieren. Vielmehr autorisierte sie die zuständigen Mitglieder ihrer Regierung, die regelmäßigen Gespräche mit der Regierung der Republik Irland fortzusetzen, um eine friedliche Lösung zu finden.

Ein Jahr darauf versuchte die IRA erneut, die laufenden Verhandlungen zu torpedieren. Am 27. Oktober 1980 begannen die IRA-Häftlinge des nordirischen Hochsicherheitsgefängnisses Maze einen Hungerstreik. Es hatte schon

Margaret Thatcher: Die Strategie der Überzeugung

viele Arten von Protest gegeben, seit die damalige Labour-Regierung 1976 den Häftlingen ihren »Special Category Status« entzog, den ihnen Edward Heath zwei Jahre zuvor gewährt hatte. Vielleicht hofften die Gefangenen, dass Thatcher ihnen wieder denselben Status einräumen würde wie ihr konservativer Vorgänger, aber sie begriff sofort, was auf dem Spiel stand: Eine Erfüllung der Forderung, die Insassen als »politische Gefangene« zu behandeln, hätte deren Sache legitimiert und eine wirksame Kontrolle des Gefängnisses erschwert.[62]

Als der britische Auslandsgeheimdienst MI6 Anfang Dezember 1980 seine geheime Verbindung mit der IRA reaktivierte, erfuhr er, dass einige führende Mitglieder der Organisation für einen Abbruch des Streiks waren. Die Information wurde an Thatcher weitergegeben. Sie war zwar nicht bereit, direkt mit der IRA zu sprechen, kündigte aber für den Fall einer Beendigung des Hungerstreiks »humanitäre« Zugeständnisse an. So sollten *alle* Gefangenen in Nordirland unabhängig von einer IRA-Mitgliedschaft das Recht erhalten, an Wochenenden zusammen zu sein und an Werktagen »eine Art Zivilkleidung« zu tragen.[63] Am 18. Dezember brachen die Gefangenen den Hungerstreik ab, und unmittelbar darauf verkündete Thatcher die versprochenen Maßnahmen. Bei der Aktion war kein Gefangener gestorben, und Thatchers Ruf, unter Druck standhaft zu bleiben, hatte sich bestätigt.

Doch die Ruhe war nicht von Dauer. Am 1. März 1981 kündigte Bobby Sands, der 26-jahrige Anführer der IRA-Gefangenen in Maze, erneut einen Hungerstreik an, auch diesmal mit der Forderung, die IRA-Häftlinge als politische Gefangene zu behandeln. Thatcher war unbeeindruckt. »Es gibt keine politischen Morde, politische Bombenanschläge oder politische Gewalt«, sagte sie am 5. März in einer Rede in Belfast. »In diesem Punkt machen wir keinen Kompromiss. Es wird keinen politischen Status geben.«[64] Die Fronten waren abgesteckt.

Dann jedoch hatte die IRA das außerordentliche Glück, dass in einem stark nationalistisch geprägten Wahlkreis in Nordirland ein Parlamentssitz frei wurde. Sands erklärte seine Kandidatur und wurde in seiner Gefängniszelle der erste Kandidat der nationalistischen Partei Sinn Féin, der seit 1955 einen Sitz im britischen Parlament gewann. Als der zweite Hungerstreik am

5. Mai in seinem Tod gipfelte, brachen in ganz Nordirland Unruhen aus, und der Druck auf die Regierung nahm zu. Zehntausende nahmen an der Beerdigung von Sands in Belfast teil.

Andere Gefangene setzten den Hungerstreik den ganzen Sommer lang fort. Trotz zusätzlichen Drucks von der katholischen Kirche und von Tip O'Neill, dem Sprecher des amerikanischen Repräsentantenhauses, blieb Thatcher bei ihrer Position, die in der britischen Öffentlichkeit breite Unterstützung genoss. Als sie in der Fragestunde des Unterhauses auf Bobby Sands' Schicksal angesprochen wurde, antwortete sie scharf: »Mr. Sands war ein verurteilter Verbrecher. Er beschloss, sich selbst das Leben zu nehmen. Diese Entscheidung hat seine Organisation vielen ihrer Opfer nicht zugestanden.«[65] Insgesamt starben zehn Gefangene, bevor die anderen Hungerstreikenden am 3. Oktober aufgaben. Mit großer Härte hatte Thatcher das Mitgefühl der Pflicht geopfert.

Die Republik Irland hatte von 1981 bis 1982 als nicht ständiges Mitglied des Weltsicherheitsrats scharfe Kritik am Falklandkrieg geübt und dadurch die Beziehungen zum Vereinigten Königreich beschädigt. Dennoch ermächtigte Thatcher hohe Regierungsbeamte, vertrauensbildende Verhandlungen zu führen. Der Ire Dermot Nally und der Brite Robert Armstrong, die Kabinettssekretäre ihrer Länder, leiteten den Lenkungsausschuss des Anglo-Irish Intergovernmental Council, den Thatcher und ihr irischer Amtskollege 1981 gegründet hatten. Nallys und Armstrongs Hartnäckigkeit und Engagement ist es zu verdanken, dass die Beziehung zwischen den beiden Ländern auch kritische Zeiten überstand. Zunächst wurde nur wenig erreicht, aber als die britischen Konservativen bei den Wahlen im Juni 1983 eine breitere Mehrheit gewannen, begannen Thatcher und der irische Taoiseach (Premierminister) Garret FitzGerald regelmäßig miteinander zu reden. Dadurch bewältigten sie Krisen wie den Ausbruch von 38 Gefangenen aus dem Maze-Gefängnis im September 1983 und den Bombenanschlag der IRA auf das Kaufhaus Harrods in der Londoner Innenstadt, bei dem sechs Menschen, darunter drei Polizisten, getötet und 90 weitere verletzt wurden.

Als eine weitere von der IRA gelegte Bombe in den frühen Morgenstunden des 12. Dezember 1984 ein riesiges Loch in das Grand Hotel in Brighton riss, war Thatcher in ihrer Suite noch wach. Sie hatte ihre Rede für den am nächsten Tag geplanten Parteitag der Konservativen noch einmal durchgesehen. Unverletzt, aber staubverkrustet zog sie ein marineblaues Kostüm an und trat um vier Uhr morgens vor die Kameras. »Der Parteitag wird wie geplant fortgesetzt«, teilte sie der Nation mit.[66] Dass sie am folgenden Nachmittag am Rednerpult stand, war der Beweis, dass der Anschlag gescheitert war.

[Der Anschlag] war nicht nur ein Versuch, unseren Parteitag zu stören und zu beenden; er war ein Versuch, die demokratisch gewählte Regierung ihrer Majestät zu verstümmeln. Das ist das Ausmaß der Ungeheuerlichkeit, die wir alle erlebt haben, und die Tatsache, dass wir jetzt hier versammelt sind – entsetzt, aber gefasst und entschlossen –, ist nicht nur ein Zeichen dafür, dass der Anschlag gescheitert ist, sondern auch dass alle Versuche, die Demokratie durch Terrorismus zu zerstören, scheitern werden.[67]

Danach dankte Thatcher den ersten Helfern, die zum Schauplatz des Verbrechens geeilt waren, drückte den Opfern ihr Mitgefühl aus und verkündete dann auf ihre typische nüchterne Art, dass es in ihrer Rede um »business as usual« gehen werde: »ein oder zwei internationale Angelegenheiten« sowie zwei wirtschaftliche Themen, »die besondere Aufmerksamkeit verdienen: die Arbeitslosigkeit und der Bergarbeiterstreik«.[68] Unmittelbar nach ihrer Rede besuchte sie die Opfer des Anschlags, die ins Krankenhaus gebracht worden waren.

»Heute haben wir Pech gehabt«, verkündete die IRA in der Erklärung, mit der sie die Verantwortung für den Anschlag übernahm, »aber vergesst eines nicht: Wir müssen nur einmal Glück haben. Ihr werdet immer Glück haben müssen.«[69] Fünf Menschen, darunter ein Abgeordneter, waren dem Anschlag zum Opfer gefallen, und 30 weitere waren teilweise schwer verletzt worden. Hatten die Täter genauere Informationen über Thatchers Aufenthaltsort besessen, wäre sie unter den Opfern gewesen.

Thatcher ließ nicht zu, dass der Anschlag der IRA auf ihr Leben die Verhandlungen mit der Republik Irland gefährdete. Nach einer kurzen Auszeit wurden die Gipfelgespräche wieder aufgenommen. Bis Juli 1985 hatte das britische Kabinett dem Entwurf eines Anglo-Irischen Abkommens zugestimmt. Sein Tenor war, dass Großbritannien der Republik Irland in nordirischen Angelegenheiten eine formelle konsultative Rolle zugestand und dass Dublin zusagte, sich mit der Forderung nach einer Wiedervereinigung mit Nordirland zurückzuhalten (die in den Artikeln 2 und 3 der irischen Verfassung von 1937 enthalten war).

Mit dem Abschluss des Abkommens anerkannten FitzGerald und Thatcher die Realität. Irland erklärte offiziell, dass »jede Veränderung im Status Nordirlands nur mit der Zustimmung einer Mehrheit der Bevölkerung von Nordirland vorgenommen werden kann«, und stellte fest, dass diese Mehrheit gegenwärtig für den Verbleib im Vereinigten Königreich war.[70] Großbritannien anerkannte, dass die Republik Irland wegen der bedeutenden katholischen Minderheit in Nordirland dort immer einen beträchtlichen Einfluss ausüben könne. Die Bedeutung des Abkommens bestand darin, das es den irischen Einfluss in legitime Kanäle wie die neue Intergovernmental Conference lenkte, ohne dass die britische Souveränität beeinträchtigt wurde.

Das Unterhaus stimmte dem Abkommen mit einer Mehrheit von 473 zu 47 Stimmen zu, ein ebenso überwältigender Beweis für die britische Unterstützung des Abkommens wie für seine Ablehnung durch die nordirischen Unionisten. Thatcher und FitzGerald unterzeichneten das Dokument am 15. November 1985 auf Hillsborough Castle in Nordirland. In den folgenden Monaten kam es in den protestantischen Bezirken von Ulster zu heftigen Demonstrationen, bei denen Thatcher die meistgehasste Figur war.* Sämtliche Abgeordnete der nordirischen Unionisten im britischen Parlament legten aus Protest ihre Mandate nieder. Unterdessen bejubelten die Anhänger Dublins in Washington das britische Zugeständnis einer formell beratenden

---

* Ian Paisley, Parteichef der Democratic Ulster Unionists, bezeichnete sie als »eine Isebel, die Israel an einem einzigen Tag zerstören wollte« und betete laut: »O Gott, nimm in deinem Zorn Rache an dieser verderbten, verräterischen, lügnerischen Frau!« Selbst Enoch Powell, der Thatchers Haltung in der Falklandkrise sehr bewundert hatte und auf dessen gute Meinung sie Wert legte, fragte sie, ob sie wisse, dass »die Strafe für Verrat darin besteht, dass man der Verachtung der Öffentlichkeit anheimfällt«. (Siehe Moore, *Margaret Thatcher: At Her Zenith*, S. 333–338.)

Margaret Thatcher: Die Strategie der Überzeugung

Rolle der Republik Irland in nordirischen Angelegenheiten. Nicht umsonst sagte Thatcher später einmal zu FitzGerald: »Sie haben den Ruhm und ich die Probleme.«[71]

Zwar verbesserten sich die anglo-irischen Beziehungen durch das Abkommen stetig, aber es führte nicht zu einer Eindämmung der Gewalt der IRA. Diese intensivierte sich in den späten 1980er-Jahren sogar noch und hielt bis in die frühen 1990er-Jahre unvermindert an. In ihren Erinnerungen bezeichnet Thatcher ihren Ansatz in der Nordirlandfrage als »enttäuschend«. »Unsere Zugeständnisse förderten die Entfremdung zwischen uns und den Unionisten, ohne dass wir ein Maß an Zusammenarbeit in Sicherheitsfragen erreichten, das wir mit Recht erwarten durften«, schrieb sie 1993 und kam zu dem Schluss: »Angesichts dieser Erfahrungen ist es nun sicherlich an der Zeit, einen anderen Ansatz in Erwägung zu ziehen.«[72]

Frieden in Nordirland wurde erst durch das Karfreitagsabkommen von 1998 erreicht. Dieses Nachfolgeabkommen von Thatchers Anglo-Irischem Abkommen war viel ehrgeiziger, erregte jedoch weniger Groll bei den Unionisten; drei von vier unionistischen Parteien stimmten ihm zu.* Durch das Abkommen wurden in Nordirland eine weitgehend selbstständige Legislative und eine Exekutive mit geteilter Macht geschaffen. Dabei wurde gewährleistet, dass sowohl Nationalisten als auch Unionisten an der nordirischen Regierung beteiligt sind. Darüber hinaus erfüllte die Republik Irland ihren Teil des Abkommens, indem sie den territorialen Anspruch auf Nordirland aus ihrer Verfassung strich.

Thatchers irisches Erbe ist voller Ironien. Sie entwickelte nie eine eigene Vision für Nordirland, sondern überließ die Führung der Verhandlungen Robert Armstrong, dem Kabinettssekretär, dem sie die Aufgabe übertragen hatte. Dennoch war das Anglo-Irische Abkommen eine große diplomatische Leistung. Es wäre jedoch nicht zustande gekommen, wenn Thatcher die Führer der Unionisten nicht über den Kern der Verhandlungen im Unklaren gelassen hätte. Wäre ihnen der Inhalt bekannt gewesen, hätte dies vermutlich zu

---

* Die vierte unionistische Partei, Paisleys Democratic Unionists, stellte sich offiziell gegen das Karfreitagsabkommen, nimmt aber weiterhin an Wahlen teil und ist die Partei, die in Nordirland die meisten Stimmen erhält. Zwei nationalistische Parteien, einschließlich Sinn Féin, unterzeichneten das Abkommen ebenfalls.

einem Streik der protestantischen Arbeiter geführt, der die Provinz gelähmt hätte.[73]

Letztlich kam der Frieden, den Thatcher ersehnt hatte, durch direkte Gespräche zwischen den nordirischen Parteien zustande, für die unter anderem Thatchers Arbeit die notwendigen Voraussetzungen geschaffen hatte. Das Bedauern, das sie später über die Politik ihrer Regierung jenseits der Irischen See äußerte, scheint deshalb ungerechtfertigt. Ihre Vorstellungen stießen in einer Region, die religiös so tief gespalten und so stark von einem bitteren Erbe der Gewalt geprägt war, an die Grenzen des Möglichen. Trotz scheinbar unüberwindlicher Herausforderungen legte sie dennoch den Grundstein für einen generationenlangen relativen Frieden in Nordirland.

FUNDAMENTALE WAHRHEITEN: DIE »BESONDERE BEZIEHUNG« UND DER KALTE KRIEG

In Thatchers Zeit wurden bei Diskussionen über die Ost-West-Beziehungen fast nur absolute Positionen eingenommen. Für die Realisten wäre das Ende des Kalten Krieges gekommen, wenn man die sowjetische Führung davon überzeugt hätte, dass ihre Bemühungen, die NATO zu spalten und zu besiegen, vergeblich seien. Demgegenüber beharrten die Idealisten darauf, dass das Problem ein ideologisches war: Der Kommunismus wäre dann besiegt, wenn sich seine Philosophie als intellektuell bankrott und politisch erfolglos erweise.

Thatcher hatte großen Einfluss auf das Ergebnis des Kalten Krieges, weil sie die konkurrierenden Wahrheiten der Realisten und der Idealisten synthetisierte. Sie bestand auf der überragenden Wichtigkeit nationaler Verteidigung, einer unabhängigen nuklearen Abschreckung und dem Zusammenhalt der Verbündeten – Prinzipien, von denen sie niemals abwich. Doch ihr Denken entwickelte sich weiter und schloss irgendwann auch die Überzeugung mit ein, dass der Frieden am besten bewahrt und die westlichen Werte am besten verteidigt werden könnten, wenn man nach Koexistenz mit der Sowjetunion suchte. Sie war freilich nie in Versuchung, es mit Appeasement zu versuchen. Als Kind einer Generation, die ihre Lehren aus München gezogen hatte, war sie stets darum bemüht, eine starke Verteidigung mit konstruktiven Verhandlungen zu verbinden. Außerdem verstand sie die Bedeutung öffentlicher Diplomatie, als sie bei offiziellen Besuchen in Ostblockländern wie Ungarn und Polen von der Bevölkerung begeistert empfangen wurde.

Die Gestaltung der Ost-West-Beziehungen, die zentrale außenpolitische Herausforderung ihrer Zeit, erforderte einen umfassenderen Ansatz als die Falklandkrise oder die Verhandlungen über Hongkong, bei denen sich Thatcher in erster Linie an der Wahrung britischer Interessen orientiert hatte. In ihrer ersten Zeit als Chefin der Konservativen war sie davon ausgegangen, dass die Sowjets eine wachsende Bedrohung für den Westen darstellten. Anfang 1976, drei Jahre bevor sie Premierministerin wurde, geißelte sie die Sowjets auf eine Weise, die für Stirnrunzeln sorgte. »Die Russen streben die Weltherrschaft an«, sagte sie, »und beschaffen sich schnell die Mittel, um die mächtigste imperiale Nation zu werden, die die Welt je gesehen hat.« Statt auf Entspannung zu setzen, meinte sie, rüste Moskau militärisch auf und dehne seinen Einfluss rund um den Erdball auf eine Weise aus, »die unsere gesamte Lebensweise bedroht«. Weiter sagte sie, dass der »Vormarsch [der Sowjets] nicht unumkehrbar ist, vorausgesetzt, dass wir jetzt die notwendigen Maßnahmen ergreifen«.[74]

Mit diesem Weckruf zu den Waffen formulierte Thatcher ein persönliches Manifest für den Kalten Krieg. Es enthielt ein vernichtendes Urteil über die Sowjetführung:

> Die Männer im sowjetischen Politbüro müssen sich über das Auf und Ab der öffentlichen Meinung keine Sorgen machen. Sie leisten sich Kanonen statt Butter, wohingegen wir fast alles andere höher bewerten als Kanonen. Sie wissen, dass sie nur in einer Hinsicht eine Supermacht sind – in militärischer. Menschlich und ökonomisch sind sie gescheitert.[75]

Die *Krasnaja Swesda*, das Zentralorgan des sowjetischen Verteidigungsministeriums, reagierte auf die Rede, indem sie Margaret Thatcher als »Eiserne Lady« bezeichnete. Der Spitzname, als unvorteilhafter Vergleich mit dem »Eisernen Kanzler« Otto von Bismarck gedacht, erwies sich als kontraproduktiv – tatsächlich gibt es in der Geschichte der Propaganda nur wenige so spektakuläre und nachhaltig wirksame Eigentore. Thatcher nahm die beabsichtigte Beleidigung als Kompliment, und die Bezeichnung wurde ein bestimmendes Merkmal. Drei Jahre nach Thatchers Wahl zur Premierministerin hatte die Sowjetunion die bis dahin unbekannte Oppositionsführerin versehentlich zu einer Figur von globaler Bedeutung gemacht.

Thatchers Ablehnung der Sowjetunion beruhte nicht nur auf der britischen Furcht vor einer sowjetischen Aggression, sondern wurzelte viel tiefer in einer ausgeprägten moralischen Abneigung gegen die staatliche Kontrolle und Missachtung der Menschenwürde, die kommunistischen Systemen innewohnten. Thatcher war in ihrer Jugend über die Errichtung des Eisernen Vorhangs zutiefst empört gewesen. Die Bildung von Satellitenstaaten, die die sowjetische Sonne umkreisten, hatte ihre Sicht der Ost-West-Beziehungen als entscheidenden Kampf zwischen Tyrannei und Freiheit weiter verstärkt. Die 1968 von dem Sowjetführer Leonid Breschnew öffentlich verkündete Breschnew-Doktrin beanspruchte für die Sowjetunion das Recht, überall auf der Welt bedrängten kommunistischen Parteien zu Hilfe zu eilen und insbesondere in Osteuropa totalitäre Herrscher gegen ihr eigenes Volk zu verteidigen.[76] Wie Thatcher ihr Publikum gern zu erinnern pflegte, hatte Breschnew seine Position mit brutaler Offenheit beschrieben und behauptet, dass der »totale Triumph des Sozialismus auf der ganzen Welt unvermeidlich ist«.[77] Thatcher zögerte nie, diesen maßlosen Ehrgeiz mit der Bilanz des Westens zu vergleichen:

> Wir streben nirgends auf der Welt nach Herrschaft, nach Hegemonie. […] Natürlich sind wir bereit, den Kampf der Ideen mit der uns zur Verfügung stehenden Kraft auszufechten, aber wir versuchen nicht, unser System anderen aufzuzwingen.[78]

Thatcher war klar, dass sich mit bloßer Rhetorik weder der Kalte Krieg beenden noch der Westen zusammenhalten ließ. Die Ost-West-Beziehungen mussten umgestaltet werden, eine Aufgabe, die nur mit der Unterstützung und unter der Führung der Vereinigten Staaten zu bewältigen war. Dies war vielleicht der wichtigste von vielen Gründen für die absolute Hingabe, mit der sie sich

Margaret Thatcher: Die Strategie der Überzeugung

um eine Wiederbelebung der transatlantischen Beziehungen bemühte, des Herzstücks ihrer Außenpolitik.

In September 1975, kurz nach ihrer Wahl zur Parteivorsitzenden, besuchte sie die Vereinigten Staaten. Auf amerikanischem Boden betonte sie die gemeinsamen Ideale, insbesondere das der individuellen Freiheit, die die Grundlage für ihre Vorstellung von den Beziehungen zwischen den zwei Ländern bildeten. In einer Rede im National Press Club in Washington versuchte sie den Pessimismus zu überwinden, der die freie Welt zu lähmen drohte, und rüttelte ihre Zuhörer mit einer Botschaft auf, die sowohl auf Moral als auch auf Effizienz abhob:

> Mein wirklicher Grund, an die Zukunft Großbritanniens und Amerikas zu glauben, ist die Freiheit nach dem Gesetz, die Essenz unserer Verfassungen, die sowohl der Menschenwürde gerecht wird als auch zugleich die wirtschaftliche Chance bietet, unseren Menschen größeren Wohlstand zu bringen – einen persönlichen Wohlstand, der auf individuellen Entscheidungen beruht. Kurz gesagt, sie funktioniert unvergleichlich besser als andere Systeme.[79]

Das wichtigste »andere« System, auf das sie sich bezog, war natürlich der Kommunismus. In ihrem Denken über den Kalten Krieg verband sich daher die Einsicht in die Vorrangstellung der amerikanischen Macht mit der festen Überzeugung, dass Großbritannien, das der gelegentlich schwankenden amerikanischen Außenpolitik mehr als 40 Jahre lang als Ballast gedient hatte, immer noch eine wichtige internationale Rolle spielen konnte.

Die internationale Stellung Großbritanniens war lange Zeit von einer klaren Einschätzung der menschlichen Natur im Allgemeinen und einer hohen Wertschätzung des eigenen Beitrags zur Geschichte geprägt gewesen.[80]

In der britischen politischen Tradition war das Konzept des Gleichgewichts der Kräfte axiomatisch. Die führenden britischen Politiker des 19. und des frühen 20. Jahrhunderts, auf dem Höhepunkt des britischen Machteinflusses, erkannten, wie wichtig es war, zumindest in einem Teil des europäischen Kontinents Bündnisse zu pflegen und in anderen Teilen der Welt Stützpunkte zu besitzen. Sie intervenierten, ohne zu zögern, wenn sie dies für notwendig hielten, weil sie die von ihnen angestrebte multipolare internationale Ordnung gefährdet sahen.[81] Dies vermittelte, zusammen mit dem Umstand, dass Großbritannien primär eine Seemacht war, seinen Bürgern eine globale Perspektive und seinen Politikern ein Ethos des permanenten Engagements im Ausland.[82] Im Gegensatz dazu hatten die Amerikaner bis zum Ende des Zweiten Weltkriegs außenpolitische Erfolge als isolierte praktische Lösungen betrachtet, die für die Zukunft keinen Vorbildcharakter hatten. Diese Betrachtungsweise führte zur Vermeidung permanenter Verantwortlichkeiten und zur Unzuverlässigkeit in Bezug auf außenpolitische Verpflichtungen.

Bei ihrem Amtsantritt war Thatcher fest entschlossen, die alte Partnerschaft, für die die anglo-amerikanische Solidarität im Zweiten Weltkrieg das beste Beispiel war, wieder aufleben zu lassen. Sie war bereit, die amerikanischen diplomatischen Bemühungen im Kalten Krieg zu unterstützen, bestand aber auch auf einen britischen Input, was die Orientierung der US-Politik betraf. Zu diesem Zweck unterstützte sie die Reaktion von Präsident Carter auf die sowjetische Invasion in Afghanistan im Dezember 1979. Aber erst während der Präsidentschaft Ronald Reagans entwickelte sich eine echte, mehr und mehr aufblühende Partnerschaft.

Reagans Verhältnis zu den Sowjets war von überwältigender Einfachheit: »Wir gewinnen, sie verlieren.«[83] Thatchers Ansichten waren differenzierter, aber dennoch schätzte sie die Bestimmtheit, die Energie und den Optimismus, die Reagan in den Kampf einbrachte. Insbesondere teilte sie sein Engagement für demokratische Werte. Sie unterstützte ihn, so gut sie konnte, und Reagan wusste die Beratung durch eine vertraute und ideologisch kompatible Außenseiterin zu schätzen.

Die Politik der Sowjetunion war weiterhin von kommunistischen Doktrinen geprägt, und wie der Einmarsch in Afghanistan im Dezember 1979 zeigte, neigten die Sowjets immer noch zu politischem Abenteurertum. Thatcher war weiterhin stark auf eine starke nationale Verteidigung fokussiert und bemühte sich, den Zusammenhalt der NATO zu stärken. Außerdem unterstützte sie Reagans Anstrengungen, die Glaubwürdigkeit der Allianz zu stärken.

Im Jahr 1982 überredete Thatcher Reagan, Großbritannien zu günstigen finanziellen Bedingungen mit der neuen U-Boot-gestützten ballistischen Rakete

Margaret Thatcher: Die Strategie der Überzeugung

Trident II auszustatten, in der Hoffnung, damit die Zukunft der unabhängigen nuklearen Abschreckung Großbritanniens zu sichern. Aus denselben Beweggründen nahm sie Einfluss darauf, wie die NATO auf die Stationierung der gegen Europa gerichteten sowjetischen Mittelstreckenraketen SS-20 reagierte und engagierte sich in der darauffolgenden Debatte im Bündnis, ob man als Reaktion auf die SS-20 amerikanische Pershing-Raketen und Marschflugkörper stationieren sollte. Am 14. November 1983 trafen amerikanische Marschflugkörper mittlerer Reichweite in Großbritannien ein; später im selben Monat sollten solche Waffen auch nach Westdeutschland geschickt werden. Thatchers Eintreten für eine wirksame Reaktion auf die sowjetische Raketenstationierung hatte Früchte getragen.

Die Antiatombewegung hatte damit eine taktische Niederlage erlitten, doch sie sollte in Ronald Reagan einen unwahrscheinlichen Unterstützer finden: Der Präsident hatte über Atomwaffen einmal gesagt, sie seien »total irrational, total inhuman [und] zu nichts zu gebrauchen außer zum Töten«, und er hatte eine unüberwindbare Abneigung gegen sie. Deshalb sah er seine größte Verpflichtung als Präsident in der Schaffung einer atomwaffenfreien Welt. Im März verkündete er zum allgemeinen Erstaunen die Strategische Verteidigungsinitiative (Strategic Defense Initiative, SDI), den Plan, einen Schild aus weltraumgestützten Waffen zu entwickeln, der in der Lage wäre, sowjetische ballistische Interkontinentalraketen (Intercontinental Ballistic Missiles, ICBMs) abzufangen und unschädlich zu machen. Reagans Aussage nach war SDI der erste Schritt auf dem Weg zu dem Endziel, »die Bedrohung durch strategische Atomraketen zu beseitigen«.[84]

Thatcher hatte Zweifel, ob das SDI-System technisch machbar war und wirklich das große Potenzial hatte, das Reagan ihm zuschrieb. Sie fürchtete, dass der Plan unvernünftige Ausmaße annahm, und bemühte sich lieber um die praktischere Aufgabe, die Verteidigung Europas zu sichern. Außerdem fürchtete sie, dass sogar ein nicht perfekt funktionierendes SDI-System die logische Grundlage für die eigenständige atomare Abschreckung Großbritanniens untergraben könnte.

Im Spannungsfeld zwischen Reagans Engagement und ihren Zweifeln entschied sich Thatcher, nicht zum ersten Mal, für konstruktive Zweideutigkeit. In der Öffentlichkeit gab sie sich alle Mühe, SDI zu loben, beschränkte sich dabei allerdings auf die Forschungskomponente, die sie aus Prinzip unterstützte. Die eigentliche Stationierung des Systems, eine wesentlich umstrittenere Angelegenheit, hätte sie am liebsten in die ferne Zukunft verschoben und zum Gegenstand von Verhandlungen innerhalb der NATO und mit der Sowjetunion gemacht.

In einem offenen Gespräch mit Reagan in Camp David im Dezember 1984 machte sie ihre Bedenken deutlich. Reagan blieb zwar bei seinem grundsätzlichen Standpunkt, machte aber ein entscheidendes Zugeständnis. In der Pressekonferenz zum Abschluss des Gipfeltreffens gab Thatcher Reagans Einverständnis mit ihrer Auffassung bekannt, dass »die Erprobung und der Einsatz von SDI in Anbetracht der vertraglichen Verpflichtungen Verhandlungssache sein müssen«.[85] Das Pentagon setzte dieser Zusage erbitterten Widerstand entgegen, weil sie über alles hinausging, dem die US-Regierung zuvor zugestimmt hatte. Doch das Zugeständnis beruhigte nicht nur die besorgten NATO-Mitglieder, sondern war auch ein klares Zeichen für die nach wie vor engen Beziehungen zwischen den USA und dem Vereinigten Königreich. Mehr als jeder andere führende europäische Politiker betrachtete Thatcher es als ihre Aufgabe, zwischen den Verbündeten auf beiden Seiten des Atlantiks zu vermitteln. Gleichzeitig setzte sie sich in ihrem eigenen Land für eine Erhöhung der Verteidigungsausgaben ein.

Thatchers Haltung zu SDI entsprach der Ambivalenz der europäischen Verbündeten und den besonderen britischen Umständen. Alle NATO-Mitglieder verließen sich auf den amerikanischen atomaren Schutzschirm und fürchteten zugleich, dass ein Atomkrieg ihre Gebiete verwüsten könnte. Sie waren beunruhigt über jedes neue Waffensystem, das die Bereitschaft der USA zur Erfüllung ihrer Schutzgarantie einschränken oder das Gleichgewicht des Schreckens beeinträchtigen konnte. Thatchers spezielle Bedenken beruhten auf ihrer Entschlossenheit, die unabhängige atomare Abschreckung Großbritanniens zu erhalten. Die Entwicklung von Atomwaffen hatte während des Zweiten Weltkriegs in den Vereinigten Staaten in Zusammenarbeit mit britischen Wissenschaftlern stattgefunden. Die Briten hatten deshalb einen moralischen Anspruch darauf gehabt, dass ihnen die Amerikaner entweder halfen, eigene Atomwaffen zu entwickeln, oder ihnen amerikanische verkauften. Im September 1944 hatten Roosevelt und Churchill in der Stadt

Margaret Thatcher: Die Strategie der Überzeugung

Hyde Park im amerikanischen Bundesstaat New York ein geheimes Abkommen geschlossen, die Zusammenarbeit in nuklearen Angelegenheiten nach dem Krieg fortzusetzen.

Nach einigen Turbulenzen in ihren Beziehungen während der unmittelbaren Nachkriegszeit schlossen beide Länder 1958 das US-UK Mutual Defense Agreement, das in Bezug auf die zwischenstaatliche Kooperation im Bereich Atomwaffen bis heute Modellcharakter hat. Die USA erklärten sich bereit, die Royal Air Force mit Atomwaffen zu versorgen, bis die britische atomare Abschreckung ausreichend war, arbeiteten mit Großbritannien bei der Technologie für Atom-U-Boote zusammen und erlaubten den Transfer von angereichertem Uran und Plutonium. Der Vertrag ist noch heute in Kraft.

Das britische Bekenntnis zu einer eigenen atomaren Bewaffnung war bei allen Regierungen beider Parteien eine Konstante. Es versetzte Großbritannien in die Lage, einer nuklearen Erpressung zu trotzen, wie es etwa 1956 in der Suezkrise der Fall war, als die Sowjetunion eine Drohung mit Atomwaffen andeutete. Es versetzte Großbritannien außerdem in die Lage, in Rüstungskontrollgesprächen kompetent zu verhandeln. Auf amerikanischer Seite war die britische Haltung wegen der Besorgnis der USA über die Proliferation von Atomwaffen umstritten. Doch eine Minderheit der amerikanischen Politiker war der Ansicht, dass die britische Atombewaffnung langfristig im amerikanischen Interesse lag, weil sie auf der anderen Seite des Atlantiks einen Partner stärkte, mit dem man historisch immer wieder gemeinsame Ziele verfolgt hatte. Außerdem wurde es für die Sowjetunion dadurch schwieriger, die Reaktion der NATO in einer möglichen Krise zu erkennen oder vorherzusehen.

EIN PROBLEM IN GRENADA

Dass Thatcher großen Wert auf gute anglo-amerikanische Beziehungen legte, hinderte sie nicht daran, britische Interessen zu vertreten – selbst gegen Ronald Reagan, den sie sehr schätzte. Ein dramatisches Beispiel war ihre Haltung im Oktober 1983 nach der amerikanischen Invasion auf der Insel Grenada. Die Regierung Reagan hatte auf der Insel, die zum britischen Commonwealth gehörte, interveniert, als dort ein Regime marxistischer Hardliner an die Macht gekommen war. Frühe Rückfragen hatten ergeben, dass die Briten mit einer solchen Aktion nicht einverstanden wären, also hatte das Weiße Haus Thatcher von seinen Überlegungen ausgeschlossen und sie über die amerikanischen Pläne erst wenige Stunden vor ihrer Durchführung informiert.

Grenada war keine britische Kolonie mehr, seit es im Februar 1974 seine Unabhängigkeit erklärt hatte. Aber es war im Commonwealth geblieben, die Queen war weiterhin das Staatsoberhaupt der Insel, und Großbritannien fühlte sich ein Stück weit für ihre Souveränität verantwortlich. Noch empörender war für Thatcher die Demütigung, dass ihr engster Verbündeter ohne eine Konsultation, die den Namen verdiente, gegen ein Mitglied des Commonwealth vorgegangen war. Schlimmer noch, die Invasion hatte sich nur wenige Tage vor der geplanten Stationierung amerikanischer atomarer Mittelstreckenraketen (Intermediate-Range Nuclear Forces, INF) in Großbritannien ereignet. Wenn die Briten sich nicht darauf verlassen konnten, dass die USA sie vor der Invasion auf einer kleinen karibischen Insel konsultierten, wie sollten sie dann darauf vertrauen, dass sie einen Einsatz der auf britischem Boden stationierten Atomraketen mit ihnen abstimmen würden?

Thatcher wies eine mit großem Charme vorgebrachte Entschuldigung Reagans zurück und machte den Konflikt öffentlich: »Wir in den westlichen Ländern setzen unsere Macht ein, um unseren Lebensstil zu verteidigen, [...] nicht um in andere Länder einzumarschieren«, sagte sie in einem BBC-Interview. »Wenn Sie ein neues Gesetz machen, dass die USA überall einmarschieren, wo Kommunisten regieren, werden wir wirklich schreckliche Kriege auf der Welt haben.«[86] Der amerikanische Nationale Sicherheitsberater Robert »Bud« McFarlane reagierte auf Thatchers Äußerung mit einem Brief an den britischen Kabinettssekretär, in dem er diese als »ungewöhnlich hart«

Margaret Thatcher: Die Strategie der Überzeugung

verurteilte und die »tiefe Enttäuschung« der amerikanischen Regierung über ihre Haltung zum Ausdruck brachte.[87] Unterdessen waren die Ereignisse in Grenada schnell über die Bühne gegangen. Vier Tage nach der Invasion am 25. Oktober hatten die Amerikaner die Militärjunta in Grenada gestürzt, und bis Dezember hatten sie sich wieder vollständig zurückgezogen. Die vorrevolutionäre Verfassung war wieder in Kraft gesetzt und demokratische Wahlen angekündigt worden.

Nachdem Margaret Thatcher der US-Regierung deutlich gemacht hatte, dass sich Großbritannien nicht ungestraft überfahren ließ, beschloss sie, die Missstimmung wegen Grenada nicht nachklingen zu lassen. Die Mittelstreckenraketen wurden stationiert.

EIN STRATEGISCHER WANDEL: THATCHER UND DIE OST-WEST-BEZIEHUNGEN

Im Dezember 1983, vier Tage vor Weihnachten, lud mich Thatcher zum Abendessen nach 10 Downing Street ein. Wir hielten uns nicht lange mit den jüngsten Ereignissen in der Karibik auf, doch ich stellte fest, dass sie über den Zustand der Ost-West-Beziehungen unglücklich war. Moskau wirke irgendwie »führungslos«, sagte sie, und bemerkte, sie könne sich kaum an eine Situation erinnern, »in der es gleichzeitig so viel Unsicherheit und so wenig Kontakt gab«.[88]

Im September jenes Jahres hatten die Sowjets ein südkoreanisches Passagierflugzeug abgeschossen (KAL Flug 007), das sich versehentlich in ihren Luftraum verirrt hatte. Moskaus gefühllose Reaktion auf die Tragödie verschärfte die Spannungen und überzeugte den Westen, dass bei einem Dialog mit dem sowjetischen Generalsekretär Juri Andropow kaum etwas zu gewinnen sei. Inzwischen war von ihm bekannt, dass sich sein Gesundheitszustand rapide verschlechterte. Im November, als die amerikanischen Mittelstreckenraketen auf europäischem Boden stationiert wurden, hatten die Sowjets die Genfer Rüstungskontrollgespräche verlassen. Damit war ihre Isolation genauso absolut geworden wie ihre Unnachgiebigkeit.

In Reaktion auf Thatchers Beunruhigung fragte ich sie bei jenem Dinner, ob sie auf einen neuen Ost-West-Dialog drängen wolle, und wenn ja, wie er wohl am besten in Gang zu bringen sei. Wie sich herausstellte, dachte sie bereits in diese Richtung.

In den letzten Tagen der Breschnew-Ära, als die sowjetische Gerontokratie am starrsten war, hatte sich Thatcher bewusst vor einem Engagement gedrückt. Erst nach ihrem zweiten Wahlsieg im Juni 1983 begann sie mit einer formellen Neubewertung der Ost-West-Beziehungen und fasste ein Engagement ins Auge.

Ab dem 8. September jenes Jahres veranstaltete Thatcher ein Wochenendseminar mit Sowjetexperten auf Chequers, dem offiziellen Landsitz der Premierministerin. Die Veranstaltung hatte den ehrgeizigen Zweck, »die Strategie der Regierung in internationalen Angelegenheiten im Hinblick auf die Festlegung klarer Ziele für die nächsten Jahre zu erörtern«.[89] Das Außenministerium versuchte zunächst, die Veranstaltung mit erfahrenen Leuten aus dem eigenen Stall zu bestreiten, aber Thatcher wollte davon nichts wissen. Sie schrieb in Reaktion auf die vorgeschlagene Teilnehmerliste: »Ich möchte [...] ein paar Leute, die Russland – den russischen Geist – wirklich studiert haben und eine gewisse Erfahrung mit dem Leben dort besitzen. Mehr als die Hälfte der Leute auf der Liste wissen weniger als ich.«[90] Am Ende wurden acht Sowjetexperten, mit einer Ausnahme allesamt Universitätsprofessoren, eingeladen. Einer der Teilnehmer, Archie Brown, der in Oxford über sowjetische Institutionen dozierte, schlug Thatcher vor, mit einer vielversprechenden Persönlichkeit aus der jüngeren Führungsriege der Sowjetunion Kontakt aufzunehmen, einem Mann wie Michail Gorbatschow, den er als das »bestausgebildete und wahrscheinlich auch aufgeschlossenste Mitglied des Politbüros« beschrieb.[91] Thatcher nahm seinen Vorschlag positiv auf, im offiziellen Protokoll des Seminars hieß es: »Es wurde das Ziel vereinbart, in den nächsten Jahren langsam Kontakte aufzubauen.«[92]

Thatcher teilte Reagan ihre Gedanken mit, als sie ihn später im selben Monat in Washington besuchte. Wir sollten uns nicht »über den wahren Charakter der Sowjetunion täuschen«, sagte sie, »aber wir müssen mit den Sowjets auf demselben Planeten leben. Deshalb ist es die Schlüsselfrage, wie unsere künftigen Beziehungen aussehen werden.« Sie war für »normale Beziehungen«. Reagan sagte, er teile ihre Ansicht.[93]

Margaret Thatcher: Die Strategie der Überzeugung

Wie Thatcher war auch Reagan bei seinem Amtsantritt zur Konfrontation mit der Sowjetunion entschlossen gewesen. Aber im Gegensatz zu vielen seiner Anhänger und einigen seiner Mitarbeiter stand er wegen seiner Abneigung gegen Atomwaffen Rüstungskontrollverhandlungen positiv gegenüber. Er hatte schon im März 1981, kurz nachdem er ein Attentat überlebt hatte, noch im Krankenhaus an Breschnew geschrieben und ihm die Aufnahme eines Dialogs vorgeschlagen.

George Shultz, der im Juli 1982 Reagans Außenminister wurde, unterstützte diesen Gedanken. Im folgenden Februar stimmte Reagan auf Drängen von Shultz und gegen den vehementen Widerstand seines Nationalen Sicherheitsberaters und seines Verteidigungsministers einem Treffen mit dem sowjetischen Botschafter Anatoli Dobrynin zu. »Einige vom Stab des N.S.C. [Nationalen Sicherheitsrats] sind solche Hardliner, dass sie gegen jede Kontaktaufnahme mit den Sowjets sind«, schrieb Reagan in jenem April in sein Tagebuch. »Ich glaube, ich bin auch ein Hardliner und werde niemals Appeasement betreiben, aber ich will den Versuch wagen & ihnen zeigen, dass es eine bessere Welt gibt, wenn sie durch Taten beweisen, dass sie mit der freien Welt auskommen wollen.«[94]

Thatcher stimmte mit diesen Ansichten vollkommen überein und versuchte, in der Regierung Reagan für sie zu werben. Ein konstruktiveres Verhältnis zur Sowjetunion setzte freilich einen willigen Partner in Moskau voraus. Nach dem Tod Andropows im Februar 1984 übernahm Konstantin Tschernenko die Führung, doch der 72-jährige Apparatschik, der an einem Emphysem und einer Herzkrankheit litt, weckte bei Thatcher wenig Hoffnung auf eine sofortige Besserung der Beziehungen.

Thatchers entscheidende Erkenntnis bestand darin, Tschernenko und seine Generation beiseitezulassen und stattdessen die Reihen seiner wahrscheinlichen Nachfolger zu durchforsten. Auf ihre Anweisung hin erstellte das britische Außenministerium eine kurze Liste, die aus drei jüngeren Mitgliedern des Politbüros bestand: Grigori Romanow, Wiktor Grischin und Michail Gorbatschow, auf den man sie bereits aufmerksam gemacht hatte. Gorbatschow einzuladen war angesichts seiner Position als Vorsitzender des Ausschusses für auswärtige Beziehungen der sowjetischen Legislative am naheliegendsten.[95] Da Tschernenko noch immer Staatsoberhaupt war, musste das diplomatische Protokoll eingehalten werden. Thatcher sorgte dafür, dass Gorbatschow als Leiter einer sowjetischen parlamentarischen Delegation nach Großbritannien eingeladen wurde, ein unverfängliches Angebot, das es ihr ermöglichte, ihn zu treffen und sich ein Bild von ihm zu machen.

Gorbatschow nahm die Einladung an und kam im Dezember 1984 mit seiner Frau Raissa nach Großbritannien. Beim Mittagessen auf Chequers hatte er eine heftige Auseinandersetzung mit Thatcher über die relativen Vorteile kapitalistischer und kommunistischer Systeme. Im Protokoll ihres privaten Gesprächs heißt es, dass Thatcher »nicht die Macht haben wollte, jedem vorzuschreiben, wo er oder sie arbeiten sollte und was er oder sie dafür bekommen sollte«. Gorbatschow antwortete, er »verstehe das britische System, das sowjetische System jedoch ist besser«.[96] Das Gespräch ging auf diese Art weiter, wobei keiner der Kontrahenten nachgab. Als das Treffen zu Ende war, hatte es keine neuen Initiativen oder Übereinkommen erbracht. Trotz der scheinbaren Sackgasse sollte sich das Mittagessen jedoch als eines der folgenreichsten Treffen in Thatchers Amtszeit erweisen.

Wie Thatcher später schrieb, plapperte Gorbatschow zwar die vertrauten marxistischen Dogmen nach, »doch sein Charakter hatte mit dem des durchschnittlichen sowjetischen Apparatschiks nichts gemein«. Später am Tag begriff Thatcher, »dass sein Wesen weit mehr in diesem Stil als in der marxistischen Rhetorik zum Ausdruck kam«.[97] Sie spürte, dass Gorbatschow grundsätzlich flexibler war als seine Vorgänger. Und wie üblich hatte sie keine Hemmungen, ihre Einschätzung öffentlich zu verkünden. »Ich bin vorsichtig optimistisch«, sagte sie am folgenden Tag in einem BBC-Interview und machte dann eine Bemerkung, die berühmt werden sollte: »Ich mag Herrn Gorbatschow. Mit ihm können wir arbeiten.«[98]

Als sie Reagan im Dezember in Camp David besuchte, schlug sie jedoch einen vorsichtigeren Ton an. Ja, Gorbatschow sei charmant und »offen für Diskussionen und Debatten«, heißt es in den Aufzeichnungen des Weißen Hauses über das Treffen, aber Thatcher gab auch zu bedenken: »Je charmanter der Gegner, desto gefährlicher.«[99] Doch diese Sorge tat ihrer zentralen Schlussfolgerung keinen Abbruch. Reagan sollte es später so formulieren: »Sie sagte, dass es eine Chance für einen großen Durchbruch gebe. Natürlich hatte sie damit völlig recht.«[100]

Margaret Thatcher: Die Strategie der Überzeugung

Als Gorbatschow nach dem Tod Tschernenkos im März 1985 Generalsekretär wurde, wuchs die Unterstützung für Thatchers positive Bewertung des neuen sowjetischen Machthabers und damit auch der Druck auf Reagan, sich schon bald auf ein Gipfeltreffen mit ihm einzulassen. Die Hardliner in der Reagan-Administration sprachen sich entschieden gegen diesen Kurs aus. Sie beharrten darauf, dass unablässiger Druck letztlich zum Zusammenbruch des Sowjetsystems führen werde, und vertraten die Ansicht, ein Dialog könne den Zusammenhalt der Alliierten schwächen. George Shultz aber war gegenteiliger Ansicht und versuchte Reagan in seinem instinktiven Wunsch nach einem Treffen mit dem neuen sowjetischen Führer zu bestärken.

Meiner eigenen Meinung nach, die ich gegenüber Thatcher zum Ausdruck brachte, hatten Reagans Bemühungen in seiner ersten Amtszeit, die USA stark zu machen und sich bei den Sowjets Respekt zu verschaffen, ihm in seiner zweiten Amtszeit eine starke Verhandlungsposition eingebracht.[101] Im Frühsommer hatte Reagan seine Entscheidung getroffen und kündigte an, dass im November in Genf ein Gipfeltreffen mit Gorbatschow stattfinden werde. Das Treffen sollte sich als Wendepunkt erweisen. Margaret Thatcher diente bei der Vorbereitung in bester Tradition der *special relationship* (»besonderen Beziehung«) als vertrauenswürdige Partnerin und Beraterin und war der US-Regierung mit ihrer unabhängigen, gut informierten Einschätzung behilflich. Reagan stützte seine Verhandlungstaktik in Genf weitgehend auf einen unaufgeforderten und ungewöhnlich detaillierten Brief Thatchers vom 12. September 1985, in dem sie ihm Ratschläge für den Umgang mit Gorbatschow gab.[102] Tatsächlich befand Thatcher sich auf dem Höhepunkt ihres internationalen Einflusses, als sie damals zwischen Reagan und Gorbatschow vermittelte.

Thatchers Begeisterung für den Dialog mit Gorbatschow nahm noch zu, als er in den späten 1980er-Jahren ein umfassendes Programm innenpolitischer Reformen in Angriff nahm. Für die europäische Linke reichte es aus, dass Gorbatschow Offenheit und Umgestaltung, *Glasnost* und *Perestroika*, versprach, um die Glaubwürdigkeit von Thatchers Prämisse einer anhaltenden sowjetischen Bedrohung zu untergraben und der Antiatomwaffenbewegung neue Argumente für eine vollständige Abrüstung zu liefern. Diese Haltung war Thatcher ein Gräuel. Sie wurde nicht müde, ihren europäischen Kollegen die Vorzüge einer Kombination von diplomatischer Flexibilität mit der Notwendigkeit einer starken Verteidigung und dem Bewusstsein einer anhaltenden sowjetischen Bedrohung zu vermitteln.

Vor diesem Hintergrund kam es zu einer ernsten Krise in den transatlantischen Beziehungen. Im Oktober 1986 trafen sich Reagan und Gorbatschow im isländischen Reykjavík und beschlossen, die Vision des amerikanischen Präsidenten von einer atomwaffenfreien Welt zu verwirklichen. Was als informelles Treffen zur Vorbereitung eines vollwertigen Gipfeltreffens in Washington angekündigt worden war, entwickelte sich zu einem Austausch von einer Bedeutung, wie er auf der internationalen Bühne nur selten choreografiert, geschweige denn improvisiert worden ist.

Gorbatschow war mit der Bereitschaft nach Reykjavík gekommen, drastischen Kürzungen des sowjetischen Atomwaffenarsenals zuzustimmen, in der Hoffnung, dass Reagan nicht nur seinem Beispiel folgen, sondern auch die Strategische Verteidigungsinitiative aufgeben werde. Hinter verschlossenen Türen erörterten die beiden Staatsmänner immer weitergehende Kürzungen, die mit Reagans Vorschlag, die Atomwaffen ganz abzuschaffen, ihren Höhepunkt erreichten. »Wir können das tun«, bestätigte Gorbatschow. »Wir können sie abschaffen.«[103] Der Dialog ging so weit, dass der Entwurf einer entsprechenden Absichtserklärung vorbereitet wurde.

Die Gespräche scheiterten schließlich an SDI. Gorbatschow bestand darauf, dass das System zehn Jahre lang auf das Labor beschränkt bleiben sollte. Reagan, der davon überzeugt war, dass SDI auch in einer Welt ohne Atomwaffen als Absicherung nötig sei, und Tests im Weltraum für unerlässlich hielt, lehnte dies ab. Schließlich beendete er die Pattsituation, indem er die Sitzung abrupt verließ. Damit war das bereits ausgearbeitete vorläufige Abkommen zur Abschaffung aller Atomwaffen Makulatur geworden.

Jahre später fragte ich Anatoli Dobrynin, den damaligen außenpolitischen Berater Gorbatschows, warum die sowjetische Verhandlungsdelegation den zentralen Punkt, einen Produktionsstopp und daran anschließend beidseitige radikale Reduktion der Atomwaffen, nicht akzeptiert habe – das Problem Tests im Weltraum hätte man doch auf eine spätere Fachkonferenz etwa in Genf verschieben können. »Weil wir niemanden im Raum hatten, der sich

Margaret Thatcher: Die Strategie der Überzeugung

mit Nuklearstrategie auskannte«, antwortete er. »Und weil uns nie der Gedanke gekommen wäre, Reagan könnte einfach den Raum verlassen.«* Thatcher war über Reykjavík zutiefst beunruhigt. Als sie Reagan zu Verhandlungen mit Gorbatschow drängte, hätte sie es nie für möglich gehalten, dass dabei die gesamte US-amerikanische und britische Verteidigungspolitik auf den Kopf gestellt werden könnte. Als ich zwei Monate nach dem Ereignis mit ihr sprach, stellte ich fest, dass sie über den Verlauf der Ereignisse sehr besorgt war. Der Gipfel sei ein »Erdbeben« gewesen, sagte sie, das »all die gute Arbeit, die die Regierung Reagan geleistet hat, um die Beziehungen zwischen den USA und ihren europäischen Verbündeten zu verbessern«, in Gefahr bringen könne. Wenn Reagan das seit Langem bestehende NATO-Abkommen über die Rolle der Atomwaffen in Frage stelle, sei er nahe daran, einen Grundpfeiler des transatlantischen Bündnisses zu delegitimieren.

Thatcher betrachtete es nun als ihre Aufgabe, dem Präsidenten wieder zu einer solideren Position zu verhelfen. Sie sei, sagte sie zu mir, »entschlossen, Reykjavík beiseitezulegen«.[104] Ihr ursprünglicher Ansatz bestand darin, ihre Botschaft durch wärmstes Lob zu verhüllen. Als sie Reagan einen Tag nach dem Gipfel anrief, eröffnete sie das Gespräch mit dem unaufrichtigen Kompliment, er habe »in Reykjavík Hervorragendes geleistet«. Der Gipfel, sagte sie, »sehe ganz nach einer sowjetischen Falle aus«, und es sei sehr wichtig, »Gorbatschow für das Patt verantwortlich zu machen«. Dann ging sie in die Offensive und warnte Reagan, dass die Befürwortung einer völligen Abschaffung der Atomwaffen »einer Kapitulation gleichkäme, also müssen wir sehr, sehr vorsichtig sein«.

Reagan blieb von ihren Argumenten unbeeindruckt. Als sie ihre Befürchtung wiederholte, dass »die Sowjets Europa mit ihrer konventionellen Übermacht einfach überrollen könnten«, wenn die Atomwaffen abgeschafft würden, sagte Reagan, er sei »sicher, dass wir eine Strategie entwickeln können, um die Sowjets zu schlagen«. Er meinte damit, dass sich die Aufgabe auch mit konventionellen militärischen Mitteln bewältigen ließe.[105]

---

* Zu den im Raum befindlichen Sowjets gehörten Gorbatschow und der sowjetische Außenminister Eduard Schewardnadse, zur amerikanischen Delegation Ronald Reagan und George Shultz.

Nichts von alledem wollte Thatcher hören. Ihr wurde klar, dass Reagan bei einem Thema, das ihm so sehr am Herzen lag wie die Abschaffung der Atomwaffen, einfach nicht nachgeben würde, wenigstens nicht direkt. Also änderte sie ihre Taktik und nutzte einen zuvor schon für den November 1986, also einen Monat nach dem Gipfel von Reykjavík, geplanten Besuch. Auf Anraten ihres langjährigen Beraters Charles Powell bat sie Reagan nicht, irgendetwas zu verwerfen, dem er in Reykjavík zugestimmt hatte. Stattdessen versuchte sie, wie sie mir damals sagte, »die Elemente von Reykjavík herauszupicken, die wir akzeptieren konnten, und die Ansicht zu vertreten, dass sie Priorität haben sollten. Alles andere sollte stillschweigend beiseitegelegt, werden, wenn auch nicht ausdrücklich aufgegeben werden.«[106]

Zu ihrer großen Erleichterung stieß sie bei Reagan auf offene Ohren. Die beiden kamen überein, dass ein INF-Abkommen über atomare Mittelstreckenraketen (Intermediate Range Nuclear Forces), das neben einem Verbot chemischer Waffen auch eine 50-prozentige Reduzierung der strategischen Offensivwaffen vorsah, Priorität haben sollte. Die weitreichenderen Elemente des Reykjavík-Pakets wurden nicht mehr erwähnt und verschwanden damit aus dem Bereich aktiver Erwägung.

Der Ansatz hatte seine Nachteile. Indem Thatcher das INF-Abkommen unterstützte, schien sie auch Reagans Endziel einer Abschaffung aller Atomwaffen in Europa ihren Segen zu geben – einem Ziel, das sie überhaupt nicht anstrebte. Dennoch hatte sie zugestimmt, eine Entscheidung, die sie mir folgendermaßen erklärte: »Um die atomare Abschreckung aufrechtzuerhalten, um die USA davon abzuhalten, ihre strategischen Atomwaffen wegzuverhandeln, und um sicherzustellen, dass wir Trident [-Raketen] bekommen, haben wir dem kleineren Übel eines INF-Abkommens zur Abschaffung aller Mittelstreckenraketen zugestimmt.«[107]

Thatcher wusste, wann sie an einer lang gehegten Überzeugung festhalten und wann sie eine neue Realität akzeptieren und, wie sie es ausdrückte, »gute Miene zum bösen Spiel machen« musste.[108] In der gemeinsamen Abschlusserklärung am Ende ihres Besuchs in Camp David wurde außerdem bekräftigt, dass die NATO an einer effektiven atomaren Abschreckung festhielt und Reagan das britische Trident-System auch weiterhin unterstützte. In Bezug auf die atomare Abschreckung bedeutete die Erklärung de facto eine Rückkehr zu den Regeln, die vor Reykjavík gegolten hatten. Wie ich damals zu Thatcher sagte, war sie »die einzige Person außerhalb der Vereinigten Staaten, auf die der Präsident hörte«.[109] Es blieb wichtig, dass sie ihm weiterhin ihren Rat anbot – wohlwollend, aber keineswegs immer zustimmend.

Thatcher hatte auch angesichts der damaligen Schwäche der amerikanischen Regierung in Folge des Iran-Contra-Skandals leichter Gehör gefunden. Es war ans Licht gekommen, dass hohe Regierungsbeamte die Erlöse aus nicht genehmigten amerikanischen Waffenverkäufen an den Iran zur Finanzierung des Contra-Aufstands gegen das marxistisch-leninistische Regime der Sandinisten in Nicaragua verwendet hatten. Als Reagans Freundin und treue Unterstützerin sah Thatcher ihre Aufgabe darin, ihm bei der Suche nach einem Ausweg zu helfen. Sie tat außerdem dem Westen einen großen Gefallen, indem sie die Grundlagen der NATO-Verteidigungsdoktrin bekräftigte. Doch die Ereignisse im Zusammenhang mit Reykjavík demonstrierten nicht nur die Vertrautheit der anglo-amerikanischen Beziehungen, sondern zeigten auch deren Grenzen auf. In Fragen, bei denen das Ungleichgewicht der Kräfte zwischen den Verbündeten ein wichtiger Faktor war und der Präsident besonders unerschütterliche Überzeugungen hatte, konnten sich die gefühlsmäßigen und historischen Bande lockern und die USA womöglich darauf bestehen, ihre Interessen unilateral zu verfolgen.

DIE VERTEIDIGUNG DER KUWAITISCHEN SOUVERÄNITÄT: DIE GOLFKRISE

Unter Thatchers Führung wurde die Stimme Großbritanniens nicht nur in Fragen der NATO und des Kalten Krieges, sondern auch bei Konflikten auf dem ganzen Erdball gehört. Als der Irak unter Saddam Hussein im August 1990 das benachbarte Kuwait eroberte und besetzte, war nicht sofort klar, dass Großbritannien in dem Konflikt eine besondere Rolle spielen würde. Die britische Interventionsfähigkeit hatte sich seit einer analogen Episode im Jahr 1961 radikal verschlechtert. Damals bedrohte Abd al-Karim Qasim, ein Brigadegeneral, der die irakische Monarchie gestürzt hatte, allem Anschein nach die territoriale Integrität des kurz zuvor unabhängig gewordenen Kuwait.

In der Folge hatte Großbritannien mit Erfolg Truppen und Schiffe entsandt, um Qasim abzuschrecken, und damit die Zusage erfüllt, die Verteidigung seiner ehemaligen Kolonie zu gewährleisten.

In Thatchers Augen war Saddam Hussein ein ähnlich skrupelloser Diktator wie General Galtieri, der Appeasement-Versuche genau wie der Argentinier nur als Ermutigung auffasste. Wenn man Husseins Aggression ungestraft ließ, musste dies eine schwere Belastung für die internationale Ordnung bedeuten. Thatcher hatte eine negative Sicht auf historische Episoden, in denen Großbritannien versucht hatte, Aggressoren zu beschwichtigen. Im Hinblick auf das Münchner Abkommen von 1938, das den Zweiten Weltkrieg mit ausgelöst hatte, sagte sie: »Die britische Außenpolitik ist dann am schlechtesten, wenn sie wie im Fall des Sudentenlands und der Tschechoslowakei das Territorium anderer Länder verschenkt.«[110] In Bezug auf den Konflikt in Kuwait vertrat sie, genau wie in der Falklandkrise, von Anfang an die Ansicht, dass der einzig ehrenhafte Weg in einer Wiederherstellung des Status quo ante bestand. Diese moralische Klarheit sollte letztlich einen wesentlichen Einfluss auf die Entscheidungsprozesse der amerikanischen Regierung während der Krise haben.

Präsident George H. W. Bush reagierte zunächst vorsichtig auf die Krise. Er äußerte sich am Morgen des 2. August im Weißen Haus zurückhaltend gegenüber der Presse und erklärte, dass er die Entsendung von Truppen in die Region »nicht in Erwägung« ziehe und auch »keine militärischen Optionen diskutieren werde, selbst wenn wir uns darauf geeinigt hätten«.[111] Unmittelbar nach Bushs Statement trat der Nationale Sicherheitsrat zusammen und diskutierte das Problem – mit der deutlichen Tendenz, die Invasion als vollendete Tatsache zu akzeptieren.[112]

Es war ein glücklicher Umstand, dass Thatcher einige Zeit vor dem Ausbruch der Krise die Einladung akzeptiert hatte, am 2. August gemeinsam mit Präsident Bush an einer Konferenz in Aspen teilzunehmen. Dass sie in Aspen Zeit miteinander verbrachten, sollte gewaltige Folgen haben: für den Nahen Osten, für das amerikanisch-britische Verhältnis und für die Grundsätze der Weltordnung. Thatchers Beziehung zu Bush war nicht so herzlich wie die zu Reagan, aber Bush wusste sie dennoch zu schätzen. Charles Powell, der Thatcher nach Aspen begleitete, stellte fest, dass sich die beiden in Bezug auf Kuwait »sehr einig waren«, wenngleich Thatcher eine Militäroperation dringlicher erschien als Bush.[113]

Auf einer gemeinsamen Pressekonferenz mit Thatcher an jenem Nachmittag sprach Bush zuerst. Mit gerunzelter Stirn, gedämpfter Stimme und tief in den Hosentaschen vergrabenen Händen ließ der amerikanische Präsident große Vorsicht erkennen. Er berichtete, dass er mit führenden Politikern aus dem Nahen Osten telefoniert hatte, brachte »seine Besorgnis« über die irakische Aggression zum Ausdruck und forderte eine »friedliche Lösung«.[114] Thatcher dankte Bush zunächst, dass er sie nach Colorado eingeladen hatte, und kam dann, genau wie in ihrer Jungfernrede im britischen Parlament 30 Jahre zuvor, sofort auf die »wichtigste Frage« zu sprechen:

> Der Irak hat die Grenzen eines Landes verletzt, das ein Vollmitglied der Vereinten Nationen ist, und sein Territorium übernommen. Dies ist absolut inakzeptabel. Und wenn wir zuließen, dass dieser Zustand von Dauer ist, würden sich viele andere kleine Länder nie mehr sicher fühlen.[115]

Obwohl Thatcher ihre Worte sorgfältig gewählt hatte, war es nicht so sehr deren Inhalt als die Art, wie sie redete, die den größten Eindruck hinterließ. Sie sprach in Stakkato-Sätzen, mit großem Nachdruck und voller Überzeugungskraft. Sie war einfach in ihrem Element als Führungspersönlichkeit.

Als Bush am 5. August ins Weiße Haus zurückkehrte, hatte sich seine Sicht der Dinge erheblich verhärtet: »Wir sind fest entschlossen, diese Aggression rückgängig zu machen«, sagte er. »Dies wird keinen Bestand haben.«[116] Als ich eine Woche danach mit Charles Powell sprach, führte ich den neuen Ton des Präsidenten größtenteils auf Thatchers Anwesenheit zurück: »Die Gruppe aus dem Weißen Haus war mit dem Eindruck nach Aspen gefahren, man könne nicht viel tun, war jedoch gewappnet und entschlossen zurückgekehrt.«[117]

Im Nachhinein vermute ich, dass Bush sich vor seiner Ankunft in Aspen mit einer härteren Reaktion angefreundet hatte, seine Diskussionen mit Thatcher allerdings diese Entwicklung massiv verstärkt hatten. Später stärkte sie Bush auf eine ähnliche Weise den Rücken, als eine UN-Resolution verabschiedet wurde, die den Einsatz von Gewalt gegen Öltanker erlaubte, die die gegen den Irak verhängten Sanktionen missachteten. »Dies ist nicht der

Zeitpunkt, um weiche Knie zu bekommen«, sagte sie. Der entschlossene Ton, zu dessen Entstehung Thatcher in den ersten Tagen des Konflikts beitrug, war ein bedeutender Faktor für die Befreiung Kuwaits.

Thatcher wollte unbedingt die Souveränität Kuwaits verteidigen, zögerte aber, der UNO eine wichtige Rolle bei der Befreiung des Landes zuzugestehen. Sie begrüßte zwar die am Tag nach dem Einmarsch in Kuwait verabschiedete Resolution 660 des UN-Sicherheitsrates, die die Aggression des Irak verurteilte und seinen sofortigen Rückzug forderte, war aber sehr skeptisch, was eine stärkere Beteiligung der UNO betraf. Als klar wurde, dass ein irakischer Rückzug nicht mit rein diplomatischen Mitteln zu erreichen war, sprach sie sich gegen Bemühungen aus, den Einsatz von Gewalt durch eine weitere Resolution des Sicherheitsrats genehmigen zu lassen. Wenn für die Militäraktion ein Mandat des Sicherheitsrats erforderlich sei, so ihre Argumentation, wäre dies ein Präzedenzfall, der das untrennbar mit der Staatssouveränität verbundene Recht auf Selbstverteidigung aushöhlte.

Aus praktischen Gründen plädierte sie außerdem für maximale Handlungsfreiheit in Bezug auf die Mittel, die zur Befreiung Kuwaits eingesetzt wurden. In diesem Punkt hatte sie anfangs Präsident Bushs Unterstützung: »Sie will sich wegen der Anwendung von Gewalt nicht erneut an die UNO wenden und ich auch nicht«, schrieb er Anfang September in sein Tagebuch.[118]

Am Ende jedoch konnte sich Thatcher aufgrund der innenpolitischen Situation in den Vereinigten Staaten mit ihren Bedenken nicht durchsetzen. Bush war sich bewusst, dass es im Kongress und in der amerikanischen Öffentlichkeit Widerstand gegen eine Militäraktion ohne Unterstützung der UNO gegeben hätte. Thatcher hatte im Vereinigten Königreich nicht mit ähnlichen Widerständen zu kämpfen und sprach sich deshalb in privaten Gesprächen heftig gegen eine zusätzliche UN-Resolution aus. Doch die internen Notwendigkeiten der amerikanischen Politik gaben den Ausschlag. Anfang November 1990 beugte Thatcher sich diesem Argument. Aus Gründen, die damit in keinerlei Zusammenhang standen, sollte sie wenige Wochen darauf aus dem Amt gedrängt werden.

GRENZEN DER STAATSKUNST: DEUTSCHLAND UND DIE ZUKUNFT EUROPAS

Große Staatsmänner operieren an den äußeren Grenzen dessen, was gemeinhin für möglich gehalten wird. Anstatt die Glaubenslehren ihrer Zeit nachzuplappern, loten sie deren Grenzen aus. Thatcher hatte sich während ihrer gesamten Laufbahn dem Diktat der gängigen Meinung widersetzt und eine Führungsrolle übernommen, die die Bedingungen der Debatte veränderte.

Gelegentlich jedoch erwies sich ihre Überzeugung, das scheinbar Unmögliche erreichen zu können, auch als falsch. Nach dem Fall der Berliner Mauer am 9. November 1989 wich sie von der Besonnenheit und Flexibilität ab, die ihr gewöhnlich so gute Dienste leisteten. Statt bei der Wiedervereinigung Deutschlands und seiner Verankerung in der NATO für den Westen gestalterisch voranzugehen, geriet sie mit ihren Kollegen im Bündnis zunehmend in Konflikt.

Für Thatcher war der Fall der Berliner Mauer ein echter Grund zum Feiern. Ebenso stellte der anschließende Zusammenbruch der kommunistischen Regime in ganz Osteuropa genau die Auflösung des sowjetischen Satellitensystems dar, auf die sie über ihre gesamte Amtszeit hingearbeitet hatte. Was sie jedoch zutiefst beunruhigte, war die logische Konsequenz der Auflösung des Eisernen Vorhangs, nämlich eine Wiedervereinigung des seit dem Zweiten Weltkrieg künstlich in zwei Teile gespaltenen Deutschlands.

Thatchers Besorgnis wegen der deutschen Wiedervereinigung hatte eine durchaus verständliche Grundlage. Als 1871 erstmals ein vereinigtes Deutschland auf der internationalen Bildfläche erschien, nannte dies Benjamin Disraeli »ein größeres politisches Ereignis« als die Französische Revolution.[119] Der britische Staatsmann erwies sich als weitblickend, denn nach Bismarcks Entlassung im Jahr 1890 kam es zu einer Serie von Krisen, die August 1914 im Ausbruch des Ersten Weltkriegs kulminierten. Auch diesmal würde ein vereinigtes Deutschland unweigerlich das Kräfteverhältnis in Europa verändern, und nicht nur Thatcher war der Ansicht, dass Auswirkungen einer solchen Veränderung sorgfältig bedacht werden müssten.

Thatcher war nach ihren Jugenderfahrungen im Zweiten Weltkrieg ein gebranntes Kind und bezweifelte, dass das aggressive und expansionistische Verhalten Deutschlands mit Hitlers Niederlage ein Ende gefunden hatte. Sie misstraute dem für sie unveränderlichen deutschen Nationalcharakter und befürchtete in ihren pessimistischen Momenten, dass nicht alle Dämonen der deutschen Vergangenheit ausgetrieben worden waren. »Um einen Mann zu verstehen, muss man sich die Welt, als er 20 war, ansehen«, soll Napoleon einmal gesagt haben. 1945 war Thatcher 20 Jahre alt geworden.

Sie war keineswegs schüchtern, wenn es darum ging, ihrem Skeptizismus Ausdruck zu verleihen. Bei einem Dinner anlässlich des G7-Gipfels im Juni 1988 in Toronto, an dem wir beide teilnahmen,[120] zitierte ich in einem Toast auf sie Bismarck, der einmal sagte, ein Staatsmann könne nichts Besseres tun, als einen Zipfel von Gottes Mantel zu fassen und ein paar Schritte mit ihm zu gehen. Thatcher, die nur mit halbem Ohr zugehört hatte, fragte, wessen Mantel man am Zipfel fassen solle. Als ihr der Gastgeber erklärte, dass ich Bismarck zitiert hatte, fragte sie: »Bismarck, den Deutschen?« Und als der Gastgeber bejahte, sagte sie: »Zeit heimzugehen.«

Als sich die Bemühungen um eine rasche Wiedervereinigung verstärkten, lehnte Thatcher diese weiterhin entschieden ab. Andere führende Politiker zögerten, ihre Zweifel zu äußern, sie aber nahm kein Blatt vor den Mund. Statt eine Wiedervereinigung in Erwägung zu ziehen, solle man sich auf die Schaffung einer echten Demokratie in Ostdeutschland konzentrieren, sagte sie und betonte, zwei demokratische deutsche Staaten könnten unbegrenzte Zeit nebeneinander existieren. Und in dem Bestreben, ihre Sorge hervorzuheben, dass ein vereinigtes Deutschland erneut die Dominanz in Europa anstreben könnte, brachte sie noch ein zweites Argument ins Spiel: Die deutsche Wiedervereinigung könne Gorbatschows historisches Reformexperiment zum Scheitern bringen, weil sie die Hardliner in Moskau ermutige, die ihn womöglich stürzen würden.

Ihre Argumente stießen bei den Verbündeten auf wenig Zustimmung. Die Regierung Bush betrachtete die deutsche Wiedervereinigung als eine natürliche Folge des westlichen Sieges im Kalten Krieg. Nur wenige Tage vor dem Fall der Berliner Mauer hatte Bush keinen Zweifel an seiner Haltung gelassen: »Ich teile die Besorgnis einiger europäischer Länder wegen eines wiedervereinigten Deutschlands nicht«, sagte er der *New York Times*. »Meiner Ansicht nach ist sich Deutschland der Wichtigkeit des Bündnisses sehr bewusst, und seine Bündnistreue ist unerschütterlich.«[121]

Margaret Thatcher: Die Strategie der Überzeugung

Andere europäische Staats- und Regierungschefs wie der französische Präsident François Mitterrand hatten Thatchers Besorgnis ursprünglich geteilt, sich dann aber stillschweigend mit der Wiedervereinigung abgefunden und versucht, die Bedingungen zu gestalten, unter denen sie stattfinden konnte. Als ich Thatcher am 10. Januar 1990 in London traf, sprach ich mich für genau diesen Kurs aus. Doch sie war nicht zu überzeugen. Im Protokoll unserer Begegnung kommt ihre unerschütterliche Haltung deutlich zum Ausdruck: »Die Premierministerin sagte, dass man in den internationalen Beziehungen nichts für unvermeidlich halten solle. Ihr Ausgangspunkt sei es festzustellen, was den britischen Interessen diene, und dann dessen Verwirklichung anzustreben.«[122]

Dies waren löbliche Ansichten, aber im Januar 1990 waren sie kein Ersatz für eine Politik, die sich an der in Europa entstehenden neuen Realität orientierte. Thatchers Führungsstärke, die sich so oft durch kreative Beweglichkeit und einen klaren Blick auf die realen Verhältnisse ausgezeichnet hatte, zeigte nun Anzeichen von Rigidität. Ohne den pragmatischen Impuls, der ihr in früheren Krisen so sehr genutzt hatte, beschränkte sie sich auf eine Politik, die fast nur noch aus fruchtloser Opposition bestand. Ihr Vorschlag, nach der Wiedervereinigung ein Kontingent sowjetischer Streitkräfte in Ostdeutschland zu belassen, um es zu stabilisieren, war ein Rohrkrepierer.[123] Die Deutschen setzten sich mit Unterstützung der USA und der Duldung Frankreichs durch. Und Thatcher sah sich ins Abseits gedrängt und geschwächt.

Die deutsche Wiedervereinigung wurde weiter mit dem größeren Projekt der europäischen Integration verknüpft. Auf dem Kontinent war die vorherrschende Ansicht, dass eine Wiedervereinigung Deutschlands am besten zu bewältigen war, wenn der neue Staat stark in die Europäische Gemeinschaft eingebunden wurde. Der deutsche Bundeskanzler Helmut Kohl machte sich diese Ansicht zu eigen und war bereit, Deutschland für die Integration Opfer abzuverlangen; sein Außenminister Hans-Dietrich Genscher wiederholte den Aufruf Thomas Manns, »kein deutsches Europa«, sondern ein »europäisches Deutschland« zu schaffen.[124]

Thatcher war mit dieser Strategie überhaupt nicht einverstanden. Mit seiner großen Bevölkerung und seinem wirtschaftlichen Potenzial musste Deutschland in jeder integrierten europäischen Struktur ein erhebliches, wenn nicht gar dominierendes Gewicht haben. Ihr war klar, dass die reale deutsche Macht in der Praxis weder mit rechtlichen noch mit institutionellen Mitteln neutralisiert werden konnte. Doch sie war der festen Überzeugung, dass eine Einbindung Deutschlands in Europa die deutsche Macht eher etablieren als eindämmen würde. Am Ende behielt sie teilweise recht, weil Deutschland dank seiner rasanten wirtschaftlichen Entwicklung größeren Einfluss in der EU bekam als jeder andere Mitgliedsstaat. Aber was die grundlegende Frage des deutschen Wesens und der deutschen Politik betraf, hatte sie unrecht. Deutschland wurde durch Adenauer und sein Erbe transformiert und ist seit der Wiedervereinigung im Jahr 1990 ein integrales Mitglied der westlichen Allianz geblieben.

EUROPA, DAS ENDLOSE PROBLEM

Nicht nur die deutsche Wiedervereinigung, auch die gesamte Agenda der europäischen Integration widersprach Thatchers Weltbild. Als Verfechterin parlamentarischer Souveränität sah sie in der Übertragung nationalstaatlicher Befugnisse an supranationale Institutionen, die mit nicht gewählten Bürokraten besetzt waren, eine Abschaffung demokratischer und souveräner Rechte.

Ihre Strategie war es gewesen, die wirtschaftliche Liberalisierung in Europa voranzutreiben, ohne der politischen Integration Vorschub zu leisten. Und der Versuch, dieses Gleichgewicht aufrechtzuerhalten, wurde zu ihrem ultimativen außenpolitischen Dilemma. Im Jahr 1984 hatte sie nach jahrelangen mühsamen Verhandlungen einen wichtigen politischen Sieg über Brüssel errungen, als die EWG Großbritannien einen jährlichen »Rabatt« gewährte, der den britischen Beitrag zum europäischen Haushalt um zwei Drittel reduzierte. Im Jahr 1986 hatte sie der (hauptsächlich von den Briten entworfenen) Einheitlichen Europäischen Akte zur Schaffung eines europäischen Binnenmarkts zugestimmt. Doch sie hatte nicht vorausgesehen, dass die Akte genutzt würde, um in den europäischen Räten vermehrt »Abstimmungen mit qualifizierter Mehrheit« einzuführen, was die Machtverschiebung von den nationalen Regierungen auf die Gemeinschaft beschleunigte. Ein Sachverhalt, den sie später in ihren Memoiren eingestand:

Margaret Thatcher: Die Strategie der Überzeugung

Im Rückblick würde ich sagen, dass während meiner zweiten Amtsperiode als Premierministerin die Europäische Gemeinschaft langsam, aber kontinuierlich ihren Charakter als Gemeinschaft freien Handels, weitgefasster Vorschriften und unabhängig zusammenarbeitender souveräner Staaten einbüßte und sich immer mehr in Richtung Zentralismus und Dirigismus entwickelte.[125]

Die Weichen waren gestellt für einen Konflikt, der sich sowohl zwischen London und Brüssel als auch innerhalb der Konservativen Partei vollzog und mehr als eine Generation lang dauern sollte.

Die Gestaltung der Beziehungen zu Europa ist eine ewige und für den jeweiligen Vorsitzenden der Konservativen Partei gefährliche Frage. Von Margaret Thatcher im November 1990 bis zu Theresa May im Juli 2019 sind vier konservative Premierminister an den Untiefen der europäisch-britischen Beziehungen gescheitert.[126]

Das erste Anzeichen dafür, wie schwer es Thatcher fiel, die Spaltung ihrer Partei in Bezug auf Europa zu überwinden, war der Rücktritt ihres Verteidigungsministers Michael Heseltine im Januar 1986. Bei der Kontroverse ging es nominell um Westland, den einzigen verbliebenen Hubschrauberhersteller Großbritanniens, im Kern aber um Heseltines Ehrgeiz, Thatcher als Premierministerin abzulösen. Was Westland betraf, hatte das amerikanische Unternehmen Sikorsky Interesse an einer Minderheitsbeteiligung gezeigt, in der Hoffnung, den unprofitablen britischen Hersteller durch eine Kapitalspritze zu sanieren – eine Option, die sowohl zu Thatchers marktwirtschaftlichen als auch zu ihren atlantischen Überzeugungen passte.

Heseltine dagegen bevorzugte eine staatsorientierte und europäische Lösung. Nach dem Heseltine-Plan hätte das angeschlagene britische Unternehmen einem Konsortium britischer, französischer, deutscher und italienischer Rüstungsunternehmen beitreten sollen. Es folgte ein Kampf, in dem die Downing Street versuchte, Heseltine zu diskreditieren. Dies führte zu Turbulenzen in der Partei, die Thatchers Einfluss zu schmälern drohten. Am Ende jedoch trat Heseltine zurück, und Sikorsky rettete Westland.

In der Folge brachte sich der charismatische, wohlhabende und äußerst ehrgeizige Heseltine als potenzieller europafreundlicher Nachfolger Thatchers in Position. Sein wenig subtiler Aufstand schwelte jahrelang bei den Hinterbänklern der Konservativen, bis er im November 1990 offen ausbrach.

Inzwischen hatte sich viel Zündstoff angesammelt. Politische Giganten der Konservativen waren in Abhängigkeit von ihrer Haltung zu Europa aufgestiegen und abgestürzt. Das Vereinigte Königreich hatte sich 1973 unter Heath der Europäischen Wirtschaftsgemeinschaft (EWG) angeschlossen. Aber 1979 lehnte Großbritannien es ab, dem in der Entstehung begriffenen europäischen Wechselkursmechanismus (WKM) beizutreten. Bei diesem losen Vorläufer des Euro verpflichteten sich die beteiligten Länder, ihre Wechselkurse innerhalb einer bestimmten Bandbreite des Wertes der Europäischen Währungseinheit (European Currency Unit, ECU) zu halten, ein Wert, der wiederum durch die Gewichtung der Währungen der Mitgliedsländer nach der Größe ihrer Volkswirtschaften bestimmt wurde.

Das Hauen und Stechen wegen EWG, WKM und ECU hatte das britische Kabinett gespalten und Thatchers Führungsrolle mehr und mehr untergraben. Sie schloss 1985 einen britischen Beitritt zum WKM aus. Doch 1987 fand ihr Finanzminister Nigel Lawson einen Weg, ihr Veto zu umgehen, indem er den Kurs des Pfundes de facto an dem der D-Mark orientierte. Im November 1987 wurde Thatcher jedoch auf diese stillschweigende Übereinkunft aufmerksam und setzte ihr bis Anfang 1988 ein Ende.[127]

Im Kontext immer ehrgeizigerer Pläne für die europäische Integration und einer hoffnungslos gespaltenen Konservativen Partei nahm Thatcher die Einladung an, beim Europakolleg in der belgischen Stadt Brügge eine Rede über die Zukunft des Kontinents zu halten. In dem Bewusstsein, dass ein Publikum aufstrebender Eurokraten für ihre euroskeptische Botschaft kein dankbarer Zuhörer war, lockerte sie die Eröffnung ihrer Rede mit einem Scherz auf. »Wenn Sie auch nur einige der Dinge glauben, die über meine Ansichten zu Europa gesagt und geschrieben werden«, sagte sie mit einem breiten Lächeln, »muss es Ihnen vorkommen, als hätte man Dschingis Khan eingeladen, über die Vorteile der friedlichen Koexistenz zu sprechen!«[128] Aber Thatcher war genau wie Dschingis Khan gekommen, um zu erobern. Und der Scherz sollte das einzige Zugeständnis bleiben, das sie ihrem Publikum machte.

Statt ein Loblied auf die europäische Idee zu singen, machte sie sich daran,

Margaret Thatcher: Die Strategie der Überzeugung

deren Grenzen zu bestimmen. In diesem Zusammenhang kann die »Brügger Rede« als eine Unabhängigkeitserklärung gegenüber ihren Kritikern im Kabinett gelesen werden. Ihrer Ansicht nach sollte die Europäische Gemeinschaft fünf »Leitprinzipien« verfolgen: Sie sollte auf einer »bereitwilligen und aktiven Zusammenarbeit zwischen unabhängigen souveränen Staaten« beruhen, »aktuelle Probleme auf eine *praktische* Art angehen«, »unternehmerische Initiative fördern«, »nicht protektionistisch sein« und »durch die NATO eine sichere Verteidigung aufrechterhalten«.[129]

Mit »praktisch« meinte Thatcher eine gestraffte, politisch rechenschaftspflichtige und marktwirtschaftlich orientierte europäische Bürokratie, die nur wenig regulieren und sich eher auf unmittelbare Probleme als auf große Pläne konzentrieren sollte. Dementsprechend beruhte ihre Vision von Europa auf der Beibehaltung klar getrennter Nationalstaaten:

> Der Versuch, nationale Identität zu unterdrücken und die Macht im Zentrum zu konzentrieren, wäre äußerst schädlich und eine Gefahr für die Ziele, die erreicht werden sollten. Europa ist gerade deshalb stark, weil ihm Frankreich als Frankreich, Spanien als Spanien, Großbritannien als Großbritannien mit jeweils eigenen Bräuchen, eigenen Traditionen und eigener Identität angehören. Es ist töricht, würde man versuchen, sie in das Phantom einer europäischen Identität zu pressen.[130]

Diesen Abschnitt der Rede hätte Charles de Gaulle Wort für Wort unterstützt.

Thatchers Skeptizismus in Bezug auf wirtschaftliche Zentralisierung, der in der Brügger Rede so deutlich zum Ausdruck kam, hatte sie dem Ökonomen Hayek zu verdanken, den sie vor ihrem Amtsantritt als Premierministerin studiert hatte. Als sie in Brügge sprach, hatte sie in Großbritannien mit Reformen wie der Privatisierung von Staatsunternehmen und des öffentlichen Wohnungsbaus bereits Erfahrungen gesammelt – Initiativen, die größtenteils deshalb Erfolg hatten, weil staatliche Macht an das private Unternehmertum zurückgegeben wurde. Thatchers Ansicht nach ignorierten die Betreiber des europäischen Projekts die wichtigsten wirtschaftlichen Lektionen ihrer Zeit. In ihrer Rede griff sie sie direkt an, als sie sagte:

> Angesichts der Tatsache, dass Länder wie die Sowjetunion, die versucht haben, alles vom Zentrum aus zu steuern, heute lernen, dass sie nur dann Erfolg haben, wenn sie Macht und Entscheidungen vom Zentrum wegverlagern, ist es eine echte Ironie des Schicksals, dass einige Mitglieder der Gemeinschaft just zu diesem Zeitpunkt in die entgegengesetzte Richtung gehen wollen. Wir haben dem Staat in Großbritannien nicht deshalb erfolgreich Grenzen gesetzt, um erleben zu müssen, dass diese nun im europäischen Maßstab wieder aufgehoben werden durch einen europäischen Superstaat, der von Brüssel aus eine neue Herrschaft ausübt.[131]

Die Erklärung sollte schockieren, und sie tat es auch. Sie war die frontale Zurückweisung einer Rede, die der Präsident der Europäischen Kommission Jacques Delors drei Monate zuvor gehalten hatte. Darin hatte der französische Sozialist vorgeschlagen, dass die nationalen Gesetzgeber innerhalb von zehn Jahren bis zu 80 Prozent ihrer wirtschaftlichen Entscheidungen an das Europäische Parlament delegieren sollten.[132] Kaum etwas hätte Thatcher wütender machen können.

Die Brügger Rede enthielt auch eine kluge, aber weniger häufig zitierte Meditation über die Bedeutung der europäischen Zivilisation und den britischen Platz darin. Thatcher berührte dabei zwei ihrer wichtigsten Überzeugungen: ihre Sympathie für die Menschen, die in Osteuropa für ihre Freiheit kämpften, und ihre große Bewunderung für die Vereinigten Staaten. Die Europäische Gemeinschaft war für sie »eine Manifestation der europäischen Identität«, aber »nicht die einzige«. Die distanzierte Analyse hinter sich lassend, fuhr sie mit einer leidenschaftlichen Mahnung fort:

> Wir dürfen nie vergessen, dass Menschen, die einst in vollem Umfang an der europäischen Kultur, Freiheit und Identität teilhatten, östlich des Eisernen Vorhangs von ihren Wurzeln abgeschnitten sind. Wir werden Warschau, Prag und Budapest immer als große europäische Städte betrachten. Und wir sollten auch nicht vergessen, dass europäische Werte dazu beigetragen haben, die Vereinigten Staaten von Amerika zu dem tapferen Verteidiger der Freiheit zu machen, der sie heute sind.[133]

Margaret Thatcher: Die Strategie der Überzeugung

Thatchers Worte waren prophetisch. Warschau, Prag, Budapest und Ost-Berlin sollten bald danach wieder in Europa willkommen geheißen werden. Und das Wohl des Kontinents hing damals wie heute von der Sicherheit ab, die die Vereinigten Staaten, ihrerseits eine große Erweiterung der europäischen Zivilisation, dem Kontinent garantierten.

Dies ist der Grund, warum Thatchers Brügger Rede am Ende in den Kanon der großen britischen Reden aufgenommen wurde: weil sie einen wichtigen Punkt in Thatchers Biografie markierte, aber auch weil sie weitsichtig war und die andauernden Spannungen zwischen britischer Identität und europäischer Integration klar benannte.

DER STURZ

Der unmittelbare Effekt der Brügger Rede bestand freilich darin, Thatcher und ihre Kollegen im Kabinett weiter auseinanderzutreiben. Die durchaus wichtige Sache, um die es in der Rede ging, konnte dort zu einer Verhärtung der wirtschaftspolitischen Gegensätze führen, die sich ebenso unheilvoll wie ähnliche Episoden in der Außen- und Verteidigungspolitik auswirken konnten. Wie bereits erwähnt, steigen die Mitglieder des Kabinetts im britischen System in die höchsten Ränge ihrer Partei auf, was bedeutet, dass sich das Kräfteverhältnis zwischen Premierminister und Kabinett in beide Richtungen verschieben kann. Ein gewisses Maß an persönlichem Wohlwollen zwischen beiden Seiten ist daher für eine effektive Regierung von entscheidender Bedeutung.

Im Juni 1989, nur wenige Stunden bevor Thatcher auf dem Gipfeltreffen der Europäischen Gemeinschaft in Madrid sprechen sollte, bekam sie am Sonntagmorgen in 10 Downing Street Besuch von Finanzminister Nigel Lawson und Außenminister Geoffrey Howe. Darauf kam es zu einem für eine britische Regierung seltenen Schauspiel: Die beiden mächtigsten Minister der Regierung drohten mit ihrem Rücktritt, wenn sich die Premierministerin weigere, einen Termin für den formellen Beitritt zum europäischen Wechselkursmechanismus vorzuschlagen und damit die unabhängige Währungspolitik ihres Landes aufzugeben. Thatcher hörte ihren Forderungen aufmerksam zu und erklärte sich bereit, ihre Haltung zu dem Thema zu überdenken. Doch sie weigerte sich, in der Öffentlichkeit einen Termin für den Beitritt zu nennen.

Kurz nach ihrer Rückkehr aus Madrid degradierte sie Howe zum Führer des Unterhauses, milderte den Schlag jedoch zugleich ab, indem sie ihm den nebulösen Titel eines Vize-Premierministers verlieh. Thatcher verfuhr gnädiger mit Lawson, der seinen Posten behalten durfte, bald aber seinen Rücktritt einreichte wegen der Wechselkurspolitik und ihrer Weigerung, ihren Chefberater in Wirtschaftsfragen Alan Walters zu entlassen, dessen öffentliche Stellungnahmen nach Lawsons Ansicht seine Stellung untergruben.

Bis Oktober 1990 jedoch hatte der neue Finanzminister John Major Thatcher gezwungen, dem Beitritt Großbritanniens zum Wechselkursmechanismus zuzustimmen. In einer Rede vor dem Unterhaus am 30. Oktober verteidigte sie diesen Schritt, lehnte die Wirtschafts- und Währungsunion, die sie als »Hintertür zu einem föderalen Europa« betrachtete, jedoch nach wie vor »absolut und entschieden« ab. Sie war wütend auf ihr Kabinett und wollte weiteren Widerstand gegen ihre Politik verhindern, indem sie sich rhetorisch an Gottes Mahnung an Hiob orientierte: »Bis hierher sollst du kommen und nicht weiter.« Dann brachte sie erneut Jacques Delors ins Spiel, um heftige Kritik an den europäischen Integrationsbestrebungen zu üben. Delors wolle, »dass das Europäische Parlament das demokratische Organ der Gemeinschaft, die Kommission die Exekutive und der Ministerrat der Senat werde.« Ihre Antwort aber laute klar und deutlich: »Nein, nein, nein!«[134]

»Nein, nein, nein!«, ruhig, aber leidenschaftlich vorgebracht, sollte eine weitere unsterbliche Äußerung von Margaret Thatcher werden. Dies jedoch erst, nachdem das Nein zum Zusammenbruch ihrer Regierung beigetragen hatte, die durch die Einführung der »Community Charge« (einer von den Kommunen erhobenen Kopfsteuer) ohnehin schon an Unterstützung verloren hatte.

Zwei Tage nach der Rede, am 1. November, reichte Geoffrey Howe wegen »Fragen des Inhalts und des Stils« seinen Rücktritt ein, den er am 13. November in einem persönlichen Statement vor dem Unterhaus begründete. Thatchers politische Linie bezüglich der Wirtschafts- und Währungsunion, argumentierte Howe in dieser Rede, »birgt zunehmend die Gefahr, sie selbst und andere in die Irre zu führen«. Die Rede war ein mit zweideutigen Komplimenten gespicktes Meisterwerk. Nachdem Howe vor dem gebannten Haus Thatchers »Mut und ihre Führungsqualitäten« gepriesen hatte, sprach er sich direkt gegen ihre Politik aus, indem er sich auf Harold Macmillans Überzeugung berief, dass Großbritannien

> sich in den europäischen Gemeinschaften verorten und dort bleiben sollte. Er [Macmillan] betrachtete es damals als wesentlich, dass wir uns nicht von den Realitäten der Macht abschneiden dürfen, und das ist es auch heute noch. Wir dürfen uns nicht in ein Getto der Larmoyanz wegen unserer Vergangenheit zurückziehen und dadurch die Kontrolle über unser künftiges Schicksal beeinträchtigen.[135]

Hitziger werdend, charakterisierte Howe sodann Thatchers Sprachgebrauch in Bezug auf Europa als »tragisch« und »beunruhigend«, um schließlich zu einem eher besorgten als wütenden Ton zu wechseln:

> Die Tragödie – und sie ist für mich persönlich, für meine Partei, für unser ganzes Volk und für meine verehrte Freundin selbst eine höchst reale Tragödie – besteht darin, dass die von der Premierministerin eingenommene Haltung zu Europa immer ernstere Risiken für die Zukunft unserer Nation birgt. Wir laufen Gefahr, unseren Einfluss zu minimieren und die Chance zu maximieren, dass wir wieder einmal ausgeschlossen werden. Wir haben in der Vergangenheit einen hohen Preis für Fehlstarts und verspielte Chancen in Europa bezahlt. Das sollten wir nicht noch einmal zulassen. Wenn wir uns, als Partei oder als Nation, völlig von der europäischen Mitte entfernen, werden die Auswirkungen unabsehbar und nur sehr schwer wieder zu korrigieren sein.[136]

Zum Schluss der Rede machte Howe klar, dass er unter Thatchers Führung keine positive Zukunft für das Land mehr sehe. Er sprach von einem »Konflikt« zwischen der Loyalität zu seiner Freundin, der Premierministerin, und »dem, was ich für die wahren Interessen der Nation halte« und zog daraus den Schluss, dass er nicht mehr in der Regierung dienen könne. Er habe lange mit seinem Entschluss »gerungen« und fordere nun seine Parteikollegen auf,

»sich ihre eigene Reaktion zu überlegen« und ihm darin zu folgen, was »für mein Land und meine Partei richtig ist«.[137] Mit diesem Appell an andere Parteimitglieder, ihre Loyalität zu Thatchers Regierung zu überdenken, billigte er indirekt ihren Sturz. Am folgenden Morgen gab Michael Heseltine seine Kandidatur für den Parteivorsitz bekannt.

Für Thatcher war der Zeitpunkt extrem ungünstig. Sie wurde am 16. November in Nordirland erwartet und sollte danach an einer dreitägigen Konferenz der Kommission über Sicherheit und Zusammenarbeit in Europa (vom 19. bis 21. November) in Paris teilnehmen – just in dem Zeitraum, in dem die letzte Phase des Wahlkampfs um den Vorsitz der Konservativen Partei stattfinden würde. Sie beschloss dennoch, ihre Reiseverpflichtungen einzuhalten.

Ich beobachtete den (für einen Außenseiter) überraschenden Kampf um die Parteiführung aus der Ferne und war bestürzt über Thatchers Entscheidung. Womöglich in Überschreitung bisheriger Grenzen – ich hatte meine Urteile stets auf die Außenpolitik beschränkt – rief ich Charles Powell an, mit dem mich inzwischen eine enge Freundschaft verband, und fragte, warum Thatcher offenbar auf dem Höhepunkt der Schlacht das Feld verlassen wolle. Die Konferenz in Paris war tatsächlich ein vielversprechender Moment in der Zeit nach dem Kalten Krieg: Bush und Gorbatschow sollten sich dort mit ihren europäischen Kollegen treffen, um die Zukunft des Kontinents zu planen. Dennoch wäre es für Thatcher zweifellos klüger gewesen, in Großbritannien zu bleiben und ihre Sache vor ihren ins Wanken geratenen Anhängern zu vertreten.

Mein Vorschlag stieß nicht auf Gegenliebe: Thatcher glaubte, dass ihre Pflicht auf der Weltbühne liege. Ein Verzicht auf die Konferenz, um einen parteiinternen Konflikt auszutragen, wäre ihrer Ansicht nach als gefährlicher Mangel an Zuversicht interpretiert worden. Doch so ehrenhaft die Entscheidung auch war, sie sollte sich als katastrophal erweisen.

Thatcher überließ die Leitung ihres Wahlkampfs einem Haufen Mitarbeiter, die man nur als mäßig engagierte Versager bezeichnen kann. Am Abend des 20. November überbrachten Berater ihr in der britischen Botschaft in Paris die Nachricht vom Ergebnis der ersten Abstimmung: »Nicht ganz so gut, wie wir gehofft hatten, und auch sonst nicht gut genug.«[138] Sie hatte mit 204 gegen 152 Stimmen bei 16 Enthaltungen gegen Heseltine gewonnen. Nach den

Margaret Thatcher: Die Strategie der Überzeugung

obskuren Regeln der Konservativen jedoch hatte sie die erforderliche qualifizierte Mehrheit verfehlt; hätten zwei von Heseltines Wählern für sie gestimmt, wäre sie Parteivorsitzende geblieben. Nun war eine zweite Abstimmung notwendig. Und Thatcher verkündete tapfer vor den Kameras, sie werde erneut antreten.

Die ungünstigen Ereignisse, die in den 48 Stunden danach folgten, haben etwas von einer Shakespeare'schen Tragödie. Der Vorrat an gutem Willen, den Thatcher im Lauf der Jahre angehäuft hatte, schmolz rasch dahin; dieselbe Überzeugungskraft, derselbe Kampfgeist und derselbe Charme, mit denen sie früher Verbündete gewonnen hatte, waren nun mit einem Starrsinn verbunden, der sie Anhänger kostete. Als Heseltine große mediale Aufmerksamkeit bekam, begannen einige Thatcher-Loyalisten zu zittern und zu desertieren. Im Kabinett machte die Überlegung die Runde, nach einem »Stop-Heseltine-Kandidaten« zu suchen, für den John Major oder Außenminister Douglas Hurd in Frage kamen.

Die ganze Nacht und in den folgenden Tag hinein erlebte Thatcher, wie sich das Glück von ihr abwandte. Sie befragte einen nach dem anderen ihre Kabinettsmitglieder, die ihr alle versicherten, dass sie sie natürlich persönlich unterstützten, aber leider könne sie in einer weiteren Abstimmung nicht gewinnen. Am 21. November um Mitternacht sah sie ein, dass sie keine Chance mehr hatte, und beschloss zurückzutreten. Am folgenden Tag um neun Uhr morgens gab sie den Entschluss offiziell in ihrem Kabinett bekannt. Ich sagte damals zu Powell, ihr Rücktritt sei für mich »schlimmer als ein Todesfall in der Familie«.[139]

Für die meisten amerikanischen Beobachter war Thatchers Sturz ein Rätsel. Angesichts ihrer großen Verdienste in der Weltpolitik und des großen Vertrauens, das sie in Amerika genoss, war es schwer zu verstehen, dass ihre konservativen Parteifreunde sie absetzten. Präsident Bush war ganz niedergeschlagen, als er die Nachricht während einer Reise nach Saudi-Arabien erhielt, wo er Truppen der Koalition besuchte, die sich dort sammelten, um die irakischen Streitkräfte aus Kuwait zu vertreiben. General Norman Schwarzkopf sprach für viele Freunde Großbritanniens, als er seinen britischen Kollegen fragte: »Was für eine Art Land seid ihr eigentlich, dass die Premierministerin mitten in einem Krieg abgesetzt wird?«[140]

509

Bemerkenswert fanden viele Beobachter auch die Haltung, die Thatcher trotz ihres privaten Grolls in der Öffentlichkeit zeigte. Am selben Tag, an dem sie morgens ihre Rücktrittsabsicht bekannt gegeben hatte, musste sie ein Misstrauensvotum im Parlament überstehen. Die Labour Party hatte die Abstimmung beantragt, um von der Uneinigkeit der Konservativen zu profitieren. Thatcher gab, wie der Führer der Liberaldemokraten Paddy Ashdown sagte, an diesem Nachmittag »eine Galavorstellung«. In einer mitreißenden Verteidigungsrede für die Politik ihrer Regierung – und damit auch ihre eigene – fragte sie: »Wenn die windige Rhetorik der Labour Party verflogen ist, was werden dann die wahren Gründe sein, warum sie diesen Antrag hier im Parlament gestellt hat?« Ihre Antwort war unbeugsam:

> Eine Klage über das britische Ansehen in der Welt kann der Grund nicht sein. Dieses ist verdientermaßen hoch, nicht zuletzt wegen unseres Beitrags zur Beendigung des Kalten Krieges und zur Verbreitung der Demokratie in Osteuropa und der Sowjetunion – Leistungen, die auf der historischen Konferenz in Paris gefeiert wurden, von der ich gestern zurückgekommen bin.
>
> Auch die Finanzen der Nation können nicht der Grund sein. Wir begleichen unsere Schulden, inklusive derjenigen, die die Labour Party gemacht hat. [...]
>
> Die Frage, um die es wirklich geht [...], lautet, wie man am besten auf den Erfolgen der 1980er-Jahre aufbauen kann, wie man die konservative Politik auch in den 1990er-Jahren fortsetzt und wie man drei Wahlsiegen einen vierten hinzufügt, was wir sicher tun werden.[141]

Auch in dieser Hinsicht erwies sich Thatcher als weitsichtig. John Major schlug Heseltine im Kampf um die Parteiführung und errang bei den Wahlen von 1992 den vierten Sieg der Konservativen in Folge.

In der Woche nach dem Misstrauensvotum absolvierte Thatcher ihre letzte Fragestunde im Parlament. Bei dieser Sitzung verblüffte am meisten das Lob, das sie von Politikern außerhalb der Konservativen Partei erhielt. So ergriff etwa der nordirische Unionist James Molyneaux die Gelegenheit, sich mit einem gewissen Bedauern über den Streit zu äußern, den er wegen des Anglo-Irischen Abkommens mit Thatcher ausgetragen hatte.

Margaret Thatcher: Die Strategie der Überzeugung

Erinnert sich die Premierministerin noch an eine wichtige Debatte im November 1985, als unsere Beziehungen ein wenig angespannt waren? Erinnert sie sich noch, dass ich damals Folgendes zu ihr sagte: »Millionen unserer britischen Mitbürger in der gesamten Nation sind der Ansicht, dass die Premierministerin einen bleibenden Beitrag zum Schicksal dieser Nation zu leisten hat«? Ist es der Premierministerin heute bewusst, dass die überwältigende Mehrheit dieser Bürger will, dass dieser Beitrag fortgesetzt wird?[142]

Thatcher nahm die Gelegenheit nicht wahr, einen Widersacher anzugreifen, und antwortete liebenswürdig: »Der ehrenwerte Herr ist wirklich sehr großzügig.«

Am folgenden Tag, dem 28. November 1990, verließen Margaret und Denis Thatcher 10 Downing Street. In ihrer letzten Erklärung als Premierministerin dankte sie bezeichnenderweise dem Personal, das die Residenz instand hielt.

EPILOG

Die von Thatcher bewirkte Wiederbelebung Großbritanniens war sowohl ein ökonomisches als auch ein geistiges Unterfangen. Als sie Premierministerin wurde, war der Niedergang des Landes nicht nur durch eine kriselnde Wirtschaft verursacht, sondern beruhte auch auf einem kollektiven, sich selbst verstärkenden und letztlich lähmenden Glauben daran. Die Kennzeichen des Niedergangs waren hohe Inflation, langsames Wachstum und verheerende Arbeitskämpfe. Das politische Zentrum im Großbritannien der 1970er-Jahre funktionierte schlechterdings nicht.

Thatcher lehnte den überholten Konsens ab und entwickelte als Oppositionsführerin eine neue positive Vision für die Zukunft. Sie nahm als Premierministerin eine völlige Neugestaltung der Gesellschaft in Angriff. Dies erforderte sowohl Mut als auch Charakter: Mut, weil sie sich radikal von der gängigen Meinung ihrer Zeit entfernte, und Charakter, weil sie ihren Kurs auch dann noch konsequent beibehielt, als sich der Patient heftig über die bittere Medizin beschwerte.

Wieder und wieder bewies sie starke Nerven und hielt unerschütterlich an ihren Überzeugungen fest, selbst wenn die Bedingungen unklar und die Risiken groß waren und die öffentliche Unterstützung zu schwinden schien. Zu Beginn ihrer Amtszeit blieb sie unbeirrt bei ihrer Strategie, zur Bekämpfung der Inflation die Geldmenge zu reduzieren. Sie reagierte mit großer Härte auf die Aggression gegen die Falklandinseln. Und sie stellte während des Bergarbeiterstreiks die Stromversorgung Großbritanniens sicher und blieb auch dann noch auf Kurs, als sich die öffentliche Meinung gegen sie zu wenden drohte.

Hartnäckigkeit allein ist freilich selten ausreichend für den Erfolg. Um ihre Strategie zur Erneuerung Großbritanniens nachhaltig umzusetzen, musste Thatcher in der Konservativen Partei Anhänger um sich scharen, insbesondere was ihre innenpolitischen Reformen betraf, die naturgemäß polarisierender waren als die Mobilisierung gegen einen äußeren Feind. Ihre Rhetorik hatte eine ähnliche Wirkung auf ihre Anhänger, wie sie Isaiah Berlin in Bezug auf Churchills Reden während des Zweiten Weltkriegs beschrieb:

> So hypnotisch war die Kraft seiner Worte, so stark war sein Vertrauen, dass er sie durch die schiere Intensität seiner Sprachgewalt in den Bann schlug, bis sie das Gefühl hatten, dass er tatsächlich aussprach, was in ihren Herzen und Köpfen war. Zweifellos war es schon vorher dagewesen, aber weitgehend schlummernd, bis er es in ihnen weckte.[143]

Ähnlich lag auch in Thatchers Zeit die Bestürzung über die britische Dysfunktionalität bereits in der Luft. Ihr Verdienst war es, sie in den Dienst innenpolitischer Reformen zu stellen. Durch ihre Sprachgewalt mobilisierte sie genug Unterstützung in ihrem Flügel der Konservativen Partei, um ihre ehrgeizige Agenda durchzusetzen und die politische Mitte für Jahrzehnte neu auszurichten. Sie stellte zwischen einer starken Präsenz des Staates in der Gesellschaft und der Freiheit des Einzelnen in der Wirtschaft ein Gleichgewicht her – womöglich nicht das Programm, das eine Mehrheit ihrer damaligen Parteikollegen befürwortet hätte, aber ganz gewiss ein Ideal, dem die Partei in früheren Perioden ihrer Geschichte gefolgt war.[144] Dabei gelang es ihr, neue Koalitionen von Wählern zu bilden, die traditionell nicht konservativ gewählt hatten, so

Margaret Thatcher: Die Strategie der Überzeugung

dass sie drei Wahlen in Folge gewann und die Grundlage für einen vierten Sieg der Konservativen Partei kurz nach ihrem Rücktritt legte. Sie hatte die Zukunft gesehen und dafür gesorgt, dass sie funktionierte.

An Feinden hatte es ihr dabei nicht gemangelt; selbst Konservative warfen ihr manchmal vor, grundlegende Prinzipien ihrer Partei zu verraten. Sie war, natürlich, eine Außenseiterin, sowohl als Frau und Naturwissenschaftlerin als auch deshalb, weil sie als Tochter eines Lebensmittelhändlers aus der Mittelschicht stammte. Doch ihre Taten zeugten, wenngleich sie zweifellos disruptiver Natur waren, von bedingungslosem Engagement für ihre Partei. Sie verriet die Grundsätze der Partei keineswegs, sondern arbeitete unbeirrt an deren Wiederherstellung.

Thatchers Ideale waren dieselben wie die der größten konservativen Führungspersönlichkeiten seit Disraeli: Erhaltung des Vereinigten Königreichs, internationales Engagement auf der Grundlage demokratischer Prinzipien und eine auf dem Prinzip der individuellen Eigenständigkeit beruhende Innenpolitik – ergänzt durch den britischen Nachkriegskonsens über die Notwendigkeit einer stabilen Gesundheitsversorgung und des Wohlfahrtsstaats.

Außenpolitisch sah sie zunächst wenig Sinn in einer Intensivierung der diplomatischen Kontakte mit der Sowjetunion, wechselte jedoch den Kurs, als sie Michail Gorbatschow kennenlernte und Fortschritte für möglich hielt. Stets langfristig orientiert, verhandelte sie mit ihm über wichtige Themen, überzeugt davon, dass ein solcher Dialog letztlich die Position des demokratischen Westens stärken werde.

Auch zwischen ihren marktwirtschaftlichen Prinzipien und der Verpflichtung zum Umweltschutz sah sie keinen Widerspruch. Als großer Verfechterin des Montrealer Protokolls von 1987, jenes seltenen internationalen Abkommens, das nicht nur allgemein gelobt wurde, sondern auch sehr wirksam war, gebührt Thatcher ein Teil des Verdienstes für die bemerkenswerte Regeneration der Ozonschicht in den letzten Jahrzehnten. Gegen Ende ihrer Amtszeit nahm sie als eine der ersten politischen Führungspersönlichkeiten der Welt leidenschaftlich zu den Gefahren des Klimawandels Stellung. In einer Rede vor der Royal Society im Jahr 1988 gestand sie ein, dass die Menschheit ungeachtet aller Vorteile der industriellen Revolution »unwissentlich ein gewaltiges Experiment mit dem System des Planeten selbst begonnen hat«.[145] Wenngleich es späteren Generation überlassen blieb, sich diesem riesigen und immer brennenderen Problem zu widmen, hatte sie wenigstens versucht, den Weg zu weisen.

Thatchers Außenpolitik ist ein schlagender Beweis für die Wichtigkeit der britisch-amerikanischen Partnerschaft innerhalb des Atlantischen Bündnisses. Die Wiederbelebung der *special relationship* sicherte ihren Einfluss in der Weltpolitik. Weder die natürlichen Ressourcen noch die wirtschaftliche oder militärische Leistungsfähigkeit Großbritanniens hätten das Land in den 1980er-Jahren für den Status einer Supermacht qualifiziert. Doch dank Thatchers starker Persönlichkeit, ihrer geschickten Unterstützung der USA, wenn es darauf ankam, und ihrer essenziellen Beziehung zu Präsident Reagan konnte sie handeln, als wäre Großbritannien ein ebenbürtiger Partner der Vereinigten Staaten. Und die Regierung Reagan verzichtete in aller Regel freudig darauf, diese Position in Frage zu stellen.

Manche Staatslenker passen sich nach ihrem Rückzug aus der Politik mit relativer Eleganz und Leichtigkeit ihrer neuen Existenz an. Sie können sogar an Statur gewinnen und ein neues überzeugendes Kapitel ihrer Lebensgeschichte schreiben. Lady Thatcher, wie sie alsbald heißen sollte, war dies nicht beschieden. Sie lebte für ihre politische Vision und hatte nach dem Verlust ihres Amtes Mühe, etwas ähnlich Bedeutsames wie die Herausforderungen zu finden, die sie in ihren Jahren in 10 Downing Street bewältigt hatte.

Ich besuchte sie auch weiterhin bei jeder Reise nach London, sogar in den Jahren, als die Krankheit ihren Geist getrübt hatte. Trotz ihres Furcht einflößenden Rufs, den sie vor allem ihrem Verhalten in Grundsatzdebatten zu verdanken hatte, war sie mir gegenüber immer die Freundlichkeit selbst. Bis zu meinem allerletzten Besuch empfand ich sie stets als liebenswürdig, aufmerksam und würdevoll.

Bei meinen letzten Begegnungen mit einer geschätzten Freundin über mehr als drei Jahrzehnte hinweg erlebte ich sie als eine Führungsgestalt, die die Prüfungen des Lebens mit Mut und Anstand gemeistert hatte. Obwohl sie in der Politik zu einer bloßen Beobachterin degradiert worden war, wird sie für Millionen ihrer Landsleute – und zahllose Bewunderer und Verehrerinnen im Ausland – immer eine große und historische Figur bleiben: eine Wirtschaftsreformerin von bleibender Bedeutung und eine Premierministerin, die sich durch Entschlossenheit und Kühnheit auszeichnete, als die britische

Margaret Thatcher: Die Strategie der Überzeugung

Souveränität bedroht war – als die Eiserne Lady der westlichen Welt. Wer mit ihr zu tun hatte, erkannte ihre äußere Härte; man konnte die innere Stärke spüren, mit der sie die Mühen der Führung bewältigte. In ihrer Gegenwart konnten nur wenige sich ihrem persönlichen Charme und ihrer Herzlichkeit entziehen.

Für ihre Kritiker verdeckte Thatchers Stärke manchmal ihre menschlichen Qualitäten. Doch ihre stählerne Härte koexistierte mit einer oft übersehenen Eigenschaft, die den Kern ihrer Staatskunst ausmacht: der Liebe zu ihrem Land. Margaret Thatchers außerordentlich starke Überzeugungen und ihr großer Kampfgeist waren zweifellos mit dafür verantwortlich, dass sie an die Macht kam; Disziplin und Berechnung halfen ihr, an der Macht zu bleiben. Nur mit der Liebe zu ihrem Land und ihrem Volk lässt sich jedoch erklären, wie sie die Macht ausübte und was sie dadurch alles erreichte. Dass sich Königin Elizabeth II. persönlich dafür entschied, an ihrer Beerdigung teilzunehmen, eine Ehre, die keinem früheren Premierminister außer Winston Churchill zuteil geworden war, zeigt, wie tief Lady Thatchers Wirken das Bewusstsein des britischen Volkes durchdrungen hatte.

Das letzte Lied, das bei ihrer Beerdigung in der St. Paul's Cathedral am 17. April 2013 gesungen wurde, brachte diese Liebe zum Ausdruck:

> I vow to thee, my country, all earthly things above,
> Entire and whole and perfect, the service of my love:
> The love that asks no question, the love that stands the test,
> That lays upon the altar the dearest and the best.[146]

> (Ich gelobe dir, mein Land, über alle irdischen Dinge,
> Vollständig und ganz und perfekt, den Dienst meiner Liebe:
> Der Liebe, die keine Fragen stellt, der Liebe, die die Prüfung besteht,
> Die auf den Altar das Liebste und das Beste legt.)

Schlusswort:
Die Evolution politischer Führung

VON DER ARISTOKRATIE ZUR MERITOKRATIE

Dieses Buch ist der Versuch, den wechselseitigen Einfluss von sechs politischen Führungspersönlichkeiten auf die historischen Gegebenheiten und der historischen Umstände auf die Rolle nachzuzeichnen, die sie spielten. Konrad Adenauer, Charles de Gaulle, Richard Nixon, Anwar el-Sadat, Lee Kuan Yew und Margaret Thatcher – sie alle veränderten ihre jeweilige Gesellschaft und trugen dazu bei, eine neue Weltordnung zu schaffen.

Die sechs Staats- und Regierungschefs waren zutiefst von dem dramatischen halben Jahrhundert geprägt, in dem sich Europa daran machte, durch zwei Weltkriege (die im Grunde ein einziger europäischer Bürgerkrieg waren) einen großen Teil seiner eigenen Substanz zu verzehren – ein Europa, das 400 Jahre lang die geschichtliche Entwicklung geformt und zugleich einen immer größeren Teil des Globus unter seine Vorherrschaft gebracht hatte. Sie trugen zur Gestaltung der Nachkriegszeit bei, in der die Volkswirtschaften neu aufgebaut, die inneren Strukturen neu definiert und die internationalen Beziehungen neu geordnet werden mussten. Diese sechs Persönlichkeiten mussten sich den Herausforderungen des Kalten Krieges sowie den Zerrüttungen stellen, die durch Dekolonisierung und Globalisierung verursacht wurden – Prozesse, die bis heute nachhallen.

Die Periode, in der die sechs Politiker aufwuchsen, war im kulturellen Sinne eine Zeit des Umbruchs: Sowohl die politische als auch die soziale Struktur des Westens wandelten sich unwiderruflich vom erblichen und aristokratischen Führungsmodell zu einem vom Bürgertum geprägten meritokratischen Modell. Als sie erwachsen wurden, verbanden sich die noch übrig gebliebenen Reste der Aristokratie mit dem neu entstehenden, auf Leistung beruhenden Paradigma, wodurch sich die Basis der gesellschaftlichen Kreativität erweiterte und ihr Geltungsbereich ausgedehnt wurde.

Heute sind uns meritokratische Prinzipien und Institutionen so vertraut geworden, dass sie unsere Sprache und unser Denken beherrschen. Nehmen wir nur einmal das Wort »Vetternwirtschaft«, das die Bevorzugung von Verwandten und Freunden bedeutet, insbesondere bei der Besetzung von verantwortungsvollen Positionen. In der prä-meritokratischen Welt war dieser Nepotismus allgegenwärtig – er war sogar die gewohnte, übliche Lebensweise. Und doch wurden dieser Praxis keine nachteiligen Auswirkungen angelastet – im Gegenteil: Blutbande galten als Quelle der Legitimität.

Nach dem ursprünglichen Verständnis der Philosophen der griechischen Antike bedeutete Aristokratie die »Herrschaft der Besten«. Eine solche ausdrücklich *nicht* erbliche Herrschaft wurde moralisch damit gerechtfertigt, dass sie einen als gegeben angenommenen Aspekt des menschlichen Lebens – die natürliche Ungleichheit der Begabungen – für das Gemeinwohl nutzbar mache. In seinem »Mythos der Metalle« schildert Platon eine aristokratische politische Ordnung, die auf dem beruht, was wir heute »soziale Mobilität« nennen. Nach seiner Ansicht konnten junge Menschen (Mädchen eingeschlossen) mit einer Seele aus »Gold« ihren natürlichen Begabungen entsprechend in staatstragende Funktionen aufsteigen, selbst wenn ihre Eltern nur dem »Silber-« oder »Messinggeschlecht« angehörten.

Als soziales System, das die Geschichte Europas über Jahrhunderte prägte, nahm die Aristokratie jedoch eine ganz andere Bedeutung an: ein erblicher Adel, der seine Führer mit Macht und Status ausstattete. Die Mängel der Aristokratie in ihrer erblichen Variante – etwa die Gefahr des Abgleitens in Korruption oder blanke Unfähigkeit – sind uns auch heute noch gut in Erinnerung. Weniger gut ist unsere Erinnerung an ihre Tugenden.

Zum einen verstanden sich die Aristokraten nicht als eine Klasse, die ihren Status durch eigene, individuelle Anstrengungen erlangte. Die Position war angeboren, nicht verdient. Zwar gab es unter ihnen auch viele Taugenichtse und Stümper, aber der schöpferische Aspekt der Aristokratie war eng an die Ethik des *noblesse oblige* gebunden, mit anderen Worten: »Wem viel gegeben ist, von dem wird auch viel erwartet.« Da Aristokraten ihren Status nicht

Schlusswort: Die Evolution politischer Führung

durch eigenes Handeln erwarben, empfanden es zumindest die besten von ihnen als Verpflichtung, zum öffentlichen Wohl oder zur gesellschaftlichen Verbesserung beizutragen.

Im Bereich der internationalen Beziehungen gehörten viele Führungspersönlichkeiten verschiedener Nationen dieser sozialen Klasse an. Sie teilten ein Bewusstsein, das über nationale Grenzen hinausging. Daher waren sie sich im Großen und Ganzen einig in der Einschätzung, was eine legitime internationale Ordnung ausmache. Das verhinderte zwar keine Konflikte, trug aber dazu bei, ihre Härte zu begrenzen und ihre Lösung zu erleichtern. Die Konzepte der Souveränität, des Ausgleichs, der rechtlichen Gleichstellung aller Staaten und des Mächtegleichgewichts – die prägenden Elemente des Westfälischen Systems – wurden in einer von aristokratischen Praktiken bestimmten Welt entwickelt.

Die Schattenseiten der aristokratischen Außenpolitik waren ein übermäßiges Vertrauen in die eigene Intuition sowie Selbstgefälligkeit; beides trug zum Bedeutungsschwund dieses Führungsmodells bei. Doch in Verhandlungen, bei denen die soziale Position als Geburtsrecht empfunden wurde, galt gegenseitiger Respekt unter Konkurrenten und sogar gegenüber Feinden als selbstverständlich (auch wenn er nicht immer gewährleistet war). Flexibles Handeln war möglich, weil es nicht von vornherein darauf angelegt sein musste, dauerhafte Erfolge zu erzielen, wenn es nur um kurzfristige Angelegenheiten ging. Man bewertete politische Fragen auf der Grundlage einer gemeinsamen Konzeption der Zukunft und nicht aus dem Zwang heraus, jeden noch so begrenzten Fehlschlag vermeiden zu müssen.

Die Folge war, dass eine Aristokratie in ihrer besten Form einen Sinn für Exzellenz aufrechterhalten konnte, der einen Gegensatz zu den demagogischen Versuchungen bildete, welche die populäre Demokratie manchmal quälten. In dem Maße, in dem die Aristokratie ihren Werten der Selbstbeherrschung und des uneigennützigen Dienstes für das Gemeinwohl gerecht wurde, waren ihre Führer durchaus in der Lage, eine willkürliche Ausübung ihrer Herrschaft zu vermeiden und stattdessen auf der Grundlage von Status und moralischer Überzeugung zu regieren.

Im Verlauf des 19. Jahrhunderts und während des frühen 20. Jahrhunderts wurden die Voraussetzungen, die der erblichen Aristokratie zugrunde lagen, immer stärker in Frage gestellt: durch den schwindenden Gottesglauben, durch die Französische Revolution, die Bewegungen hin zu größerer politischer Gleichheit auslöste, und durch die Einkommens- und Statusverschiebungen infolge der aufblühenden Marktwirtschaft. Doch ein Jahrhundert danach enthüllte der Erste Weltkrieg plötzlich und unerwartet das Missverhältnis, das zwischen den schwindenden aristokratischen politischen Werten auf der einen Seite und den neu entstehenden technologischen Realitäten auf der anderen Seite entstanden war. Während jene das Gebot der Zurückhaltung und der friedlichen Evolution betont hatten, vergrößerten diese die destruktive Wirkung des Krieges. Das System brach zusammen, als die aufkeimenden nationalen Leidenschaften sämtliche früheren Sicherheitsvorkehrungen beiseite fegten. Die Technologie konnte nunmehr die Mittel für einen mehr als vierjährigen, immer weiter eskalierenden Zermürbungskrieg bereitstellen, der die noch vorhandenen Institutionen untergrub.

In seinem umfassenden Werk *Der Zweite Weltkrieg* stellte Winston Churchill fest, der Erste Weltkrieg sei kein Krieg der Regierungen, sondern ein Krieg der Völker gewesen, in dem sich die gesamte Lebenskraft der mächtigsten Länder »in Wut und Totschlag verströmt« habe, und erklärte:

> Die Zeiten der Verträge von Utrecht und Wien waren dahin, da aristokratische Staatsmänner und Diplomaten, sowohl Sieger wie Besiegte, in höflichen und artigen Besprechungen zusammentraten und fern vom geräuschvollen Babel der Demokratie auf allgemein anerkannten Grundlagen neue Systeme ausarbeiten konnten. Die durch ihre Leiden und durch den Einfluss von Massenpropaganda erregten Völker standen zu Millionen im Kreis und forderten, dass eine Wiedergutmachung in vollem Ausmaß verlangt werde.[3]

Weil es die Führer Europas versäumt hatten, der bevorstehenden Katastrophe vorzubeugen oder sie nach ihrem Ausbruch wenigstens einzudämmen, konnte der Erste Weltkrieg das Vertrauen in die politische Elite untergraben – und hinterließ geschwächte Staatsführungen, die in den wichtigsten Ländern allzu leicht von totalitären Herrschern überrollt werden konnten. Gleichzeitig zeigte sich, dass der Friedensschluss von 1918 nicht nur unzureichend mit der

Schlusswort: Die Evolution politischer Führung

weithin geteilten Überzeugung vereinbar war, dass eine neue Ordnung etabliert werden müsse, sondern er war auch strategisch unklug, weil er die besiegten Parteien nicht genügend schwächte, um ihre Fähigkeit zur Vergeltung zu eliminieren. Das hatte viele Konsequenzen, wobei die folgenschwerste der Zweite Weltkrieg war.

In beiden Weltkriegen stellte die totale Mobilisierung der Völker die früheste und düsterste Folge des Aufstiegs der Mittelschichten dar, deren gesamte Energien herangezogen und deren gegenseitige Antipathien ausgenutzt wurden. Doch nachdem die Wirren des Zweiten Dreißigjährigen Krieges (1914 bis 1945) vorüber waren, erwies sich dieser gesellschaftliche Wandel als vereinbar mit internationaler Stabilität und Staatskunst. Es war eine Welt selbstbewusster Nationalstaaten entstanden, in denen die bürgerlichen Mittelschichten einen großen Teil der politischen und kulturellen Macht ausübten und dabei durchaus in der Lage waren, Führungspersönlichkeiten hervorzubringen, die verantwortungsvolle und kreative Politik betrieben.

Zwei miteinander verbundene soziale Kräfte, die Meritokratie und die Demokratisierung, ermöglichten und institutionalisierten den Aufstieg von Staatslenkern aus der Mittelschicht. Eine der Parolen der Französischen Revolution hatte gelautet: »Karrieren offen für Talente«. Seit der Mitte des 19. Jahrhunderts hatte die Übernahme leistungsorientierter Prinzipien und Institutionen im Westen – etwa die Aufnahmeprüfungen an Bildungseinrichtungen, selektive weiterführende Schulen und Universitäten sowie professionelle Standards bei den Einstellungs- und Beförderungspraktiken – neue Möglichkeiten für talentierte Personen aus der Mittelschicht geschaffen, in die Politik zu gehen. Gleichzeitig verlagerte sich durch die Ausweitung des Wahlrechts auch der soziale und politische Schwerpunkt hin zur Mittelschicht.

Keiner der in diesem Buch untersuchten sechs Staatslenker entstammte der Oberschicht. Konrad Adenauers Vater war Unteroffizier der preußischen Armee und später Justizbeamter; sein Sohn durchlief die üblichen Bildungsstufen des Deutschen Reichs. Charles de Gaulles Großeltern waren gut gebildet und wohlhabend, aber sein Vater war Lehrer. Dessen Sohn war der Erste in der Familie, der in höhere Staatsämter aufstieg. Richard Nixon entstammte einer Familie der unteren Mittelschicht in Südkalifornien. Anwar el-Sadat, der Sohn eines Angestellten, hatte Schwierigkeiten, eine Empfehlung für seine Zulassung zur ägyptischen Militärakademie zu bekommen. Lee Kuan Yew war als Stammhalter einer sozial absteigenden chinesisch-singapurischen Familie geboren worden und hatte seine Bildung den Stipendien zu verdanken, die er von Singapur und Großbritannien bezog. Margaret Thatcher war die Tochter eines Kolonialwarenhändlers und besuchte eine staatliche Mädchenoberschule – die erste Frau und (nach Edward Heath) die zweite Person mit einem Mittelschichthintergrund, die die Führung der Konservativen Partei übernahm. Niemand von ihnen hatte eine Startposition ins Leben, die auf ihre spätere große Bedeutung hätte schließen lassen können.

Die bescheidene Herkunft ermöglichte es ihnen, sich den konventionellen politischen Kategorien von »Insidern« und »Outsidern« zu entziehen. Sowohl Sadat als auch de Gaulle waren Militäroffiziere, die durch krisenhafte Entwicklungen in ihren Ländern an die Macht kamen. Nixon und Adenauer waren erfahrene und bekannte Politiker, die gleichwohl Jahre im politischen Abseits hatten verbringen müssen. Von den sechs Persönlichkeiten kamen nur Thatcher und Lee auf dem orthodoxesten Weg in ihr hohes Amt – durch Parteipolitik in einem parlamentarischen System –, dennoch aber stellten sie die vorherrschende Orthodoxie ständig in Frage. Ähnlich wie ihre aristokratischen Vorgänger im 19. Jahrhundert, aber völlig anders als ihre Zeitgenossen im 20. Jahrhundert, ging es ihnen nicht in erster Linie um kurzfristige, taktische Vorteile. Vielmehr verschafften ihnen ihre Herkunft und ihre Erfahrungen fernab der Macht eine Perspektive, die es ihnen ermöglichte, das nationale Interesse zu artikulieren und über die gängige Meinung ihrer Zeit hinauszuweisen.

Die zunehmend leistungsorientierten Institutionen, die es ihnen seit frühester Jugend gestattet hatten, ihre Talente zu nutzen, waren noch im Schatten der Aristokratie entstanden – und oftmals als Folge von Kriegen. Der deutsche Generalstab und die effiziente, nicht nepotistische Bürokratie hatten ihre Vorgeschichte in den preußischen Reformen, die nach dem Schock der Niederlagen auf den Schlachtfeldern der Napoleonischen Kriege eingeführt worden waren. De Gaulle besuchte die Militärakademie Saint-Cyr, die 1802 von Napoleon gegründet worden war, um ein professionelles Offizierskorps aufzubauen. Eine weitere *grande école*, das selektive und elitäre Institut

Schlusswort: Die Evolution politischer Führung

d'études politiques (»Sciences Po«) wurde gegründet, nachdem der Deutsch-Französische Krieg (1870/71) die Unzulänglichkeiten der politischen und administrativen Führungsstrukturen Frankreichs bloßgelegt hatte – Mängel, die nun, zumindest theoretisch, durch die Förderung der Talente der nächsten Generation behoben werden sollten.

Auch die industrielle Revolution trug ihren Teil dazu bei, dass der Bildung immer größere Bedeutung beigemessen wurde, wie der Wirtschaftshistoriker David Landes feststellt: »Alle alten Vorteile – Ressourcen, Reichtum, Macht – wurden entwertet, und der Geist erhielt einen höheren Rang zugewiesen als die Materie. Von nun an stand die Zukunft allen offen, die über Anlage, Geschick und Intelligenz verfügten.«[4] Erfolg wurde nicht mehr dem Geburtsrecht, sondern zunehmend der Intelligenz und der eigenen Anstrengung zugeschrieben, und gute Bildung wurde zum Königsweg des beruflichen Aufstiegs.

Dank dieser Veränderungen konnten die sechs Führungsfiguren strenge weiterführende Schulen besuchen, die alle selektiv und dem Gemeinwohl verpflichtet oder gar staatliche Einrichtungen waren. Hier war der Wettbewerb um Bestnoten in den Prüfungen und um Stipendien ein wichtiger Aspekt des Schullebens. Schon ab der höheren Schule und in manchen Fällen bis hin zur Hochschule wurde man in einer breiten Palette von Fächern unterrichtet, vor allem in den *Humanities*, als sollte bereits jetzt gezielt auf die späteren Führungsaufgaben vorbereitet werden, für die Geschichtsbewusstsein und die Fähigkeit zum Umgang mit Tragödien unerlässlich sind. Doch vor allem erhielten sie eine Ausbildung, die ihnen half, die Welt, die Psyche anderer Menschen und sich selbst besser zu verstehen.

Die meritokratische Revolution erfasste fast jeden Lebensbereich, indem sie die Faktoren Leistung und Erfolg aufwertete und dazu beitrug, dass das Karrierestreben wichtiger wurde als die familiäre Herkunft.[5] Das Ideal, Herausragendes zu leisten, das schon im früheren aristokratischen Zeitalter gegolten hatte, wurde bewahrt und sogar noch deutlicher und mit stärkerer individualistischer Betonung hervorgehoben. Wie Thatcher 1974 anmerkte, bedeuteten »Chancen nichts, solange sie nicht das Recht einschließen, ungleich zu sein, und die Freiheit, anders zu sein«.[6] Universitäten und Karrieren wurden immer mehr (wenngleich immer noch nicht vollständig) für Frauen und ethnische Minderheiten geöffnet sowie für Personen mit nicht elitärer Herkunft. Die Gesellschaften profitierten von der sich daraus ergebenden intellektuellen Vielfalt sowie von der Offenheit für unterschiedliche Führungsstile.

Diese Faktoren ermöglichten es den in diesem Band beschriebenen Führungspersönlichkeiten, aristokratische Qualitäten mit meritokratischen Ambitionen zu verknüpfen. Die Synthese verankerte den Dienst am Gemeinwesen als eine würdige Betätigung und hob das Ansehen entsprechender Führungspositionen. Sowohl das Schulsystem als auch die Gesellschaft, in der sie aufwuchsen, legten größten Wert auf akademische Leistungen, vor allem aber auch größte Betonung auf den Charakter. Dementsprechend prägten Prioritäten die Erziehung der sechs Führungsfiguren, die über ihre Noten und Prüfungsergebnisse hinausgingen; diese blieben zwar wichtig, galten aber nicht als Selbstzweck. Das erklärt, warum sich Lee oft auf den *junzi* bezog (nach Konfuzius ein »edler Mensch« oder »gentleman«) und warum de Gaulle danach strebte, »ein Mann von Charakter« zu werden. Bildung galt nun nicht einfach nur als Qualifikationsnachweis, den man in der Jugend erwarb und dann beiseitelegte, sondern als lebenslanger Lernprozess mit intellektuellen und moralischen Dimensionen.

Zu den besonderen Werten der Mittelschicht, welche die sechs Politiker von Kindheit an prägten, gehörten persönliche Disziplin, Selbstvervollkommnung, Wohltätigkeit, Patriotismus und Selbstvertrauen. Der Glaube an ihre Gesellschaft, der auch Dankbarkeit für die Vergangenheit und Vertrauen in die Zukunft einschloss, wurde als selbstverständlich angesehen. Die Gleichheit vor dem Gesetz war eine fest verankerte Erwartung.

Im Unterschied zu ihren aristokratischen Vorläufern besaßen diese Spitzenpolitiker ein tief verwurzeltes Nationalbewusstsein, das sie in ihrer Überzeugung bestärkte, dass es ihr höchster Ehrgeiz sein müsse, ihren Mitbürgern als Lenker des Staates zu dienen. Sie bezeichneten sich nicht als »Weltbürger«. Lee mochte zwar seine Universitätsbildung in Großbritannien erhalten haben, und Nixon mochte stolz auf seine vielen Reisen sein, die er schon vor seiner Wahl zum Präsidenten absolviert hatte, aber auch diese beiden Männer schrieben sich keine kosmopolitische Identität zu. Vielmehr fassten sie das Privileg der Staatsbürgerschaft als Verantwortung dafür auf, die besonderen

Schlusswort: Die Evolution politischer Führung

Tugenden ihrer Nationen beispielhaft vorzuleben. So war es für sie eine große Ehre, ihrem Volk zu dienen und die besten Traditionen ihrer Gesellschaft zu verkörpern. Die positiven Wirkungen dieses Wertesystems, wie es sich im amerikanischen Kontext manifestiert, wurden von dem Historiker und Sozialkritiker Christopher Lasch sehr gut beschrieben:

> Bei all ihren Fehlern und Gefahren stellte die patriotische Einstellung der Mittelschicht eine Ebene der Gemeinsamkeit her, lieferte gemeinsame Maßstäbe und einen gemeinsamen Bezugsrahmen, ohne die eine Gesellschaft in rivalisierende Splittergruppen zerfällt, ohne die es, wie die Gründerväter Amerikas sehr wohl wussten, zum »Kampf aller gegen alle« kommt.[7]

Ein weiterer allen genannten Politikern (mit Ausnahme Lees) gemeinsamer Faktor war ihre fromm-religiöse Erziehung – Adenauer und de Gaulle waren katholisch, Nixon war Quäker, Sadat sunnitischer Muslim und Thatcher Methodistin. Trotz ihrer Unterschiedlichkeit verfolgen all diese Glaubensrichtungen doch auch bestimmte säkulare Erziehungsziele: Einüben von Selbstbeherrschung, Hinterfragen eigener Fehler und Zukunftsorientierung.* Es waren diese seit der Kindheit eingeübten religiösen Gewohnheiten, die ihnen die Selbstbeherrschung und eine Präferenz für eine langfristige Sicht- und Denkweise mit auf den Weg gaben – zwei wesentliche Eigenschaften der Staatskunst, die diese Führungspersonen vorbildhaft verkörperten.

---

* Wie Alexis de Tocqueville anmerkte, gewöhnen sich die Menschen in »Zeiten des Glaubens [...] natürlich und sozusagen ungewollt daran, eine lange Folge von Jahren hindurch auf ein unbewegliches Ziel hinzuschauen, auf das sie immerzu hinschreiten, und sich unmerklich vervollkommnend lernen sie zahllose kleine, flüchtige Begierden zurückzudrängen [...]. Das erklärt uns, weshalb religiöse Völker häufig so dauerhafte Dinge vollbracht haben. Es ergab sich, dass sie durch ihre Beschäftigung mit dem Jenseits das große Geheimnis des Gelingens im Diesseits gefunden hatten.« Siehe Alexis de Tocqueville, *Über die Demokratie in Amerika. Vollständige Ausgabe* (München: Deutscher Taschenbuch Verlag, 2. Aufl. 1984), S. 638.

HARTE WAHRHEITEN

Welche Gemeinsamkeiten zeigten sich in den meritokratischen Führungseigenschaften dieser sechs Politiker? Welche Lehren lassen sich aus ihren Erfahrungen ziehen?

Alle waren für ihre Direktheit bekannt und scheuten oft nicht davor zurück, harte Wahrheiten auszusprechen. Wenn es um das Schicksal ihrer Länder ging, wollten sie nicht einer Politik vertrauen, die sich auf Meinungsumfragen und Fokusgruppen stützte. »Wer, glauben Sie, hat den Krieg verloren?«, fragte Adenauer unerbittlich die Abgeordneten des Bundestags, die sich über die von den Alliierten auferlegten Bedingungen bei der Besetzung Deutschlands nach dem Zweiten Weltkrieg erregten. Nixon wiederum, ein Pionier der Nutzung moderner Marketingtechniken in der Politik, war dennoch stolz darauf, stets ohne Manuskript zu sprechen, wobei er sich allein auf sein umfassendes Wissen über die Weltpolitik stützte und sich direkt und unverblümt ausdrückte. Sadat und de Gaulle beherrschten zwar die politische Ambiguität meisterhaft, äußerten sich aber dennoch oftmals ungewöhnlich offen und eindringlich, wenn sie ihre Völker für bestimmte wichtige Ziele gewinnen wollten – wie auch Thatcher es tat.

Alle hier beschriebenen Führungsfiguren hatten einen ausgeprägten Sinn für die politischen Realitäten und eine starke Vision. Mediokre Spitzenpolitiker sind unfähig, zwischen dem Bedeutsamen und dem Alltäglichen zu unterscheiden; sie lassen sich allzu leicht von der Kompromisslosigkeit überwältigen, die geschichtliche Ereignisse oftmals kennzeichnet. Große Führer hingegen haben ein Gespür für die zeitlosen Erfordernisse der Staatskunst; sie sind in der Lage, unter den vielen Aspekten, die die Realität ausmachen, diejenigen herauszufiltern, die zu einer besseren Zukunft beitragen können. Jene Elemente also, mit denen man sich bevorzugt befassen muss, während alle anderen gemanagt und, im Extremfall, lediglich ertragen werden müssen. Sadat wie Nixon hatten von ihren Vorgängern schmerzhafte Kriege geerbt, versuchten aber nun, die verkrusteten internationalen Rivalitäten zu überwinden und eine kreative Diplomatie zu initiieren. Thatcher und Adenauer erkannten, dass eine starke Allianz mit den Vereinigten Staaten für ihre Länder am vorteilhaftesten sein würde. Lee und de Gaulle entschieden sich für

Schlusswort: Die Evolution politischer Führung

eine weniger ausgeprägte Partnerschaft mit Amerika, was unter den gegebenen Umständen durchaus angemessen war.

Alle sechs Persönlichkeiten konnten auch wagemutig sein. Bei Fragen von überragender nationaler Bedeutung handelten sie entschlossen, selbst wenn die Bedingungen – sei es im In- oder im Ausland – ausgesprochen ungünstig waren. Thatcher entsandte eine Task Force der Royal Navy über den Atlantik, um die Falkland-Inseln von Argentinien zurückzuerobern, obwohl viele Experten die Expedition für undurchführbar hielten und Großbritannien selbst in einer verheerenden Wirtschaftskrise steckte. Nixon leitete die diplomatische Öffnung gegenüber China ein und nahm Verhandlungen mit der Sowjetunion auf, obwohl dies damals dem gesunden Menschenverstand zuwiderlief und der Rückzug der Amerikaner aus Vietnam noch gar nicht abgeschlossen war. Wie de Gaulles Biograf Julian Jackson schreibt, habe der General häufig die Formulierung benutzt: »Ich habe immer gehandelt, als ob ...« – nämlich als ob Frankreich größer, in sich geeinter und selbstbewusster sei, als es tatsächlich der Fall war.[8]

Alle sechs Spitzenpolitiker verstanden, wie wichtig der gelegentliche Rückzug in die Einsamkeit sein konnte.[9] Sadat vervollkommnete sein Reflexionsvermögen im Gefängnis, desgleichen Adenauer durch sein selbstgewähltes inneres Exil in einem Kloster. Thatcher wiederum traf manche ihrer folgenreichsten Entscheidungen in den frühen Morgenstunden beim Studium der Akten. De Gaulles Haus in der abgelegenen Gemeinde Colombey-les-Deux-Églises wurde zu einem wesentlichen Bestandteil seines Lebens. Nixon kehrte dem Weißen Haus oft den Rücken und zog sich in das Eisenhower Executive Office Building, auf den Präsidenten-Landsitz Camp David oder in seine Ferienvilla im kalifornischen San Clemente zurück. Fernab der Scheinwerfer und Kameras und der täglichen Zumutungen ihrer Ämter nutzten die Staatenlenker diese Rückzugsorte zum Nachdenken und zur stillen Besinnung – vor allem wenn sie vor großen Entscheidungen standen.

Eine auffällige Gemeinsamkeit – und ein Paradoxon – kennzeichnete alle sechs: Ihr Verhalten oder ihre Politik wirkte mitunter gesellschaftsspaltend. Sie wollten, dass ihr Volk ihnen auf dem Pfad folgte, den sie eingeschlagen hatten; sie erwarteten dabei keinen Konsens und bemühten sich auch nicht darum. Für sie waren Kontroversen das unvermeidliche Nebenprodukt der umfassenden Veränderungsprozesse, die sie anstrebten. Das wird an einem Beispiel aus der Präsidentschaft de Gaulles besonders deutlich. Während der Straßenunruhen in Algerien im Januar 1960, die im Kontext des Algerienkriegs als »Woche der Barrikaden« bezeichnet werden, hielt ich mich zu Besprechungen mit Vertretern der französischen Verteidigungspolitik in Paris auf. Ein Offizier kommentierte de Gaulles Umgang mit den Ereignissen mit den Worten: »Wo auch immer er auftaucht, spaltet er das Land.« Und doch war es am Ende de Gaulle, der die Algerienkrise überwand und seinem Land wieder eine gemeinsame Zukunftsperspektive aufzeigte, genau wie er die französische Nation nach der demütigenden Kapitulation im Zweiten Weltkrieg moralisch wieder aufgerichtet hatte.

Ein Entscheidungsträger kann keine tiefgreifenden Wirtschaftsreformen einleiten, wie Thatcher es tat, wie Sadat mit Erzfeinden nach einer Friedenslösung suchen oder wie Lee von Grund auf eine erfolgreiche multiethnische Gesellschaft errichten, ohne tief verwurzelte und verkrustete Interessen zu verletzen und wichtige Wählergruppen zu vergrätzen. Adenauer akzeptierte die Einschränkungen, die mit der Besetzung Deutschlands nach dem Krieg einhergingen, und provozierte damit heftige Kritik von Seiten seiner politischen Gegner. De Gaulle überlebte – und provozierte – zahllose Konfrontationen, aber seine letzte große Tat war, die Studenten- und Gewerkschaftsproteste zu deeskalieren, die Frankreich im Mai 1968 an den Rand einer Revolution gebracht hatten. Sadat wiederum wurde zum Märtyrer, aber nicht allein, weil er den Frieden zwischen seinem Volk und Israel herbeiführte, sondern vor allem deshalb, weil er den Frieden mit Prinzipien rechtfertigte, die viele Landsleute als ketzerisch empfanden. Die sechs Staatenlenker wurden während ihrer Jahre an der Macht und danach nicht von allen Bürgern bewundert, und auch ihre Politik wurde keineswegs von allen gutgeheißen. Im Gegenteil – alle sechs bekamen Widerstand zu spüren, der oft aus ehrenhaften Motiven und manchmal von angesehenen Gegnern geleistet wurde. Das ist der Preis, der zu zahlen ist, wenn man Geschichte schreiben will.

Schlusswort: Die Evolution politischer Führung

DIE SCHWÄCHELNDE MERITOKRATIE

Zumindest im Westen mehren sich die Anzeichen, dass die Bedingungen, die dazu beitrugen, die sechs hier beschriebenen Führungsfiguren hervorzubringen, nun allerdings selbst von einem evolutionären Niedergang erfasst werden. Der staatsbürgerliche Patriotismus, der dem Dienst am Gemeinwohl einst sein Prestige verlieh, scheint nun von einem identitätsbasierten Parteigeist und einem mit diesem konkurrierenden Kosmopolitismus überflügelt zu werden. So setzen immer mehr Universitätsabsolventen in den USA ihren ganzen Ehrgeiz daran, entweder um die Welt jettende Manager oder aber professionelle Aktivisten zu werden; deutlich geringer ist hingegen die Zahl derer, die auf regionaler oder nationaler Ebene eine bescheidenere Karriere als Politiker oder im öffentlichen Dienst anstreben. Man kann sich des Eindrucks nicht erwehren, dass etwas grundsätzlich im Argen liegt, wenn die Beziehungen zwischen der Führungsschicht und einem großen Teil der Öffentlichkeit von Misstrauen oder gar wechselseitiger Feindseligkeit geprägt sind.

Das höhere Schulwesen und die Universitäten des Westens sind noch immer sehr gut darin, Aktivisten und Techniker hervorzubringen; sie haben sich jedoch weit von ihrer Mission entfernt, Staatsbürger zu formen – und unter diesen potenzielle Staatslenker. Sowohl Aktivisten als auch Techniker spielen wichtige Rollen in der Gesellschaft, etwa indem sie die Aufmerksamkeit auf Fehler lenken und die erforderlichen Maßnahmen zu deren Behebung aufzeigen – aber die breite, streng humanistische Bildung, die frühere Führungsgenerationen prägte, ist außer Mode gekommen. Die Bildung der Techniker ist heute mehr berufsvorbereitend und quantitativ; die der Aktivisten eher hyperspezialisiert und politisiert. Keiner dieser Bildungswege vermittelt viel Wissen über Geschichte oder Philosophie, aus denen sich früher oftmals die Visionen und die Vorstellungskraft großer Staatsmänner speisten.

Herausragende Prüfungsergebnisse und glänzende Lebensläufe verführen die heutigen Eliten zu der Annahme, »dass sie ihre Macht wohl verdient hätten und dass ihr Machtanspruch daher auf einem Recht und nicht auf Privilegien beruht«, schreibt der Politologe Yuval Levin, ein aufmerksamer

STAATSKUNST

Beobachter der schwächelnden Meritokratie unserer Zeit.* An die Stelle »eines warmen und beseelten Verständnisses des Charakters setzen wir eine kalte und sterile Vorstellung des Intellekts als Wertmaßstab«.[10] Nach Levins Ansicht liegt das eigentliche, profundeste Problem im Verhalten der Eliten:

> Die Amerikaner stehen den Legitimitätsansprüchen unserer Eliten zunehmend skeptisch gegenüber, aber nicht, weil es zu schwer wäre, in die obere Schicht des amerikanischen Lebens aufzusteigen (selbst wenn es so ist), sondern weil den Angehörigen dieser Schicht offenbar erlaubt ist zu tun, was immer ihnen beliebt [...]. Mit anderen Worten: Das Problem betrifft nicht unbedingt die Regeln für den Eintritt in die Elite, sondern den Mangel an Regeln *nach* dem Eintritt. Gerade weil sich unsere Elite nicht als Aristokratie betrachtet, glaubt sie, selbst keine Regeln oder Verbote zu benötigen.[11]

Während die Aristokraten des 19. Jahrhunderts verstanden hatten, dass viel von ihnen erwartet wurde, und sich die Meritokraten des 20. Jahrhunderts dem Dienst am Gemeinwohl verpflichtet fühlten, geht es den heutigen Eliten weniger um Pflichten als vielmehr um ihre Selbstverwirklichung oder ihre eigenen Karrieren. Hinzu kommt, dass sie von einer technologischen Umwelt geprägt sind, die gerade jene Qualitäten von Charakter und Intellekt in Frage stellt, die in historischer Sicht die Staatslenker mit ihren Völkern verbanden.

---

* Die Vor- und Nachteile der Meritokratie, wie sie sich heute manifestieren, werden in jüngerer Zeit breit diskutiert. Michael Sandel (in *The Tyranny of Merit*) und Daniel Markovits (in *The Meritocracy Trap*) argumentieren, dass die Meritokratie – entweder inhärent oder weil sie sich so entwickelt hat – entmenschlichend und exklusiv sei. Adrian Wooldridge entgegnet in *The Aristocracy of Talent*, dass sie eine bewundernswerte und sogar zur Umgestaltung fähige Form der gesellschaftlichen Organisation sei, die jedoch inzwischen erstarrt sei und neu gestärkt werden müsse. James Hankins (in *Virtue Politics*) und Ross Douthat und Helen Andrews (in ihren Artikeln und Essays) heben hervor, wie wichtig Charakter, Werte und Verhaltenskodizes für die Leistungsfähigkeit der Eliten seien.

Schlusswort: Die Evolution politischer Führung

DEEP LITERACY UND VISUELLE KULTUR

Die heutige Welt befindet sich inmitten eines Wandels des menschlichen Bewusstseins, der so allgegenwärtig ist, dass er fast unbemerkt bleibt. Dieser Wandel wird von neuen Technologien vorangetrieben, die als Mittler unserer Welterfahrung und unseres Informationserwerbs fungieren, so dass sich der Veränderungsprozess weitgehend ohne Verständnis für seine langfristigen Folgen entfaltet, einschließlich seiner Implikationen für die Führung eines Staates. Unter diesen Bedingungen wird das sorgfältige Lesen eines Sachbuches und die kritische Auseinandersetzung mit dem komplexen Inhalt zu einem ähnlich unkonventionellen Akt, wie es das Auswendiglernen eines epischen Gedichts in Zeiten des gedruckten Wortes gewesen war.

Ohne Zweifel sind das Internet und die mit ihm zusammenhängenden Innovationen technische Wunder, doch müssen wir dem Ausgleich der konstruktiven und der korrodierenden Denkgewohnheiten, die durch die neuen Technologien begünstigt werden, mehr Aufmerksamkeit widmen.[12] So wie früher der Übergang von der mündlichen zur schriftlichen Kultur nicht nur Vorteile im Hinblick auf die Bildung bewirkte, sondern auch die mündlichen Künste schwächte (etwa das Vortragen von Gedichten oder das Geschichtenerzählen), wird wohl auch der heute stattfindende Übergang von der Print- zur visuellen Kultur sowohl Gewinne als auch Verluste mit sich bringen.

Was läuft Gefahr, in einem vom Bildhaften dominierten Zeitalter unterzugehen? Die kulturelle Qualität hat viele Namen – darunter Gelehrsamkeit, Belesenheit, ernsthaftes, unabhängiges Denken –, aber der beste Ausdruck dafür ist »Deep Literacy«, den der Historiker und Politikwissenschaftler Adam Garfinkle wie folgt definiert: »Von Deep Literacy spricht man, wenn sich ein Leser so intensiv auf einen längeren Text einlässt, dass er die vom Autor beabsichtigte Richtung und Bedeutung vorwegnimmt.«[13]

Deep Literacy war allgegenwärtig und doch unsichtbar; es war die »Hintergrundstrahlung« der Zeit, in der die sechs in diesem Buch dargestellten Führungsgestalten erwachsen wurden.

Politisch bewegten Menschen offeriert Deep Literacy mithin jene Qualität, die Max Weber »Augenmaß« nannte – oder »die Fähigkeit, die Realitäten mit innerer Sammlung und Ruhe auf sich wirken zu lassen«.[14] Intensives Lesen kann den Staatslenkern helfen, die geistige Distanz zu externen Dingen und Menschen zu wahren und sich so dieses Augenmaß, den Sinn für Verhältnismäßigkeit, zu erhalten. In Kombination mit Reflexion und Gedächtnistraining vermittelt es auch einen Fundus von solidem und detailliertem Wissen, auf dessen Grundlage Spitzenpolitiker Analogieschlüsse ziehen können. Vor allem aber eröffnen Bücher eine vernünftige, klar gegliederte und geordnete Sicht der Realität – einer Realität, die durch intensives Nachdenken und Planung gemeistert oder zumindest bewältigt werden kann.[15] Mit Blick auf die Führungsarbeit vielleicht am wichtigsten, schafft das Lesen eine Art »Gesprächsfaden zwischen den Generationen« und fördert Lernen mit einem Sinn für Perspektiven.[16] Und schließlich ist das Lesen auch eine Quelle der Inspiration.* Bücher zeichnen die Taten der Staatenlenker auf, die einst Großes wagten, aber auch derer, die zu viel wagten – als Warnung.

Schon vor dem Ende des 20. Jahrhunderts hatte das gedruckte Wort seine bisherige Dominanz verloren. Das führte unter anderem dazu, dass »eine andere Art von Person zum Führer gewählt wird, die sich selbst und ihr Programm auf eine geschliffene Weise zu präsentieren versteht«, wie Lee Kuan Yew im Jahr 2000 erklärte, der dem hinzufügte:

> Das Satellitenfernsehen ermöglicht es mir, den amerikanischen Präsidentschaftswahlkampf zu verfolgen. Ich beobachte staunend, wie die Medienprofis einem Kandidaten ein neues Image verpassen und ihn, jedenfalls oberflächlich, in eine andere Person verwandeln können. Eine Wahl zu gewinnen wird zum großen Teil zu einem Wettbewerb in Sachen Verpackung und Werbung.[17]

---

* Charles Hill, ein altgedienter amerikanischer Diplomat und Berater des US-Außenministeriums, schrieb ein ganzes Buch über die Bedeutung der Literatur für die Staatskunst. »Die literarische Freiheit, alles bis ins letzte und feinste Detail zu erkunden, die Gedanken imaginärer Charaktere darzustellen und große Themen durch verschlungene Handlungen zu dramatisieren, bringt die Literatur näher an die Realität des ›wie die Welt wirklich funktioniert‹. Für den Strategen ist diese Dimension des Fiktiven unverzichtbar, da er aufgrund der Beschaffenheit seiner Kunst nicht alle Fakten, Überlegungen und potenziellen Konsequenzen einer Situation erkennen kann, wenn eine Entscheidung getroffen werden muss, ob er dazu bereit ist oder nicht.« Siehe Charles Hill, *Grand Strategies: Literature, Statecraft, and World Order* (New Haven: Yale University Press 2010), S. 6.

Schlusswort: Die Evolution politischer Führung

Konnten schon die Vorteile des Printzeitalters nicht von den Kosten getrennt werden, so gilt dies auch für das visuelle Zeitalter. Heute stehen Bildschirme in jedem Wohnzimmer, Entertainment ist allgegenwärtig und Langeweile eine Seltenheit. Und schaut man genauer hin, so stellt man fest, dass das visualisierte Unrecht viel eindringlicher auf uns wirkt als ein durch Text beschriebenes Unrecht; das Fernsehen spielte daher auch in der amerikanischen Bürgerrechtsbewegung eine entscheidende Rolle. Doch das Fernsehen verursacht beträchtliche Kosten, indem es der emotionalen Großspurigkeit Vorrang gegenüber der Selbstbeherrschung einräumt und die Menschen und die Argumente verändert, die im öffentlichen Leben heutzutage überhaupt noch ernst genommen werden.

Die Verschiebung von der gedruckten zur visuellen Kultur setzt sich heute immer weiter fort, je mehr sich die Nutzung des Internet und der sozialen Medien verfestigt. Dieser Trend bringt vier Verzerrungseffekte mit sich, die es dem heutigen Führungspersonal erschweren, seine Fähigkeiten so umfassend weiterzuentwickeln, wie es im Printzeitalter möglich gewesen war. Diese vier Effekte sind: Unmittelbarkeit, Intensität, Polarität und Konformität.

Obwohl uns das Internet Nachrichten und Daten schneller und unmittelbarer zugänglich macht als je zuvor, werden wir durch diese Übersättigung mit Informationen nicht klüger – und weiser schon gar nicht. Zwar mögen die »Kosten« der Informationsbeschaffung immer unbedeutender werden, wie das bei der Internetnutzung der Fall ist, aber wir bekommen immer weniger Anreize, Informationen in unserem Gedächtnis »abzuspeichern«. Natürlich muss man nicht jeden einzelnen Nachrichtenschnipsel im Kopf behalten, aber das systematische Versagen, Informationen aufzunehmen und zu verarbeiten, zieht eine Veränderung der Wahrnehmung und eine Schwächung der analytischen Fähigkeiten nach sich. Denn Fakten sind selten selbsterklärend; ihre Bedeutung und ihre Interpretation leiten sich vom Kontext und dessen Relevanz ab. Damit Informationen auch nur annähernd in etwas verwandelt werden können, das man Weisheit nennen könnte, müssen sie in einen breiteren Kontext der Geschichte und der Erfahrung eingeordnet werden.

In der Regel »sprechen« uns Bilder mit einer höheren emotionalen Intensität an als Worte. Das Fernsehen und die sozialen Medien stützen sich auf Bilder, mit denen sich Leidenschaften anfachen lassen, und drohen verantwortungsbewusste Führung zu überwältigen, indem sie nicht nur deren persönliche Emotionen ansprechen, sondern auch die des Massenpublikums. Insbesondere die sozialen Medien ermuntern ihre Nutzer, selbst zu imagebewussten Meinungsmachern zu werden. All das erzeugt eine zunehmend populistische Politik, die Äußerungen bejubelt, die als authentisch wahrgenommen werden, noch deutlicher als die geschliffenen, prägnanten Soundbites des Fernsehzeitalters, ganz zu schweigen von den eher analytischen Druckprodukten.

Die Architekten des Internet glaubten, ihre Erfindung sei ein geniales Medium, die Menschen weltweit miteinander zu verbinden; in Wirklichkeit hat es jedoch einen neuen Weg freigemacht, die Menschheit in verfeindete Stämme zu spalten. Polarität und Konformität stützen sich aufeinander und verstärken sich gegenseitig; man wird in eine Gruppe geschoben, doch schon bald kontrolliert die Gruppe das eigene Denken. Da kann es nicht verwundern, dass auf vielen modernen Social-Media-Plattformen die Nutzer in »Followers« und »Influencers« unterteilt werden; von »Leaders« ist nicht die Rede.

Was sind nun aber die Folgen für das, was wir »Leadership« nennen? Unter den derzeitigen Bedingungen scheint mir Lees düstere Einschätzung der visuellen Medien wichtig zu sein: »Ich bezweifle, ob aus diesem Prozess ein Churchill, ein Roosevelt oder ein de Gaulle hätte hervorgehen können.«[18] Das soll nicht heißen, dass der Wandel der Kommunikationstechnologien eine inspirierte politische Führung und tiefes Nachdenken über die Weltordnung unmöglich gemacht hätte. Aber umsichtige, nachdenkliche Führungspersonen müssen in unserer von TV und Internet beherrschten Welt stärker denn je gegen den Strom schwimmen.

GRUNDLEGENDE WERTE

Verdienst (lat. *meritum*) wird heute näherhin als Intelligenz in Kombination mit Leistung verstanden. Aber Thomas Jeffersons Vorstellung einer »natürlichen Aristokratie« beruhte auf einer anderen und möglicherweise tragfähigeren Basis: auf der Verschmelzung von »Tugend und Talent«.[19] Damit eine

Schlusswort: Die Evolution politischer Führung

politische Elite einen wertvollen Dienst an der Gemeinschaft erbringen kann, sind sowohl Bildung als auch Charakter wesentliche Faktoren.

Wie wir gesehen haben, war für Staatslenker von welthistorischer Bedeutung eine strenge und humanistische Erziehung von großem Nutzen. Eine solche Bildung beginnt in einem formellen Rahmen und setzt sich lebenslang durch Lesen und Diskussionen mit anderen fort. Der erste Schritt erfolgt heute nur noch selten – nur wenige Universitäten bieten explizit oder implizit einen Studiengang in Staatsführung an –, und das lebenslange Bemühen darum wird immer schwieriger, weil der technologische Wandel *Deep Literacy* untergräbt. Damit die Meritokratie wiederbelebt werden kann, müsste humanistische Bildung ihre frühere Bedeutung wiedererlangen und auch Fächer wie Philosophie, Politik, Humangeografie, moderne Sprachen, Geschichte, Wirtschaftstheorie, Literatur und vielleicht sogar das Studium der klassischen Antike beinhalten, somit eben jenen Wissensfundus aufbauen, der früher zur Grundausbildung des Staatsmannes zählte.

Und weil auch die Charakterbildung von großer Bedeutung ist, sollte ein vertieftes Verständnis der meritokratischen Führungsqualitäten auch die Definition von Tugend umfassen, die der Politikwissenschaftler James Q. Wilson so entwarf: »Gewohnheiten des maßvollen Handelns, genauer gesagt, Handeln mit gebührender Zurückhaltung eigener Impulse, angemessener Beachtung der Rechte anderer und realistischer Berücksichtigung möglicher Spätfolgen«.[20] Von der Jugend bis ins hohe Alter bleibt die absolut zentrale Bedeutung des *Charakters* – dieser unentbehrlichsten aller menschlichen Eigenschaften – eine ständige Herausforderung, für Führungspersonal nicht weniger als für jene, die in Führungspositionen streben. Ein guter Charakter ist zwar keine Garantie für weltlichen Erfolg oder staatsmännische Triumphe, bietet aber sehr wohl festen Halt im Sieg und Trost im Misserfolg.

An diese sechs Führungspersönlichkeiten wird man sich der Eigenschaften wegen erinnern, die mit ihnen in Verbindung gebracht wurden und die ihre Wirkung bestimmten: Adenauer für seine Integrität und Beharrlichkeit; de Gaulle für seine Entschlossenheit und historische Vision; Nixon für seine Einsicht in die internationalen Verflechtungen und seine Entscheidungsstärke; Sadat für die geistige Noblesse, die ihn Frieden stiften ließ; Lee für seine Vorstellungskraft bei der Gründung einer neuen multiethnischen

Gesellschaft; Thatcher für ihre prinzipienbasierte Führung und Zähigkeit. Alle bewiesen sie außerordentlich großen Mut. Kein Individuum könnte je all diese Tugenden gleichzeitig in sich vereinen; die sechs Staatenlenker verbanden sie mit unterschiedlichen Anteilen. Ihre Führungsqualitäten wurden ebenso ihren Eigenschaften zugeschrieben wie ihren Leistungen.

FÜHRUNG UND WELTORDNUNG

Seit dem Ende dessen, was auf diesen Seiten als Zweiter Dreißigjähriger Krieg bezeichnet wird (1914–1945), haben die Echtzeit-Kommunikation und die Erleichterung des weltweiten Reisens dazu geführt, dass sich Spitzenpolitiker mit zwei entscheidenden Fragen auseinandersetzen müssen, die sich ihnen mit neuer Bedeutung und Dringlichkeit stellen: Was ist für die nationale Sicherheit unabdingbar? Und was ist für eine friedliche internationale Koexistenz erforderlich?

Im Verlauf der Geschichte sind diese Fragen auf unterschiedliche Weise beantwortet worden. Obwohl es eine Vielzahl von Imperien gegeben hat, waren die Bestrebungen nach einer Weltordnung immer durch Geografie und Technologie auf bestimmte Regionen begrenzt. Dies traf sogar auf das Römische und das chinesische Reich zu, die beide eine große Vielfalt unterschiedlicher Gesellschaften und Kulturen in sich vereinten. Es waren regionale Ordnungen, die sich jeweils als Weltordnung ausgaben.

Vom 16. Jahrhundert an erweiterte sich die Kapazität des Westens dramatisch, seine Macht und seine Herrschaftssysteme auf die ganze Welt auszudehnen.[21] Ab Mitte des 17. Jahrhunderts entwickelte sich in Europa das Westfälische System, das auf der Achtung der nationalen Souveränität und des internationalen Rechts basierte. Dieses System, das nach dem Ende des Kolonialismus weltweit verankert wurde, ermöglichte den Aufstieg von Staaten, die – nachdem sie die westliche Vorherrschaft abgeschüttelt hatten – darauf beharrten, die Definition der Regeln der etablierten Weltordnung mitzubestimmen, mitunter auch in Frage zu stellen.

In seiner Schrift *Zum ewigen Frieden* schrieb der Philosoph Immanuel Kant schon vor drei Jahrhunderten, der Menschheit sei ein universaler Friede

Schlusswort: Die Evolution politischer Führung

vorbestimmt, entweder durch menschliche Einsicht oder durch Konflikte von solchem Ausmaß und derart zerstörerischer Kraft, dass keine Alternative mehr übrig bleibe. Die darin dargelegten Aussichten waren zu absolut; das Problem der internationalen Ordnung hat sich bislang nicht als Entweder-oder-Aussage manifestiert. Soweit die jüngere Erinnerung zurückreicht, lebt die Menschheit in einer Art Gleichgewicht zwischen relativer Sicherheit und einer durch ihre Führungspersonen begründeten und durch sie interpretierten Legitimität.

In keiner früheren Periode der Geschichte wären die Folgen schwerer oder katastrophaler gewesen als heute, wenn dieses Gleichgewicht in irgendeiner Weise gestört würde. Unsere heutige Zeit hat ein solches Niveau der Zerstörungskraft hervorgebracht, dass es der Menschheit möglich wäre, die Zivilisation selbst zu vernichten. Das spiegelt sich in den großen Strategien dieser Zeit wider, die in der berühmten Phrase vom »Gleichgewicht des Schreckens«, der »wechselseitig zugesicherten Zerstörung« (Mutually Assured Destruction, MAD), knapp und bündig zusammengefasst werden. Sie wurden weniger mit dem Ziel vorgetragen, einen Sieg im traditionellen Sinne zu erringen, als vielmehr den Krieg zu verhindern. Ganz offensichtlich waren sie weniger für den Konflikt entworfen worden – der als potenziell selbstmörderisch erkannt worden war –, als vielmehr für den Zweck der Abschreckung. Nicht lange nach Hiroshima und Nagasaki wurde der Einsatz von Atomwaffen allzu unkalkulierbar, und die damit verbundenen Risiken entkoppelten sich völlig von den Konsequenzen.

Seit fast acht Jahrzehnten, in denen hochentwickelte Waffensysteme immer schlagkräftiger, komplexer und zielgenauer geworden sind, hat sich kein Land entschließen können, sie tatsächlich einzusetzen – nicht einmal in Konflikten mit nicht nuklearen Staaten. Wie bereits erwähnt, akzeptierten sowohl die Sowjetunion als auch die Vereinigten Staaten Niederlagen, die ihnen von Nichtnuklearländern zugefügt worden waren, ohne ihre eigenen tödlichsten Waffen einzusetzen. Doch diese Dilemmata der Nuklearstrategie haben sich nie völlig aufgelöst; sie sind lediglich mutiert, als immer mehr Staaten fortgeschrittene Waffensysteme entwickelten und die im Grunde bipolare Verteilung der Vernichtungskapazitäten, die den Kalten Krieg gekennzeichnet hatte, von einer komplexeren und potenziell weniger stabilen multipolaren Konfiguration verdrängt wurde.

STAATSKUNST

Cyberwaffen und KI-Anwendungen (wie etwa autonome Waffensysteme) verschärfen diese bestehenden Gefahren noch weiter. Denn im Unterschied zu Nuklearwaffen sind Cyberwaffen und Künstliche Intelligenz allgegenwärtig und relativ kostengünstig in der Entwicklung – und sie verlocken dazu, sie auch tatsächlich einzusetzen. Cyberwaffen kombinieren potenziell massive Zerstörung mit der Möglichkeit, die Urheberschaft der Angriffe zu verschleiern. Mit KI lassen sich die dem menschlichen Handeln auferlegten Grenzen überwinden, so dass derartige Waffen aufgrund ihrer eigenen Berechnungen gestartet werden und ihre Ziele mit nahezu absoluter Präzision selbst finden und auswählen können. Weil die Schwelle für ihren Einsatz so niedrig und ihre destruktive Kapazität so groß ist, besteht die Gefahr, dass der Einsatz derartiger Waffen eine Krise in einen Krieg oder einen begrenzten Krieg durch unbeabsichtigte oder unkontrollierbare Eskalation in einen Nuklearkrieg verwandeln könnte. Die Wirkungsmacht revolutionärer Technologien macht den vollen Einsatz ihrer Kapazitäten zu einem selbstmörderischen Unterfangen und selbst ihre begrenzte Anwendung so schwierig, dass sie nicht mehr beherrschbar wären. Bisher ist noch keine Diplomatie erfunden worden, mit ihrem Einsatz explizit zu drohen, ohne das Risiko einer Reaktion durch einen Präventivschlag in Kauf nehmen zu müssen. In Anbetracht dieser ungeheuren potenziellen Folgen erscheinen sogar die Bemühungen um eine Rüstungskontrolle als relativ einfaches Unterfangen.

Es ist ein Paradox des Zeitalters der Hochtechnologie, dass tatsächliche Militäroperationen auf konventionelle Waffen oder den taktischen Einsatz von kleinen Hightech-Waffensystemen beschränkt werden, von Drohnen- bis hin zu Cyberangriffen. So soll der Einsatz fortgeschrittener Waffen durch die wechselseitig zugesicherte Zerstörung unter Kontrolle gehalten werden. Für die längerfristige Zukunft ist dieses Muster jedoch zu instabil und daher gefährlich.

Die Geschichte ist und bleibt eine unerbittliche Lehrmeisterin, zumal die technologische Revolution von einer politischen Transformation begleitet wird. Gegenwärtig stellt sich die Welt auf die Wiederkehr der Großmächte-Rivalität ein, die durch die Verbreitung und Weiterentwicklung erstaunlicher Technologien noch verstärkt wird. Als die Volksrepublik China ihren Wiedereintritt in das internationale System einleitete, verfügte sie über ein enormes

Schlusswort: Die Evolution politischer Führung

menschliches und ökonomisches Potenzial, aber ihre Technologie und tatsächliche Macht waren relativ begrenzt. Heute zwingen Chinas wachsende ökonomische und strategische Kapazitäten die Vereinigten Staaten zum ersten Mal in ihrer Geschichte dazu, sich mit einem geopolitischen Konkurrenten zu messen, der über vergleichbare Ressourcen verfügt – eine Aufgabe, die für Washington ebenso ungewohnt ist wie für Peking, das in historischer Sicht andere Nationen stets als der chinesischen Kultur und Macht tributpflichtig behandelt hat.

Beide Nationen halten sich für außergewöhnlich, jedoch auf unterschiedliche Weise. Die Vereinigten Staaten handeln nach der Prämisse, die eigenen Werte seien universell anwendbar und würden letztlich auch überall übernommen. China wiederum erwartet, dass seine zivilisatorische Einzigartigkeit und eindrucksvolle ökonomische Leistungskraft andere Gesellschaften inspiriert, der Vorrangstellung Chinas die gebührende Achtung zu zollen. Doch sowohl der missionarische Impuls der Vereinigten Staaten als auch Chinas kulturelles Überlegenheitsgefühl zielen letztlich darauf ab, dass sich der jeweils andere unterordnet. Aufgrund der Beschaffenheit ihrer Volkswirtschaften und ihrer Hochtechnologie stoßen die beiden Mächte in Bereichen zusammen, die sie bislang als ihre jeweiligen Kerninteressen betrachtet hatten – teilweise von der Entwicklungsdynamik getrieben, zunehmend aber auch mit voller Absicht.

Das China des 21. Jahrhunderts scheint auf dem Weg zu sein, eine internationale Rolle zu übernehmen, für die sich das Land aufgrund seiner Errungenschaften über Jahrtausende hinweg berechtigt wähnt. Wollen die Vereinigten Staaten das globale Gleichgewicht aufrechterhalten, dessen Ursprünge in der Nachkriegserfahrung des Landes liegen, müssen sie in allen Teilen der Welt Macht, Zielstrebigkeit und diplomatisches Geschick demonstrieren und so auf die greifbaren und konzeptionellen Herausforderungen dieser Ordnung reagieren. Den Führern beider Seiten erscheinen diese Erfordernisse der Sicherheit selbstverständlich. Und darin werden sie von der öffentlichen Meinung unterstützt. Doch Sicherheit ist nur die eine Seite der Medaille. Für die Zukunft der Welt lautet die zentrale Frage: Werden die beiden Giganten lernen, wie sich ihre Rivalität mit dem Konzept und der Praxis einer Koexistenz verbinden lässt?

Was Russland betrifft, so verfügt es ganz offensichtlich weder über Chinas Marktmacht noch über eine vergleichbare demografische Stärke oder eine ähnlich diversifizierte industrielle Basis. Weil sich Russland über elf Zeitzonen erstreckt und nur wenige natürliche Verteidigungsgrenzen besitzt, wird es auch weiterhin den eigenen geografischen und historischen Zwängen entsprechend agieren. Die russische Außenpolitik übersetzt einen mystischen Patriotismus in ein imperiales Anspruchsgehabe, das aber mit einem dauerhaften Unsicherheitsgefühl verbunden ist, welches sich letztlich aus der seit Langem empfundenen strategischen Verwundbarkeit für Invasionen über die Osteuropäische Ebene ableiten lässt. In historischer Sicht haben die generell autokratischen Herrscher Russlands immer versucht, das riesige Territorium durch einen Sicherheitsgürtel rund um seine diffusen Grenzen zu schützen, und diese Priorität manifestiert sich auch in der Gegenwart wieder mit dem Angriff Russlands auf die Ukraine.

Die Wechselwirkungen zwischen diesen Gesellschaften werden durch ihre strategischen Überlegungen geformt, die sich wiederum aus ihrer jeweiligen Geschichte ergeben. Das belegt auch der Ukraine-Konflikt. Nach der Desintegration der sowjetischen Satellitenstaaten in Osteuropa und ihrer Neuentstehung als unabhängige Nationen wurde das gesamte Territorium vom Eisernen Vorhang im Zentrum Europas bis hin zur Staatsgrenze Russlands für eine neue strategische Gestaltung geöffnet. Die Stabilität hing nunmehr davon ab, ob das sich neu herausbildende Ordnungsmuster geeignet wäre, nicht nur die Ängste der Europäer vor einer Vorherrschaft Russlands, sondern auch die historische Besorgnis Russlands im Hinblick auf Offensiven aus dem Westen zu beruhigen.

Die strategische Geografie der Ukraine symbolisiert diese Besorgnisse. Würde die Ukraine der NATO beitreten, würde die Sicherheitslinie zwischen Russland und Europa weniger als 500 Kilometer von Moskau entfernt verlaufen – und damit würde die historische Pufferzone beseitigt, die Russland in früheren Jahrhunderten geschützt hatte, als Frankreich und Deutschland versuchten, das Land zu besetzen. Würde die Sicherheitslinie an der westlichen Grenze der Ukraine gezogen, stünden russische Truppen in Angriffsdistanz zu Budapest und Warschau. Die Invasion der Ukraine im Februar 2022, dieser ungeheuerliche Verstoß gegen das internationale Recht, ist daher großenteils

Schlusswort: Die Evolution politischer Führung

der Auswuchs eines gescheiterten strategischen oder nur halbherzig geführten Dialogs. Dass wir gegenwärtig die militärische Konfrontation zweier nuklear bewaffneter Einheiten erleben – selbst wenn sie auf ihre wirkungsmächtigsten Waffen nicht zurückgreifen –, unterstreicht die Dringlichkeit des grundlegenden Problems.

Die trianguläre Beziehung zwischen den Vereinigten Staaten, China und Russland wird letztlich wiederhergestellt werden – aber Russland wird angesichts der Demonstration seiner militärischen Grenzen in der Ukraine, der weitverbreiteten Ablehnung seines Vorgehens und der Reichweite und Wirkung der gegen das Land verhängten Sanktionen geschwächt sein. Aber es wird auch weiterhin über seine nuklearen und Cyber-Kapazitäten verfügen, die es zu Weltuntergangsszenarien befähigen.

In den Beziehungen zwischen den Vereinigten Staaten und China lautet die Kernfrage, ob – und wie – zwei derart unterschiedliche Konzepte nationaler Größe friedlich nebeneinander existieren können. Im Falle Russlands liegt die Aufgabe darin, ob das Land sein Selbstverständnis mit der Sicherheit und Selbstbestimmung der Länder der Region in Einklang bringen kann, die es seit Langem als sein nahes Ausland betrachtet (womit vor allem Zentralasien und Osteuropa gemeint sind), und ob es dies als Teil eines internationalen Ordnungssystems und nicht durch die Ausübung von Macht und Vorherrschaft tun wird.

Es erscheint heute durchaus möglich, dass die liberale und auf universell geltenden Regeln beruhende Ordnung, so würdig ihr Konzept auch sein mag, in der Praxis für unbestimmte Zeit durch eine zumindest teilweise entkoppelte Welt ersetzt werden wird. Eine solche Aufspaltung könnte dazu führen, dass sich die Suche nach Einflusssphären an den Rändern intensiviert. Wenn es so käme, würden dann Staaten, die sich nicht auf globale Verhaltensregeln einigen können, dennoch in der Lage sein, innerhalb eines vereinbarten Gleichgewichtsmusters zu agieren? Oder wird das Verlangen nach Vorherrschaft die Argumente für Koexistenz überwältigen?

In einer Welt, in der eine zunehmend wirkmächtige Technologie die menschliche Zivilisation entweder beflügeln oder aber zerlegen kann, gibt es keine endgültige Lösung für den Konkurrenzkampf der Großmächte, von einer militärischen ganz zu schweigen. Ein ungehemmtes technologisches

STAATSKUNST

Wettrennen, basierend auf einer Ideologisierung der Außenpolitik, in der jede Seite von den bösartigen Absichten der anderen Seite überzeugt ist, wird letztlich einen ähnlich verheerenden Teufelskreis gegenseitigen Misstrauens erzeugen, der seinerzeit den Ersten Weltkrieg auslöste, aber mit unvergleichlich schrecklicheren Folgen.

Alle Seiten sind daher gehalten, die Leitprinzipien internationalen Verhaltens zu überprüfen und sie mit den Möglichkeiten einer Koexistenz in Einklang zu bringen. Für die Führer der Hochtechnologiegesellschaften insbesondere lautet der moralische und strategische Imperativ, eine anhaltende Debatte – sowohl in ihren eigenen als auch mit potenziell gegnerischen Ländern – über die Implikationen der Technologie zu führen und auch darüber, wie sich ihre militärischen Anwendungen zähmen lassen. Das Thema ist zu wichtig und darf daher nicht vernachlässigt werden, bis erst Krisen eintreten. Wie schon die Debatten über die Rüstungskontrolle im Nuklearzeitalter zu Einschränkungen beitrugen, könnten Gespräche auf hoher Ebene über die Konsequenzen der neu aufkommenden Technologien dazu beitragen, das gemeinsame Nachdenken darüber zu kultivieren und die Gewöhnung an die reziproke militärische Selbstkontrolle zu fördern.

Es ist eine Ironie unserer heutigen Welt, dass einige ihrer glorreichen Errungenschaften – die revolutionären Fortschritte der Technologie – so plötzlich und begleitet von derart großem Optimismus auftreten, dass es kaum kritische Überlegungen zu ihren Gefahren und nur wenige systematische Bemühungen gibt, ihr gewaltiges Potenzial zu verstehen. Technologen entwickeln wundersame Geräte, haben aber weder den Wissenshintergrund noch einen Anlass, ihre Bedeutung innerhalb eines historischen Bezugsrahmens zu erkunden. Politischen Führungspersonen fehlt es allzu oft an einem angemessenen Verständnis der strategischen und philosophischen Implikationen der Instrumente und Algorithmen, die ihnen zur Verfügung stehen. Gleichzeitig wirkt sich die technologische Revolution auch auf das Bewusstsein und die Wirklichkeitswahrnehmung der Menschen aus. Die letzte vergleichbar große Transformation, die Aufklärung, ersetzte das Zeitalter des Glaubens durch wiederholbare Experimente und logische Deduktionen. Jetzt wird dies durch das Vertrauen auf Algorithmen ersetzt, die in umgekehrter Richtung wirken und Ergebnisse anbieten, die nach einer Erklärung suchen. Diese

Schlusswort: Die Evolution politischer Führung

neuen Grenzen zu erkunden erfordert ernsthafte Anstrengungen der politischen Führungspersönlichkeiten, um die Lücken zwischen den Welten von Technologie, Politik, Geschichte und Philosophie zu verringern und hoffentlich zu schließen.

Schon in der Einleitung zu diesem Buch habe ich Analysefähigkeit, Strategie, Mut und Charakter als Prüfsteine politischer Führung bezeichnet. Die Herausforderungen, denen sich die hier beschriebenen Führungspersönlichkeiten stellen mussten, waren vergleichsweise ähnlich komplex wie die heutigen, wenn auch weniger weitreichend. Das Kriterium, nach dem Politiker in historischer Sicht beurteilt werden, ist und bleibt jedoch dasselbe: mit Vision und Hingabe die gegebenen Umstände zu überwinden.

Die Führungspersonen der Großmächte müssen nicht unbedingt eine genaue Vision davon haben, wie sie die hier beschriebenen Dilemmata möglichst schnell auflösen könnten. Sie sollten sich jedoch darüber im Klaren sein, was es zu vermeiden gilt und was auf keinen Fall toleriert werden darf. Weise Staatenlenker müssen die Herausforderungen angehen, die sich ihnen stellen, bevor sie sich zu Krisen auftürmen können.

Die heutige Zeit verliert ihren Anker, weil es ihr an einer moralischen und strategischen Vision mangelt. Noch übersteigt die ungeheure Weite unserer Zukunft jedes Begriffsvermögen. Bedrohliche Wellenberge und -täler und trügerische Untiefen erschweren die Orientierung und verlangen nach Steuerleuten mit Kreativität und Kraft, die ihre Gesellschaften zu noch unbekannten, aber hoffnungsvolleren Zielen führen können.

DIE ZUKUNFT POLITISCHER FÜHRUNG

Unter diesen unheilvollen Umständen erhalten die beiden Fragen neue Aktualität, die Konrad Adenauer 1967 während unserer letzten Begegnung, drei Monate vor seinem Tod, an mich richtete: Sind politische Führer überhaupt noch in der Lage, wirklich langfristige Politik zu betreiben? Ist echte Führung heute überhaupt noch möglich?

Nachdem wir hier das Leben von sechs bedeutungsvollen Persönlichkeiten des 20. Jahrhunderts und die Bedingungen, die ihre Erfolge ermöglichten, erkundet haben, drängt sich dem Forschenden naturgemäß die Frage auf, ob sich derartige Lebensleistungen heute wiederholen lassen. Gibt es Führungspersönlichkeiten mit dem Charakter, dem Intellekt und der Ausdauer, um die Herausforderungen angesichts der heutigen Weltordnung zu meistern?

Die Frage wird nicht zum ersten Mal gestellt, und immer wieder haben sich Führungsfiguren herauskristallisiert, die sich der Situation gewachsen zeigten. Als mir Adenauer jene Fragen stellte, waren Sadat, Lee und Thatcher noch nahezu unbekannt. Ebenso konnten sich nur wenige, die 1940 den Untergang Frankreichs erlebten, den Wiederaufstieg des Landes während de Gaulles mehr als 25 Jahre überspannender politischer Laufbahn vorstellen. Und als Nixon den Dialog mit China eröffnete, hatten nur wenige seiner Zeitgenossen auch nur eine vage Vorstellung von den möglichen Folgen.

In seinen *Discorsi* schreibt Machiavelli das Erlahmen der Staatsführung einer gesellschaftlichen Trägheit zu, die durch längere Perioden der Ruhe hervorgerufen werde. Wenn Gesellschaften mit friedlichen Zeiten gesegnet seien und sich einem langsamen Verfall der Normen hingäben, würden vorzügliche Männer angefeindet, und es könne geschehen, »was eine allgemeine Täuschung für gut hält oder was von Leuten, die mehr nach Gunst streben als das allgemeine Wohl zu befördern suchen, vorgeschlagen wird«.[22] Doch später, unter dem Eindruck »widriger Zeitverhältnisse« – immer schon die Lehrmeisterin der Wirklichkeit – würde diese Selbsttäuschung enthüllt, »und dann erst nimmt man aus Not zu jenen Männern Zuflucht, die in ruhigen Zeiten gleichsam vergessen waren«.[23]

Solche »widrigen Zeitverhältnisse« könnten letztlich den Gesellschaften den Anstoß geben, wieder nach bedeutungsvoller, sinnstiftender politischer Führung zu suchen. Im späten 19. Jahrhundert prognostizierte Friedrich Engels, an die Stelle der »Regierung über Personen« trete die »Verwaltung von Sachen«.[24] Aber wahre geschichtliche Größe liegt in der Weigerung, sich selbst den stärksten gesichtslosen Sachzwängen zu unterwerfen; die entscheidenden Elemente historischer Größe werden von Menschen bestimmt – und das muss so bleiben. Max Weber beschrieb die wesentlichen Eigenschaften, die für eine zur Veränderung befähigte Führung erforderlich sind:

Schlusswort: Die Evolution politischer Führung

Nur wer sicher ist, dass er daran nicht zerbricht, wenn die Welt, von seinem Standpunkt aus gesehen, zu dumm oder zu gemein ist für das, was er ihr bieten will, dass er all dem gegenüber »dennoch!« zu sagen vermag, nur der hat den »Beruf« zur Politik.[25]

Die sechs Staatslenker, die wir dargestellt haben, entwickelten ähnliche Eigenschaften, trotz der tiefgreifenden Unterschiede zwischen ihren Gesellschaften: ein Vermögen, die Situation, in der sich ihr Land befindet, zu analysieren; eine Fähigkeit, eine Strategie zu entwerfen, um die Gegenwart zu meistern und die Zukunft zu formen; ein Geschick, ihre Gesellschaft auf höhere Ziele auszurichten, und eine Bereitschaft, bestehende Mängel und Fehlentwicklungen zu beheben. Der Glaube an die Zukunft war für sie unverzichtbar. Das gilt auch weiterhin. Keine Gesellschaft kann groß bleiben, wenn sie den Glauben an sich selbst verliert oder ihre Selbstwahrnehmung systematisch in Zweifel zieht. Dies erfordert vor allem die Bereitschaft, die Sphäre der Loyalität vom Selbst auf die Gesellschaft in ihrer Gesamtheit zu erweitern und die Großmut des Gemeinsinns zu fördern, der Opferbereitschaft und Dienstfertigkeit inspiriert.

Große Führung entsteht aus dem Zusammenprall des Unveränderbaren und des Formbaren, aus dem, was gegeben ist, und dem, was Anstrengung erfordert. Ihr Wirkungsbereich hängt vom individuellen Bemühen ab – das historische Verständnis zu vertiefen, die Strategie zu vervollkommnen und den Charakter zu verbessern. Von dem Stoiker Epiktet ist der Spruch überliefert: »Unsere Lebensumstände können wir nicht wählen, wohl aber, wie wir damit umgehen.«[26] Die Aufgabe politischer Führung besteht darin, diese Wahl in die richtigen Bahnen zu lenken.

Dank

Dieses Buch in seiner jetzigen Form vorlegen zu können, ist zum großen Teil Stuart Proffitt zu verdanken, dem Publishing Director bei Penguin Press UK und außergewöhnlichem Lektor. Aufmerksame, gedankenvolle Verleger werfen auch Fragen auf, die anderen leicht entgehen, und inspirieren so ihre Autoren zu gründlichstem Nachdenken. Diese Aufgabe hat Stuart souverän, beharrlich und mit Weisheit bewältigt. Nur wenige können meine Denkweise mit solchem Scharfsinn und einem derart breiten Wissenshorizont nachvollziehen – oder in Frage stellen. Während Dutzender Zoom-Meetings im Verlauf von mehr als zwei Jahren war Stuart zu einem unverzichtbaren Partner bei der Konzeption und Abfassung dieses Buches geworden.

Wie Stuart leistete auch Neal Kozodoy einen herausragenden Beitrag: Er begutachtete jedes einzelne Kapitel mit außergewöhnlicher editorischer Kompetenz. Neal ist ein Genie, wenn es darum geht, meine Gordischen Satzknoten zu durchschlagen. Außerdem ist er ein sachkundiger Amateur-Historiker, der die Perspektive des Buches erweiterte und die Prosa auf eine neue Ebene hob.

Wie schon bei früheren Büchern wurde ich auch bei diesem von engagierten Mitarbeitern unterstützt, die riesige Mengen an Quellenmaterial sichteten. Matthew Taylor King gab klug durchdachte Ratschläge zu inhaltlichen wie stilistischen Fragen. Er drückte jedem Kapitel seinen Stempel auf und begleitete den zweiten Arbeitsabschnitt mit ungewöhnlichem Engagement und Einfühlungsvermögen.

Eleanor Runde übernahm in der ersten Arbeitsphase wertvolle Forschungsarbeit, die sie mit dem ihr eigenen Enthusiasmus, großer Effizienz und bemerkenswerter intellektueller Präsenz meisterte. Später kehrte sie in Teilzeit zu unserem Projekt zurück und leistete einen substanziellen Beitrag zum Sadat-Kapitel. Vance Serchuk war bei der Entwicklung und der Analyse des Nixon-Kapitels sehr hilfreich und klarsichtig. Ida Rothschild trug mit aufmerksamem Korrektorat und wertvollen organisatorischen Kommentaren zu unserer Arbeit bei.

Meredith Potter, Ben Daus und Aaron MacLean leisteten in einem frühen Arbeitsstadium Recherchebeiträge zum Thema Staatskunst. In der Anfangsphase übernahmen Joseph Kiernan und John Nelson nützliche Hintergrundrecherchen, und Austin Coffeys Arbeit bei der Vorbereitung der zentralen Kapitel für die Veröffentlichung war wertvoll.

Die wichtigsten Kapitel wurden angesehenen Experten, deren Arbeiten ich bewundere, zur Begutachtung vorgelegt. Daniel Collings, der auch Recherchen zu Margaret Thatcher übernommen hatte, begutachtete das fertige Thatcher-Kapitel zusammen mit Charles Powell (Lord Powell of Bayswater) und Charles Moore. Professor Julian Jackson las das Kapitel über de Gaulle sehr gewissenhaft durch, ebenso Professor Christopher Clark das Adenauer-Kapitel. Der Diplomat und Gelehrte Martin Indyk trug mit aufmerksamen Kommentaren zum Sadat-Kapitel bei. Ihnen allen schulde ich für diese Unterstützung großen Dank.

Der altgediente Diplomat Charles Hill, mit dem ich seit einem halben Jahrhundert zusammenarbeite und befreundet bin, trug mit scharfsinnigen Memos und einer besonders nützlichen Bearbeitung des Nixon-Abschnitts zu dem Projekt bei. Im Verlauf seiner bemerkenswerten Karriere leistete Charlie dem Außenministerium wie der Yale University und damit auch unserer Gesellschaft außerordentlich wertvolle Dienste.

Eine ganze Reihe von Freunden entsprach mit großer Bereitschaft meiner Bitte um prägnante Kommentare zu spezifischen Problemen. Zu ihnen zählten Ray Dalio, Samantha Power, Joel Klein, Roger Hertog, Eli Jacobs und Bob Blackwill.

In den letzten Jahren hat Eric Schmidt meinen Blick erweitert, indem er mich in die Welt von Hightech und Künstlicher Intelligenz einführte. Zusammen mit Dan Huttenlocher hatten wir das Buch *The Age of AI And Our Human Future* verfasst, das auch die strategischen Diskussionen in dem hier vorliegenden Buch beeinflusste.

Dank

Bei der Vorbereitung dieses Buches – dem siebten Projekt unserer Zusammenarbeit – stellte Theresa Cimino Amantea erneut ihre Unentbehrlichkeit unter Beweis. Als das Buch allmählich Gestalt annahm, entzifferte Theresa nicht nur meine Handschrift, sondern gab mit der ihr eigenen Gewissenhaftigkeit und Scharfsichtigkeit auch unzählige Änderungen und Überarbeitungen in den Computer ein. Außerdem pflegte sie die Kontakte zu Penguin Press, zur Wylie Agency und zu meinen externen Lesern und Editoren.

Während einer kritischen Periode half auch die unermüdliche Jody Iobst Williams bei der Tipparbeit, auch sie seit vielen Jahrzehnten eine vertraute Mitarbeiterin. Jessee LePorin und Courtney Glick managten während des gesamten Prozesses mit großen Geschick meinen Terminplan. Chris Nelson, Dennis O'Shea und Maarten Oosterbaan, die meinem persönlichen Stab angehören, boten während der langen durch die Pandemie erzwungenen Phasen der Abgeschiedenheit und bei vielen administrativen Angelegenheiten wertvolle Unterstützung.

Ann Godoff, Präsidentin und Verlegerin von Penguin Press, konnte auf ihre reiche Erfahrung im Verlagswesen zurückgreifen, indem sie mit charakteristischer Professionalität wichtige Angelegenheiten für die Publikation des Buches in den Vereinigten Staaten regelte. Auf der britischen Seite arbeiteten Richard Duguid, Alice Skinner und David Watson mit Kompetenz unter hohem Zeitdruck, vor allem beim Korrekturlesen und der Druckvorbereitung des Manuskripts.

Andrew Wylie, seit vielen Jahren mein Literaturagent, und James Pullen, sein Stellvertreter im Vereinigten Königreich, vertraten mich überall auf der Welt mit unermüdlichem Engagement und großer Kompetenz.

Dieses Buch ist Nancy zugeeignet, seit fast einem halben Jahrhundert meine Frau. Sie erfüllt mein Leben und verleiht ihm Bedeutung. Wie bei allen meinen Büchern hat Nancy auch dieses gelesen und jedes Kapitel verbessert.

Für etwaige Fehler bin selbstverständlich allein ich verantwortlich.

Anmerkungen

Einleitung

1 Winston S. Churchill, *Ein Sturm zieht auf* (Bern: Scherz, 1948), S. 441.
2 Zitiert in Andrew Roberts, *Leadership in War* (New York: Viking, 2019), S. 221.
3 Oswald Spengler, *Der Untergang des Abendlandes* (München: dtv, 1986), S. 1112.
4 Charles de Gaulle, *Le Fil de l'Epée: Staatsmacht und Persönlichkeit* (Frankfurt/M.: Athenäum, 1961), S. 17 f. Der ganze Abschnitt lautet: »Für den Heerführer begibt sich im Schöpferischen ein ähnliches Phänomen wie für den Künstler. Dieser bedient sich fortwährend der Intelligenz. Mit ihrer Hilfe zieht er seine Schlüsse, bestimmt seine Technik, gewinnt sein Wissen. Der Schöpfungsakt selbst aber ist ihm nur möglich durch das Mittel einer instinktiven Fähigkeit, der Inspiration, die allein die direkte Fühlung mit der Natur herstellt, an der der Funke sich entzündet. Man kann von der Kriegskunst dasselbe behaupten, was Bacon über die anderen Künste sagte, sie sei: ›die Natur, bereichert um den Menschen‹.«
5 Zitiert in Karl Joachim Weintraub, 1984 Ryerson Lecture, »With a Long Sense of Time ...«, *University of Chicago Magazine* 96, Nr. 5 (Juni 2004), https://magazine.uchicago.edu/0406/features/weintraub.shtml. Zu Huizinga siehe: Johan Huizinga, *Het Aesthetische Bestanddeel van Geschiedkundige Voorstellingen* (Haarlem: H. D. Tjeenk Willink & Zoon, 1905), S. 31 f.
6 Isaiah Berlin, »Wirklichkeitssinn«, in *Wirklichkeitssinn. Ideengeschichtliche Untersuchungen*, hg. v. Henry Hardy (Berlin: Berlin Verlag, 1998), S. 68.
7 Siehe Charles Hill, *Grand Strategies: Literature, Statecraft, and World Order* (New Haven: Yale University Press, 2010), S. 210.
8 Norman Angell, *Die große Täuschung* (Leipzig: Dieterich, 1910), S. 123.
9 Ebenda, S. 231.
10 Nadège Mougel, »World War I Casualties«, 2011, Centre Européen Robert Schuman, http://www.centre-robert-schuman.org/userfiles/files/REPERES%20%E2%80%93%20module%201-1%20-%20explanatory%20notes%20%E2%80%93%20World%20War%20I%20casualties%20%E2%80%93%20EN.pdf.

11 François Héran, »Lost Generations: the Demographic Impact of the Great War«, *Population & Societies* 2014/4 (Nr. 510), S. 1–4.
12 W. H. Auden, »September 1, 1939«, https://poets.org/poem/september-1-1939; Dt. Übers. in: *Anhalten alle Uhren. Gedichte Englisch/Deutsch* (Zürich: Pendo, 2002), S. 63.
13 National World War II Museum – New Orleans, »Research Starters: Worldwide Deaths in World War II«, https://www.nationalww2museum.org/students-teachers/student resources/research-starters/research-starters-worldwide-deaths-world-war.
14 Andrew Roberts, *Leadership in War* (New York: Viking, 2019), S. xii.
15 Diese Typologie stammt aus einem Aufsatz des Jahres 1966 für *Daedalus*; einige Begriffe werden hier wiederaufgenommen. Siehe Henry A. Kissinger, »Domestic Structure and Foreign Policy«, *Daedalus* 95, Nr. 2 (Frühjahr 1966), S. 503–529.
16 Thukydides, *Geschichte des Peloponnesischen Krieges*, I, 138, übersetzt von Georg Peter Landmann (München: Artemis und Winkler, 1993), S. 175 ff. Hervorhebungen des Autors.
17 Fernand Braudel, zitiert in Oswyn Murray, »Introduction«, in: Fernand Braudel, *The Mediterranean in the Ancient World* (London: Penguin, 2001).

1 Konrad Adenauer: Die Strategie der Demut

1 Eugene Davidson, *The Death und Life of Germany* (Columbia: University of Missouri Press, 1999), S. 85. Richard Dominic Wiggers, »The United States und the Refusal to Feed German Civilians after World War II«, in Béla Várdy und T. Hunt Tooley, Hg., *Ethnic Cleansing in Twentieth-Century Europe* (New York: Columbia University Press, 2003), S. 286.
2 Konrad Adenauer, *Erinnerungen 1945–1953* (Stuttgart: Deutsche Verlags-Anstalt, 1965), S. 66.
3 Charles Williams, *Adenauer: der Staatsmann, der das demokratische Deutschland formte* (Bergisch Gladbach: Lübbe, 2001), S. 13–26, 29 ff.
4 Ebenda, S. 42 f.
5 Ebenda, S. 247–250.
6 Ebenda, S. 250 ff.
7 Ebenda, S. 266.
8 Ebenda, S. 260–264.
9 Ebenda, S. 279 f.
10 Joseph Shattan, *Architects of Victory: Six Heroes of the Cold War* (Washington, DC: The Heritage Foundation, 1999), S. 95.
11 Williams, *Adenauer*, S. 316–323.
12 Ebenda, S. 340 ff.
13 Ebenda, S. 350 f. Siehe auch Jeffrey Herf, *Zweierlei Erinnerung: Die NS-Vergangenheit im geteilten Deutschland* (Berlin: Propyläen, 1998), S, 253 f.

Anmerkungen

14 Williams, *Adenauer*, S. 347 f.
15 Der Zonenausschuss der CDU in der britischen Zone, »Aufruf!«, 3. Januar 1946, Konrad-Adenauer-Stiftung, https://www.kas.de/c/document_library/get_file?uuid=92d2d6b30 d61-7a15-f7d5-6b52151aae05&groupId=252038.
16 Henry A. Kissinger, Memorandum für den Präsidenten, »Subject: Visit of Chancellor Adenauer – Some Psychological Factors«, 6. April 1961, S. 2, https://www.jfklibrary.org/asset-viewer/archives/JFKPOF/117a/JFKPOF-117a-008.
17 *Volkszählungsergebnisse von 1816 bis 1970*, Beiträge zur Statistik des Rhein-Sieg-Kreises (Siegburg: Archivbibliothek, 1980), Band 17.
18 Williams, *Adenauer*, S. 364–370.
19 »Amtlicher Wortlaut des Besatzungsstatuts, veröffentlicht am 12. Mai 1949 durch die Oberbefehlshaber der Westzonen«, *Amtsblatt der Hohen Alliierten Kommission in Deutschland. 23.09.1949*, Nr. 1 (Bonn-Petersberg: Allied High Commission for Germany), S. 13 ff., https://www.1000dokumente.de/index.html?c=dokument_de&dokument=0013_bes&object=context&st=&l=de.
20 Williams, *Adenauer*, S. 367 f. Siehe auch Amos Yoder, »The Ruhr Authority und the German Problem«, *The Review of Politics* 17, Nr. 3 (Juli 1955), S. 352.
21 »Ansprache des Bundeskanzlers beim Empfang von Mitgliedern des Kabinetts durch die Alliierten Hohen Kommissare auf dem Petersberg (21. September 1949)«, https://www.konrad-adenauer.de/seite/21-september-1949-1/.
22 Dean Acheson, *Present at the Creation: My Years in the State Department* (New York: Norton, 1969), S. 341.
23 Rede von George C. Marshall an der Harvard University, 5. Juni 1947, in: Themenportal Europäische Geschichte, www.europa.clio-online.de/quelle/id/q63-28407. Abgedruckt auch in: Bundeskanzleramt – Zentralbüro für ERP-Angelegenheiten in Zusammenarbeit mit der ECA Sondermission für Österreich (Hg.), *Österreichisches ERP-Handbuch. Die grundlegenden Dokumente des Europäischen Wiederaufbaus* (Wien: Verlag für Geschichte und Politik, 1950), S. 28–31.
24 Adenauer, *Erinnerungen 1945–1953*, S. 185. Die Rede wurde am 23. März 1949 in Bern gehalten.
25 Thomas Hörber, *The Foundations of Europe: European Integration Ideas in France, Germany and Britain in the 1950s* (Heidelberg: VS Verlag für Sozialwissenschaften, 2006), S. 141.
26 Ronald J. Granieri, *The Ambivalent Alliance* (New York: Berghahn Books, 2004), S. 34.
27 Zitiert in Hans-Peter Schwarz, *Konrad Adenauer*, Bd. 1 (New York: Berghahn Books, 1995), S. 450. Deutsche Ausgabe: *Adenauer. Der Aufstieg 1876–1952* (Stuttgart: Deutsche Verlags-Anstalt, 1986).
28 Brief von Konrad Adenauer an Robert Schuman, 26. Juli 1949, Centre virtuel de la connaissance sur l'Europe, Université du Luxembourg (fortan CVCE), https://www.cvce.eu/content/publication/1999/2/2/a03f485c-0eeb-4401-8c54-8816008a7579/publishable_de.pdf.

29 Ernst Friedlaender, »Interview des deutschen Bundeskanzlers mit dem Korrespondenten der Wochenzeitung *Die Zeit*«, 3. November 1949, https://www.cvce.eu/content/publication/1999/1/1/63e25bb4-c980-432c-af1c-53c79b77b410/publishable_de.pdf, S. 3.
30 *New York Times*, 5. Dezember 1949.
31 »Deutscher Bundestag – 18. Sitzung. Bonn, den 24. und 25. November 1949«, Konrad-Adenauer-Stiftung, https://www.konrad-adenauer.de/seite/24-november-1949/.
32 Konrad Adenauer, *Erinnerungen 1945–1953*, S. 326.
33 Robert Schuman, Erklärung vom 9. Mai 1950. Foundation Robert Schuman, European Issue, No. 204, May 10, 2011, https://www.robert-schuman.eu/de/doc/questions-d-europe/qe-204-de.pdf, S. 1.
34 Adenauer, *Erinnerungen 1945–1953*, S. 331.
35 »Entrevue du 23 mai 1950, entre M. Jean Monnet et le Chancelleur Adenauer«, CVCE, 5, https://www.cvce.eu/obj/compte_rendu_de_l_entrevue_entre_jean_monnet_et_konrad_adenauer_23_mai_1950-fr-24853ee7-e477-4537-b462-c622fadee66a.html. Vgl. https://www.konrad-adenauer.de/seite/23-mai-1950/.
36 Konrad Adenauer, Brief an Robert Schuman, 23. Mai 1950, Bonn, CVCE, https://www.cvce.eu/de/obj/brief_von_konrad_adenauer_an_robert_schuman_23_mai_1950-de-7644877d-6004-4ca6-8ec6-93e4d35b971d.html.
37 Konrad Adenauer, »Wo stehen wir jetzt? Aus der Rede des Bundeskanzlers Dr. Adenauer vor den Studenten der Universität Bonn«, 10. Februar 1951, Konrad-Adenauer-Stiftung, https://www.konrad-adenauer.de/seite/10-februar-1951-1/.
38 »Die Ratifizierung des EGKS-Vertrags«, CVCE, https://www.cvce.eu/de/recherche/unit-content/-/unit/5cc6b004-33b7-4e44-b6db-f5f9e6c01023/3f50ad11-f340-48a4-8435-fbe54e28ed9a.
39 Ebenda. Vgl. https://www.cvce.eu/de/collections/unit-content/-/unit/02bb76df-d066-4c08-a58a-d4686a3e68ff/7d621556-913a-4997-8f07-f87a3cbcba50/Resources#6d0a18af-8e9f-442c-98fb-880574859f31_de&overlay.
40 Michael Moran, »Modern Military Force Structures«, *Council on Foreign Relations*, 26. Oktober 2006, https://www.cfr.org/backgrounder/modern-military-force-structures#:~:text=Division.,on%20the%20national%20army%20involved.
41 Adenauer, *Erinnerungen 1945–1953*, S. 245.
42 »Aide Defends Adenauer's Stand«, *New York Times*, 25. November 1950.
43 Ronald J. Granieri, *The Ambivalent Alliance* (New York: Berghahn Books, 2004), S. 56.
44 Arnulf Baring, *Außenpolitik in Adenauers Kanzlerdemokratie* (Berlin: R. Oldenbourg, 1969), S. 163 f.
45 Ebenda, S. 164.
46 Das sowjetische Außenministerium an die Botschaft der Vereinigten Staaten, Moskau, 24. Mai 1952, *Foreign Relations of the United States, 1952–1954*, vol. 7: part 1, document 102, https://history.state.gov/historicaldocuments/frus1952-54v07p1/d102.
47 Zitiert in Granieri, *The Ambivalent Alliance*, S. 79.

48 *Der Spiegel*, 6. Oktober 1954, S. 5, https://www.spiegel.de/politik/etwas-eis-gentlemen-a-cd1d7989-0002-0001-0000-000028957611.
49 Thomas A. Schwartz, »Eisenhower and the Germans«, in Gunter Bischof und Stephen E. Ambrose, Hg., *Eisenhower: A Centenary Assessment* (Baton Rouge: LSU Press, 1995), S. 215.
50 Adenauer, *Erinnerungen 1945–1953*, S. 589.
51 Leo J. Daugherty, »Tip of the Spear: The Formation und Expansion of the Bundeswehr, 1949–1963«, *Journal of Slavic Military Studies* 24, Nr. 1 (Winter 2011).
52 Williams, *Adenauer*, S. 430–448.
53 Ebenda, S. 449–464.
54 Herf, *Zweierlei Erinnerung*, S. 334, zitiert Konrad Adenauer, »Regierungserklärung zur jüdischen Frage und zur Wiedergutmachung«, in *Der deutsch-israelische Dialog: Dokumentation eines erregenden Kapitels deutscher Außenpolitik*, hg. v. Rolf Vogel, Teil 1: *Politik*, Bd. 1 (München: Saur 1987), S. 46 f.
55 *Der deutsch-israelische Dialog*, Bd. 1, S. 47.
56 Herf, *Zweierlei Erinnerung*, S. 341.
57 Ebenda, S. 341 f. Er zitiert Michael W. Krekel, *Wiedergutmachung: Das Luxemburger Abkommen vom 10. September 1952* (Bad Honnef-Rhöndorf: SBAH, 1996), S. 40.
58 Williams, *Adenauer*, S. 592.
59 »Adenauer Fêted by Eshkol; Wants Jews to Recognize Bonn's Good Will«, *Jewish Telegraphic Agency*, 5. Mai 1966, https://www.jta.org/archive/adenauer-feted-by-eshkol-wants-jews-to-recognize-bonns-good-will.
60 Ebenda.
61 James Feron, »Adenauer Begins 8-Day Visit to Israel«, *New York Times*, 3. Mai 1966.
62 »Adenauer Fêted by Eshkol«.
63 Williams, *Adenauer*, S. 485.
64 Felix von Eckardt, *Ein unordentliches Leben* (Düsseldorf: Econ, 1967), S. 466.
65 Keith Kyle, *Suez* (New York: St Martin's Press, 1991), S. 467.
66 Department of State Historical Office, *Documents on Germany, 1944–1961* (Washington, DC, United States Government Printing Office, 1961), S. 585.
67 Henry A. Kissinger, Memorandum für den Präsidenten, »Subject: Visit of Chancellor Adenauer – Some Psychological Factors«, 6. April 1961, S. 4. Das Memo diente der Vorbereitung von Kennedys erstem Treffen mit Adenauer am 12. April.
68 Henry A. Kissinger, »Remarks at the American Council on Germany John J. McCloy Awards Dinner«, 26. Juni 2002, Yale University Library Digital Repository, Henry A. Kissinger papers, part II, series III: Post-Government Career, box 742, folder 10.
69 Niall Ferguson, *Kissinger: Der Idealist – 1923–1968* (Berlin: Propyläen, 2016), S. 547 f., 1033.
70 Ebenda.
71 Walter C. Dowling, Telegramm aus der Botschaft in Deutschland an das amerikanische Außenministerium, Bonn, 17. Februar 1962, 14 Uhr, *Foreign Relations of the United*

States, 1961–1963, vol. XIV: Berlin Crisis, 1961–1962, https://history.state.gov/historicaldocuments/frus1961-63v14/d298.
72 Ebenda.
73 Neil MacGregor, *Deutschland: Erinnerungen einer Nation* (München: Beck, 2015), Kap. 1, »Wo liegt Deutschland?«.
74 Zur Geschichte der Ostpolitik siehe Timothy Garton Ash, *Im Namen Europas. Deutschland und der geteilte Kontinent* (München: Hanser, 1993).
75 Williams, *Adenauer*, S. 556–569.
76 Konrad Adenauer, Rede über die Möglichkeiten der europäischen Einigung vor den Grandes Conférences Catholiques in Brüssel, 25. September 1956, https://www.konrad-adenauer.de/seite/25-september-1956/.
77 Barbara Marshall, *Willy Brandt: Eine politische Biographie* (Bonn: Bouvier, 1993), S. 108–111.
78 Helmut Schmidt, *Menschen und Mächte* (Berlin: Siedler, 1987), S. 18 f.
79 Marion Gräfin Dönhoff, *Von Gestern nach Übermorgen: Zur Geschichte der Bundesrepublik Deutschland* (München: dtv, 1981), S. 184.
80 Helmut Schmidt starb 2015. Ich hielt eine der Trauerreden bei einem offiziellen Staatsakt in Hamburg. Die Hauptrednerin an jenem Tag war Kanzlerin Angela Merkel, Chefin der CDU und der Großen Koalition aus CDU und SPD – was zeigt, dass die inneren Spaltungen Deutschlands seit der Adenauer-Zeit überwunden wurden. Ich fasste Schmidts Beitrag folgendermaßen zusammen: »Helmut lebte in der Übergangszeit: zwischen Deutschlands Vergangenheit als besetztes und geteiltes Land und seiner Zukunft als stärkste europäische Nation; zwischen Deutschlands geradezu zwanghafter Sorge um seine Sicherheit im Kalten Krieg und dem Willen, eine globale Wirtschaftsordnung mitaufzubauen [...].« Siehe Henry A. Kissinger, »Trauerrede für Helmut Schmidt«, 23. November 2015. https://www.henryakissinger.com/speeches/eulogy-for-helmut-schmidt/. Vgl. https://www.youtube.com/watch?v=-nz-2qM9qpA.
81 Blaine Harden, »Hungarian Moves Presaged Honecker Ouster«, *Washington Post*, 19. Oktober 1989, https://www.washingtonpost.com/archive/politics/1989/10/19/hungarian-move-presaged-honecker-ouster/4c7ff7bd-code-4e82-86ab-6d1766abec3c/.
82 Jeffrey A. Engel, *When the World Seemed New: George H. W. Bush und the End of the Cold War* (New York: Mariner Books, 2017), S. 371–375.
83 Angela Merkel, Rede bei der Konrad-Adenauer-Stiftung zum 50. Todestag Konrad Adenauers, 25. April 2017, https://www.kas.de/de/veranstaltungen/detail/-/content/-wir-waehlen-die-freiheit-1. Deutscher Text: »Rede von Bundeskanzlerin Dr. Angela Merkel bei der Gedenkveranstaltung zum 50. Todestag von Konrad Adenauer am 25. April 2017 in Berlin«, https://www.bundesregierung.de/breg-de/service/bulletin/rede-von-bundeskanzlerin-dr-angela-merkel-802110.
84 »Der Abschied«, *UFA-Wochenschau*, https://www.filmothek.bundesarchiv.de/video/584751?q=bundeswehr&xm=AND&xf%5B0%5D=_fulltext&xo%5B0%5D=CONTAINS&xv%5B0%5D=&set_lang=de.

Anmerkungen

2 Charles de Gaulle: Die Strategie des Willens

1. Aus der Ansprache von General de Gaulle auf dem Flughafen Orly bei der Ankunft von Richard Nixon, dem Präsidenten der Vereinigten Staaten, am 28. Februar 1969.
2. 1967 hatte mich der französische Botschafter zu einer Audienz beim Präsidenten eingeladen, mir aber in typisch gaullistischer Manier die Entscheidung überlassen: »Wenn Sie sich in Frankreich befinden, wird der Präsident bereit sein, Sie zu empfangen.« Das war kurz nachdem Frankreich beschlossen hatte, seine Truppen nicht mehr unter das Kommando der NATO zu stellen. Da ich die Regierung von Präsident Johnson nicht vor den Kopf stoßen wollte, hatte ich die Einladung ausgeschlagen, was ich später bereute.
3. Siehe Charles de Gaulle, *Complete War Memoirs* (New York: Simon and Schuster, 1964), S. 80. Deutsche Ausgabe: *Memoiren* (Frankfurt/M.: S. Fischer, 1955-1961).
4. Ebenda, S. 84.
5. Roger Hermiston, »No Longer Two Nations but One«, The Lion and Unicorn blog, 4. Juni 2016, https://thelionandunicorn.wordpress.com/2016/06/04/no-longer-two-nations-but-one/.
6. Siehe de Gaulle, *Complete War Memoirs*, S. 74-80, und Hermiston, »No Longer Two Nations but One«.
7. Hermiston, »No Longer Two Nations but One«.
8. Julian Jackson, *De Gaulle* (Cambridge: Harvard Belknap Press, 2018), S. 128-133. De Gaulle hielt in jenen Tagen mehrere Radioansprachen.
9. Aus de Gaulles Replik an Pétain von London aus (ebenda, S. 134).
10. Ebenda. Die Quelle von Jackson ist René Cassin, *Les Hommes partis de rien. Le réveil de la France abattue (1940-1941)* (Paris: Plon, 1975), S. 76.
11. Bernard Ledwidge, *De Gaulle* (New York: St Martin's Press, 1982), S. 76. Zitiert nach Jackson, *De Gaulle*, S. 135.
12. Zitiert nach Jackson, *De Gaulle*, S. 41.
13. Pierre Corneille, *Cinna*, 4. Akt, 2. Szene, Vers 1121 f. (auf Englisch bei Jackson, ebenda, S. 17).
14. Die erste deutsche Übersetzung erschien 1935 bei Voggenreiter in Potsdam, unter dem Titel *Frankreichs Stoßarmee: Das Berufsheer, die Lösung von morgen*. Die erste englischsprachige Ausgabe, *The Army of the Future*, stammt von 1940.
15. Charles de Gaulle, Aufruf vom Juli 1940, in *Discours et Messages*, Bd. 1 (Paris: Librairie Plon, 1970), S. 19; auch zitiert in Christopher S. Thompson, »Prologue to Conflict: De Gaulle and the United States, From First Impressions Through 1940«, in Robert O. Paxton und Nicholas Wahl (Hg.), *De Gaulle and the United States: A Centennial Reappraisal* (Oxford: Berg, 1994), S. 19. Diese Ansicht stimmte mit Churchills Überzeugung überein, die er in seiner Rede »Wir werden an den Stränden kämpfen« vom 4. Juni 1940 zum Ausdruck brachte, dass »zur rechten Zeit Gottes die Neue Welt mit all ihrer Macht und Stärke« für die »Rettung und Befreiung der Alten Welt« sorgen würde.

16 Henry Kissinger, »The Illusionist: Why We Misread de Gaulle«, *Harper's Magazine*, März 1965.
17 Charles de Gaulle, »1939, Notes sur les idées militaires de Paul Reynaud«, *Lettres, Notes et Carnets, 1905-1941* (Paris: Éditions Robert Laffont, 2010), S. 886.
18 Zitiert in Jackson, *De Gaulle*, S. 44.
19 Walter Benjamin, *Das Passagen-Werk* (Frankfurt/M.: Suhrkamp, 1983).
20 Paul Kennedy, *The Rise and Fall of the Great Powers* (New York: Random House, 1987), S. 99 und S. 199. Deutsche Ausgabe: *Aufstieg und Fall der großen Mächte: Ökonomischer Wandel und militärischer Konflikt von 1500 bis 2000* (Frankfurt/M.: S. Fischer 1994).
21 Ebenda.
22 Ulrich Pfister und Georg Fertig, »The Population History of Germany: Research Strategy and Preliminary Results«, Arbeitspapier (Rostock: Max-Planck-Institut für demografische Forschung, 2010), S. 5.
23 Rondo E. Cameron, »Economic Growth and Stagnation in France, 1815-1914«, *The Journal of Modern History* 30, Nr. 1 (März 1958), S. 1.
24 Nadège Mougel, »World War I Casualties«, Bericht des Centre Robert Schuman (2011).
25 De Gaulle, *Vers l'Armée de Métier*, 1934. Zu diesem Zeitpunkt war er ein Oberstleutnant.
26 Kissinger, »The Illusionist«, S. 70; siehe auch »Address by President Charles de Gaulle on French, African and Algerian Realities. Broadcast over French Radio and Television on June 14, 1960«, in: *Major Addresses, Statements and Press Conferences of General Charles de Gaulle: May 19, 1958 – January 31, 1964* (New York: French Embassy, 1964), S. 79, https://bit.ly/3rEDU8w.
27 Der Molotow-Ribbentrop-Pakt.
28 Charles de Gaulle, *Memoirs of Hope: Renewal and Endeavor* (New York: Simon and Schuster, 1971), S. 3. Deutsche Ausgabe: *Memoiren der Hoffnung. Die Wiedergeburt, 1958-1962* (Gütersloh: Bertelsmann 1965).
29 Ebenda, S. 4.
30 Dorothy Shipley White, *Seeds of Discord* (Syracuse: Syracuse University Press, 1964), S. 87.
31 Jackson, *De Gaulle*, S. 138.
32 Charles de Gaulle, Radioansprache vom 27. August 1940, https://enseignants.lumni.fr/fiche-media/00000003432/le-general-de-gaulle-salue-le-ralliement-du-tchad-a-la-france-libre-audio.html#infos.
33 Jackson erwähnt, dass »De Gaulle später bei ein oder zwei Gelegenheiten angedeutet hat, dass er Selbstmordgedanken hegte« (*De Gaulle*, S. 149).
34 Der volle Wortlaut des Eids lautet: »Schwören Sie, die Waffen erst dann niederzulegen, wenn unsere Farben, unsere schönen Farben, über dem Straßburger Münster wehen.«
35 Zitiert nach Jackson, *De Gaulle*, S. 170.
36 De Gaulle, *Complete War Memoirs*, S. 192.

Anmerkungen

37 Ebenda, S. 206.
38 Ebenda, S. 195.
39 Ebenda, S. 206.
40 Jackson, *De Gaulle*, S. 183.
41 Ebenda, S. 254.
42 Charles de Gaulle, »Télégramme au vice-amiral Muselier, à Saint-Pierre-et-Miquelon«, 24. Dezember 1941, in *Lettres, Notes et Carnets*, S. 1360.
43 Siehe Jean Lacouture, *De Gaulle, the Rebel 1890-1944* (New York: Norton, 1990), S. 317.
44 Benjamin Welles, *Sumner Welles* (New York: St Martin's Press, 1997), S. 288.
45 Jackson, *De Gaulle*, S. 209.
46 Charles de Gaulle, Rede vom 18. Juni 1942 in der Royal Albert Hall in London anlässlich des zweiten Jahrestages der Gründung der Freien Franzosen, in *Discours et Messages*, Bd. 1 (Paris: Librairie Plon, 1970), S. 207-215.
47 Jackson, *De Gaulle*, S. 210 f.
48 Die Konferenzen in Washington 1941/42 und in Casablanca 1943. *Foreign Relations of the United States*, 4. Februar 1943.
49 Siehe de Gaulle, *Complete War Memoirs*, S. 410.
50 Jackson, *De Gaulle*, S. 215.
51 Ebenda, S. 277.
52 Zitiert in ebenda, S. 266.
53 Jackson, *De Gaulle*, S. 269-273. Siehe auch Lacouture, *De Gaulle, the Rebel*, S. 446-450.
54 Siehe Jackson, *De Gaulle*, S. 276.
55 De Gaulle, *Complete War Memoirs*, S. 429.
56 Jackson, *De Gaulle*, S. 341.
57 Ebenda, S. 315; dort wird zitiert: Henry L. Stimson und McGeorge Bundy, *On Active Service in Peace and War* (New York: Harper & Brothers, 1947), S. 549 (14. Juni 1944).
58 Aus de Gaulles Rede in Bayeux am 14. Juni 1944.
59 Jackson, *De Gaulle*, S. 317.
60 De Gaulle, *Complete War Memoirs*, S. 648.
61 Jackson, *De Gaulle*, S. 326.
62 Zitiert in ebenda, S. 327.
63 Ebenda, S. 326.
64 Ebenda, S. 331. Näheres zur Auflösung der Résistance bei Jean Lacouture, *De Gaulle, the Ruler 1945-1970* (New York: Norton, 1992), S. 25.
65 Jackson, *De Gaulle*, S. 336.
66 Ebenda, S. 350.
67 Siehe Jean Laloy, »À Moscou: entre Staline et de Gaulle, décembre 1944«, *Revue des études slaves* 54, fascicule 1-2 (1982), S. 152. Siehe auch Jackson, *De Gaulle*, S. 350.
68 De Gaulle, *Memoirs of Hope*, S. 3.

69 Edmund Burke, »Reflections on the Revolution in France (1790)«, in: *The Works of the Right Honorable Edmund Burke (1899)*, Bd. 3, S. 359. Deutsche Ausgabe: *Betrachtungen über die Französische Revolution* (Zürich: Manesse, 1986).
70 De Gaulle, *Complete War Memoirs*, S. 771.
71 Ebenda, S. 771 f.
72 Ebenda, S. 776.
73 Ebenda, S. 778.
74 *Plutarch's Lives*, übersetzt von John Dryden (New York: Penguin, 2001), Bd. 1, »Life of Solon«, S. 118. Deutsche Ausgabe: *Des Plutarchus von Chäroneia vergleichende Lebensbeschreibungen* (München: Saur, 1991).
75 De Gaulle, *Memoirs of Hope*, S. 6.
76 Zitiert in Jackson, *De Gaulle*, S. 381.
77 Ebenda.
78 De Gaulle, *Complete War Memoirs*, S. 993.
79 Ebenda, S. 977.
80 Jackson, *De Gaulle*, S. 499.
81 Ebenda, S. 418.
82 De Gaulle, *Complete War Memoirs*, S. 996 f.
83 Zitiert in Charles G. Cogan, *Charles de Gaulle: A Brief Biography with Documents* (Boston: Bedford Books, 1996), S. 183.
84 Ebenda, S. 185.
85 Ebenda, S. 186 f.
86 Ebenda.
87 Ebenda, S. 187.
88 Zitiert in ebenda, S. 185.
89 JFK Library, President's Office File, »Memorandum of Conversation, President's Visit to Paris, May 31–June 2, 1961«, Memorandum der Unterhaltung im Elysée-Palast zwischen Kennedy und de Gaulle, 31. Mai 1961, https://www.jfklibrary.org/asset-viewer/archives/JFKPOF/116a/JFKPOF-116a-004.
90 Henry Kissinger, *Diplomacy* (New York: Touchstone, 1994), S. 541 ff.
91 »Proclamation of Algerian National Liberation Front (FLN), November 1, 1954«, https://middleeast.library.cornell.edu/content/proclamation-algerian-national-liberation-front-fln-november-1-1954.
92 Zitiert in Alistair Horne, *A Savage War of Peace: Algeria 1954–1962* (New York: Penguin, 1978), S. 99.
93 Central Intelligence Agency, »Validity Study of NIE 71.2-56: Outlook for Algeria published 5 September 1956«, CDG.P.CIA.1957.08.16.
94 Zitiert in Jackson, *De Gaulle*, S. 447.
95 Zitiert in »Eyes on Allies: De Gaulle the Key«, *New York Times*, 20. Mai 1962.
96 *Major Addresses*, S. 6.
97 Jackson, *De Gaulle*, S. 463.

Anmerkungen

98 De Gaulle, *Memoirs of Hope*, S. 26.
99 Horne, *Savage War of Peace*, S. 301.
100 Siehe ebenda, L6333.
101 De Gaulle, *Memoirs of Hope*, S. 54.
102 Ebenda.
103 Memorandum für den Präsidenten von Henry Kissinger, 16. Mai 1969, »Africa after de Gaulle«, Richard Nixon Library, Box 447 [218].
104 Archiv des Außenministeriums der Volksrepublik China, »Main Points of Chairman Mao's Conversation with Premier Abbas on September 30, 1960«, ins Englische übersetzt von David Cowhig, 4. Oktober 1960, Wilson Center History and Public Policy Program Digital Archive, http://digitalarchive.wilsoncenter.org/document/117904.
105 JFK Library, »Staff Memoranda: Kissinger, Henry, February 1962: 13–28«, https://www.jfklibrary.org/asset-viewer/archives/JFKNSF/320/JFKNSF-320-025.
106 Jackson, *De Gaulle*, S. 501.
107 Ebenda, S. 518.
108 Ebenda, S. 519.
109 »Address Given by Charles de Gaulle (29 January 1960)«, Centre virtuel de la connaissance sur l'Europe, Universität Luxemburg, https://www.cvce.eu/en/obj/address_given_by_charles_de_gaulle_29_january_1960-en-095d41dd-fda2-49c6-aa91-772ebffa7b26.html.
110 »Speech Denouncing the Algiers Putsch: April 23, 1961«, in Cogan, *Charles de Gaulle*, S. 196.
111 »›Pieds-noirs‹: ceux qui ont choisi de rester«, *La Dépêche*, 10. März 2012.
112 »After 40 Years of Suffering and Silence, Algeria's ›Harkis‹ Demand a Hearing«, *Irish Times*, 31. August 2001.
113 Zitiert in Cogan, *Charles de Gaulle*, S. 119.
114 Jackson, *De Gaulle*, S. 585.
115 De Gaulle, *Memoirs of Hope*, S. 176.
116 Ansprache von Präsident de Gaulle am 31. Mai 1960, in: *Major Addresses*, S. 75 und S. 78.
117 Achte Pressekonferenz von General de Gaulle als Präsident der Französischen Republik [in Paris im Elysée-Palast am 29. Juli 1963]; ebenda, S. 234.
118 *Major Addresses*, S. 159.
119 Zitiert in Kissinger, *Diplomacy*, S. 606.
120 Ebenda.
121 Ebenda, S. 605.
122 Zitiert in ebenda, S. 575.
123 Zur US-Politik siehe McGeorge Bundy, »NSAM 294 U.S. Nuclear and Strategic Delivery System Assistance to France«, 20. April 1964, National Security Action Memorandums, NSF, Box 3, LBJ Presidential Library, https://www.discoverlbj.org/item/nsf-nsam294.

124 Siehe Wilfrid Kohl, *French Nuclear Diplomacy* (Princeton: Princeton University Press, 2016), S. 79.
125 Dieses Gremium sollte die Aufgabe haben, gemeinsame Beschlüsse zu allen politischen Fragen zu fassen, die die internationale Sicherheit betrafen, sowie strategische Pläne auszuarbeiten und diese, falls nötig, in die Tat umzusetzen, vor allem wenn sie die Verwendung von Atomwaffen umfassten. Es sollte gegebenenfalls auch für die Organisation der Verteidigung einzelner Einsatzregionen wie der Arktis, des Atlantiks, des Pazifiks und des Indischen Ozeans zuständig sein. Siehe Kissinger, *Diplomacy*, S. 611.
126 Henry Kissinger und Françoise Winock, »L'Alliance atlantique et l'Europe«, *Esprit*, N. S. 359, Nr. 4 (April 1967), S. 611.
127 Mark Howell, »Looking Back: De Gaulle tells American Forces to Leave France«, https://www.mildenhall.af.mil/News/Article-Display/Article/272283/looking-back-de-gaulle-tells-american-forces-to-leave-france/. Im August 1958 wurden zum ersten Mal US-Atomwaffen auf französischem Boden (des Mutterlandes) stationiert; zuvor waren sie nur in Französisch-Marokko aufgestellt worden. Robert Norris, William Arkin und William Burr, »Where They Were«, *The Bulletin of the Atomic Scientists*, November/Dezember 1999, S. 29.
128 *Major Addresses*, S. 226.
129 Henry Kissinger, »Military Policy and Defense of the ›Grey Areas‹«, *Foreign Affairs* 33, Nr. 3 (1955), S. 416–428, doi:10.2307/20031108.
130 »No Cities«-Rede von Verteidigungsminister McNamara, 9. Juli 1962, https://robertmcnamara.org/wp-content/uploads/2017/04/mcnamara-1967-22no-cities22-speech-p.pdf.
131 Zitiert in Kissinger, *Diplomacy*, S. 615.
132 Ebenda.
133 De Gaulle, *Complete War Memoirs*, S. 81.
134 Ebenda.
135 Ebenda.
136 Julia Lovell, *Maoism: A Global History* (New York: Knopf, 2019), S. 273.
137 Jackson, *De Gaulle*, S. 721.
138 Ebenda, S. 737.
139 Zitiert in »World: A Glimpse of Glory, a Shiver of Grandeur«, *Time*, 23. November 1970.
140 Charles de Gaulle, *The Edge of the Sword*, übersetzt von Gerard Hopkins (Westport, Conn.: Greenwood, 1960), S. 65 f. Zitiert in Cogan, *Charles de Gaulle*, S. 218. Deutsche Ausgabe u. a.: *Die Schneide des Schwertes* (Frankfurt/M.: Insel 1981).
141 Zitiert in Jackson, *De Gaulle*, S. 41.
142 De Gaulle, *Complete War Memoirs*, S. 997 f.
143 »Sans Anne, peut-être n'aurais-je jamais fait ce que j'ai fait. Elle m'a donné le cœur et l'inspiration.« Pierrick Geais, »Récit: La véritable histoire d'Anne de Gaulle, la fille handicapée du Général«, *Vanity Fair* (französische Ausgabe), 3. März 2020.

Anmerkungen

3 Richard Nixon: Die Strategie des Gleichgewichts

1. David Shambaugh, *China Goes Global: The Partial Power* (New York: Oxford University Press, 2013), S. 39.
2. Dale Van Atta, *With Honor: Melvin Laird in War, Peace, and Politics* (Madison: University of Wisconsin, 2008), S. 271 ff.
3. »Memorandum from President Nixon to his Assistant for National Security Affairs«, *Foreign Relations of the United States*, Bd. 17: *China, 1969–1972*, Nr. 147, State Department: Office of the Historian, https://history.state.gov/historicaldocuments/frus1969-76v17/d147.
4. Goodpaster war zwar nicht der Nationale Sicherheitsberater, aber daran beteiligt, die Abläufe des Nationalen Sicherheitsrats zu entwickeln. Siehe C. Richard Nelson, *The Life and Work of General Andrew J. Goodpaster: Best Practices in National Security Affairs* (Lanham, MD: Rowman & Littlefield, 2016).
5. »History of the National Security Council, 1947–1997«, The White House Archives, https://georgewbush-whitehouse.archives.gov/nsc/history.html#nixon. David Rothkopf, *Running the World: The Inside Story of the National Security Council and the Architects of American Power* (New York: PublicAffairs, 2006), S. 84 f. Seit 2017 ist der Stab des Nationalen Sicherheitsrats per Gesetz auf höchstens 200 Mitarbeiter begrenzt. Siehe »The National Security Council: Background and Issues for Congress«, Congressional Research Service, 3. Juni 2021, S. 8, https://crsreports.congress.gov/product/pdf/R/R44828.
6. Richard Nixon, *Memoiren* (Frankfurt a. M. – Berlin – Wien: Ullstein, 1981), S. 396.
7. Richard Nixon, »Remarks to Midwestern News Media Executives Attending a Briefing on Domestic Policy in Kansas City, Missouri«, 6. Juli 1971, https://www.presidency.ucsb.edu/documents/remarks-midwestern-news-media-executives-attending-briefing-domestic-policy-kansas-city/.
8. Ebenda.
9. *Time*, 3. Januar 1972.
10. Kissinger, *Diplomacy*, S. 38 ff.
11. Woodrow Wilson, »Address of the President of the United States to the Senate«, 22. Januar 1917, https://www.digitalhistory.uh.edu/disp_textbook.cfm?smtID=3&psid=3898.
12. Kissinger, *Diplomacy*, S. 709.
13. »Text of President Nixon's Address at the 25th-Anniversary Session of the U.N.«, *New York Times*, 24. Oktober 1970.
14. Ebenda.
15. Henry Kissinger, *Memoiren 1968–1973* (München: C. Bertelsmann, 1979), S. 149.
16. Schreiben von Richard Nixon an Melvin Laird, 4. Februar 1969, in *Foreign Relations of the United States, 1969–1976*, Bd. 1: *Foundations of Foreign Policy, 1969–1972*, State Department: Office of the Historian, https://history.state.gov/historicaldocuments/frus1969-76v01/d10.

17 Richard Nixon, »Remarks to the North Atlantic Council in Brussels«, 24. Februar 1969, https://www.presidency.ucsb.edu/documents/remarks-the-north-atlantic-council-brussels.
18 Jeffrey Garten, *Three Days at Camp David: How a Secret Meeting in 1971 Transformed the Global Economy* (New York: HarperCollins, 2021), S. 4.
19 Ebenda, S. 9 f.
20 Ebenda, S. 77.
21 Ebenda, S. 255.
22 Ebenda, S. 259. In einem bedeutenden deutschen Presseorgan erschien ein Artikel, in dem es hieß, »daß die Amerikaner den Deutschen den Handelskrieg erklärt hatten«, und an anderer Stelle: »Nixons Programm [...] dokumentiert einen Rückfall der stärksten Wirtschaftsmacht der Welt in Nationalismus und Protektionismus.«
23 Garten, *Three Days at Camp David*, S. 308.
24 Richard H. Immerman, »›Dealing with a Government of Madmen‹: Eisenhower, Kennedy, and Ngo Dinh Diem«, in David L. Henderson, Hg., *The Columbia History of the Vietnam War* (New York: Columbia University Press, 2011), S. 131.
25 Harrison Salisbury, *Behind the Lines – Hanoi* (New York: Harper & Row, 1967), S. 137.
26 John W. Finney, »Plank on Vietnam Devised by Doves«, *New York Times*, 24. August 1968.
27 Defense Casualty Analysis System (DCAS) Extract Files, angelegt zwischen ca. 2001 und 29. April 2008, dokumentieren den Zeitraum von 28. Juni 1950 bis 28. Mai 2006, https://aad.archives.gov/aad/fielded-search.jsp?dt=2513&cat=GP21&tf=F&bc=,sl.
28 Richard Nixon, »Informal Remarks in Guam with Newsmen«, 25. Juli 1969, University of California Santa Barbara, *The American Presidency Project*, https://www.presidency.ucsb.edu/documents/informal-remarks-guam-with-newsmen.
29 Ebenda; Hervorhebung nachträglich.
30 Richard Nixon, »Address to the Nation on the War in Vietnam«, 3. November 1969, University of California Santa Barbara, *American Presidency Project*, https://www.presidency.ucsb.edu/documents/address-the-nation-the-war-vietnam.
31 »Memorandum of Conversation«, Washington, 20. Oktober 1969, 15.30 Uhr, *Foreign Relations of the United States, 1969–1976*, Bd. 12: *Soviet Union, January 1969–October 1970*, Nr. 93, State Department: Office of the Historian, https://history.state.gov/historicaldocuments/frus1969-76v12/d93.
32 Nixon, »Address to the Nation on the War in Vietnam«.
33 In dem zweiten Memorandum heißt es unter anderem: »Denkt man an die zu optimistischen Berichte über Vietnam in den vergangenen Jahren, dann wird es praktisch unmöglich sein, das amerikanische Volk davon zu überzeugen, daß sich die Lage für den Feind wesentlich verschlechtert hat und daß, wenn wir Geduld haben, *die Zeit für uns arbeitet*. Vor allem sind wir uns nicht klar darüber, in welchem Verhältnis die Lage beim Gegner zu der Lage auf unserer Seite steht – darin haben wir uns zu oft getäuscht. Zweitens, selbst wenn wir annehmen, daß die Lage auf unserer Seite günstig ist, wissen wir

Anmerkungen

nicht, wie wir das politisch ausnutzen sollen – und die politischen Aussichten in Südvietnam sind sehr ungewiß. Drittens hat es die amerikanische Regierung mit einer außerordentlich skeptischen und zynischen amerikanischen Öffentlichkeit zu tun – der Präsident hat recht, wenn er nicht zu optimistisch erscheinen will, um glaubwürdig zu bleiben. Schließlich ist die Stärke der alliierten Lage einem großen und lautstarken Teil der Kriegsgegner in diesem Lande gleichgültig – sie wollen den Krieg um jeden Preis beenden.« Siehe Kissinger, *Memoiren 1968–1973*, S. 1578, sowie »Memorandum from the President's Assistant for National Security Affairs (Kissinger) to President Nixon«, Washington, 11. September 1969, Foreign Relations of the United States, 1969–1976, Bd. 6: *Vietnam, January 1969–July 1970*, Nr. 119, State Department: Office of the Historian, https://history.state.gov/historicaldocuments/frus1969-76v06/d119.

34 »Address to the Nation«, 25. Januar 1972, University of California Santa Barbara, *The American Presidency Project*, https://www.presidency.ucsb.edu/documents/address-the-nation-making-public-plan-for-peace-vietnam.

35 »Vietnam War U.S. Military Fatal Casualty Statistics«, National Archives, https://www.archives.gov/research/military/vietnam-war/casualty-statistics#toc--dcas-vietnam-conflict-extract-file-record-counts-by-incident-or-death-date-year-as-of-april29-2008--2.

36 Richard Nixon, »Address to the Nation on the Situation in Southeast Asia«, 8. Mai 1972.

37 Zitiert in Kissinger, *Memoiren 1968–1973*, S. 1426.

38 »Transcript of Kissinger's News Conference on the Status of the Cease-Fire Talks«, *New York Times*, 27. Oktober 1972.

39 »Act of the International Conference on Vietnam«, *The American Journal of International Law* 67, Nr. 3 (1973), S. 620 ff., https://doi.org/10.2307/2199198. Siehe auch Henry A. Kissinger, *Years of Renewal* (New York: Simon & Schuster, 1999), S. 485: »Es waren zwölf Vertragsparteien: die Vereinigten Staaten, Frankreich, China, Großbritannien, Kanada, die Sowjetunion, Ungarn, Polen, Indonesien, die Demokratische Republik Vietnam (DRV, das ist Nordvietnam), die Republik Vietnam (GVN, das ist Südvietnam) und die Provisorische Revolutionäre Regierung der Republik Südvietnam (PRG, das sind die südvietnamesischen Kommunisten).«

40 Vgl. Kissinger, *Memoiren 1973–1974* (München: C. Bertelsmann, 1982), S. 386 ff.

41 »Vietnam – Supplemental Military Assistance (2)«, Gerald R. Ford Presidential Library, Box 43, John Marsh Files, 28 und 20 f., https://www.fordlibrarymuseum.gov/library/document/0067/12000897.pdf: »Dieser Gesetzentwurf [...] untersagt weitere Militärhilfen oder Verkäufe [militärischer Ausrüstung] (einschließlich Lieferungen) an Kambodscha nach dem 30. Juni 1975.« »Für Militärhilfen im Haushaltsjahr 1974 haben die USA etwa 823 Millionen Dollar (zuzüglich 235 Millionen Dollar aus Bewilligungen des Vorjahres) bereitgestellt, das entspricht etwa einem Drittel der im Vorjahr bereitgestellten Mittel und etwa der Hälfte der von der Regierung beantragten 1,6 Milliarden Dollar. [...] Für Wirtschaftshilfen im Haushaltsjahr 1974 stellten die USA 333 Millionen

Dollar (einschließlich eines Nachtrags von 49 Millionen Dollar) bereit, das ist etwa ein Drittel weniger als die von der Regierung beantragten 475 Millionen Dollar.« H.J. Res. 636 (93rd), »Joint resolution making continuing appropriations for the fiscal year 1974, and for other purposes«, 1. Juli 1973, https://www.govtrack.us/congress/bills/93/hjres636/text.

42 Jeffrey P. Kimball, *The Vietnam War Files: Uncovering the Secret History of Nixon-Era Strategy* (Lawrence, KS: University Press of Kansas, 2004), S. 57 ff.
43 Hal Brands, »Progress Unseen: U.S. Arms Control Policy and the Origins of Détente, 1963-1968«, *Diplomatic History* 30, Nr. 2 (April 2006), S. 273.
44 Eine untergeordnete Vereinbarung über den beiderseitigen Abbau der Zahl amerikanischer und sowjetischer Atomkraftwerke und der Menge an spaltbarem Material wurde am 20. April 1964 erzielt. Sie stellte jedoch keine große Errungenschaft dar, da sie nicht in einem Abkommen verankert war und keine Einschränkungen für Atomwaffen enthielt. Siehe Brands, »Progress Unseen«, S. 257 f.; »Summary«, *Foreign Relations of the United States, 1964-1968*, Bd. 11: *Arms Control and Disarmament*, State Department: Office of the Historian, https://history.state.gov/historicaldocuments/frus1964-68v11/summary.
45 Kissinger, *Memoiren 1968-1973*, S. 864.
46 »Editorial Note«, *Foreign Relations of the United States, 1969-1976*, Bd. 13: *Soviet Union, October 1970-October 1971*, State Department: Office of the Historian, https://history.state.gov/historicaldocuments/frus1969-76v13/d234.
47 Hans M. Kristensen und Matt Korda, »Status of World Nuclear Forces«, Federation of American Scientists, Stand: Mai 2021, https://fas.org/issues/nuclear-weapons/status-world-nuclear-forces.
48 Sana Krasikov, »Declassified KGB Study Illuminates Early Years of Soviet Jewish Emigration«, *The Forward*, 12. Dezember 2007.
49 Mark Tolts, »A Half Century of Jewish Emigration from the Former Soviet Union: Demographic Aspects«, im Rahmen des Project for Russian and Eurasian Jewry präsentierte Arbeit, Davis Center for Russian and Eurasian Studies, Harvard University, 20. November 2019.
50 Ebenda.
51 Richard Nixon, »Asia after Viet Nam«, *Foreign Affairs* 46, Nr. 1 (Oktober 1967), S. 121, https://cdn.nixonlibrary.org/01/wp-content/uploads/2017/01/11113807/Asia-After-Viet-Nam.pdf.
52 Kissinger, *Memoiren 1968-1973*, S. 196.
53 »99. Memorandum from the President's Assistant for National Security Affairs (Kissinger) to President Nixon«, *Foreign Relations of the United States, 1969-1976*, Bd. 17: *China, 1969-1972*, State Department: Office of the Historian, https://history.state.gov/historicaldocuments/frus1969-76v17/d99.
54 »Memorandum of Conversation«, 25. Oktober 1970, *Foreign Relations of the United States, 1969-1976*, Bd. E-7: *Documents on South Asia, 1969-1972*, State Department:

Anmerkungen

Office of the Historian, https://history.state.gov/historicaldocuments/frus1969-76 ve07/d90.

55 Richard Nixon, »Remarks to Midwestern News Media Executives«, 6. Juli 1971, University of California, Santa Barbara, *The American Presidency Project*, https://www.presidency.ucsb.edu/documents/remarks-midwestern-news-media-executives-attending-briefing-domestic-policy-kansas-city.

56 Zitiert in Kissinger, *Memoiren 1968–1973*, S. 1124.

57 »Joint Statement Following Discussions with Leaders of the People's Republic of China«, 27. Februar 1972, *Foreign Relations of the United States, 1969–1972*, Bd. 17: *China, 1969–1972*, State Department: Office of the Historian, https://history.state.gov/historicaldocuments/frus1969-76v17/d203.

58 »Memorandum of Conversation«, 17.–18. Februar 1973, *Foreign Relations of the United States, 1969–1976*, Bd. 18: *China, 1973–1976*, State Department: Office of the Historian, https://history.state.gov/historicaldocuments/frus1969-76v18/d12.

59 Lee Kuan Yew, »Southeast Asian View of the New World Power Balance in the Making«, Jacob Blaustein Lecture Nr. 1, 30. März 1973, S. 1 ff.

60 Richard Nixon, »Remarks to Midwestern News Media Executives Attending a Briefing on Domestic Policy in Kansas City, Missouri«, 6. Juli 1971, https://www.presidency.ucsb.edu/documents/remarks-midwestern-news-media-executives-attending-briefing-domestic-policy-kansas-city.

61 United Nations Security Resolution 242, 22. 1967, https://unispal.un.org/unispal.nsf/0/7d35e1f729df491c85256ee700686136. [Deutsche Fassung: https://www.un.org/depts/german/sr/sr_67/sr242-67.pdf.]

62 Martin Indyk, *Master of the Game: Henry Kissinger and the Art of Middle East Diplomacy* (New York: Knopf, 2021), S. 162 f.

63 Kissinger, *Memoiren 1968–1973*, S. 619.

64 Ebenda, S. 641.

65 Indyk, *Master of the Game*, S. 66 ff.

66 Siehe Kissinger, *Memoiren 1968–1973*, S. 646.

67 »Memorandum of Conversation«, 10. Oktober 1973, Washington, 9.05–10.36 Uhr, *Foreign Relations of the United States, 1969–1976*, Bd. 25: *Arab-Israeli Crisis and War, 1973*, Nr. 143, State Department: Office of the Historian, https://history.state.gov/historicaldocuments/frus1969-76v25/d143.

68 »Transcript of Telephone Conversation Between President Nixon and Secretary of State Kissinger«, 14. Oktober 1973, *Foreign Relations of the United States, 1969–1976*, Bd. 25: *Arab-Israeli Crisis and War, 1973*, Nr. 180, State Department: Office of the Historian, https://history.state.gov/historicaldocuments/frus1969-76v25/d180.

69 UN Security Council Resolution 338, 22. Oktober 1973, https://undocs.org/S/RES/338(1973).

70 National Archives, Nixon Presidential Materials, NSC Files, Kissinger Office Files, Box

69, Country Files – Europe – USSR, Dobrynin/Kissinger, Bd. 20, https://history.state.gov/historicaldocuments/frus1969-76v15/d146.

71 Siehe Eqbal Ahmad et al., »Letters to the Editor: Home Rule for Bengal«, *New York Times*, 10. April 1971; Chester Bowles, »Pakistan's Made-in-U.S.A. Arms«, *New York Times*, 18. April 1971; und Benjamin Welles, »Senate Unit Asks Pakistan Arms Cutoff«, *New York Times*, 7. Mai 1971.

72 Margaret MacMillan, *Nixon and Mao: The Week That Changed the World* (New York: Random House, 2007), S. 222–227.

73 »Memorandum from the President's Assistant for National Security Affairs (Kissinger) to the President's Deputy Assistant for National Security Affairs (Haig)«, 9. Juli 1971, *Foreign Relations of the United States 1969–1976*, Bd. 11: *South Asia Crisis, 1971*, Nr. 97, S. 242, State Department: Office of the Historian, https://history.state.gov/historicaldocuments/frus1969-76v11/d97.

74 Syed Adnan Ali Shah, »Russo-India Military Technical Cooperation«, https://web.archive.org/web/20070314041501/http://www.issi.org.pk/journal/2001_files/no_4/article/4a.htm.

75 »Memorandum of Conversation, Washington, August 9, 1971, 1:15–2:30 p.m.«, *Foreign Relations of the United States, 1969–1976*, Bd. 11: *South Asia Crisis, 1971*, Nr. 117, S. 316 f., https://history.state.gov/historicaldocuments/frus1969-76v11/d117.

76 »Memorandum of Conversation, Washington, September 11, 1971, 9:30–10:10 a.m.«, *Foreign Relations of the United States, 1969–1976*, Bd. 11: *South Asia Crisis, 1971*, Nr. 146, S. 408, https://history.state.gov/historicaldocuments/frus1969-76v11/d146.

77 UN Security Council Resolution 307, 21. Dezember 1971, https://digitallibrary.un.org/record/90799?ln=en.

78 Benjamin Welles, »Bangladesh Gets U.S. Recognition, Promise of Help«, *New York Times*, 4. April 1972.

79 »Agreement on Joint Commission on Economic, Commercial, Scientific, Technological, Educational and Cultural Cooperation«, 28. Oktober 1974, https://www.mea.gov.in/bilateral-documents.htm?dtl/6134/Agreement+on+Joint+Commission+on+Economic+Commercial+Scientific+Technological+Educational+and+Cultural+Cooperation.

80 »Transcript of President Nixon's Address to Congress on Meetings in Moscow«, *New York Times*, 2. Juni 1972.

4 Anwar el-Sadat: Die Strategie der Überwindung

1 Eugene Rogan, *The Arabs: A History* (New York: Basic Books, 2009), S. 65–71, 82.
2 Siehe allgemein: Albert Hourani, *Arabic Thought in the Liberal Age* (Cambridge: Cambridge University Press, 1983), S. 1798–1939; Rogan, *The Arabs: A History*, S. 88 f.
3 Siehe John McHugo, *Syria: A History of the Last Hundred Years* (New York: The New Press, 2015), S. 39 f.; Tarek Osman, *Islamism* (New Haven: Yale University Press, 2016),

S. 50 ff.; Majid Fakhry, *A History of Islamic Philosophy* (New York: Columbia University Press, 2004), S. 349.
4 Rogan, *The Arabs: A History*, S. 124–131.
5 Lawrence Wright, *Thirteen Days in September* (New York: Vintage Books, 2015), S. 13 f.
6 Edward R. F. Sheehan, »The Real Sadat and the Demythologized Nasser«, *New York Times*, 18. Juli 1971.
7 Mohamed Heikal, *Autumn of Fury: The Assassination of Sadat* (New York: Random House, 1983), Kapitel 2, »Roots«, S. 7–11.
8 Anwar Sadat, Interview mit James Reston, *New York Times*, 28. Dezember 1970.
9 Sheehan, »The Real Sadat«.
10 Ebenda.
11 Anwar el-Sadat, *Unterwegs zur Gerechtigkeit* (München: Goldmann Verlag, 1979), S. 13.
12 Eric Pace, Trauerfeier Anwar el-Sadat, *New York Times*, 7. Oktober 1981.
13 Mark L. McConkie und R. Wayne Boss, »Personal Stories and the Process of Change: The Case of Anwar Sadat«, *Public Administration Quarterly* 19 (Winter 1996), Nr. 4, S. 493–511.
14 Siehe etwa Sir Alfred Milner, *England in Egypt* (London: Edward Arnold, 1902).
15 Rogan, *The Arabs: A History*, S. 151 und 164.
16 Ebenda, S. 169.
17 Ebenda, S. 196.
18 Ebenda, S. 208 ff.
19 Steven A. Cook, *The Struggle for Egypt* (New York: Oxford University Press, 2012), S. 30 f.
20 Cook, *Struggle for Egypt*, S. 117.
21 Im Jahr 1952 erinnerte sich Sadat an al-Banna als »einen aufrechten und ehrenwerten Mann, der meiner Ansicht nach die von den Brüdern begangenen Exzesse verurteilte«. Anwar Sadat, *Revolt on the Nile* (New York: The John Day Company, 1957). Siehe auch Richard Paul Mitchell, *The Society of the Muslim Brothers* (New York: Oxford University Press, 1969, reprinted 1993), S. 24.
22 Jehan Sadat, *Ich bin eine ägyptische Frau* (München: Heyne Verlag, 1987), S. 83.
23 Sadat, *Unterwegs zur Gerechtigkeit*, S. 29 und 37 f.
24 Ebenda, S. 37.
25 Raphael Israeli, *Man of Defiance: A Political Biography of Anwar Sadat* (Totowa: Barnes and Noble Books, 1985), S. 16–25.
26 Rogan, *The Arabs: A History*, S. 267 f.
27 Sadat, *Unterwegs zur Gerechtigkeit*, S. 349.
28 Ebenda, S. 349.
29 »Egypt Tense after Cairo's Mob Riots«, *Australian Associated Press*, 28. Januar 1952.
30 Sadat, *Unterwegs zur Gerechtigkeit*, S. 126.
31 Sadats Unabhängigkeitserklärung, zitiert nach Cook, *Struggle for Egypt*, S. 11 f.

32 Selma Botman, »Egyptian Communists and the Free Officers«, *Middle Eastern Studies* 22, 1986, S. 362 ff.
33 Central Intelligence Agency, »Memorandum for the Director: Subject: Thoughts on the Succession in Egypt«, 29. September 1970, 1, https://www.cia.gov/readingroom/document/cia-rdp79r00904a001500020003-3. Wegen ihrer angeblichen Beteiligung wurden einige Mitglieder der Muslimbruderschaft hingerichtet. Steven A Cook, »Echoes of Nasser«, *Foreign Policy*, 17. Juli 2013, https://foreignpolicy.com/2013/07/17/echoes-of-nasser/.
34 Cook, *Struggle for Egypt*, S. 60 f.
35 Siehe Don Peretz, »Democracy and the Revolution in Egypt«, *Middle East Journal* 13, Nr. 1, 1959, S. 27.
36 The New Egyptian Constitution, *Middle East Journal* 10, Nr. 3, 1956, S. 304; siehe auch Mona El-Ghobashy, »Unsettling the Authorities: Constitutional Reform in Egypt«, Middle East Research and Information Project (MERIP) (2003), https://merip.org/2003/03/unsettling-the-authorities/
37 Siehe Anthony F. Lang, Jr, »From Revolutions to Constitutions: The Case of Egypt«, *International Affairs* 89, Nr. 2, 2013, S. 353 f.
38 Robert L. Tignor, *Anwar al-Sadat: Transforming the Middle East* (New York: Oxford University Press, 2015), S. 45–51.
39 Jon B. Alterman, »Introduction«, in *Sadat and His Legacy*, Washington, DC, Washington Institute, 1998, x, https://www.washingtoninstitute.org/media/3591.
40 Steven A. Cook, »Hero of the Crossing?: Anwar Sadat Reconsidered«, *Council on Foreign Relations*, 7. Oktober 2013, https://www.cfr.org/blog/hero-crossing-anwar-sadat-reconsidered.
41 Peretz, »Democracy and the Revolution in Egypt«, S. 32.
42 Sadat, *Unterwegs zur Gerechtigkeit*, S. 93.
43 Siehe allgemein: Joseph Finklestone, *Anwar Sadat: Visionary Who Dared* (London: Frank Cass, 1996), S. 38–61; Tignor, *Transforming the Middle East*, S. 38–59.
44 Nicholas Breyfogle, »The Many Faces of Islamic Fundamentalism: A Profile of Egypt«, *Origins*, 1993, S. 15.
45 Jacob M. Landau, *Pan-Islam: History and Politics* (London: Routledge, 2015), S. 279; Martin Kramer, »Anwar Sadat's Visit to Jerusalem, 1955«, in: Meir Litvak und Bruce Maddy-Weizman, Hg., *Nationalism, Identity and Politics: Israel and the Middle East*, The Moshe Dayan Center for Middle Eastern and African Studies, Tel Aviv, 2014, S. 29–41, https://scholar.harvard.edu/files/martinkramer/files/sadat_jerusalem_1955.pdf.
46 Siehe Tawfig Y. Hasou, *The Struggle for the Arab World* (London: Routledge, 1985), S. 75–84; Arthur Goldschmidt, Jr, *A Concise History of the Middle East* (New York: Routledge, 1979), S. 73. Nasser war davon überzeugt, der Bagdad-Pakt stelle den Versuch britischer und amerikanischer Kräfte dar, den Nahen Osten zu kontrollieren und zu beeinflussen. Siehe »Excerpts from Interview with President Gamal Abdel Nasser of the U.A.R.«, *New York Times*, 15. Februar 1970.

Anmerkungen

47 Kramer, »Anwar Sadat's Visit to Jerusalem, 1955«, Anmerkung 12 (zitiert nach: Heath Mason, Erster Sekretär, Depesche vom 31. Dezember 1955, Foreign Office: Referenz 371, Dokument 121476; https://discovery.nationalarchives.gov.uk/details/r/C2878966).

48 1958, in Vorbereitung seines Iran-Besuchs, lernte Sadat ein persisches Sprichwort auswendig und trug es dem Schah am Schluss ihrer Zusammenkunft vor; die beiden verband anschließend eine lebenslange Freundschaft. Camelia Anwar Sadat, »Anwar Sadat and His Vision«, in: *Sadat and His Legacy* (Washington, DC: Washington Institute for Near East Policy, 1998), S. 5, https://www.washingtoninstitute.org/media/3591.

49 Malcolm Kerr, »›Coming to Terms with Nasser‹: Attempts and Failures«, *International Affairs* 43, Nr. 1, 1967, S. 66.

50 Rogan, *The Arabs: A History*, S. 287.

51 Dies war das Ergebnis eines Treffens zwischen Nasser und Zhou Enlai während der Bandung-Konferenz 1955; Zhou hatte damals einen Vermittlungsversuch zwischen Nasser, den Sowjets und Tschechen unternommen. Finklestone, *Anwar Sadat: Visionary Who Dared*, Auszüge von Sadats Ansichten und Ratschlägen unter Präsident Nasser, S. 38–44, S. 46 f., S. 49, S. 53, S. 55–61.

52 Cook, *Struggle for Egypt*, S. 67.

53 William J. Burns, *Economic Aid and American Policy Toward Egypt: 1955–1981* (Albany: State University of New York Press, 1985), S. 106, Zitat: Eugene Black, John Foster Dulles Oral History Collection, Princeton University, S. 15, https://findingaids.princeton.edu/catalog/MC017_c0024.

54 Cook, *Struggle for Egypt*, S. 68.

55 Nachricht von Premierminister Eden an Präsident Eisenhower, 5. August 1956, *Foreign Relations of the United States, 1955–1957*, vol. XVI: *Suez Crisis, July 26–December 31, 1956*, no. 64, State Department: Office of the Historian, https://history.state.gov/historicaldocuments/frus1955-57v16/d163.

56 United Nations Department of Economic and Social Affairs, *Economic Developments in the Middle East: Supplement to World Economic Survey, 1956* (1957), S. 106 f., https://www.un.org/en/development/desa/policy/wess/wess_archive/searchable_archive/1956_WESS_MiddleEast.pdf.

57 Michael Laskier, »Egyptian Jewry Under the Nasser Regime, 1956–70«, *Middle Eastern Studies* 31, Nr. 3 (1995), S. 573–619.

58 Ebenda, S. 103 f.

59 Ebenda, S. 106 f.

60 Karen Holbik und Edward Drachman, »Egypt as Recipient of Soviet Aid, 1955–1970«, *Journal of Institutional and Theoretical Economics* (Januar 1971), S. 154 (»wachsende Abhängigkeit); John Waterbury, *The Egypt of Nasser and Sadat* (Princeton University Press, Princeton, 1983), S. 86, S. 397.

61 »Aswan High Dam Is Dedicated by Sadat and Podgorny«, *New York Times*, 16. Januar 1971; Holbik und Drachman, »Egypt as Recipient of Soviet Aid«, S. 143 f.

62 Holbik und Drachman, »Egypt as Recipient of Soviet Aid«, S. 139 f.; World Bank, »GDP Growth (Annual %) - Egypt, Arab Rep.«.
63 Waterbury, *The Egypt of Nasser and Sadat*, S. 298.
64 Ebenda, S. 97.
65 Sadat, *Unterwegs zur Gerechtigkeit*, S. 155; Tignor, *Transforming the Middle East*, S. 64.
66 Dana Adams Schmidt, »Cairo Rules Out a Pro-U.S. Stand«, *New York Times*, 7. Juni 1961.
67 Sadat, *Unterwegs zur Gerechtigkeit*, S. 155.
68 Peter Mansfield, »Nasser and Nasserism«, *International Journal* 28, Nr. 4 (Herbst 1973), S. 674.
69 Fouad Ajami, »The Struggle for Egypt's Soul«, *Foreign Policy*, 15. Juni 1979, https://foreignpolicy.com/1979/06/15/the-struggle-for-egypts-soul/.
70 Ebenda.
71 Cook, *Struggle for Egypt*, S. 110.
72 »Telegram from the Embassy in the United Arab Republic to the Department of State, Cairo, December 17, 1959«, *Foreign Relations of the United States*, vol. XIII: *ArabIsraeli Dispute*, Nr. 252, State Department: Office of the Historian, https://history.state.gov/historicaldocuments/frus1958-60v13/d252.
73 »Telegram from the Department of State to Secretary of State Rusk in New York, Washington, September 27, 1962«, *Foreign Relations of the United States*, vol. XVIII: *Near East, 1962–1963*, Nr. 59, State Department: Office of the Historian, https://history.state.gov/historicaldocuments/frus1961-63v18/d59; »Telegram from the Embassy in the United Arab Republic to the Department of State, Cairo, October 10, 1962«, ebenda, Nr. 77, https://history.state.gov/historicaldocuments/frus1961-63v18/d77; ›Telegram from the Embassy in Saudi Arabia to the Department of State, Jidda, November 30, 1963‹, ebenda, Nr. 372.
74 Waterbury, *The Egypt of Nasser and Sadat*, S. 320.
75 Siehe »Memorandum of conversation, Washington, February 23, 1966, 11.30 a.m.«, *Foreign Relations of the United States*, Bd. XVIII: *Arab-Israeli Dispute, 1964–1967*, Nr. 274, State Department: Office of the Historian, https://history.state.gov/historicaldocuments/frus1964-68v18/d274 (Anmerkung: Sadat trifft Präsident Johnson); »Memorandum of conversation, Washington, February 25, 1966, 5.05 p.m.«, *Foreign Relations of the United States, Near East Region*, Bd. XXI, Nr. 391, State Department: Office of the Historian, https://history.state.gov/historicaldocuments/frus1964-68v21/d391; »Telegram from the Embassy in the United Arab Republic to the Department of State, Cairo, May 28, 1966«, *Foreign Relations of the United States, 1964–1968*, Bd. XVIII: *Arab-Israeli Dispute, 1964–1967*, Nr. 296, State Department: Office of the Historian, https://history.state.gov/historicaldocuments/frus1964-68v18/d296.
76 Jehan Sadat, *Ich bin eine ägyptische Frau*, S. 260.
77 Sadat, *Revolt on the Nile*, S. 103.

Anmerkungen

78 Sadat, Interview mit James Reston, *New York Times*, 28. Dezember 1970.
79 Raphael Israeli, *The Public Diary of President Sadat*, Bd. 1: *The Road to War (Oktober 1970-Oktober 1973)* (Leiden: E. J. Brill, 1978), S. 19, Zitat: »8. Januar 1971 – Rede vor den Universitätsfakultäten und höheren Bildungsinstitutionen«.
80 Sadat, *Revolt on the Nile*, S. 27.
81 Thomas W. Lippmann, »A Man for All Roles«, *Washington Post*, 26. Dezember 1977; James Piscatori, »The West in Arab Foreign Policy«, in Robert O'Neill und R. J. Vincent, Hg., *The West and the Third World* (New York: St. Martin's Press, 1990), S. 141.
82 Israeli, *The Public Diary of President Sadat*, Bd. 1, S. 11, Zitat: »19. Oktober 1970 – Sadats erste öffentliche Rede als Präsident – Rede vor Militäroffizieren an der Suezkanalfront«.
83 Ebenda, S. 28 ff., Zitat: »15. Januar 1971 – Rede zur Vollendung des Assuandamms in Anwesenheit des Sowjetpräsidenten Podgorny«.
84 Ebenda, S. 32 f., Zitat: »16. Februar 1971, Interview mit dem *Newsweek* Magazine – veröffentlicht am 22. Februar 1971 auf Englisch«.
85 Finklestone, *Anwar Sadat: Visionary Who Dared*, S. 61.
86 Im Folgenden beziehe ich mich auf und zitiere aus: Kissinger, Henry: *Memoiren 1973-1974* und *Jahre der Erneuerung* (München: C. Bertelsmann, 1982 und 1999).
87 »Nasser vergab die Position des Vizepräsidenten abwechselnd an ungefährliche Kandidaten. Dadurch wurde Sadat [...] unerwartet übergangsweise Präsident von Ägypten.« Kiki M. Santing, *Imagining the Perfect Society in Muslim Brotherhood Journals* (Berlin: de Gruyter, 2020), S. 119; »Ehe Sadat Präsident wurde, wurde er angeblich ›Colonel Yes Yes‹ genannt.« Robert Springborg, *Family Power and Politics in Egypt* (Philadelphia: University of Pennsylvania Press, 1982, Neuauflage 2016), S. 187; Edward R. Kantowicz, *Coming Apart, Coming Together* (Grand Rapids: William B. Eerdmans, 2000), S. 371; David Reynolds, *One World Divisible* (New York: Norton, 2001), S. 370.
88 »A Gesture by U.S.: President Terms Loss Tragic – He Joins Fleet Off Italy«, *New York Times*, 29. September 1970.
89 Central Intelligence Agency: »Thoughts on the Succession in Egypt«.
90 Memorandum von Harold H. Saunders an Henry Kissinger, »Subject: The UAR Presidency«, 8. Oktober 1970, https://www.cia.gov/readingroom/document/loc-hak-2923-14-9.
91 Central Intelligence Agency, »Thoughts on the Succession in Egypt«.
92 Sadat, *In Search of Identity*, S. 125.
93 Cook, *Struggle for Egypt*, S. 114.
94 Raymond H. Anderson: »Sadat Is Chosen by Egypt's Party to Be President«, *New York Times*, 6. Oktober 1970.
95 Raymond H. Anderson: »Showdown in Egypt: How Sadat Prevailed«, *New York Times*, 23. Mai 1971. Wie von Sadat vorhergesagt, sollte die Föderation in der Praxis nie zum Tragen kommen.
96 Cook, *Struggle for Egypt*, S. 122.
97 Anderson, »Showdown«.

98 Cook, *Struggle for Egypt*, S. 117.
99 Sadat, Ansprache an die Nation, 13. Januar 1972, https://sadat.umd.edu/resources/presidential-speeches.
100 Anwar el-Sadat, Rede vor der zweiten Sitzung der ägyptischen Volksversammlung, 15. Oktober 1972, S. 1 ff., https://sadat.umd.edu/resources/presidential-speeches.
101 Siehe *Sadat Peace Initiative of 1971*, 17. Januar 1971, http://sadat.umd.edu/archives/speeches/AADD%20Peace%20Announcement%202.4.71.pdf.
102 John L. Hess: »Deadline Comes and Cairo Waits«, *New York Times*, 16. August 1971.
103 Martin Indyk: *Master of the Game: Henry Kissinger and the Art of Middle East Diplomacy* (New York: Alfred A Knopf, 2021), S. 91.
104 Edward R. F. Sheehan: »Why Sadat Packed Off the Russians«, *New York Times*, 6. August 1972.
105 Thomas W. Lippman: *Hero of the Crossing: How Anwar Sadat and the 1973 War Changed the World* (Sterling: Potomac Books, 2016), S. 62, zitiert Sadat: *Unterwegs zur Gerechtigkeit*, Brief an Breschnew, August 1972, S. 368.
106 Sadat, *Unterwegs zur Gerechtigkeit*, S. 273.
107 Vollständiger Text: »Für den Präsidenten ist der kritische Punkt die Spannung zwischen Ägyptens Streben nach Souveränität und Israels Sicherheit. Die beiden Seiten seien sehr weit voneinander entfernt und ihre Positionen äußerst verhärtet. Der Präsident glaubte nicht, dass es möglich sei, das gesamte Nahostproblem auf einmal zu lösen, ja womöglich sei es sogar überhaupt nicht zu lösen. Er zeigte Verständnis für die Aussage von Herrn Ismail, dass Zwischenlösungen zu endgültigen Lösungen werden könnten. Der Präsident versicherte, dass sein Ziel eine dauerhafte Lösung sei, wiederholte jedoch, dass er es angesichts der Kluft zwischen den Parteien nicht für möglich halte, eine solche auf Anhieb zu erreichen. Es könne daher notwendig sein, Zwischenschritte in Betracht zu ziehen. Er sagte, vielleicht würden die Ägypter einen solchen Ansatz ablehnen, drängte Herrn Ismail aber, dies mit Dr. Kissinger zu besprechen, und betonte, dass wir uns für eine langfristige Lösung des Problems einsetzen würden. Bei der Suche nach geeigneten Wegen sollten wir keine Möglichkeit außer Acht lassen. Der Präsident sagte, er hoffe, dass dies lediglich ein erstes und nicht das letzte Treffen sein werde. Dies sollte der Beginn eines Dialogs sein, und er hoffe, dass Herr Ismail Sadat nicht berichten würde, die Bemühungen seien gescheitert, wenn nichts Konkretes dabei herauskäme. Der Präsident wies noch einmal auf die Brisanz von Verhandlungen über private Kanäle hin – sie müssten geheim gehalten werden, wenn sie erfolgreich sein sollten.«
108 The President's Daily Brief, 24. Juli 1971, S. 3, https://www.cia.gov/readingroom/document/0005992769.
109 Jehan Sadat, *Ich bin eine ägyptische Frau*, S. 260 f.
110 Interview in *Yedioth Aharonoth*, 11. Juni 1987.
111 David Tal: »Who Needed the October 1973 War?«, *Middle Eastern Studies* 52, Nr. 5 (2016), S. 748, zitiert Jehan Sadat, Interview in *Yedioth Aharonoth*, 6. November 1987.

Anmerkungen

112 Edward R. F. Sheehan: »Why Sadat Packed Off the Russians«, *New York Times*, 6. August 1972.
113 Jehan Sadat, *Ich bin eine ägyptische Frau*, S. 260.
114 Anthony Lewis: »Sadat Suggests Return of West Bank, Gaza as Peace Step«, *New York Times*, 11. Mai 1978.
115 David Hirst und Irene Beeson: *Sadat* (London: Faber & Faber, 1981), S. 144; Israeli, *Man of Defiance*, S. 79.
116 Moshe Shemesh: »The Origins of Sadat's Strategic Volte-face: Marking 30 Years since Sadat's Historic Visit to Israel, November 1977«, *Israel Studies* 13, Nr. 2 (Sommer 2008), S. 45.
117 Siehe Elizabeth Monroe und Anthony Farrar-Hockley: *The Arab-Israeli War, October 1973: Background and Events* (London: International Institute for Strategic Studies, 1975), S. 17; Henry Kissinger, *Memoiren 1973–1974*, S. 547.
118 Anwar el-Sadat, *Unterwegs zur Gerechtigkeit*, S.285.
119 Ebenda.
120 »Remarks by the Honorable Henry Kissinger«, 4. Mai 2000, Anwar Sadat Chair for Peace and Development, University of Maryland, https://sadat.umd.edu/events/remarks-honorable-henry-kissinger.
121 William B. Quandt: »Soviet Policy in the October 1973 War«, Rand Corporation (1976), vi, https://www.rand.org/content/dam/rand/pubs/reports/2006/R1864.pdf.
122 »Transcript of Kissinger's News Conference on the Crisis in the Middle East«, *New York Times*, 26. Oktober 1973.
123 Indyk, *Master of the Game*, S. 138.
124 Sadat, *In Search of Identity*, S. 244.
125 Cook, *Struggle for Egypt*, S. 131, zitiert Saadeddin Schasli, *The Crossing of the Suez* (San Francisco: American Mideast Research, 1980), S. 106.
126 »Ich möchte vor Ihnen und vor der Welt unseren Wunsch zum Ausdruck bringen, dass die Entspannungspolitik Erfolg hat und gefördert wird. [...] Ich möchte [Präsident Nixon] mitteilen, dass die von uns mit diesem Krieg verfolgten Ziele wohlbekannt sind und keiner weiteren Erläuterung bedürfen; und wenn er unsere Forderungen für den Frieden hören möchte, werde ich ihm unser Friedensprojekt vorlegen.« Siehe »Excerpts of a Speech Calling for an Arab-Israeli Peace Conference«, 16. Oktober 1973, S. 91, https://sadat.umd.edu/resources/presidential-speeches.
127 US Department of State, Office of the Historian: »OPEC Oil Embargo 1973–1974«, https://history.state.gov/milestones/1969-1976/oil-embargo.
128 Gesprächsprotokoll, Samstag, 3. November 1973, 22.45 Uhr–1.10 Uhr, The Blair House, Washington, https://nsarchive2.gwu.edu/NSAEBB/NSAEBB98/octwar-93b.pdf.
129 Ebenda, S. 1031–1038.
130 Sadat, *In Search of Identity*, S. 43.
131 Ebenda, S. 291 f.
132 »Memorandum from the President's assistant for national security affairs [Kissinger] to

President Nixon, Washington, January 6, 1974«, https://history.state.gov/historicaldocuments/frus1969-76v26/d1#fn:1.5.4.4.8.9.12.4.
133 Ich reiste zuerst nach Ägypten (11.–12.Januar); dann nach Israel (12.–13. Januar); dann Ägypten (13.–14. Januar); dann Israel (14.–15. Januar); dann Ägypten (16. Januar); dann Israel (16.–17. Januar); dann eine letzte Reise nach Ägypten (18. Januar). Siehe Department of State, Office of the Historian, »Travels of the Secretary, Henry A. Kissinger«, https://history.state.gov/departmenthistory/travels/secretary/kissinger-henry-a.
134 Kissinger, *Memoiren 1973–1974*, S. 964.
135 Ebenda, S. 970.
136 Ebenda, S. 987.
137 Laut dem Gelehrten und Diplomaten Martin Indyk bestand die Chance auf ein solches Abkommen vor dem Oktobergipfel. Siehe *Master of the Game*, S. 413–444.
138 Yitzhak Rabin, *The Rabin Memoirs* (Berkeley: University of California Press, 1979), S. 421 f.
139 Brief von Jitzchak Rabin an Anwar el-Sadat, 12. März 1975, https://catalog.archives.gov.il/wp-content/uploads/2020/02/12-3-1975-מכתב-רבין-לסאדאת-HZ-5973_13.pdf.
140 Rekonstruiert aus handschriftlichen Aufzeichnungen.
141 »The Seventeenth Government«, *The Knesset History*, https://knesset.gov.il/history/eng/eng_hist8_s.htm.
142 »Memorandum of conversation, Kissinger, Peres, Allon and Rabin, March 22, 1975, 6:35–8:14 p.m., Prime Minister's Office, Jerusalem«, Gerald R. Ford Presidential Library and Museum, https://www.fordlibrarymuseum.gov/library/document/0331/1553967.pdf.
143 Henry Kissinger, *Jahre der Erneuerung*, S. 352.
144 Ebenda, S. 849.
145 Interview des Präsidenten Anwar el-Sadat mit der iranischen Zeitung *Etlaat*, 13. Juni 1976, S. 722.
146 Sadat, *Unterwegs zur Gerechtigkeit*, S. 342 f.
147 Carters Schreiben an Sadat, 21. Oktober 1977, https://sadat.umd.edu/sites/sadat.umd.edu/files/Letter%20from%20President%20Jimmy%20Carter%20to%20Egyptian%20President%20Anwar%20Sadat1.pdf.
148 Sadat, *Unterwegs zur Gerechtigkeit*, S. 348.
149 Eric Pace, Nachruf auf Anwar el-Sadat, *New York Times*, 7. Oktober 1981.
150 »Excerpts from the speech of H.E. President Mohamed Anwar el-Sadat to the People's Assembly, November 9, 1977«, https://sadat.umd.edu/resources/presidential-speeches.
151 »Weil ›wir kurz davor sind, nach Genf zu gehen‹, bestand keine Notwendigkeit zu einem [arabischen] Gipfel, um eine neue Strategie zu beschließen«, »Telegram from the Embassy in Egypt to the Department of State, Kairo, November 10, 1977, Subj: Arab-

Israeli Aspects of Sadat Nov 9 Speech«, https://history.state.gov/historicaldocuments/frus1977-80v08/d145.

152 Ebenda.
153 Über seinen Außenminister Dayan ließ Begin Sadats Berater Tuhami bei einem vor Sadats Rede stattfindenden Geheimtreffen in Marokko die Nachricht zukommen, dass er bereit sei, sich vollständig aus dem Sinai zurückzuziehen.
154 »Prime Minister Begin's Letter of Invitation to President Sadat«, 15. November 1977, in *Israel's Foreign Policy – Historical Documents*, volumes 4-5: 1977-1979, https://www.mfa.gov.il/MFA/ForeignPolicy/MFADocuments/Yearbook3/Pages/69%20Prime%20Minister%20Begin-s%20letter%20of%20invitation%20to.aspx.
155 William E. Farrell, »Sadat Arrives to Warm Welcome in Israel, Says He Has Specific Proposals for Peace«, *New York Times*, 20. November 1977.
156 Anwar Sadat, »Egypt-Israel Relations: Address by Egyptian President Anwar Sadat to the Knesset«, 20. November 1977, https://www.jewishvirtuallibrary.org/address-by-egyptian-president-anwar-sadat-to-the-knesset.
157 Ebenda.
158 Ebenda.
159 Ebenda.
160 *Peace in the Making: The Menachem Begin-Anwar El-Sadat Personal Correspondence*, hg. v. Harry Hurwitz und Yisrael Medad (Jersualem: Gefen Publishing House, 2011), »Begin Addresses the Knesset After Sadat«, 20. November 1977, S. 35.
161 Abraham Rabinovich, *The Yom Kippur War: The Epic Encounter That Transformed the Middle East* (New York: Schocken Books, 2004), S. 497 f.
162 Henry Kissinger, »Sadat: A Man with a Passion for Peace«, *TIME*, 19. Oktober 1981, http://content.time.com/time/subscriber/article/0,33009,924947,00.html.
163 Sabri Jiryis, »The Arab World at the Crossroads: An Analysis of the Arab Opposition to the Sadat Initiative«, in *Journal of Palestine Studies* 7, Nr. 2 (Winter 1978), S. 26.
164 Ebenda, S. 30-40.
165 Kissinger, *Jahre der Erneuerung*, S. 367.
166 Fahmi war der Ansicht, Sadat habe »alles, was die ägyptische Armee unter großen Mühen und Opfern errungen hatte, einfach aus der Hand gegeben, ohne sich vorher mit jemandem abzusprechen«. Siehe Tignor, *Transforming the Middle East*, S. 144.
167 US Department of State, Office of the Historian, »Memorandum of Telephone Conversation (Carter and Begin), 17. November 1977«, https://history.state.gov/historicaldocuments/frus1977-80v08/d147.
168 Joseph T. Stanik, *El Dorado Canyon: Reagan's Undeclared War with Qaddafi* (Annapolis: Naval Institute Press, 2003), S. 64
169 Jiryis, »The Arab World at the Crossroads«, S. 29 f., zitiert das Statement des Allgemeinen Volkskongresses nach *al-Safir*, 19. November und 24. November 1977.

170 Marvin Howe, »Hard-Line Arab Bloc Is Formed at Tripoli«, New York Times, 6. Dezember 1977.
171 Jiryis, »The Arab World at the Crossroads«, S. 30-35.
172 Kissinger, Jahre der Erneuerung, S. 850.
173 Ebenda, S. 354.
174 James Feron, »Menachem Begin, Guerrilla Leader Who Became Peacemaker«, New York Times, 9. März 1992.
175 Kissinger, »A Man with a Passion for Peace«.
176 Sadat, zitiert nach Finklestone, Anwar Sadat: Visionary Who Dared, S. 249.
177 Thomas Lippmann, »Sadat Installs New Government to Lead a Peaceful Egypt«, Washington Post, 6. Oktober 1978.
178 Israeli, The Public Diary of President Sadat, S. 354 f., »1. Mai 1973 – Rede bei einer Massenveranstaltung im Mahalla-al-Kubra-Stadion«.
179 Anwar el-Sadat, Nobelpreisrede, 10. Dezember 1978, https://www.nobelprize.org/prizes/peace/1978/al-sadat/lecture/.
180 Ebenda.
181 Finklestone, Anwar Sadat: Visionary Who Dared, S. 251; Wright, Thirteen Days in September, S. 354.
182 Begin an Sadat, 18. November 1979, Israelisches Außenministerium, Bd. 6: 1979-1980, https://www.mfa.gov.il/MFA/ForeignPolicy/MFADocuments/Yearbook4/Pages/53%20Letter%20from%20Prime%20Minister%20Begin%20to%20President%20S.aspx.
183 Hedrick Smith: »After Camp David Summit, A Valley of Hard Bargaining«, New York Times, 6. November 1978.
184 Peace in the Making, S. 95 ff., Brief von Sadat an Begin, 30. November 1978.
185 Ebenda, S. 85 f., 105.
186 Ebenda, S. 209: Brief von Sadat an Begin, empfangen am 15. August 1980; S. 224: Brief von Begin an Sadat, 18. August 1980.
187 Ebenda, S. 216.
188 M. Cherif Bassiouni, »An Analysis of Egyptian Peace Policy Toward Israel: From Resolution 242 (1967) to the 1979 Peace Treaty«, 12 Case W. Res. J. Int'l L. 3 (1980), https://scholarlycommons.law.case.edu/jil/vol12/iss1/2.
189 Judith Miller: »Hussein, in Egyptian Parliament, Condemns Camp David Accords«, New York Times, 3. Dezember 1984.
190 Smith, »After Camp David Summit«.
191 Jason Brownlee: »Peace Before Freedom: Diplomacy and Repression in Sadat's Egypt«, Political Science Quarterly 126, Nr. 4 (Winter 2011/12), S. 649.
192 Burns, Economic Aid and American Policy Toward Egypt, S. 192.
193 World Bank: »GDP growth (annual %) – Egypt, Arab Rep.«, https://data.worldbank.org/indicator/NY.GDP.MKTP.KD.ZG?end=1989&locations=EG&start=1961.
194 Henry F. Jackson: »Sadat's Perils«, Foreign Policy 42 (Frühjahr 1981), S. 59-69.

195 Marvin G. Weinbaum: »Egypt's Infitah and the Politics of US Economic Assistance«, Middle Eastern Studies 21, Nr. 2 (April 1985), 206; Interview mit Anwar el-Sadat in der iranischen Zeitung Etlaat, 13. Juni 1976.
196 Tignor: Transforming the Middle East, S. 140; Brownlee: »Peace Before Freedom«, S. 651.
197 Saad Eddin Ibrahim, »Anatomy of Egypt's Militant Islamic Groups: Methodological Note and Preliminary Findings«, International Journal of Middle East Studies 12, Nr. 4 (Dezember 1980), S. 439.
198 Saad Eddin Ibrahim, Gesprächsbeitrag in Sadat and His Legacy (Washington, DC: Washington Institute, 1998), S. 103, https://www.washingtoninstitute.org/media/3591.
100 Ibrahim, »Anatomy«, S. 445.
200 Jiryis: »The Arab World at the Crossroads«, S. 35 f.
201 »Middle East: War of Words, Hope for Peace«, TIME, 7. August 1978, http://content.time.com/time/subscriber/article/0,33009,948219,00.html.
202 Jackson: »Sadat's Perils«, S. 64.
203 Ibrahim, Gesprächsbeitrag in Sadat's Strategy and Legacy, S. 102.
204 Jehan Sadat: Ich bin eine ägyptische Frau, S. 375.
205 Jackson: »Sadat's Perils«, S. 65; Don Schanche und LA Times: »Arab Sanctions Leave Egypt Unshaken«, Washington Post, 2. April 1979.
206 »Nachdem 1969 ein geistesgestörter Tourist die al-Aqsa-Moschee in Brand gesteckt hatte, schickte Nasser Anwar als Vertreter Ägyptens, um mit anderen muslimischen Staatsmännern zu besprechen, welche Schritte zum Schutz der heiligen Stätten unter israelischer Besatzung unternommen werden sollten. Mein Mann hielt die Vorschläge des Schahs in dieser Angelegenheit für unzureichend und teilte dies den Spitzenpolitikern auf Arabisch mit. Der Schah reagierte daraufhin wütend. Die Auseinandersetzung konnte entschärft werden, als Anwar erkannte, dass seine Äußerungen in der französischen Übersetzung für den Schah deutlich aufrührerischer gewirkt haben mussten, und sich auf Persisch an die Gipfelteilnehmer wandte. Der Schah, der dafür bekannt war, dass er nie lachte und nur selten lächelte, erhob sich bei dieser Gelegenheit mit einem Lächeln und applaudierte Anwar. Der Grundstein für eine lebenslange Freundschaft war gelegt. ›Es gibt keine Liebe, außer nach der Feindschaft‹, pflegte Anwar dem Schah in Anlehnung an eine unserer arabischen Redewendungen zu sagen.« (Jehan Sadat, A Woman of Egypt, S. 340 ff.)
207 Jehan Sadat erinnerte sich: »›Ich werde nach Saudi-Arabien fahren und König Khalid und die saudischen Prinzen fragen, warum sie mit ihrer Unterstützung für Sie zögern‹, sagte der Schah zu meinem Mann. ›Sie müssen verstehen, dass Sie sich für die ganze Region einsetzen, für einen umfassenden und gerechten Frieden und für die Wiedererlangung der Rechte der Araber.‹ Die Reise des Schahs nach Dschidda sollte sich als ergebnislos erweisen, aber Anwar vergaß nie, wie sehr sich sein Freund unaufgefordert für ihn eingesetzt hatte.« (Ebenda, S. 384 ff.)

208 Ebenda, S. 424 f.
209 Richard L. Homan: »Opposition Parties Disbanding to Protest Sadat Crackdown«, *Washington Post*, 6. Juni 1978. Brownlee: »Peace Before Freedom«, S. 661, Jackson: »Sadat's Perils«, S. 64.
210 William E. Farrell: »Sadat, with Anger and Sarcasm, Defends His Crackdown on Foes«, *New York Times*, 10. September 1981.
211 Brownlee: »Peace Before Freedom«, S. 664.
212 Raphael Israeli: »Sadat's Egypt and Teng's China: Revolution Versus Modernization«, *Political Science Quarterly* 95, Nr. 3 (1980), S. 364.
213 Camelia Anwar Sadat: »Anwar Sadat and His Vision«, in Alterman, Hg., *Sadat and His Legacy*.
214 *Peace in the Making*, S. 244 f.
215 Henry Kissinger bei *ABC News Nightline*, 6. Oktober 1981, https://www.youtube.com/watch?v=N1nCpbUKc4E.
216 Howell Raines: »3 Ex-Presidents in Delegation to Funeral but Reagan Is Not«, *New York Times*, 8. Oktober 1981; »Officials from Around the World Attending Sadat's Funeral«, *New York Times*, 10. Oktober 1981.
217 Kissinger bei *ABC News Nightline*, 6. Oktober 1981.
218 David B. Ottaway: »Body of Sadat is Laid to Rest in Tightly Controlled Funeral«, *Washington Post*, 11. Oktober 1981, https://www.washington-post.com/archive/politics/1981/10/11/body-of-sadat-is-laid-to-rest-in-tightly-controlled-funeral/c72f4903-7699-42a8-b0c7-77f063695e81/.
219 Anwar Sadat: »Address at Ben-Gurion University«, 26. Mai 1979, https://mfa.gov.il/MFA/ForeignPolicy/MFADocuments/Yearbook4/Pages/15%20Statements%20by%20Presidents%20Navon%20and%20Sadat-%20and%20P.aspx.
220 https://www.presidency.ucsb.edu/documents/remarks-president-carter-president-anwar-al-sadat-egypt-and-prime-minister-menahem-begin.
221 Anwar el-Sadat, *Unterwegs zur Gerechtigkeit*, S. 101.
222 Kissinger, *Jahre der Erneuerung*, S. 369.
223 Premierminister Jitzchak Rabin: »Address to the United States Congress, July 26, 1994«, https://mfa.gov.il/MFA/MFA-Archive/Pages/ADDRESS%20BY%20PM%20RABIN%20TO%20THE%20US%20CONGRESS%20-%2026-Jul-94.aspx.
224 Kissinger, *Memoiren 1973-1974*, S. 764.
225 »Remarks by the Honorable Henry Kissinger«, 4. Mai 2000, Anwar Sadat Chair for Peace and Development, University of Maryland, https://sadat.umd.edu/events/remarkshonorable-henry-kissinger.

5 Lee Kuan Yew: Die Strategie der Spitzenleistung

1. Lee Kuan Yew, »Collins Family International Fellowship Lecture«, gehalten am 17. Oktober 2000 an der John F. Kennedy School of Government der Harvard University, https://www.nas.gov.sg/archivesonline/data/pdfdoc/2000101706.htm. Siehe auch: Richard Longworth, »Asian Leader Begins Short Sabbatical«, *The Harvard Crimson*, 14. November 1968, https://www.thecrimson.com/article/1968/11/14/asian-leaderbegins-brief-sabbatical-plee/.
2. Longworth, »Asian Leader Begins Brief Sabbatical«.
3. Siehe Lee Kuan Yew, *From Third World to First* (New York: HarperCollins, 2000), S. 460 f.
4. Richard Nixon, *Leaders: Profiles and Reminiscences of Men Who Have Shaped the Modern World* (New York: Warner Books, 1982), S. 319.
5. Margaret Thatcher, *Statecraft: Strategies for a Changing World* (New York: Harper Collins, 2002), S. 117.
6. Lee, »Collins Family International Fellowship Lecture«.
7. John Curtis Perry, *Singapore: Unlikely Power* (New York: Oxford University Press, 2017), S. 6.
8. Lee, *From Third World to First*, S. 3.
9. Han Fook Kwang et al., Hg., *Lee Kuan Yew: Hard Truths to Keep Singapore Going* (Singapur: Straits Times Press, 2011), S. 19.
10. Ebenda, S. 18.
11. Lee, *From Third World to First*, S. 690.
12. Ebenda.
13. »Aspen Meeting, May 6, 1979, 3.00 p.m., Singapore«, Henry A. Kissinger papers, part III, box 169, folder 4, S. 12, Yale University Library, http://findit.library.yale.edu/catalog/digcoll:1193313.
14. Han et al., Hg., *Hard Truths*, S. 390. Lees Interviewpartner waren zwei junge Journalisten aus Singapur, Rachel Lin und Robin Chan.
15. Ezra Vogel, *Deng Xiaoping and the Transformation of China* (Cambridge, MA: Belknap Press, 2011), S. 290 f.
16. Perry, *Singapore*, S. 37.
17. Ebenda, S. 124.
18. Ebenda, S. 121.
19. Ebenda, S. 124, zum Datum. Fred Glueckstein, »Churchill and the Fall of Singapore«, *International Churchill Society*, 10. November 2015, https://winstonchurchill.org/publications/finest-hour/finest-hour-169/churchill-and-the-fall-of-singapore/.
20. Lee Kuan Yew, *The Singapore Story* (Singapur: Times Editions, 1998), S. 51.
21. Ebenda, S. 35.
22. Ebenda, S. 34. Lee beginnt seine Memoiren mit dem unauslöschlichen Bild seines Vaters, der ihn nach einem solchen Verlust an den Ohren über einen Balkon baumeln ließ.

23 Ebenda.
24 Ebenda, S. 35–38.
25 Ebenda, S. 36.
26 Ebenda, S. 43.
27 Ebenda, S. 38.
28 Ebenda.
29 Ebenda, 39 f.
30 Lee, »Collins Family International Fellowship Lecture«. Perry, *Singapore*, S. 146, beschreibt eine ähnliche Empfindung einer malaiischen Frau in Singapur nach der Rückkehr der britischen Streitkräfte nach dem Krieg: »Wir waren sicherlich froh, dass die Briten zurückgekehrt waren, um uns von den Japanern zu befreien, aber wir haben ihrem Versprechen, uns in Zukunft zu beschützen, sehr wenig Bedeutung beigemessen. [...] Unsere Götter standen auf tönernen Füßen.«
31 Perry, *Singapore*, S. 138.
32 Ebenda, S. 140.
33 Ebenda, S. 61–66.
34 Ebenda, S. 66.
35 Ebenda, S. 115.
36 Lee Kuan Yew, »Eulogy by Minister Mentor Lee Kuan Yew at the Funeral Service of Mrs Lee Kuan Yew«, Prime Minister's Office of Singapore, 6. Oktober 2010.
37 Ebenda, S. 113 f.
38 Lee, »Collins Family International Fellowship Lecture«, 17. Oktober 2000.
39 Ebenda.
40 Lee Kuan Yew, »If I Were an Englishman« (Rede für David Widdicombe, Anfang Februar 1950), in Han Fook Hwang, Warren Fernandez und Sumiko Tan, Hg., *Lee Kuan Yew: The Man and His Ideas* (Singapur: Times Editions, 1998), S. 255.
41 Constance Mary (C. M.) Turnbull, *A History of Modern Singapore* (Singapur: National University of Singapore Press, 2020), S. 371 f.
42 Ebenda, S. 382.
43 Eine Kommission prangerte im Jahr 1879 die ausufernde Schmiergeldzahlung im Polizeidienst an. Siehe Jon S. T. Quah, »Combating Corruption in Singapore – What Can Be Learned?«, *Journal of Contingencies and Crisis Management* 9, Nr. 1 (März 2001), S. 29 ff.
44 Ebenda, S. 30.
45 Cyril Northcote Parkinson, *A Law Unto Themselves: Twelve Portraits* (Boston: Houghton Mifflin, 1966), S. 173.
46 Perry, *Singapore*, S. 157.
47 Lee, *The Singapore Story*, S. 305–309, 319.
48 Turnbull, *Singapore*, S. 449 f.
49 Lee, *From Third World to First*, S. 96.
50 Ebenda, S. 105.

Anmerkungen

51 Quah, »Combating Corruption in Singapore«.
52 Turnbull, *Singapore*, S. 429.
53 Lee Kuan Yew, »How Much Is a Good Minister Worth?«, Rede vor dem Parlament, 1.November 1994, in *Lee Kuan Yew: The Man and His Ideas*, S. 331.
54 Beng Huat Chua, *Liberalism Disavowed: Communitarianism and State Capitalism in Singapore* (Ithaca, NY: Cornell University Press, 2017), S. 3.
55 Muhammad Ali, »Eradicating Corruption – The Singapore Experience«, Vortragspapier zum »Seminar on International Experiences on Good Governance and Fighting Corruption«, 2. Februar 2000.
56 Quah, »Combating Corruption in Singapore«, S. 29.
57 Lee, »How Much Is a Good Minister Worth?«, S. 338.
58 Turnbull, *Singapore*, S. 450.
59 Ebenda, S. 495.
60 Ebenda, S. 450.
61 George P. Shultz und Vidar Jorgensen, »A Real Market in Medical Care? Singapore Shows the Way«, *The Wall Street Journal*, 15. Juni 2020, https://www.wsj.com/articles/a-real-market-in-medical-care-singapore-shows-the-way-11592264057.
62 Lim Meng-Kim, »Health Care Systems in Transition II. Singapore, Part 1. An Overview of Health Care Systems in Singapore«, *Journal of Public Health* 20, Nr. 1 (1988), S. 19.
63 Turnbull, *Singapore*, S. 510 f.
64 Ebenda.
65 Turnbull, *Singapore*, S. 511.
66 Lee, *From Third World to First*, S. 112.
67 Perry, *Singapore*, S. 160, 250, 252.
68 Lee, *From Third World to First*, S. 112.
69 Fareed Zakaria, »Culture Is Destiny: A Conversation with Lee Kuan Yew«, *Foreign Affairs* 73, Nr. 2 (März/April 1994), S. 111.
70 Lee, *The Singapore Story*, S. 16, 401 f.
71 Ebenda, S. 394 ff.
72 Perry, *Singapore*, S. 157.
73 Ebenda, S. 164.
74 Lee, *The Singapore Story*, S. 23.
75 Arnold Toynbee, *Cities on the Move* (New York: Oxford University Press, 1970), S. 55.
76 Perry, *Singapore*, S. 197.
77 Lee, *From Third World to First*, S. 7.
78 Seth Mydans, »Days of Reflection for the Man Who Defined Singapore«, *New York Times*, 11. September 2010.
79 Lee Kuan Yew, »Transcript of a Press Conference on August 9, 1965«, National Archives of Singapore, S. 32 f., https://www.nas.gov.sg/archivesonline/speeches/record-details/740acc3c-115d-11e3-83d5-0050568939ad.

80 Lee, *From Third World to First*, S. 6.
81 Ebenda, S. 14.
82 Ebenda, S. 11.
83 Ebenda, S. 15.
84 Ebenda, S. 19.
85 Ebenda, S. 228.
86 Mitschrift einer Rede des Premierministers auf einer Sitzung der Consultation on Youth and Leadership Training, die von der East Asia Christian Conference am 10. April 1967 in der Queen Street Methodist Church abgehalten wurde.
87 »Aspen Meeting, January 30, 1980, 3.30 p.m., Germany«, Henry A. Kissinger papers, part III, box 169, folder 11, S. 10 f., Yale University Library, http://findit.library.yale.edu/catalog/digcoll:1193221.
88 Lee Kuan Yew, *My Lifelong Challenge: Singapore's Bilingual Journey* (Singapore: Straits Times Press, 2012).
89 Ebenda, S. 53.
90 Verfassung der Republik Singapur, Artikel 153A.
91 Zakaria, »Culture Is Destiny«, S. 120.
92 Perry, *Singapur*, S. 166. Lee ließ sogar eine Polymarmor-Kopie der Statue anfertigen und an einem prominenten Ort am Hafen von Singapur aufstellen.
93 Siehe Lee, *From Third World to First*, S. 50.
94 Ebenda, S. 3.
95 Lee Kuan Yew, »Make Sure Every Button Works«, Rede vor hohen Beamten im Victoria Theater, 20. September 1965, in *Lee Kuan Yew: The Man and His Ideas*.
96 Lee Kuan Yew, Ansprache bei der Massenkundgebung mit Parade am Malaysia Solidarity Day auf dem Padang, 31. August 1963, https://www.nas.gov.sg/archivesonline/speeches/record-details/740957c6-115d-11e3-83d5-0050568939ad.
97 »Aspen Meeting, January 17, 1978«, Henry A. Kissinger papers, part III, box 168, folder 31, S. 12 f., Yale University Library, http://findit.library.yale.edu/catalog/digcoll: 1193335.
98 Lee Kuan Yew, »Prime Minister's May Day Message, 1981«, 1. Mai 1981, https://www.nas.gov.sg/archivesonline/speeches/record-details/73b03d18-115d-11e3-83d5-0050568939ad.
99 Perry, *Singapore*, S. 152; und Rudyard Kipling, »Recessional«, The Poetry Foundation, https://www.poetryfoundation.org/poems/46780/recessional.
100 »British Withdrawal from Singapore«, *Singapore Infopedia*, Singapore National Library Board, http://eresources.nlb.gov.sg/infopedia/articles/SIP_1001_2009-02-10.html.
101 Perry, *Singapore*, S. 165.
102 Ebenda, S. 157.
103 Ebenda, S. 167. Lee reiste nach Malta, Großbritannien und Japan, um dort Werften zu besichtigen.
104 Zitiert in *Lee Kuan Yew: The Man and His Ideas*, S. 109.

105 »Aspen Meeting, January 18, 1978«, Henry A. Kissinger papers, part III, box 168, folder 32, S. 2, Yale University Library, http://findit.library.yale.edu/catalog/digcoll: 1193198.
106 Perry, *Singapore*, S. 196.
107 Gesprächsnotiz aus dem Konferenzraum des Kabinetts, Istana, Singapur, 18. Januar 2003, 15.40 Uhr.
108 »World Economic Survey, 1971«, UN Department of Economic and Social Affairs (New York: UN, 1972), http://www.un.org/en/development/desa/policy/wess/wess_archive/1971wes.pdf.
109 Turnbull, *Singapore*, S. 491.
110 Ebenda.
111 *Lee Kuan Yew: The Man and His Ideas*, S. 111 f.
112 Lee, *From Third World to First*, S. 691.
113 Ebenda, S. 63.
114 Lee Kuan Yew, »Eve of National Day Broadcast 1987«, 8. August 1987, https://www.nas.gov.sg/archivesonline/speeches/record-details/73fa03f6-115d-11e3-83d5-0050568939ad.
115 Lee, »Prime Minister's May Day Message, 1981«.
116 Mitschrift des Gesprächs von Premierminister Lee Kuan Yew mit fünf Auslandskorrespondenten, aufgezeichnet bei SBC am 9. Oktober 1984, https://www.nas.gov.sg/archivesonline/speeches/record-details/7422b2ea-115d-11e3-83d5-0050568939ad.]
117 Lyndon Johnson, Begrüßungsansprache im Weißen Haus für Premierminister Lee, 17. Oktober 1967, https://www.presidency.ucsb.edu/documents/remarks-welcome-the-white-house-prime-minister-lee-singapore.
118 Hubert Humphrey, »Memorandum from Vice President Humphrey to President Johnson: Meeting with Prime Minister Lee Kuan Yew of Singapore«, 18. Oktober 1967, Außenministerium, Office of the Historian.
119 Zakaria, »Culture Is Destiny«, S. 115.
120 Lee Kuan Yew, »Exchange of Toasts between the President and Prime Minister Lee Kuan Yew of Singapore«, 4. April 1973, https://www.nas.gov.sg/archivesonline/speeches/record-details/7337d52d-115d-11e3-83d5-0050568939ad.
121 Lee, »Prime Minister's May Day Message, 1981«.
122 Zakaria, »Culture Is Destiny«, S. 124 f.
123 Lee, *From Third World to First*, S. 451.
124 »Obituary: Lee Kuan Yew«, *The Economist*, 22. März 2015, https://www.economist.com/obituary/2015/03/22/lee-kuan-yew
125 Zakaria, »Culture Is Destiny«, S. 112.
126 *Lee Kuan Yew: The Man and His Ideas*, S. 230, 233.
127 Lee Kuan Yew, »East Asia in the New Era: The Prospects of Cooperation«, Rede bei der Harvard Fairbank Center Conference, New York, 11. Mai 1992. So zitiert in Graham Allison und Robert D. Blackwill, Hg., *Lee Kuan Yew: The Grand Master's Insights on China*,

the United States, and the World (Cambridge, MA: Belfer Center for Science and International Affairs/The MIT Press, 2012), S. 41.
128 »Lee Kuan Yew, remarks to the U.S. Defense Policy Board, May 2, 2002«, Privatdokumente von Dr. Henry Kissinger, S. 3.
129 Han et al., Hg., *Hard Truths*, S. 313.
130 Lee Kuan Yew, »Southeast Asian View of the New World Power Balance in the Making«, Jacob-Blaustein-Vorlesung Nr. 1, 30. März 1973, S. 12, https://www.nas.gov.sg/archivesonline/speeches/record-details/73377f87-115d-11e3-83d5-0050568939ad
131 »Aspen Meeting, May 7, 1979, Singapore«, Henry A. Kissinger Papers, Teil III, Box 169, Ordner 5, S. 3, Yale University Library, http://findit.library.yale.edu/catalog/digcoll:1193268
132 Ebenda, S. 6.
133 Ebenda, S. 4.
134 Peter Hicks, »›Sleeping China‹ and Napoleon«, Fondation Napoléon, https://www.napoleon.org/en/history-of-the-two-empires/articles/ava-gardner-china-and-napoleon/.
135 Nicholas D. Kristof, »The Rise of China«, *Foreign Affairs* 72, Nr. 5 (November/Dezember 1993), S. 74.
136 Lee Kuan Yew, »Asia and the World in the 21st Century«, Rede beim 21st Century Forum, Peking, 4. September 1996.
137 Han et al., Hg., *Hard Truths*, S. 310.
138 Lee, »Collins Family International Fellowship Lecture«.
139 Vogel, *Deng Xiaoping*, S. 292.
140 Han et al., Hg., *Hard Truths*, S. 389.
141 Vogel, *Deng Xiaoping*, S. 291.
142 Ebenda.
143 Zitiert in Emrys Chew und Chong Guan Kwa, *Goh Heng Swee: A Legacy of Public Service* (Singapore: World Scientific Publishing Co., 2012), S. 17.
144 Lee, *From Third World to First*, S. 626.
145 Ebenda, S. 627 f.
146 Zusammenfassung eines Gesprächs zwischen Lee Kuan Yew und John Thornton auf dem FutureChina Global Forum, Singapur, 11. Juli 2001. Zitiert nach Allison und Blackwill, Hg., *Lee Kuan Yew*, S. 42.
147 Nathan Gardels, »The East Asian Way – with Air Conditioning«, *New Perspectives Quarterly* 26, Nr. 4 (Herbst 2009), S. 116.
148 Zitiert in Henry Kissinger, *Jahre der Erneuerung*, S. 850.
149 Frage- und Antwortrunde mit Lee Kuan Yew beim Galadinner zum fünften Jahrestag der Lee Kuan Yew School of Public Policy, Singapur, 2. September 2009, zitiert nach Allison und Blackwill, Hg., *Lee Kuan Yew*, S. 47 f.
150 Autoreninterview, in Allison und Blackwill, Hg., *Lee Kuan Yew*, S. 43.
151 Ebenda, S. 45.
152 Lee Kuan Yew, »Amerika und Asien«, Rede anlässlich der Preisverleihung des »Archi-

Anmerkungen

tect of the New Century«, Washington, DC, 11. November 1996, zitiert nach Allison und Blackwill, Hg., *Lee Kuan Yew*, S. 41.

153 Lee Kuan Yew, »Shanghai's Role in China's Renaissance«, Rede im Rahmen des Shanghai Forums 2005, Shanghai, 17. Mai 2005, zitiert in Allison und Blackwill, Hg., *Lee Kuan Yew*, S. 48.

154 »Aspen Meeting, June 10, 1978, Iran«, Henry A. Kissinger Papers, Teil III, Box 169, Ordner 2, S. 61 f., Yale University Library, http://findit.library.yale.edu/catalog/digcoll:-1193349.

155 »Aspen Meeting, May 6, 1979, Singapore«, Henry A. Kissinger Papers, Teil III, Box 169, Ordner 3, S. 11, Yale University Library, http://findit.library.yale.edu/catalog/digcoll:1193222.

156 Ebenda.

157 Lee, Äußerungen vor dem US Defense Policy Board, 2. Mai 2002, S. 1.

158 Offen zugängliche Daten der Weltbank, »GDP per capita (current US$) – Singapore«, https://data.worldbank.org/indicator/NY.GDP.PCAP.CD?locations=SG.

159 Offen zugängliche Daten der Weltbank, »GDP growth (annual %) – Singapore«, https://data.worldbank.org/indicator/NY.GDP.MKTP.KD.ZG?locations=SG.

160 Richard Nixon, *Leaders: Profiles and Reminiscences of Men Who Have Shaped the Modern World* (New York: Warner Books, 1982), S. 310. Deutsche Ausgabe: *Staatsmänner unserer Zeit* (Stuttgart: Verlag Bonn Aktuell, 1987).

161 »Aspen Meeting, June 9, 1978, Iran«, Henry A. Kissinger Papers, Teil III, Box 169, Ordner 1, S. 33 f., Yale University Library, http://findit.library.yale.edu/catalog/digcoll: 1193199.

162 Ebenda, S. 336.

163 Lee, *From Third World to First*, S. 688.

164 Ebenda, S. 687.

165 Alexander Pope, aus dem dritten Brief von *An Essay on Man* (1733 f.). Zweisprachige Ausgabe deutsch/englisch: *Vom Menschen/Essay on Man*, übersetzt von Eberhard Breidert (Hamburg: Felix Meiner Verlag, 1993).

166 José Ortega y Gasset, *History as a System, and Other Essays Toward a Philosophy of History*, übersetzt von Helene Weyl (New York: W. W. Norton & Company, Inc., 1962), S. 217. Deutsche Ausgabe: *Geschichte als System und Über das römische Imperium* (Stuttgart: DVA, 1952).

167 Lee, *From Third World to First*, S. 9.

168 Han et al., Hg., *Hard Truths*, S. 388.

169 Tom Plate, *Conversations with Lee Kuan Yew* (Singapore: Marshall Cavendish Editions, 2015), S. 203.

170 Colin Campbell, »Singapore Plans to Revive Study of Confucianism«, *New York Times*, 20. Mai 1982.

171 Tom Plate, *Conversations with Lee Kuan Yew: Citizen Singapore: How to Build a Nation* (Singapur: Marshall Cavendish, 2010), S. 177.

172 Im Iran 1978, beim ersten »Aspen Roundtable«, waren Kissinger, Lee und Shultz dabei, aber nicht Schmidt; in Singapur 1979 trafen sich Kissinger, Lee und Shultz, aber nicht Schmidt; in Deutschland 1980 waren es Kissinger, Lee und Schmidt, aber nicht Shultz; und in Tokio 1982 Kissinger, Lee und Schmidt, aber nicht Shultz. Das erste Mal, dass alle vier zusammenkamen, war im Sommer 1982 in Kalifornien. Siehe Matthias Nass, »Four Very Powerful Friends: Lee Kuan Yew, Helmut Schmidt, Henry Kissinger, George Shultz«, *The Straits Times*, 21. Juli 2012, https://www.straitstimes.com/singapore/4-verypowerful-friends-lee-kuan-yew-helmut-schmidt-henry-kissinger-george-shultz.

173 Matthias Naß, »Vier Freunde«, *Die Zeit*, 5. Juli 2012, S. 4, https://www.zeit.de/2012/28/Vier-Freunde/seite-4.

174 Perry, *Singapore*, S. 237; und Seth Mydans, »Days of Reflection for the Man Who Defined Singapore«, *New York Times*, 11. September 2010. Und das, obwohl Lee 1968 verkündet hatte: »Poesie ist ein Luxus, den wir uns nicht leisten können.«

175 Seth Mydans, »Days of Reflection for the Man Who Defined Singapore«, *New York Times*, 11. September 2010.

176 Leider ist dies nun Gegenstand eines in der Öffentlichkeit ausgetragenen Streits innerhalb der Familie Lee.

177 Lee Kuan Yew, Interview mit Mark Jacobson, 6. Juli 2009, zitiert nach Allison und Blackwill, Hg., *Lee Kuan Yew*, S. 149.

178 Mydans, »Days of Reflection«.

179 Ebenda.

180 Lee, »How Much Is a Good Minister Worth?«, S. 331.

6 Margaret Thatcher: Die Strategie der Überzeugung

1 Ferdinand Mount, »Thatcher's Decade«, in *The National Interest* 14 (Winter 1988/89), S. 15. Hervorhebung des Autors.

2 Margaret Thatcher, Vortrag beim Conservative Political Centre, 11. Oktober 1968, https://www.margaretthatcher.org/document/101632.

3 Margaret Thatcher, Pressekonferenz nach ihrer Wahl zur Parteiführerin der Konservativen, 11. Februar 1975, https://www.margaretthatcher.org/document/102487.

4 Margaret Thatcher, *Downing Street No. 10: Die Erinnerungen* (Düsseldorf: Econ, 1993), S. 14.

5 Philip Larkin, *Collected Poems* (New York: Farrar, Straus, and Giroux, 2003), S. 141.

6 Siehe Peter Hennessy, *Having It So Good: Britain in the Fifties* (London: Penguin, 2007), Kapitel 12 und 13.

7 Zitiert in Kathleen Burk, *Old World, New World: The Story of Britain and America* (London: Little Brown, 2007), S. 608.

8 Wilson hatte sich außerdem geweigert, Truppen nach Vietnam zu entsenden, obwohl Johnson ihn darum gebeten hatte.

Anmerkungen

9 Nixon tapes, 3. Februar 1973, 840-12, Richard M. Nixon Presidential Library, Yorba Linda, Kalifornien.
10 Odd Arne Westad, *Der Kalte Krieg: Eine Weltgeschichte* (Stuttgart: Klett-Cotta, 2019), S. 581 f.
11 BBC News, »1974: Miners' Strike Comes to an End«, *On This Day*: 6. März 1974, http://news.bbc.co.uk/onthisday/hi/dates/stories/march/6/newsid_4207000/4207111.stm.
12 Christopher Kirkland, *The Political Economy of Britain in Crisis: Trade Unions and the Banking Sector* (London: Palgrave Macmillan, 2017), S. 76.
13 BBC News, »In Quotes: Margaret Thatcher«, 8. April 2013, https://www.bbc.com/news/uk-politics-10377842.
14 3. Mose 19,18, wie von Jesus zitiert in Markus 12,31 und Matthäus 22,39.
15 Margaret Thatcher, Rede vor dem Unterhaus, 5. Februar 1960, https://www.margaretthatcher.org/document/101055.
16 Ebenda. Das Franks Committee legte 1957 einen Bericht vor, der die Notwendigkeit von Offenheit, Fairness und Unparteilichkeit in britischen Gerichten betonte. Der Ausschuss wurde in Reaktion auf den Crichel-Down-Skandal und einen generellen Mangel an System in der Staatsführung gebildet; die meisten Empfehlungen des Ausschusses wurden 1958 durch den Tribunals and Inquiries Act implementiert.
17 Thatcher, Vortrag beim Conservative Political Centre, 11. Oktober 1968.
18 Gesprächsnotiz, »May 9 1975, Ford, Kissinger«, box 11, National Security Advisor, Ford Library, Ann Arbor, MI.
19 Charles Moore, *Margaret Thatcher: From Grantham to the Falklands* (New York: Knopf, 2013), S. 367.
20 Powells Bruder Jonathan sollte für Tony Blair eine ähnliche Rolle spielen.
21 Interview von Brian Walden mit Margaret Thatcher für London Weekend Television, 16. Januar 1983, https://www.margaretthatcher.org/document/105087.
22 Thatcher, *Downing Street No. 10*, S. 1136.
23 Siehe Charles Powell an Anthony C. Galsworthy, »Prime Minister's Meeting with Dr Kissinger: Political Matters«, 3. Dezember 1986, National Archives of the UK, PREM 19/3586, 1, https://discovery.nationalarchives.gov.uk/details/r/C16481832.
24 Private Korrespondenz mit Charles Powell, 4. Januar 2021.
25 Margaret Thatcher, Rede vor dem Parteitag der Conservative Party, 10. Oktober 1980, https://www.margaretthatcher.org/document/104431.
26 Persönliche Erinnerung des Autors.
27 Samuel Taylor Coleridge, *The Statesman's Manual* (London: Gale and Fenner, J. M. Richardson and Hatchard, 1816), S. 16.
28 Chris Edwards, »Margaret Thatcher's Privatization Legacy«, in *Cato Journal* 37, Nr. 1 (2017), S. 95.
29 Thatcher, Interview mit Brian Walden für London Weekend Television, 16. Januar 1983.

30 Margaret Thatcher, Rede vor dem Parteitag der Konservativen Party, 10. Oktober 1980, https://www.margaretthatcher.org/document/105763.
31 World Bank Open Data.
32 UK Office for National Statistics, »Labour Disputes in the UK: 2018«, https://www.ons.gov.uk/employmentandlabourmarket/peopleinwork/workplacedisputesandworkingconditions/articles/labourdisputes/2018.
33 Henry Kissinger, Brief an Margaret Thatcher, 6. Mai 1997.
34 Margaret Thatcher, Brief an Henry Kissinger, 20. Mai 1997.
35 Rachel Borrill, »Meeting between Thatcher and Blair ›worries‹ left wing MPs«, *Irish Times*, 26. Mai 1997, https://www.irishtimes.com/news/meeting-between-thatcher-and-blair-worries-left-wing-mps-1.75866.
36 Simon Jenkins, *Thatcher & Sons: A Revolution in Three Acts* (London: Penguin, 2006), S. 205.
37 Mark Tran, »Thatcher Visits Brown for Tea at No. 10«, *Guardian*, 13. September 2007.
38 Margaret Thatcher, »Memoir of the Falklands War«, S. 44, https://bit.ly/3nFSvQO.
39 Zitiert in Moore, *Margaret Thatcher: From Grantham to the Falklands*, S. 678.
40 Thatcher, *Downing Street No. 10*, S. 267.
41 Zitiert in Moore, *Margaret Thatcher: From Grantham to the Falklands*, S. 666.
42 Margaret Thatcher, 3. April 1982, Hansard: 21/633.
43 Ronald Reagan, Brief an Margaret Thatcher, 30. April 1975, THCR 6/4/1/7, Churchill College, Cambridge, verfügbar bei der Margaret Thatcher Foundation unter: https://www.margaretthatcher.org/document/110357.
44 Ronald Reagan, *The Reagan Diaries*, Hg. Douglas Brinkley (New York: HarperCollins, 2007), 27. Februar 1981, S. 5.
45 »Monthly Warning Assessment: Latin America«, 30. April 1982, CREST Program, CIA Archives, eingesehen in der National Archives and Records Administration (NARA), College Park, MD.
46 »Franks Report« (über den Krieg um die Falklandinseln), dem Parlament vorgelegt im Januar 1983, Abschnitte 114–118.
47 Andrew Roberts, *Leadership in War* (New York: Viking, 2019), S. 183.
48 Henry A. Kissinger, »Reflections on a Partnership: British and American Attitudes to Postwar Foreign Policy«, *Observations: Selected Speeches and Essays, 1982–1984* (New York: Little, Brown, 1985), S. 21.
49 Moore, *Margaret Thatcher: From Grantham to the Falklands*, S. 727.
50 Ebenda, S. 735.
51 Roberts, *Leadership in War*, S. 193.
52 Ebenda, S. 192.
53 Telefongespräch zwischen Ronald Reagan und Margaret Thatcher, 31. Mai 1982, https://www.margaretthatcher.org/document/205626.
54 Sam LaGrone, »Reagan Readied U.S. Warship for '82 Falklands War«, *U.S. Naval Insti-*

Anmerkungen

tute News, 27. Juni 2012, https://news.usni.org/2012/06/27/reagan-readied-us-warship-82-falklands-war-0.

55 Margaret Thatcher, Rede auf einer Kundgebung der Konservativen in Cheltenham, 3. Juli 1982, https://www.margaretthatcher.org/document/104989.
56 John Coles an John »J. E.« Holmes, 15. November 1982, National Archives of the UK, PREM 19/3586.
57 Roger Bone an John Coles, »Points to Make«, 11. November 1982, National Archives of the UK, PREM 19/1053, Zugriff über die Margaret Thatcher Foundation unter: https://www.margaretthatcher.org/document/138863.
58 Roger Bone an John Coles, »Future of Hong Kong: Recent Developments and the Prime Minister's Dinner with Dr Kissinger on 12 November«, 11. November 1982, National Archives of the UK, PREM 19/1053, Zugriff über die Margaret Thatcher Foundation unter: https://www.margaretthatcher.org/document/138863.
59 Thatcher, *Downing Street No. 10*, S. 380.
60 Ebenda, S. 544.
61 Private Korrespondenz mit Charles Powell, 4. Januar 2021.
62 Moore, *Margaret Thatcher: From Grantham to the Falklands*, S. 597–601.
63 Dieser Punkt ist umstritten, weil Thatcher immer sagte, dass sie nie mit Terroristen verhandelt habe; sie nahm jedoch die Verbindung des MI6 zur IRA billigend in Kauf und nutzte sie, als sie es angebracht fand. Hergang der Ereignisse aus ebenda, S. 599 f.
64 Margaret Thatcher, Rede in Belfast, 5. März 1981, https://www.margaretthatcher.org/document/104589.
65 Margaret Thatcher, Fragestunde im Unterhaus, 5. Mai 1981, https://www.margaretthatcher.org/document/104641.
66 Margaret Thatcher, Fernsehinterview für die BBC, 12. Oktober 1984, https://www.margaretthatcher.org/document/133947.
67 Thatcher, Rede auf dem Parteitag der Konservativen, 12. Oktober, 1984, https://www.margaretthatcher.org/document/105763.
68 Ebenda.
69 Zitiert in: Charles Moore, *Margaret Thatcher: At Her Zenith: In London, Washington, and Moscow* (New York: Vintage, 2015), S. 315.
70 Artikel 1 des Anglo-Irischen Abkommens, https://cain.ulster.ac.uk/events/aia/aiadoc.htm#a.
71 Zitiert in Moore, *Margaret Thatcher: At Her Zenith*, S. 336.
72 Thatcher, *Downing Street No. 10*, S. 587.
73 Siehe Moore, *Margaret Thatcher: At Her Zenith*, S. 333–338.
74 Margaret Thatcher, Rede in der Kensington Town Hall, 19. Januar 1976, https://www.margaretthatcher.org/document/102939.
75 Ebenda.
76 Leonid Breschnew, Rede am 13. November 1968, https://loveman.sdsu.edu/docs/1968BrezhnevDoctrine.pdf.

77 »Excerpts from Thatcher's Address«, *New York Times*, 21. Februar 1985.
78 Margaret Thatcher, Rede vor beiden Kammern des Kongresses, 20. Februar 1985, https://www.margaretthatcher.org/document/105968.
79 Margaret Thatcher, Rede vor dem National Press Club, 19. September 1975, https://www.margaretthatcher.org/document/102770.
80 Henry A. Kissinger, »The Special Relationship: ›I Kept the British Better Informed than the State Department‹«, in *Listener*, 13. Mai 1982.
81 Henry A. Kissinger, Keynote Address, Hong Kong Trade Fair, Hong Kong, 1983.
82 Henry A. Kissinger, »We Live in an Age of Transition«, in *Daedalus* 124, Nr. 3, The Quest for World Order (Sommer 1995), S. 99–110.
83 Richard V. Allen, »The Man Who Won the Cold War«, in *Hoover Digest* 2000 (1), https://www.hoover.org/research/man-who-won-cold-war.
84 Ronald Reagan, Regierungserklärung zu Verteidigung und Nationaler Sicherheit, 23. März 1983, Public Papers of the Presidents, American Presidency Project, https://www.reaganlibrary.gov/archives/speech/address-nation-defense-and-national-security.
85 Margaret Thatcher, Pressekonferenz nach den Gesprächen von Camp David, 22. Dezember 1984, https://www.margaretthatcher.org/document/109392.
86 Geoffrey Smith, *Reagan and Thatcher* (London: Bodley Head, 1990), S. 131.
87 Robert McFarlane, Brief an Robert Armstrong, 7. November 1983, United Kingdom: Vol. V (11/1/83–6/30/84) [3 of 3], box 91331, Exec. Sec., NSC: Country File, Reagan Library, Simi Valley, CA.
88 Zitiert nach dem britischen Protokoll unseres Treffens. Siehe John Coles an Brian Fall, 21. Dezember 1983, National Archives of the UK, PREM 19/3586.
89 Zitiert in Archie Brown, *The Human Factor: Gorbachev, Reagan, and Thatcher, and the End of the Cold War* (New York: Oxford University Press, 2020), S. 113.
90 Zitiert in ebenda, S. 114.
91 Zitiert in Moore, *Margaret Thatcher: At Her Zenith*, S. 110.
92 Ebenda.
93 Gesprächsnotiz, Margaret Thatcher und Ronald Reagan, 29. September 1983, »UK-1983-09/24/1983–10/10/1983«, box 90424, Peter Sommer Files, Reagan Library, Simi Valley, CA.
94 Reagan, *Reagan Diaries*, 6. April 1983, S. 142.
95 Moore, *Margaret Thatcher: At Her Zenith*, S. 229.
96 Protokoll der privaten Gespräche mit Michail Gorbatschow um die Mittagszeit, 16. Dezember 1984, National Archives of the UK, PREM 19/1394, verfügbar bei der Margaret Thatcher Foundation unter https://www.margaretthatcher.org/document/134729.
97 Thatcher, *Downing Street No. 10*, S. 652.
98 Margaret Thatcher, Fernsehinterview für die BBC, 17. Dezember 1984, https://www.margaretthatcher.org/document/105592.
99 Gesprächsnotiz, Margaret Thatcher und Ronald Reagan, 22. Dezember 1984, Thatcher Visit – December 1984 [1], RAC box 15, NSC: EASD, Reagan Library, Simi Valley, CA.

Anmerkungen

100 *Newsweek*, 3. Dezember 1990.
101 Siehe Charles Powell an Len Appleyard, 31. Juli 1985, National Archives of the UK, PREM 19/3586.
102 Moore, *Margaret Thatcher: At Her Zenith*, S. 266 f.
103 Memorandum über das Gespräch im Hofdi House, 12. Oktober 1986 (15.25–16.30 und 17.30–18.50 Uhr), The Reykjavik File, National Security Archive, George Washington University, DC, https://nsarchive2.gwu.edu/NSAEBB/NSAEBB203/Document15.pdf.
104 Zitat aus dem britischen Protokoll unserer Begegnung. Siehe Charles Powell an Anthony C. Galsworthy, 3. Dezember 1986, »Prime Minister's Meeting with Dr Kissinger: Arms Control«, National Archives of the UK, PREM 19/3586.
105 Zusammenfassung eines Telefongesprächs mit Premierministerin Thatcher, 13. Oktober 1986, »UK-1986-10/07/1986–10/19/1986«, box 90901, Peter Sommer Files, Reagan Library, Simi Valley, CA.
106 Siehe Powell an Galsworthy, 3. Dezember 1986, »Prime Minister's Meeting with Dr Kissinger: Arms Control«.
107 Charles Powell an Anthony C. Galsworthy, 13. September 1987, National Archives of the UK, PREM 19/3586.
108 Ebenda.
109 Siehe Powell an Galsworthy, »Prime Minister's Meeting with Dr Kissinger: Political Matters«.
110 Zitiert in Charles Moore, *Margaret Thatcher: Herself Alone* (New York: Knopf, 2019), S. 599.
111 Zitiert in Jon Meacham, *Destiny and Power: The American Odyssey of George Herbert Walker Bush* (New York: Random House, 2015), S. 424.
112 Ebenda, S. 425.
113 Moore, *Margaret Thatcher: Herself Alone*, S. 602 f.
114 George H. W. Bush und Margaret Thatcher, gemeinsame Pressekonferenz (irakische Invasion in Kuwait), 2. August 1990, https://www.margaretthatcher.org/document/108170.
115 Ebenda.
116 George H. W. Bush, »Remarks and an Exchange with Reporters on the Iraqi Invasion of Kuwait«, 5. August 1990, Public Papers of the Presidents.
117 Charles Powell an Margaret Thatcher, 12. August 1990, National Archives of the UK, PREM 19/3075, Zitiert in: Moore, *Margaret Thatcher: Herself Alone*, S. 607.
118 Tagebuch von George H. W. Bush, 7. September 1990, zitiert in George H. W. Bush, *All the Best* (New York: Scribner, 2013), S. 479.
119 Benjamin Disraeli, »On the ›German Revolution‹, 9. February 1871«, http://ghdi.ghi-dc.org/sub_document.cfm?document_id=1849.
120 Conrad Black, *A Matter of Principle*, Google Books, 1966/7, https://bit.ly/3wk42YL.
121 *New York Times*, 25. Oktober 1989.

122 Charles Powell an Stephen Wall, Prime minister's talk with Dr Kissinger, 10. Januar 1990, National Archives of the UK, PREM 19/3586.
123 Moore, *Margaret Thatcher: Herself Alone*, S. 512–522.
124 Zitiert in Donald Edwin Nuechterlein, *America Recommitted: A Superpower Assesses Its Role in a Turbulent World* (Lexington: University Press of Kentucky, 2000) S. 187.
125 Thatcher, *Downing Street No. 10*, S. 744.
126 Theresa May trat nach dem Scheitern ihres EU-Austrittsabkommens zurück und David Cameron, nachdem er sich bei der Volksabstimmung über den Brexit für den Verbleib in der EU eingesetzt hatte. John Major wurde zwar nicht durch eine interne Rebellion zum Rücktritt gezwungen, aber seine Regierung wurde durch die Abwertung des Pfunds im Jahr 1992 stark geschwächt und war danach noch jahrelang durch die sogenannten »Maastricht-Rebellen« gelähmt.
127 Moore, *Margaret Thatcher: Herself Alone*, Kapitel 4: »The Shadow of Lawson«, S. 94–111.
128 Margaret Thatcher, »Speech to the College of Europe«, 20. September 1988, https://www.margaretthatcher.org/document/107332.
129 Ebenda.
130 Ebenda.
131 Ebenda.
132 Jacques Delors, Rede vor dem Europäischen Parlament, 6. Juli 1988, https://www.margaretthatcher.org/document/113689.
133 Ebenda.
134 Margaret Thatcher im Unterhaus über das Gipfeltreffen des Europäischen Rats in Rom, 30. Oktober 1990, https://www.margaretthatcher.org/document/108234.
135 Geoffrey Howe, persönliche Erklärung im Unterhaus, 13. November 1990, https://api.parliament.uk/historic-hansard/commons/1990/nov/13/personal-statement.
136 Ebenda. Hier benutzt Howe fast genau die gleichen Argumente, die die Gegner des Brexit bei der Volksabstimmung von 2016 gebrauchten.
137 Ebenda.
138 Moore, *Margaret Thatcher: Herself Alone*, S. 683.
139 Gedächtnisprotokoll Charles Powells über ein Gespräch mit Henry Kissinger, 22. November 1990, https://www.margaretthatcher.org/document/149456.
140 Zitiert in Moore, *Margaret Thatcher: Herself Alone*, S. 716.
141 Margaret Thatcher, Bemerkungen zum Vertrauen in die Regierung Ihrer Majestät, 22. November 1990, https://www.margaretthatcher.org/document/108256/.
142 Fragestunde im britischen Parlament, 27. November 1990. https://www.margaretthatcher.org/document/108257
143 Isaiah Berlin, »Winston Churchill in 1940«, in Henry Hardy und Roger Hausheer (Hg.), *The Proper Study of Mankind: An Anthology of Essays* (New York: Farrar, Straus and Giroux, 1998), S. 618.

Anmerkungen

144 Ivor Crewe und Donald Searing, »Ideological Change in the British Conservative Party«, in *The American Political Science Review* 82, Nr. 2 (Juni 1988), insbes. S. 362–368.
145 Margaret Thatcher, Rede vor der Royal Society, 27. September 1988, https://www.margaretthatcher.org/document/107346.
146 »The Funeral Service of the Right Honorable Baroness Thatcher of Kesteven, St Paul's Cathedral, April 17, 2013«, https://www.margaretthatcher.org/document/200376.

Schlusswort: Die Evolution politischer Führung

1 Platon, *Der Staat (Politeia)*, übersetzt und bearbeitet von Karl Vretska (Stuttgart: Philipp Reclam, 2000). [Der Mythos der »Erdgeborenen«, auch »Mythos der Metalle«, findet sich im 3. Buch, 414b – 415d. A. d. Ü.]
2 Winston S. Churchill, *Der Zweite Weltkrieg* (Bern, München, Wien: Scherz, 1995, Sonderausgabe), S. 15.
3 Ebenda.
4 David Landes, *Wohlstand und Armut der Nationen* (München: Siedler, 1998), S. 298.
5 Siehe allgemein Adrian Wooldridge, *The Aristocracy of Talent: How Meritocracy Made the Modern World* (New York: Skyhorse Publishing, 2021).
6 Margaret Thatcher, »Rede vor dem Institute of Socioeconomic Studies«, 15. September 1975, https://www.margaretthatcher.org/document/102769.
7 Christopher Lasch, *Die blinde Elite. Macht ohne Verantwortung* (Hamburg: Hoffmann und Campe, 1995), S. 61.
8 Julian Jackson, *De Gaulle* (Cambridge: Harvard Belknap Press, 2018), S. 772.
9 Siehe William Deresiewicz, »Solitude and Leadership«, in: *The American Scholar*, 1. März 2010, https://theamericanscholar.org/solitude-and-leadership/.
10 Yuval Levin, »Making Meritocrats Moral«, in: *American Purpose*, 7. Dezember 2021. Siehe auch Yuval Levin, *A Time to Build: From Family and Community to Congress and the Campus, How Recommitting to Our Institutions Can Revive the American Dream* (New York: Basic Books, 2020).
11 Ebenda.
12 Siehe allgemein Marshall McLuhan, *Die magischen Kanäle. Understanding Media* (Düsseldorf/Wien: Econ, 1968).
13 Garfinkle bezieht sich auf das von der Kognitionswissenschaftlerin Maryanne Wolf entwickelte Konzept des »deep reading«, das er weiter ausarbeitet. Siehe Adam Garfinkle, »The Erosion of Deep Literacy«, in: *National Affairs* Nr. 43 (Frühjahr 2020), https://nationalaffairs.com/publications/detail/the-erosion-of-deep-literacy.
14 Max Weber, *Politik als Wissenschaft 1917-1919, Politik als Beruf 1919*, in W. J. Mommsen und W. Schluchter. Hg., Studienausgabe der Max-Weber-Gesamtausgabe, Band I/17 (Tübingen: Mohr Siebeck, 1994), S. 74.

15 Siehe allgemein Neil Postman, *Wir amüsieren uns zu Tode. Urteilsbildung im Zeitalter der Unterhaltungsindustrie* (Frankfurt/M.: S. Fischer, 1988). Auch James Mattis, ein ehemaliger General des US Marine Corps und früherer US-Verteidigungsminister, hob diesen Aspekt hervor: »Sofern Sie nicht Hunderte Bücher gelesen haben, sind Sie funktional ungebildet und unfähig, weil Ihre persönlichen Erfahrungen einfach nicht ausreichen, um Ihnen viel nützen zu können. Ein Kommandeur, der behauptet, er habe zu viel zu tun, um Zeit fürs Lesen zu haben, wird viele Leichensäcke mit seinen Soldaten füllen.« James Mattis, *Call Sign Chaos* (New York: Random House, 2019), S. 42.
16 Garfinkle, »The Erosion of Deep Literacy«.
17 Lee Kuan Yew, »Collins Family International Fellowship Lecture«, gehalten am 17. Oktober 2000 in der John F. Kennedy School of Government, Harvard University, https://www.nas.gov.sg/archivesonline/data/pdfdoc/2000101706.htm.
18 Ebenda.
19 Thomas Jefferson, Brief an John Adams, 28. Oktober 1813, in: Adrienne Koch und William Peden (Hg.), *The Life and Selected Writings of Thomas Jefferson* (New York: Random House, 1944), S. 632 f.
20 James Q. Wilson, *On Character* (Washington, DC: The AEI Press, 1995), S. 22.
21 Niall Ferguson, *Civilization: The West and the Rest* (New York: Penguin, 2012).
22 Niccolò Machiavelli, *Discorsi – Vom Staate* (Hamburg: Nikol, 2017), S. 227.
23 Ebenda.
24 Friedrich Engels, »Herrn Eugen Dühring's Umwälzung der Wissenschaft«, in Karl Marx/Friedrich Engels, *Werke*, Band 20 (Berlin: Dietz, 1962), S. 262.
25 Weber, *Politik als Beruf*, S. 88.
26 Aus dem *Handbüchlein der Moral* (*Encheiridion*), nach: Epictetus, *The Art of Living: The Classic Manual on Virtue, Happiness, and Effectiveness*. A new interpretation by Sharon Lebell (New York: HarperCollins, 1995), S. 10.

Personenregister

Abbas, Ferhat 145
Abduh, Muhammad 284
Acheson, Dean 40, 66, 74, 156, 199, 433
Acland, Sir Antony 465
Adenauer, Helene 30
–, Johann Conrad 30, 521
–, Konrad 16, 19, 27–81, 86, 130, 151 ff., 204, 228 f., 421, 500, 517, 522, 525 ff., 535, 543 f.
–, Max 32
Afghani, Dschamal ad-Din al- 284
Agnew, Spiro 254 f., 320 f.
Alexander der Große 283
Ali Bey al-Kabir 283
Allon, Jigal 347
Andrews, Helen 530
Andropow, Juri 485, 487
Arafat, Jassir 302, 351
Armstrong, Robert 472, 475
Aron, Raymond 147, 188
Ashdown, Paddy 510
Assad, Hafiz al- 257, 282, 318, 322, 332 f., 339 ff., 354
Attlee, Clement 28, 88, 383, 450
Auden, W. H. 18
Austen, Jane 383

Bahr, Egon 77
Ball, George 210

Banna, Hassan al- 288
Bastiat, Frédéric 440
Begin, Menachem 263, 351, 353 ff., 358 ff., 364 f., 369
Ben-Gurion, David 289
Berlin, Isaiah 15, 512
Bidault, Georges 117 f.
Bismarck, Otto von 22, 29 f., 85, 477, 497 f.
Black, Eugene 297
Blair, Tony 447, 451 f.
Bork, Robert 254
Brabourne, Doreen 470
Bradley, Omar 124
Brandt, Willy 57, 76 ff., 204, 228
Braudel, Fernand 24
Brentano, Heinrich von 65
Breschnew, Leonid 123, 199, 201 f., 222, 227, 230, 233, 258 ff., 300, 312 f., 320, 323, 478, 486 f.
Brown, George 404
–, Gordon 452
Brzeziński, Zbigniew 442
Bulganin, Nikolai 56
Bundy, McGeorge 68, 190
Burke, Edmund 123
Burns, Arthur 206
Bush, George H. W. 234, 494 ff., 498, 508 f.

Callaghan, James 365, 434, 436
Cann, Edward du 430
Carrington, Peter 365, 457 f., 480
Carter, Jimmy 234, 242, 263, 349 ff.,
 354–357, 365, 442, 480
Ceauşescu, Nicolae 227 f., 236
Cézanne, Paul 97
Challe, Maurice 143
Chamfort, Nicolas 118
Charles, Prinz von Wales 365
Chauvel, Jean 151
Chiang Kai-shek 463
Chlodwig I. (fränk. König) 95
Chruschtschow, Nikita 57 f., 65, 67, 70 f.,
 155, 178, 299, 300
Churchill, Winston 14, 20, 23, 25, 88, 90, 94,
 100 f., 104 ff., 113 f., 120, 125, 168, 170 ff.,
 208, 288, 382, 404, 409, 431, 441, 445,
 449, 483, 515, 520, 534
Clay, Lucius 65
Clinton, Bill 423
Colby, William 347
Connally, John 206
Corbin, Charles 88
Corneille, Pierre 92
Coty, René 138, 140
Cox, Archibald 254

Daladier, Édouard 86, 90
Darlan, François 109
Dayan, Moshe 257, 318, 321, 333 ff., 351
Dean, John 225, 252
Delors, Jacques 504, 506
Deng Xiaoping 243, 378 f., 408 ff., 463 ff.,
 469
Dentz, Henri 103
Dinitz, Simcha 257, 321
Disraeli, Benjamin 22, 497, 513
Dobrynin, Anatoli 214, 218, 228 f., 233 ff.,
 238 f., 251, 258, 260, 323, 487, 490
Donilon, Tom 423

Douglas-Home, Sir Alec 321
Douthat, Ross 530
Dowling, Walter 68 f.
Dschingis Khan 502
Dulles, John Foster 66, 159, 199, 267

Éboué, Félix 101
Echnaton (Pharao) 23, 370
Eden, Anthony 48, 50, 297 f., 433, 441
Ehrlichman, John 188 f.
Eilts, Hermann 335, 349
Eisenhower, Dwight D. 46, 48 ff., 58 f., 63,
 65, 83, 109, 116, 125, 136, 155, 157, 159,
 167 f., 189 ff., 193 f., 209, 297 f., 432
Elazar, David 257, 321
Elizabeth II. 484, 515
Engels, Friedrich 545
Epiktet (antiker Philosoph) 545
Erhard, Ludwig 36, 75

Fahmi, Ismail 331, 335, 346, 354 f.
Faisal I. (irakischer König) 354
Faruq (ägyptischer König) 288, 291
Fawzi, Mohamed 307
FitzGerald, Garret 472, 474 f.
Ford, Gerald 79, 202, 343, 347 ff., 365
Friedman, Milton 440
Fuad I. (ägyptischer König) 287 f.
Fuad II. (ägyptischer König) 292
Fuller, Lon 183

Gaddafi, Muammar al- 282, 355, 366
Galbraith, John Kenneth 62
Galtieri, Leopoldo 453, 459, 494
Gamasy, Abdel Ghani el- 335 f.
Gandhi, Indira 267 f., 270, 272
–, Mahatma (eigentl. Mohandas Karamchand) 23, 25, 285
Garfinkle, Adam 531
Gaulle, Anne de 92, 174 f.
–, Charles de 14, 16, 19, 23, 57 f., 65, 72, 79,

Personenregister

83–175, 204, 229, 313, 409, 421, 433 f., 503, 517, 521 f., 524 ff., 534 f., 544
–, Yvonne de 92, 148, 175
Genscher, Hans-Dietrich 365, 499
Giraud, Henri 109 ff.
Giscard d'Estaing, Valéry 79, 207, 365
Gladstone, William Ewart 22
Globke, Hans 52
Goetze, Roger 146
Goh Chok Tong 417
Goh Keng Swee 385, 391, 397 f.
Goldmann, Nahum 54
Gomaa, Shaarawi 307 f.
Goodpaster, Andrew 190 f.
Gorbatschow, Michail S. 410, 486 ff., 508, 513
Gorbatschowa, Raissa 488
Gouin, Félix 129
Grischin, Wiktor 487
Gromyko, Andrei 222
Gur, Mordechai 255, 321

Haig, Alexander 251, 259 f., 274, 365, 456 ff.
Haldeman, Harry R. 182, 184 ff., 188 f., 192, 251
Hankins, James 530
Harlow, Bryce 186
Harriman, Averell 120
Haussmann, Baron Georges-Eugène 97
Hayek, Friedrich August von 440, 447, 503
Heath, Edward 204, 430, 433 f., 436, 440 f., 448, 471, 502
Herf, Jeffrey 53
Heseltine, Michael 501, 508 ff.
Heykal, Mohammed 317
Hitler, Adolf 18 f., 27, 29 ff., 37, 41, 87 f., 99, 497
Ho Chi Minh 134
Howe, Geoffrey 447, 505 ff.
Huang Hua 273 f.
Huizinga, Johan 15

Hull, Cordell 106
Humphrey, Hubert H. 212, 400
Hurd, Douglas 509
Hussein I. (jordanischer König) 248 f., 251, 302, 343, 360
Hussein, Saddam 493 f.

Ismail, Hafez 253, 314 ff., 328, 356

Jackson, Henry »Scoop« 235
–, Julian 146, 527
Jeanne d'Arc 23, 100
Jefferson, Thomas 534
Jha, Lakshmi 270 f.
Johnson, Lyndon B. 85, 164, 190, 195, 210, 212, 216, 230, 374, 400
Jorgensen, Vidar 378
Joseph, Keith 430

Kamel, Muhammad Ibrahim 357
Kant, Immanuel 536
Karl V. (Kaiser) 96
Kennan, George 66, 155, 199
Kennedy, Edward 212
–, John f. 59, 61 ff., 65 ff., 70, 74, 85, 135, 156, 159 f., 180, 190, 195, 209 f., 230
–, Robert 180
Khan, Yahya 237 ff., 265 f., 269, 272
Khomeini, Ruhollah (Ayatollah) 362
Kiesinger, Kurt Georg 75, 164 f., 204
King, Martin Luther, Jr. 180
Kirkpatrick, Jeane 365
Kissinger, Henry 69, 228, 325, 336 ff., 345
–, Nancy 325, 441 f.
Kohl, Helmut 79 f., 499
Kossygin, Alexei 300
Kwa Geok Choo 381, 383, 420

Lacouture, Jean 175
Laird, Melvin 185, 201, 219, 230

599

Landes, David 523
Lasch, Christopher 525
Lattre, Jean de 124 f.
Lawson, Nigel 502, 505
Le Duc Tho 217, 220, 223 ff.
Leach, Sir Henry 454
Lee Hsien Loong (Sohn von Lee Kuan Yew) 417
Lee Kuan Yew 16, 20, 243, 365, 373-425, 517, 522, 524, 526, 528, 532, 535, 544
Lehman, John 461
Lenin, Wladimir I. 23
Leo XIII. (Papst) 31
Levin, Yuval 529 f.
Li Yuanchao 423
Lim Kim San 385 f.
Lin Biao 210
Lord, Winston 223
Ludwig XIII. (franz. König) 95
Ludwig XIV. (franz. König) 84, 95 f.
Ludwig XV. (franz. König) 96
Lyttelton, Oliver 104

Macmillan, Harold 58, 65, 111, 151, 157, 160 f., 433, 441, 448, 507
McFarlane, Harold »Bud« 484
McNamara, Robert 63, 68, 159 f.
Maiski, Ivan 107
Major, John 506, 509 f.
Malraux, André 172
Mandel, Georges 90
Mann, Thomas 499
Mao Zedong 145, 198, 236 ff., 240 ff., 275, 379, 463
Markovits, Daniel 530
Marrane, Georges 117
Marshall, George C. 40
Massu, Jacques 118, 165
May, Theresa 501
Mazarin, Jules 95 f.
Meir, Golda 251, 253, 257, 305, 314, 321, 324 ff., 330 f., 333, 335 ff., 342 ff., 351, 369
Mendès France, Pierre 49, 134, 137 f., 164
Merkel, Angela 81
Misri, Aziz al- 288
Mitchell, John 182, 184, 192
Mitterrand, François 138, 164, 365, 453, 499
Moch, Jules 129
Mollet, Guy 56
Molotow, Wjatscheslaw 122
Molyneaux, James 510
Monet, Claude 97
Monnet, Jean 44, 88
Montesquieu, Charles-Louis de Secondat, Baron de 130
Montgomery, Bernard 114 f.
Mount, Ferdinand 428
Mountbatten, Louis, 1. Earl Mountbatten of Burma 470
Muhammad Ali 283
Mühlbauer, Edith 438
Muselier, Émile 105
Mussolini, Benito 297

Nagib, Muhammad 135, 290, 292 f.
Nally, Dermor 472
Napoleon I. (franz. Kaiser) 96, 173, 283, 407, 498, 522
Nasser, Gamal Abdel 20, 135, 246 f., 253, 282, 288, 290, 292-312, 314, 319, 328, 330, 363, 365, 392, 432
Navarre, Henri 134
Neave, Airey 469 f.
Nehru, Jawaharlal 22, 383
Ngo Dinh Diem 210
Nixon, Richard 16, 19, 77, 83 ff., 123, 145, 163, 167 f., 177-279, 306, 312, 314 f., 320 f., 341, 343, 347, 356, 365, 376, 402, 413, 416, 434, 442, 517, 521 f., 524 ff., 535, 544

Personenregister

Nott, John 454, 458
Nyerere, Julius 411

O'Neill, Thomas P. »Tip« 472
Ortega y Gasset, José 420
Osman, Amin 20, 289

Pahlavi, Mohammad Reza (Schah) 362 f.
Paisley, Ian 474 f.
Palmerston, Henry John Temple, 3. Viscount 22, 244
Parkinson, Cyril Northcote 384
Patten, Christopher 468
Péguy, Charles 108
Peres, Shimon 346 ff.
Pérez de Cuéllar, Javier 459
Pétain, Philippe 92, 103, 109
Pflimlin, Pierre 139
Pham Van Dong 211
Pineau, Christian 56
Pius XI. (Papst) 31
Podgorny, Nikolai 223, 300
Pompidou, Georges 164 ff., 204, 273
Pope, Alexander 420
Powell, Charles 442, 446, 492, 494 f., 508 f.
–, Enoch 474
Prior, James »Jim« 447
Pym, Francis 458, 465

Qasim, Abd al-Karim 493 f.

Rabin, Jitzchak 249, 262, 343 ff., 351, 369
Raffles, Sir Stamford 379, 382, 394
Rahman, Mujibur 266
Reagan, Ronald 242, 365, 370, 452, 455 f., 461 f., 480–494, 514
Renoir, Pierre-Auguste 97
Reynaud, Paul 86 ff.
Ribbentrop, Joachim von 123
Richardson, Elliot 254

Richelieu, Kardinal (Armand-Jean du Plessis) 95 f., 164, 172
Roberts, Alfred 437 f.
–, Andrew 20, 458
–, Muriel 437
Robespierre, Maximilien 23
Rockefeller, Nelson 181, 183, 441
Rodin, Auguste 97
Rogers, William 201, 246 f., 250, 252
Romanow, Grigori 487
Rommel, Erwin 20, 103, 288
Roosevelt, Franklin D. 22, 27, 100, 104 ff., 109 ff., 120, 125, 168, 171, 196 f., 208, 482, 534
–, Theodore 22
Rostow, Walt 190
Ruckelshaus, William 254
Rueff, Jacques 146
Rusk, Dean 68, 164

Sabri, Ali 307 f., 310
Sadat, Anwar el- 16, 20, 23, 253 f., 257 f., 262 f., 272, 281–371, 517, 521 f., 525 ff., 535, 544
–, Camelia el- 364
–, Jehan el- 317, 362
Sainteny, Jean 217
Salisbury, Harrison 211
Sandel, Michael 530
Sands, Bobby 471 f.
Scargill, Arthur 448
Schlesinger, Arthur, Jr. 62
–, James 347
Schmidt, Helmut 78 f., 365, 422
Schulz, Robert 193
Schumacher, Kurt 33, 41, 43, 47 f.
Schuman, Robert 42 ff.
Schwarzkopf, Norman 509
Semjonow, Wladimir 233
Senghor, Léopold Sédar 144
Shakespeare, William 381, 421 f.

601

Sharaf, Sami 307
Shastri, Lal Bahadur 392
Shazli, Saad el- 322
Shultz, George 188, 206, 387, 421 f., 487, 489, 491
Sinclair, Sir Archibald 88
Sisco, Joseph 250 f., 331
Smith, Adam 184
–, Gerard 233
Soustelle, Jacques 137
Spellman, Francis 110
Spengler, Oswald 14
Stalin, Josef 28, 45, 47 f., 61, 100, 107, 113, 120 ff., 126
Stehlin, Paul 146
Stewart, Michael 434
Stimson, Henry L. 113
Stoessel, Walter 237
Strauß, Franz Josef 64, 72 f.
Sultan Khan, Mir 269

Thatcher, Denis 438, 460, 511
–, Margaret 16, 20, 80, 376, 427–515, 517, 522 f., 525 ff., 536, 544
Themistokles 23
Tocqueville, Alexis de 525
Tolkien, J. R. R. 383
Touré, Ahmed Sékou 144
Toynbee, Arnold 390
Truman, Harry S. 46, 73, 125 f., 209, 289
Trump, Donald 243
Tschernenko, Konstantin 487, 489

Vance, Cyrus 213, 357
Veil, Simone 365
Vo Nguyen Giap 134
Vogel, Ezra 409
Volcker, Paul 207

Weber, Max 531, 544
Wehner, Herbert 71, 75
Weinberger, Caspar 365, 456, 462
Weizman, Ezer 351
Weizmann, Chaim 354
Weizsäcker, Richard von 80
Welles, Sumner 106
Wheeler, Earle 185
Whitelaw, William 430
Willkie, Wendell 120
Wilson, Harold 204, 375, 396, 432, 434, 436
–, James Q. 535
–, Thomas Woodrow 98, 196
Winsemius, Albert 397
Wooldridge, Adrian 530

Xuan Thuy 214, 216 f.

Youde, Sir Edward 465

Zahran (ägypt. Patriot) 364
Zakaria, Fareed 388
Zhao Ziyang 409 f., 464, 466 f.
Zhou Enlai 186, 201, 237 ff., 264, 301 f., 408, 463

Bildnachweis

S. 26: Konrad Adenauer, 1954. *Arnold Newman/Getty Images.*
S. 82: Charles de Gaulle, 1967. *Copyright © Raymond Depardon/Magnum Photos.*
S. 176: Richard Nixon, 1967. *Copyright © Burt Glinn/Magnum Photos.*
S. 280: Anwar el-Sadat, 1978. *Sahm Doherty/Getty Images.*
S. 372: Lee Kuan Yew, 1968. *Copyright © Hulton-Deutsch Collection/Corbis via Getty Images.*
S. 426: Margaret Thatcher, 1987. *Copyright © TASS via Getty Images.*

Zur Zukunft des »Reichs der Mitte«

Als US-Außenminister wirkte Henry Kissinger vor fünf Jahrzehnten entscheidend an der Öffnung Chinas mit. Hier legt er die Summe seiner Gedanken und Erfahrungen vor. Er beschreibt das konfuzianisch geprägte Selbstverständnis und die globale Strategie des bevölkerungsreichsten Landes der Erde, seine schrittweise Entwicklung von den Anfängen der frühen Großdynastien, die sich bewusst abschotteten, über die ersten kolonialistisch geprägten Kontakte mit der Außenwelt und die maoistische Revolution bis zum heutigen Aufschwung zur Supermacht.

www.pantheon-verlag.de

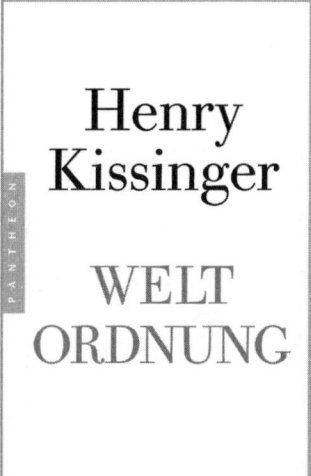

Ein epochales Werk

Der frühere Harvard-Professor, US-Außenminister und Friedensnobelpreisträger beschäftigt sich mit der zentralen Herausforderung des 21. Jahrhunderts: Wie lässt sich eine international anerkannte Ordnung etablieren in einer Welt mit unterschiedlichen historischen Voraussetzungen, in der gewalttätige Konflikte und ideologischer Extremismus den Ton angeben?

www.pantheon-verlag.de